076co Foto: im

Ines Mache

Côte d'Azur, Seealpen und Hochprovence

Gesegnetes Frankreich, mit Paris als Hauptstadt und dieser Mittelmeerküste als Badestrand! Der französische Künstler, der aus dem perlgrauen Licht von Paris sich keine neuen Inspirationen mehr holen zu können glaubt, besteigt den D-Zug und ist nach einer Nachtfahrt dort unten, wo das Licht härter und heißer, zugleich satter, blühender und trockener ist; italienisch, aber manchmal schon mit einem afrikanisch dürren Einschlag; und dieser Einschlag wiederum französisch gemildert, gleichsam durchzivilisiert, zarter, zärtlicher gemacht.

Erika und Klaus Mann
(aus: „Das Buch von der Riviera", 1931)

Impressum

Ines Mache
Côte d'Azur, Seealpen und Hochprovence

erschienen im
Reise Know-How Verlag, Bielefeld
Osnabrücker Str. 79
33649 Bielefeld

2., neu bearbeitete und komplett aktualisierte Auflage 2009

Gestaltung
Umschlag: G. Pawlak, P. Rump (Layout);
Svenja Lutterbeck (Realisierung)
Inhalt: Günter Pawlak (Layout);
Caroline Tiemann (Realisierung)
Fotos: die Autorin (im), Stefan Brandenburg und Ines Mache (bm),
Rainer Höh (rh), Cornelia Ziegler (cz), www.fotolia.de
Titelfoto: die Autorin (Motiv: Blick auf Villefranche-sur-Mer)
Karten: Catherine Raisin, world mapping project (Atlas)
Bildbearbeitung: der Verlag

Lektorat: Caroline Tiemann
Lektorat (Aktualisierung): Svenja Lutterbeck

Druck und Bindung:
Media Print, Paderborn

ISBN 978-3-8317-1819-1
Printed in Germany

Dieses Buch ist erhältlich in jeder Buchhandlung Deutschlands, der Schweiz, Österreichs, Belgiens und der Niederlande.
Bitte informieren Sie Ihren Buchhändler über folgende Bezugsadressen:

Deutschland
Prolit GmbH, Postfach 9, D-35461 Fernwald (Annerod)
sowie alle Barsortimente

Schweiz
AVA-buch 2000
Postfach, CH-8910 Affoltern

Österreich
Mohr Morawa Buchvertrieb GmbH
Sulzengasse 2, A-1230 Wien

Niederlande, Belgien
Willems Adventure
www.willemsadventure.nl

Wer im Buchhandel trotzdem kein Glück hat, bekommt unsere Bücher auch über unseren **Büchershop im Internet: www.reise-know-how.de**

Wir freuen uns über Kritik, Kommentare und Verbesserungsvorschläge.

Alle Informationen in diesem Buch sind von der Autorin mit größter Sorgfalt gesammelt und vom Lektorat des Verlages gewissenhaft bearbeitet und überprüft worden.

Da inhaltliche und sachliche Fehler nicht ausgeschlossen werden können, erklärt der Verlag, dass alle Angaben im Sinne der Produkthaftung ohne Garantie erfolgen und dass Verlag wie Autorin keinerlei Verantwortung und Haftung für inhaltliche und sachliche Fehler übernehmen.

Die Nennung von Firmen und ihren Produkten und ihre Reihenfolge sind als Beispiel ohne Wertung gegenüber anderen anzusehen.
Qualitäts- und Quantitätsangaben sind rein subjektive Einschätzungen der Autorin und dienen keinesfalls der Bewerbung von Firmen oder Produkten.

077co Foto: im

Ines Mache

Côte d'Azur,

Seealpen und Hochprovence

Reise Know-How im Internet

Aktuelle Reisetipps und Neuigkeiten
Ergänzungen nach Redaktionsschluss
Büchershop und Sonderangebote

www.reise-know-how.de
info@reise-know-how.de

Wir freuen uns über Anregung und Kritik.

Vorwort

Erwähnt man die Côte d'Azur, so gerät mancher gleich ins Schwärmen: der Blumenmarkt von Nizza, das Kasino von Monte Carlo, Jazz in Juan-les-Pins, der Strand von Saint-Tropez, süßes Farniente, teurer Luxus, Meer und Berge – all das sei herrlich, stets aufs Neue! Manch anderer jedoch scheint weniger mit diesem klassischen Reiseziel anfangen zu können. Was für den einen klangvolle Namen sind, ist für den anderen gar Schnee von gestern.

Dieses Klischee ist auf eine einzige Art richtig, denn die Côte d'Azur ist eines der ältesten Urlaubsziele der Welt. Sie wurde schon im 18. Jh., vor allem aber im 19. Jh. „entdeckt". Europas Großbürger und Aristokraten kamen hierher, darunter nicht wenige gekrönte Häupter, und haben an der französischen Riviera deutliche, vor allem architektonische Spuren hinterlassen. In den 1920er Jahren reisten dann reiche US-Amerikaner an und brachten nicht nur neue Musik, den Jazz, sondern auch die Freikörperkultur am Strand mit. In den 1950er Jahren kamen dann endlich die Franzosen selbst, um ihre wunderschöne „azurblaue Küste" zu erleben. Man denke nur an Brigitte Bardot oder die Schriftstellerin Françoise Sagan, mit denen Saint-Tropez zu dem wurde, was es heute ist – ein Hotspot des internationalen Jet-Set.

Reist man heute an die Côte d'Azur, so kann von „Schnee von gestern" keine Rede sein. Diese Küste wird wahrscheinlich niemals aus der Mode kommen. Sie hat Zivilisationen kommen und gehen sehen, darunter Ligurer, Kelten, Griechen, Römer und Mauren, hat Kriege überstanden, zuletzt die deutsche und italienische Besetzung im Zweiten Weltkrieg, und sie hat aushalten müssen, dass sie im Laufe der Zeit immer mehr zugebaut wurde. Doch selbst dadurch hat sie nicht an Anziehungskraft verloren, sodass mancher sie – durchaus zu Recht – „beschädigtes Paradies" nennt. Was also ist ihr Geheimnis?

Zitieren wir, um dies zu erklären, Erika und Klaus Mann, Thomas Manns Kinder. In ihrem „Buch von der Riviera" (1931) schreiben sie, die Côte d'Azur sei eine „nachgiebige Küste" und es gehöre „zu ihren Geheimnissen, dass sie jedem ganz das bietet, was er sucht." Das gilt heute mehr denn je, denn sowohl Erholungssuchende und Strandurlauber, Kulturreisende und Sportbegeisterte wie auch Familien mit Kindern kommen auf ihre Kosten. Letzteren – wie auch übrigens den Golfspielern – sei vor allem die Estérel-Gegend empfohlen, Museumsliebhaber werden dagegen eher in Nizza glücklich und wer es ländlicher, „authentischer" mag, der sei auf das Mauren-Gebirge, das Hinterland des Var und die Hochprovence verwiesen. Ausgesprochene Natur-Highlights sind schließlich die Schluchten des Verdon und der Mercantour-Nationalpark mit seinen bronzezeitlichen Felsgravuren im „Tal der Wunder".

Lassen Sie sich stets aufs Neue von der blauen Küste und ihren wilden Bergen verzaubern!

Ines Mache

Inhalt

Praktische Reisetipps A–Z

(unter Mitarbeit von E. H. M. Gilissen)

Land und Leute

Nizza und die östliche Côte d'Azur

Alpes Maritimes (Französische Seealpen)

Cannes, Estérel-Gebirge und Hinterland

Saint-Tropez und das Mauren-Gebirge

Toulon und die westliche Côte d'Azur

Im Herzen des Var

Hochprovence und Verdon-Schluchten

(von Stefan Brandenburg)

Anhang

Kartenverzeichnis

Praktische Reisetipps A–Z

089co Foto: im

090co Foto: im

Im Zentrum von Saint-Raphaël

Verkauf von Honig im Var

Klettern im Vallon Sourn bei Correns

Anreise

Mit dem Auto

Wer von West- und Norddeutschland an die östliche Côte d'Azur (z.B. nach Nizza) oder in die Seealpen gelangen möchte, wird am ehesten den Weg über die Schweiz auf der Strecke **Basel – Genf – Grenoble** wählen. Es bietet sich aber auch eine Anfahrt über Italien an: zunächst auf der **Gotthard-Route** durch die Schweiz und dann über **Mailand und Genua,** um bei Menton die französische Mittelmeerküste zu erreichen.

Wer ein Reiseziel weiter westlich ansteuert (z.B. Toulon) und vorher vielleicht der Provence einen Besuch abstatten will, wird die Route durch das **Rhône-Tal** über Lyon bevorzugen. Von hier führt die berühmte *Autoroute du Soleil* in den Süden, vorbei an Avignon bis zum Mittelmeer. Vor Marseille zweigt die *Provençale* (A8) ab und führt über **Aix-en-Provence** an die Côte d'Azur.

Für Reisende aus Ost- und Süddeutschland ist sowohl für die westliche als auch für die östliche Côte d'Azur die Strecke über die Schweiz und Italien günstiger. Ostschweizer und Österreicher gelangen an ihren Urlaubsort an der französischen Riviera in jedem Fall über Italien. Österreicher fahren über den **Brenner-Pass** nach Verona und weiter über **Brescia und Genua.**

Zum Autofahren in Frankreich siehe Stichpunkt „Autofahren".

Maut

Welchen Anfahrtsweg man auch wählt, um Mautgebühren kommt man nicht herum, wenn man die Autobahn benutzen möchte. In der **Schweiz** muss man eine Vignette haben (40 SFr), die ein Jahr gilt und bei den Automobilclubs oder an der Grenze erhältlich ist. Anhänger benötigen eine eigene Vignette. In **Österreich** muss ebenfalls eine Vignette gekauft werden. Diese gibt es bei den Automobilclubs oder an der Grenze für zehn Tage (7,70 €), zwei Monate (22,20 €) oder ein Jahr (73,80 €). Für die Brennerautobahn muss man zusätzlich eine Mautgebühr bei der Einfahrt zahlen. Der Abschnitt von Innsbruck/Süd bis Brennerpass kostet 8 € extra. In **Italien** werden pro Streckenabschnitt weitere Mautgebühren fällig (ca. 5 € pro 100 km).

In **Frankreich** fällt die Mautgebühr *(péage)* ebenfalls pro Streckenabschnitt an. Für eine Durchquerung von Nord nach Süd über die *Autoroute du Soleil* muss man mit je 50 € für den Hin- und Rückweg rechnen. Die genauen Gebühren für die geplante Strecke kann man sich unter www.autoroutes.fr anzeigen lassen.

Autozug

Wer den sommerlichen Autostau Richtung Süden lieber vermeidet, kann von April bis Oktober auch die Autozugverbindung in Erwägung ziehen. Es bestehen Verbindungen von Berlin-Wannsee, Hamburg-Altona und Hildesheim nach Avignon. Ab Berlin kann man die 1460 km lange Strecke nach Avignon je nach Datum und Buchungszeitpunkt für **209–609 €** (einfache Fahrt) mit Pkw und zwei Personen im Liegewagen buchen. Viel Geld, aber man spart dabei eine Zwischenübernachtung, Benzingeld, Autoverschleiß und Maut ein.

- **DBAutoZug,** www.dbautozug.de oder Tel. 01805-241224 (0,14 €/Min.).

Anreise per Bahn

Aus dem deutschsprachigen Raum gibt es **keine direkten Nachtzugverbindungen** an die Côte d'Azur. Einen sehr bequemen und von überall in Deutschland erreichbaren Nachtzug bietet die französische Bahngesellschaft SNCF jedoch jede Nacht ab Straßburg und Mulhouse. Morgens um 6 Uhr hält dieser Zug dann zum ersten Mal in Marseille, um danach über Toulon, St.Raphaël und Antibes Nizza anzusteuern.

Wer lieber **tagsüber** reisen will, hat je nach Herkunftsregion unterschiedliche Möglichkeiten:

Die meisten Varianten führen zunächst mit unterschiedlichen Zug-Typen nach Paris: aus der nördlichen Hälfte Deutschlands über Köln und Aachen mit dem Thalys, aus der südlichen Hälfte sowie aus der Schweiz und Österreich via Stutgart und Straßburg mit dem TGV oder aus der Mitte Deutschlands via Frankfurt mit dem ICE.

Alle Züge aus unserer Richtung kommen in Paris auf dem Bahnhof Paris-Ost (Gare de l'Est) oder dem Nordbahnhof (Gare du Nord) an. Für die Weiterfahrt vom Gare de Lyon ist ein Bahnhofswechsel per Metro erforderlich, für den ungefähr anderthalb Stunden eingeplant werden sollten. Beim Bahn-Spezial-Reisebüro Gleisnost (s.u.) gibt es für den Paris-Transit neben einer Beschreibung der Metro-Fahrt auch gleich das Metro-Ticket dazu.

Aus der nördlichen Hälfte Deutschlands besteht die Möglichkeit, per Thalys von Köln nach Brüssel zu fahren, um dann mit einem TGV direkt von dort nach Marseille oder Nizza zu fahren und den Bahnhofwechsel in Paris zu umgehen – eine sehr bequeme, aber meist auch etwas teurere Variante.

Für alle deutschen Regionen außer Bayern ist die **Fahrt via Basel** überlegenswert, wobei das Umsteigen auf den nächsten Zug in Basel, Genf und Lyon ganz einfach geht und man nur kurze Wartezeiten hat (Hamburg – Basel – Genf – Lyon – Nizza, etwa 17 Std.). Auch hier besteht aus vielen Gegenden die Möglichkeit, bis in die Schweiz über Nacht zu reisen. Die Gesamtfahrzeit verlängert sich dann zwar nochmals, doch ist die Ankunftszeit nicht so spät am Abend. Zwar dauert die Reise über die Schweiz länger als über Paris, jedoch könnte diese Strecke preislich attraktiver sein.

Statt über Genf und Lyon sind auch **Varianten über Mailand** entlang der die italienischen Riviera möglich, wobei Landschaftsliebhaber schon bei der Anreise einen Hochgenuss erleben. **Von Wien sowie von Köln-Frankfurt-Karlsruhe** kann man eine bequeme Nachtzugverbindung nach Italien nutzen und von dort am nächsten Tag ausgeruht an die Côte d'Azur weiterfahren (Wien - Venedig - Nizza, ca. 19 Std.; Frankfurt/M. - Mailand - Nizza, ca. 17 Std.).

Wegen der großen Vielfalt und ständig wechselnder Sonderangebote ist es in preislicher Hinsicht kaum möglich, allgemein gültige Informationen zu geben. Meist ist es jedoch mit der Bahn viel preiswerter, als man denkt. Wer frühzeitig bucht und die Hauptreisetage meidet, kann sehr viel Geld sparen: Straßburg–Nizza mit dem Nachtzug für unter 30 €, Hamburg–Basel–Mailand–Nizza oder Stuttgart–Paris–Nizza für unter 80 € sind durchaus erzielbare Preise. Einen vollständigen Überblick über die unterschiedlichen Möglichkeiten und Konditionen zu geben ist - auch wegen der häufig wechselnden Angebote - kaum möglich. Es empfiehlt sich die Beratung durch eine **spezialisierte Bahn-Agentur** in Anspruch zu nehmen. Wir empfehlen:

- **Gleisnost** am Stadttheater, Bertoldstr. 44, 79098 Freiburg, Tel. 0761-383031, oder Gleisnost im Bahnhof Littenweiler, Lindenmattenstr. 18, 79117 Freiburg, Tel. 0761-62037, www.gleisnost.de.

Wer sich nicht selbst durch den Dschungel der Bahntarife und Fahrpläne schlagen und trotzdem Geld sparen will, erhält dort kompetente Beratung - und auf Wunsch die Tickets ins Haus geschickt.

Flug

Der **Flughafen von Nizza** ist das Tor zur Côte d'Azur. Es gibt aber auch Verbindungen nach **Marseille, Toulon** und **Saint-Tropez,** die je nach Reiseverlauf interessant sein können.

Nonstop-Verbindungen aus dem deutschsprachigen Raum mit Linienfluggesellschaften nach Nizza bestehen mit Lufthansa von Hamburg, Düsseldorf, Frankfurt und München, mit Swiss von Zürich und mit Austrian Airlines von Wien. Die Flugzeit z.B. von Frankfurt nach Nizza beträgt eine Stunde und 30 Minuten.

Daneben gibt es eine ganze Reihe von **Umsteigeverbindungen** nach Nizza, die zwar billiger sein können als die Nonstop-Flüge, bei denen man aber auch eine längere Flugdauer einkalkulieren muss. Diese sind mit den oben genannten Fluggesellschaften von anderen Flughäfen im deutschsprachigen Raum möglich, aber auch z.B. mit Air France über Paris und mit Alitalia über Mailand.

Flugpreise

Ein Economy-Ticket von Deutschland, Österreich und der Schweiz hin und zurück nach Nizza bekommt man je nach Jahreszeit und Aufenthaltsdauer ab etwa 110 € (Endpreis inkl. aller Steuern, Gebühren und Entgelte). Am teuersten ist es in der **Hauptsaison** von Mai bis September, in der die Preise für Flüge in den Sommerferien im Juli und August besonders hoch sind und über 300 € betragen können.

Kinder unter zwei Jahren fliegen ohne Sitzplatzanspruch für 10 % des Erwachsenenpreises, ansonsten werden für ältere Kinder die regulären Preise je nach Airline um 25–50 % ermäßigt. Ab dem 12. Lebensjahr gilt der Erwachsenentarif.

Indirekt sparen, kann man als **Mitglied eines Vielflieger-Programms:** Mitglied bei www.star-alliance.com sind u.a. Austrian Airlines, Lufthansa und Swiss, bei www.skyteam.com sind u.a. Air France und Alitalia. Die Mitgliedschaft ist kostenlos und mit den gesammelten Meilen von Flügen bei Fluggesellschaften innerhalb eines Verbundes reichen die gesammelten Flugmeilen dann vielleicht schon für einen Freiflug bei einer der Partnergesellschaften beim nächsten Flugurlaub. Bei Einlösung eines Gratisfluges ist langfristige Vorausplanung nötig.

Buchung

Für die Tickets der Linienairlines kann man bei folgenden **zuverlässigen Reisebüros** meistens günstigere Preise als bei vielen anderen finden:

- **Jet-Travel,** Buchholzstr. 35, 53127 Bonn, Tel. 0228-284315, Fax 284086, info@jet-travel.de, www.jet-travel.de. Sonderangebote auf der Website unter „Schnäppchenflüge".
- **Globetrotter Travel Service,** Löwenstr. 61, 8023 Zürich, Tel. 01-2286666, www.globetrotter.ch. Weitere Filialen, siehe Website.

Die vergünstigten Spezialtarife und befristeten Sonderangebote kann man nur bei wenigen Fluggesellschaften in ihren Büros oder direkt auf ihren Websites buchen; diese sind jedoch immer auch bei den oben genannten Reisebüros erhältlich. Im Übrigen sollte man wissen, dass die günstigsten Flüge keineswegs immer online im Internet buchbar sind. Häufig haben Jet-Travel und der Globetrotter Travel Service auf Anfrage preiswertere Angebote.

Billigfluglinien

Preiswerter geht es mit etwas Glück nur, wenn man bei einer Billigfluglinie **sehr früh online bucht.** Es werden keine Tickets ausgestellt, sondern man bekommt nur eine Buchungsnummer per E-Mail. Für die Bezahlung wird in der Regel eine Kreditkarte verlangt.

Im Flugzeug gibt es oft **keine festen Sitzplätze,** sondern man wird meist schubweise zum Boarden aufgerufen, um Gedränge weitgehend zu vermeiden. **Verpflegung** wird extra berechnet, bei einigen Fluggesellschaften auch aufgegebenes Gepäck. Für die Region interessant sind:

- **Air Berlin,** www.airberlin.com. Von Düsseldorf und Stuttgart nonstop sowie von Hamburg, Sylt, Berlin, Dresden, Nürnberg, München, Zürich und Wien über Düsseldorf oder Stuttgart nach Nizza.
- **Easy Jet,** www.easyjet.com. Direkt nach Nizza von Berlin-Schönefeld und Basel/Mühlhausen.
- **Fly Baboo,** www.flybaboo.com. Direkt nach Nizza (und im Sommer auch nach Saint-Tropez) von Genf.
- **Germanwings,** www.germanwings.com. Direkt nach Nizza von Köln/Bonn sowie von Dresden, Berlin-Schönefeld, Leipzig/Halle, München, Wien und Zürich über Köln/Bonn.
- **InterSky,** www.intersky.biz. Von Ende März bis Ende Oktober direkt nach Nizza von Friedrichshafen.
- **Ryanair,** www.ryanair.com. Von Eindhoven und Basel/Mühlhausen nach Marseille.
- **Cimber Sterling,** www.cimber.com. Direkt nach Nizza von Billund (Dänemark).

Last-Minute

Wer sich erst im letzten Augenblick für eine Reise an die Côte d'Azur entscheidet oder gern pokert, kann Ausschau nach Last-Minute-Flügen halten, die von einigen Airlines mit deutlicher Ermäßigung **ab etwa 14 Tage vor Abflug** angeboten werden, wenn noch Plätze zu füllen sind. Diese Last-Minute-Flüge lassen sich nur bei Spezialisten buchen:

- **L'Tur,** www.ltur.com, Tel. 00800-21212100 (gebührenfrei für Anrufer aus Europa); 165 Niederlassungen europaweit.
- **Lastminute.com,** www.lastminute.de, (D)-Tel. 01805-284366 (0,14 €/Min.), für Anrufer aus dem Ausland Tel. 0049 89 4446900.
- **5 vor Flug,** www.5vorflug.de, (D)-Tel. 01805 -105105 (0,14 €/Min.), (A)-Tel. 0820-203 085 (0,145 €/Min.).
- **Restplatzbörse,** www.restplatzboerse.at, (A)-Tel. (01) 580850.

Check-in

Nicht vergessen: Ohne einen gültigen **Reisepass oder Personalausweis** kommt man nicht an Bord. Bei den innereuropäischen Flügen muss man **mindestens eine Stunde vor Abflug** am Schalter der Airline eingecheckt haben. Viele Airlines neigen zum Überbuchen, d.h. sie buchen mehr Passagiere ein, als Sitze im Flugzeug vorhanden sind, und wer zuletzt kommt, hat dann möglicherweise das Nachsehen.

Das Gepäck

In der Economy-Class darf man in der Regel nur Gepäck bis zu **20 kg pro Person** einchecken (Ausnahme z.B. Ryanair mit nur 15 kg) und zusätzlich ein **Handgepäck** von 7 kg in die Kabine mitnehmen, welches eine Größe von 55 x 40 x 23 cm nicht überschreiten darf. In der Business Class sind es meist 30 kg pro Person und zwei Handgepäckstücke, die insgesamt nicht mehr als 12 kg wiegen dürfen. Man sollte sich beim Kauf des Tickets über die Bestimmungen der Airline informieren.

Aus **Sicherheitsgründen** dürfen Taschenmesser, Nagelfeilen, Nagelscheren, sonstige Scheren und Ähnliches nicht mehr im Handgepäck untergebracht werden. Diese sollte man unbedingt im aufzugebenden Gepäck verstauen, sonst werden diese Gegenstände bei der Sicherheitskontrolle einfach einbehalten und weggeworfen. Darüber hinaus gilt, dass Feuerwerke, leicht entzündliche Gase (in Sprühdosen, Campinggas), entflammbare Stoffe (in Benzinfeuerzeugen, Feuerzeugfüllung) etc. nichts im Passagiergepäck zu suchen haben.

Seit November 2006 dürfen Fluggäste **Flüssigkeiten** oder vergleichbare Gegenstände in ähnlicher Konsistenz (z.B. Getränke, Gels, Sprays, Shampoos, Cremes, Zahnpasta, Suppen) nur noch in der Höchstmenge von jeweils 0,1 Liter als Handgepäck mit ins Flugzeug nehmen. Die Flüssigkeiten müssen in einem durchsichtigen, wiederverschließbaren Plastikbeutel transportiert werden, der maximal einen Liter Fassungsvermögen hat. Da sich diese Regelungen jedoch ständig ändern, sollte man sich beim Reisebüro oder der Fluggesellschaft nach den derzeit gültigen Regelungen erkundigen.

Ausrüstung und Reisegepäck

Bekleidung

Die Côte d'Azur und die Provence sind die sonnenverwöhntesten Regionen Frankreichs. Doch sollte man nicht vergessen, dass die Landschaften um das Rhône-Becken bis zum Estérel-Massiv auch vom Mistralwind gegeißelt werden, und das 100 bis 150 Tage im Jahr. Der grausame Wind erreicht Geschwindigkeiten von bis zu 150 km/h und ruft ein rapides Absinken der Temperaturen hervor. Dann hilft nur warme und vor allem **vor Wind schützende Kleidung.** Selbst im Sommer kann man Shorts und T-Shirts an solchen Tagen getrost zu Hause lassen.

Mistral bedeutet aber auch: strahlend blauer Himmel und Sonne, womit in Frankreichs Süden ohnehin nicht „gegeizt" wird. **Sonnenbrille** und **Kopfbedeckung** sind daher unerlässlich. Luftige Kleidung ist für die Sommermonate selbstverständlich, kann aber manchmal schon ab April und bis hinein in den Oktober getragen werden. Ins Reisegepäck gehören natürlich auch **Sonnenschutzmittel** und **Mückenabwehr.**

Zum Spazierengehen und Wandern, auch wenn man keinen ausgesprochenen Wanderurlaub plant, sollte man **festes Schuhwerk** einpacken – nicht zuletzt, um gegen Schlangen, Skorpione und Dornengestrüpp gewappnet zu sein. Falls man die prinzipiell gut markierten Wanderwege trotzdem verfehlen sollte, ist ein Kompass hilfreich. **Wanderkarten** gibt es in Hülle und Fülle vor Ort.

Egal, ob Spaziergang oder Wanderung – das Mitführen eines **Fernglases** lohnt eigentlich immer. Einerseits tut man sich selbst einen Gefallen, weil sich die Fauna so erheblich besser beobachten lässt, andererseits kommt man den Tieren auf diese Weise nicht zu nahe oder schreckt sie gar auf.

Kartenmaterial

Für **Autofahrer** ist die Straßenkarte Nr. 527, „Provence-Alpes-Côte d'Azur", von Michelin uneingeschränkt zu empfehlen; sie umfasst das gesamte Gebiet, ist detailliert genug und sowohl in Deutschland als auch in Frankreich problemlos erhältlich. Für den Überblick ist die bei Reise Know-How erschienene Karte „Südfrankreich" im Maßstab 1:425.000 aus dem world mapping project zu empfehlen. Sie hat ein ausführliches Ortsregister, farbige Höhenschichten und ist GPS-tauglich. Ausschnitte daraus zeigt der Atlas am Ende dieses Buches.

Für **Wanderer** und **Radfahrer** gibt es noch detailliertere Karten vom französischen Landesvermessungsamt *IGN:* zum einen eine Kartenserie im Maßstab 1:100.000, zum anderen, ebenfalls flächendeckend, teure, aber gute Karten im Maßstab 1:25.000. Diese Karten sind in Deutschland in spezialisierten Buchhandlungen, in Frankreich im jeweiligen Gebiet erhältlich.

Fotografieren

Filme sind in Frankreich zum Teil erheblich teurer, sodass es sich empfiehlt, zu Hause schon Fotomaterial einzukaufen (vor allem Diafilme). Einige Geschäfte an touristisch interessanten Stellen verlangen wahre Wucherpreise. Eigenartigerweise ist die Entwicklung oft nicht teurer als zu Hause. Auch mit Ersatzbatterien und Speichermedien für Digitalkameras sollte man sich besser vor der Reise eindecken.

Wegen des **harten, hellen Lichtes** haben sich bei Freiluft-Aufnahmen Filme der Empfindlichkeit 100 ISO bewährt. In **Museen** ist mitunter das Fotografieren, oft aber auch nur das Blitzlicht verboten.

Autofahren

Was die **Fahrweise** betrifft, so pflegt der Südfranzose einen originellen, durchaus intelligenten Fahrstil. Jeder handelt unmittelbar, nicht zum Besten der Regeln, sondern zu seinem eigenen Besten, in der Hoffnung, dass sich daraus ein funktionierender Gesamtverkehr ergebe.

Dies heißt für den Neuling: Höfliche Gesten, so etwa das „Hereinwinken", sind nicht zu erwarten. Auf Landstraßen, insbesondere im Gebirge, ist mit fantasievollen **Überholmanövern** zu rechnen, wobei das anspruchsvolle Überholen vor oder in einer Kurve jederzeit der langweiligen Fahrschul-Variante vorgezogen wird.

Auf die Spitze getrieben findet man die hiesige Verkehrsphilosophie in den allgegenwärtigen **Kreisverkehren,** die, wenn sie eine gewisse Größe erreichen, anarchische Zustände hervorbringen.

Dem in Frankreich weilenden Autofahrer bieten sich zwei Alternativen. Entweder er passt sich an, was, entsprechendes Fahrkönnen vorausgesetzt, zügiges Fortkommen gewährleistet, oder aber er fährt defensiv.

Das Auto als „heiliges Blechle", diese Vorstellung ist den Franzosen fern. Beim **Ein- und Ausparken** scheint, selbst wenn Platz genug ist, ein kleiner Rempler zum Ritual zu gehören. Wem jeder Kratzer am Wagen zum Kratzer am Ego wird, der lebt gefährlich in Südfrankreich.

In der Sommerzeit kann sich die Verkehrslage an der Küste als schwierig erweisen. Man sollte mit zusätzlicher Fahrtzeit rechnen, weil es oft vorkommt, dass man im **Stau** stecken bleibt.

Verkehrsnetz

Die **Autobahnen** (A) sind kostenpflichtig und daher meist wenig frequentiert. Eine Ausnahme bilden die kostenlosen Teilstücke der Ballungsgebiete, etwa um Lyon herum. Die Gebühren können an den Mautstellen *(péage)* sowohl bar als auch per Kreditkarte bezahlt werden. Die (recht hohen) Tarife findet man unter www.autoroutes.fr.

Der Überlandverkehr verlagert sich großteils auf die **Nationalstraßen** (N), die teilweise vierspurig ausgebaut sind und außerhalb der Ortsdurchfahrten meist auch ein zügiges Vorankommen ermöglichen. Gelegentlich gibt es drei-

Foto: im 098co

spurige Nationalstraßen, deren mittlere Spur beiden Seiten zum Überholen dient – Vorsicht ist geboten, wenn zwei entgegenkommende Fahrzeuge gleichzeitig ausscheren.

Die **Département-Straßen** (D) sind in einem recht unterschiedlichen Zustand. Während manche, etwa in dünn besiedelten Regionen, eine Alternative auch bei weiten Strecken bilden, ermöglichen andere nur ein langsames Fortkommen.

Im bergigen Hinterland heißt es aufpassen in den Kurven

Tanken

Benzin *(essence)* ist in Frankreich etwa so teuer wie in Deutschland. **Diesel** wird auch unter der Bezeichnung *gasoile* verkauft. Wer über Luxemburg anreist, sollte dort noch volltanken, denn dort ist der Kraftstoff deutlich günstiger. Mit Abstand am billigsten tankt man in Frankreich an den Tankstellen der Supermärkte.

Pannen und Reparaturen

Bei der Ausführung kleinerer Reparaturen und Wartungsarbeiten sind die großen Filialen der Tankstellenketten eine zuverlässige und meist sehr preisgünstige Alternative zu Markenwerkstätten. Gleiches gilt für einige riesige Einkaufszentren an den Stadträndern, wie etwa *Géant Casino,* die eigene Autozentren unterhalten und Pannen auch noch am Samstagabend beheben.

Unfall

Die **Notrufnummer** der Polizei lautet 17. In Frankreich kann die **Pannenhilfe** rund um die Uhr über die Notrufsäulen (an Autobahnen) angefordert werden. Hilfe ist z.B. für ADACPlus-Mitglieder oder ÖAMTC-Mitglieder teilweise kostenlos. Man kann sich auch direkt an seinen Automobilclub wenden. Hier die drei größten für Deutschland, Österreich und die Schweiz:

- **ADAC,** deutschsprachige Notrufstation in Frankreich Tel. 08.25.80.08.22, (D) Tel. 0049-89-222222.
- **ÖAMTC,** deutschsprachige Notrufstation in Frankreich Tel. 04.72.17.12.23, sonst: (A) Tel. 01-2512000 oder (A) Tel. 01-2512020 für medizinische Notfälle.
- **TCS,** (CH) Tel. 022 4172220.

Französische Verkehrsschilder

Arret interdit	Halten verboten
Attention!	Achtung!
Centre Ville	Stadtzentrum
Chaussée déformée	Fahrbahnschäden
Danger	Gefahr
Déviation	Umleitung
Passage interdit	Durchfahrt verboten
Ralentir	Langsam fahren!
Sens interdit	Einbahnstraße
Toutes Directions	Alle Richtungen

Verkehrsregeln

Die Verkehrsregeln und -zeichen entsprechen weitestgehend denen in Deutschland, es gibt jedoch einige besondere Verkehrsschilder, auf die man immer wieder trifft (siehe Kasten).

Als **Geschwindigkeitsbegrenzung** gilt in Orten 60 km/h, auf Landstraßen 90 km/h, auf vierspurigen Landstraßen 110 km/h, auf den Autobahnen 130 km/h, bei Nässe 110 km/h. Wer seinen Führerschein erst seit weniger als einem Jahr besitzt, darf höchstens 90 km/h fahren.

Geschwindigkeitskontrollen kommen sehr häufig auf Nationalstraßen vor; Verstöße sind auch für Ausländer teuer. Üblicherweise warnen die Franzosen den Gegenverkehr durch mehrmaliges Aufblenden der Scheinwerfer vor Kontrollen.

Die **Promillegrenze** in Frankreich beträgt 0,5. Es ist jedoch wenig ratsam, diese Maßgabe bis auf das Letzte auszureizen: Auch tagsüber finden häufiger Kontrollen statt, und Alkoholverstöße werden rigoros geahndet.

Auf Frankreichs Straßen sterben im Jahr mehr Menschen als in den meisten anderen Ländern Europas. Viele Franzosen wollen jedoch nicht mehr hinnehmen, dass ihre Straßen so gefährlich sind. Die Regierung versprach vor einiger Zeit, künftig stärker durchzugreifen – gegen Tempoverstöße, aber auch gegen die verbreitete Unsitte, sich auch nach ein paar Gläsern Wein noch ans Steuer zu setzen.

Bei einbrechender Dämmerung ist es üblich, nur das **Standlicht** einzuschalten.

Parken

Einige Probleme bereitet das Parken in den größeren Städten; es ist vielfach unmöglich, einen kostenlosen Platz zu ergattern. Das Parken ist im Allgemeinen von Montag bis Samstag von 9 bis 12 und 14 bis 19 Uhr gebührenpflichtig. Die Gebühren sind ähnlich hoch wie zu Hause. In der Nähe der gebührenpflichtigen Parkplätze steht immer ein Automat, aus dem man ein Ticket zieht, das hinter die Windschutzscheibe gelegt werden muss. Parksünder werden in Frankreich ordentlich zur Kasse gebeten.

Mietwagen

An Flughäfen und in größeren Städten können Fahrzeuge gemietet werden, Adressen der Vermieter sind bei den Touristeninformationen erhältlich. Wer einen Wagen mieten möchte, muss mindestens 21 Jahre alt sein und den Führerschein schon mindestens ein Jahr besitzen. Eventuell kann es günstiger sein, schon in Deutschland bei einer internationalen Mietwagenfirma eine Vorabbuchung vorzunehmen. Auf jeden Fall ist es angebracht, mit einer **Kreditkarte** zu bezahlen, da so keine hohe Kaution hinterlegt werden muss.

Camping

Frankreich, und natürlich auch das Gebiet dieses Reiseführers, ist ein Camping-Land par excellence. Das Angebot ist dementsprechend groß. Wie die Hotels werden die Campingplätze je nach Komfort und Ausstattung mit einem bis vier **Sternen** versehen. Fast jede Gemeinde verfügt über einen eigenen *Camping municipal.* Deren Preise sind moderat, die Ausstattung ist meist einfach. Größere und neuere Anlagen verfügen oft über Sportmöglichkeiten und Freizeiteinrichtungen. In der Hochsaison sollte man vor allem in den touristischen Zentren reservieren.

Wie die Ausstattungen, so variieren auch die **Preise** der Campingplätze gewaltig. Zahlt man auf einfachen Anlagen mit zwei Personen für einen Stellplatz oft kaum mehr als 10 €, verlangen die bestens ausgestatteten Plätze an der Küste vielfach über 25 € – immerhin der Preis für ein Doppelzimmer in einem einfachen Hotel. Verzeichnisse der Campingplätze gibt es unter folgender Adresse:

- **Fédération française de Camping et de Caravaning,** 78, Rue de Rivoli, 75004 Paris, Tel. 01.42.72.84.08, www.ffcc.fr.

Ländliche Idylle und persönliche Atmosphäre (maximal 25 Plätze), dafür aber recht einfache Ausstattung bietet **Camping à la Ferme,** das Campen auf dem Bauernhof. Kataloge sind erhältlich bei *Gîtes de France* (s. Unterkunft).

Wildes Campen ist offiziell verboten. Hartnäckige sollten auf jeden Fall vorher eine Genehmigung bei der zuständigen *Mairie,* dem Bürgermeisteramt, einholen. Wegen der stets akuten Waldbrandgefahr sollte man auf jeden Fall die Wälder der Provence zum Campen meiden.

Für **Wohnmobile** gibt es im Süden Frankreichs zahlreiche Stellplätze, teilweise mit Ver- und Entsorgungseinrichtung. Viele Gemeinden stellen eigene Plätze zur Verfügung. Ein empfehlenswerter Tourenführer ist das bei Reise Know-How erschienene Buch **„Die schönsten Routen durch die Provence“** mit detaillierten Park-, Camping- und Stellplatzbeschreibungen sowie GPS-Daten.

Ein- und Ausreisebestimmungen

Reisedokumente

Bürger der EU-Staaten und Schweizer benötigen zur Einreise nach Frankreich einen gültigen **Reisepass oder Personalausweis.** Kinder unter 16 Jahren müssen entweder im Pass eines Elternteils eingetragen sein oder einen **Kinderausweis** mitführen.

Für Autofahrer ist das Mitführen von **Führerschein und Fahrzeugschein** Pflicht, zudem verlangen die Polizeibeamten bei einem Unfall meist die **Grüne Versicherungskarte.**

In Deutschland, Österreich oder der Schweiz lebende Staatsbürger von Nicht-EU-Staaten sollten sich bei der entsprechenden **diplomatischen Vertretung** Frankreichs nach der Notwendigkeit eines Visums erkundigen:

- **Deutschland:** Pariser Platz 5, 10117 Berlin, Tel. 030-590039000, Fax 030-590039171, www.botschaft-frankreich.de.
- **Österreich:** Technikerstraße 2, 1040 Wien, Tel. 031-502750, Fax 031-50275168, www.ambafrance-at.org
- **Schweiz:** Schosshaldenstrasse 46, 3006 Bern, Tel. 031-3592111, Fax 031-3592191, www.ambafrance-ch.org

Zoll

In allen EU- und EFTA-Mitgliedstaaten gelten weiterhin **nationale Ein-, Aus- oder Durchfuhrbeschränkungen,** z.B. für Tiere, Pflanzen, Waffen, starke Medikamente und Drogen (auch Cannabisbesitz und -handel).

Zollfrei einführen darf man persönliches, gebrauchtes Reisegut, Reiseproviant sowie alkoholfreie Getränke. Waren, die zu **gewerblichen Zwecken** verwendet werden, müssen grundsätzlich beim Finanzamt zur Umsatzsteuer und sofern sie der Verbrauchssteuer unterliegen auch beim Hauptzollamt angemeldet werden.

Freimengen innerhalb EU-Ländern

- **Tabakwaren** (für Personen über 17 Jahre): 800 Zigaretten oder 400 Zigarillos oder 200 Zigarren oder 1 kg Tabak oder eine anteilige Zusammenstellung dieser Waren.
- **Alkohol** (für Personen über 17 Jahre): 90 l Wein (davon max. 60 l Schaumwein) oder 110 l Bier oder 10 l Spirituosen über 22 Vol.-% oder 20 l unter 22 Vol.-% oder eine anteilige Zusammenstellung dieser Waren.
- **Anderes:** 10 kg Kaffee und 20 Liter Kraftstoff im Benzinkanister.

Freimengen für Reisende aus z.B. einem Drittland (Schweiz)

- **Tabakwaren** (für Personen ab 17 Jahren): 200 Zigaretten oder 100 Zigarillos oder 50 Zigarren oder 250 g Tabak oder eine anteilige Zusammenstellung dieser Waren.
- **Alkohol** (für Personen ab 17 Jahren): 1 l Spirituosen (über 22 Vol.-%) oder 2 l Spirituosen (unter 22 Vol.-%) oder eine anteilige Zusammenstellung dieser Waren, und 4 l nichtschäumende Weine, und 16 l Bier.
- **Andere Waren:** 10 Liter Kraftstoff im Benzinkanister; für See- und Flugreisende bis zu

einem Warenwert von insgesamt 430 €, über Land Reisende 300 €, alle Reisende unter 15 Jahren 175 € (bzw. 150 € in Österreich).

Freimengen bei Rückkehr in die Schweiz

- **Tabakwaren** (für Personen ab 17 Jahren): 200 Zigaretten oder 50 Zigarren oder 250 g Schnitttabak oder eine anteilige Zusammenstellung dieser Waren, und 200 Stück Zigarettenpapier.
- **Alkohol** (für Personen ab 17 Jahren): 2 l bis 15 Vol.-% und 1 l über 15 Vol.-%.
- **Anderes:** neuangeschaffte Waren für den Privatgebrauch bis zu einem Gesamtwert von 300 SFr. Bei Nahrungsmitteln gibt es innerhalb dieser Wertfreigrenze auch Mengenbeschränkungen.

Nähere Informationen

- **Deutschland:** www.zoll.de oder beim Zoll-Infocenter Tel. 069-46997600.
- **Österreich:** www.bmf.gv.at oder beim Zollamt Klagenfurt Villach Tel. 01514-33564053.
- **Schweiz:** www.ezv.admin.ch oder bei der Zollkreisdirektion in Basel Tel. 061-2871111.
- **Hauptzollamt in Paris:** Direction Générale des Douanes, Tel. 01.42.60.35.90.

Haustiere

Wer Hund oder Katze mitnehmen will, muss für das Tier eine ordnungsgemäße **Tollwutschutzimpfung** vorweisen und einen EU-Heimtierausweis *(Pet Passport)* vorlegen. Auch muss das Tier mit einem **Microchip** oder übergangsweise (bis 2011) mit einer Tätowierung gekennzeichnet sein.

- **Buchtipp:** Umfangreiche Informationen bietet das in der Praxis-Reihe des Reise Know-How Verlages erschienene Buch **„Verreisen mit Hund"**.

Einkaufen

Souvenirs

Das wohl typischste Mitbringsel aus der Provence und von der Côte d'Azur ist der **Lavendel:** Ob getrocknet, im Duftbeutel, als Duftessenz, aufgemalt, fotografiert oder in Form von Lavendelhonig – die betörend duftende Pflanze gilt als eines der Sinnbilder für Frankreichs Südosten. Ähnlich bekannt sind die **Kräuter der Provence** (Genaueres dazu im Kapitel „Essen und Trinken").

Beliebt sind auch die bunt bedruckten **Baumwollstoffe,** die *Indiennes* oder *Arabesques,* die man als Meterware oder auch schon fertig verarbeitet als Bekleidung und Tischwäsche erstehen kann. Hübsch und dekorativ sind rustikale **Töpferwaren** mit farbiger Glasur sowie Salatbestecke oder Schneidebrettchen aus **Olivenholz.**

Die wichtigsten Lebensmittelgeschäfte

Alimentation générale/ Epicerie	kleiner Lebensmittelladen
Boulangerie	Bäckerei
Patisserie	Konditorei
Boucherie	Metzgerei
Charcuterie	Wurstwarengeschäft
Poissonerie	Fischgeschäft
Crèmerie	Käsehandlung
Marchand de Vin	Weinhändler
Débit de Vin	Weinhandlung
Supermarché	Supermarkt
Hypermarché	großer Supermarkt

035co Foto: im

Das Angebot an Kulinarischem ist schier unerschöpflich: edles **Olivenöl,** das kaum exportiert wird (natürlich mechanisch gepresst und am liebsten „bio"), **Tapenade** (Olivenpaste), bestimmte **Knoblauchsorten,** die bis zu einem Jahr halten, **Konfitüren** (zum Beispiel aus Melonen und Feigen), lokale Spezialitäten wie **Kastanienmus** *(crème de marrons)* aus dem Mauren-Massiv, **Parfum** aus Grasse, **Trüffel** aus Aups, **Bio-Wein** aus der Gegend von Correns oder lokaler Wein aus Nizza, der Bellet.

Seife als Souvenir und
Meeresfrüchte auf dem Fischmarkt

Märkte

Der Marktbesuch ist eine Tradition, die in der Region Provence-Alpes-Côte d'Azur ausgesprochen lebendig ist und sicherlich einen großen Teil der **Identität der Region** ausmacht (siehe dazu unten: „Die Küche der Provence"). Von der großen Stadt bis zum kleinen Bergdorf – jeder Ort hat seinen *marché* und hält den eigenen, wie sollte es anders sein, für den allerschönsten! Man möchte meinen, ein unbefangener Nicht-Einheimischer käme da vielleicht zu einem objektiveren Urteil, doch tatsächlich wird so mancher Reisende bei seiner Suche nach dem schönsten Markt feststellen, dass ihm stets genau der am besten gefällt, auf dem er gerade ist ...

036co Foto: im

Dabei ist der *marché* **nichts für Schlafmützen:** Ab mittags kann man bestenfalls den Aufräumarbeiten beiwohnen und durch die von den allgegenwärtigen Reinigungsmaschinen verursachten Wasserlachen waten. Doch auch um zehn oder elf Uhr bekommt man nicht mehr unbedingt das frischeste und schönste Obst und Gemüse.

Auf dem **Bauernmarkt,** dem *marché paysan,* gibt es „nur" Obst, Gemüse, Käse, Fleisch und Fisch sowie Kräuter, Gewürze, Oliven und Olivenöl. Auf dem **provenzalischen Markt,** dem *marché provençal,* bekommt man darüber hinaus Bekleidung, Stoffe, Tischwäsche, Töpferwaren, Körbe, Blumen, Geschenkartikel und vieles mehr. Daneben gibt es spezielle Märkte wie Töpfermärkte (z.B. in Vallauris), Antiquitäten- und Trödelmärkte (am Nizzaer Hafen) und Blumenmärkte (auf dem Cours Saleya in Nizza).

Supermärkte

Die großen Supermärkte liegen fast immer in den Gewerbegebieten am **Stadtrand.** Zunehmend sind sie als riesige Konsumtempel nach amerikanischem Muster gestaltet, mit angegliederten Boutiquen, Schnellrestaurant, Apotheke, Bäckerei, Fotogeschäft, Schuster usw. sowie einer Tankstelle und immer öfter auch einer Autowerkstatt. Deshalb heißen sie kaum mehr *Supermarché,* sondern *Hypermarché.* Weitere große Kaufhäuser aller Art sind meist um sie herum angesiedelt. Kleine, meist etwas teurere Supermärkte finden sich auch in den Stadtzentren.

„Le Petit Commerce" – die Tante-Emma-Läden

Es gibt sie noch, die kleinen Tante-Emma-Läden. Sie heißen **Alimentation Générale** oder **Epicerie** und man findet sie sowohl in den Stadtvierteln als auch in fast jedem Dorf. Auf der einen Seite ist das Angebot an Lebensmitteln hier begrenzt und recht teuer, doch haben diese Geschäfte andererseits ihren ganz eigenen Charme, sind schnell erreichbar und bieten eine persönliche Bedienung, meist von den Ladenbesitzern selbst. Zu beachten ist, dass vor allem auf dem Land ausgiebig Siesta gehalten wird. Mittags und am frühen Nachmittag sind alle Läden zu. Wer ein Picknick plant, sollte also rechtzeitig einkaufen.

Einkaufsbummel

Für einen gemütlichen Einkaufsbummel oder einen Boutiquenstreifzug bieten sich vor allem **Nizza, Monaco und Cannes** an, da diese Städte über ein besonders reiches Angebot an netten und exquisiten Geschäften verfügen, teils in schöner Altstadtatmosphäre, teils in modernen Shopping-Centern (z.B. Nice-Etoile). Aber auch einige kleinere Städte wie Saint-Tropez, Hyères, Antibes und Menton bieten respektable Shopping-Möglichkeiten. In den jeweiligen Ortsbeschreibungen wird auf die Haupteinkaufsstraßen hingewiesen.

Elektrizität

Steckdosen gibt es vereinzelt noch mit 110 Volt, außerdem solche, auf die zwar Euro-Stecker, nicht aber Schuko-Stecker passen. In beiden Fällen benötigt man einen **Adapter,** der in französischen Elektrogeschäften gekauft werden kann.

Essen und Trinken

Das Frühstück

Die Franzosen, und so auch die Provenzalen, beginnen ihren Tag eher sparsam: Das klassische **petit déjeuner** besteht aus Kaffee (manchmal auch Tee oder Schokolade), Croissant, Baguette, Butter und Konfitüre. Auch in den Hotels ist ein Frühstücksbüffet eher die Seltenheit, Extrawünsche muss man teuer bezahlen.

Im Restaurant

In den Restaurants kann man etwa zwischen 12 und 14 Uhr *(déjeuner),* abends etwa zwischen 19.30 und 22 Uhr *(dîner)* speisen. Im Allgemeinen, vor allem im Sommer, isst man abends um einiges **später als bei uns.**

Beim Betreten eines Restaurants fragt die Bedienung nach der Anzahl der Personen und schlägt daraufhin einen Tisch vor. Die vorherige **Reservierung** ist erwünscht und bei den Franzosen eher die Regel.

Da es in Frankreich Sitte ist, in mehreren Gängen zu essen, bieten die Restaurants neben ihrer Karte **Menüs** (zumeist mit drei Gängen) mit Festpreisen an. Oft gibt es unterschiedliche Menüs zu verschiedenen Preisen. Generell sind Menüs billiger als das Essen **à la carte,** und Mittagsmenüs sind günstiger als jene am Abend. Obwohl Menüs in einfachen Gaststätten teilweise schon für ca. 18 € zu bekommen sind (meist aber eher ca. 25 € kosten), beinhalten sie immer eine Vorspeise, ein Hauptgericht und ein Dessert. Zuweilen gehört sogar ein Viertelliter Wein dazu.

Ebenfalls preiswert ist die **plat du jour,** ein festgelegtes Tagesgericht, das mittags angeboten wird. Abends wird in der Regel erwartet, dass man ein vollständiges Menü zu sich nimmt; Ausnahmen bilden u.a. die Pizzerien, wo man durchaus nur eine Pizza, einen Teller Pasta oder Salat essen darf. Einen **Apéritif** kann man im Restaurant einnehmen oder aber vorher auf der Terrasse eines benachbarten Cafés. Typisch für die Region ist der **Pastis,** ein Anisschnaps, den man mit Eiswasser aufgefüllt trinkt. Er bekommt so seine charakteristische milchige Farbe und der Geschmack wird dadurch milder.

Normalerweise sind die Gedecke der Restauranttische mit je zwei Gläsern bestückt. Das größere ist für das **Wasser** *(l'eau),* das – wie auch das **Brot** *(pain)* – kostenlos gereicht wird. In Frankreich ist es durchaus üblich, statt Mineralwasser Leitungswasser zu trinken. Das Essen wird im Allgemeinen vom **Wein** *(vin)* begleitet, für den das kleinere Glas bestimmt ist und der als *un quart* (Viertelliter), *un demi-litre* (halber Liter) oder als *carafe* (Liter) bestellt werden kann. Was die Weinauswahl anbetrifft, so kann man entweder die Weinkarte bestaunen und selbst auswählen oder sich etwas empfehlen lassen, zum Beispiel eine Hausmarke oder lokale Geheimtipps. In der Provence wird die schwierige Wahl zwischen Rot- und Weißwein, vor allem, wenn an einem Tisch verschiedene Menüs gewählt werden, oft mit einem kühlen Rosé gelöst. Die Weinflaschen werden am Tisch entkorkt; in guten Restaurants probiert der Gast zunächst, bevor eingeschenkt wird.

Im Café bestellen

un café, petit noir, espresso	„kleiner Schwarzer"
un (café) allongé	„normaler" Kaffee, meist als Espresso mit mehr Wasser
un café au lait / café crème	Milchkaffee
un thé noir / vert	schwarzer / grüner Tee
une infusion à la camomille	Kamillentee (Kräutertee = *infusion*)
une coca (cola)	Cola
de l'eau minérale gazeuse (non-gazeuse/plate)	Mineralwasser mit Kohlensäure (ohne K.)
un jus de pomme	Apfelsaft
un jus d'orange	Orangensaft

- **Buchtipp:** Eine Sprachhilfe für Restaurant und Supermarkt ist das in der Reihe Kauderwelsch des Reise Know-How Verlages erschienene Büchlein **„Französisch kulinarisch".**

Entscheidet man sich statt Wein für **Bier** *(bière)* zum Essen, hat man die Wahl zwischen gezapftem *(à la pression)* und Flaschenbier *(en bouteille)*.

Bei der **Bestellung** werden zunächst nur Vorspeise *(entrée)* und Hauptgang geordert. Das Dessert bestellt man später, außer wenn es eine spezielle Zubereitung erfordert. Zum Abschluss kommt die Frage nach einem **digestif** (z.B. Calvados oder Cognac) und nach **Kaffee.**

Viele provenzalische Küchenchefs halten die **Tradition** sehr hoch. Sie stützen sich auf **regionale Produkte** und die alten Rezepte aus Großmutters Kochbuch und verfeinern sie auf ihre eigene Art, drücken ihnen ihr persönliches Gepräge auf und erfinden neue Rezepte auf der Basis der alten. Die Restaurantempfehlungen in diesem Buch beziehen sich meist auf Restaurants, die nach diesen Prinzipien arbeiten.

Ein **gutes provenzalisches Menü** kostet rund 25 €, dafür bekommt man drei Gänge in ordentlicher Qualität. Wenn man marktfrische Küche mit ein wenig Raffinesse erwartet, sollte man das auf jeden Fall investieren, um Enttäuschungen zu vermeiden (Ausnahmen gibt es sicherlich).

In einer Region, die in hohem Maße vom Tourismus lebt, wird naturgemäß auch Schindluder getrieben, vor allem in den **touristischen Zentren,** zum Beispiel am Nizzaer Blumenmarkt oder in Monaco. Um mehrsprachige, auf der Straße angebrachte Menükarten sollte man einen großen Bogen machen. Am besten und billigsten isst man, wenn man in einem bei den Einheimischen beliebten Restaurant das kleine oder mittlere Menü und einen regionalen Wein bestellt.

Bezahlung und Trinkgeld

Im Restaurant wird die **Rechnung** *(l'addition)* – meist auf einem kleinen Tellerchen – diskret auf den Tisch gelegt. Nachdem der Gast seinerseits sein Geld darauf gelegt hat, holt die Bedienung es ab und bringt kurze Zeit darauf das Wechselgeld wieder. Erst beim Verlassen des Restaurants lässt der Gast, ebenso diskret, das Trinkgeld auf dem **Tellerchen oder Tisch** zurück. Die Höhe liegt ganz im eigenen Er-

100co Foto: im

messen. Die früher üblichen 10–15 % des Rechnungsbetrages gibt man heute meist nur noch bei aufwendigeren Menüs.

In Bars oder Cafés ist ein Trinkgeld nicht zwingend, vor allem, wenn man nur etwas trinkt. Umso größer aber ist die Freude, wenn man sich für guten Service erkenntlich zeigt.

Snacks und kleine Mahlzeiten

Vor allem **Sandwiches** kann man sowohl im Stehen als auch in Bars und Cafés gut und preiswert essen. Eine Sandwich-Spezialität ist das **pain bagna,** eine Art großes, rundes Brötchen, das mit Olivenöl eingerieben wird und meist mit Käse, Schinken oder Thunfisch und Salat belegt ist. Bäcker bieten Süßes und Salziges in Hülle und Fülle an.

Auf dem Land stehen zuweilen Wagen, die sehr gute **Pizza** anbieten, meist *au feu de bois,* aus dem Holzofen. Mittags isst man auch oft einen leichten **Salat,** vor allem den Klassiker aus Nizza mit Thunfisch und Ei: *salade niçoise.*

Für ein kleines Frühstück oder einen Snack ist es durchaus möglich, in **Bars und Cafés** nur ein Getränk zu bestellen und sich Backwaren selbst mitzubringen – allerdings nur, sofern das Lokal nichts dagegen einzuwenden hat und selbst keine derartigen Dinge anbietet. Die billigste Art, lange Zeit in einem schönen Café zu verbringen, ist, sich einen *petit noir,* einen kleinen schwarzen Kaffee, zu bestellen, zu dem man sich, wie überall, kostenlos Wasser bringen lassen kann.

Die Küche der Provence

Manche behaupten, dass in Frankreich die regionale Küche wieder in Mode komme. Die Provenzalen setzen dagegen, dass die ihre überhaupt nie aus der Mode gekommen sei, diese Küche auf der Basis von Olivenöl, Knoblauch und aromatischen Kräutern. In der heutigen Zeit, in der mancher sich Gedanken um die gesunde Ernährung macht, ist sie zudem im Trend, weil sie viel Salat und Gemüse integriert.

Jede einzelne Gegend und so manche Stadt hat ihre eigenen **Spezialitäten,** Nizza die *salade niçoise* und die *petits farcis,* an der Marseiller Küste wird die berühmte Fischsuppe *bouillabaisse* gegessen und der Var schließlich ist mit Trüffeln gesegnet. Da die *cuisine nissarde,* die Nizzaer Küche, viele Besonderheiten aufweist, ist ihr im Kapitel „Nizza" ein eigener Exkurs gewidmet.

Auf den ersten Blick ergibt sich nicht unbedingt ein geschlossenes Bild, zumal Provence und Côte d'Azur als Wegkreuz der Völker im Verlauf der Jahrhunderte immer neuen Einflüssen ausgesetzt waren. Griechen, Römer und spanische Mauren hinterließen ihre Spuren in den Kochtöpfen, in jüngerer Zeit auch die Italiener und der Norden Frankreichs. Neue Kenntnisse sind mit den alten, bodenständigen zusammengeflossen und haben eine mediterran geprägte Küche hervorgebracht, die abwechslungsreich ist, sehr aromatisch schmeckt und in allen Farben des Landes leuchtet.

Provenzalische Rezepte

Tapenade (Olivenpaste)

200 g entkernte schwarze Oliven
100 g Anchovis-Filets
100 g Thunfisch (ohne Öl)
200 g Kapern
1 Knoblauchzehe
Olivenöl
Senf
Pfeffer
Thymian

Zutaten passieren und zu einer Paste vermengen. Ein bisschen Senf hinzufügen, danach ganz langsam zehn Esslöffel Olivenöl unterrühren. Mit Pfeffer und Thymian abschmecken.

Ratatouille (Provenzalischer Gemüsetopf)

500 g Auberginen
500 g Zucchini
3 gelbe Paprikaschoten
5 (Fleisch-)Tomaten
2 Zwiebeln
4 Knoblauchzehen
Salz, Pfeffer
Thymian
Basilikum
Petersilie

Gemüse grob würfeln und nacheinander in Olivenöl anbraten (Auberginen vorher mit Salz bestreuen und ziehen lassen, abspülen). Tomaten überbrühen und abziehen. Zwiebeln und Knoblauch glasig dünsten, Tomaten, zwei Lorbeerblätter, einen halben Teelöffel getrockneten Thymian und frisch gemahlenen Pfeffer hinzugeben. Etwa zwanzig Minuten bei kleiner Hitze dünsten, Gemüse dazugeben und nochmal zehn Minuten schmoren lassen. Mit Salz abschmecken und mit gehackten Kräutern (Basilikum und Petersilie) bestreuen. Wird sowohl heiß als auch kalt gegessen.

Aïoli (Knoblauchmayonnaise)

Sieben bis acht Knoblauchzehen in einem Mörser zerstampfen. Ein bis zwei Eigelb und tröpfchenweise – unter ständigem Rühren – gutes Olivenöl hinzugeben, bis eine Mayonnaise entsteht. Mit Salz abschmecken, oft wird auch Zitronensaft untergerührt. Sollte sich das Öl an der Oberfläche absetzen, was die Provenzalen *l'aïoli tombe* nennen, wird die Masse aus dem Mörser genommen und ein weiteres Eigelb hineingegeben. Unter nochmaligem ständigen Rühren wird die Mayonnaise mit dem Eigelb verbunden, der Aïoli wird *relevé*, wiederaufgerichtet.

Goldbrassen à la provençale

3 Goldbrassen
1 Zwiebel
1 Knoblauchzehe
1 rote Paprikaschote
4 Esslöffel Olivenöl
1 Dose geschälte Tomaten (500 g)
½ Teelöffel Oregano
100 g schwarze Oliven
1 Teelöffel Zucker
Salz, Pfeffer

Fische vorbereiten. Zwiebel und Knoblauch fein würfeln und in Olivenöl anbraten. Kleingeschnittene Paprika, Tomaten, Oregano, Salz, Pfeffer und Zucker dazugeben und 20 Minuten bei kleiner Hitze köcheln lassen. Fische mit Olivenöl bepinseln, in eine Form legen und bei 200 Grad backen. Nach etwa zwanzig Minuten Tomatensoße und Oliven darübergeben und zehn Minuten weiterbacken.

Der Markt – ein Fest für die Sinne

Das Fest für die Sinne beginnt schon auf dem Markt, dem *marché*. Hier kauft nicht nur der normale Verbraucher für zu Hause ein, sondern auch der qualitätsbewusste Restaurantbesitzer. „Chez moi, on peut se regaler!", preisen die Händler ihre Waren an: „Bei mir kann man es sich schmecken lassen!" Schwarz-violett schimmernde Auberginen, sattgrüne *courgettes* (wie man in Frankreich die Zucchini nennt) und tiefrote Tomaten, denen man ihr Aroma regelrecht ansieht, liegen neben Bergen von Cavaillon-Melonen und Früchten aller Art.

Von den Ständen baumeln Knoblauchzöpfe herab, es duftet nach frischen Kräutern und getrockneten Gewürzen. Aus großen Holzfässern werden mit Kellen marinierte grüne, braune und schwarze Oliven geschöpft. Gleich nebenan findet man *frômages de chèvre,* die kleinen, runden Ziegenkäse, cremig-weiß und frisch oder gealtert, sowie Lavendel- und Akazienhonig, erstklassiges Olivenöl und Tapenade-Paste aus der nächsten Ölmühle. Je nach Gegend gibt es mehr Fleisch- oder mehr Fischstände.

In all dem Trubel nehmen sich die Marktbesucher Zeit, Neuigkeiten auszutauschen, einen Café oder Pastis zu trinken und das Angebot genau zu prüfen. Die schönsten Tomaten kauft man am besten bei Madame X, dafür bietet Monsieur Y den knackigsten Salat. Ein Ritual, der Marktbesuch! Vor einer solchen Pracht steht der Nordländer mit einem lachenden und einem weinenden Auge: Denn was für ihn seltene kulinarische Köstlichkeit bedeutet, gehört für den Provenzalen zum täglichen Leben. Und da nimmt das Essen einen wichtigen Platz ein.

„A la provençale"

Auf Speisekarten begegnet einem oft der Zusatz *à la provençale,* was soviel bedeutet wie „auf typisch provenzalische Art". Auch ohne diesen Hinweis und trotz der regionalen Unterschiede gibt es einige Konstanten, welche die provenzalische Küche unverwechselbar machen. Immer wird, anstelle von Butter, **Olivenöl** verwendet: kalt als Salatsoße, zum Marinieren von Ziegenkäse und Oliven sowie zum Braten und Dünsten von Gemüse, Fleisch und Fisch.

Man spricht von der provenzalischen Küche als einer sehr aromatischen Küche, einer *cuisine très parfumée*. Durch den wohldosierten Einsatz der berühmten **Kräuter der Provence** *(herbes de Provence)* und das feine Abschmecken mit **Knoblauch** entsteht dieses *parfum,* dieser unvergleichliche Geschmack. Die Kräuter der Provence aus der Garrigue – Thymian, Rosmarin, Salbei, Lorbeer, Bohnenkraut, Majoran und Oregano – verwendet man getrocknet, da ihr Aroma in der konzentrierten Form feiner und weniger aggressiv schmeckt. **Basilikum** dagegen wird frisch beigefügt.

Gemüse

Die provenzalische Küche ist seit jeher eine fleischarme Küche, aus dem einfachen Grund, weil sich die Landbevölkerung lange kein Fleisch leisten konnte. Aus der Not wurde eine Tugend, sodass die Speisekarte reich an Gemüsegerichten aller Art ist.

Tapenade, eine Paste aus Oliven und Anchovis, und **Aïoli,** eine Knoblauchmayonnaise, auf geröstete Baguettescheibchen gestrichen, sowie marinierte **Oliven** werden gern zum Apéritif gereicht. Die berühmtesten Oliven kommen aus einer Stadt, die schon fast nicht mehr zur Provence gehört, aus dem 15 Kilometer nördlich von Vaison-la-Romaine liegenden Nyons. Aber auch in der Gegend um Nizza und im Hinterland des Var, vor allem bei Lorgues, gedeihen qualitativ hochwertige Oliven.

Gemischte Vorspeisenplatten *(hors d'œuvres variés)* bestehen aus Salaten und kaltem Gemüse aller Art. Auch Fleisch- und Fischgerichte werden meist von Gemüse begleitet. Besonders wichtig sind **Tomaten, Zucchini und Auberginen.** Sie werden gefüllt und überbacken, geschmort und zerstampft und zu der berühmten *ratatouille* (Gemüseeintopf) verarbeitet. Aus Auberginen entsteht zum Beispiel eine feine *mousse* und aus Tomaten macht man *tomates provençales:* eine Mischung aus Bröseln, Olivenöl, Knoblauch und Kräutern. Eine besonders köstliche Spezialität sind gefüllte Zucchiniblüten *(fleurs de courgette farcies).*

Traditionell, in ihrem Charakter jedoch sehr unterschiedlich, sind zwei **Gemüsesuppen:** *aigo boulido* heißt eine leichte Knoblauchsuppe mit feinen Kräutern, die *soupe au pistou,* vor allem aus Bohnen, anderen Gemüsen und Nudeln bestehend, schmeckt dagegen herzhaft-kräftig. Kennzeichnend ist hierbei, dass der *pistou,* eine Paste aus Knoblauch, Basilikum, Olivenöl und Parmesan, niemals mitgekocht und erst in letzter Minute in die Suppe gegeben werden darf.

Fleischgerichte

Die traditionelle Fleischarmut im Südosten Frankreichs hat bis heute ihre Konsequenzen. Schweinefleisch sucht man vergebens auf dem Speiseplan. **Rindfleisch** wird, wenn überhaupt, als *bœuf en daube* (Rinderragout) zubereitet. Ursprünglich stammt das Rezept aus der einzigen fleischreichen Gegend der Provence, der Camargue. Heute variieren die Zubereitungsarten sehr stark, ihnen gemeinsam ist, dass das vorher marinierte Fleisch stundenlang bei schwacher Hitze garen muss.

Beim **Lammfleisch** *(agneau)* entwickeln die Provenzalen wesentlich mehr Einfallsreichtum, vor allem gibt es sehr gute Lammkeulen *(gigot d'agneau).* Daneben werden bisweilen **Kalbfleisch** *(veau),* **Kaninchen** *(lapin)* und recht viel **Geflügel** *(volaille)* angeboten. Letzteres ist besonders köstlich mit einer Kruste aus Akazienhonig.

Fischgerichte

Der Südosten Frankreichs ist, außer natürlich direkt an der Küste, keine ursprüngliche Fischgegend. Dennoch gehört Fisch heute auch im Hinterland auf jede Speisekarte, und das, obwohl er zum Großteil nicht einmal aus dem Mittelmeer stammt. Man findet sehr

101co Foto: im

oft Kabeljau *(morue)* und Seezungenfilets *(filets de sole)* sowie Seebarsch *(loup)*, Goldbrasse *(dorade)*, Drachenkopf *(rascasse)*, Seeteufel *(baudroie)*, Rotbarbe *(rouget)* und Lachs *(saumon)*. Gern werden die Fische mit Safransoße oder Tomatensoße mit Knoblauch und schwarzen Oliven zubereitet.

Die **estocaficada,** ein Stockfisch-Ragout mit Kartoffeln und Tomatensoße, ist typisch für die Stadt Nizza und ihr Umland. Außerdem gibt es hier **Sardinen** mit einer Füllung aus Eiern, Käse und Mangold.

An der gesamten Küste werden natürlich auch alle Arten von **Meeresfrüchten** verzehrt, z.B. Seeigel, Krabben, Taschenkrebse, Hummer und Muscheln.

Das berühmteste Fischgericht der Côte d'Azur ist die **Bouillabaisse,** eine Spezialität Marseilles, die aber auch in vielen Küstenorten östlich davon angeboten wird. Der Name kommt wahrscheinlich von *boui abaisso,* was bedeutet: Sobald die Bouillon kocht, nehme man sie vom Feuer. Eine nicht geringe Anzahl der Restaurants wirbt mit dem Versprechen, bei ihnen könne man die *vraie bouillabaisse,* die echte Bouillabaisse, genießen. Hier ist Vorsicht angeraten, denn es wird viel Schindluder getrieben: Oftmals werden nicht Edelfische serviert, die zur echten Bouillabaisse gehören, oder man bekommt gar eine einfache Fischsuppe vorgesetzt – und das ist die Bouillabaisse nämlich nicht.

Im Originalrezept der Bouillabaisse sind meist folgende Fische zu finden: Drachenkopf *(rascasse)*, Petermännchen *(vive)*, Petersfisch *(saint-pierre)* und Seeteufel *(baudroie)*, oft auch Seeaal *(congre)*, Knurrhahn (*grondin*) und Seebarsch *(loup)*. Ihren unvergleichlichen Geschmack erhält die Bouillabaisse durch Knoblauch, Safran und einen Schuss Pastis. Die echte Bouillabaisse erkennt man vor allem daran, dass Suppe und Fisch getrennt serviert werden. Dazu gereicht bekommt man Croutons, geraspelten Käse (Parmesan oder Gruyère), Aïoli oder stattdessen die so genannte *rouille* mit Safran und scharfer Paprika.

Aus der Suppe der kleinen Leute – die Fischer verwerteten so ihre Reste – ist heute eine teure, weltberühmte Delikatesse geworden, die, wenn sie gut ist, ihren stolzen Preis rechtfertigt.

Käse

Die Provence hat keine wirklich große Käsesorte hervorgebracht, aber die kleinen Ziegenkäse, die **fromages de chèvre** oder kurz *chèvres*, gehören praktisch zu jedem Menü. Entweder isst man sie nach dem Hauptgang oder sie werden heiß, manchmal paniert, auf einem Salatbett als Vorspeise gereicht. Eine besondere Spezialität gibt es in der Hochprovence, genauer in Banon, wo der Ziegenkäse in *eau de vie* mariniert, in ein Kastanienblatt eingewickelt und mit Bast verschnürt wird.

Desserts

Die berühmten **treize desserts** (dreizehn Desserts) gehören zum altprovenzalischen Weihnachtsessen und sollen mit ihrer Zahl Christus und die zwölf Apostel symbolisieren. Dreizehn

102co Foto: im

103co Foto: im

Desserts – das hört sich sehr reichlich an, war aber in alten Zeiten doch eher bescheiden. Besonders in den armen Familien der Provence gab es nichts weiter als getrocknete Früchte und Nüsse der Region, eine Tradition, die heute in den **quatre mendiants** (vier Bettelorden) fortbesteht. Das ist eine Mischung aus getrockneten Feigen, Rosinen, Mandeln und Nüssen, die so genannt werden, weil ihre Farben an die Kutten der Karmeliter, Dominikaner, Franziskaner und Kapuziner erinnern. Darüber hinaus gehören im Allgemeinen eine **pompe à l'huile** (Hefekuchen mit Olivenöl), weißer und schwarzer **nougat,** kandierte und frische Früchte, Konfitüren und Quitten im Teigmantel zu den *treize desserts.*

Zusätzlich hat jede Gegend eigene Spezialitäten, Nizza zum Beispiel die durchaus originelle *tourte de blettes,* ein Kuchen mit einer süßen Füllung aus Pinienkernen, in Pastis eingelegten Rosinen und Mangold. Speziell zur Karnevalszeit werden zudem überall in der Stadt die *ganses* verkauft, in Fett ausgebackene Hefekrapfen, die aussehen wie große Knoten.

Generell werden immer verschiedene **tartes** (Torten) und **gâteaux** (Kuchen) zum Nachtisch angeboten. Sehr typisch sind auch die **île flottante,** eine in Vanillesoße schwimmende Eischnee-„Insel", und der **nougat glacé,** eine köstliche Eiscreme mit kandierten Früchten, Nüssen, Mandeln, Pistazien und Honig, dazu wird eine Fruchtsoße *(coulis)* gereicht. Gewöhnungsbedürftiger sind Maronenkompott *(compote de marrons)* und Eis mit Lavendelaroma *(glace à la lavande).*

Herstellung von Käse auf einem Hof bei Châteaudouble

Feste und Feiertage

Feste und Festivals

Hier eine Liste der bekanntesten und schönsten Veranstaltungen in chronologischer Reihenfolge:

- **Januar:** Rallye Monte Carlo und Internationales Zirkusfestival von Monte Carlo
- **Februar:** Zitronenfest in Menton, Karneval von Nizza
- **Mai:** Internationale Filmfestspiele von Cannes, Großer Preis der Formel 1 in Monaco
- **Juli:** Jazzfestival in Juan-les-Pins und Antibes, Jazzfestival von Nizza-Cimiez, Les Baro-Quiales – Festspiele der barocken Kunst in den Tälern der Roya und Bévéra
- **August:** Töpferfest von Vallauris
- **Oktober:** Kastanienfeste in den Orten des Hinterlandes, vor allem im Maurenmassiv

Gesetzliche Feiertage

- **1. Januar:** Jour de l'An (Neujahr)
- **1. Mai:** Fête du Travail (Tag der Arbeit)
- **8. Mai:** Armistice (Waffenstillstand 1945)
- **14. Juli:** Fête Nationale (Nationalfeiertag, Sturm auf die Bastille 1789)
- **15. August:** Assomption (Mariä Himmelfahrt)
- **1. November:** Toussaint (Allerheiligen)
- **11. November:** Armistice (Waffenstillstand 1918)
- **25. Dezember:** Noël (Weihnachten)

Bewegliche Feste

- **Pâques** (Ostern, So und Mo)
- **Ascension** (Christi Himmelfahrt)
- **Pentecôte** (Pfingsten, So und Mo)

Von großen und kleinen Weinen

Wie immer, wenn es um Lebenskunst und Genuss geht, können die Provenzalen auf eine **uralte Tradition** zurückblicken, auch und erst recht beim Wein. Schon die Ureinwohner kannten ihn, wussten aber noch nicht so recht damit umzugehen. Auf die Beschneidung des Weinstocks kommt es an, eine Kunst, die erst die kultivierten **Griechen** mitbrachten. Als die **Römer** kamen, fanden sie üppige Weinberge vor und pflanzten munter weiter, vor allem an der Küste. Das Kriegsgetöse der einfallenden Germanen, unbedarft in Sachen Wein, eben „barbarisch", leitete den Niedergang auch dieses Teils der mediterranen Zivilisation ein.

Im Mittelalter trugen Klöster und Abteien an vielen Orten der Provence zur Erneuerung des Weinbaus bei. Die Abteien von Saint-Victor in Marseille, Silvacane im Luberon, Le Thoronet im Var und auf den Lérins-Inseln vor Cannes waren bedeutende Wirtschaftsfaktoren, bei denen der Wein in hohem Maße zum Einkommen beitrug. Mit den Päpsten, die im 14. Jh. ihren Sitz in Avignon hatten, kam außerdem eine Clique wahrer Bonvivants an die Rhône. Enthaltsamkeit war ihre Sache nicht, und den berühmten *Vignoble* von Châteauneuf nahm der Pontifex maximus sogar persönlich in Beschlag und schlug hier seinen Landsitz auf.

König René aus dem Hause Anjou (1434–80) verdiente sich bei den Provenzalen den Zusatz „der Gute" nicht zuletzt deshalb, weil er ein großer Freund und Förderer des Weins war. Er hegte nicht nur ein Weingut in der Nähe seiner Residenz Aix, sondern förderte auch Weinhandel und -produktion und führte die Muskatellertraube in der Provence ein. Als einziger Gegner trat ihm – viel später allerdings, im 19. Jh. – die Reblaus entgegen, die sich gewaltig vermehrte und noch gewaltiger fraß, bis die

104co Foto: im

kostbare Traube schließlich vom Boden der Provence wieder verschwunden war.

Heute sind es vor allem die provenzalischen Winzer mit ihrem neuen Qualitätsbewusstsein, die der 2600 Jahre alten Tradition wieder Zukunft geben. Lohn der Mühe sind immer neue *Appellations d'Origine Controlées (A.O.C.),* Qualitätsweine bestimmter Anbaugebiete, die strenger staatlicher Kontrolle unterliegen.

Qualitätsweine (A.O.C.)

In weiten Teilen des hier beschriebenen Reisegebietes werden so genannte **„Côtes de Provence"**-Weine produziert. Klassifiziert als A.O.C. seit 1977, verteilen sich diese Weine auf 18.000 Hektar Fläche in den Départements Var, Alpes-Maritimes und Bouches-du-Rhône. Obwohl die Côtes de Provence vor allem als frische, kühl zu trinkende Rosé-Weine bekannt geworden sind, gibt es heute auch lagerfähige, schwerere Rote und trockene, fruchtige Weißweine (mehr dazu im Exkurs im Kapitel „Im Herzen des Var").

Ähnliches gilt für das angrenzende Anbaugebiet der **Coteaux Varois,** vor allem die Gegend um Brignoles, im westlichen Hinterland des Var. An der Küste hingegen, in der Gegend um Bandol, gelingen sogar schwerere, lagerfähige Rote, vor allem jedoch exzellente Rosé-Weine von nahezu orangener Färbung. Der **A.O.C. Bandol** gilt als einer der besten Tropfen der Provence, seine Weinberge erstrecken sich im Hinterland rund um die Dörfer La Cadière-d'Azur und Le Castellet.

Last but not least, ist Nizza die einzige Stadt Frankreichs mit einem eigenen A.O.C.-Weinanbaugebiet. An den Hängen von **Bellet** erzeugen 15 Winzer angesehene Weine, vor allem Rosé- und Weißweine, nur wenige Rote. Zusätzliche Informationen zum Bellet sind in der Ortsbeschreibung Nizza zu finden.

Geldangelegenheiten

Der **Euro** spricht sich in Frankreich *öro* aus, mit der Betonung auf der zweiten Silbe. Auf den 1-, 2- und 5-Cent- Münzen ist Marianne, das französische Nationalsymbol, abgebildet, die 10-, 20- und 50-Cent-Münze zeigen eine Säerin vor der aufgehenden Sonne, und auf der 1- und 2-Euro-Münze steht „Liberté, Égalité, Fraternité" (Freiheit, Gleichheit, Brüderlichkeit).

Die französischen **Banken** öffnen ihre Pforten montags bis freitags von 9 bis 12 Uhr und von 14 bis 16 Uhr. Für Schweizer interessant ist, dass nicht alle Geldinstitute Fremdwährungen eintauschen. Fast immer muss man beim **Geldwechsel** Personalausweis oder Pass vorzeigen.

Die meisten Banken und zahlreiche Supermärkte verfügen über **Geldautomaten,** an denen man meist auch mit der **EC- (Maestro-) Karte** Geld bekommt. In allen großen französischen Supermarktketten kann man auch einfach mit der Maestro-Karte unter Angabe der PIN bezahlen. Je nach Hausbank wird dieser Service nicht zusätzlich in Rechnung gestellt, sondern ist im Grundpreis der Kontoführung enthalten. Manche Banken erheben jedoch eine Gebühr von bis zu 1 % des Abhebungsbetrags.

Innerhalb der Euro-Länder sollte die **Barauszahlung per Kreditkarte** nach der EU-Preisverordnung nicht mehr kosten als im Inland, aber je nach ausgebender Bank kann das Kreditkartenkonto mit bis zu 5,5 % der Abhebungssumme belastet werden (am Schalter in der Regel teurer als am Geldautomaten). Für das bargeldlose Zahlen per Kreditkarte innerhalb der Euro-Länder dürfen die ausgebenden Banken keine Gebühr für den Auslandseinsatz veranschlagen; für die Schweizer wird jedoch ein Entgelt von ca. 1–2 % des Umsatzes berechnet.

Wer eine der gängigen Kreditkarten sein Eigen nennt, dürfte auf keinerlei Schwierigkeiten stoßen: Das „Plastikgeld" erfreut sich in Frankreich großer Beliebtheit und wird von den meisten Banken und Geldautomaten sowie von einem Großteil der Hotels, Restaurants und Geschäfte akzeptiert. Allerdings werden diese bei Billigtankstellen oftmals nicht angenommen, da heißt es an die teurere Tankstelle fahren, wenn man keine französische Bankkarte besitzt.

Bei **Verlust oder Diebstahl der Geldkarte** sollte man diese sofort sperren lassen, siehe „Notfall".

Preisniveau

Das Preisniveau in Frankreich unterscheidet sich nicht sehr von dem hierzulande. Während einige **Lebensmittel** wie Konserven und Schokolade teurer sind, bezahlt man beispielsweise für Obst (auf dem Markt) oder Wein meist weniger als in der Heimat. Einfache **Hotels** sind – zumindest in ländlichen Gegenden – preiswerter.

Informationen

Fremdenverkehrsämter

Bei den französischen Fremdenverkehrsämtern *(Maison de la France)* erhält man allgemeine Informationen sowie Hotel-, Restaurant- und Campingverzeichnisse. Die Büros sind telefonisch nur über teure Servicenummern zu erreichen, preiswerter ist die Nutzung der Internetseite: **www.franceguide.com.**

- Zeppelinallee 37, 60325 **Frankfurt,** Tel. 0900-570025, Fax 0900-1599061 (beides 0,49 €/Min.), info.de@franceguide.com.
- Lugeck 1–2/Stg. 1/Top 7, 1010 **Wien,** Tel. 0900-250015 (max. 0,68 €/Min.), Fax 01-5032872, info.at@franceguide.com.
- Rennweg 42, Postfach 3376, 8021 **Zürich,** Tel. 044-2174600, Fax 044-2174617, info.ch@francegui de.com.

Lokale Touristinformationen

Die Adressen der **örtlichen** Touristinformationenen (*Office de Tourisme* oder *Syndicat d'Initiative*) finden sich in den Ortsbeschreibungen. Daneben gibt es zwei Informationsstellen für die gesamte Region:

- **Comité Régional du Tourisme Provence-Alpes-Côte d'Azur,** 14, Rue Ste. Barbe, 13231 Marseille, Tel. 04.91.39.38.00, Fax 04.91.56.66.61, www.crt-paca.fr.
- **Comité Régional du Tourisme Riviera-Côte d'Azur,** B.P. 1602, 06011 Nice Cédex 1, Tel. 04.93.37.78.78, Fax 04.93.86.01.06, www.guideriviera.com.

Büros der Départements

Die Départements unterhalten jeweils eigene Informationsbüros *(Comités Départementales du Tourisme):*

- **Alpes-de-Haute-Provence,** 19, Rue du Docteur Honorat, B.P. 170, 04005 Digne-les-Bains Cédex, Tel. 92.31.57.29, Fax 92.32.24.94, www.alpes-haute-provence.com.
- **Var,** 1, Boulevard Foch, 83003 Draguignan Cédex, Tel. 04.94.50.55.50, Fax 04.94.50.55.51, www.tourismevar.com.
- **Alpes-Maritimes:** Comité Régional du Tourisme Riviera-Côte d'Azur, s.o.

Internet

Webadressen zu Frankreich

- **www.botschaft-frankreich.de:** Website der Französischen Botschaft in deutscher Sprache.
- **www.franceguide.com/de:** Offizielle Tourismus-Seite des *Maison de la France* in deutscher Sprache.
- **www.frankreich-info.de**: Internet-Magazin über Frankreich, natürlich mit einem Provence-Kapitel.
- **www.gites-de-france.fr:** Verband der privaten Vermieter von Ferienwohnungen und Gästezimmern.
- **www.logis-de-france.fr**: Logis de France vermittelt hübsche, einfache Landhotels.
- **www.ffcc.fr:** Fédération française de Camping et de Caravaning, ein Verzeichnis der französischen Campinglätze.
- **www.meteo.fr:** Wettervorhersagen.
- **www.autoroutes.fr:** Hier kann man sich für bestimmte Routen die Autobahnmaut anzeigen lassen.

Webadressen zur Côte d'Azur und Provence

Für die Reiseplanung zu empfehlen sind die **Webseiten der Fremdenverkehrsämter** der Départements; Adressen siehe oben. Dort gibt es alle wichtigen Links, z.B. zu den Gästezimmern des jeweiligen Départements der Organisation *Gîtes de France*.

Kinder

Für einen Urlaub mit Kindern sind die *Gîtes*, Ferienwohnungen auf dem Land, und die unzähligen Campingplätze ideal. Einige Restaurants bieten Extra-Menüs für den Nachwuchs. Zum Kennenlernen der Sprache und des Landlebens hat *Gîtes de France* (Adresse s. „Unterkunft") so genannte **Kinder-Gîtes** *(Gîtes d'Enfants)* entwickelt. Kinder von 4 bis 16 Jahren können ihre Schulferien gemeinsam mit Gastfamilien verbringen. Es gibt drei Altersgruppen, Mini-Gîtes (4–10 Jahre), Junior-Gîtes (6–13 Jahre) und Jugendklubs (11–16 Jahre), denen entsprechend das Freizeitangebot gestaltet wird.

Besondere Attraktionen

Hier ein paar Anregungen für Unterhaltungsangebote (weitere Informationen im jeweiligen Ortskapitel):

- **Antibes:** Meereszoo Marineland und Spaßbad Aquasplash (siehe Antibes im Kap. „Cannes, Estérel-Gebirge und Hinterland").
- **Fréjus:** Zoo, Le Capitou, Tel. 04.98.11.37.37, www.zoo-frejus.com. Ganzjährig geöffnet 10–17 Uhr; Spaßbad Aquatica.
- **Gonfaron:** Schildkrötengehege *Village des Tortues* (siehe Umgebung von Collobrières im Kap. „Saint-Tropez und das Mauren-Gebirge")
- **Hyères:** Parc Olbius Riquier, mit Spielplätzen, Tiergehegen, Teichen (s. Hyères im Kap. „Toulon und die westliche Côte d'Azur").
- **La Môle:** Niagara-Spaßbad (siehe La Môle im Kap. „Saint-Tropez und das Mauren-Gebirge").
- **Monaco:** Ozeanographisches Museum (siehe Monaco im Kap. „Nizza und die östliche Côte d'Azur").
- **Nizza:** Phoenix-Tierpark, 405, Promenade des Anglais, Tel. 04.92.29.77.00.

Medizinische Versorgung

Die medizinische Versorgung in Frankreich ist gut, das Netz an Ärzten, Krankenhäusern und Apotheken dicht. Die Adressen erfragt man am besten in der Touristeninformation, auf dem Campingplatz oder im Hotel.

Frankreich ist dem EU-Abkommen über soziale Sicherheit beigetreten, was bedeutet, dass man grundsätzlich auch dort den Schutz der gesetzlichen Krankenkasse in Anspruch nehmen kann (siehe „Versicherungen").

Mit der Nummer von *S.O.S. Médecin* erreicht man Ärzte zu jeder Tageszeit (Rufnummer vorn in den örtlichen Telefonbüchern). Den **Notarzt** ruft man unter der Nummer 15. **Unfallhilfe und Polizei** erreicht man unter Tel. 17.

Apotheken *(pharmacies)* sind durch ein grünes Kreuz gekennzeichnet. Auch hier zahlt man bar und erhält eine Bescheinigung, die man bei seiner Kasse einreichen kann.

Notfälle

Autopanne/-unfall

Siehe „Unfall" unter Stichwort „Autofahren".

Verlust von Geldkarten

Bei Verlust oder Diebstahl der Kredit- oder EC-Karten sollte man diese umgehend sperren lassen. Für deutsche EC- und Kreditkarten gibt es die einheitliche **Sperrnummer 0049 116116** und im Ausland zusätzlich 0049-30-40504050. Für österreicherische und Schweizer Karten gelten:

- **Maestro-Karte,** (A)-Tel. 0043 1 2048800; (CH)-Tel. 0041 44 2712230, UBS: 0041 848 888601, Credit Suisse: 0041 800 800488.
- **MasterCard,** internationale Tel. 001 636 7227111
- **VISA,** Tel. 0043 1 7111 1770; (CH)-Tel. 0041 58 9588383.
- **American Express,** (A)-Tel. 0049 69 9797 1000; (CH)-Tel. 0041-44 6596333.
- **Diners Club,** (A)-Tel. 0043 1 501350; (CH)-Tel. 0041 58 7508080.

Geldnot

Wer dringend eine größere Summe ins Ausland überweisen lassen muss wegen eines Unfalls oder Ähnlichem, kann sich auch nach Frankreich über **Western Union** Geld schicken lassen. Für den Transfer muss man die Person, die das Geld schicken soll, vorab benachrichtigen. Diese muss dann bei einer Western Union Vertretung (in Deutschland u.a. bei der Postbank) ein entsprechendes Formular ausfüllen und den Code der Transaktion telefonisch oder anderweitig übermitteln. Mit dem Code und dem Reisepass geht man zu einer beliebigen Vertretung von Western Union in Frankreich (siehe Telefonbuch oder unter www.westernunion.com), wo das Geld nach Ausfüllen eines Formulares binnen Minuten ausgezahlt wird. Je nach Höhe der Summe wird eine Gebühr ab derzeit 10,50 Euro erhoben.

Diplomatische Vertretungen

Wird der **Reisepass oder Personalausweis gestohlen,** muss man dies bei der örtlichen Polizei melden. Darüber hinaus sollte man sich an die nächste diplomatische Auslandsvertretung seines Landes wenden, damit man einen Ersatz-Reiseausweis zur Rückkehr ausgestellt bekommt (ohne kommt man nicht an Bord eines Flugzeuges!).

Auch in **dringenden Notfällen,** z.B. medizinischer oder rechtlicher Art, Vermisstensuche, Hilfe bei Todesfällen, Häftlingsbetreuung o.Ä. sind die Auslandsvertretungen bemüht, vermittelnd zu helfen.

Konsulate in Marseille:
- **D:** 338, Avenue du Prado, Tel. 04.91.16.75.20 und außerhalb der Dienstzeiten 06.15.09.41.03.
- **A:** 27, Cours Pierre Puget, Tel. 04.91.53.02.08 oder 04.96.10.07.50.
- **CH:** 7, Rue d'Arcole, Tel. 04.96.10.14.10 oder 04.96.10.14.11.

In Nizza:
- **D:** „Le Minotaure", 5. Stock, 34, Avenue Henri Matisse, Tel. 04.93.71.34.45.
- **A:** 6, Avenue de Verdun, Tel. 04.93.87.01.31.

In Monaco:
- **D:** „Le Roc Fleuri", 2, Chemin du Ténao, Tel. 097-974965.
- **A:** „Monte Carlo Palace", 7, Boulevard des Moulins, Tel. 093-302300.
- **CH:** c/o UBS (Monaco) S.A., 2 Avenue de Grande Bretagne, Tel. 093-155882.

Öffnungszeiten

In Frankreich sind die Ladenschlusszeiten nicht gesetzlich geregelt und können daher variieren. Die großen **Supermärkte** an den Stadträndern sind jedoch in der Regel durchgehend und mitunter bis 21 oder 22 Uhr geöffnet. Bis 19.30 Uhr kann man aber auch in kleineren Supermärkten noch einkaufen.

Die **kleinen Läden** auf dem Land schließen über Mittag (bis 15 Uhr, im Extremfall bis 16 Uhr), öffnen aber abends länger (bis 19 oder 20 Uhr) und oft auch am Sonntagmorgen. Viele Ladenbesitzer legen den wöchentlichen **Ruhetag** auf den **Montag.** Weil ein Franzose ohne seine frischen Baguettes nicht auskommt, arbeiten die meisten Bäcker auch am Sonntag.

Museen und andere **Sehenswürdigkeiten** sind im Allgemeinen montags oder dienstags geschlossen, Ausnahmen bestätigen die Regel. Die Öffnungszeiten variieren, liegen im Winter jedoch etwa bei 10–17/18 Uhr, im Sommer bei 9–18/19 Uhr. Meist gibt es eine Mittagspause zwischen 12 und 14 Uhr.

Es kommt vor, dass man bei **Kirchen,** zum Teil auch bei **Klöstern,** vor verschlossener Tür steht. In diesem Fall ist manchmal die Telefonnummer der zuständigen Person an der Tür angeschlagen. Ansonsten wendet man sich am besten an die örtliche *mairie* (Bürgermeisteramt) oder – in kleinen Dörfern – einfach an einen Passanten. Normalerweise kommt man dank der Hilfsbereitschaft der Provenzalen recht schnell zum Ziel und erhält zuweilen die Führung noch gratis dazu.

Restaurants sind oft sonntagabends und montags geschlossen. Meistens stimmen die ortsansässigen Gastrono-

105co Foto: im

Die kleinen Straßen im Inland eignen sich gut zum Radfahren

men die Ruhetage jedoch so ab, dass man auch an diesen Tagen mehrere geöffnete Restaurants findet.

Touristenbüros sind in größeren Städten von 9 bis 18 Uhr geöffnet, in kleineren meist mit einer Mittagspause von 12 bis 15 Uhr. In Dörfern sind die kleinen Büros oft nur während der Saison und zu eingeschränkten Zeiten geöffnet.

Banken öffnen ihre Türen montags bis freitags von 9 bis 12 und 14 bis 16.30 Uhr.

Post

Das leidige Problem mit den **Briefmarken** besteht in Frankreich nicht: Standardmarken für Briefe und Postkarten verkauft jeder Tabac- und Zeitungs-Laden. Das Porto beträgt für Postkarten wie für Briefe 0,46 €.

Die gelben **Briefkästen** besitzen meist zwei Schlitze: In den mit der Aufschrift *Région* gehört die Post für die Umgebung, andere Karten und Briefe – also auch die für das Ausland bestimmten – werden in den Schlitz mit der Aufschrift *Autres Destinations* geworfen. Post muss die Landesangabe (*Allemagne, Autriche, Suisse*) tragen.

Die **Postämter** in größeren Städten sind meist von 8 bis 19 Uhr, in kleineren Orten von 9 bis 11.30 und 14 bis 17.30 Uhr geöffnet. Samstags gilt für beide: 8 bis 12 Uhr.

Radfahren

Frankreich ist zwar eine große Radsportnation, nichtsdestotrotz dient das Fahrrad noch weniger als hierzulande als alltägliches Fortbewegungsmittel. **Radwege** sind also eher selten.

Allerdings eignen sich vielfach die **Départementstraßen** zum Radfahren. Sie sind zwar mitunter recht eng, dafür aber auch wenig befahren, wenn man die richtigen Gegenden wählt. Unter diesem Gesichtspunkt sind für Touren besonders geeignet: das Mauren-Massiv, das Estérel-Gebirge, die Hochprovence und die Gegend rund um die

Verdon-Schluchten. Die entsprechenden Routen in den Ortsbeschreibungen führen meist über landschaftlich reizvolle Départementstraßen und sind somit auch für Radfahrer empfehlenswert. Allerdings stellen die oben genannten Gebiete wegen der **Steigungen** gewisse Anforderungen an die Kondition, besonders während der heißen Sommermonate.

Weil die französischen Autofahrer nicht unbedingt auf Radfahrer eingestellt sind, empfiehlt sich eine defensive Fahrweise, das Tragen auffälliger Kleidung und selbstverständlich auch ein Helm.

Rauchen

Durch das restriktive **Raucher-Gesetz** von 1992 wollte sich Frankreich als Vorreiter im Kampf gegen den blauen Dunst gebärden: Rauchverbot in öffentlichen Räumen sowie spezielle Raucherzonen in Bars und Restaurants galt und gilt es durchzusetzen. Der Haken an der Sache ist, dass sich im Land der *Gitanes*- und *Gauloises*-Mundwinkel-Qualmer (da hat Belmondo wirklich sein Bestes gegeben!) keiner daran hält. So ist, zumindest in den Lokalen, alles beim Alten geblieben.

Verkaufsstellen von Zigaretten gibt es allerdings nur sehr eingeschränkt: In Supermärkten und an Tankstellen sucht man vergeblich, Automaten existieren nicht. Es bleiben ausschließlich die Tabac-Geschäfte und Bar-Tabacs, zu erkennen an der roten Raute mit weißer Schrift. Nur die Bars (und nicht einmal alle) sind abends geöffnet. Auch in relativ vielen Lokalen kann man Zigaretten kaufen, meist aber zu überhöhtem Preis.

Reisezeit

Die Côte d'Azur ist praktisch das ganze Jahr über ein lohnendes Reiseziel, sogar in den Monaten Dezember und Januar. Das mediterrane Klima bringt so **milde Winter** hervor, dass die Temperaturen an der Küste häufig über zehn Grad liegen. Die französische Riviera wurde als Winterreiseziel entdeckt und blieb dies bis weit ins 20. Jh. hinein. Damals spielten Körperkult und bronzefarbene Haut noch keine Rolle, man kam wegen des gesundheitsfördernden Klimas. Früher wie heute hängt die Auswahl der Reisezeit davon ab, welche Art von Urlaub man machen möchte.

Sonnenanbeter und **Strandurlauber** sind natürlich im Juli und August auf der sicheren Seite. Allerdings müssen sie auch damit leben können, dass die Preise ihren Jahreshöchststand erreichen und die Küstenorte sich von „recht voll" bis „total überlaufen" präsentieren. Das gilt besonders für den **August,** den traditionellen Reisemonat der Franzosen. Schlägt man sein Quartier nur wenige Kilometer entfernt im Hinterland auf, stößt man auf weitaus weniger Rummel. Bei allen Unterkünften ist zu beachten, dass die besten oft schon Monate ausgebucht sind, Ferienwohnungen mitunter ein

Jahr im Voraus. Eine frühzeitige Reservierung für die Hauptsaison empfiehlt sich also.

Im Hochsommer kann es häufig über 35 °C heiß werden, was im Allgemeinen jedoch als erträglich empfunden wird, da die Nächte deutliche Abkühlung bringen. Wer allerdings einen Urlaub verbringen möchte, bei dem **Touren und Sehenswürdigkeiten** im Mittelpunkt stehen, sollte sich auf die Zeit von **April bis Juni** konzentrieren, dann sind die Temperaturen angenehm und es gibt kaum Niederschläge.

Ähnlich gut für einen Entdeckungsurlaub eignen sich die Monate September und Oktober. Allerdings sind diese weniger beständig und man muss mit **Regengüssen** rechnen, die zum Teil sehr heftig ausfallen können. Im Frühjahr und Herbst, aber nicht nur dann, kann der **Mistral-Wind** die Urlaubsfreude empfindlich trüben. Er fegt das Rhône-Tal hinunter und „geißelt" die Provence mit seiner geballten Kraft bis in die Gegend von Saint-Tropez und Fréjus (siehe auch Kapitel „Land und Leute: Klima").

Im November beginnt der kurze und milde Winter, der an der Küste bereits Ende Januar in den Frühling übergeht, in den Bergen bis zu zwei Monate später. Die Gipfel der Seealpen sind sogar bis weit ins Frühjahr hinein unter Schnee begraben, sehr zur Freude der **Wintersportler,** die sich in den Skigebieten unweit von Nizza tummeln. Besonders reizvoll ist es, zum Après-Ski hinunter an die Küste zu fahren, wenn dort schon die Mandelbäume und Mimosen blühen.

Erwähnt sei noch die **Lavendelblüte** im Juli und August, die allein schon eine Reise wert ist. Weite, sanft geschwungene Felder leuchten dann in tiefem Blauviolett. Da der Lavendel vor allem in der stilleren Hochprovence kultiviert wird, läuft man selbst im Hochsommer nicht Gefahr, dass aus dem Natur- ein Frusterlebnis wird.

Wettervorhersagen gibt es z.B. unter www.meteo.fr und für die Alpes-Maritimes unter Tel. 08.92.68.02.06.

Sicherheit

Autoaufbrüche

Was die Kriminalität angeht, hat man es als Tourist vor allem mit Autoaufbrüchen zu tun. Sie gehören an der Côte d'Azur und in der Provence zur Tagesordnung, und zwar schlichtweg überall und keineswegs nur in berüchtigten Vierteln oder Gegenden. Es passiert in einsamen Bergdörfern und in den feinen Ecken der Städte ebenso wie auf Touristenparkplätzen. Fast immer geht es um das tatsächliche oder vermutete **Gepäck,** seltener um das Radio, noch seltener um das ganze Auto, Letzteres meist nur bei besonders gefährdeten Autotypen.

Was kann man tun? Erfahrungsgemäß besteht der vernünftigste Schutz darin, nicht nur nichts im parkenden Wagen aufzubewahren, sondern dies auch überdeutlich zu zeigen. So sollte das **leere Handschuhfach** geöffnet werden, und bei Autos mit Heckklappe empfiehlt es sich, die Hutablage zu entfernen, um einen Blick in den ebenfalls **leeren Kofferraum** zu ermöglichen. Viele Franzosen, die ein Modell mit Stufenheck fahren, lassen die Kofferraumklappe nur angelehnt oder gleich den ganzen Wagen unverschlossen. So vermeidet man zerstörte Schlösser und/oder eingeschlagene Scheiben.

Eine weitere Möglichkeit, allerdings nur in Städten, ist das Parken in einer **bewachten Tiefgarage.** Hier kommt es auf den persönlichen Eindruck an – die Erfahrung lehrt, dass demonstrativ aufgehängte Videokameras nichts nützen, wenn sichtbar niemand den Monitor bewacht. Wer in einem Stadthotel der gehobenen Klasse wohnt, muss sich meist keine Sorgen machen, diese Häuser verfügen in der Regel selbst über eine Garage oder vermitteln den sicheren Unterstand.

Polizei

Die französische Polizei unterteilt sich in die *Police Nationale* und die *Gendarmerie Nationale,* wobei sich deren Aufgabengebiete weitestgehend überschneiden. Bei Problemen oder Fragen kann man sich deshalb an Beamte beider Polizeiformen wenden. Den **Polizeinotruf** erreicht man unter Tel. 17.

Wertsachen

Bargeld, Papiere, Kreditkarten, Schecks etc. trägt man am besten am Körper – aber nur, wenn das absolut nötig ist. Sämtliche Wertgegenstände, die für einen Tagesausflug nicht benötigt werden, sind am sichersten im Safe des Hotels oder des Campingplatzes untergebracht. Pralle Brustbeutel, offen sichtbar getragen, sind für Langfinger ein sicherer Hinweis auf den Sitz des Geldes. Sie sollten diskret getragen und zusätzlich durch ein Band um den Körper gesichert werden. Auch in Geldgürteln, Wadentaschen oder Bauchgurten lässt sich ein Teil der Urlaubskasse verstauen.

Außerdem bietet es sich an, **Kopien** von Ausweisen und anderen Papieren an einem gesonderten Platz aufzubewahren, da so erheblich schneller Ersatz beschafft werden kann.

Sport

Das Klima und die unterschiedlichen Landschaften machen die Côte d'Azur, die Hochprovence und die Seealpen zu einem idealen Reiseziel für Sportfreunde. Wandern und Radfahren ist nahezu überall möglich (siehe die eigenen Stichpunkte). Die Berge (Verdon-Gegend, Mauren- und Estérel-Gebirge, die Landschaften im Mercantour-Nationalpark und in den Seealpen) laden ein zum **Bergwandern, Klettern, Drachenfliegen, Mountainbiking** und **Bungee-Jumping.**

Skifahren ist am nördlichen Rand des hier beschriebenen Reisegebietes möglich, in Saint-Martin-Vésubie, besser aber weiter nördlich in Isola 2000, Auron oder Valberg. Die beliebtesten und schönsten Ziele für **Steilwandkletterer** sind die Verdon-Schluchten und die diversen Via Ferrata der Seealpen, z.B. von La Brigue und Tende.

In den Verdon-Schluchten kann man sich den Freuden des **Wildwassersports** hingeben. Im den entsprechenden Kapiteln der Ortsbeschreibungen sind viele Adressen zu Kanu, Kajak, Rafting und Hydrospeed (Wildwasserschwimmen auf einem aufblasbaren Schild) zu finden. **Wassersportler** finden praktisch überall an der Küste von Les Lecques bis Menton gute Voraussetzungen zum Schwimmen, Tauchen, Schnorcheln, Segeln, Windsurfen und Wasserskifahren.

Vielerorts kann man **Golf** spielen; eine Hochburg ist die Gegend um Cannes mit dem Estérel-Gebirge.

Sprache

Obwohl man sich mit Englisch oder manchmal auch mit Deutsch vielerorts verständigen kann, kommt es durchaus vor, dass selbst in einem Touristenbüro **nur Französisch** gesprochen wird. Wer in solchen Situationen ausschließlich „Bahnhof" versteht, muss sich eben mit Händen und Füßen verständlich machen.

Die Alternative kann aber auch ein **Sprechführer** aus der Reihe „Kauderwelsch" sein (Reise Know-How Verlag). Diese Büchlein sind speziell auf Reisende zugeschnitten und bieten neben Grundwortschatz und -grammatik zahlreiche Beispielsätze für reisetypische Situationen. Für Frankreich gibt es die Kauderwelsch-Bände „Fran-

106co Foto: im

zösisch – Wort für Wort", „Französisch Slang" und „Französisch kulinarisch". Der erstgenannte ist auch auf CD-ROM erschienen: „Kauderwelsch digital Französisch". Ein AusspracheTrainer auf Audio-CD ist ebenfalls erhältlich. Außerdem gibt es eine mobile Version fürs Handy inklusive Vokabeltrainer. Näheres siehe auf der Homepage des Reise Know-How Verlags unter www.reise-know-how.de.

Eine kleine **Sprachhilfe** findet sich im Anhang, Informationen zum **Provenzalischen** sind im Kapitel „Land und Leute: Provenzalische Sprache und Literatur" aufgeführt.

Strände

Es gibt überall im Reisegebiet Strände, oft aber nur in kleinen Buchten zwischen den Felsen oder als unansehnliche Stadtstrände. Hier eine Liste empfehlenswerter oder **besonders interessanter Strandabschnitte** an der Côte d'Azur, von West nach Ost:

- **Le Brusq:** Dorf-Strand neben einem malerischen kleinen Hafen
- **Halbinsel von Giens:** Strand von Almanarre, bei Surfern beliebt
- **Saint-Tropez/Ramatuelle:** Plage de Pampelonne – der hippste Strand an der Côte d'Azur!
- **Fréjus:** Villepey-Schutzgebiet
- **Estérel-Gebirge:** Plage du Dramont, früher Landepunkt alliierter Truppen zur Befreiung der Provence
- **Théoule-sur-Mer:** In der Marco-Polo-Strandbar den herrlichen Blick auf Cannes genießen ...
- **Antibes:** Plage de la Garoupe
- **Nizza:** Entlang der Engelsbucht verläuft ein langer Sandstrand – ideal für das „Après-Shopping".
- **Monte Carlo:** Skyline des „New York des Mittelmeers" inklusive – städtischer geht's nicht!
- **Cap Martin:** Von hier aus bietet sich ein herrlicher Blick auf Menton, die Ausläufer der Seealpen und die Grenze zu Italien.

Telefonieren

Die französischen Telefonnummern sind zehnstellig und es gibt keine Vorwahl. Vor die eigentliche achtstellige Nummer wird immer eine 0 und eine Ziffer für den Landesteil gestellt. Für die Provence bedeutet dies, dass jede Nummer immer mit 04 beginnt.

Die meisten **öffentlichen Fernsprecher** Frankreichs können auch angerufen werden, die jeweilige Nummer steht auf einem Schild in der Zelle. Fast alle öffentlichen Telefone funktionieren mit **Telefonkarten,** die in Postämtern und Tabac-Läden erhältlich sind (50 oder 120 Einheiten). Gleichwohl gibt es in entlegeneren Gebieten noch Münzfernsprecher. Auch viele Restaurants und Bars haben Münztelefone aufgestellt, hierfür benötigt man nicht selten *jetons,* die man an der Theke bekommt.

Billigtarifzeiten in Frankreich: täglich 21.30–8 Uhr sowie samstags 14 bis montags 8 Uhr und an Feiertagen.

Wichtige Rufnummern

- **Notruf Polizei:** 17
- **Feuerwehr:** 18
- **Auskunft:** 12
- **Autopanne:** 13

Vorwahlen

Die Vorwahl von Frankreich ins Ausland ist 00, danach folgt die Landeskennzahl: für Deutschland die 49, für Österreich die 43 und für die Schweiz die 41. Die 0 der Städtevorwahl entfällt. Die Vorwahl von Deutschland, Österreich und der Schweiz nach Frankreich lautet 00-33.

Mobiltelefone

Mobiltelefone der deutschen, österreichischen und Schweizer Provider funktionieren in Frankreich fast überall problemlos, denn die Mobilfunkgesellschaften haben Roamingverträge mit den französischen Gesellschaften Bouygues (GSM 900/1800 MHz), Orange (GSM 900/1800 MHz und 3G) oder SFR (GSM 900 MHz und 3G).

Wegen hoher Gebühren sollte man bei seinem Anbieter nachfragen oder auf dessen Website nachschauen, welcher der Roamingpartner günstig ist und diesen per **manueller Netzauswahl** voreinstellen. Nicht zu vergessen sind die **passiven Kosten,** wenn man von zu Hause angerufen wird (Mailbox abstellen!). Der Anrufer zahlt nur die Gebühr ins heimische Mobilnetz, die teure Rufweiterleitung ins Ausland zahlt der Empfänger.

Wesentlich preiswerter ist es, sich von vornherein auf **SMS** zu beschränken, der Empfang ist dabei in der Regel kostenfrei. Tipp: Man lasse sich von allen wichtigen Personen eine SMS schreiben, sodass man im Ausland nicht zu wählen braucht, sondern nur auf „Antworten" drücken muss.

● **Buchtipp:** Viele nützliche und Geld sparende Tipps zum mobilen Telefonieren bietet das Buch „Handy global – mit dem Handy ins Ausland" aus der Praxis-Reihe des REISE KNOW-HOW Verlages.

Unterkunft

Hotels

Die meisten Hotels unterliegen der Kontrolle der *Direction du Tourisme,* welche die *Hôtels de Tourisme* in **vier Komfort-Kategorien** einteilt:

*	einfach (nicht alle Zimmer mit Dusche/WC)
**	recht komfortabel (fast alle Zimmer mit Dusche/WC)
***	sehr komfortabel
****/****L	(besonderer) Luxus und Tradition

Die Einstufung richtet sich nach der **Ausstattung** (zum Beispiel muss ein Drei-Sterne-Hotel einen Aufzug besitzen) und nicht nach Schönheit und Charme. Frappierende Unterschiede fallen vor allem in der Drei-Sterne-Kategorie auf. Es gibt wundervolle Hotels, die durchaus dem Vier-Sterne-Standard gleichkommen, und daneben ein wenig heruntergekommene Häuser, die mit charmanten Zwei-Sterne-Hotels kaum konkurrieren können.

Das **Frühstück** wird extra berechnet (etwa 9 € pro Person, in Spitzenhäusern auch deutlich mehr), man ist aber keineswegs verpflichtet, es im Hotel einzunehmen. Oft ist ein Restaurant angeschlossen; es gibt dann Spezialtarife für **Halb- oder Vollpension.** Solche Angebote sind finanziell interessant, der Nachteil ist, dass man sich den kulinarischen Freuden anderer Restaurants nicht hingeben kann. Generell sind nämlich die eigenständigen Restaurants die besten.

Häuser höherer Preisklasse mit Charakter, oft Schlösser, Herrenhäuser oder alte Klöster in ländlicher Idylle, sind in der Vereinigung **Relais & Châteaux** zusammengeschlossen (15, Rue Galvani, 75017 Paris, Tel. 01.45.72.90.00 oder 01.32.29.18.80, www.relaischateaux.com). Ähnlich verhält es sich mit der Organisation **Châteaux et Hôtels de France** (84, Avenue Victor Cresson, 92441 Issy-les-Moulineaux Cédex, Tel. 01.58.00.22.00, www.chateauxhotels.com).

Logis de France (83, Avenue d'Italie, 75013 Paris, Tel. 01.45.84.70.00, www. logis-de-france.fr), erkennbar an dem gelben Kamin auf grünem Grund, vereinigt hübsche Hotels einfacherer Art, die zumeist auf dem Land liegen. Oft ist ein Restaurant angeschlossen, in dem regionale Küche angeboten wird.

Gästezimmer und Ferienwohnungen

Vielen Hoteliers in Frankreich sind die **Chambres d'Hôtes,** die privaten Gästezimmer, ein Dorn im Auge. Der Reisende schätzt sie dafür umso mehr, bieten sie doch guten Komfort, ländliche Idylle und rustikalen Charme zu einem günstigeren Preis als die Hotels. Zudem kann man leicht Kontakte mit den Menschen knüpfen. Nicht selten schenken Bauern den Gästen eigene Produkte oder laden zum Apéritif ein. Ein kleiner Plausch ist, sofern man des Französischen mächtig ist und den provenzalischen Dialekt versteht, immer möglich. Informationen über die Umgebung geben die Gastgeber mit Vergnügen.

Die regelmäßige Kontrolle durch den nationalen Verband **Gîtes de France** garantiert das hohe Qualitätsniveau von etwa 17.000 *Chambres* und *Tables d'Hôtes* (Zimmer mit Halbpension, Zahlen für ganz Frankreich). Das Frühstück ist immer im Preis inbegriffen. Für gehobene Ansprüche gibt es aber auch einen Extra-Katalog mit Adressen von besonders schönen und komfortablen Gästezimmern (*Chambres d'Hôtes Prestige*).

Doch *Gîtes de France* bietet noch mehr: *Gîte* bedeutet nämlich im eigentlichen Wortsinn Ferienwohnung auf dem Land, also kleines Landhaus, Häuschen im Dorf, Wohnung in einem Bauernhaus oder einem renovierten Nebengebäude desselben. Auch

Preiskategorien

Den Hotelempfehlungen in diesem Buch sind neben den offiziellen Sternen hochgestellte Eurozeichen beigefügt. Diese geben die Preiskategorie für ein Standard-Doppelzimmer an:

€	bis 40 €
€€	40–60 €
€€€	60–100 €
€€€€	100–130 €
€€€€€	ab 130 €

Landsitze, Mühlen oder Häuser in den Bergen findet man darunter. Die Preise variieren je nach Größe und Ausstattung (zum Beispiel Swimmingpool, Terrasse, Garten, Anzahl der Zimmer und Badezimmer). Ein Haus für vier Personen mit Standardausstattung kostet in der Woche ab etwa 170 €. **Kataloge** gibt es für jedes einzelne Département, oft auch in deutscher Sprache. Die Gästezimmer und Ferienwohnungen von *Gîtes de France* werden nicht mit Sternen, sondern mit Ähren klassifiziert.

Für **Wintersportler** und **Angler** existiert je ein Extra-Katalog mit Adressen von Ferienwohnungen und Zimmern in der Nähe von Skistationen, Gebirgsflüssen und Meeresarmen, außerdem gibt es einen Katalog für **Reitferien** *(Gîtes de Neige, Gîtes et Logis de Pêche, Gîtes et Cheval).*

107co Foto: im

Für Gruppen, Radfahrer, Reiter und Wanderer sind die **Gîtes d'Etapes et de Groupes** ideal. Mehr als 1000 *Gîtes d'Etapes* (in ganz Frankreich) laden zum preiswerten Übernachten ab ca. 7,50 € in größeren Schlafräumen ein.

- Eine Vertretung in Deutschland gibt es nicht; Kataloge und Buchungen erhält man hier: **Maison des Gîtes de France,** 59, Rue St-Lazare, 75009 Paris, Tel. 01.49.70.75.75, www.gites-de-france.fr.
- Eine weitere Organisation, in der sich Franzosen, die Gästezimmer vermieten, zusammengeschlossen haben, ist **Fleurs de Soleil.** Sie ist etwas kleiner als Gîtes des France, dafür aber exklusiver (ca. Drei-Sterne-Hotelzimmer-Standard); www.fleurs-soleil.tm.fr.

Jugendherbergen

Für die Jugendherbergen, die *Auberges de Jeunesse,* ist während der französischen Schulferien (Juli und August) vorheriges Reservieren notwendig. Besteht große Nachfrage, wird die Verweildauer auf maximal drei Tage begrenzt. Preiswerte Mahlzeiten und oft Sport- und Freizeitaktivitäten gehören zum Angebot. Jugendherbergsverzeichnisse mit Informationen zu den einzelnen Herbergen gibt es bei:

- **Fédération Unie des Auberges de Jeunesse (FUAJ),** 27, Rue Pajol, 75018 Paris, Tel. 01.44.89.87.27, www.fuaj.org.

Hotel am Hafen von Sanary-sur-Mer

Spartipp

• Es gibt u.a. in Frankreich einige Jugendherbergen, die dem internationalen Jugendherbergsverband (www.hihostels.com) angeschlossen sind. Hat man einen **internationalen Jugendherbergsausweis** aus dem Heimatland, schläft man auch bei diesen Jugendherbergen zum günstigeren Tarif, sonst muss man eine Tagesmitgliedschaft erwerben. Hat man noch keine Jahresmitgliedschaft bei den Jugendherbergsverbänden daheim, kostet diese 12–20 € in Deutschland (www.jugendherberge.de), 10–20 € in Österreich (www. oejhv.or.at) und 22–55 SFr in der Schweiz (www.youthostel.ch). Tipp: Kann man auch als Familie beantragen.

Verkehrsmittel vor Ort

Bus

An der Côte d'Azur besteht ein gut ausgebautes Busnetz mit Stadtverkehrs- und Überlandlinien. So wird vom **Flughafen Nizza** aus ein Pendelverkehr zu den verschiedenen Stadtzentren angeboten. Für das **Nizzaer Stadtgebiet** gibt es den Touristenpass „Sunpass", mit dem man für einen, fünf oder sieben Tage freie Fahrt in Nizza hat. Der Eintagespass wird von den Busfahrern verkauft, die anderen Pässe gibt es in der Verkaufsstelle Avenue Félix-Faure, Tel. 04.93.13.53.13.

Ein weiterer Pass betrifft das Gebiet **Grasse – Antibes,** zu erwerben im Verkehrsbüro von Antibes, am Flughafen Nizza und an den Busbahnhöfen des Netzes. Zur Wahl stehen ein Tag, drei Tage oder acht Tage. Schließlich gibt es das Netz „Bus Azur", das Fahrten freier Wahl (7 oder 31 Tage) ermöglicht. Es gilt für die Gemeinden **Cannes, Le Cannet** und **Mandelieu-La Napoule.**

Taxi

Die Taxistandplätze sind mit einem blauen Schild gekennzeichnet. Die Nummer der Taxizentrale Riviera in Nizza lautet: Tel. 04.93.13.78.78. Taxifahren ist in Frankreich etwa so teuer wie bei uns.

Bahn

An der Küste verbinden **regionale Expresszüge (TER)** alle großen Städte der Côte d'Azur zwischen Cannes und Ventimiglia (Italien). Zu gewissen Tageszeiten fährt jede halbe Stunde ein Zug. Auch viele der kleineren Küstenorte haben einen Bahnhof. Weitere TER-Strecken: Nizza – Cuneo/Turin über Breil-sur-Roya und Tende, Nizza – Digne-les-Bains (der historische Zug „Train des Pignes" verkehrt hier), Cannes – Grasse, Toulon – Saint-Raphaël (führt durchs Hinterland über Les Arcs/Draguignan) und Marseille – Aix-en-Provence – Digne-les-Bains (über Manosque). Informationen unter Tel. 08. 92.35.35.35, www. sncf.fr (Ticketverkauf) www.ter-sncf.fr/paca (Fahrplan).

Vom 1. Juli bis 30. September bietet die französische Eisenbahngesellschaft SNCF ihren Fahrgästen mit der „Carte Isabelle" die Möglichkeit, einen Tag lang in allen Zügen außer dem TGV in der 1. oder 2. Klasse von Théoule-sur-Mer nach Ventimiglia und von Nizza nach Tende zu reisen. Verkauf in den Bahnhöfen, 11 €. Von Nizza nach Tende verkehrt auch der „Train des Merveilles", ein Touristenzug (s. Nizza).

Versicherungen

Egal welche Versicherungen man abschließt, hier ein Tipp: Für alle abgeschlossenen Versicherungen sollte man die **Notfallnummern** notieren und mit der **Policenummer** gut aufheben! Bei Eintreten eines Notfalles sollte die Versicherungsgesellschaft sofort telefonisch verständigt werden!

Der Abschluss einer **Jahresversicherung** ist in der Regel kostengünstiger als mehrere Einzelversicherungen. Günstiger ist auch die **Versicherung als Familie** statt als Einzelpersonen. Hier sollte man nur die Definition von „Familie" genau prüfen.

Krankenversicherung

Die gesetzlichen Krankenkassen von Deutschland und Österreich garantieren eine Behandlung im akuten Krankheitsfall auch in Frankreich, wenn die medizinische Versorgung nicht bis nach der Rückkehr warten kann. Als Anspruchsnachweis benötigt man die **Europäische Krankenversicherungskarte,** die man von seiner Krankenkasse erhält.

Im Krankheitsfall besteht ein Anspruch auf ambulante oder stationäre Behandlung bei jedem zugelassenen Arzt und in staatlichen Krankenhäusern. Da jedoch die Leistungen nach den gesetzlichen Vorschriften im Ausland abgerechnet werden, kann man auch gebeten werden, zunächst die **Kosten der Behandlung** selbst zu tragen. Obwohl bestimmte Beträge von der Krankenkasse hinterher erstattet werden, kann ein Teil der finanziellen Belastung beim Patienten bleiben und zu Kosten in kaum vorhersagbarem Umfang führen.

Deshalb wird der Abschluss einer **privaten Auslandskrankenversicherung** dringend empfohlen. Bei Abschluss der Versicherung – die es mit bis zu einem Jahr Gültigkeit gibt – sollte auf einige Punkte geachtet werden. Zunächst sollte ein **Vollschutz ohne Summenbeschränkung** bestehen, im Falle einer schweren Krankheit oder eines Unfalls sollte auch der **Rücktransport** übernommen werden, denn der Krankenrücktransport wird von den gesetzlichen Krankenkassen nicht übernommen. Diese Zusatzversicherung bietet sich auch über einen **Automobilclub** an, insbesondere wenn man bereits Mitglied ist. Diese Versicherung bietet den Vorteil günstiger Rückholleistungen (Helikopter, Flugzeug) in extremen Notfällen. Wichtig ist auch, dass im Krankheitsfall der **Versicherungsschutz über die vorher festgelegte Zeit hinaus** automatisch verlängert wird, wenn die Rückreise nicht möglich ist.

Schweizer sollten bei ihrer Krankenversicherungsgesellschaft nachfragen, ob die Auslandsdeckung auch für Frankreich gilt. Sollte man keine Krankenversicherung mit Auslandsdeckung haben, kann man sich kostenlos bei Soliswiss (Gutenbergstr. 6, 3011 Bern, Tel. 031-3810494, www.soliswiss.ch) nach einem attraktiven Krankenversicherer erkundigen.

Zur Erstattung der Kosten benötigt man ausführliche **Quittungen** (mit Datum, Namen, Bericht über Art und

Umfang der Behandlung, Kosten der Behandlung und Medikamente).

Andere Versicherungen

Ob es sich lohnt, weitere Versicherungen abzuschließen, wie eine Reiserücktrittsversicherung, Reisegepäckversicherung, Reisehaftpflichtversicherung oder Reiseunfallversicherung, ist individuell abzuklären. Gerade diese Versicherungen enthalten viele **Ausschlussklauseln,** sodass sie nicht immer Sinn machen.

Die **Reiserücktrittsversicherung** für 35–80 € lohnt sich nur für teure Reisen und für den Fall, dass man vor der Abreise einen schweren Unfall hat, schwer erkrankt, schwanger wird, gekündigt wird oder nach Arbeitslosigkeit einen neuen Arbeitsplatz bekommt, die Wohnung abgebrannt ist u. Ä. Nicht gelten hingegen: Terroranschlag, Streik, Naturkatastrophe etc.

Die **Reisegepäckversicherung** lohnt sich seltener, da z.B. bei Flugreisen verlorenes Gepäck oft nur nach Kilopreis und auch sonst nur der Zeitwert nach Vorlage der Rechnung ersetzt wird. Wurde eine Wertsache nicht im Safe aufbewahrt, gibt es bei Diebstahl auch keinen Ersatz. Kameraausrüstung und Laptop dürfen beim Flug nicht als Gepäck aufgegeben worden sein. Gepäck im unbeaufsichtigt abgestellten Fahrzeug ist ebenfalls nicht versichert. Die Liste der Ausschlussgründe ist endlos ... Überdies deckt häufig die Hausratsversicherung schon Einbruch, Raub und Beschädigung von Eigentum auch im Ausland. Für den Fall, dass etwas passiert ist, muss der Versicherung als Schadensnachweis ein Polizeiprotokoll vorgelegt werden.

Eine **Privathaftpflichtversicherung** hat man in der Regel schon. Hat man eine **Unfallversicherung,** sollte man prüfen, ob diese im Falle plötzlicher Arbeitsunfähigkeit aufgrund eines Unfalls im Urlaub zahlt. Auch durch manche (Gold-)**Kreditkarten** oder eine **Automobilclubmitgliedschaft** ist man für bestimmte Fälle schon versichert. Die Versicherung über die Kreditkarte gilt jedoch meist nur für den Karteninhaber!

Im Reise Know-How Verlag ist ein nützliches Büchlein zum Thema erschienen: **„Reiserecht für Individualreisende“,** Reihe Praxis.

Zeitungen

Praktisch alle wichtigen **nationalen und internationalen Zeitungen** sind in den Kiosken und im Zeitschriftenhandel in größeren Städten und touristischen Orten erhältlich. Im Hinterland ist dies allerdings nicht der Fall.

Wer sich über **regionale Veranstaltungen und Ereignisse** informieren möchte, besorge sich die Tageszeitung „Nice-Matin“ (verschiedene lokale Ausgaben, www.nicematin.fr) oder die deutschsprachige „Riviera-Côte d’Azur-Zeitung“ (8, Avenue Jean Moulin, 06340 Drap, Tel. 04.93.27.60.00, info@mediterra.com), www.rczeitung.com.

079co Foto: im

Land und Leute

081co Foto: im

080co Foto: im

Die typisch provenzalischen Märkte sind ein Erlebnis

Bougainvillea

Die Burgruine von Grimaud

Geografie

Eine Landschaft zwischen Meer und Bergen, das ist wie kein zweiter Landstrich Frankreichs die Côte d'Azur. Die Ausläufer der Südalpen, auch **Seealpen (Alpes Maritimes)** genannt, stoßen in der **Gegend um Nizza** direkt mit dem *Grand Bleu*, dem Mittelmeer, zusammen. Das war es wohl auch, was Stephen Liégeard, den Erfinder des Küstennamens, einst zu dem Ausdruck *Côte d'Azur* inspirierte. Die hier vorherrschenden Kalkgesteine aus dem ausgehenden Erdmittelalter bzw. dem Tertiär bilden eine **Steilküste,** die durch viele Kaps – z.B. das Cap Ferrat oder das Cap Martin –, kleinere Vorsprünge und Buchten geprägt ist. Die Buchten sind jeweils von Siedlungen besetzt, die zu den ältesten des Landes gehören und lange vor den Griechen und Römern gegründet wurden.

Stets problematisch war der Zugang dieses Küstenabschnitts vom Landesinneren her, was sich bis heute im Verlauf der Straßen und der Bahnstrecke bemerkbar macht. Während die Bahn und die unterste *Corniche* (Küstenstraße) nah am Meer entlanglaufen, mussten die Trassen der *Grande und Moyenne Corniche* in den Felsen gefräst werden. Als letzte Strecke kam die Autobahn (A8) hinzu, genannt *La Provençale* – auch sie eine Erleichterung für den Menschen zwar, doch freilich ein Problem für die Natur.

Der Küstenabschnitt **zwischen Cannes und Hyères** unterscheidet sich von der östlicheren Steilküste vor allem durch ihre völlig andere geologische Struktur. Entlang des **Estérel-Massivs** und des **Mauren-Gebirges** reichen kristalline Gesteine bis ans Meer heran, teilweise sind sie sogar vulkanischen Ursprungs. Insbesondere die so genannten Porphyre machen aus dem Estérel eine Küste von speziellem Reiz – leuchtet dieser Stein doch, je nach Wetterlage, mal bräunlich, mal rötlich und bisweilen sogar gelb und violett. Das Estérel und das Mauren-Gebirge bilden erdgeschichtlich eine Einheit mit den Hyerischen Inseln und Korsika (*Provence Cristalline*). Auch die dort vorherrschende Vegetation ist dieselbe.

Westlich von Sanary und Bandol und von dort mit dem Boot erreichbar liegen die so genannten **Calanques** zwischen Marseille und La Ciotat. Im Grunde sind die fjordähnlichen Gebilde eine Fortsetzung der großen Schluchten der *Chaînes Provençales*. Dazu zählen z.B. die Gorges du Loup bei Vence und die Gorges du Verdon. Die **Schluchten des Verdon,** bis zu 700 Meter tief abfallend und damit die tiefsten Europas, sind eine Folge tektonischer Verwerfungen: Während sich das gesamte Massiv allmählich anhob, grub sich der Wasserlauf tiefer und tiefer in den Kalkstein. Erkundet hat man dieses Naturwunder erst im 20. Jh., vorher war es eine unüberwindliche Grenze zwischen zwei menschenleeren Gebieten. Auch heute noch beschränken sich die Touristenströme auf die Schluchten selbst mit den beiden Panoramastraßen.

Im Westen unseres Reisegebietes wie auch in der gesamten Provence

108co Foto: im

Unmittelbar hinter der Küste erheben sich Gebirgszüge, die Ausläufer der Alpen

dominieren also wieder **Kalkgebirgsketten** die Landschaft, die im Übrigen ausschließlich in west-östlicher Richtung verlaufen, z.B. die Kette der Sainte-Baume und die Sainte-Victoire bei Aix. Diese Kalkgebirge gehen weiter östlich in die **Plans de Provençe** über, das provenzalische Stufenland. Es wird vom Castellane-Gebiet im Norden und vom Mauren-Massiv im Osten begrenzt. Beim *Grand Plan de Canjuers,* das seit alters militärisch genutzt wird, erreichen die Jura-Kalkflächen immer noch Höhen von 900 Metern und bei den Hochebenen von Vence sogar bis zu 1400 Metern.

Klima

Die Region Provence-Côte d'Azur gehört zur mediterranen Klimazone, und das bedeutet vor allem, dass die Sonne hier mit ihrer Strahlkraft nicht geizt. Durchschnittlich scheint sie 2600 bis 2800 Stunden pro Jahr, an der Küste sogar 3000 (zum Vergleich: in Deutschland sind es zwischen 1300 und 1800 Stunden). Die **Sommer** sind heiß und trocken, und zwischen Mitte Juni und Mitte September fällt kaum ein Tropfen Regen.

Trotzdem wird immer wieder, um das Klima der Region zu charakterisieren, ein Satz von A. Siegfried zitiert: Sie sei „ein kaltes Land, auf das die Sonne heiß brennt". Er hat Recht,

Terrassen – die Architektur des kleinen Mannes

Unwetter, Frost und Temperatursprünge, diese klimatischen Besonderheiten setzen auch dem Boden zu: ausgetrocknet im Sommer, ausgewaschen im Herbst, eingefroren im Winter. Nur durch ständige Düngung wird ein ausgewogener Gehalt an Mineralien erreicht. Die Eisenoxide, die vielerorts die Erde so wunderbar rötlich färben, markieren für die Bauern schlechte, ertragsarme Böden. Hinzu kommt der oftmals zu hohe Kalkgehalt. Sind schon die Flächen in der Ebene Sonne und Regen schutzlos ausgesetzt, so greift im Bergland die Erosion noch stärker an, auch dies ein Resultat des Klimas. Gute Böden sind also rar.

Eine sehr alte Methode, neues und gutes Anbauland zu gewinnen, ist das Anlegen von Terrassen im Bergland. Viele davon bestehen noch heute, von anderen zeugen nur mehr Mauerreste. Man findet sie in der Hochprovence und im Hinterland des Départements Var. Überall dort haben sie die Landschaft verändert. Sehr beeindruckende Terrassen befinden sich zum Beispiel auf dem Ökoweingut „Le Miraval" in dem Var-Dorf Correns – Strafgefangene aus Toulon, so genannte *Bagnards,* mussten dafür schuften.

Wer sich vergegenwärtigt, wie mühevoll der Bau solcher Terrassen gewesen sein muss, angefangen beim Sammeln der Steine und ihrem Transport den Hang hinauf, der bekommt einen Eindruck davon, wie hart das Leben der Bauern gewesen ist. Denn normalerweise baute jeder Bauer selbst seine Terrassen. Das Bild vom provenzalischen *Bonvivant* passt nicht auf diese Menschen, die der Natur Jahr für Jahr ein paar Quadratmeter mehr abtrotzten und so das Überleben ihrer Familien sicherten.

denn im Sonnenland Frankreichs weht oft genug ein strenger Wind, der berüchtigte Mistral, und Regenfälle können sintflutartige Ausmaße annehmen.

Vor allem im **Herbst**, ab Mitte September, fallen die meisten Niederschläge. Oft konzentrieren sie sich auf einige heftige Unwetter oder kommen als plötzlich einsetzende, heftige Schauer daher. Die Region Provence-Alpes-Côte d'Azur weist annähernd die gleiche Niederschlagsmenge auf wie die Bretagne im Norden – mit dem entscheidenden Unterschied, dass die Bretagne dreimal mehr Regentage hat. Daher kommt es, dass der absolut gesehen regenreiche Herbst im Süden Frankreichs trotzdem alles andere als verregnet ist.

Der **Winter** hingegen gibt sich eher trocken und – vor allem an der Küste – angenehm mild und sonnig. Ab dem 18. Jh. wurde die französische Riviera daher von den Reichen des Nordens als Winterreiseziel entdeckt. Man hielt das Klima für gesund, worin man sich unglücklicherweise auf Kosten der Tuberkulosekranken täuschte – die Feuchtigkeit der Luft raffte viele vor der Zeit dahin. Wintersport war damals noch nicht in Mode, ist aber heute während der Saison stets möglich. Die nächsten Ski-Gebiete liegen etwa eine Stunde Fahrzeit von der Küste entfernt.

Ins **Frühjahr** schließlich fällt die zweite Regenzeit der Region, die allerdings weniger ausgeprägt ist als die des Herbstes. Für Aktiv-Urlauber und Kulturtouristen gilt dies als die beste Reisezeit, weil die Temperaturen nicht so lähmend sind wie im Hochsommer und die Vegetation am üppigsten ist. An der Riviera beginnt der Frühling bereits Ende Januar, wenn die Mimosen blühen, im Hinterland zeitversetzt bis zu acht Wochen später.

Was den **Wind** betrifft, so bläst er im Wesentlichen aus zwei Richtungen: Der Ostwind bringt Regen, wenn über dem Golf von Genua Tiefdruckgebiete festsitzen. Der Wind des Nordens hingegen, der Mistral, hat den gegenteiligen Effekt: Er bläst den Himmel frei von Wolken, ist aber ansonsten für Mensch und Tier eher eine „Geißel" (siehe Exkurs „Mistral").

Flora und Fauna

Das mediterrane Klima hat in Frankreichs Süden, diesem *Pays du soleil* („Sonnenland"), eine vielfältige, vorwiegend immergrüne Pflanzenwelt geschaffen, die jedoch sehr zerbrechlich ist. In ihrem Charakter hat sie sich ganz der gebieterischen Trockenheit des Sommers angepasst, der – durchaus wüstenähnlich – nur sehr selten mit Regen gesegnet ist. Während dieser heißen, trockenen Sommer also und während der recht kalten Winter, die an die der gemäßigten Zone erinnern, legen die Pflanzen eine Wachstumspause ein. Im Frühjahr und ein zweites Mal im Herbst blüht die Flora, wächst und gedeiht – jedoch auch dann nur langsam und um wenige Zentimeter.

Die Pflanzen widerstehen zwar den Eskapaden des Klimas, doch nur mit Mühe, und deutlich sieht man, wie sie unter dem stetigen **Kampf um das überlebenswichtige Wasser** leiden. Zu Sommerhitze und Winterfrost kommt hinzu, dass Feuchtigkeit und Wärme niemals zusammen auftreten: Die starken Regenfälle des Herbstes – die Abhilfe schaffen könnten – begleitet relative Kälte; die Niederschläge des milden Frühjahrs fallen zu schwach und zu sporadisch aus. Alles Sinnen und Trachten der Pflanzen bleibt also das ganze Jahr über auf das Wasser ausgerichtet. Die Anpassungsformen bewirken, dass die Pflanzen entweder leicht Wasser aufnehmen können oder dass das einmal aufgenommene nicht so schnell wieder verdunstet: Hierzu haben sie nicht nur ein ausgeprägtes Wurzelsystem entwickelt, sondern besitzen zusätzlich stark verdickte Blätter, die recht klein sind, lederartig hart und auf der Oberseite lackartig glänzend (Hartlaubgewächse). Manche Pflanzen sind in der Lage, ihre Blätter mit dem Sonnenstand zu drehen, andere rollen ihre Blattspreiten seitlich nach unten ein (Erika, Rosmarin, Lavendel), wieder andere haben Dornen (Stein- und Kermeseiche, Stechginster, Wacholder), und sogar der durch Drüsen abgesonderte aromatische Duft dient als Verdunstungsschutz.

Der mediterrane Süden Frankreichs ist Wuchsgebiet von Hartlaubwäldern, bei denen **Steineichen** *(chêne vert)* und **Kermeseichen** *(chêne kermès)* dominieren. Dazu kommen u.a. Erdbeerstrauch, Mastixstrauch, Baumheide, Steinlinde, Stechginster und Kreuzdorn. Nadelwälder bestehen hauptsächlich aus **Aleppo-Kiefer** *(pin d'Alep)*, **Meer-, Strand- oder Seekiefer** *(pin maritime)*, Schirmkiefer oder **Pinie** *(pin parasol* oder *pignon)*, gemeiner Kiefer *(pin sylvestre)*, **Zeder** (*cèdre*), wozu sich Myrte *(myrte)*, Lorbeerbaum *(laurier)* und Wacholder *(genévrier)* gesellen.

Doch wirklich dichte Wälder mit reichem Wildbestand sind an der Côte d'Azur und in der Provence relativ selten anzutreffen, zum Beispiel noch im Mauren-Massiv. Seit nämlich die Römer die höhere Zivilisation ins Land gebracht hatten, begannen die Menschen, die Wälder der *Provincia* zügellos abzuholzen, denn sie brauchten Boden für Landwirtschaft und Viehzucht, gleichzeitig Unmengen an Holz zum Heizen, für Haus- und Schiffbau. In heutiger Zeit sind **Waldbrände,** gewollte wie unbeabsichtigte, der größte Feind des Waldes, denn sie zerstören auch die für das Wachstum von Bäumen so wichtige Humusschicht. Hartlaubhochwälder, die früher weite Teile von Frankreichs Südosten bedeckten, sind also nur der potenzielle Bewuchs und in Wirklichkeit weitgehend verschwunden!

Auf solchen „degradierten" Flächen, wie man sie fachsprachlich nennt, wachsen **Macchia** und **Garrigue,** die für die Provence (und das Languedoc) so typischen Landschaftsformen, die von Weitem karg und monoton erscheinen, sich aus der Nähe aber als eine eigentümliche und sehr reiche Welt entpuppen. In der Macchia bilden Stein- und Korkeichen einen fünf bis sechs Meter hohen Baumbestand. Dazu treten Zistrosen, Baumheide, Lavendel, Myrte und – wenn der Boden genug Kalk enthält – auch Rosmarin und Thymian.

Die Garrigue ist stärker degradiert. Auf den Hochplateaus umfängt den Wanderer eine märchenhafte Ruhe, die er trotz oder gerade wegen des harmonischen Konzerts der Insekten empfindet. Eidechsen oder Geckos huschen erschreckt vor dem Eindringling davon, und die Schlangen verstecken sich ohnehin im Dickicht der Vegetation. Diese Tiere finden in der Einsamkeit der Garrigue einen idealen Lebensraum, werden sie doch höchstens von weidenden Schafen gestört.

Verlassen, ja verödet scheint das Land, doch birgt es in Wahrheit Erstaunliches; vor allem im zeitigen Frühjahr, wenn es seine Blütenpracht entfaltet mit Milchstern, Goldstern, Lilien, Iris, Traubenhyazinthen, Narzissen, Orchideen und Gladiolen. Etwa Ende Mai verdorrt dieser Pflanzenteppich, und die Landschaft wird wieder zu einer Ödnis – bis zu den Herbstregen. Im Oktober nämlich erwachen die einjährigen Pflanzen oder solche, die aus Erdsprossen, Zwiebeln und Knollen entstehen wieder zu neuem Leben und erhalten sich als Winterteppich bis ins folgende Jahr hinein.

Die Garrigue besteht jedoch vor allem aus immergrünen Pflanzen, meist strauchhohen Eichen, dazu treten wie bei der Macchia Zistrosen, aber auch Wacholder, Lorbeer und Stechginster. Der Duft der Garrigue ist das Berau-

Der Mistral

Mistral ist okzitanisch und bedeutet Maître, Meister und Beherrscher. Und wer ihn jemals erlebt hat, sei es nur für ein paar Tage, dem wird die Bezeichnung einleuchten. Der Mistral ist herrschsüchtig, allgewaltig, grausam. Er gönnt keine Atempause, frischt nicht auf in Böen und lässt wieder nach, nein, er ist einfach immer da, Stunde um Stunde, Tag und Nacht, unermüdlich, unerbittlich.

Ganz oben im Rhônetal nimmt er Anlauf, rast zwischen Zentralmassiv und Alpen südwärts, um schließlich im Delta als ausgewachsener Orkan anzukommen, nicht mehr bloß Wind, sondern Naturereignis und rätselhaftes Phänomen.

Der Maître – er ist **Herrscher über Mensch und Tier:** Der Mistral kann depressiv, gar verrückt machen. Er verursacht Phantomschmerzen, Albträume und allerlei wunderliche Verhaltensweisen. Für manche ist er gar schuld an Selbsttötungen.

Er ist **Herrscher über die Pflanzenwelt:** Die gesamte Vegetation muss seinen Attacken trotzen, wer nicht damit fertig wird, verkümmert, geht ein, stirbt aus.

Er ist **Herrscher über die Landschaft:** All die Hecken und Mäuerchen dienen einem Ziel: den Mistral zu bremsen, Obst, Gemüse, Ölbäume und Weinstöcke zu schützen.

Und er ist **Herrscher über die Architektur:** Jedes Haus, wenn es gut gebaut ist, duckt sich vor dem Mistral, bietet ihm eine fensterlose Nordfassade dar. Ähnlich geschützt sind die Gassen und Plätze der Dörfer.

Natürlich hat er auch seinen Platz in der Kunst. Der leergefegte, tiefblaue Himmel, die unglaubliche Härte und Klarheit des Lichts auf Gemälden – da war vor dem Künstler schon der Mistral am Werke gewesen.

Den letzten meteorologischen Erklärungen entzieht sich der Mistral noch immer. Ein Ansatz lautet: Es gibt eigentlich zwei Mistrals. Der eine – dynamisch bedingte – entsteht aus einer gesamteuropäischen Wetterlage, wenn maritime Kaltluft von Nordwesten nach Südosten abfließt und diese Luftbewegung im engen Rhônetal zu einem heftigen Wind gebündelt wird. Der andere – thermisch bedingte – entsteht vor Ort, wenn kleine, kalte Luftmassen aus den Cevennen oder den Voralpen die Täler der Rhône-Zuflüsse hinabwandern und in das Rhônetal selbst gelangen. Was aber ein echter Provenzale ist, der pfeift auf Erklärungen. Phänomene dieser Bedeutung, so sagt ihm seine Lebenserfahrung, lassen sich gar nicht erklären.

In mancher Hinsicht verhält es sich mit dem Mistral wie mit einem Choleriker: Man muss ihn zu nehmen wissen. Seine Anfälle folgen gewissen Regeln (der Mistral weht angeblich immer drei, sechs oder neun Tage), man kann sie nicht verhindern, nur in Deckung gehen und, wenn sie vorbei sind, darüber lachen. Außerdem hat man immer ein Gesprächsthema: Wie war das letzte Mal, und wann geht es aufs Neue los?

schendste: Er entsteigt den Aroma-Drüsen von kleinen **Sträuchern und Kräutern,** vor allem Thymian, Rosmarin und Lavendel, die sich ein Plätzchen auf dem Boden zwischen Bäumen und Sträuchern gesucht haben, ihn aber nur spärlich bedecken. Aus dieser kümmerlichen Pflanzendecke blitzt nicht selten weiß-graues Kalkgestein hervor und der Boden ist an manchen Stellen so dünn, dass er nur noch die Gesteinsritzen durchädert.

Auf den Hochebenen der Provence, in der Nachbarschaft der Garrigues, wächst der **Lavendel** oder eine Abart dessen, der Lavandin, vor allem auf dem Plateau von Valensole, doch im Grunde überall in der Hochprovence (siehe Exkurs im Kapitel „Hochprovence und Verdon-Schluchten"). Im Var südlich der Verdon-Schluchten, in der Gegend um Aups, sind die **Trüffeln** beheimatet, die sich mit Vorliebe Eichen als Wirt aussuchen (siehe Exkurs im Kapitel „Im Herzen des Var").

Weinreben gibt es fast überall in der Provence und an der Côte d'Azur, doch die edelsten Tropfen bringt das Gebiet Bandol rund um den gleichnamigen Küstenort hervor (siehe Exkurs „Von großen und kleinen Weinen").

109co Foto: im

Korkeichen

Die schönen, silbrig-grün glitzernden **Ölbäume** sind ebenfalls weit verbreitet; das beste Olivenöl kommt aus der Gegend von Lorgues. Straßen, Wege und Plätze im Südosten Frankreichs sind oft von mächtigen **Platanen** gesäumt, die nicht nur für Atmosphäre sorgen, sondern deren dichtes Blätterdach auch vor der gleißenden Sommerhitze schützt.

Völlig anderen Charakters als die Vegetation des Hinterlandes sind die **tropischen Gärten,** die in manchen Orten an der Côte d'Azur angelegt wurden. Als eine Art Symbol gilt die **Palme,** die im 19. Jh. mit der Ankunft der Engländer an der Küste eingeführt wurde und von den Strandpromenaden nicht mehr wegzudenken ist. Beliebt sind außerdem Agaven und Kakteen sowie die aus Australien stammenden **Mimosen** aus der Akazien-Familie, die zwischen Januar und März blühen (siehe dazu auch die Ortsbeschreibung von Bormes-les-Mimosas im Kapitel „Saint-Tropez und das Mauren-Gebirge").

Wunderschön sind auch die **Bougainvilleen,** die mit ihren rosafarbenen Blüten zahlreiche Mauern und Hauswände zieren, sowie die **Orangen-, Mandarinen- und Zitronenbäume.** In Menton, wo wegen des milden Klimas Zitrusfrüchte besonders gut gedeihen, wird der Karneval alljährlich als Zitronenfest gefeiert. Auf den Hügeln über Nizza schließlich werden

Tausende von **Nelken** angepflanzt. Sie bilden die hauptsächliche Schnittblumenproduktion der Alpes Maritimes und dominieren das Angebot auf dem Nizzaer Blumenmarkt.

Was die **Tierwelt** des Reisegebietes angeht, so sei an dieser Stelle auf die entsprechenden Passagen in den Ortskapiteln verwiesen: Artenreich sind vor allem das Mauren-Gebirge und die Seealpen, dort insbesondere die Kernzone des Mercantour-Nationalparks.

Ein Tier, ein kleines zwar, aber ein sehr symbolträchtiges, sei an dieser Stelle in aller Ausführlichkeit beschrieben: die **Zikade** *(la cigale)*. Kein Sommertag in Frankreichs Süden ist vorstellbar ohne ihren Gesang. Mit rhythmischer Kraft und verwirrender Harmonie erfüllt er die heiße Luft – was anderes könnte er sein als ein Liebesgesang? Es sind die Männchen, die dieses Konzert anstimmen, um die Weibchen herbeizulocken. Zu allein diesem Zweck sitzt an ihrem Hinterleib ein hoch entwickelter Apparat, einzigartig in der Tierwelt. Er besteht vor allem aus zwei Membranen, den Zimbeln, von denen jede mit einem starken Muskel verbunden ist. Durch deren ungeheuer schnelle Bewegung – 300- bis 900-mal in der Sekunde – verformen sich die Zimbeln, und es entsteht ein klackender Laut: Genau genommen ist der „Gesang“ der Zikaden also nur ein akustisches Signal, da es kein regelrechtes Stimmorgan gibt.

Obgleich stets präsent durch seinen Klang, bekommt man dieses maximal 35 Millimeter große, scheue und gut getarnte Insekt kaum je zu Gesicht. Die Larven wachsen völlig allein, noch dazu blind und unter der Erde auf; eine Zeit, die mindestens zwei Jahre dauert. Das erwachsene Tier lebt nur ganze zwei bis drei Wochen zwischen Mitte Juni und Mitte August. Zikaden – es gibt in Frankreich übrigens 15 Arten – beginnen erst zu „singen“, wenn es mindestens 22 °C warm ist, besonders lieben sie die heißesten Stunden des Tages und die ungeschützt der Sonne ausgesetzte Landschaft der Garrigue bzw. Macchia.

Die merkwürdigen, faszinierenden Tiere sind so zu einem Symbol geworden für die Sonne, den Süden, die Provence. Doch schon in alten Zeiten zog die Zikade das Interesse der Menschen auf sich: Die Griechen zum Beispiel fingen Zikaden in Käfige ein, um ihrem „Gesang“ zur Zerstreuung lauschen zu können. Und bei Platon heißt es, die Zikaden seien ursprünglich Menschen gewesen, die – als die Musen die Musik erfunden hatten – zu singen begannen, bis sie daran starben. Aus diesen Menschen erwuchs die Rasse der Zikaden, denen die Musen die Fähigkeit gaben, ohne Essen und Trinken zu leben. Wenn sie starben, kehrten sie zu den Musen zurück und berichteten ihnen, wer auf Erden sie ehrte. Die merkwürdige Eigenschaft, ohne Nahrung existieren zu können, geht auf das wirkliche Verhalten der Zikaden zurück: Sie ernähren sich nur vom Saft der Pflanzen, den sie überall finden.

Leicht verständlich ist daher, dass die Griechen die Zikade zum Symbol der Musik machten, auch der Kunst

Die Frucht des Ölbaums – Sinnbild einer Lebensweise

Quiconque mange des olives
Chaque jour de chaque saison
Vient aussi vieux que les solives
De la plus solide maison

Knoblauch, Wein und vor allem Olivenöl – dies sind die Lebenselixiere jener steinalten, dabei kerngesunden Provenzalen. So alt wie die Balken der solidesten Häuser wird, verspricht der Vers, wer täglich die Frucht des Ölbaums genießt.

Das Öl, das aus dieser Frucht gepresst wird und der Küche des Midi ihre unverwechselbare Note gibt, ist ein wahres **Wundermittel.** Ein „Adernfeger", der vor Arteriosklerose bewahrt, dessen Kalziumgehalt dem der Milch gleichkommt und der viele wichtige Vitamine enthält. In der Provence kursieren ungezählte Hausrezepte mit Olivenöl, gegen Rheuma, Arthritis und Hexenschuss. Auf die Haut aufgetragen, lindert es Insektenstiche, im Gesicht beugt es Falten vor, kurz, es pflegt den Körper vom Scheitel bis zur Sohle. Eine Untersuchung über Finnland und Kreta, Länder mit gleichem Fettverbrauch, hat denn auch ergeben, dass die Zahl der Herzinfarkte in Finnland zehnmal höher liegt – dort werden tierische Fette verzehrt, auf Kreta hingegen meist Olivenöl.

Der Legende nach war es ein Grieche, Herkules, der in der Provence ein paar Ölbäume pflückte und sie in seine Heimat trug. Tatsächlich dürfte der Weg umgekehrt verlaufen sein. Der Ölbaum ist schon um 6000 vor Christus in **Ägypten** belegt und um 1500 in Griechenland. **Seefahrer** werden ihn ein paar Jahrhunderte später in die Provence gebracht haben, und die Kultur seiner Nutzung könnten die Gründer Massalias 600 v. Chr. eingeführt haben. Zur Römerzeit war das Olivenöl eine begehrte **Handelsware,** ein Status, den es erst wieder im 18. Jahrhundert erreichte. Als Rohstoff der Textilindustrie, auch als Hauptbestandteil von Seife und anderer Schönheitsmittel wurde es das Edelprodukt seiner Zeit und fand endgültig Eingang in die provenzalische Küche. Doch andere Öle, andere Seifen und schließlich die Reblaus setzten ihm im 19. Jahrhundert arg zu, nach dem Zweiten Weltkrieg zudem Landflucht und mangelnde Rentabilität.

Dann kam jene Nacht vom 2. auf den 3. Februar 1956, in der man die Olivenbäume weinen hörte – und tags darauf die Bauern. Als Folge eines extremen **Temperatursturzes** um über 20 Grad innerhalb weniger Stunden **erfroren eine Million Ölbäume** (von damals elf Millionen in Frankreich).

110co Foto: im

Doch was den Tod der Olivenwirtschaft zu besiegeln schien, leitete ihre Renaissance ein. Die Bauern erkämpften sich Zuschüsse und modernisierten Anbau und Vermarktung. Heute ernten in 13 Départements etwa 37.000 Betriebe von 3,7 Millionen Ölbäumen. Es ist dies zwar gerade einmal ein halbes Prozent der weltweiten Erzeugung, aber die französischen Öle sind Qualitätsprodukte, die im Export hohe Preise erzielen.

Dennoch wird sich kein Bauer aus wirtschaftlichen Gründen zum Olivenanbau entschließen. Passion gehört dazu, wie stets übrigens, wenn es in der Provence um Ernährung geht. Das **Traditionsbewusstsein** findet sich auf die Spitze getrieben in diesem Metier, wo im Wesentlichen gearbeitet wird wie vor Jahrhunderten. Der immergrüne, der göttliche Baum, der die Landschaft des Midi prägt, ist ein zentrales Symbol der Bibel wie des Korans, und mit *Henri Bosco* glauben viele Bauern, von ihren Bäumen geliebt zu werden.

Fünf Kilo Oliven braucht es, um in der ersten, kalten Pressung einen Liter Öl zu produzieren. Innerhalb dieser „jungfräulichen" Öle gibt es **Abstufungen:** Vierge courante oder semi-fine, dann, hochwertiger, Vierge fine, schließlich das edle Vierge extra. In Nyons reifen sogar, wie beim Wein, Oliven einer Appellation d'Origine Controlée entgegen. Olivenöl ist das einzige Öl, das direkt aus einer frischen, unveränderten Frucht entsteht – nicht wir machen das Öl, sagen deshalb manche Bauern, Gott und die Natur selbst machen es.

2007 wurde die **Appellation d'Origine Controlée** (AOC, kontrollierte Herkunftsbezeichnung) für Olivenöl der Provence eingeführt. Sie umfasst die vier Départements Vaucluse, Bouches-du-Rhône, Var und Alpes-de-Haute-Provence.

- **Syndicat AOC Huile d'olive de Provence,** Maison des Agriculteurs, 22, Avenue Henri Pontier, 13626 Aix-en-Provence Cédex 1.
- **Buchtipp:** *Jacques Bonnadier,* „Cantate de l'Huile d'Olive", 1989. Ein informatives Büchlein über die Olive.

und der Poesie, im Grunde allen künstlerischen Schaffens. Dieses Emblem übernahmen im 19. Jh. Frédéric Mistral und der Dichterbund des *Félibrige,* die Verfechter der provenzalischen Sprache und Tradition. Die Zikade wurde zu einer der Insignien der *Félibres,* und Mistrals Exlibris waren stets mit einer stilisierten Zikade geschmückt und dem schönen Satz: *Lou soulèu me fai canta* – „Die Sonne lässt mich singen."

Natur- und Umweltschutz

Die immer stärkere Ausweitung des Tourismus seit dem vergangenen Jahrhundert hat natürlich ihren Preis. Insbesondere an den am stärksten frequentierten Küstenabschnitten der Côte d'Azur wie der Gegend von Cannes bis Menton sind die **Schäden an der Natur** mehr als augenfällig. Selbst wenn die Franzosen im Vergleich zu den Deutschen nicht gerade als Vorreiter der Umweltschutz- und Bio-Welle gelten, hat der Staat doch immerhin bereits seit den 1960er Jahren Maßnahmen ergriffen, um die Landschaftszerstörung aufzuhalten.

Schutzgebiete

Insbesondere die Einrichtung von Schutzzonen ist hier zu erwähnen, von **Nationalparks** und **regionalen Naturparks.** Heute sind fast 10 % des französischen Territoriums als geschützte Zonen deklariert, ein Anfang ist also gemacht. Allerdings darf nicht verschwiegen werden, dass auch und vor allem die Nationalparks wichtige Touristenmagnete geworden sind.

In das in diesem Buch beschriebene Reisegebiet fallen zwei Nationalparks, der **Mercantour** in den Seealpen und **Port Cros,** der weite Gebiete der Hyerischen Inseln umfasst. Als regionales Schutzgebiet gilt der **Küstenabschnitt** von Saint-Raphaël bis fast nach Marseille, wobei besonders der Estérel-Küste, der Halbinsel von Saint-Tropez und dem Abschnitt bei Le Rayol-Canadel Naturnähe nachgesagt werden kann. Darüber hinaus ist auch die **Verdon-Gegend** mit den berühmten Schluchten ein *Parc Naturel Régional,* und in der **Hochprovence** besteht eine 75.000 Hektar große *Réserve Géologique.*

Wer sich weiter über die Naturschutzgebiete der Côte d'Azur und der Seealpen informieren will, findet entsprechende Informationen in diesem Buch unter Le Rayol (Domaine du Rayol), Port Cros/Porquerolles und Tende/Vallée des Merveilles. Bekannte regionale Naturparks in der Nähe sind schließlich noch der Luberon nördlich von Aix-en-Provence sowie die Camargue bei Arles.

Waldbrände

Insbesondere für die Kernzonen der Nationalparks gelten bestimmte Verhaltensregeln, um die Natur zu schonen (in den entsprechenden Ortskapiteln im Detail aufgeführt). Einer der größten Feinde aller Schutzgebiete wie auch der südfranzösischen Landschaft überhaupt ist das Feuer. Um diese Gefahr zu verstehen, muss man sich vergegenwärtigen, dass der Wald schon seit Jahrtausenden durch Abholzung dezimiert wird. Die Provence war immer relativ dicht besiedelt und sah eine Reihe von Kriegen; beides erhöhte den Bedarf an Holz. Fatalerweise ist der provenzalische Wald von Natur aus besonders fragil. Eine rasche Wiederaufforstung ist so gut wie unmöglich, denn in diesem ungünstigen Klima, wo Hitze und Feuchtigkeit nie zusammenfallen, wachsen die Bäume ohnehin sehr langsam, und wenn über den humusarmen Boden erst einmal ein Feuer hinweggegangen ist, gedeiht fast nur noch die Sonne und Trockenheit liebendes Buschwerk: Garrigue oder Macchia.

Und doch entstehen immer wieder Brände – durch Spaziergänger, die ihre **Zigarette** wegwerfen, wilde Camper, die einen **Grill** betreiben, oder durch **Brandstifter,** seien es Verrückte, seien es Grundstücks-Spekulanten. In der knochentrockenen Garrigue kann jeder Funken binnen kürzester Zeit zur Flammenhölle werden. Feuerfronten von fünfzehn Kilometern Breite sind über dieses Land schon hinweggerast, fauchend und prasselnd angefacht von jenem gewaltigen Blasebalg, den der **Mistral** bildet, der todbringende Wind, der jeden Brand in ein Inferno verwandelt. Am Ende eines solchen Feuers bleibt die apokalyptische Stille einer ganz und gar toten Landschaft zurück, nackte Karstwüsten, die aber doch irgendwann wieder zu neuem Leben erwachen.

Geschichte

Vor- und Frühgeschichte

Die Kultur der Provence und der Côte d'Azur ist sehr alt. Das Bild, das wir heute von diesen frühen Zeiten haben, liegt jedoch in einem merkwürdigen Dämmerlicht, da sich Entwicklungen überlagern, hier Funde erhalten sind, während sie anderswo fehlen, und es sich insgesamt um sehr lange Zeitspannen handelt, die nicht immer genau abzugrenzen sind.

Die älteste bekannte Wohnhöhle Europas ist die **Grotte von Vallonnet** bei Menton (ca. 950.000 v. Chr.). In ihr fand man die für diese Zeit typischen primitiven Werkzeuge aus bearbeitetem Stein (zum Beispiel Geröllgeräte), mit denen die Höhlenbewohner, so genannte Frühmenschen (Vorläufer des Homo Sapiens), Holz und Knochen bearbeiteten und ihre Jagdbeute zerteilten oder die sie als Waffen benutzten.

In die **Ältere Altsteinzeit** (Altpaläolithikum, ca. 600.000–100.000 v. Chr.) führt uns ein weiterer bemerkenswerter Fund: Die weltweit früheste bekannte Feuerstelle (ca. 600.000 v. Chr.) in der **Grotte von Escale** bei Saint-Estève-Janson belegt wahrscheinlich, dass ihre Bewohner bereits die Macht des Feuers für sich zu nutzen gelernt hatten. Noch besser erhaltene Feuerstellen befinden sich in der berühmten **Grotte von Terra Amata** bei Nizza (ca. 400.000 v. Chr.).

Während des gesamten **Mittelpaläolithikums** (Mittlere Altsteinzeit, 100.000–35.000 v. Chr.) nahm der **Neandertaler** die Flussbecken in den niedrigeren, waldreichen Gebieten und die Abhänge ihrer Hügel in Besitz. Er lebte sowohl in Höhlen (Lazaret bei Nizza) und unter Felsdächern als auch in Hütten oder Zelten im Freien (Sainte-Anne-d'Evenos). Trotzdem darf man sich diese nicht als feste Wohnsitze vorstellen: Ackerbau und Viehzucht sollten noch lange auf sich warten lassen. Vielmehr lebten die Neandertaler als umherschweifende Horden zusammen und ernährten sich vorrangig von der Jagd mithilfe von Fallgruben und Fanggehegen.

Gegen **Ende der Altsteinzeit** (ca. 35.000–10.000 v. Chr., Jungpaläolithikum) verdrängte der **Homo Sapiens** allmählich den Neandertaler. Man nennt diesen Typus auch den Cro-Magnon-Menschen. Seine Lebensbedingungen verbesserten sich in der **Mittelsteinzeit** (Mesolithikum, ca. 8000–5000 v. Chr.), also nach dem Eiszeitalter, weil jetzt ein wesentlich günstigeres Klima herrschte. Zwar war er immer noch Jäger, daneben jedoch auch schon Fischer und Sammler wild wachsender Pflanzen.

Der Wandel bahnte sich jedoch am Ende dieses Zeitalters bereits an und fand seine Erfüllung in der darauf folgenden Epoche der **Jungsteinzeit** (Neolithikum, ca. 5000–2000 v. Chr.): Gemeint ist der Übergang von der reinen Jäger- und Sammlerkultur zur Bauern- und Hirtenkultur. Diese so genannte **Neolithische Revolution** ging nicht nur friedlich vonstatten. Die Träger der neuen Kultur lernten, Tiere zu domestizieren, das Land zu bebauen und Vorräte zu horten. Vor allem aber waren sie sesshaft und betrachteten ihr Land als unantastbares Eigentum. Und die Hirten waren zwar Nomaden, wollten aber ihre Herden von niemandem bedroht sehen. Die Jägerstämme, die dagegen bisher kein und zugleich alles Land besaßen, wichen vor den Vertretern der neuen Kultur zurück.

Die völlige Durchsetzung der neuen Kultur dauerte lange, etwa 4000 Jahre, aber schließlich erwies sie sich doch als überlegen. Die zahlreichen **Megalithgräber** (Grabbauten aus großen Steinblöcken) zeugen von einer differenzierten Kultur: Das größte von ihnen ist der Dolmen (ein tischförmiges Steingrab) **Pierre de la Fée** bei Draguignan. Daneben hat man zahlreiche Grabkammern und -gewölbe gefunden, unter ihnen die leider nicht zugängliche 42 Meter lange Feengrotte bei Arles. Bei Châteauneuf-lès-Martigues entdeckte man zudem die weltweit ältesten Überreste von domestizierten Schafen. Die Provence beherbergt auch die frühesten Keramikfunde Westeuropas, und man weiß, dass ihre Bewohner recht bald die Korbflechterei und die Technik des Webens erlernten.

In die Epoche des späten Neolithikums fallen die ältesten Felszeichnungen im berühmten **Vallée des Merveilles** in den Seealpen (um 3000 v. Chr.). Die meisten Gravuren in diesem „Tal der Wunder" jedoch, die vielfach einen Stiergott oder die Mutter Erde darstellen, entstanden in der **frühen Bronzezeit** (ca. 2000–1700 v. Chr.). Der Mont Bégo war wahrscheinlich jahrhundertelang ein bedeutendes Kultzentrum unter freiem Himmel. Forscher vermuten hinter den rund 40.000 Zeichen sogar eine Symbolsprache, deren Entschlüsselung Antwort auf viele Fragen geben könnte.

Bis Metalle wie Kupfer und Bronze sich allgemein in Südfrankreich durchsetzten, vergingen mehrere Jahrhunderte. Wahrscheinlich lässt sich von daher der Name der **Ligurer** erklären. So nämlich nannten die Schriftsteller der Antike all jene Stämme westlich der Seealpen, die in ihren Augen Barbaren waren. Die Bezeichnung bezieht sich wohl weniger auf einen Stammesnamen als auf ihre Kulturstufe und soziale Ordnung, deutlich unterlegen gegenüber der Kultur der östlichen Mittelmeervölker, in der sich die Metalle bereits vollständig durchgesetzt hatten. Die Ligurer waren in der gesamtem Provence ansässig und richteten sich an günstigen Stellen Zufluchtsorte ein. Diese waren notwendig geworden, weil der Handel mit Metallen auch die Gefahr von Raub und Krieg mit sich brachte.

Nach diesen Ureinwohnern kamen die durch Europa ziehenden **Kelten** ins Land, die sich anscheinend friedlich mit ihnen vermischten. Die so seit etwa dem 6. Jh. v. Chr. und besonders im 4. Jh. v. Chr. entstandene Mischbevölkerung nennt man darum keltoligurisch. Die **Keltoligurer** organisierten sich in Konföderationen, und ihre von kriegerischen Idealen geprägte Gesellschaft war streng hierarchisch gegliedert: Ein (absetzbarer) König regierte mithilfe des Adels und der Druidenkaste. Besonders abstrus ist der von ihnen praktizierte **Schädelkult:** Nach einer Schlacht nahmen sie die Köpfe ihrer getöteten Feinde mit, nagelten sie vor ihren Haustüren an, flankierten damit die Eingänge ihrer Heiligtümer und bewahrten sie einbalsamiert als Trophäen auf.

In der **Eisenzeit** (ab ca. 800, besonders ab ca. 500 v. Chr.) errichteten die Bewohner der Provence zahlreiche befestigte **Oppida,** Wohn- und Handelszentren mit politischen, wirtschaftlichen, religiösen und auch militärischen Funktionen, zum Beispiel das Zentrum der Saluvier, das Oppidum Entremont bei Aix-en-Provence.

Die griechische Kolonisation

Die Keltoligurer sollten jedoch nicht für lange Zeit die einzigen Bewohner der Provence und der Côte d'Azur bleiben. Handelsreisende durchzogen das Gebiet. So sind nicht nur Spuren der Etrusker aus Italien bezeugt, sondern sogar die von Phöniziern und Männern aus Rhodos. Gegen deren Kostbarkeiten hatten die Ureinwohner zum Tausch nichts als ihr Salz anzubieten – das zumindest war aber eine wertvolle Ware für die Händler aus dem Osten. Noch gründeten die Ankömmlinge keine festen Siedlungen, überwinterten im Notfall allenfalls in provisorischen Hütten an der Küste.

Alles änderte sich jedoch mit der Gründung von **Massalia** (Marseille) durch junge, griechische Auswanderer etwa um 600 v. Chr., das über Jahrhunderte eine rein **griechische Stadt** blieb. Sie erlebte einen raschen Aufstieg und beeinflusste in hohem Maße das keltoligurische Umland. Die Massalioten gründeten in und bei keltoligurischen Siedlungen **weitere Niederlassungen,** um ihre Geschäfte einfacher abwickeln zu können und ihre Waren zu lagern. Bald entstanden entlang der Küste und auf dem Handelsweg nach Norden immer mehr Stützpunkte und Tochtergründungen, darunter Antipolis (Antibes), Nikäa (Nizza), Monoikos (Monaco), Arelate (Arles) und Glanon (oder Glanum bei Saint-Rémy).

Im späten 2. Jh. v. Chr. beendete eine neue **keltische Invasion** das friedliche Zusammenleben von Griechen und Ureinwohnern. In zunehmende Bedrängnis geraten, rief Massalia die Römer zu Hilfe und eröffnete so das Zeitalter der römischen Besetzung in Südfrankreich. Nichtsdestotrotz waren es die Griechen, die diesem Landstrich einen Großteil seiner Kultur brachten. Sie gründeten Städte, legten Handelswege an, ersetzten Tauschgeschäfte durch Geldhandel, brachten dem Land den (beschnittenen) Rebstock und den Olivenbaum (man stelle sich die provenzalische Küche ohne Wein und Olivenöl vor!) und verbreiteten schließlich das griechische Alphabet und das griechisch-humanistische Denken.

Die Ankunft der Römer

Man darf sich das Auftauchen der **Römer** im heutigen Frankreich nicht als abrupt vorstellen. Es ist im engen

Zusammenhang mit der Rolle zu sehen, die Rom in der damaligen Weltordnung zu spielen begonnen hatte.

Massalia erwies sich im **Zweiten Punischen Krieg** (218–201 v. Chr.) gegen Karthago als treuer Bundesgenosse Roms. Dies bewirkte, dass Hannibal für seinen denkwürdigen Zug von Spanien nach Italien den beschwerlichen Weg über die Alpen einschlagen musste. Rom erlitt zwar bei Cannae die empfindlichste Niederlage seiner Geschichte, gewann letztendlich aber doch den Krieg und richtete zwei neue Provinzen ein, Hispania citerior und ulterior.

Bereits im Zuge der Landnahme Spaniens kam es zu einem ersten **Konflikt zwischen den Römern und den Keltoligurern.** In der Nähe Massalias überfielen sie das Heer des Konsuls Lucius Baebius, der mit der Verwaltung der neuen spanischen Provinzen betraut war. In den Jahren 181 und 154 v. Chr. rief Massalia Rom zu Hilfe, weil die Kelten ihre Kolonien in Nizza und Antibes bedrohten. Rom griff erfolgreich ein.

125 v. Chr. geriet Massalia schließlich selbst in derartige Bedrängnis, dass es abermals die mächtigen Verbündeten ins Land rief. Und diese halfen nur zu gern, witterten sie doch neben der Sicherung des Landweges in ihre spanischen Provinzen auch die Möglichkeit des Landgewinns. Dem Konsul Gaius Sextius Calvinus gelang ein Jahr später der entscheidende Sieg: Er machte das Zentrum des Saluvier-Stammes, das **Oppidum Entremont,** dem Erdboden gleich. Um zu zeigen, dass die Römer nicht vorhatten, das Land wieder zu verlassen, gründete er 122 v. Chr. in der Nähe die **Colonia Aquae Sextiae,** das heutige Aix-en-Provence.

Im Jahre 118 v. Chr. herrschte Ruhe, zumindest vorerst, und die Römer richteten die **Provincia Gallia Narbonensis** ein, deren Name als „Provence“ bis heute erhalten ist. Das einst stolze Massalia, das die Römer fortan Massilia nannten, sank rasch zur Bedeutungslosigkeit herab. Hauptstadt der Narbonensis wurde, wie der Begriff schon sagt, die Colonia Narbo, das heutige Narbonne.

Die Konsolidierung der römischen Herrschaft in Gallien

In der ersten Hälfte des 1. Jh. v. Chr. akzeptierten die Gallier die römische Herrschaft noch längst nicht. Ihre Siedlungen genossen einen sehr unterschiedlichen Status, der an dem Verhalten gegenüber Rom in der Vergangenheit bemessen wurde; das verbündete Marseille zog aus den neuen Gegebenheiten naturgemäß den meisten Profit. Die Stämme der Provinz durften ihre Institutionen und Gerichte beibehalten, sofern diese nicht das Misstrauen der Römer erweckten. Jedoch machte den Galliern die ihnen bisher unbekannte römische Militärpräsenz zu schaffen, gegen die sie sich schließlich auch zur Wehr setzten (90,

Das römische Amphitheater in Fréjus

Die Provence unter dem Haus von Anjou

Weil **Raimond Bérenger V.** (1209–1245), zu dessen Herrschaftszeit der Provence Frieden und Ordnung beschieden waren, ohne männlichen Erben starb, bestimmte er seinen Schwiegersohn **Karl von Anjou,** Bruder Ludwigs IX., zu seinem Nachfolger. Die Anjous herrschten in der Provence bis zum Ende des 15. Jh. Während dieser Zeit fiel **Monaco** durch Verkauf an die Grimaldis (1308) und Nizza 1388 an das Haus von Savoyen. Die **Grafschaft Nizza** wurde - nach wechselvoller Geschichte - erst 1860 französisch, fast vierhundert Jahre später als die übrige Provence.

Die Lichtgestalt unter den Grafen des Hauses Anjou und überhaupt unter allen Grafen der Provence war der **Gute König René,** dessen Andenken bis heute lebendig ist. Ab 1434 erlebte das Land unter ihm eine glückliche Zeit, Frieden und Freiheit. Er förderte nicht nur Literatur und schöne Künste, sondern kümmerte sich auch um Handel, Landwirtschaft und Weinanbau. *Le bon Roi René* starb 1480 ohne männliche Nachkommen. Die Regierungszeit seines Nachfolgers, Karl III. von Maine, dauerte nur ein Jahr. Ebenfalls ohne Erben, vermachte er die Provence testamentarisch der **französischen Krone.**

112co Foto: im

Union oder Anschluss – die Provence wird französisch

Die Provence brauchte lange, um französisch zu werden. Ein halbes Jahrhundert verstrich, bis dieser Zustand manifestiert war, denn immer noch - seit 1033 - bestand die **nominelle Herrschaft der deutschen Kaiser** über die Provence. Friedrich Barbarossa (1178) und Karl IV. (1365) versuchten, ihre Machtansprüche durch Krönungsakte in Arles zu untermauern, doch dabei blieb es auch. Später versuchte Karl V. noch zweimal, 1524 und 1536, sich der Provence zu bemächtigen, doch er scheiterte nicht zuletzt an der Loyalität der Provenzalen zu ihrem König Franz I. von Frankreich.

Dabei blieb die Bindung der Provence an Frankreich, 1486/87 vertraglich festgeschrieben, geprägt durch das Ringen der Provenzalen um die Wahrung einer gewissen Eigenständigkeit und kulturellen Identität. Faktisch gestaltete sich, was im Kleide einer Union daherkam, als **Anschluss an das Königreich.** Letztlich scheiterten alle Versuche, sich dem Klammergriff des übermächtigen Pariser Zentralismus zu entziehen, der die Geschicke der Provence bis in unsere Tage lenkt.

Einen Vorgeschmack gab schon die Gründung des Parlamentes von Aix 1501/02. Nach dem Modell des Pariser Zentralismus entwickelte sich, eine Stufe darunter, ein Aixoiser Zentralismus, der die königliche Gewalt entscheidend stärkte. Bald war die **Amtssprache** für alle offiziellen Texte nicht mehr Latein, sondern **Französisch** (1539). Jahrhundertelang sollten nun das Französische und das Provenzalische nebeneinander bestehen, das eine die Schriftsprache und elitär geprägt, das andere die gesprochene, volkstümliche Sprache.

Wie sah die Provence aus an der Wende vom 16. zum 17. Jh.? Zunächst einmal verzeichnete sie ein stetiges **Wachstum der Bevölkerung,** das allerdings immer wieder durch Pest-Epidemien gebremst wurde bis hin zu jener späten großen Pest von 1720, der fast 100.000 Menschen zum Opfer fielen.

Die unterschiedliche Entwicklung in der Haute Provence und der **Basse Provence** zeichnete sich schon deutlich ab. In den küstennahen Landstrichen lebten die Provenzalen teilweise in den weit auseinander liegenden *Mas* oder *Bastiden,* meist aber in jenen Siedlungen, von denen man auch heute kaum zu sagen weiß, ob es große Dörfer sind oder kleine Städte.

Was die großen **provenzalischen Städte** betrifft, so wuchs dort allmählich eine Art Industrie heran, die schon die Wasserkraft von Kanälen und Flüssen für sich zu nutzen wusste: Gerbereien, Töpfereien, auch Hersteller von Tüchern und Stoffen, Seife und Papier. Mit all dem handelten die Provenzalen weit über ihre Grenzen hinaus.

Ganz anders das **Haut Pays,** die Berge der Hochprovence oder das Hinterland des Var, wo das Leben ungleich härter war. Dementsprechend groß war die Anziehungskraft des Bas Pays. Immer mehr Menschen aus dem Hochland stiegen hinab, wie man das nannte, und verdienten ihr Brot in den fruchtbaren Ebenen, zumindest saisonweise.

Gegenüber der französischen Krone blieben die Provenzalen indessen wachsam. **Kardinal Richelieu,** der für Ludwig XIII. die königliche Autorität stärken und höhere Steuern eintreiben wollte, löste 1630 eine Revolte des Parlamentes von Aix aus. In die Amtszeit **Ludwigs XIV.** fielen Aufstände in Marseille, die der Sonnenkönig 1660 mit seinem persönlichen Einzug in die Stadt beendete. Die relative Eigenständigkeit der Provence war nun ein für allemal vorbei.

Im Zeitalter der Revolutionen

Zu den geistigen Antriebsmotoren der Französischen Revolution zählte in der Provence wie anderswo die immer stärkere Durchdringung der Gesellschaft mit aufklärerischen, modernen Ideen. Hinzu kam jedoch auch die

Forderung nach einer **Rückkehr zur alten provenzalischen „Verfassung“,** verbunden mit der weiter gefassten Forderung, die staatlichen Institutionen zu reformieren.

Zu den unmittelbaren Anlässen der Revolution muss in der Provence weniger das drastische Ansteigen des Getreidepreises gezählt werden als vielmehr die allgemein **desolate Situation der Armen,** einhergehend mit Problemen bei den urprovenzalischen Gütern Wein (dessen Absatz stockte) und Oliven (bei denen nach dem katastrophalen Frost von 1788/89 eine Missernte bevorstand).

Das alles kam also zusammen und entlud sich im **Frühjahr 1789** in einer Vielzahl von Querelen, Tumulten und zum Teil gewalttätigen Aufständen in den Städten. Die Stadt Nizza sowie die gesamte nach ihr benannte Grafschaft wurde 1793 an Frankreich angeschlossen, fiel aber mit dem Wiener Kongress 1814 wieder zurück an das Haus von Savoyen.

Die augenfälligste unmittelbare Folge der Revolution in der Provence waren jedoch die **neue Verwaltungsgliederung** und die Einteilung des Landes in Départements, die man im Wesentlichen heute noch vorfindet: Var, Vaucluse, Bouches-du-Rhône, Basses-Alpes usw. Legendär wurde auch im Jahre 1815 Napoléons I. berühmter Zug nach Paris, von Golfe-Juan über Grasse, Digne und Grenoble, der die „Herrschaft der hundert Tage“ einleitete. Die Strecke heißt bis heute **Route Napoléon** und ist touristisch nicht uninteressant.

Was die **Revolution von 1848** angeht, so wurden durch sie auch die letzten verbliebenen Königstreuen in der Provence zurückgedrängt, und zwar in die Gegend von Arles. Ansonsten entstand allmählich jene politische Struktur, die man *Midi rouge* nennt, das „Rote Südfrankreich“ aufgrund der dort vorherrschenden sozialistischen Wählerschaft.

In der zweiten Hälfte dieses 19. Jh. hielt allmählich auch die **Industrielle Revolution** in der Provence Einzug. 1849 schon verband eine Eisenbahnlinie Marseille und Avignon, weitere folgten in den kommenden Jahrzehnten. Mehr noch als die entstehenden Betriebe sollte dieser Ausbau der Verkehrswege, auch der Kanäle, die provenzalische Wirtschaft verändern. Vor allem der Anschluss der Côte d’Azur ans **Eisenbahnnetz** war der entscheidende Faktor für die touristische Entwicklung des französischen Südostens. Ungefähr mit der Gründung des Kasinos von Monte Carlo 1878 begann der winterliche **Fremdenverkehr** an der „azurblauen Küste“, die zu dieser Zeit vor allem den europäischen Adel anzog.

Der Zweite Weltkrieg

Nach dem Ersten Weltkrieg, dessen Kämpfe den Südosten Frankreichs nicht direkt betrafen, begann langsam auch der **Sommertourismus** an der Côte d’Azur. Außer den Europäern kamen jetzt auch reiche US-Amerikaner, die es liebten, sich an den Stränden in der Sonne zu aalen, und die den **Jazz** mitbrachten, eine neue Musikrichtung. Diese friedliche Phase währte jedoch nicht allzu lange. Bereits Mitte der 1930er Jahre häuften sich wieder Massenstreiks und Demonstrationen, vor allem in Marseille und Toulon. Mittlerweile herrschte die **Volksfrontregierung,** doch auch deren Scheitern und der neuerliche, nun konservative Umschwung konnten die Ruhe in der Provence nicht komplett wiederherstellen.

Die französische Politik stand immer mehr im Zeichen der Bedrohung durch Hitler-Deutschland. Schon seit der Machtergreifung der **Nazis** war die Provence in besonderer Weise berührt worden. Von 1933 an zog es nämlich **Emigranten** aus Deutschland hierher, darunter bekannte Intellektuelle wie Thomas Mann und Bert Brecht. Als der Zweite Weltkrieg begann, wurde es für diese Flüchtlinge gefährlich. Denn obgleich als Antifaschisten bekannt, behandelte man sie vornehmlich als Deutsche und steckte sie – etwa Lion Feuchtwanger – mitunter zusammen mit deutschen Nazis in **Internierungslager** wie jenes von Les Milles bei Aix, während im Norden schon die deutsche Wehrmacht vorrückte (siehe dazu auch den Exkurs „Sanary-sur-Mer – Hauptstadt der deutschen Literatur" im Kapitel „Toulon und die westliche Côte d'Azur").

Als Frankreich 1940 geteilt wurde in eine nördliche, von Deutschland besetzte, und eine südliche, nur formell unabhängige und von **Vichy** aus verwaltete Zone, mussten die Emigranten in der Provence sogar mit ihrer Auslieferung an Deutschland rechnen. **Marseille** wurde zum Sammelbecken all jener, die das Land in letzter Minute zu verlassen versuchten. Viele von ihnen haben ihre dramatischen Erlebnisse aufgeschrieben in dieser Provence, die vom Land der Hoffnung zum Verhängnis wurde und manchem zum unentrinnbaren Gefängnis, z.B. Alma Mahler-Werfel oder Anna Seghers in ihrem Roman „Transit". Helfer für viele, etwa für Heinrich Mann und seinen Neffen Golo, wurde der Amerikaner Varian Fry, der ebenfalls in **„Auslieferung auf Verlangen"** seine Erlebnisse niedergeschrieben hat.

Die **Befreiung der Provence,** besetzt von der deutschen Wehrmacht seit 1942, begann am 15. August 1944, als die amerikanischen und freie französische Truppen an der Küste des Var landeten und in weniger als einer Woche das Rhônetal erreichten. Größere Kämpfe gab es vor allem in Marseille, aber auch in Toulon, wo sich schon 1942 ein Teil der französischen Flotte selbst versenkt hatte. Diesen Städten sieht man bis heute die Zerstörungen des Zweiten Weltkriegs an, aber man sollte auch nicht vergessen, dass sogar der schmucke **Hafen von Saint-Tropez** teilweise ein Wiederaufbau ist, wurde er doch noch kurz vor der Befreiung von der deutschen Wehrmacht gesprengt.

Öffnung für den Massentourismus

Nach dem Zweiten Weltkrieg brach nun erst wirklich das Zeitalter des sommerlichen Massentourismus an der Côte d'Azur an. Hilfreich war dabei nicht zuletzt die Verbesserung der

Infrastruktur wie der Bau der **Autobahn 8** *(La Provençale)* im Jahr 1980, die die Côte mit der Rhône-Autobahn und dem italienischen Verkehrsnetz verbindet, und der Anschluss der Region an das Streckennetz des **Hochgeschwindigkeitszuges TGV** Ende der 1980er Jahre.

Verwaltung – Einheit ohne Einheitlichkeit

Die Region Provence-Alpes-Côte d'Azur vereint seit 1970 **sechs Départements,** in deren Hauptort jeweils die Präfektur ansässig ist: Im Bereich dieses Reisehandbuchs sind dies die Alpes-Maritimes (Nr. 06) mit der Präfektur Nizza, der Var (Nr. 83) mit Toulon und die Alpes-de-Haute-Provence (Nr. 04) mit Digne. Zur Region gehören außerdem die Bouches-du-Rhône (Nr. 13) mit der Präfektur Marseille, der Vaucluse (Nr. 84) mit Avignon und im Norden die Hautes-Alpes (Nr. 05) mit Gap.

Wenn auch in ganz Frankreich die Regionen den bestehenden Départements gleichsam übergestülpt wurden, handelt es sich bei der **Region Provence-Alpes-Côte d'Azur** doch noch mehr als bei anderen um ein uneinheitliches Konstrukt. Schon der umständliche Name verrät, dass hier drei ganz unterschiedliche Landschaften und Menschen mit entsprechend verschiedenen Mentalitäten und Lebensweisen vereint wurden, anders als etwa bei Normandie oder Bretagne. Vor allem die Gebiete in den Alpen wollen so gar nicht zu den noch relativ ähnlichen Partnern Provence und Côte d'Azur passen.

Selbstredend hat sich im abkürzungswütigen Frankreich eine Kurzformel für den komplizierten Namen eingebürgert: **PACA,** ein Kunstwort zwar, aber eines mit unfreiwilligem Nebensinn: Ein *pacan* ist im Provenzalischen ein Mensch niederer Herkunft. So schwingt nicht selten ein gewisser Spott mit, wenn von der Region die Rede ist, und auch im politischen Alltag funktioniert PACA nicht so, wie es wünschenswert wäre. Lange Zeit charakterisierten Rivalitäten einzelner Landstriche oder Städte das politische Leben. Marseille als größte Stadt und Sitz der Regionalverwaltung genießt einen zu schlechten Ruf, um von allen akzeptiert zu werden. Gerade die Bürgermeister der Côte d'Azur, vornehmlich der von Nizza, tanzen traditionell gern aus der Reihe.

Nationale Statistiken zeichnen die Zerrissenheit der Region nach: Provence-Alpes-Côte d'Azur erreicht selten Durchschnittswerte, wenn es etwa um Einkommen oder **soziale Struktur** geht. Das Nebeneinander armer, einsamer Berggegenden und bevölkerungsreicher, wohlhabender Küstenstriche bestimmt das Bild. So musste die Region gleichzeitig mit Landflucht in den entlegenen Gebieten und einem hohen Bevölkerungswachstum insgesamt fertig werden. Innerhalb von 30 Jahren verdoppelte sich die Bevölkerung.

Die da kamen, waren einerseits Arme, vielfach Ausländer, die sich etwa in Marseille oder Toulon niederließen, andererseits Wohlhabende, die den Süden als Arbeitsplatz oder Wohnsitz seiner Lebensqualität wegen wählten. Die **traditionelle Urbanität** der Provence hat dabei noch zugenommen: 80 % leben in Städten, nur in der Ile de France sind es noch mehr.

Wirtschaft – mit Hightech ins 21. Jahrhundert

Viele der Neuankömmlinge hatten keine Schwierigkeiten, Arbeit zu finden: Die Region schuf und schafft auch heute, am Anfang des 21. Jh., überdurchschnittlich viele neue Arbeitsplätze, oft sehr qualifizierte und hochtechnisierte. Gleichzeitig liegt sie aber auch an der Spitze, was Firmenschließungen angeht, und weist eine überdurchschnittlich **hohe Arbeitslosigkeit** auf. Kein Zweifel: Der **Strukturwandel** hat auch in der Region PACA viele Verlierer zurückgelassen – meist schlecht Ausgebildete, und das sind oft die Alteingesessenen, die zuschauen, wie Neuankömmlinge neue Arbeitsplätze besetzen, während sie selbst keine Chance haben.

Die Region lebt im Spannungsfeld zwischen Postmoderne und Tradition: Nach wie vor ist die **Landwirtschaft** ein wichtiger Arbeitgeber. Die Provence als Garten Frankreichs produziert Obst, Gemüse, Wein, Oliven, um nur das Wichtigste zu nennen. Doch die Großlandwirte z.B. im Rhônetal bestreiten mit Schwarzarbeitern und raffinierter Technik – Bewässerungskanäle, Treibhäuser, Windschutz – einen schwierigen Kampf gegen die billige Konkurrenz, etwa aus Spanien.

Die entlegeneren Gebiete wie die Seealpen, Gegenden im Hinterland des Var oder der Luberon im Vaucluse, mit rauerem Klima und kleineren Betrieben, hängen längst am Tropf des **Tourismus.** Viele Landwirte überleben nur, weil sie damit ein zweites Standbein gefunden haben.

Entscheidend aber für die Region sind die Veränderungen am Küstenstreifen der Bouches-du-Rhône. Hier ballt sich die Bevölkerung zusammen, hier gibt es schnelle, gut ausgebaute Straßen, hier konzentrieren sich imposante **Industriegebiete.** Diese Gegend hat der Strukturwandel voll erfasst. Die traditionellen Produkte sind auf dem Rückzug, Schwerindustrie und Werften in der Krise.

Die Verlierer dieses Wandels leben in trostlosen Schlafstädten, die denen der Pariser Banlieue nicht nachstehen. Die Gewinner, das sind junge, ehrgeizige Aufsteiger, die oft gar nicht aus der Provence stammen. Als Computerspezialisten oder Naturwissenschaftler kommen sie aus dem ganzen Land (bzw. dem Ausland), finden Arbeit in **expandierenden Hochtechnologie-Betrieben** und genießen mit ihren Familien das Leben in den neuen, wohlhabenden Orten des Hinterlands, vor allem in der Nähe von Nizza, Marseille und Aix-en-Provence.

Bekanntestes Beispiel für diese Entwicklung ist der Technologiepark Sophia Antipolis bei Antibes, eine Art „globales Dorf". Auch **„Silicon Valley" des französischen Südens** genannt, vereint der Park moderne Arbeitsplätze im Technologie-Sektor mit Wohnanlagen für die Angestellten im Grünen. Weit über tausend multinationale Unternehmen haben sich hier angesiedelt, neben Forschungseinrichtungen und Ausbildungsstätten, nationalen Instituten und Zweigstellen von Universitäten.

Für die anderen Industriezweige der Region und sogar den **Dienstleistungs-Sektor** haben solche Technologieparks bedeutende Intensivierungs- und Anschubeffekte. Und da Paris von Marseille seit der Einweihung der Schnellzugstrecke **TGV Méditerranée** 2001 nicht einmal mehr drei Stunden entfernt liegt, schwinden auch die Bedenken mancher Firmen, Filialen oder sogar ihre Headquarters im Süden zu eröffnen. Fachleute sprechen tatsächlich schon von einem *Sunbelt Shift*, einer Verlagerung von Wirtschaftskraft in den sonnigen Süden, der sich im Laufe der letzten Jahre in Frankreich vollzogen habe.

Politik – Protest und Patriotismus

Seit 1848, als sich eine politische Geografie Frankreichs erstmals abzeichnete, gilt der französische Südosten als **Hochburg der Linken.** In den vergangenen Jahrzehnten aber hat sich langsam und allmählich ein Umschwung angedeutet, der 1995 mit der Wahl Jacques Chiracs zum Präsidenten seinen vorläufigen Höhepunkt fand.

Einen Monat nach der Präsidentenkür wählte ganz Frankreich seine Bürgermeister. Aus dem Wust von Ergebnissen, die in Paris zusammenliefen, stachen drei hervor – und lösten Entsetzen aus. Drei große Städte hatten Angehörige des rechtsextremen **Front National** an die Spitze gewählt – alle drei Städte lagen in der Provence: Orange, Marignane und Toulon. Hinzu kam, dass auch der neu gewählte Bürgermeister von Nizza, Jacques Peyrat, bis ein Jahr vor der Wahl dem Front National angehört hatte.

Die Provence als Stammland der äußersten Rechten – diese Entwicklung verschärfte sich bei den **Präsidentschaftswahlen 2002.** Das Ergebnis kam einem politischen Erdbeben gleich. Der Kandidat der Linken, Premierminister Jospin, schied im ersten Wahlgang aus, schon das ein beispielloser Vorgang. Doch dass ihn ausgerechnet **Jean-Marie Le Pen** geschlagen hatte und damit nun ein Rechtsextremer im zweiten Durchgang antrat gegen den konservativen Amtsinhaber Chirac, das traumatisierte die Franzosen, das hatten die meisten nicht gewollt.

Eine Schande für Frankreich, dachte eine übergroße Mehrheit, die nun auf die Straßen ging, die protestierte, die schließlich auch Chirac mit mehr als 80 % in seine zweite Amtszeit wählte. Doch ein Tabu war verletzt: Ein notorischer Ausländerfeind, ein Demagoge vom rechten Rand hatte an die Tür des Elysée-Palastes geklopft. Und das hatte er, unter anderem, den Provenzalen zu verdanken.

Stimmten landesweit im zweiten Durchgang rund 18 % für Le Pen, so fuhr er im Süden vielerorts Ergebnisse von mehr als 25 % ein. Überraschend war das alles nicht, denn der Front National hat sich längst im Süden etabliert. Das große Thema des Wahlkampfs 2002, *l'insécurité,* die **Unsicherheit,** verfing hier besonders gut. Ein diffuses Gefühl des Bedrohtseins suchte sich seine Ursache und fand sie in den Fremden, den Anderen, den Armen, jenen nordafrikanischen Einwanderern, die in vielen Orten der Provence und selbst an der Côte d'Azur die Problemviertel bevölkern.

„Jeder hier", so schrieb das Magazin *Le Point,* „kennt seinen Rentner, der sich nach halb sieben nicht mehr auf die Straße traut", kann Geschichten erzählen von einem Onkel, der bedroht wurde, fürchtet um das Wohl seiner Familie, hatte selbst schon mal ein komisches Gefühl beim Spazierengehen. Regt sich auf über den jungen Ausländer, der provozierend durch die Straßen schlendert mit seiner Baseball-Mütze, der Designer-Kleidung ausführt und der jeden Moment stehlen oder vergewaltigen könnte.

Nichts Neues also? Wahlforscher und Reporter haben für die Ergebnisse des Jahres 2002 noch eine andere Erklärung: Die starke regionale, zum Teil sogar lokale Identität. Das **Traditionsbewusstsein** der Provenzalen, das für den Tourismus so gewinnbringend ist. So hatte der Front National gezielt die Bräuche und Feste der Region in seine Wahlkampfstrategie einbezogen.

Funktionäre des Front National stützen sich auf regionale Mythen und Vorbilder, sie zitieren Daudet und Mistral, beschwören ihre Provence gegen ein Europa, das angeblich kulturelle Unterschiede platt bügelt. Und sie erwecken den Eindruck, das Land verkomme. Die Provence, wie sie so gern stilisiert wird, angegriffen von all dem Neuen, dem Anderen, dem Hässlichen. Die Wüste aus Hochhäusern, Schnellstraßen, Imbissketten, die sich ausbreitet rund um mittelalterliche Stadtkerne, das Elend dieser Betonviertel, die Gewalt, all diese Dinge, die man früher nicht kannte.

Natürlich ist das der alte Graben zwischen Arm und Reich. Aber hier scheint er mehr als anderswo ein Lebensgefühl zu bedrohen, eine Idylle zu zerstören, die man so gern bewahrt hätte, eine Idylle auch, in der für Fremde kaum noch Platz bleibt.

Nicht leicht zu interpretieren ist **die jüngste Entwicklung:** Als Nicolas Sarkozy Im Frühjahr 2007 das höchste Amt Frankreichs eroberte, da war der Süden eine seiner Hochburgen. Dieser Erfolg ging auf Kosten der äußersten Rechten: Im ersten Wahlgang lag sie in der Provence noch bei rund 14 %. Das ist zwar immer noch deutlich mehr als in anderen Regionen, aber auch deutlich weniger als früher. Ob eine sich wandelnde Einstellung der Wähler dahinter steckt? Vermutlich eher nicht. Sarkozy hatte äußerst geschickt die Wählerschaft des Front National umworben und umschmeichelt. Mit klassischen Law-and-order-Forderungen, die er als ehemaliger Innenminister glaubwürdig verkörperte, und mit seiner Parole „von jenem Frankreich, das früh aufsteht", gewann er die Herzen vieler, die sonst für Protestparteien gestimmt hätten. Das ist sein – freilich zweischneidiges – Verdienst. Dass der beinahe 80-jährige Le Pen nicht nur politisch verbraucht wirkte, sondern die Anforderungen an das Präsidentenamt vermutlich auch rein physisch nicht mehr hätte erfüllen können, machte es für Sarkozy noch leichter. Ob der Midi als Hochburg der Rechtsradikalen schwächelt, wird sich erst in den nächsten Jahren zeigen.

Tourismus

Der Fremdenverkehr stellt einen wichtigen Faktor der französischen Wirtschaft dar. Mehr als 75 Millionen ausländische Besucher werden jährlich in Frankreich gezählt. Und dass die Franzosen selbst am liebsten im eigenen Land verreisen, ist ein hinlänglich bekanntes Faktum. Weniger bekannt ist vielleicht, dass dies an der außergewöhnlich **hohen Rate an Zweitwohnsitzen** in Frankreich liegt, den *résidences secondaires.* Um die 70 % aller Beherbergungen in den Ferien fallen in diese Kategorie. Entweder handelt es sich dabei um angestammten Familienbesitz, den viele trotz der Abwanderung vom Land in die Städte behalten, oder um extra für Urlaubszwecke gebaute Anlagen.

Frankreich ist nicht nur den Franzosen lieb, sondern sogar **weltweit das beliebteste Touristenziel.** Regional gibt es natürlich große Unterschiede, und es überrascht nicht – allein gemessen am Bekanntheitsgrad und an der Attraktivität –, dass es der Raum Paris und die Region Provence-Alpes-Côte d'Azur (PACA) sowie Korsika sind, die stets die meisten Besucher anziehen. Die **Region PACA** hat, was die absoluten Übernachtungszahlen angeht, mittlerweile Paris überflügelt. Im Hinterland der Côte d'Azur sind viele entvölkerte Dörfer wichtig für den Fremdenverkehr geworden; dorthin ziehen sich vor allem jene zurück, die der überfüllten Küste entfliehen, sie aber doch nicht gänzlich missen wollen.

Während man heute vor allem im Sommer anreist, wurde die Côte d'Azur ursprünglich **als Winterreiseziel entdeckt.** Schon seit der Mitte des 18. Jh. kamen Engländer nach Nizza und Hyères, um dem rauen Klima ihrer eigenen Heimat wenigstens für einige Wochen im Jahr zu entkommen. Im Verlaufe des 19. Jh. entstanden nach und nach auch die anderen Seebäder der Côte d'Azur: Cannes z.B. in den 1830ern, Menton ab 1850 und Monaco eröffnete 1862 sein Kasino von Monte Carlo, das den Reichtum des Fürstentums begründete.

Innerhalb eines Jahrhunderts hatte sich die französische Riviera zum **Lieblingstreffpunkt des europäischen Hochadels und Großbürgertums** entwickelt. Da diese Winterkurgäste stets für mehrere Wochen kamen, entstand eine noble Infrastruktur mit Grand-Hôtels, Villen, Kasinos, exotischen Gärten und Strandpromenaden, die den Ansprüchen einer solchen schwerreichen Kundschaft genügte. Überbleibsel dieser Epoche finden sich bis heute überall an der Côte, vor allem jedoch an ihrem klassischen Abschnitt von Cannes bis Menton.

Ab den 1920er, vor allem aber seit den 1930er Jahren hat der **Sommertourismus** den Winterurlaub an der französischen Riviera abgelöst. Nur wenige der alten Grand-Hôtels haben überlebt und moderne Appartementblocks sind an ihre Stelle getreten, die auf engstem Raum eine komplette Urlaubsinfrastruktur bieten. Sinnfälliges Beispiel dieser Entwicklung ist die *Ma-*

113co Foto: im

rina Baie des Anges westlich von Nizza, deren vier Blocks über 2000 Wohnungen umfassen.

Während solche Anlagen und überhaupt die Bebauung der Küste für die **Landschaftsästhetik** nicht immer förderlich waren und sind, gibt es auf den Dörfern andere Probleme. In den wieder besiedelten Dörfern im Hinterland und im Gebirge entsteht oft ein **Übergewicht an „Zweitwohnsitzlern"** und Zugezogenen, worüber die einheimische Restbevölkerung nicht immer begeistert ist. Es kann sogar mittlerweile vorkommen, dass diese Zugezogenen zu den eigentlichen Wahrern des „authentisch Provenzalischen" geworden sind, weil sie besonders hübsche Unterkünfte anbieten oder traditionelles Kunsthandwerk wieder beleben.

Authentizität ist maßgebend für jeden Urlauber, den es ins Hinterland der Côte d'Azur, in die ursprünglich provenzalischen Gegenden zieht. Alles kann, muss authentisch sein, *vrai, véritable, typique, original, traditionel, à l'ancienne* – kurz: *authentique*. Die Provence verkauft nicht Sonne, nicht Berge, nicht Meer, nicht Museen, nicht Monumente, sie verkauft eine **Lebensart.** Dass ein solcher Tourismus individuell ist – Urlaubersiedlungen im großen Stil gibt es hier kaum – und natürlich hochpreisig, liegt auf der Hand. Wer keinen Zweitwohnsitz sein Eigen nennen kann, muss für eine solche Reise ungleich tiefer in die Tasche greifen als für einen Pauschalurlaub, bekommt dafür aber auch einen Urlaub geboten, der viel Platz für neue Begegnungen und Entdeckungen lässt.

Kunst und Architektur

Kunst und Architektur erlebten in der Provence und an der Côte d'Azur im Wesentlichen drei große Blütezeiten: während der Antike, in romanischer Zeit und auf dem Gebiet der spätgotischen Malerei in der zweiten Hälfte des 15. Jh. Schon vom Ende des 14. Jh. an gab es in der Architektur keine herausragenden Leistungen mehr in der Provence, sieht man einmal ab von schönen barocken Innenstädten etwa von Aix oder den barocken Kirchen und Kapellen in der Gegend von Nizza. Doch auch diese griffen vor allem auf die Ideen der Île de France und Italiens zurück, wie auch die Maler des 14. und 15. Jh. vor allem Italiener, Niederländer und Burgunder waren.

All dies konnte nicht mehr Ausdruck einer in sich geschlossenen Kulturlandschaft sein, welche die Provence einst war: Nirgendwo nämlich in ganz Frankreich findet man die römische Kultur derartig lebendig wie hier im Süden, und auch nirgendwo sonst konnte eine Romanik erstehen, deren Kennzeichen eben jener Rückgriff auf die römische Antike war. Die römischen Denkmäler stehen hier in solcher Dichte beisammen, die gesamte Landschaft bis in unsere Zeit prägend, dass sie geradezu als Aufforderung verstanden werden mussten, ihre Formen zu übernehmen, sie weiterzuentwickeln, ihnen den neuen christlichen Geist einzuhauchen, wie es die Romanik tat. So begegnet man nicht nur Rom bei jedem Schritt, sondern auch der Kunst des 12. Jh., dieser Verkörperung der uns heute so schwer verständlichen Denkweise des romanischen Menschen.

Doch auch schon viel früher, lange vor den Römern, tat sich Bedeutendes in dem Land am Mittelmeer.

Vor- und Frühgeschichte

Die Côte d'Azur kann sich rühmen, mit den Felszeichnungen im **Vallée des Merveilles,** dem „Tal der Wunder" bei Tende, bedeutsame Kunstwerke aus der **Bronzezeit** zu besitzen. Die rund 40.000 Gravuren, die man bisher rund um den Mont Bégo gefunden hat, zeigen einen Stiergott und die Mutter sowie menschenähnliche und geometrische Figuren, Tiere, Werkzeuge und Waffen und geben so Einblick in das Leben dieser frühen Bewohner der Seealpen. Wahrscheinlich war der Mont Bégo ein religiöses Kultzentrum und vielleicht – so weit reichen die Forschungen allerdings noch nicht – gehören die Zeichen sogar zu einer Art Symbolschrift.

Die Männer aus Phokäa, die um 600 v. Chr. Marseille gründeten, brachten mit ihren Handelsgütern auch die hohe **griechische Kultur** ins Land. Zwar trachteten sie nie danach, wie später die Römer, das Gebiet zu erobern, aber sie wollten Handel treiben, und auch das bedeutet einen engen Kontakt zu den Einheimischen. In Marseille, ihrem Hauptort, der über Jahrhunderte eine rein griechische Stadt blieb, hinterließen sie naturgemäß die meisten Spuren, z.B. Reste des Mauerrings und der Tempel. Siedlungsspuren der Griechen findet man auch in Nizza und Antibes.

Die Kunst der einheimischen Bevölkerung, der **Keltoligurer,** weist zwar einen deutlichen griechischen Einfluss auf, dennoch kann man durchaus von einer eigenständigen Kunst sprechen. Besonders über das lange Überleben eines **Schädelkultes** sind wir heute recht gut unterrichtet: die Keltoligurer sammelten nicht nur die Schädel von Feinden als Trophäen, sondern bewahrten auch diejenigen bedeutender Stammesangehöriger auf, denn deren Seele versprach Schutz. Bei den Heiligtümern von Entremont bei Aix und Roquepertuse bei Velaux entdeckte man Säulen mit eingelassenen Schädelnischen sowie zahlreiche Kopfskulpturen. In Entremont kann man darüber hinaus die Siedlungsstruktur einer befestigten Stadt studieren, eines der typischen keltischen **Oppida.**

Römische Kunst und Architektur

Die Provincia Gallia Narbonensis erschien dem römischen Geschichtsschreiber Plinius weniger als eine Provinz denn als ein „anderes Italien" – so vorbildlich hatte sie sich die Romanisierung gefallen lassen. Zunächst einmal gab es überall **Städte,** die oft auf keltoligurische und teils griechische Vorgänger zurückgriffen. Am besten erhalten sind Glanum bei Saint-Rémy und große Ausgrabungsfelder in Vaison-la-Romaine. Doch auch an den Plänen moderner Städte wie Fréjus, Arles und Orange erkennt man noch heute das Gesicht der römischen Stadtanlage: Den Hauptachsen der Innenstädte entsprechen die beiden wichtigsten römischen Straßen, Decumanus und Cardo, die sich auf dem Forum kreuzten.

Der zweite Segen lateinischer Kultur war der Ausbau der **Verkehrsverbindungen.** Schon unter Augustus waren die Hauptverkehrswege fertig gestellt, Via Aurelia, Via Domitia und Via Agrippa. Der Straßenbelag bestand meist aus einer dicken Schotterschicht, die teilweise auf ein gründlich vorbereitetes Bett aus größeren Steinen aufgetragen wurde. Ein solcher Belag war zwar prinzipiell von guter Qualität, dennoch lief er im Winter und Frühjahr Gefahr zu verschlammen. In der Nähe der Städte und auf wichtigen Zufahrtsverbindungen befestigten die Römer ihre Straßen darum mit monumentalen Platten.

Zum Straßennetz gehörten zwingend **Brücken** wie der Pont Julien bei Apt. Die Wasserversorgung der Städte sicherte ein ausgereiftes Leitungssystem mit **Aquädukten** wie dem berühmten Pont du Gard bei Nîmes. Zudem entstanden zahlreiche Häfen, zum Beispiel in Fréjus, dem antiken Forum Julii. Kurz, die Römer schufen eine Infrastruktur, die so vorher nicht bestanden hatte, obwohl sie natürlich auf prähistorische, keltoligurische und griechische Gründungen und Straßen aufbaute.

Vor allem aber beseelte der römische Geist das öffentliche Leben; viele **Monumente** in der Provence und an der Côte d'Azur zeugen davon. Man denke nur an die Arenen von Nîmes, Arles, Fréjus und Nizza, an den Triumphbogen in Orange, an den Nîmoiser Tempel Maison Carrée, die Thermen von Nizza und Arles und schließlich die Theater von Orange und Fréjus. In den Stein gehauen waren oft Schlachtszenen, in denen Römer die eingeborenen Gallier besiegen oder gefangen nehmen. Hier handelte es sich nicht nur um Schmuck, die Szenen waren Ausdruck des römischen Sieges und des Eroberungscharakters der „Einrichtung“ von Provinzen. Die **Augustus-Trophäe von La Turbie,** Tempel des Triumphes über die Alpenstämme, verdient in diesem Zusammenhang besondere Erwähnung.

Viele **Museen** der Region, z.B. in Nizza-Cimiez, Arles und Vaison-la-Romaine, beherbergen neben bemerkenswerten Bodenmosaiken und Skulpturen auch Kunstgegenstände des Alltags wie Schmuck und Töpferarbeiten.

Frühes Christentum und fränkische Zeit

Der Übergang von der heidnischen Antike zum christlichen Frühmittelalter war die Zeit der wandernden Völker, der Unsicherheit und des Niedergangs. Die Städte, vielfach zerstört, verloren an Bedeutung. Als Kulturträger traten die **Klöster** an ihre Stelle: Schon zu Anfang des 5. Jh. entstanden Saint-Victor in Marseille und das Kloster auf den Lérins-Inseln vor Cannes.

Wenn auch die Anfänge des Christentums in der Provence etwas nebulös durch Legenden verklärt werden und historisch auf unsicheren Füßen stehen, so sind uns doch einige wenige Überreste aus dieser Zeit erhalten. Die recht schnelle Ausbreitung der neuen Religion ist vor allem dokumentiert durch die **Baptisterien,** frühchristlichen Taufkapellen also, von Aix, Riez, Fréjus, Cimiez und Venasque (letzteres ist in der Forschung allerdings als Baptisterium umstritten). Beispiele für die frühchristliche **Sarkophagkunst** finden sich vor allem in Arles; die größten Schätze der beeindruckenden Gräberallee der Alyscamps stellt heute das Museum für antike und frühchristliche Kunst aus.

Während der Zeit der **Franken** lagen die Kunstzentren in Nordfrankreich; merowingische und karolingische Kunstwerke oder Bauten sind in der Provence kaum vertreten. Eine Ausnahme stellt z.B. die karolingische Burganlage von Roquebrune bei Menton dar. Noch hatte der Süden dem Primat des Nordens nichts entgegenzusetzen, lange sollte ein neuer Aufschwung jedoch nicht mehr auf sich warten lassen: In ottonischer und romanischer Zeit versanken nämlich ihrerseits weite Teile des Nordens in einen tiefen Schlaf – der Süden indes erwachte.

Romanik

Es war im 12. Jh., als die Provence ihre zweite große Blütezeit erlebte, und in eben diesem Jahrhundert setzte die Baukunst neue Höhepunkte – zum ersten Mal nach der Antike. Von ihr loslösen konnte und wollte sie sich nicht, diese provenzalische Romanik, die immer wieder an die Formen der so gegenwärtigen und übermächtigen Römerkunst anknüpfte. Dennoch leistete sie Beachtliches, brachte rückblickend das **architektonisch goldene Zeitalter** der Provence hervor. Langsam, noch mit unsicheren Schritten, setzte es im 11. Jh. ein und gipfelte schließlich zwischen 1125 und 1225. Um diese spezielle Richtung einer großen europäischen Kunst hervorzubringen, genügte es nicht, auf das reiche Repertoire antiker Kunst zurückzugreifen. Ohne den wirtschaftlichen Aufschwung seit dem Ende des 10. Jh. und ohne die besondere Qualität der Kirchenleute und ihren Willen zu Reformen wäre die provenzalische Romanik so sicherlich nicht entstanden.

Sie ist nicht leicht zu verstehen für uns „moderne“ Menschen, diese romanische Kunst mit ihrer rätselhaften Symbolik fast ausschließlich sakralen Charakters. Sie entsprang dem **Denken des romanischen Menschen.** Darum ein paar Worte vorweg zum Zustand des damaligen Europa: Seit dem ausgehenden 10. Jh. hatte es sich zwar politisch regeneriert, doch an Nationalstaaten war noch lange nicht zu denken. Könige und Ritter vertrieben sich ihre Zeit mit „heiligen Kriegen“ und Kreuzzügen, Papst Gregor reformierte die Kirche, und die Klöster erneuerten ihre eigene Organisation; der monastischen Reform folgte die Blüte auf dem Fuße.

Mit diesem äußeren Rahmen verband sich der **Feudalismus,** ein Sys-

Typisch romanische Kirche in Hyères

tem, welches das Leben sozial, militärisch und verwaltungstechnisch ordnete. Viel mehr noch als dieses war es das **Christentum,** das alles durchdrang. Abbild der Allgewalt Gottes war im Weltbild des romanischen Menschen der **Kaiser.** Selbst die Provence gehörte seit 1033 nominell zum Heiligen Römischen Reich Deutscher Nation, oberster Lehnsherr war der Kaiser. Doch nicht nur dieser hatte göttliche Züge, sondern Gott hatte umgekehrt auch mittelalterlich-monarchische Eigenschaften. Die zwei gegensätzlichen und sich oft bekämpfenden Prinzipien trafen sogar so eng zusammen, dass auch die monumentalen Kirchen und Klöster den Ritterburgen sehr ähnlich wurden: Die „Gottesburgen" als Ausdruck der Konkurrenz zwischen Kirche und Weltlichkeit einerseits, der Durchdringung der Kirche durch den Feudalismus andererseits.

Von den zahlreichen **Burgen und Schlössern,** welche die Anhöhen der Provence und ihrer Küste in der romanischen Zeit schmückten, ist viel weniger erhalten als von den Sakralbauten, ganz einfach, weil sie öfter zerstört und überbaut wurden. Übersät hingegen ist die Provence mit **Kirchen, Kapellen und Klöstern.**

Mühelos herleiten lässt sich der sehr einfache romanische Raumtyp von dem **tonnengewölbten Saal** antiker Profanbauten. Grundplan für Kirchen und Kapellen in der Provence war ein einziges Schiff mit meist halbrunder Apsis (z.B. Avignon und Montmajour).

114co Foto: im

Es kommen jedoch auch dreischiffige Pläne vor, allerdings mit sehr schmalen, verkümmert wirkenden Seitenschiffen (z.B. Le Thoronet, Sénanque und Silvacane).

Nicht nur bei der römischen Saalform blieb es, sondern auch bei der Überdachung mit einem schwer lastenden **Tonnengewölbe,** rund- oder spitzbogig. Gesamteuropäisch typisch für die Romanik waren überdies die blockhaften Formen der Baukörper und die Verwendung des **Rundbogens.** Die bestechende Schönheit der provenzalischen Bauten dieses Stils beruht vor allem auf der Harmonie der Proportionen, dem soliden oder kostbaren Baumaterial und der perfekten Ausübung des Handwerks.

Meisterhaft ausgeführte **Dekorationsdetails** voller Symbolik, dem christlich-feudalen Geist der Zeit entspringend, kann man bewundern etwa in den Kreuzgängen von Saint-Trophime in Arles und Saint-Saveur in Aix. Insgesamt ist das Bild der romanischen Provence-Bauten jedoch bestimmt durch **Schmucklosigkeit und Strenge,** Einfachheit, ja Funktionalität. Beispiele par excellence für schlichte Romanik sind die Zisterzienserklöster Sénanque bei Gordes, Silvacane im Tal der Durance und Le Thoronet in der Ostprovence.

Gotik

Im Vergleich zum Norden ist die Gotik im Südosten Frankreichs nahezu unbedeutend geblieben. Da das Land erst im 15. Jh. endgültig französisch wurde, hatte es kaum Anteil an der neuen Kunstform, die eng mit dem neuen Selbstverständnis des französischen Königtums zusammenhing. Dieses hatte sich seit dem Untergang der Staufer 1250 zur größten europäischen Macht aufgeschwungen. Philippe le Bel (1284–1314) spielte das geschickt aus und verschleppte das Papsttum in die „Babylonische Gefangenschaft" nach **Avignon,** wo u.a. der monumentale gotische Papstpalast, Kirchen und Kardinalslivrées entstanden.

Die Provence ist so arm an gotischen Kathedralen, dass hier lediglich Saint-Maximin-la-Sainte-Baume, Grasse, Fréjus, Digne und Aix-en-Provence zu erwähnen wären, alle nur zum Teil neuen Stils. Erstaunlich ist, wie sehr die romanischen Baugedanken auch in der Gotik weiterlebten. Denn die Kirchen des Südens waren mitnichten Kopien der zum Himmel strebenden, mehrschiffigen und lichtdurchfluteten Bauten des Nordens. Zwar verschwand die schwer lastende Steintonne, doch sonst blieb alles beim Alten: An der Dominanz des Mittelschiffes wurde nicht gerührt, die Fenster blieben klein und der Innenraum recht dunkel; aufstrebend wirkte allenfalls das neue Kreuzrippengewölbe.

Besondere Erwähnung verdient schließlich der **Kreuzgang der Kathedrale von Fréjus.** Seine Decke ist mit Hunderten kleiner Holztäfelchen dekoriert, bunt bemalt mit Porträts, Heiligendarstellungen, Szenen aus dem kirchlichen sowie alltäglichen Leben, aber auch vielen Grotesken wie Fabelwesen, Nixen, Drachen, Ungeheuern

und Fratzen. Im Mittelalter waren mythisch-religiöse Tiererzählungen sehr beliebt, weshalb man vermutet, dass es sich um Illustrationen solcher Geschichten handeln könnte. Diese Deckendekoration ist daher ein in Frankreich einzigartiges und sehr ungewöhnliches Beispiel für die Wandmalerei des 14. Jh.

Der Kreuzgang der Kathedrale von Fréjus mit seiner bemalten Kassettendecke

Renaissance und Barock

Die Renaissance hinterließ nur wenige Baudenkmäler im Südosten Frankreichs, dafür umso mehr Werke der **Malerei.** Bedeutsam war zunächst die Schule von Avignon, deren wichtigste Vertreter der toskanische Maler **Simone Martini** und **Matteo Giovanetti** aus Viterbo waren. Letzterer schuf Fresken, die bis heute den Papstpalast zieren. Die zweite Schule von Avignon weist neben den italienischen auch burgundische und flämische Einflüsse auf, ganz einfach, weil ihre Vertreter oft aus diesen Regionen stammten. Meisterwerke aus dieser Zeit um die Mitte des 15. Jh. sind die „Marienkrönung" von **Enguerrand Quarton** (Museum von Villeneuve-lès-Avignon), sowie das Tryptichon „Maria im brennenden Dornbusch" von **Nicolas Froment** (Aix-en-Provence).

Auch die Blütezeit der Nizzaer Schule begann um die Mitte des 15. Jh. und dauerte rund hundert Jahre. Als ihr Begründer und bedeutendster Vertreter gilt **Louis Bréa** (um 1440–1522/23), der auch der „provenzalische Fra Angelico" genannt wurde, obwohl nur bedingt vergleichbar mit dem Meister von San Marco in Florenz. In ihrer Frühzeit war die Nizzaer Schule noch ganz der Gotik verhaftet, wurde aber später von der italienischen Renaissance beeinflusst.

Zum Beispiel im **Franziskanerkloster von Nizza-Cimiez** können drei bedeutende Werke Bréas bewundert werden, an denen diese Entwicklung sichtbar wird: Während die „Pietà" von 1475 aus seiner frühen Periode stammt, entstand das Altarbild mit der Kreuzigung Christi deutlich später, 1512. Bréa hat sich hier vom Stil der Gotik entfernt und die perspektivische Landschaftsdarstellung für sich entdeckt. Auch die „Kreuzabnahme", bei deren Ausführung der Maler sich wahrscheinlich von seinem Bruder Antoine helfen ließ, zeigt bereits Anklänge des Renaissance-Stils.

1486 wurde die Provence offiziell mit Frankreich vereinigt; im darauf folgenden Jahrhundert bildete sich die französische Form des Feudalismus heraus, und das Parlament von Aix entstand. Für die Bautätigkeit verhieß dies nichts Gutes, lag doch das Machtzentrum weit entfernt im Norden, und so hinterließ die große europäische Bewegung des Humanismus hier recht späte und nur wenige Spuren. Dennoch ist dies die Zeit, in der auch in der Provence aus Burgen **Schlösser** wurden. Schöne Châteaux demonstrieren das neue Lebensgefühl und die antikisierende Formgestaltung.

Die **Klassik,** die französische Form des europäischen Barock, ist der Baustil des Absolutismus und Ausdruck seines Lebensgefühls. Vor allem ging es dabei um Macht und um das Bedürfnis, diese zur Schau zu stellen. Aus den mittelalterlichen Burgen wurden jetzt Schlösser, wobei deren Architektur immer auch eine gewisse Strenge der Formen bewahrte, die sich vor allem in der Symmetrie zeigte, einem Bild für die göttliche Ordnung.

Von dieser Lebenskunst des 17. und 18. Jh. zeugen in der Provence die vielen *Hôtels particuliers,* jene **Stadtpaläste** des Adels, die – bei aller Schönheit – einzeln nur wie ein schwacher Abglanz Versailles' wirken. Die hervorragendsten Zeugnisse dieser Stilrichtung finden sich in der Altstadt von Aix-en-Provence, vereinzelt auch anderswo, z.B. in der Altstadt von Nizza.

Hier, im äußersten Südosten Frankreichs, entwickelte sich im Bereich der Sakralbauten ein Stil, den man mit gutem Recht barock nennen darf. Denn die **Grafschaft Nizza** war damals nicht Teil Frankreichs, sondern gehörte zum Haus Savoyen und wurde folglich mehr vom heutigen italienischen Kulturkreis bestimmt. Beispiele dafür sind die Kathedrale Sainte-Réparate in

Das Licht der Provence

Das berühmte Licht des Südens lässt Landschaften, Dörfer und Städte in besonders ausdrucksstarken Farben erscheinen. Mit ihm wechselt die Provence ihr Gesicht, erstrahlt klar unter Sonne und azurblauem Himmel oder dämpft ihre Töne bei Wolken. Fast nie aber verliert dieses Licht seine ungeheure Intensität und Leuchtkraft, weshalb es seit jeher Maler angezogen hat. **Henri Matisse,** der längere Zeit in Nizza lebte, schrieb begeistert: „Als ich begriff, dass ich jeden Morgen aufs neue dieses Licht sehen würde, konnte ich nicht an mein Glück glauben."

Matisse war 1904 zum ersten Mal an die Côte d'Azur gekommen, als er **Signac** und die Pointillisten in Saint-Tropez besuchte. Diesen wiederum vorangegangen waren **Paul Cézanne,** der ab 1880 ausschließlich in seiner Heimatstadt Aix malte, und **Auguste Renoir,** der seine letzten Jahre in Cagnes verbrachte. Nach dem Zweiten Weltkrieg kamen noch weitaus mehr Künstler für Arbeitsaufenthalte an die Côte d'Azur oder ließen sich teilweise ganz dort nieder. Die Liste weist so berühmte Namen auf wie **Picasso,** dem Museen in Vallauris und Antibes gewidmet sind, **Marc Chagall,** dessen biblische Szenen ein Museum in Nizza schmücken, oder **Fernand Léger,** dessen Werke in einem Museum in Biot untergebracht sind. Erwähnt werden müssen auch **Cocteau,** der in Menton das Heiratszimmer und in Villefranche eine Kapelle gestaltete, und **Max Ernst,** der Expressionist aus dem Rheinland, der in Seillans arbeitete.

1960 bildete sich die **Nizzaer Schule** mit ihrer Stilrichtung des Neuen Realismus, als deren Begründer u.a. **Yves Klein, Arman** und **César** galten und der sich beipielsweise auch der Verpackungskünstler **Christo** und **Niki de Saint-Phalle,** die Schöpferin der berühmten Nanas, anschlossen. Viele ihrer Werke sind im MAMAC in Nizza ausgestellt.

Nizza oder die Kirchen von Menton, La Turbie und Sospel. Berühmt ist auch der Altaraufsatz der Kapelle Sainte-Roseline in Les Arcs.

Vom 19. Jahrhundert bis in unsere Zeit

Will man die Zeit des Barock noch als Blütezeit bezeichnen, obwohl ihre Formen gar nicht originär provenzalisch waren, so gab es danach kaum noch hervorragende Leistungen auf dem Gebiet der Architektur. Das 19. Jh. verewigte sich hier mit dem **Historismus:** Auf geschichtliche Vorbilder zurückgreifend, entstanden z.B. in Marseille Notre-Dame-de-la-Garde, das neobyzantinische Wahrzeichen der Stadt, die neoromanische Kathedrale Notre-Dame-de-la-Major und der Palais Longchamp in neobarockem Stil. Weitere Beispiele sind die Kathedrale von Monaco und die neoromanisch-byzantinische Kirche von Saint-Raphaël. Prägend für diese Zeit war auch der so genannte **Eklektizismus,** also die Verwendung mehrerer Stile in ein und demselben Bauwerk.

In der Zeit vor dem Ersten Weltkrieg, der **Belle Epoque,** entstanden vor allem an der Côte d'Azur zahlreiche Bauten für die reichen und adligen Touristen, allen voran das Kasino von Monte Carlo und das Hotel Negresco an der Nizzaer Engelsbucht. Beliebt war damals der so genannte „Orientalismus", ein Baustil, dem etwa die Villa Tunesienne in Hyères zuzuordnen ist. **Villen** verschiedensten Stils sowie mehrere **Grand Hôtels** findet man im

Nizzaer Viertel Cimiez. Zwei außergewöhnliche Landhäuser stehen schließlich sogar als Museen für Besucher offen: die griechische Villa Kerylos in Beaulieu-sur-Mer und die Villa Ephrussi de Rothschild auf dem Cap Ferrat.

Was die **Moderne** angeht, so kann man natürlich erst recht nicht mehr von einer originär provenzalischen Architektur sprechen. Der Stil der Moderne ist ein internationaler, und in der Provence hat sich ein wirklich großer Vertreter dieses Stils mit einem seiner wichtigsten Werke verewigt: Gemeint ist die *Unité d'habitation de grandeur conforme* (1945–52) im Marseiller Viertel **La Madrague,** konzipiert von **Le Corbusier** unter dem Leitgedanken der menschenwürdigen Unterbringung der Massen. Um massenhafte Unterbringung, diesmal von Urlaubern, handelt es sich auch bei der Retortenstadt **Port-Grimaud** nahe Saint-Tropez und bei der umstrittenen Wohnanlage **Marina-Baie-des-Anges** an der Küste zwischen Nizza und Antibes.

Im Bereich der Sakralbauten muss die **Chapelle du Rosaire** in Vence erwähnt werden, die Matisse 1948–51 in ganz eigenem Stil gestaltet hat. Nicht weit entfernt, in dem Örtchen Saint-Paul-de-Vence, liegt das moderne Kunstmuseum **Fondation Maeght,** dessen Gebäude selbst schon ein Kunstwerk ist. Weitere sehenswerte Museumsgebäude befinden sich in Nizza, z.B. das Chagall-Museum und das bekannte MAMAC, das Museum für moderne und zeitgenössiche Kunst.

Traditionen

Ländliche Bauweise in der Provence

Unterschiedlich wie die Landschaften der Provence sind ihre Siedlungsformen. Die große Grenzlinie scheidet auch hier die Provence der Ebenen mit verstreuter Siedlungsstruktur vom Land der Hügel mit konzentrierter Siedlungsweise. Weit auseinander liegende Landgüter mit Herrenhaus, **Bastide** oder in einfacherer Form **Mas** genannt, und enge Felsdörfer in den Seealpen und der Haute-Provence sind die extremen Beispiele.

Dass viele von ihnen auf römische Besitzungen an der gleichen Stelle zurückgehen, weist auf eine zweite Vorbestimmung provenzalischer Siedlungsweise: neben der Anpassung an die Landschaft die **Anpassung** an Krieg oder Frieden, an Bedrohung oder Sicherheit, **an die Geschichte** eben. Während zumeist die Keltoligurer auf den Hügeln hausten, verlagerten sich, in der Sicherheit des römischen Landfriedens, die Siedlungen hinunter in die Ebene. Die vielfach gefährdeten Menschen des Mittelalters zogen zurück auf die Hügel, während in der Neuzeit wieder die Bequemlichkeit des Wohnens in der Ebene Vorrang hatte.

Peillon, ein besonders malerisch gelegenes Village Perché

Das **Village Perché** (zu Deutsch etwa: dicht zusammengedrängtes Dorf) ist eine typisch mittelalterliche Siedlungsform vor allem der Seealpen und der Haute-Provence. Auf einer Bergspitze oder in den Hang hinein angelegt, bietet dieser Standort zunächst einmal Schutz, darüber hinaus auch felsigen, einfach zu bebauenden Boden, der landwirtschaftlich ohnehin nicht nutzbar war. Allerdings war es auch notwendig, tiefe Brunnen zu graben.

Typisch für das *Village Perché* ist es, dass sich die Wände der außen an den Hang grenzenden Häuser zu einer Art **Stadtmauer** verbinden. Ab und zu kommt ein befestigtes Schloss hinzu; dies meist im Mittelpunkt des Dorfes. Dort, an einer zentralen Straße, liegen überhaupt die reichsten Gebäude, während sich am Rand die bescheidenen Häuser konzentrieren. Auffallend ist die für eine kleine Siedlung ganz ungewöhnliche Höhe der Häuser mit oft zwei übereinander liegenden Kellern und vier oder fünf Etagen bei einer sehr bescheidenen Grundfläche. Im Erdgeschoss der ärmeren Häuser waren oft Ställe untergebracht.

Während die meisten dieser Dörfer ihren mittelalterlichen Standort auf einem Hügel behielten und damit auch ihre recht abgelegene Situation, glichen doch einige gerade diesen Nachteil ihrer Lage aus und gründeten eine **Dependance** an der nächsten Landstraße bzw. an der Côte d'Azur am Meer. Mitunter verfiel das eigentliche Dorf später zugunsten des Ablegers

116co Foto: im

117co Foto: im

Bauweise mit Natursteinen

bzw. es entwickelten sich Stadt- oder Dorfteile, wie sie unterschiedlicher nicht sein könnten. Cagnes und Villeneuve-Loubet sind Beispiele dafür.

Mit seinen hohen Fassaden und den engen, oft ringförmig verlaufenden Gassen, verbunden durch allerlei Treppen und Passagen, mutet ein solches Dorf fast städtisch an. Und in der Tat ist die größte Eigentümlichkeit des provenzalischen Dorfes nicht die Lage, sondern seine relative **Urbanität,** ja das Verschwimmen der Grenzen zur Stadt.

Schon die Einwohnerzahl, oft zwischen 2000 und 6000, deutet darauf hin, aber auch die wirtschaftliche Struktur mit einem hohen Anteil von Handwerkern und Händlern, schließlich die **soziale Struktur** mit einem tonangebenden Großbürgertum. Viele Dörfer gliedern sich, der Stadt gleich, in reichere und ärmere Viertel, wobei sich im 19. Jh. die mittelalterliche Aufteilung vielfach umzukehren begann: Die Reichen wohnten nun nicht mehr im oberen Teil des Dorfes, sondern in neuen, komfortableren Sitzen am Rand, so, wie es heute zu beobachten ist.

Auch in ihrer **Selbstverwaltung** waren die Dörfer in der Provence schon vor der Revolution weit eigenständiger als etwa im Norden Frankreichs. So gab es eine ganze Reihe kommunaler Bediensteter, etwa den *Campanié,* der für den Betrieb des Campanile zuständig war, oder den *Gardo-aigo,* der die Bewässerungssysteme überwachte.

Ganz allgemein drückt sich darin eine hohe Wertschätzung für den **öffentlichen Raum** aus. Das ist eine zutiefst mediterrane Besonderheit, die sich in der Provence selbst im Ortsbild kleinster Dörfer niedergeschlagen hat. Der gesamte öffentliche Raum mutet hier seltsam überproportioniert an. Im Zentrum jeder Siedlung findet sich der **Platz,** dies durchaus in der Tradition des römischen Forums als Ort von Begegnung, Austausch und Diskussion. Oft steht hier auch das Rathaus, das nicht umsonst **Hôtel de Ville** heißt, mitunter aus dem 19. Jh., als die örtlichen Notablen der Landflucht steinerne Dokumentationen vermeintlicher Größe und Bedeutung entgegensetzten. Unverzichtbar für den Platz ist ferner der Brunnen, dann mindestens ein Schatten spendender Baum, etwa eine Platane, oft ein Uhrturm mit Campanile, ein Denkmal und natürlich ein Café. Die Kirche hingegen liegt selten an diesem Platz, auch nicht der Friedhof oder die Waschstätten.

Das **Baumaterial** schlechthin ist Stein. In der schwierigen Abgrenzung der Provence von benachbarten Regionen gilt dies als ein entscheidendes Merkmal: Wo vorwiegend mit Holz gebaut wird, beginnt bereits die Dauphiné. Felsen sind in der Provence der Standort vieler Siedlungen. Selbst dort, wo Holz reichlich verfügbar ist, etwa im Mauren-Gebirge, verwendet man es bestenfalls für minder wichtige Nebengebäude, nie für das Haus an sich.

Rohe, oft halbierte, selten grob behauene **Natursteine** sind das häufigste Baumaterial, allein schon deshalb, weil es an Ort und Stelle vorgefunden wurde. Gesammelt auf den umliegenden Feldern oder in nahen Steinbrüchen, oft aber auch auf dem felsigen Untergrund der entstehenden Siedlung, mussten diese Steine nicht erst über eine weite Strecke transportiert werden – so wie die teureren *pierres de taille*. Diese **Quadersteine** aus großen Steinbrüchen wie in Fontvieille blieben meist Herrenhäusern vorbehalten, fanden aber in einigen, vom Steinbruch nicht zu weit entfernten Gegenden auch für weniger aufwendige Bauten Verwendung. Für viele einfache Häuser, die ansonsten aus unbehauenem Stein errichtet wurden, griffen die Baumeister an den Ecken und den Öffnungen für Türen und Fenster auf Quadersteine oder grob behauene Bruchsteine zurück.

Das außergewöhnlichste Beispiel der Steinbauweise in der Provence sind die archaisch wirkenden **Trockensteinbauten** *(construction en pierre sèche)*. In den Feldern gefundene Bruchsteine und Steinplatten wurden ohne jeden Mörtel aufeinander geschichtet, sowohl zu niedrigen Mauern, die die hügelige Landschaft in Terrassen gliedern, als auch zu Nutzbauten, Schäfereien und Ähnlichem. Weniger verbreitet sind **Mauern aus Terre battue** (Erde in einer Holzverschalung), im Provenzalischen *Tapi* genannt. Diese eher billige Bauweise verschwand gegen Ende des 19. Jh. unter anderem, weil die Eisenbahn den Transport anderer Materialien vereinfachte.

Der Maurermeister leitet in der Provence traditionell den ganzen Bau, auch das Decken des Daches. Bevorzugtes Material sind die *tuiles canals*, gebogene **Ziegel,** die abwechselnd nach oben und nach unten geöffnet gedeckt werden, sodass sie ineinander greifen. Obgleich mit Mörtel befestigt, werden die unteren Reihen oft mit schweren Steinen belastet, um sie zusätzlich vor dem Mistral zu schützen. Häufig schließt das Dach bündig mit der Mauer ab; die Neigung bleibt mit etwa 20 Grad eher gering, mit Ausnahmen zum Beispiel im Rhônetal, wo sich deutlich stärker abfallende Dächer finden.

Um das Dach vor Windstößen und die Fassade vor Wasser zu schützen, findet man häufig ein eigenartiges Gesims, das im übrigen Frankreich kaum anzutreffen ist: Mehrere Reihen von übereinander gemauerten Ziegeln schließen die Wand nach oben hin ab. Diese **Genoise** genannte Konstruktion ist auch dekoratives Element; ihre Ausführung und Größe spiegelt den sozialen Rang und den Geldbeutel des Bauherrn wider.

Innerhalb der Provence gibt es eine ganze Reihe von Bezeichnungen für Häuser auf dem Land. Da ist zunächst der **Mas,** ganz allgemein der Name für einen einzeln liegenden Hof in der Provence der Ebenen. Ein solcher Mas, errichtet aus Quadersteinen, besteht in der Regel aus einem imposanten Herrenhaus, im Sommer Wohnstätte des Besitzers, aus einem zweiten Gebäude für den Pächter sowie mehreren Nebengebäuden wie etwa der Schäferei, die wesentlich weniger aufwendig gebaut sind und in denen oft die Bediensteten schliefen.

Die **Bastide,** vorrangig im Land von Aix zu finden, ist deutlich prächtiger und umfasst neben dem Herrenhaus, das meist als Sommersitz diente, das Haus des Pächters und einige Nebengebäude. Die Grenze zwischen Bastide und Schloss ist manchmal schwer zu ziehen, verfügen doch auch die Schlösser der Region oft über landwirtschaftliche Nebengebäude.

Was nun die Masse der **Häuser auf dem Land** betrifft, also nicht die aufwendigen Mas und Bastiden, so unterscheiden sie sich bei einer weitgehenden Übereinstimmung in Bauweise und -material vor allem durch Form und Aussehen. Im Bergland wird höher gebaut, mit Dächern, die nur aus einer einzigen Schräge bestehen und Mauern, die unverputzten Stein zeigen, während in der Ebene niedrigere Häuser mit zwei Dachschrägen und verputzten Mauern häufiger sind.

Typisch für die gesamte Region ist, dass ein rechteckiges Basisgebäude ergänzt wird um verschiedene weitere Baukörper. Sofern es sich um Häuser innerhalb eines Dorfes handelt, fällt generell die **geringe Grundfläche** von oft nicht mehr als 25 oder 30 Quadratmetern auf, die durch eine ungewöhnliche Höhe der Häuser ausgeglichen werden muss. Häufig beziehen Dorfhäuser Felsen mit ein, etwa als vierte Wand oder sogar, bei den *maisons troglodytiques,* durch eine Bauweise in den Fels hinein.

Bei frei stehenden Häusern gehören **Bäume** fast mit zur Architektur: vor dem Haus ein Schatten spendender Baum, der aber seine Blätter im Winter verliert und dann Licht und Sonne durchlässt, also nie eine Zypresse, sondern meist eine Platane. Zypressen, aber auch Ebereschen oder Feigen pflanzte man an anderer Stelle; all diese Bäume haben eine rituelle, aber auch praktische Funktion zum Schutz des Hauses und seiner Bewohner. Die aufwendigen Häuser trennt manchmal eine eigene Allee von der Straße.

Die äußere Gestaltung des Hauses mit Fenstern und Türen, Treppe, Balkon oder Terrasse konzentriert sich ganz auf die **Hauptfassade,** die sich meist nach Süden öffnet. Hingegen sind die nach Norden oder Nordosten, also dem Mistral zugewandten Fassaden meist sehr einfach und entweder fensterlos oder nur mit sehr kleinen Fenstern versehen. Wie regelmäßig und symmetrisch Fenster und Türen angeordnet sind, spiegelt auch den sozialen Rang der Erbauer wider: Während die Herrenhäuser grundsätzlich sehr harmonische Fassaden aufweisen, wirken die der einfachsten Häuser oft willkürlich und ungeordnet.

Im **Inneren** steht die Küche traditionell im Mittelpunkt, jedenfalls in den Wintermonaten. Diese Einschränkung ist wichtig, weil das Haus in der Provence stark dem Wechsel der Jahreszeiten unterworfen ist: Im Sommer dient es fast nur als Schlafstätte, während sich das Leben unter freiem Himmel abspielt. Der Sankt-Josefs-Tag am 19. März läutet diese Periode ein – oft mit einem großen Frühjahrsputz; sie währt traditionsgemäß bis zum Sankt-Michaels-Tag am 29. September.

Traditionelles provenzalisches Dorfleben

Die Eigenarten in der Bauweise sind vielfach Ausdruck der Mentalität. So spiegelt die Enge der dicht aneinander stehenden Häuser und die Gliederung des Dorfes in Viertel ein ausgesprochenes Kirchturmdenken. Wenngleich es eine Identität, ein Zusammengehörigkeitsgefühl gibt, so ist der Provenzale zunächst doch immer Bewohner nicht nur seines Landstriches, sondern seines Dorfes. Es verwundert daher nicht, dass viele Dörfer der Provence sogar über ein eigenes Wappen verfügen.

Ein anderes Beispiel: Die **Trennung der Räume für Mann und Frau.** Der Dorfplatz ist in dieser Tradition fast ganz dem Mann vorbehalten, und zwar nicht nur in der Freizeit. Das ganze wirtschaftliche und politische Geschehen eines Dorfes spielte sich hier ab. Auf dem Platz informierte man sich über Preise für landwirtschaftliche Erzeugnisse oder über die neuesten technischen Errungenschaften, hier fanden die Märkte statt, hier destillierte man seinen Lavendel, versammelte sich aber auch, um politische Entscheidungen zu treffen und zu diskutieren.

Am Platz lagen schließlich die Versammlungsorte der Männer, allen voran das **Café,** dann *chambreto* und *cercle.* Letztere bezeichnen sowohl einen Verein als auch seinen Versammlungsort, der einem Café ähnelt. *Chambreto,* mehr bäuerlich-populär, und *cercle,* eher bürgerlich und politisch, entstanden im 19. Jh.; es schlossen sich in ihnen ausnahmslos einheimische Männer zusammen, die für würdig befunden worden waren und sich gewissen Einschränkungen unterwarfen: gegenseitige Hilfe in Wort und Tat, korrekte Lebensweise. Gleichwohl erschienen *chambreto* und *cercle* durchreisenden Fremden nicht selten als Horte von Ausschweifung und Faulheit. Verwaltet wurden sie meist von einem gewählten Rat. Sie dokumentieren damit eine gewisse Vorliebe für alles Politische, die sich auch in einer traditionell hohen Wahlbeteilung oder der Begeisterung für öffentliche Zeremonien spiegelt. Selbst die Straßennamen provenzalischer Dörfer sind häufig politischen Ursprungs.

Gleichzeitig geben diese Vereine, wie auch ganz allgemein der Platz als Stätte der Begegnung, eine Bühne ab für die große Leidenschaft jedes echten Provenzalen: das Spiel. An erster Stelle ist natürlich **Boule** zu nennen, das früher an allen möglichen Stellen des Dorfes gespielt wurde. Im 18. Jh. gab es so Anlass zu der Verordnung, während eines Gottesdienstes nicht näher als 300 Schritte von der Kirche entfernt zu spielen. Heute verfügt jedes Dorf über mehr oder minder offizielle Plätze. Durchgesetzt hat sich schon seit der Wende zum 20. Jh. die Variante **Pétanque** (siehe Exkurs im Kapitel „Cannes, Estérel-Gebirge und Hinterland").

Konkurrieren kann mit Boule allenfalls das **Kartenspiel** im Café. Beide Spiele werden öffentlich ausgetragen, beide geben Anlass zu immer neuen Kommentaren und Diskussionen. Beide auch sind den Männern vorbehalten, ihrem Ehrgefühl, ihrer Freude an List und Tricks, ihrem Sinn für den Wettbewerb, der eine regelrechte Gegenhierarchie im Dorf etablieren kann: Der beste Spieler genießt enormes Ansehen.

So verbrachte im traditionellen Dorfleben der Mann den größten Teil seiner Freizeit nicht zu Hause, sondern auf der Straße oder im Café. Und seine Frau? Auch sie besuchte den Platz, aber nur, um dort frisches Wasser zu holen oder einzukaufen. Beides geschah aber in aller Regel dann, wenn die Männer auf dem Feld oder sonstwie bei der Arbeit waren. So war der Platz für sie kein Ort des Austausches, außer an den **Markttagen.** Neben Kirche und Friedhof als Versammlungsstätten blieben die Frauen ungleich stärker ans Haus gebunden; sie trafen sich entweder hier oder unmittelbar in den Straßen ihres Viertels.

Als der Treffpunkt schlechthin galt früher aber das *lavoir,* jenes oft überdachte Becken zum **Wäschewaschen** am Rand des Dorfes oder des Viertels. Das geflügelte Wort vom „schmutzige Wäsche waschen" drängt sich auf, wenn man liest, wie mancher Bürgermeister die waschenden Frauen in Erlassen zum Frieden untereinander mahnte: Sicher hätten sie das Recht, am Lavoir all ihrem Ärger über jedwede Obrigkeit Luft zu verschaffen; niemals aber sollten sie mit ihren Nachbarinnen in Streit geraten, und wenn doch, so dürften jedenfalls den Zungenschlägen zumindest keine anderen Schläge folgen.

Dieses starke Element der Öffentlichkeit im Leben jedes Einzelnen könnte nicht funktionieren, entspräche ihm nicht eine unbedingte **Achtung des Hauses als privatem Raum.** Das Übertreten der Schwelle bleibt ein Vorgang, der mit allen möglichen Ritualen behaftet ist. *Ho, de l'oustau* (soviel wie: „Hallo, die im Haus wohnen!") oder, gleich auf das Familienoberhaupt bezogen, *Ho, l'homme!* –

118co Foto: im

das sind die Formeln, mit denen ein sich nähernder Besucher die Bewohner gewissermaßen vorwarnt und sich bemerkbar macht, oft heute noch. Man wird ihm dann einen Apéritif, einen Pastis etwa oder einen süßen Wein anbieten, was der Gast zunächst dankend ablehnt, dann aber doch akzeptiert.

Die Läden des Hauses – fast immer gibt es solche – werden früh geschlossen, etwas anderes würde als unschicklich gelten.

Überdachtes Lavoir

Religiosität und Volksglauben

Die katholischen Provenzalen sind ein ungemein gläubiges Volk. Das manifestiert sich zuerst in der allgegenwärtigen Heiligenverehrung. Mehr als anderswo ist im Südosten Frankreichs das Jahr gegliedert im **Rhythmus der Patronatsfeste und Gedenktage.** Zuallererst betraf und betrifft dies die Bauern, deren Arbeiten in den Feldern nicht selten durch die Namenstage der Heiligen bestimmt werden.

Legenden und auch religiöse Überlieferungen nehmen in der provenzalischen Kultur einen wichtigen Platz ein. Das entspringt einem allgemeinen mediterranen Bedürfnis nach Ausschmückung. So ranken sich fast alle beson-

Indiennes – die provenzalischen Stoffe

Goldgelb wie die Sonne, tiefgrün wie Zypressen, leuchtend rot wie reife Tomaten und stechend blau wie der provenzalische Himmel: All diese Farben der Provence finden sich auf den Indiennes wieder, jenen charakteristisch bedruckten Baumwolltüchern der Region, die eine lange Tradition und ein unverwechselbares Lebensgefühl widerspiegeln.

Ursprünglich stammten sie aus Indien, später auch aus Persien und der Türkei. Eingang in die Provence fanden sie um 1650 über den Marseillaiser Hafen – und wurden prompt zu einem modischen Renner: Farbenfroh und originell gemustert, waren sie so ganz anders als die schweren Brokat- und Seidenkostüme der Zeit, welche die adligen Frauen trugen. Doch nicht nur diese, sondern auch Frauen aus dem Volk entwickelten eine wahre Leidenschaft für die exotischen Motive der Indiennes, die mit unbekannten Blumen und merkwürdigen Tieren geschmückt waren. Echte, handbemalte Tücher konnten sich nur die Reichen leisten, die anderen trugen mittels Druckplatten hergestellte Nachahmungen.

Es dauerte nicht lange, bis die Provenzalen selbst begannen, ihre Tücher zu bedrucken, und rasch breitete sich der Beruf des Indienneurs aus. Die traditionellen Manufakturen von Rouen, Lyon und Tours, durch die Konkurrenz aus dem Süden bedroht, riefen um Hilfe, woraufhin Paris 1686 die indische Stoffdruckerei in Frankreich untersagte. Das länger als 70 Jahre andauernde Verbot rief einen regen Schmuggelhandel hervor und animierte andere europäische Länder, ihrerseits Indiennes herzustellen. Das war fatal für die Provence: Auch als der Stoffdruck längst wieder erlaubt war, gab es kaum mehr als eine Hand voll Ateliers in der Region.

Die heute produzierten Indiennes, die seit etwa drei Jahrzehnten eine Renaissance in der Provence und anderswo erleben, stützen sich auf die alte Tradition. Durch modernes Design, noblen Anstrich (zum Beispiel Souleiado, Les Olivades) und unterschiedlichste Verwendungsmöglichkeiten (etwa als Tischdecken, Kissen, Taschen, Kleider, Schlafanzüge oder Krawatten) kommen die Stoffe des Südens zu neuen Ehren.

ders wichtigen und schönen Legenden um Heilige: etwa wie die im Gelobten Land ausgesetzten Frauen aus dem Umkreis Jesu, Maria Magdalena und Martha, im Schiff übers Meer trieben und dank göttlicher Fügung in der Camargue strandeten, von wo aus sich Maria Magdalena in die Sainte-Baume-Bergkette zurückzog und Martha nach Tarascon; wie Martha in Tarascon das Ungeheuer Tarasque bezwang oder wie der einfache Schafshirte Bénézet nach einer göttlichen Weisung und dank göttlicher Hilfe in Avignon eine Brücke über die Rhône baute.

Provenzalische Sprache und Literatur

Der Kampf des Provenzalischen gegen das Französische

Bei einer Reise in den Süden Frankreichs gehen die meisten heute davon aus, dass dort Französisch gesprochen wird. Bei einem Markt- oder Barbesuch kann es aber durchaus passieren, dass man Brocken einer ganz anderen Sprache aufschnappt, der man anhört, dass sie romanischen Ursprungs ist, die Ähnlichkeit zum Französischen wie zum Italienischen hat, die aber trotzdem etwas ganz Eigenständiges ist: **das Provenzalische.**

Tatsächlich wird diese Regionalsprache eher gelegentlich als alltäglich, eher auf dem Land als in der Stadt und eher unter Alten als unter Jungen verwendet. Aber das Provenzalische ist nicht vom Aussterben bedroht, wird es doch heute wieder in Sprachkursen – für manche wie eine Fremdsprache – gelehrt und über die Medien und in Schulen verbreitet. Für die Pflege der provenzalischen Sprache setzt sich besonders der Bund des Félibrige ein (siehe unten).

Doch *die* provenzalische Sprache gibt es gar nicht, denn viele Dialekte bestehen nebeneinander – in Nizza etwa parliert man anders als in der Hochprovence. Trotzdem versteht man sich untereinander, selbst mit Menschen aus dem Languedoc, der Gascogne oder Katalanien: Denn sie alle sprechen okzitanische Spachen, die zur **Langue d'Oc** des Südens gehören. Ihr steht die Langue d'Oil des Nordens gegenüber. Beide beerbten das spätantike Vulgärlatein, entwickelten sich aber sehr unterschiedlich aufgrund vorher existierender Sprachen und der Kontakte mit den Germanenvölkern. Es war Dante, der die Bezeichnungen erfand; Pate standen die jeweiligen Wörter für „ja" – hier *oc*, dort *oil*, das heutige *oui*. Das südliche Drittel des heutigen Frankreichs, von den Pyrenäen bis zur italienischen Grenze, hatte also früher seine eigene Sprache, und selbstredend war es nicht gewillt, sie aufzugeben, jedenfalls nicht ohne Zwang.

Die **Geschichte der Durchsetzung des Französischen** ist eng verbunden mit der Geschichte des Zentralismus, ist eine Geschichte, in der sich die Provenzalen oft genug gegen ihre „Belagerer" aus dem Norden aufgelehnt haben. Ende des 15. Jh. erst war die Provence per Schenkungsurkunde französisch geworden. Aber schon etwa fünfzig Jahre später machte Franz I. die Sprache des Nordens zur offiziellen Amtssprache (Edikt von Villers-Cotteret, 1539). Während der Revolution und unter Napoleon waren die Regionalsprachen gar als *patois* (Mundart) verpönt. Trotz allem sprach um die Mitte des 19. Jh. das „einfache Volk" Provenzalisch, zumindest im Alltag. Erst zwischen den Kriegen von 1870 und 1914–18 löste das Französische die Sprache des Südens mehr und mehr ab: Ab 1881/82 bestand nicht nur die allgemeine Schulpflicht, sondern es ging das Verbot mit ihr einher, auf Provenzalisch zu lehren –

sonst drohten Strafen. Ein Übriges taten die Erfordernisse des modernen Lebens im 20. Jh.: Nicht nur Verkehr und Mobilität, Arbeitsmarkt und Militärdienst, sondern vor allem auch die zentrale Rolle von Paris, wo alle Fäden zusammenlaufen. Bedenkt man jedoch, dass vor dem Zweiten Weltkrieg noch viele Provenzalisch sprachen oder zumindest verstanden, hat es nicht weniger als 400 Jahre gedauert, bis sich das Französische als Hauptsprache wirklich durchsetzen konnte.

Einige provenzalische Ausdrücke

Bon Jour	Guten Tag
Adessias	Auf Wiedersehen
Nàni, noun	nein
Gramaci	Danke
Se vous plais	bitte
Perdoun	Entschuldigung
Moussu, Mèste	Herr
Madamo, Dono	Frau
Madamisello	Fräulein
Vai bèn!	In Ordnung!
Coume vous dison?	Wie ist Ihr Name?
Coume anas, Coume vai lou biais?	Wie geht es Ihnen?
Acò vai!	Es geht mir gut!
E vous? (das „s" wird gesprochen)	Und Sie/Ihnen?
Coume ié disès en prouvençau?	Wie heißt das auf Provenzalisch?
Coumprène pas.	Ich verstehe nicht.
Acò m'agrado!	Das gefällt mir!
Quant cost?	Wieviel kostet das?
Es bèn carivènd!	Das ist zu teuer!
Coume es lou tèms?	Wie spät ist es?

Heute beleben nicht zuletzt die Versuche zur Dezentralisierung die alten Regionalsprachen.

Zumindest aber lebt das Provenzalische im Französischen weiter als charakteristischer **Akzent des Midi** mit seiner besonderen **Aussprache** und seinen eigenen regionalen Ausdrücken. Hört man zum Beispiel das Wort *päng,* so ist damit bestimmt kein Knall gemeint, sondern *pain,* Brot, denn der Süden verzichtet fast vollständig auf Nasale. *Bjäng,* würde ein Provenzale jetzt sagen, „Gut ist's, kommen wir zum Schluss".

Literatur in provenzalischer Sprache

Die höfische Lyrik der Troubadoure

Mit der Troubadour-Lyrik des 12. Jh. war das Okzitanische schon viel früher als das Französische eine Kultursprache ersten Ranges geworden, ja tatsächlich die erste Literatursprache des europäischen Mittelalters, die inhaltlich wie formal auf die Dichtung ganz Europas einwirkte. *Trobador* oder *Trobaire* (von prov. *trobar* = finden) war, wer als Dichter an die mittelalterlichen Höfe Südfrankreichs zog und seine Dichtung oft auch selbst vertonte und vortrug.

So ist diese Dichtung untrennbar mit dem höfischen Leben und den ritterlichen Idealen verbunden. Im Zentrum stand der **Dienst an einer Frau,** doch nicht etwa einer, die zu erreichen gewesen wäre. Es handelte sich vielmehr um die an strenge höfische Regeln gebundene, teils gar formelhafte Verherrlichung einer höher gestellten und noch dazu meist verheirateten Frau, welcher der Troubadour mit durchaus echter Zartheit und Innigkeit des Gefühls antrug, wie sehr er sie ob ihrer Schönheit und moralischen Vollkommenheit begehrte. Im Grunde ist das Thema mit dem Satz von Lope de Vega zusammenzufassen: *Amar sin saber a quien* – „Lieben, ohne zu wissen wen": Das ist die höfische Liebe.

Neben diesen kunstvoll komponierten *Cansos,* die sich um die Liebe drehten, gab es jedoch noch viele andere Formen. Die *Sirventès* zum Beispiel waren satirisch-polemische Gedichte über die politischen und religiösen Turbulenzen der Zeit; in den *Tensos* und *Jeux-Partis* wurde über eine bestimmte Streitfrage debattiert.

Der erste bekannte Troubadour war ein Grand Seigneur, **Herzog Wilhelm IX. von Aquitanien** (1071–1127). Von dort fand die neue Kunst Eingang im gesamten Sprachraum des Okzitanischen, so auch in der Provence. Hochburg war vor allem der Cour d'Amour (Liebeshof) von Aix-en-Provence.

So weit gestreut die geografische Herkunft der Troubadoure war, so unterschiedlich konnte auch die soziale sein: Raimbaud war ein Herzog, Foulquet von Marseille begann als Kaufmann, und Bernard von Ventadour war gar der Sohn eines Hofbäckers. Insgesamt wurde die Bewegung aber vom niederen Adel bzw. **Ritterstand** getragen. Kein Wunder, schließlich passte das in ihren Liedern ausgedrückte Streben nach Höherem sehr gut zu ihrem eigentlichen Sinnen und Trachten: dem sozialen und wirtschaftlichen Aufstieg.

Salut, empèri dóu soulèu que bordo
Coume un orle d'argènt lou Rose bléuge!
Empèri dóu soulas, de l'alegrìo!
Empèri fantasti de la Prouvenço
Qu'emé toun noum soulet fas gau
au mounde!

Salut, empire du soleil, qui borde,
Comme un ourlet d'argent, le Rhône
éblouissant!
Empire de plaisance et d'allégresse,
Empire fantastique de Provence
Qui avec ton nom seul charmes le monde!

Sei gegrüßt, Reich der Sonne,
Das, wie ein silberner Saum,
Die flimmernde Rhône einfasst!
Reich der Lust und der Leichtigkeit,
Wunderbares Reich der Provence,
Das du schon mit Deinem Namen
Die Welt bezauberst!

(Frédéric Mistral)

Der Félibrige

Die zweite große Bewegung, die mit der provenzalischen Sprache zusammenhängt, ist der Bund des Félibrige. Am 21. Mai 1854 gründeten ihn auf dem Schloss von Font-Ségugne in Châteauneuf-de-Gadagne (Vaucluse) Paul Gièra, Joseph Roumanille, Théodore Aubanel, Anselme Mathieu, Jean Brunet, Alphonse Tavan und Frédéric Mistral – allesamt Dichter. Im Andenken an die Troubadoure wollten sie sich zuerst deren Namen geben, verwarfen ihn aber zugunsten des Félibre, den Mistral in einem alten Lied gehört hatte. Er enthielt die programmatischen Vokabeln *Fe* und *Libre:* freier

120co Foto: im

Zweisprachiges Ortsschild

Glaube. Der Bund trat vor allem für die Pflege der okzitanischen Sprache und Kultur ein, propagierte jedoch auch einen radikalen Regionalismus.

Zwischen 1891 und 1899 gaben die Félibres in Avignon die Zeitschrift **Aiòli** heraus und gründeten schon 1855 die **Armana prouvençau** (provenzalischer Almanach), die unter dem Namen *Armana di Félibre* bis heute existiert. 1879 veröffentlichte Mistral den **Trésor dóu Félibrige,** ein monumentales und bis heute gültiges Wörterbuch samt Grammatik des modernen Provenzalisch. Einen weiteren wichtigen Schritt für die Erhaltung der Regionalsprache tat Mistral, indem er die Schreibweise systematisierte und vereinheitlichte.

Frédéric Mistral (1830–1914), das bekannteste der sieben Gründungsmitglieder, stammte aus Maillane in den Alpilles. Für sein frühes Epos „Mirèio" („Mireille", 1859) erhielt er 1904 den Nobelpreis für Literatur. Es ist die Geschichte einer jungen, reichen Erbin aus der Petite Crau, die sich ganz unstandesgemäß in den Korbflechter Vincent verliebt. Am Ende zerbricht sie an dieser Liebe bzw. an der paternalistischen Gesellschaft, die diese nicht akzeptieren wollte. Weitere Werke des großen Provence-Dichters sind „Calendau" („Calendal", 1897), „Nerto" („Nerte", 1884) und „La Rèino Jano" („La Reine Jeanne", 1890). Das Grab der Letzteren stand sogar seinem eigenen, ein wenig prätentiösen Grabmal in Maillane Pate. Jedes Jahr pilgern **moderne Félibres** hierhin, berichten dem Dichterfürsten in direkter Anrede vom Erfolg ihrer Bemühungen um die provenzalische Sprache und Kultur und halten Plädoyers für den Regionalismus. Das schließt jedoch nicht aus, dass viele moderne Anhänger des „Mistralismus" sich heute als überzeugte Europäer sehen und ein Europa der Regionen favorisieren.

So weit waren die Félibres um Mistral damals noch nicht. Vielmehr kann man diesen durchaus einen rückwärtsgewandten, abgeschotteten Separatismus vorwerfen, ja sogar konservativroyalistische Tendenzen. Und tatsächlich waren Mistral und nicht wenige seiner Anhänger in den Reihen der reaktionären Action Française zu finden.

Die Blüte provenzalischer Literatur von der Mitte des 19. bis zum Anfang des 20. Jh. ist auch untrennbar verbunden mit Namen wie **Théodore Aubanel** („La mióugrano entre-duberto" – „La grenade entr'ouverte", 1860, „Li Fiho d'Avignon" – „Les Filles d'Avignon", 1885), **Folco de Baroncelli** („Blad de luno" – „Blé de lune", 1910), **Félix Gras** („Li Rouge dóu Miejour" – „Les Rouges du Midi", 1896) und **Joseph d'Arbaud** („Lou lausié d'Arle" – „Le laurier d'Arles", 1913, „La Caraco" – „La Gitiane", 1926, „La Bèstio dóu Vacarés" – „La Bête du Vaccarès", 1926). Der bekannteste Dichter provenzalischer Sprache unserer Zeit ist der 1920 in Marseille geborene **Max-Philippe Delavouët** („Quatre Cantico pèr l'Age d'Or" – „Quatre Cantiques pour l'Age d'Or", 1950, „Pouèmo 1–4" – „Poèmes 1–4", 1971, 1977 und 1983).

Provenzalische Literatur in französischer Sprache

Bei aller Betonung der Verdienste des Félibrige um die okzitanische Sprache und Kultur wird leicht vergessen, dass die Provence-Dichter ihre Werke oft selbst ins Französische übersetzten und damit Einfluss auf die französische Literatur gewannen. So übersetzte Mistral seine „Mireille", Aubanel seine „Filles d'Avignon", und selbst einige von Alphonse Daudets „Briefen aus meiner Mühle" („Lettres de mon Moulin") erschienen vorab in der Armana Prouvençau (1869 und 1870).

Alphonse Daudet

Ein Provenzale, der kaum je in der Provence gelebt hat, ist Alphonse Daudet. 1840 wurde er in Nîmes geboren, wo sein Vater eine Tuchfabrik betrieb. Als die vor der Pleite stand, in der Zeit der Februarrevolution von 1848, zog die verarmte Familie nach Lyon – für den Jungen aus dem Midi schon der Norden mit seinem „ewigen Nebel".

Aus der Tristesse seiner Jugend flüchtete sich Alphonse Daudet in Träume und Fantasien, entwickelte eine starke Einbildungskraft und verfasste **erste Gedichte.** Doch musste erst der Versuch, Lehrer zu werden, unter Spott und Gejohle der Schüler scheitern, ehe Daudet die Schriftstellerei zu seinem Berufswunsch erklärte. Mittellos und ohne Beziehungen, nur mit diesem einen Ziel vor Augen, ging der 18-Jährige nach Paris, führte dort, was man ein bohèmisches Leben zu nennen gewohnt ist: den ewig gleichen Existenzkampf des armen Künstlers in der Metropole.

Erste Erfolge hatten Geschichten, die er für Pariser Zeitungen schrieb, und genau dies, das **Erzählen von Geschichten,** entsprach auch seiner Begabung – weit mehr als die Gedichte und Theaterstücke, an denen er sich ebenfalls versuchte. Eine Stellung als Privatsekretär eines Herzogs erlaubte ihm zu reisen, und mit dem Reisen fand er auch zu seinem ersten großen Thema: der alten Heimat.

Sein Blick auf die Provence ist zum einen der auf ein verlorenes Paradies, gleichzeitig aber der des staunenden, verwunderten, manchmal befremdeten Besuchers, ja des Touristen. Denn was anders war Daudet als ein Tourist, Hauptstädter wie all die anderen, die nur ihre Ferien im Midi verbrachten?

In Fontvieille, wo Verwandte ein Schloss besaßen, lockten ihn bei seinen sommerlichen Streifzügen die Windmühlen der Gegend an, vor allem die Mühle Tissot. Gewohnt hat er freilich nie darin. Wohl träumte er davon, eine zu kaufen, doch die **„Briefe aus meiner Mühle“** entstanden am Schreibtisch in Paris. Der Journalist und Geschichtenerzähler Daudet spielte darin seine Beobachtungsgabe, sein feines Gespür für Stimmungen aus, und natürlich schärfte sich diese Wahrnehmung noch aus der Distanz. Die Briefe leben von dieser genauen und dabei doch überzeichneten, bald verklärenden, bald spöttelnden Sicht auf die Idylle von Fontvieille.

Obwohl Bewunderer Mistrals und in Kontakt stehend mit den Félibres, schrieb Daudet also ganz für ein Pariser Publikum. In manchem erinnert das an Pagnol: Beide trieb der unbedingte Wille, erfolgreich zu sein mit ihrer Kunst, beiden gelang es nicht zuletzt, indem sie ihre Heimat stilisierten, beiden trug genau dies nicht wenig Kritik ein. Gerade mit dem **„Tartarin von Tarascon“** zog Daudet den Ärger vieler Provenzalen auf sich. In dieser Figur hatte er in satirischer Übersteigerung vereint, was er als Eigenart des provenzalischen Menschenschlags ansah: Tartarin, aufschneiderischer Fantast und doch biederer Kleinbürger. Das verübelte man ihm so, wie man Pagnol den „Marius“ verübeln würde. Denn die Tartarins und Marius' waren es, die im übrigen Frankreich das Klischee, oder besser, das Zerrbild des Provenzalen mitzeichneten – und unerhörten Erfolg ernteten. Ebenso wie Pagnols Kindheitserinnerungen, zählen Daudets „Briefe“ bis heute zu den Klassikern großer und doch leichter Literatur und damit auch zur Pflichtlektüre jedes Schulkindes.

Doch man täte Daudet Unrecht, reduzierte man ihn auf diesen Aspekt. Die provenzalische Phase seines Werkes war ohnehin bald abgeschlossen. Die Originalität des Alphonse Daudet liegt darin, ganz Realist zu sein in der Beobachtung des Lebens, in der Schilderung eines Milieus, des „peuple de Paris“ etwa, sich aber nie der naturalistischen Schule so weit zu unterwerfen, dass Kälte und Distanz seinen Stil hätten prägen können. Daudet ist der Mitfühlende, mehr noch, der Mitleidende seiner Figuren. Die vordergründige Heiterkeit seiner Geschichten wechselt allzu oft in leise Melancholie. Dann kaschiert allein die Fähigkeit zur Selbstironie den tiefen Pessimismus Daudets.

Der Schriftsteller selbst sollte bis zu seinem Tod 1897 nicht mehr in der Provence ansässig werden. Ein halbes Jahrhundert später, 1942, starb aber in Saint-Rémy sein Sohn: **Léon Daudet.** Auch er hatte sich als Schriftsteller ver-

119co Foto: im

sucht, zunächst mit literarischen Porträts der Größen aus dem Umfeld seines Vaters. Bekannt wurde Léon Daudet, anfangs ein Anhänger deutscher Philosophie und Bewunderer Wagners, durch seine politischen Ambitionen. Unter dem Eindruck der Dreyfus-Affäre entwickelte er sich zum Nationalisten und als Mitherausgeber der Zeitung *L'Action Française* zu einem bekannten Polemiker nicht zuletzt gegen Deutschland.

Trachtengruppe bei einem Volksfest

Marcel Pagnol

Sie nannten ihn „Ehre der Nation“, „Held der Wissenschaft“, „Ruhmesblatt der Intelligenz“, und dann setzten sie ihn vor die Tür. Marcel Pagnol, Anfang der 1930er Jahre einer der erfolgreichsten Theaterautoren in Paris, erntete nur Hohn und Spott, als er eine Lehre beim Kino antreten wollte. Der Tonfilm war gerade erfunden, und im Tonfilm liege, so hatte er den Herren Produzenten erklärt, die Zukunft der dramatischen Kunst überhaupt. Er selbst, der gestandene Autor von „Marius“ und „Topaze“, werde als Regie führender Drehbuchschreiber an dieser Zukunft teilnehmen.

Eine unerhörte Anmaßung. Und doch wurde aus Marcel Pagnol, dem

Dramatiker, dem späteren Mitglied der Académie Française, dem Schriftsteller der Provence, auch einer der erfolgreichsten Filmproduzenten Frankreichs.

Pagnol und das Kino – sie wurden geboren zur selben Zeit und fast am selben Ort. Von Aubagne, einem Nest in den Bergen bei Marseille, wo Pagnol am 28. Februar 1895 zur Welt kam, sind es nur ein paar Kilometer bis zu jenem Bahnhof in La Ciotat, wo die Brüder Auguste und Louis Lumière wenig später die „Ankunft eines Zuges" drehten.

So wenig die Erfinder des Cinematografen ihrer Entdeckung eine große Zukunft voraussagten, so wenig reizte den Theaterautor Pagnol der Film. Bis zu jenem Frühlingstag des Jahres 1930, als Pagnol in einem Londoner Lichtspieltheater saß und hörte, „wie das Bild von Fräulein Bessy Love sprach und sprach". Viermal sah er sich die „Broadway Melody" an, dann war seine **„Theorie des Tonfilms"** geboren.

Mit der ganzen ihm eigenen Unbekümmertheit verhieß Pagnol den Eintritt ins Zeitalter des Tonfilms – und setzte sich damit zwischen alle Stühle. Nicht nur, dass die Theaterszene ihn des Verrats zieh, ihn, den das Theater zu einem geachteten Autor und zu einem reichen Mann gemacht hatte. Empörter noch reagierte das Lager des Films, des Stummfilms also: Die europäischen Filmproduzenten, die Schauspieler, die Kameraleute, sie sahen im Tonfilm eine wirtschaftliche wie künstlerische Bedrohung. Von neuen Chancen wollte niemand etwas hören. Der Tonfilm war eine Modeerscheinung, bestenfalls ein perfektionierter Stummfilm.

Pagnol stellte sich etwas ganz anderes vor. Im Tonfilm sollte die Sprache dominieren – eine Theorie, die in der Kritik nahezu einhellig als „abgefilmtes Theater" verpönt war. Ausgerechnet die *Paramount,* die Verkörperung des „Tonfilms wider Willen", gab nach einer Reihe spektakulärer Misserfolge in Europa Pagnol seine Chance. Nach der Vorlage seines Theatererfolgs entstand mit eben jenen Schauspielern der Film **„Marius",** ein Stoff aus dem Marseillaiser Hafenmilieu voller Sprachwitz und Schlagfertigkeit. Das Werk spielte gewaltige Summen ein und bestätigte Pagnol in seiner Philosophie vom Dialogfilm, der auch ein Autorenfilm sein musste.

In der Zusammenarbeit mit dem Regisseur Alexander Korda hatte Pagnol seine Lehrzeit beim Kino bekommen. Die Paramount verließ er bald darauf. Er verachtete den Geist von Hollywood und spürte seinerseits, trotz des Erfolgs, weiter die Herablassung der Filmoberen gegenüber einem Autor, dem notwendigen Übel am unteren Ende der Werteskala.

Und es lockte ihn, der schon als Schüler seinen Kameraden Liebesgedichte verkauft hatte, auch das große Geld. Die Einnahmen aus „Marius" investierte er in eine eigene Produktionsgesellschaft, die **Auteurs Associés** (in Anspielung auf *Chaplins United Artists),* später die *Société des films Marcel Pagnol.* Pagnol kontrollierte den gesamten Produktionsprozess und organisierte ihn, wie Jean Renoir bemerkte, ganz im Stile eines mittelalterlichen Handwerkerbetriebes. Er schrieb die Texte, wählte die Schauspieler aus, führte Regie, drehte mit eigenen Kameras in eigenen Studios vor Kulissen, die seine Werkstätten gebaut hatten, entwickelte in eigenen Labors, schnitt an eigenen Geräten, um den fertigen Film dann in sein Verteilernetz einzuspeisen, ihn sogar in eigenen Kinos aufzuführen. Ein einmaliger Vorgang in der Geschichte des französischen Films.

Frei in allen Entschlüssen, fand Pagnol auch zu seinem Stoff. Er entdeckte seine Heimat neu, dieses unvergleichbare Licht der Provence, das wilde Bergland seiner Kindheit, die Mythen und Sagen. Und Jean Giono, den Poeten der Provence. „Das Universelle erlebt man nur, wenn man beim Alltäglichen bleibt", war Pagnol überzeugt. **Gionos Erzählungen** von einer mystischen Provence, deren Menschen sich an die einfachen, echten Reichtümer halten, wurden zur Vorlage mehrerer Filme: „Jofroi" über einen alten, verschrobenen Bauern, „Angèle", nach dem „Berg der Stummen", eine poetische Liebesgeschichte, „Régain", Epos über das Sterben eines Bergdorfes.

Der verklärende Blick auf das Alltägliche verlieh den Filmen ihre Atmosphäre. „Es gibt keine Kunst außerhalb der gewöhnlichen Stoffe. Was uns bleibt, ist alles neu zu sehen", so Pagnol, dem oft eine besondere **Begabung zum Glück** nachgesagt wurde. Pagnol, der die Menschen liebte. Pagnol, der Charmeur, der fünf Kinder hatte – mit vier Frauen. Die Leichtigkeit, das Sonnige und Einfache seines Charakters und seiner Heimat spiegelten sich in seinen Werken. Wer einen seiner Filme gesehen hatte, der war glücklich.

Dreharbeiten gestalteten sich als Landpartie unter Freunden. „Wir brachen zu den Hügeln auf", erinnert sich Pagnol an „Régain", „in drei Autos und dem Trosswagen, der einen großen Kochherd, Stühle, Essgeschirr, eine ganze Sippe von Kochtöpfen, einen Bratspieß und den dicken Léon transportierte; Letzterer kam mit, um seine Küche einzurichten".

Als erster Filmemacher wurde Marcel Pagnol 1946 in die **Académie Française** aufgenommen. Roberto Rossellini, der Schöpfer des italienischen Neorealismus, nannte Pagnol sein Vorbild, ebenso Claude Chabrol und François Truffaut, die Regisseure der Nouvelle Vague.

Und doch begegnen die französischen Intellektuellen dem Namen Pagnol bis heute mit einer gewissen Herablassung, vor allem dem Dramatiker Pagnol. Er, der humanistisch Gebildete, der junge Autor klassischer Versdramen, Übersetzer Vergils und Shakespeares, hatte sich schon früh entschieden, kein „Bücherschranktheater" zu schreiben, für ihn „der Höhepunkt alles Trostlosen". „Was Pagnol zu einem bedeutenden Dramatiker macht", so bemerkte ein Freund, „ist, dass er eher das Publikum repräsentiert als die Zunft der Autoren." „Marius", „Fanny" und „César", der „Marseillaiser Trilogie", haftet ein **folkloristisch-sentimentaler Beigeschmack** an, der mystifizierte Midi zum Pariser Plaisir. Selbst die satirischen, gesellschaftskritischen Stücke wie „Jazz" oder „Kriegsgewinnler" schöpften eher aus Pagnols Sinn für die Komik des Alltags denn aus politischer Motivation.

Als er, gut 60 Jahre alt, eine Rückkehr zum Theater versuchte, erlebte er mehrere Enttäuschungen. Pagnol, der einmal eine Abhandlung über das Lachen verfasst hatte, suchte den Grund seiner Misserfolge in der zu düsteren Atmosphäre seiner neuen Stücke. Er ließ Zählungen anstellen und war verblüfft: In den Vorkriegsstücken lachten die Zuschauer seltener, und doch gefiel es ihnen besser.

Pagnol, der Dramatiker, wandte sich ab vom Kino und vom Theater. Und schrieb, als alter Mann schon, seine **Kindheitserinnerungen** auf. „Die Ehre meines Vaters" und „Das Schloss meiner Mutter" wurden Welterfolge, die sich, neben La Fontaine, Daudet und Victor Hugo, bis heute in allen französischen Schulbüchern abgedruckt finden. Sie sind es, die bleiben werden von Pagnol. Der liebevoll ironisch geschilderte Vater, ein Schulmeister, der voll heiligem Ernst seine antiklerikale Mission ausübte, die Ferien in der wilden Garrigue der Provence, die Bartavellen-Jagd in den Bergen von La Treille. Die Verklärung einer Kindheit in Aubagne, wo alles begann und wohin ihn die Erinnerung zurückführte, *sous le Garlaban couronné de chèvres, au temps des dernier chevriers*, „unter den von Ziegen gekrönten Berg, zur Zeit der letzten Ziegenhirten".

Jean Giono

Etwa in der Mitte seines Lebens, als er schon eine ganze Reihe von Romanen geschrieben hatte und eine ebensolche noch schreiben sollte, sah sich Jean Giono mit einem Mal zum Nichtstun verdammt. Tag um Tag, Monat um Monat verstrich, ohne dass der Vielschreiber an den kleinen Holztisch im obersten Stockwerk seines Hauses hätte hinaufsteigen können. Jean Giono saß im Gefängnis. Ausgerechnet dieser Jean Giono, der Träumer, der Pazifist, der in der stillen Hochprovence ein stilles Künstlerdasein führte, war ins Gefängnis geraten. Nicht in irgendeines, nein, in das Fort von Marseille, jenen düsteren Festungsbau, der den Alten Hafen bewacht, da, wo er ins offene Meer übergeht, am Tor zu seiner geliebten Provence, aber mitten im verhassten Marseille. Da saß Giono also in seiner Zelle, die eher ein Kerker war, und ging einem eigenartigen Zeitvertreib nach: Die Maserungen des rohen Steins, der sein Verlies bildete, las er wie eine Landkarte. Tag für Tag entstanden so neue Berge und Flüsse, Länder, ja Kontinente und Ozeane vor seinen Augen. Tag für Tag erschuf er sich eine ganze Welt.

Nichts charakterisiert Jean Giono besser: Ein **immobiler Reisender** blieb er sein ganzes Leben lang. Kaum je hat er die Provence verlassen, doch auch seinen Lesern eröffnet er eine ganze Welt neu – *l'univers de Giono,* wie die Franzosen sagen.

Doch zurück zum Verlies in Marseille. Man schrieb das Jahr 1945, und Giono war verurteilt worden als Kollaborateur, als einer jener Intellektuellen, die mit den deutschen Besatzern zusammengearbeitet hatten. Giono also ein politischer Autor? Während des Krieges hatte die Presse des Vichy-Regimes in der Tat Texte Gionos veröffentlicht – aber nicht mit seinem Einverständnis, schon gar nicht auf seine Initiative hin. Doch danach fragte in den Tagen der intellektuellen Säuberung niemand so genau. Ein halbes Jahr saß Giono ein, drei Jahre hatte er **Publikationsverbot.** Eine Episode, gewiss, und dennoch markanter Einschnitt in diesem Leben, das äußerlich in so geregelter Bahn begonnen hatte.

1895 kam Giono in Manosque zur Welt, Sohn eines italienischen Schuhmachers und einer Büglerin aus Paris. Ein paar Denkwürdigkeiten aus der **Jugend** erfahren wir: dass der Vater belesen war und ein Freigeist, die Mutter dagegen tief katholisch, dass der Junge nach der Erstkommunion definitiv vom Glauben abfiel, dass er ein begabter Geschichtenerzähler war, sich für Homer und Vergil begeisterte und stolz war auf seine italienischen Ahnen, schließlich, dass ihn die Krankheit des Vaters aus der Schule in eine **Banklehre** zwang. Dass dieser Jean Giono nun bis nahe an sein 35. Lebensjahr hinter dem Bankschalter stehen sollte, man mag es nicht glauben. Eher schon, dass der Lehrling, mit der Karteiführung betraut, sein eigenes Kundenverzeichnis anlegte, bereichert um Lebensdaten, Profile und manche Skurrilitäten – ein Fundus, aus dem später der Schriftsteller schöpfte.

Den Absprung ins Autoren-Dasein wagte Giono 1929, dem Jahr, als sich nach **ersten Veröffentlichungen** mit „Colline" der Erfolg einstellte. „Der Hügel" bildet den Auftakt der Pan-Trilogie, in der Giono die karge Welt der Hochprovence-Bauern schildert, ihre tiefe Verbundenheit mit einer Natur, die beseelt ist vom Geist des antiken Hirtengottes. Der Aberglaube dieser in ihrem Boden verwurzelten Menschen ist nur Oberfläche eines tieferen, magischen Wissens um die Geheimnisse der bald idyllischen, bald abgründig gefährlichen, entfesselten Natur.

„Es gibt wohl eine ‚klassische' Provence", schrieb Giono, „ich habe sie nie gesehen; seit 30 Jahren wohne ich in Manosque. Ich kenne nur ein wildes Land. Die Naturgesetze, die Form, Farbe, Charakter seiner Landschaft bestimmen, bestimmen auch den Charakter ihrer Bewohner." Die Provence Gionos, das ist das raue Hochland vom Plateau de Valensole bis hinauf in die Montagne de Lure, das sind herbe Landschaften voller Weite und Größe, das sind Menschen, die als Teil dieser mythologischen Schöpfung leben – eine „kosmische Einheit".

Manche werfen Giono vor, er habe dieses Land gar nicht wirklich gekannt oder es jedenfalls nicht wahrheitsgetreu beschrieben. Das trifft zu, will man seine Literatur als Reiseführer nutzen. Gionos Provence ist eine fiktive

122co Foto: im

Landschaft, die Ortsnamen sind bald echt, bald verändert oder erfunden, was existiert, ist durcheinander gewürfelt und neu zusammengestellt. Unwahr wird es deshalb nicht. Im Gegenteil: Giono, der allem Oberflächlichen misstraute, hat die Provence mit schärferem Blick gesehen als die meisten. Deshalb kann seine Literatur kein Album des Pittoresken sein.

Ein Ort jedenfalls ist ganz real: **Le Contadour,** ein, wie die Franzosen sagen würden, *haut lieu de Giono* und doch nur ein abseitiger, in der Wildnis vergessener Weiler, hinter dem sich die schmale Straße alsbald verläuft. Kaum etwas hat sich verändert, seit sich Jean Giono hier in den 1930er Jahren in eine Mühle zurückzog, umgeben von einer Gemeinde junger Stadtflüchtlinge. Er tat, was eben zu tun ist im Kreise solcher Jünger – er predigte. Ein Irrweg, ein belangloser, von ihm selbst bald belächelter Fehler, der doch, und das zeigt viel über die damalige Zeit, Auftakt wurde zu einer Reihe von Missverständnissen, an deren Ende besagte Verhaftung stand.

Was Giono wirklich am Herzen lag, war eine Art ganzheitlicher **Pazifismus,** gewiss mit einer zivilisationsfeindlichen Note, doch wer wollte ihm das verübeln in dieser Zwischenkriegszeit. Pazifist war Giono, seit er den Ersten Weltkrieg erlebt und Verdun überlebt hatte. „Der Krieg ist keine Katastrophe“, urteilte er, „der Krieg ist ein Mittel zum Regieren. Der kapitalistische Staat kennt keine Menschen aus Fleisch und Blut, er kennt nichts anderes als Rohmaterial für die Produktion von Kapital, und um Kapital zu produzieren, braucht er gelegentlich den Krieg.“

In seinem Roman „Die große Herde“ von 1931 hatte er Soldaten auf dem Weg zum Schlachtfeld mit dem letzten Abtrieb einer Schafherde in den Bergen seiner Heimat verglichen, in „Die wahren Reichtümer“ setzte er 1936 dem scheinbar zivilisierten Großstädter den im Einklang mit der Schöpfung lebenden Bauern oder Handwerker entgegen.

Als dann 1939 wieder Mobilisierungsplakate geklebt wurden, auch in der Hochprovence, da riss Giono sie in Fetzen – der erste, kurze Gefängnisaufenthalt war fällig. Man rückte ihn bald in die Nähe deutscher Blut- und Bodenmystiker, und das Vichy-Regime schien das zu bestätigen, als es sich seiner Texte bediente. Beides führte nach dem Krieg wieder ins Gefängnis. Dabei machen nicht nur Gionos Pazifismus, auch seine fast anarchische Lust an der Freiheit und sein Abscheu vor jeglicher Massenbewegung ihn der Sympathie für den Nationalsozialismus gänzlich unverdächtig.

Das dreijährige Publikationsverbot ließ Giono mit stoischer Ruhe verstreichen. Der Autor, der sich danach zu Wort meldete, war nicht mehr derselbe. Sein Vertrauen in den Menschen und die Natur hatte einen bitteren Beigeschmack angenommen. Thematisch kehrte er den Zeitläufen gänzlich den Rücken und wandte sich **historischen**

In der Altstadt von Grasse

Stoffen zu wie in „Der Husar auf dem Dach".

Seine Sprache verlor einiges von ihrem lyrischen Überschwung, wurde trockener, lapidarer, ohne deshalb weniger kraftvoll zu sein. Ein Realismus zeichnete sich ab, der oft mit Stendhal verglichen wird. Giono rückte den Menschen in den Mittelpunkt, und zwar nicht mehr nur als Teil seiner Landschaft, sondern als Individuum. Sein Blickwinkel war ein nüchterner, oft auch skeptischer bis misstrauischer. Giono erwarb sich mit diesen Romanen großen Respekt, er blieb aber, obgleich er in die Académie Goncourt aufgenommen wurde, ein literarischer Außenseiter.

Und er blieb auch weiterhin ein Kritiker jener Militärstützpunkte, Schnellstraßen und Hochhäuser, die seiner stillen Hochprovence als zivilisatorische Errungenschaft präsentiert wurden. Jean Giono starb 1970, zu früh, als dass er hätte miterleben können, wie seine als eigenbrötlerisch abqualifizierte Kritik mehr und mehr als berechtigte Warnung erkannt wurde. Dass die Aktualität des Jean Giono eher noch zunehmen wird, ist eine so leicht vorauszusehende wie traurige Gewissheit.

Schriftsteller an der Côte d'Azur

Die französische Riviera hat seit ihrer touristischen Entdeckung nicht nur viele Maler angezogen, sondern auch ungezählte Schriftsteller. Zwar nicht als ihr Entdecker – dafür war er rund einhundert Jahre zu spät –, aber als Erfinder ihres Namens gilt **Stéphen Liégeard,** seines Zeichens Unterpräfekt des Départements Vaucluse und Reise-Schriftsteller. 1887 unternahm er eine Reise von Marseille nach Genua und gab seinen Aufzeichnungen den sehnsuchtsvollen Titel **„Côte d'Azur".** Er soll ihm erstmals in Hyères eingefallen sein, in der Stadt der Palmen mit ihren vorgelagerten Inseln (mehr zum Thema siehe Ortsbeschreibung von Hyères im Kapitel „Toulon und die westliche Côte d'Azur").

Viel kritischere, aber wie immer sehr amüsant-unterhaltsame Worte fand Jahrzehnte später **Kurt Tucholsky:** „Es gibt so viel süße Schilderungen der französischen Riviera; sauer macht lustig, warum soll man nicht einmal... Die Riviera liegt da und sieht aus. Sie ist die zweidimensionalste Landschaft, die sich denken lässt: für den Küstendampferpassagier ist sie ein Traum, für den, der auf einer Klippe steht und in die Bucht hineinsieht, ein Paradies – man darf nur nicht in das Paradies hineingehen."

Deutlich mehr Sympathie für die Côte d'Azur hegten **Klaus und Erika Mann,** die 1931 „Das Buch von der Riviera" in der Reihe „Was nicht im Baedeker steht" veröffentlichten. Sie merkten zwar an, „die größte Attraktion ist das Nichtstun", das „Dolce-farniente", alle anderen Vergnügungen seien „selten noch ungewöhnlich". Gleichzeitig aber gaben sie zu, dass es

In Sanary lebten viele deutsche Schriftsteller im Exil

unter europäischen Künstlern üblich geworden sei, an die Riviera zum Arbeiten zu fahren: „Ungewöhnlich ist die Kraft dieser zugleich beruhigend sanften und bunten Landschaft, *konzentrierend* zu wirken, wenn man Konzentration und produktive Sammlung sucht."

Inspirierend wirkte die Riviera auch auf die französische Schriftstellerin **Colette,** die 1926 nach Saint-Tropez zog, und später auf **Françoise Sagan,** die es ihr gleichtat. Sagan kaufte sich zwar kein Haus, stieg aber immer wieder wochenlang im Hôtel de la Ponche ab und verfasste dort unter anderem ihre Memoiren: „Das Lächeln der Vergangenheit" (1984). Ihr erster Roman, „Bonjour Tristesse", durch den sie bekannt wurde, ist ebenfalls eng mit der Côte verbunden und spielt bei Saint-Raphaël.

Auch bekannte **englischsprachige Schriftsteller** kamen an die französische Riviera: Zum Beispiel Katherine Mansfield, die dort 1923, im Alter von nur 34 Jahren, an Lungentuberkulose starb, dann John Dos Passos, Ernest Hemingway und F. Scott Fitzgerald, die es zum Cap d'Antibes zog, und schließlich Aldous Huxley, der in den 1930er Jahren in Sanary-sur-Mer lebte. Dieses Dörfchen ist als **„Hauptstadt der deutschen Exilliteratur"** in die Geschichte eingegangen (im Kapitel „Toulon und die westliche Côte d'Azur" ist diesem Thema ein ausführlicher Exkurs gewidmet und unter den Literaturtipps finden sich mehrere Titel zum Weiterlesen).

107co Foto: im

001co Foto: im

Nizza und die östliche Côte d'Azur

016co Foto: im

017co Foto: im

Auf der Place du Palais de Justice in der Altstadt von Nizza

Kirche in Villefranche-sur-Mer

Peillon liegt in den Bergen oberhalb von Monaco

Überblick

Der östliche Abschnitt der französischen Mittelmeerküste mit Nizza, Monaco und Menton gilt landläufig als die **„klassische Côte d'Azur"**, Cannes und das Estérel-Gebirge vielleicht noch eingeschlossen. Dabei gehörte gerade dieser Landstrich lange nicht einmal zu Frankreich, sondern zum Haus Savoyen, die gesamte Grafschaft Nizza wurde erst 1860 französisch. Dass schließlich Monaco ein eigenständiges Fürstentum ist, weiß jeder – selbst wenn er nicht dorthin ziehen möchte, um Steuern zu sparen.

Aufgrund der Geschichte und der **Nähe zu Italien** empfindet so mancher Reisende den Charakter der Riviera-Städte als italienisch anmutend. Beispiele dafür sind die Altstädte von Nizza und Menton, die Kirchen und Kapellen im italienischen Barockstil oder die Bürgerhäuser mit so genannten Trompe-l'œil-Malereien, farbenfrohen Verzierungen in optischer Täuschung. Den berühmten Nizzaer Blumenmarkt, wo es nicht nur Blumen, sondern auch Obst, Gemüse, Delikatessen und an einem Tag in der Woche sogar Antiquitäten zu kaufen gibt, sollte man sich in einem solchen Ambiente nicht entgehen lassen!

Überhaupt ist **Nizza** für Touristen eine attraktive Stadt: Sie bietet ungemein viele **Kunstmuseen** (z.B. Chagall und Matisse), gute **Einkaufsmöglichkeiten,** die zweitgrößte Hotelkapazität des Landes und einen **kilometerlangen Sandstrand** entlang der Engelsbucht. Und wer will, kann schon in 90 Minuten in einem Skigebiet in den Seealpen sein!

Wer jedoch von Nizza nach Osten fährt, wird – wenn er das Auto benutzt – eine der berühmten Küstenstraßen nehmen: die obere, die **Grande Corniche,** bietet wegen ihrer Höhe die schönsten Ausblicke und führt zum Ort **La Turbie** mit seiner antiken Augustus-Trophäe, Symbol für die Unterwerfung der Alpenstämme durch die Römer. Auf der mittleren, der *Moyenne Corniche,* liegt das Dorf **Eze.** Zusammengedrängt auf einem Felsen, sieht es von Weitem aus, als schwebe es über dem Meer und sei für Feinde uneinnehmbar. Touristen allerdings sind willkommen und können – gegen Gebühr – die Dorfspitze erklimmen, wobei der Weg durch einen Garten mit exotischen Pflanzen führt.

Die untere Corniche schließlich berührt sämtliche Küstenorte: den netten Urlaubsort **Villefranche-sur-Mer** mit seiner Festung und seinem Hafen für Kreuzfahrtschiffe, das **Cap Ferrat** mit seinen luxuriösen Villenvierteln, mit dem Museum Ephrussi de Rothschild und einem herrlichen Küstenwanderweg, dann **Beaulieu-sur-Mer** mit der griechischen Villa Kerylos und hinter Monaco schließlich das mittelalterliche Dorf **Roquebrune,** das Seebad **Cap Martin** und **Menton** mit seinem Cocteau-Museum, seinen Parks und Gärten und vor allem seinem wunderschönen Friedhof aus dem 19. Jh., angelegt oberhalb von Altstadt und Hafen.

Wer **Monaco** liebt, ein Umstand, der offenbar mehr dem legendären

Ruf des Zwergstaats und dem hübschen Belle Epoque-Kasino zu verdanken ist als dessen tatsächlichem Vergnügungspotenzial, wird immer wieder hinfahren und die Atmosphäre genießen. Wer jedoch nicht so sehr auf Hochhäuser am Mittelmeer, Autorennen oder Fürstenpaläste auf Felsen steht (mit regelmäßigem, bei Touristen beliebtem Wachwechsel), der wird wahrscheinlich nur einmal kommen und zwar hauptsächlich, um das **Ozeanografische Museum** zu besuchen, eine beeindruckende Einrichtung mit ungezählten und zum Teil gigantischen Meerwasser-Aquarien.

Nizza (Nice)

Zunächst einige Fakten und Zahlen: Nizza ist mit 350.000 Einwohnern die **fünftgrößte Stadt Frankreichs** und Sitz der Präfektur des Départements Alpes-Maritimes. Ansonsten ist die Stadt Nice (sprich „Nies"), wie sie seit ihrem Anschluss an Frankreich im 19. Jh. heißt, nach Paris in vielem „die Nummer Zwei": Beispielsweise hat sie den zweitgrößten Flughafen und die zweitgrößte Hotelkapazität des Landes. Damit geht einher, dass sie auch in ihrer Bedeutung für den Tourismus gleich auf Paris folgt und jährlich rund vier Millionen Besucher aus aller Welt anzieht. Eine Million fallen davon allein auf den **Karneval** im Februar.

Von den übrigen drei Millionen Besuchern sind nicht wenige Geschäftsreisende und Messebesucher, denn Nizza verfügt mit der *Acropolis* über einen Kongress-Palast, der mehrmals als bester Europas ausgezeichnet wurde. Die 1965 gegründete Universität umfasst 35.000 Studenten, und vor den Toren der Stadt liegt das bedeutende Technologie-Zentrum *Sophia-Antipolis.* Nizza gilt als der **wirtschaftliche Motor** des französischen Südostens.

Dann die Kultur: Was die **Museen** angeht, so hat Nizza auch in diesem Bereich die zweitmeisten des Landes, neunzehn an der Zahl. Herausragend sind das Matisse-Museum, das Chagall-Museum und die *Musée d'Art Moderne et d'Art Contemporain,* kurz MAMAC genannt. Bekannt und beliebt ist Nizza jedoch auch für seine volkstümlichen, gemütlichen Seiten: für seinen **Blumenmarkt** und seine – wie gern gesagt wird – **italienisch anmutende Altstadt.** Architektonische Anleihen sind historisch bedingt, denn Nizza gehörte lange Zeit, bis 1860, nicht zu Frankreich sondern zu Savoyen. Im lokalen Dialekt heißt die Stadt denn auch *Nissa,* die Bevölkerung hat vielfach Wurzeln im Piemont, in Ligurien und in der Lombardei. Im alten Nizza begegnet man daher genuesischen Palästen, Kirchen im Barockstil und vielen farbig getünchten Häusern in warmen Ockertönen, von Gelb bis Feuerrot, gern auch mit Trompe-l'œil-Malereien.

Doch was wären diese Farben ohne das spezielle Licht des Südens, über das Matisse – als er nach Nizza übersiedelte – sagte: „Als ich begriff, dass ich jeden Morgen aufs Neue dieses

Licht sehen würde, konnte ich nicht an mein Glück glauben." Dieses Licht, das die **Künstler** inspirierte, ist nicht nur im Sommer besonders, sondern gerade auch im Winter. Es zog zusammen mit dem milden Klima und der herrlichen Lage seit dem 18. Jh. die **Touristen** nach Nizza, zuerst Engländer, später auch Russen und andere Nationalitäten, darunter nicht wenige gekrönte Häupter. Sie alle hinterließen ihre Spuren im Stadtbild von Nizza, am intensivsten während der so genannten **Belle Epoque.** Bei einem Spaziergang durch den Stadtteil **Cimiez** wird man auf erstaunliche Paläste unterschiedlichsten Stils treffen, und die fürstliche Architektur der Hotels auf der *Promenade des Anglais* zeigt sich am deutlichsten im berühmten **Hotel Negresco** mit seiner rosafarbenen Kuppel.

Eine Besonderheit von Nizza ist schließlich, dass alle **Strände** in der Stadt liegen. Sie erstrecken sich wie die Promenade entlang der *Baie des Anges,* der **Engelsbucht.** Nach dem Einkaufsbummel kann man sich direkt auf einer Strandliege ausruhen! Und wem Kontrastprogramme gefallen, der schließt am Nachmittag einen Besuch in einem der **Wintersport-Orte** an, nur neunzig Fahrminuten vom Stadtzentrum entfernt.

Auch in jüngster Zeit haben die Briten, die der Promenade ihren Namen gaben, wieder ihr Faible für Nizza entdeckt. Zusammen mit Italienern, Russen und anderen Ausländern kaufen sie Häuser und Wohnungen, sodass die **Immobilienpreise geradezu explodiert** sind. Auch die Preise für Hotels und Unterkünfte sind nicht gerade günstig, aber so viele Vorzüge haben eben ihren Preis!

Geschichte

Die ersten Nizzaer waren Höhlenbewohner, die vor 400.000 Jahren an einem *Terra Amata* genannten Ort lebten. Im 4. Jh. v. Chr. richteten **griechische Kaufleute** aus Marseille den Handelskontor *Nikaia* ein, aus praktischen Gründen nah am Meer. Der Name leitet sich ab von *Nike,* der griechischen Siegesgöttin, und ist Ursprung des heutigen Stadtnamens *Nice.* Später kamen die **Römer** hinzu und gründeten *Cemenelum,* das heutige Cimiez, auf einem Hügel und machten es zum Hauptsitz der Militärregierung der Provinz Alpes-Maritimes. Von dieser Stadt sind bis heute die Thermen-Anlagen erhalten.

Im Jahr 813 verwüsteten **Sarazenen** das mittelalterliche Nizza und verbreiteten ihren Einfluss über die gesamte Provence, aus der sie erst 972 endgültig vertrieben werden konnten. Das Jahr 1388 ist für Nizza von besonderer Bedeutung, denn damals fiel die Stadt – mitsamt ihrem Hinterland – an das **Haus Savoyen.** Später wurde aus diesem Gebiet die Grafschaft Nizza *(Le Comté de Nice),* die – mit Unterbrechungen – bis 1860 beim Haus Savoyen blieb.

Im Jahr 1706, unter der Herrschaft Ludwigs XIV., wurde Nizza zum ersten Mal mit Frankreich vereint, kam aber

„La Cuisine Nissarde“ – Nizzas köstliche Küche

Nur wenige Städte können eine eigene Küche für sich beanspruchen. In Frankreich sind dies traditionell Lyon und Nizza. Obwohl die **Salade Niçoise** überall in der Welt bekannt ist, kann man dies von der Nizzaer Küche nicht behaupten. Man weiß höchstens noch, dass sich in ihr **provenzalische und italienische Elemente** vereinen. Also hat sich im Département Alpes-Maritimes jetzt ein Netzwerk gebildet, das Restaurants auszeichnet, die die traditionelle Kochkunst hochhalten. In ihren Schaufenstern klebt das Qualitäts-Label **„Cuisine nissarde – le respect de la tradition“,** daneben lächelt eine Dame in Trachten.

Aber was genau sind Nizzaer Spezialitäten? Nicht jeder Salat, der mit schwarzen Oliven dekoriert ist, darf sich *Salade Niçoise* nennen. Vielmehr gehören auch Thunfisch, Eier, Sardellen, Artischocken und Sellerie dazu. Im Dressing darf Olivenöl nicht fehlen. Dieses ist auch essenziell für das so genannte **Pan Bagnat,** zwei in Öl getränkte und mit Knoblauch eingeriebene Brotscheiben. Zwischen diesen finden sich wiederum im Wesentlichen die Zutaten des Nizzaer Salates. Viele Bäcker bieten auch die **Pissaladière** als Snack an, eine mit Oliven und Sardellen garnierte Zwiebel-Tarte. Ganz klassisch ist die **Socca,** ein großes Fladenbrot auf der Basis von Kichererbsenmehl. Sie wird auf einem Kupferblech in einem Holzkohle-Ofen gebacken, dann heiß und stark gepfeffert gegessen.

Warm oder kalt werden die **Petits Farcis** genossen, Tomaten, Zucchini, Paprika, Auberginen und Zwiebeln, gefüllt mit Pasten auf der Basis von Weißbrot und Fleisch bzw. Ziegenkäse. Abgesehen von geschmortem Rindfleisch, der **Daube,** die auch in der provenzalischen Küche ein Klassiker ist, spielt Fleisch in der Küche Nizzas keine große Rolle. Es war früher einfach zu teuer. Verwunderlich ist aber, dass auch Fisch eine Randerscheinung geblieben ist, obwohl Nizza direkt am Meer liegt. Das liegt daran, dass in den Dörfern, in denen die traditionelle Küche entwickelt wurde, in alten Zeiten nur getrocknete und gesalzene Fische zur Verfügung standen. Die langen Anfahrtswege hätten den Fisch verderben lassen. Das traditionelle Fischgericht der Nizzaer Küche ist daher ein Stockfisch-Ragout, die **Estocaficada** mit Kartoffeln und Tomatensoße. Außerdem gibt es **Sardinen** mit einer Füllung aus Eiern, Käse und Mangold.

Letzterer ist auch die Basis eines durchaus originellen Desserts, der **Tourte de Blettes.** Zwischen zwei Teigschichten befindet sich eine süße Füllung aus Pinienkernen, in Pastis eingelegten Rosinen und eben Mangold. Speziell zur Karnevalszeit werden überall die **Ganses** angeboten, in Fett ausgebackene Hefekrapfen, die aussehen wie große Knoten.

Klassisch zur Cuisine Nissarde gehören aber Gerichte wie **Ravioli, Gnocchi, Ratatouille, Pistou-Suppe** und **gefüllte Zucchini-Blüten,** welche man auch alle aus der italienischen bzw. provenzalischen Küche kennt. Es soll nicht vergessen werden zu erwähnen, dass die Nizzaer Küche genau wie die verwandten Küchen gern **Olivenöl, Knoblauch** und **aromatische Kräuter** verwendet.

Last but not least, ist Nizza die einzige Stadt Frankreichs mit einem **eigenen AOC-Weinanbaugebiet.** An den Hängen von Bellet erzeugen 15 Winzer einen hochwertigen Wein, der schon oft auf der Landwirtschafts-Messe in Paris prämiert wurde. Bellet ist eines der ältesten Anbaugebiete Frankreichs. Es existierte schon zu der Zeit, als griechische Händler in Marseille und Nizza Handelsniederlassungen gründeten. Die Appellation umfasst 650 Hektar Land, aber nur auf etwa 50 Hektar wird Wein angebaut. Die Reben gedeihen an den letzten Ausläufern der Alpen in 200 bis 300 Metern Höhe und ergeben vor allem Weiß- und Rosé-Weine, nur wenige Rote.

ab 1713 durch den Vertrag von Utrecht wieder zum Haus Savoyen. 1792 wurde die Stadt von Revolutionären gestürmt und **für französisch erklärt.** 1815, nach dem Zusammenbruch des Empire, fiel Nizza dann zurück an den König von Sardinien, auch er ein Mitglied des Hauses Savoyen.

In der Folgezeit musste sich Nizza vor allem gegen die Konkurrenz des Hafens von Genua behaupten, was nicht gut gelang. Stattdessen entwickelte sich rund um die Engelsbucht ein ganz anderer Wirtschaftszweig: der **Tourismus.** Immer mehr Engländer und Russen kamen, um zu überwintern, und schon um 1850 entstand ein erster Abschnitt der späteren *Promenade des Anglais.*

In der Folge eines Krieges und Vertrages von 1860 durften die Nizzaer wählen, zu wem sie gehören wollten. Ergebnis der damaligen **Volksabstimmung,** die allerdings nicht heutigen demokratischen Standards entsprach, war, dass die Grafschaft Nizza **endgültig an Frankreich** angeschlossen wurde. Die Stadt nahm einen gehörigen wirtschaftlichen Aufschwung, nicht zuletzt wegen des Anschlusses an das Eisenbahnnetz im Jahr 1864 und der Weiterentwicklung des Tourismus. Innerhalb von 40 Jahren wurde dieser arme Landstrich mit seiner relativ bescheidenen wirtschaftlichen Aktivität zur berühmten Côte d'Azur und zum **Inbegriff von Luxus und Schönheit.** Während 1890 ungefähr 22.000 Personen in Nizza überwinterten (diese Klientel blieb stets mehrere Monate), waren es 1910 schon 150.000. Die berühmtesten Gäste waren die britische Königin Victoria, die russische Zarenfamilie und andere gekrönte Häupter Europas. Nizza ließ seine Konkurrenzstädte Cannes, Monaco und Menton schnell hinter sich, eine Entwicklung, die bis heute nachwirkt, denn nach wie vor gilt Nizza als Haupstadt der Côte d'Azur.

Der Karneval von Nizza

Das Wort „Karneval" geht vermutlich auf den Ausdruck *carne levare,* „das Fleisch entfernen", zurück. Seit dem Mittelalter hatten die Nizzaer Bürger die Gewohnheit, sich nach katholischem Brauch vor Beginn der Fastenzeit reichlich mit fetten und leckeren Gerichten zu verwöhnen. Um diese heitere Zeit gebührend zu feiern, waren **alle Übertretungen erlaubt,** und es war damals schon Brauch, sich zu verkleiden und zu maskieren.

Bereits im 13. Jh. hatte der Karneval von Nizza ein gewisses Renommee in der Region, sogar die Grafen von Savoyen und der Provence nahmen an den Feierlichkeiten teil. 1294 wurde der Karneval zum ersten Mal schriftlich erwähnt. Bekannt ist auch, dass

Auf der Promenade des Anglais reihen sich die Grand Hôtels aneinander

1539 eine Regelung getroffen wurde, wo die Karnevalsbälle gefeiert werden durften. So fanden Sie an vier vorher bestimmten Orten statt, die den vier Klassen entsprachen: dem Adel, den Händlern, den Handwerkern und den Fischern. Im 18. Jh. war das Fest so groß geworden, dass die Gassen und Plätze der Altstadt dafür nicht mehr ausreichten. Die betuchteren Nizzaer Bürger zogen sich in ihre privaten Salons zurück.

Weil die Stadtväter sich am Ende des 19. Jh. jedoch um das Wohlbefinden ihrer betuchten Wintertouristen sorgten, wurde ab 1873 wieder Straßenkarneval gefeiert. Das im gleichen Jahr gegründete Festkomitee war mit der Organisation beauftragt und sollte dem Karneval von Nizza wieder zu mehr Bedeutung verhelfen. Mit der Zeit kamen immer mehr Umzüge, Tribünen und Inszenierungen hinzu. 1876 schon fand der erste **Blumenkorso** auf der Promenade des Anglais statt. Neben den Umzügen mit großköpfigen Figuren stehen diese Korsos bis heute im Zentrum des Nizzaer Karnevals, und 90 % der verwendeten Blumen werden vor Ort produziert. Die zweiwöchigen Feiern beginnen mit der Ankunft „Seiner Majestät Karneval" und enden am Faschingsdienstag mit der Verbrennung desselben auf dem Quai des Etats Unis.

• **Informationen:** Tel. 08.92.70.74.07 (kostenpflichtige Telefonnummer), www.nicecarnaval.com.

003co Foto: im

Die Nizzaer Schule

Ende der 1950er Jahre entstanden, ist diese auch **Nouveau Réalisme** genannte Schule eine der bedeutendsten Bewegungen für moderne Kunst der Neuzeit. Ihr wichtigster Vertreter ist sicherlich **Yves Klein,** der die Reinheit in der Malerei postulierte. Stärkster Ausdruck dieser Idee sind seine monochromen, blauen Bilder, mit denen er den Himmel und die Leere darstellte. Ein anderes Mitglied der Gruppe der „Neuen Realisten" ist Arman, dessen Kunstobjekte aus Alltagsgegenständen bestehen. Weitere Künstler schlossen sich der Gruppe an wie César, Martial Raysse und Daniel Spoerri. Auch Niki de Saint Phalle, die Schöpferin der berühmten „Nanas", und der Verpackungskünstler Christo zählen mittlerweile zu dieser Richtung. Werke dieser Künstler sind im *Musée d'Art Moderne et d'Art Contemporain* ausgestellt.

Orientierung

Touristisch interessant sind die Promenade des Anglais, das Zentrum, die Altstadt mit dem Hafen und das Viertel Cimiez. Die **Promenade** ist (leider) eine wichtige Verkehrsader der Stadt und vierspurig. Hier gibt es **Parkhäuser,** zum Beispiel Masséna und Palais de la Mediterranée, von denen aus man bequem die Promenade und die Fußgängerzonen erreicht.

Man kann auch etwas weiter östlich an der Promenade parken, beim Jardin Albert I., dann ist es zur **Altstadt** am Fuße des Felsens etwas näher. Diese sollte man überhaupt nur zu Fuß erkunden, um mit dem Wagen nicht in einer der engen Gassen stecken zu bleiben. Auf der anderen Seite des Felsens liegt der **Hafen,** von wo aus man das Prähistorische Museum erreicht und auch die Corniches Richtung Monaco.

Das Viertel **Cimiez** ist nördlich der Altstadt auf einem Hügel gelegen. Um zum Chagall- und Matisse-Museum und den anderen Sehenswürdigkeiten dort zu gelangen, sollte man den Bus (Nr.15) oder ein Taxi nehmen.

Der **Busbahnhof** liegt am Rand der Altstadt unweit der Place Garibaldi; der **SNCF-Bahnhof** liegt etwas weiter entfernt am nordwestlichen Rand des Zentrums (Avenue Thiers). Der Flughafen schließlich befindet sich zwei Kilometer vom Stadtzentrum entfernt Richtung Cannes.

Altstadt und Burgfelsen

Die **Vieille Ville** erstreckt sich unterhalb des markanten Burgfelsens zwischen dem Cours Saleya und dem Boulevard Jean-Jaurès. Im Mittelalter noch verschanzten sich die Bewohner Nizzas oben auf dem Felsen, begannen aber ab dem Ende des 13. Jh., als die Zeiten wieder sicherer wurden, an dessen Fuß zu siedeln.

Im 16. Jh. wohnte schon niemand mehr in luftiger Höhe, wenngleich aus dieser Zeit kaum etwas erhalten ist. Die Bauten der Altstadt stammen im

Wesentlichen aus dem 17. und 18. Jh., sind in fröhlichen Farben getüncht, aber architektonisch eher einfach gehalten. Typische Schmuckelemente sind die so genannten **Trompe-l'œil-Malereien,** die dreidimensional und manchmal etwas kitschig wirken.

Sehenswert sind im alten Nizza vor allem der **Cours Saleya** mit seinen Märkten, mehrere **barocke Kirchen,** insbesondere die Kathedrale Sainte-Réparate, die **Oper** im Stil der Belle Epoque, der genuesische **Palais Lascaris** aus dem 17. Jh. sowie mehrere **schöne Plätze** mit Cafés, die zum Verweilen einladen. Großartig ist schließlich der **Ausblick** von der Colline du Château auf die Engelsbucht, auch wenn der Name etwas irreführend ist, da es auf dem Felsen gar kein Château mehr gibt.

Rue Saint-François-de-Paule

Diese zuletzt angelegte Straße des alten Nizza beginnt am Jardin Albert I., der den Mündungsbereich des Flusses Paillon überspannt. Heute nimmt man kaum mehr wahr, dass diese Straße früher direkt am Flussufer lag.

Zuerst stößt man auf die **Kirche Saint-François-de-Paule** aus dem 18. Jh., ein Beispiel für den Übergang vom Barock zum Neoklassizismus. Im Innern befindet sich ein Gemälde, „La Communion de Saint-Benoît", das Van Loo, dem berühmten Nizzaer Maler, zugeschrieben wird.

Schräg gegenüber befindet sich die **Oper** mit einer herrlichen Fassade im Stil der Belle Epoque. Sie wurde Ende des 19. Jh. erbaut, nach dem Vorbild des Palais Garnier in Paris. Es erstaunt, dass der Haupteingang der Oper nicht an der Uferpromenade liegt, sondern in einer schmalen Gasse. Der Grund dafür ist das Schönheitsideal der Belle Epoque, denn damals war vornehme Blässe angesagt. Das Portal der Oper musste also nach Norden liegen, wo die Sonne es selbst am frühen Abend nicht erreichte.

Auf der Rue François-de-Paule sind auch einige **Traditions-Geschäfte** Nizzas ansässig, zum Beispiel der Olivenöl-Handel *Alziari* und ein Spezialist für kandierte Früchte, die *Confiserie Auer* (siehe auch „Einkaufen").

Cours Saleya und Blumenmarkt

Er ist die Verlängerung der Rue Saint-François-de-Paule und erstreckt sich bis zum Fuße des Burgfelsens. Durch schöne Arkaden hat man immer wieder Blicke auf das Blau des Meeres. Diese sind eingelassen zwischen den eingeschossigen Häuschen, den so genannten *ponchettes,* die die Südseite säumen und einige Galerien beherbergen.

Auf dem Cours Saleya findet täglich, vom frühen Morgen bis zum späten Nachmittag, der berühmte Blumenmarkt statt. Im hinteren Teil bieten bis mittags auch Gemüse- und Obsthändler ihre Waren feil; nur an Montagen überlassen sie das Feld den Antiquitätenhändlern und Trödlern. Obwohl diese Märkte nahezu jeder Tourist besucht, werden sie auch von den Einheimischen nicht verschmäht und sind immer noch voller Atmosphäre. Die Terrassen der Restaurants sollte man

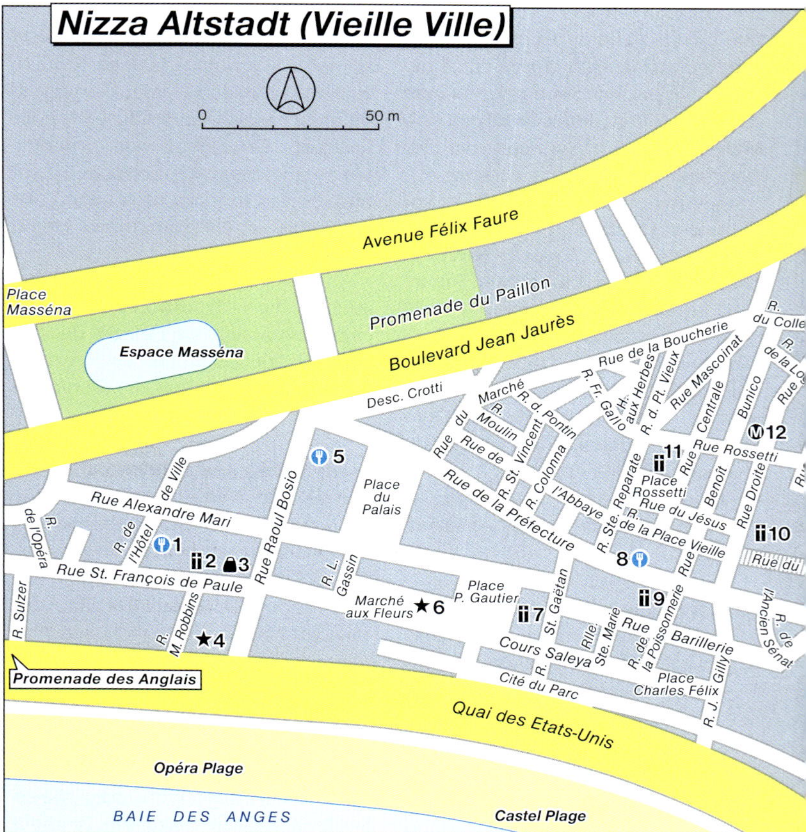

1 Restaurant Estocaficada
2 Kirche Saint-François-de-Paule
3 Confiserie Auer und Olivenöl-Handel Alziari
4 Oper
5 Restaurant La Merenda
6 Blumenmarkt
7 Chapelle de la Miséricorde
8 Restaurant La Tapenade
9 Chapelle Sainte-Rita
10 Eglise du Gesù
11 Kathedrale Sainte-Réparate
12 Palais Lascaris
13 Theater und Museum für moderne Kunst MAMAC, Promenade des Arts, Kongresszentrum Acropolis
14 Hôtel Villa La Tour **
15 Restaurant Escalinada
16 Restaurant La Table Alziari
17 Restaurant Le Grand Café de Turin
18 Burgfelsen, Aussichtspunkt

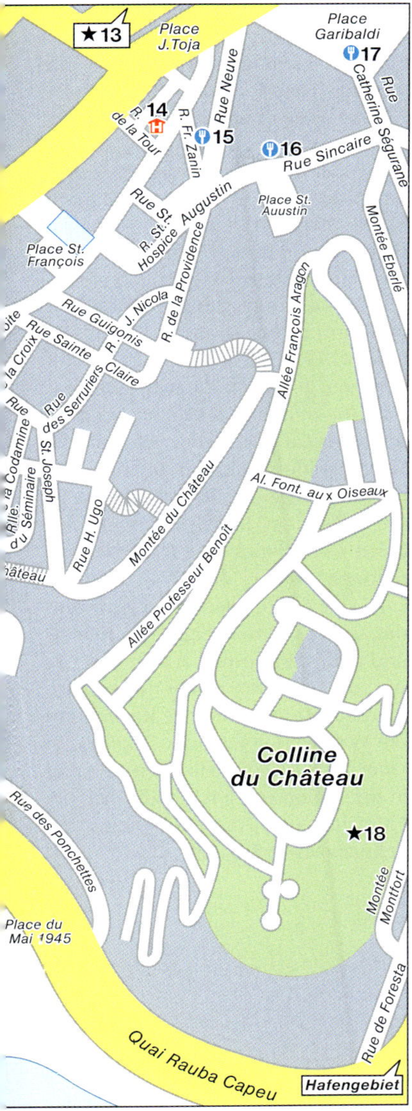

jedoch eher nutzen, um ein Glas zu trinken, als für überteuerte und nicht sehr gute Menüs.

Architektonische Sehenswürdigkeiten des Cours sind die barocke **Chapelle de la Miséricorde** (nur geöffnet während der Sonntagsmesse um 10.30 Uhr) und an ihrem Ostende das gelbe **Palais Caïs de Pierla.** In diesem eleganten Haus aus dem 17. Jh. lebte Matisse zwischen 1921 und 1928, stets das Meer im Blick. Links von der Kapelle, an der Place Pierre-Gautier, liegt die **Präfektur.** Sie ist untergebracht in der ehemaligen Residenz der Herzöge von Savoyen (bzw. von deren Gouverneur) aus dem 17. Jh. Die Fassade mit ihren dorischen und korinthischen Säulen wurde allerdings im 18. Jh. erneuert. Von diesem Platz aus, der von einem Uhrturm aus dem 18. Jh. überragt wird, starteten 1873 die ersten Karnevalsumzüge.

Place du Palais

Dieser Platz, entstanden im 17. Jh., schließt sich an die Place Gautier an und ist benannt nach dem **Palais Rusca,** einem ockerrot getünchten Gebäude mit hohem Uhrturm aus dem 18. Jh. Dominiert wird er allerdings von der recht massig wirkenden Konstruktion des **Justizpalastes** im neoklassischen Stil. Da der Platz 1989 im italienischen Stil neu gestaltet wurde und von schönen Terrassen-Cafés gesäumt ist, kann man hier herrlich entspannen. Samstags bauen außerdem die Bouquinisten ihre Stände auf und bieten Bücher älteren und jüngeren Datums an.

Um zum schönsten Platz der Altstadt, der Place Rossetti, zu gelangen, biegt man in die Rue de la Préfecture ab. In der dortigen Nummer 23 wohnte und starb im Jahr 1840 der berühmte Paganini. An der Ecke zur Rue de la Poissonnerie liegt die **Kapelle Sainte-Rita** aus dem 17. Jh., erbaut auf mittelalterlichen Fundamenten. Das Innere ist prunkvoll ausgestattet, unter anderem mit einer Statue der ursprünglich italienischen heiligen Rita, deren Verehrung durch Einwanderer in Nizza eingeführt wurde. Die Rita-Kapelle ist übrigens auch unter den Namen Saint-Giaume und Chapelle de l'Annonciation bekannt.

Place Rossetti und Kathedrale Sainte-Réparate

Der Platz ist eingerahmt von typischen, farbenfrohen Gebäuden, der Fassade der Kathedrale sowie Terrassen von Cafés und Restaurants – darunter das bekannte Fenocchio. In der Mitte plätschert ein kühlender Brunnen. Angelegt wurde der Platz ab 1825 von einem Privatmann, dem Chevalier Rossetti, der für dieses Lebenswerk sein ganzes Vermögen einsetzte.

Die im Wesentlichen barocke **Kathedrale Sainte-Réparate** stammt vom Ende des 17. Jh., erfuhr aber in den beiden darauffolgenden Jahrhunderten einige Veränderungen. Sie ist Réparate geweiht, zu deren Ehren bereits 1060 eine erste Kapelle entstand. Diese war eine Märtyrerin aus dem Heiligen Land, die – nachdem man sich vergeblich bemüht hatte, sie zu verbrennen – in einer Barke auf dem Mittelmeer ausgesetzt wurde. Engel brachten das junge Mädchen an einen sicheren Hafen, nach Nizza, dessen Schutzheilige es wurde. Die Engel, wo sie schon einmal da waren, hinterließen der Bucht ihren Namen.

Die Fassade im Stil des Barock (1825–30) wird in zwei Geschossen durch korinthische Pilaster unterteilt und durch einen klassischen, dreieckigen Giebel abgeschlossen. Der Glockenturm rechts ist etwas älteren Datums (1731–57), die Kuppel ist mit schönen, glasierten Ziegeln gedeckt.

Im Innenraum findet man ein dreischiffiges Langhaus vor, wobei an die Seitenschiffe zusätzlich schmale Kapellen anschließen. Die Ausstattung ist ebenfalls dem Stil des Barock verpflichtet, die Stuck- und Marmordekorationen wirken überreich. Bemerkenswert ist vor allem der **Chorraum** mit seinem aufwendigen Hauptaltar und dem Chorgestühl aus dem 17. Jh. Aus der gleichen Bauperiode stammen auch die marmorne Kanzel und die Wandvertäfelung der Sakristei. In einer der Kapellen schließlich, genauer in der dritten von links, findet sich ein Gemälde der Namensgeberin und Schutzheiligen Réparate.

Die Kathedrale

Rue Droite

Parallel zur Rue Sainte-Réparate verläuft die Rue Droite, die so genannt wird, weil sie im Mittelalter auf kürzestem Weg eine Stadtmauer mit der anderen verband. Hier haben sich mehrere Galeristen angesiedelt, die Werke von lokalen Künstlern ausstellen.

Die **Eglise du Gesù,** die auch Eglise Saint-Jacques genannt wird, gehörte früher zu einem Jesuiten-Kolleg und wurde 1640–90 nach dem Vorbild von Il Gesù in Rom im Stil des Barock erbaut. Sie ist das **erste barocke Gebäude Nizzas.** Auch ihre Fassade ist diesem Stil verpflichtet, obwohl sie erst 1825–30 hinzugefügt wurde. Im Innern tragen Doppelpilaster das Tonnengewölbe des Hauptschiffes, von dem aus Seitenkapellen abgehen. Sie waren früher dem hohen Adel vorbehalten. Einen Chorraum und ein Querschiff gibt es nicht.

002co Foto: im

Die Ausstattung der Kirche aus dem 17. Jh. ist reich und zum Teil pompös. Nahezu alle barocken Stilelemente sind hier versammelt, wie verschnörkelte Kapitelle, Vergoldungen, bemalter Stuck und Putten in allen Formen und Größen. Die Sakristei enthält unter anderem edle Nussbaumschränke; an der Decke sind Szenen aus dem Leben des Kirchenpatrons dargestellt.

Der **Palais Lascaris** ist ein prächtiges Stadthaus und wurde 1648 von der Familie Lascaris-Vintimille, einer alteingesessenen Nizzaer Adelslinie, im genuesischen Barockstil errichtet. Seit den 1940er Jahren ist es von der Stadt übernommen und in ein Museum umgewandelt worden. Bevor man die Eingangshalle betritt, beachte man die herrliche, barocke Fassade, obwohl man leider – wegen der Enge der Gasse – dafür nicht gebührend zurücktreten kann.

Rechts neben dem Eingang ist ein **alte Apotheke** aus dem 18. und 19. Jh. untergebracht, die aus dem Geburtshaus des Schriftstellers Victor Hugo in Besançon stammt. Weiter im Innern beeindruckt das monumentale Treppenhaus, dekoriert mit Statuen und vollständig mit Fresken ausgemalt. In der ersten Etage sind wiederum alte Apothekergefäße aus Steingut ausgestellt. Das zweite Stockwerk wird *Etage Noble* genannt und umfasst mehrere Salons, eingerichtet im Stil der Zeit. Das Mobiliar stammt allerdings nicht von der Familie Lascaris. Herrlich ist der Alkoven in der Chambre d'Apparat, ein Bett von 1770 mit rotem Baldachin und einer Fassade aus reicher Stuckdekoration, getragen von Atlanten und Karyatiden. Der Deckendekor im Salon des Saisons wurde von genuesischen Stukkateuren ausgeführt, die zur gleichen Zeit die Kathedrale und die Jesuitenkapelle Sainte-Rita dekorierten. Bemerkenswert ist schließlich die kleine Kapelle mit einem Altar aus dem 18. Jh. (aus einer der Kirchen der Umgebung stammend) und barocker Deckenmalerei mit der Allegorie „Die Weisheit trotzt der Zeit und dem Tod". Zu sehen ist die Verwandlung Ganymeds in einen Adler.

● **Palais Lascaris,** 15, Rue Droite, Tel. 04.93.62.72.40. Täglich geöffnet außer dienstags 10–18 Uhr, Eintritt frei.

Place Saint-François

Am Ende der Rue Droite stößt man auf die Place Saint-François, wo jeden Morgen ein kleiner **Fischmarkt** stattfindet. In einem von einem Uhrturm überragten Gebäude aus dem 16. Jh. war früher das Rathaus untergebracht. Es beherbergt heute die Agentur für Arbeit.

Place Garibaldi

Dieser Platz begrenzt die Altstadt nach Norden und wurde in der zweiten Hälfte des 18. Jh. auf Geheiß des Grafen von Savoyen angelegt. Seinen Namen erhielt er, weil sich in der Mitte eine monumentale Statue des italienischen Freiheitskämpfers erhebt. Schon damals bildete die Place Garibaldi die Verbindung von Hafen und Altstadt mit dem modernen Teil der Stadt, dem heutigen Zentrum. Daher ist er ein Verkehrsknotenpunkt und mittlerweile stark befahren, was seine Wirkung deutlich schmälert. Trotzdem sind seine ockerfarbenen Häuser im piemontesischen Stil sehenswert. Recht einheitlich rahmen sie den gesamten Platz ein und sind unten mit Arkadengängen versehen. Aus derselben Bauzeit wie der Platz stammt auch die barocke Kirche Saint-Sépulcre.

Burgfelsen

Um auf den Burgfelsen zu gelangen, gibt es mehrere Möglichkeiten: Am wenigsten ermüdend ist es, wenn man einfach den (gebührenpflichtigen) **Aufzug** benutzt, der sich unterhalb des Felsens am östlichen Ende des Quai des Etat-Unis befindet. Er wurde im Schacht des ehemaligen Brunnens errichtet, der die Bewohner der Burg einst mit Wasser versorgte. Die Sportlicheren werden den Burgfelsen zu Fuß „erklimmen", entweder von Osten über die Rue Cathérine-Ségurane und den Montée Montfort oder von der Altstadt aus über die Rue Rossetti und den Escalier Eynaudi. Schließlich gibt es noch eine dritte Möglichkeit, nämlich von der Place Saint-François über die Rue Guigonis und den Escalier Ménica Rondelly.

Oben angekommen, bietet sich vom Gipfel des Felsens (92 Meter hoch) ein **herrlicher Blick** über das Dächergewirr der Altstadt und den weiten Bogen der Engelsbucht als Kontrast. An klaren Tagen sieht man auch das Cap d'Antibes und die Nizzaer Seealpen.

Diese Aussicht entschädigt dafür, dass von der Burg, die dem Fels ihren Namen gab, im Grunde nichts mehr übrig ist. Dabei lebte im Mittelalter die gesamte Bevölkerung von Nizza hier oben, mehr als 4000 Menschen. Eine lange Befestigungsmauer umgab noch im 16. Jh., als die Bewohner längst am Fuße des Felsens siedelten, den gesamten Burgberg.

Erst Louis XIV. befahl 1706, die Mauern zu schleifen. Seit dem Ende des 18. Jh. nutzte man einige Flächen als **Friedhöfe,** seit dem 19. Jh. andere als **Parkanlagen.** Zur selben Zeit wurden auch die kleinen Wasserfälle in der Nähe der Plattform angelegt sowie die **Tour Bellanda,** welche an die zerstörte Zitadelle erinnern soll. Von ihr und der Kathedrale aus dem 11. Jh. zeugen nur noch spärliche Überreste. Auf dem katholischen Friedhof, eingeweiht 1738, liegt übrigens die Familie Jellinek begraben. Eine Tafel erinnert daran, dass Emil Jellinek Autos der Daimler-Motorengesellschaft nach seiner Tochter *Mercedes* benannte. Daneben schließlich befindet sich der jüdische Friedhof mit zum Teil sehr alten Gräbern.

Hafen

Den Hafen erreicht man, wenn man zu Fuß geht, über den *Quai Rauba Capeu,* welcher am Fuße des Felsens verläuft, oder man wählt den Weg von der Place Garibaldi aus. Die Rue Cathérine-Ségurane und die angrenzenden Straßen bilden das **Viertel der Antiquitätenhändler.** In deren Kontoren sind wahre Kostbarkeiten versammelt, nichts für jeden Geldbeutel, aber als Ausstellung in jedem Fall einen Besuch wert.

Da dieses Viertel etwas höher liegt, hat man einen schönen Panoramablick über den Hafen, die Yachten und Kreuzfahrtschiffe. Was diese angeht, so ist Nizza zusammen mit dem benachbarten Villefranche der **wichtigste Kreuzfahrthafen Frankreichs.** 300.000 Passagiere werden pro Jahr hier abgefertigt.

Der Warenumschlag des Nizzaer Hafens beschränkt sich überwiegend auf den Export des in der Gegend erzeugten Zements, ein Fischerhafen war der *Port Lympia* ohnehin nie. Historisch gesehen, hatte es dieser Hafen wegen der Konkurrenz der wirtschaftlich stärkeren Häfen von Genua und Marseille immer schwer. Zu Beginn der Neuzeit wurden von hier zwar noch Olivenöl und Salz nach Korsika und Sardinien verschifft, aber um 1900 war der Hafen zur Bedeutungslosigkeit herabgesunken.

Erst ab den 1950er Jahren wurde er wiederentdeckt, diesmal von Seglern und als Kreuzfahrthafen. Das ändert jedoch nichts daran, dass der Hafen etwas im Abseits liegt, durch den Burgfelsen abgetrennt vom regen Treiben an der Engelsbucht. Dabei hat er durchaus Charme und wirkt, wie man so schön sagt, authentisch.

Am **Quai des Deux Emmanuel,** mit seinen alten Häusern in schönen Farben, befinden sich einige der besten Fischrestaurants der Stadt. An der

Das Hotel Negresco – Belle Epoque und moderne Kunst

Sie ist unübersehbar auf der Promenade de Anglais: die **rosafarbene Kuppel** des Negresco im Stil der Belle Epoque. Gestaltet hat sie kein Geringerer als **Gustave Eiffel,** der Erbauer des Pariser Wahrzeichens. Der übrige Hotelbau ist das Werk des niederländischen Architekten Eduard Niermans und wurde 1913 eröffnet. Genau wie Hotelchef und Namensgeber Henri Negresco es sich gewünscht hatte, war an der Engelsbucht ein wirklicher Palast entstanden, ein Hotel für die **Reichen und Mächtigen** dieser Welt, die stilvollen Luxus zu schätzen wissen.

Zunächst ging Negrescos Konzept auch auf, das Haus machte kräftig Profit. Der Erste Weltkrieg machte dem Hotelier jedoch einen Strich durch die Rechnung, die Gäste blieben aus und er starb als armer Mann.

Seit den 1950er Jahren erlebt das Negresco eine Renaissance und steht unter Denkmalschutz. Es wurde von dem Ehepaar Augier gekauft und ist bis heute im Besitz der Witwe Jeanne. Sie verwandelte das Hotel in eine noble Absteige, die auf eine Mischung aus **historischem Ambiente** und **moderner Kunst** setzt. So ist eine ganz eigenartige Atmosphäre entstanden, etwas kitschig und plüschig, aber durchaus angenehm.

Um die Einrichtung für ihr museales Hotel zusammenzubringen, hat Madame Augier nach eigenen Angaben allerlei Auktionshäuser, Antikmärkte und Antiquitätenhändler abgeklappert. Es dürften nicht wenige gewesen sein, denn immerhin hat das Negresco knapp 150 Zimmer. Von den 260 Hotelangestellten sind 25 stets damit

004co Foto: im

beschäftigt, das Hotel zu dekorieren und zu renovieren. Auch Spezialisten wie Stuckateure und Restauratoren gehören zum Haus. Das schlägt sich natürlich in den Preisen nieder, die an dieser Stelle diskret verschwiegen werden.

Und wer kann sich solch einen Luxus leisten? Zum Beispiel französische Präsidenten und deutsche Kanzler wie Jacques Chirac und Gerhard Schröder, Queen Elisabeth II. von England, der König Saudi-Arabiens und allerlei Prinzen von dort, Superstars wie Michael Jackson (als er noch Superstar war) oder die schöne Claudia Schiffer. Früher kamen Winston Churchill, Ernest Hemingway, Picasso, Edith Piaf und fast alle Größen des französischen Kinos. Apropos Kino: Für 30 Filme diente das Negresco bisher als Kulisse.

Besonders beeindruckend ist der **Salon Royal,** das Herzstück des Hotels. Hier ist die Verbindung verschiedener Stile besonders gelungen: Historische Gemälde hängen neben postmodernen, Sessel im Louis-XV.-Stil stehen auf bunten Teppichen mit grafischen Mustern von Raymond Moretti. Besonders herrlich ist das Spannungverhältnis zwischen der gelben „Nana" von Niki de Saint-Phalle und einem riesigen Leuchter mit 16.800 Kristallen, einst Besitz des russischen Zaren.

Zu den Kostbarkeiten des Negresco zählen weiterhin ein Porträt des Sonnenkönigs Louis XIV., eine Suite im Empire-Stil, die Montserrat-Caballé-Suite im Stil von Louis XV. und Louis XVI. sowie eine Hochzeitssuite mit venezianischem Bett aus dem 18. Jh. Herrlich ist auch das **Restaurant La Rotonde** (von außen einsehbar) mit echtem Karussell im Pompadour-Stil, das bemalte Holzpferde schmücken. Hier ist der Plüsch-Traum einfach perfekt!

• **Hotel Negresco,** 37, Promenade des Anglais, 06000 Nice, Tel. 04.93.16.64.00, Fax 04.93.88.35.68, www.hotel-negresco-nice.com.

Kopfseite des Hafens erhebt sich die **Kirche Notre-Dame-du-Port,** ein neoklassischer Bau genuesischen Stils aus dem 19. Jh. Sie wird auch nach dem Schutzheiligen der Fischer *Saint-Pierre* genannt. Am Quai Papacino findet von Juni bis September regelmäßig ein Flohmarkt statt.

Promenade des Anglais

Diese berühmte Promenade Nizzas erstreckt sich entlang der Engelsbucht, vom Park Albert I. ausgehend, fast acht Kilometer nach Westen, zwei Kilometer davon liegen direkt im Stadtzentrum. Wem es nicht schon vorher bewusst war, der wird vielleicht enttäuscht sein: Die „Engländer-Promenade" ist eine **vierspurige Verkehrsader.** Zwischen dem Strand und den Häuserzeilen, in denen unter anderem Hotels, Restaurants und Cafés untergebracht sind, erstreckt sich also eine Barriere in Form von Autos. An einem Sonntag pro Monat allerdings ist die Promenade für motorisierte Fahrzeuge gesperrt und nur für Spaziergänger, Skater, Radfahrer und Kutschen zugänglich.

Der Name der Promenade geht zurück auf das 18. Jh., in welchem betuchte Engländer begannen, in Nizza zu überwintern. 1822 ließ sich der Reverend Lewis Way in Nizza nieder und veranlasste bzw. finanzierte den Bau des ersten Stücks der heutigen Promenade, von der Mündung des Paillon bis zur heutigen Rue Meyerbeer. Sie wurde Stück für Stück weitergebaut, und 1856, als Magnan erreicht war, erhielt sie ihren heutigen Namen. Unter dem Bürgermeister Jean Médecin hat man die Promenade ab 1928 verbreitert und 1931 in Gegenwart des Herzogs von Connaught, dem Bruder des Königs George V., feierlich eingeweiht.

Da in den 1950er bis 1970er Jahren zahlreiche Gebäude hinzugekommen sind, hat sich der ursprüngliche, vom Stil der Belle Epoque geprägte Charakter der Promenade des Anglais entscheidend verändert. Dennoch sind gerade in jüngster Zeit Bemühungen unternommen worden, das Image der Promenade etwas aufzupolieren. Nirgendwo zeigt sich das besser als in der kostspieligen Renovierung des **Palais de la Méditerranée.** Eingeweiht 1929, gilt dessen Fassade als eines der Hauptwerke des Art Déco in Frankreich und steht unter Denkmalschutz. Sie allein ist von dem historischen Gebäude übrig, denn der komplette Hotelkomplex dahinter ist ein Neubau. Aber auch der, eingeweiht im Jahr 2004, ist beeindruckend: Fast 120 Millionen Euro wurden investiert, um dieses Vier-Sterne-Luxushotel mit seinen 200 Zimmern und Suiten zu gestalten. Interessant ist, um nur ein architektonisches Detail zu nennen, dass man vom Swimming-Pool, der gleich hinter der Fassade liegt, durch glaslose Fensteröffnungen das Mittelmeer sehen kann. Um an die Tradition der 1920er Jahre anzuknüpfen, als Nizza viele Schauspieler und Musiker anzog (u.a. feierte Josephine Baker im Palais de la Méditerranée), gibt es wie damals ein Spielkasino und einen Bankettsaal.

In der Nachbarschaft des Palais gibt es weitere **Grands Hôtels** wie das Royal, das Westminster und das West End. Fast eine Art Symbol für das Nizza der Belle Epoque, für die goldenen Zeiten der Côte d'Azur, ist das schöne **Hotel Negresco** (siehe Exkurs).

Strände

Was die Strände Nizzas angeht, die sich komplett entlang der Engelsbucht über acht Kilometer erstrecken, so sind die meisten davon öffentlich und kostenlos. Sie heißen La Pérouse, Blue Beach, Bambou, Lido, Ruhl oder Neptune, um nur einige der wohlklingenden Namen zu nennen. Aber eigentlich sind sie alle zusammen nur ein **großer, langer Strand,** an dem man herrlich spazieren gehen kann. Oberhalb gibt es einen geteerten Weg für Radfahrer, Skater und Leute, deren Schuhe sich nicht für das Gehen auf **Kieselsteinen** eignen. Denn die Strände Nizzas sind eben hiermit aufgeschüttet, was den Vorteil hat, dass man direkt nach dem Sonnenbaden völlig „sandfrei" shoppen gehen kann.

Das Zentrum um die Rue Masséna

Den oberen Rand des Zentrums im engeren Sinne bildet ungefähr die Kreuzung des Boulevard Victor-Hugo mit der Avenue Jean-Médecin. Genau hier liegt auch das große **Einkaufszentrum Nice Etoile,** ein Shopping-Tempel mit einem reichen Angebot von

Kleidung über Multimedia bis zu Einrichtung. Weitaus edler ist die nahe Rue Alphonse-Karr mit ihren teuren und zum Teil trendigen Boutiquen. An der Place Magenta, gesäumt von einladenden Cafés und Brasserien, stößt sie auf die **Fußgängerzone Rue Masséna.** Zusammen mit ihrer Verlängerung, der Rue de France, und den Seitengassen zum Meer bildet diese das gemütliche Einkaufszentrum von Nizza.

Wer gern Kuchen und Törtchen isst, sollte einen Besuch bei der **Traditionsbäckerei Multari** auf der Rue de la Liberté nicht versäumen: Auswahl und Qualität der Produkte sind vom Feinsten. Auf derselben Straße befinden sich noch weitere „Traiteure", **Feinkostgeschäfte,** wo man leckere Kleinigkeiten, aber auch komplette Menüs zum Mitnehmen erstehen kann.

Kathedrale Saint-Nicolas

Etwas außerhalb des Zentrums nordwestlich vom SNCF-Bahnhof liegt die russisch-orthodoxe Kathedrale Saint-Nicolas, die **größte russische Kirche** der Welt außerhalb Russlands. Sie zeugt von der einstigen Bedeutung der russischen Bevölkerung an der Côte d'Azur, insbesondere in Nizza. Da das Seebad seit dem 19. Jh. ein beliebter Aufenthaltsort des russischen Adels war und auch die Zarenfamilie regelmäßig hierher kam, wurde die Errichtung eines Gotteshauses beschlossen. Zar Nikolaus II. ließ erlesene Materialien verbauen, so ist die Kuppel mit feinem Blattgold überzogen. 1912 wurde die Kathedrale in Anwesenheit der Zarenfamilie eingeweiht. Auch ein Blick ins Innere lohnt sich: Der Raum hat die Form eines griechischen Kreuzes und ist prachtvoll mit Fresken, Holzvertäfelungen und Ikonen ausgestattet. Bemerkenswert ist vor allem die Ikone der „Lieben Frau von Kazan".

- **Cathédrale Russe,** Avenue Nicolas II., Tel. 04.93.96.88.02. Geöffnet von Mai bis September 9–12 Uhr und 14.30–18 Uhr, im Winter bis 17 Uhr. Eintritt 2,50 €, für Kinder unter 12 Jahren frei.

Promenade du Paillon und Promenade des Arts

Die beiden Promenaden bilden gemeinsam die Grenze zwischen dem alten Nizza und dem Stadtzentrum. Sie erstrecken sich vom Ostende der Promenade des Anglais bis zum Kongresspalast Acropolis. Die Paillon-Promenade heißt so, weil sie exakt dem **Verlauf des Flusses Paillon** folgt, dessen Mündungsgebiet seit den 1860er Jahren überbaut wurde. Der Fluss fließt heute also unterirdisch unter dem Jardin Albert I. und der Espace Masséna. Die Weiterentwicklung der Stadt gen Norden mit dem Museum für Moderne Kunst MAMAC, dem Theater und der Acropolis veranlasste die Planer des 20. Jh., den Paillon noch weiter zu überdachen. Erst beim Palais des Expositions gewinnt er seine Freiheit wieder.

Sehenswert ist vor allem die **Place Masséna,** ein schönes Ensemble aus ockerroten Fassaden ligurischen Stils, erbaut ab 1815. Die angrenzende **Espace Masséna** ist ein öffentlicher

Park, angelegt an der Stelle des 1983 abgerissenen Kasinos. Zwischen der Promenade du Paillon und der Promenade des Arts erstrecken sich der Busbahnhof und große Parkhäuser.

Die Promenade des Arts beginnt mit dem **Theater,** einem Gebäude von etwas klotziger Bauweise. Eine kleine Entschädigung ist allerdings die bunte Drachenskulptur vor dem Eingang, die von Niki de Saint Phalle stammt und das Monster von Loch Ness darstellt (1993). Gleich nebenan liegen das berühmte **MAMAC** (siehe unten: „Museen") und die moderne **Bibliothek Louis-Nucera.** Ihr Dach ziert ein riesiger viereckiger Kopf des Künstlers Sacha Sosno. Die **Acropolis,** einige hundert Meter weiter gelegen, ist das 1984 eröffnete Kongresszentrum Nizzas.

Das Viertel Cimiez

Cimiez ist heute das **begehrteste Wohnviertel Nizzas.** Es liegt auf einem Hügel nördlich des Zentrums, und auch für den Besucher der Stadt ist es eindeutig ein Highlight. Zu sehen gibt es nicht nur die den Künstlern Chagall und Matisse gewidmeten **Museen,** sondern auch **römische Thermen** und eine kleine Arena nebst Archäologie-Museum sowie ein altes **Franziskaner-Kloster.**

Der noble Charakter des Viertels geht bereits auf die Römer zurück, die dort *Cemenelum* gründeten und es zur Hauptstadt der römischen Provinz Alpes-Maritimes machten. Eine regionale Elite siedelte sich also in der Antike hier an; insgesamt hatte Cimiez im 3. Jh. n. Chr. 15.000 Einwohner. Jahrhunderte später kam dann die britische Königin Victoria mit ihrem Tross hierher, darunter indische und schottische Diener, die ihre landesübliche Tracht trugen.

In der Periode zwischen 1860 und 1920 entwickelte Nizza sich zu einem Reiseziel der Reichen und Mächtigen, darunter auch Monarchen. Vor allem Cimiez profitierte von dieser Entwicklung, und es entstanden dort „adäquate" Domizile für die luxusgewohnten Gäste, **Paläste unterschiedlichsten Stils.** Zur Mode der Zeit gehörte ein gewisser Hang zur Exotik, man legte prachtvolle Gärten mit exotischen Pflanzen an.

Der **Boulevard von Cimiez** entstand ab 1881 und bietet mit seinen interessanten Gebäuden auch heute noch eine architektonische Reise in die Belle Epoque. Nicht verpassen sollte man den neunstöckigen **Grand Palais** von 1912 (Hausnummer 2) und die **Villa Paradisio** (Nr. 24), welche heute die Musikhochschule beherbergt. Während diese im Stil Louis XV. errichtet wurde, folgt der Bau des ehemaligen **Hotels Alhambra** (Nr. 46) in seinem Stil einer typischen Mode der Belle Epoque, dem Orientalismus. Die gegenüberliegende **Villa Surany** ist diesem Stil ebenfalls verpflichtet.

Man sollte Cimiez nicht verlassen, ohne das **Excelsior Régina** gesehen zu haben (71, Avenue Régina), ein wahrer Palast, den man allein aufgrund seiner Dimensionen nicht verfehlen wird. Die Fassade ist 200 Meter lang, dahinter gibt es 400 Zimmer! Königin Victoria wohnte hier drei Winter hintereinander, von 1897 bis 1899. Und Matisse, der zu Wohlstand gekommene „Maler der Lebensfreude" (siehe Exkurs), starb hier im Jahre 1954. Heute ist das Excelsior Régina kein Hotel mehr, es beherbergt private Luxuswohnungen und -apartments.

Ähnliche Paläste und Villen und einen ähnlichen architektonischen Eklektizismus findet man auch im etwas tiefer gelegenen **Viertel Carabacel.** Sehenswert sind dort unter anderem der **Palais Hermitage** im Stil des Klassizismus, das **Carlton Carabacel** (7, Montée de l'Hermitage) mit italienischen Anklängen sowie der **Palais Langham** (Boulevard Carabacel).

Römische Überreste in Cimiez

Ein kleines Amphitheater (Arènes) und ein Thermengebäude sind die einzigen Überreste, die noch von der antiken Stadt **Cemenelum** zeugen, die zwischen dem 1. und 3. Jh. n. Chr. erbaut wurde.

Die **Arènes** sind keinesfalls vergleichbar mit den beeindruckenden Bauwerken von Nîmes und Arles, schon allein von den Ausmaßen her nicht (67 Meter Länge und 56 Meter Breite). Außerdem dienten sie, wie so viele römische Bauwerke, in späteren Zeiten als eine Art Steinbruch. Dies hat dazu geführt, dass vor allem die oberen Teile des Amphitheaters stark abgetragen sind. Immerhin bietet es aber noch so viel Atmosphäre, dass hier alljährlich eine Bühne des berühmten **Jazz-Festivals** von Cimiez aufgebaut wird.

Auch im angrenzenden **Jardin des Arènes** erklingen im Sommer Jazztöne, aber auch ansonsten ist dieser Park bei den Nizzaern sehr beliebt: Bestanden von alten Olivenbäumen, bietet er eine herrliche Kulisse für Spaziergänge, Boules-Spiele und Picknick. Rund um den Park liegen das Matisse-Museum, das Franziskaner-Kloster und das Archäologie-Museum.

Letzteres wurde neben einem größeren Ausgrabungsfeld errichtet, auf dem Reste der römischen **Thermen** gefunden wurden (Eintritt über das Museum). Am besten erhalten sind die Nord-Thermen, von denen man aufgrund der verbauten edlen Materialien annimmt, dass sie der Aristokratie vor-

Römische Thermen in Nizza-Cimiez

behalten waren. Das Kaltwasser-Becken zum Beispiel (Frigidarium) war ganz mit Marmor ausgekleidet und von Säulenreihen umgeben. Während von den Ost-Thermen so gut wie nichts erhalten ist, haben die West-Thermen, die für die Frauen reserviert waren, die Zeiten als **frühchristliches Taufbecken** überdauert. Genau über den Wärmehallen errichtete man im 5. Jh. dieses Becken, nebenan muss eine Kathedrale gestanden haben.

Archäologisches Museum

Überreste der antiken Stadt Cemenelum sowie weitere lokale Funde aus dieser frühen Zeit Nizzas stellt das Archäologische Museum aus. Neben **Steingut, Münzen** und **Schmuck** kann man zum Beispiel eine **marmorne Statue** Antonia der Jüngeren aus dem 1. Jh. n. Chr. bewundern, die eine Nichte Augustus' war und Mutter des Kaisers Claudius. Interessant sind auch die **Modelle der Thermenanlage,** die eine Vorstellung ihrer Pracht und Funktionsweise (Hypokausten-Heizsystem) vermitteln.

• **Musée Archéologique,** 160, Avenue des Arènes-de-Cimiez, Tel. 04.93.81.59.57. Täglich geöffnet außer dienstags 10–18 Uhr. Eintritt 4 €, ermäßigt 2,50 €.

Franziskaner-Kloster

Im 16. Jh. übernahmen die Franziskaner dieses im 9. Jh. erbaute Kloster von den Benediktinern. Im Laufe der Zeit erfuhr es mehrere Veränderungen. Die **Kirche Notre-Dame-de-l'Assomption** zum Beispiel ist mit einer Fassade von 1850 im sogenannten Troubadour-Stil versehen. Der Innenraum der Kirche besteht aus einem einzigen Schiff aus dem 15. Jh., die Seitenkapellen wurden vom 17. bis 19. Jh. hinzugefügt.

Hier können Liebhaber sakraler Kunst drei bedeutende Werke des Nizzaer Meisters **Louis Bréa** bewundern. Rechts am Eingang befindet sich ein Bild aus Bréas früher Periode, die „Pietà" von 1475. Auf ihr ist der Leichnam Christi im Schoß seiner Mutter Maria dargestellt. Das Altarbild mit der Kreuzigung Christi entstand deutlich später, im Jahre 1512, und unterscheidet sich in der Darstellung erheblich. Bréa hat sich hier vom Stil der Gotik entfernt und die perspektivische Landschaftsdarstellung für sich entdeckt. Die dritte Kapelle rechts schließlich beherbergt das Bild „Kreuzabnahme", bei dessen Ausführung der Maler sich wahrscheinlich von seinem Bruder Antoine helfen ließ. Dieses Werk, entstanden 1515 bis 1520, zeigt bereits Anklänge des Renaissance-Stils.

Im angrenzenden **Museum** ist die Zelle eines Mönches aus dem 17. Jh. nachgebaut, und es wird in insgesamt sieben kleinen Sälen die Geschichte der Franziskaner in Nizza aufgerollt. Zugänglich sind auch die beiden **Kreuzgänge** sowie die **Gärten** des Klosters mit vielen Rosen und Blick über die Engelsbucht. Nebenan liegt der Friedhof von Cimiez, auf dem der Maler Henri Matisse begraben liegt.

• **Monastère und Musée Franciscain,** Place du Monastère, Tel. 04.93.81.00.04. Täglich geöffnet außer sonntags 10–12 Uhr und 15–18 Uhr. Eintritt frei.

Museen

Alle städtischen Museen sind von 10 bis 18 Uhr geöffnet und haben am Montag oder Dienstag Ruhetag. An jedem ersten und dritten Sonntag im Monat ist der Eintritt für alle Besucher frei. Ausnahmen bilden nur das Chagall-Museum und das Museum für Asiatische Künste, die keine städtischen Museen sind. Ein Museums-Pass, der eine Woche gültig ist, kann für 6 € an der Kasse jedes Museums erworben werden.

Das Archäologische Museum und das Museum im Fanziskaner-Kloster sind oben unter „Das Viertel Cimiez" beschrieben.

Musée du Message Biblique Marc-Chagall

Dieses Museum liegt Im Stadtteil Cimiez in einem schönen Park mit Olivenbäumen, in dem es auch ein Gartencafé gibt. Die Architektur lässt viel Licht ins Innere des Gebäudes, in dessen Mitte sich ein Hof mit Wasserbassin befindet. Darüber ist ein Mosaik von Chagall in die Wand eingelassen, das den Propheten Elias darstellt. Die übrigen Werke, die Szenen der Bibel darstellen, sind in ihrer Größe wandfüllend.

Das Chagall-Museum ist **eines der 33 französischen Nationalmuseen** (in der Nizzaer Region gehören dazu noch das Museum Fernand Léger in Biot und das Picasso-Museum in Vallauris). Es stellt eine Sammlung von Werken aus, die Marc Chagall 1966 dem französischen Staat schenkte. Im ersten Saal zeigen zwölf Gemälde die **Schöpfungsgeschichte** und den **Auszug aus Ägypten** (1954–67), darunter „Das Paradies" und „Adam und Eva, aus dem Paradies vertrieben". In einem zweiten, kleineren Saal befinden sich fünf Werke über das **Hohelied der Lieder,** ein anderes Buch aus dem alten Testament. Links vom Museumseingang befinden sich ein Saal für Sonderausstellungen sowie das Auditorium des Museums mit **Glasmalereien** Chagalls, die die Schöpfung der Welt darstellen.

- **Musée du Message Biblique Marc-Chagall,** Avenue du Docteur-Ménard, Tel. 04.93. 53.87.20. Geöffnet täglich außer dienstags 10–18 Uhr (Nov. bis April 10–17 Uhr), Eintritt 6,50 €, Ermäßigungen. Vom Stadtzentrum aus fährt der Bus Nr. 15 hierher. Möchte man danach einen Besuch des Musée Matisse anschließen, muss man dafür kein neues Busticket kaufen. Eine kostenlose Fahrkarte erhält man an der Museumskasse.

Musée Matisse

Das Museum liegt sehr schön am Rande des Jardin des Arènes in Cimiez und ist in einer **hinreißenden, roten Villa** genuesischen Stils aus dem 17. Jh. untergebracht. Genauer gesagt ist dies nur der eine Teil des Museums, in dem sich die ständige Ausstellung befindet. Der andere Teil ist in einem gelungenen Neubau von 1993 untergebracht. Er ist unterhalb der Villa in den Hang gebaut, bietet Raum für Sonderausstellungen und beherbergt einen Museums-Shop.

Die Ausstellung besteht im Wesentlichen aus den Werken, die der Maler (der von 1917 bis 1954 in Nizza lebte)

Matisse, Maler der Lebensfreude

„Matisse? Ein Name, der sich auf Nice reimt", schreibt der französische Kunstkritiker Pierre Schneider, „da denkt man an Balkone, die auf ein von der Sonne beschienenes Mittelmeer zeigen, an träge hingestreckte Odalisken. Bilder des Luxus, der Ruhe, der Wollust. Genügt es nicht bereits, dass ein Maler sich an der Côte d'Azur niederlässt, um sein Werk sogleich als Illustration großer Ferienreise und ewiger Freizeitvergnügen zu betrachten? Matisse: Maler der Lebensfreude..." Doch genau das, was Schneider hier etwas ketzerisch beschreibt, war es, was Henri Matisse erklärtermaßen wollte. Dem Freund Gaston Diehl gestand er einmal, er habe beschlossen, „innere Qualen und Unruhen für mich zu behalten, um **nichts als die Schönheit der Welt** und die Freude am Malen ins Werk umzusetzen."

Das Verwirrende an Matisse, der erst spät zur Malerei kam und stets auf eine bürgerliche Lebensweise Wert legte, ist, dass sich seine Malerei jeder Klassifizierung und **jeder Zuordnung zu einer Schule entzieht.** Er ging beliebig von einer Malweise zur anderen über und bewegte sich immer wieder in neue Richtungen. Für kurze Zeit galt er als Anführer der Gruppe der Wilden, der *Fauves.* 1904, bei einem Besuch in Saint-Tropez, bediente er sich der pointillistischen Technik Signacs, um sich bald darauf wieder von diesem Stil zu entfernen. Mit dem Kollegen Picasso verband ihn zeitlebens eine zurückhaltende Freundschaft. Kandinsky charakterisierte die Gegensätzlichkeit der beiden Künstler so: „Matisse: Farbe, Picasso: Form. Zwei große Tendenzen, ein großes Ziel." Picassos Stil mündete in den Kubismus, während der Stil von Matisse sich hin zu einem eher synthetischen Bildaufbau entwickelte, zu einer immer großzügigeren Verwendung von Farbflächen, zur Technik des Gouache-Schnittes letztlich.

Doch noch war es nicht so weit. Zunächst, in der Zeit vor dem Ersten Weltkrieg, „verfiel" Matisse dem Orient. Nach einer Marokko-Reise waren die **Anleihen der orientalischen Ästhetik,** Ornamente, Arabesken usw. in seiner Kunst überdeutlich. Dann wandte er sich ab etwa 1914 der Abstraktion und dem **kubistischen Stil** zu.

Noch während des Krieges, 1916, verbrachte der mittlerweile berühmte Künstler seinen ersten Winter in Nizza. „Ich hatte lange, ermüdende Jahre der Experimente hinter mir", sagte Matisse, „in denen ich alles getan hatte, um diese Experimente nach zahlreichen inneren Konflikten mit einem Werk in Einklang zu bringen, das etwas Beispielloses darstellen sollte. (...) Ja, ich musste Atem schöpfen, mich in aller Ruhe gehen lassen und fern von Paris meine Sorgen vergessen."

Während dieser so genannten „Entspannungsperiode" malte er weiterhin Odalisken, außerdem seine berühmten **Fensterbilder.** Während Europa jetzt, zwischen den beiden Kriegen, zerrissen war und sich dies in der Kunst durch Strömungen wie etwa dem Expressionismus zeigte, hatte sich Matisse für Zurückgezogenheit und Besonnenheit entschieden. Er genoss das Leben im Süden, in Nizza: „Als ich begriff, dass ich jeden Morgen aufs neue dieses Licht sehen würde, konnte ich nicht an mein Glück glauben." In seiner Wohnung baute er für seine Odalisken-Serie orientalische

Dekorationen auf, erschuf künstliche Paradiese und blieb bis 1930 dieser **hedonistische Maler schöner Frauen.**

Ab etwa 1930 begann er, mit der Technik des **Gouache-Schnittes** zu experimentieren, und er sah in den ausgeschnittenen und aufgeklebten Papierstücken zwar ein eigenständiges Ausdrucksmittel, aber auch eine Kontinuität zu seinem vorherigen Werk: „Es gibt keinen Bruch zwischen meinen alten Gemälden und meinen Papierschnitten. Nur mit noch größerer Absolutheit, mit noch stärkerer Abstraktion habe ich zu einer Form gefunden, die auf ihr reines Wesen reduziert ist."

1943 ließ Matisse sich in Vence nieder, einem Städtchen nordwestlich von Nizza im Landesinneren. Von 1948 bis 1951 gestaltete er dort die **Chapelle du Rosaire,** orientiert am Stil der Papierschnitte (siehe Vence im Kapitel „Cannes, Estérel-Gebirge und Hinterland"). 1952, zwei Jahre vor seinem Tod, erklärte Matisse: „Durch die Gestaltung der Kapelle von Vence habe ich mich endlich wachgerüttelt und begriffen, dass der ganze, erbitterte Kampf meines Lebens für die große Menschengemeinschaft bestimmt war, der durch mich als Vermittler ein wenig von der erfrischenden Schönheit der Welt offenbart werden sollte." 1954 starb Matisse 85-jährig in Nizza und wurde auf dem **Friedhof von Nizza-Cimiez** in einem von der Stadt gestifteten Grab beerdigt.

- **Literaturtipp:** Gilles Néret: „Matisse", Köln, Taschen Verlag 2002.

006co Foto: im

dem Museum gestiftet hat. Dazu zählen fast siebzig **Gemälde und Papierschnitte,** aber auch **Skulpturen, Fotografien** und viele Gegenstände aus Matisse' **persönlicher Sammlung** wie Teppiche, Keramiken und Möbel. Dadurch erhält man auch Einblick in die Modell-Welt des Künstlers. Man findet zum Beispiel Gegenstände vor, die auf Bildern verewigt sind, darunter ein venezianischer Rokoko-Sessel in Form einer Muschel. Interessant sind auch Mitbringsel aus Afrika, vor allem Marokko, die als Kulisse für seine Odalisken-Darstellungen dienten.

Der Rundgang ist chronologisch aufgebaut und beginnt mit Matisse' frühen, farblich noch verhaltenen und von der Flämischen Schule beeinflussten Werken ab 1890 (man bedenke seine Herkunft aus dem Norden). Später hellt sich die Farbpalette des Künstlers auf, bis sie schließlich kräftig und sehr bunt wird, während die Formen gleichzeitig immer einfacher und kühner werden.

Von den bekannten Werken seiner Spätphase sind viele **Gouache-Schnitte** ausgestellt, zum Beispiel „Nu Bleu IV" (1952) oder „Danseuse Créole" (1960). Ein weiterer Raum zeigt Auszüge aus dem Buch „Jazz". Zwei komplette Säle sind schließlich der **Chapelle du Rosaire** in Vence gewidmet: So gibt es zum Beispiel zwei Modelle von Priesterumhängen sowie Fensterdekorationen zu sehen. Allerdings kann diese Ausstellung einen Besuch der Kapelle, die als Krönung des Werks von Matisse gilt, nicht ersetzen.

- **Musée Matisse,** 164, Avenue des Arènes-de-Cimiez, Tel. 04.93.81.08.08, www.musee-matisse-nice.org. Geöffnet täglich außer dienstags 10–18 Uhr. Eintritt frei. Erreichbar mit Bussen der Linie 15 oder 17 ab der Place Masséna oder der Linie 22 ab der Avenue Jean-Médecin. Die Haltestelle heißt Arènes. Möchte man einen Besuch des Musée Chagall anschließen, muss man dafür kein neues Busticket kaufen. Eine kostenlose Fahrkarte erhält man an der Museumskasse.

Paläontologie-Museum Terra Amata

Bei der Ausgrabungsstätte Terra Amata in der Nähe des Hafens wurden 1966 mehrere Überreste gefunden, die uns die Lebensweise unseres Vorfahren **Homo erectus** erhellen. Zeitlich eingeordnet, handelt es sich hierbei um Menschen, die vor 400.000–380.000 Jahren lebten. In dem an eben dieser Stelle eingerichteten Museum für Vorgeschichte sind die Überreste im Original ausgestellt, vor allem **Werkzeuge** der frühen Menschen sowie Rekonstruktionen ihrer **Behausungen.**

- **Musée de Terra Amata,** 25, Boulevard Carnot, Tel. 04.93.55.59.93. Täglich geöffnet außer montags, Eintritt frei. Erreichbar entweder zu Fuß vom Hafen aus, mit Bussen der Linie 30 und 32 (Haltestelle „Carnot-Gustavin") oder mit dem Auto über die untere Corniche.

Museum der Schönen Künste

Die Musée des Beaux Arts liegt im Viertel Magnan in einem kleinen Park und ist untergebracht in der ab 1878 erbauten Villa der ukrainischen Prinzessin Kotschuby. Städtisches Museum seit 1820, beherbergt es heute Malereien und Skulpturen vom 15. bis

20. Jh. Dazu zählen Werke des Nizzaer Malers Louis Bréa, der für die sakrale Kunst an der Schwelle vom Mittelalter zur Neuzeit steht (Gotik, Renaissance). Des Weiteren sind mehrere Werke Van Loos (1648–1745) ausgestellt, dem Lieblingsmaler Ludwigs XV., der in Nizza geboren wurde. Ein eigener Saal ist Raoul Dufy (1877–1953) gewidmet; schließlich gibt es auch einen Saal der Impressionisten mit Werken von Monet, Bonnard und Boudin sowie eine Büste Auguste Rodins.

- **Musée des Beaux Arts Jules Chéret,** 33, Avenue des Baumettes, Tel. 04.92.15.28.28. Täglich außer montags 10–18 Uhr. Eintritt frei.

Palais Masséna

Dieser Palais nahe der Promenade des Anglais wurde um 1900 im italienischen Stil erbaut. Seit 1921 beherbergt er ein Museum für **Lokalgeschichte.**

- **Palais Masséna,** 65, Rue de France, Tel. 04.93.88.11.34.

Museum für asiatische Künste

Das seit 1998 bestehende, vom Département unterhaltene Museum soll zum Kulturaustausch zwischen Europa und Asien anregen. Der moderne Museumsbau aus Marmor, gestaltet von dem Japaner Kenzo Tange, liegt an der Promenade des Anglais inmitten des Phoenix-Parks und ist umgeben von einem künstlich angelegten See. Es gibt eine Dauerausstellung zu chinesischer, japanischer, koreanischer und indischer Kunst, die ergänzt wird durch Wechselausstellungen.

- **Musée des Arts asiatiques,** 405, Promenade des Anglais, Tel. 04.92.29.37.00. Geöffnet täglich außer dienstags, Mai bis Mitte Oktober 10–18 Uhr, Mitte Oktober bis April 10–17 Uhr. Eintritt frei.

Musée d'Art Moderne et d'Art Contemporain (MAMAC)

Für Liebhaber moderner und zeitgenössischer Kunst ist der Besuch dieses Museums während eines Aufenthalts in Nizza ein Muss. Wer die bekannten „Nanas" von **Niki de Saint-Phalle** liebt bzw. das Werk dieser Künstlerin überhaupt, ist hier besonders gut aufgehoben. Im Jahr 2001 vermachte Niki der Stadt Nizza und damit dem „Mamac" 170 Exponate! Weitere Highlights der Ausstellung sind Werke von **Christo,** die monochromen und weitere Bilder von **Yves Klein** sowie eine Etage, die anderen Künstlern der **Nizzaer Schule** gewidmet ist (siehe den Abschnitt zu diesem Thema weiter vorn). Hervorzuheben ist hier etwa die herrliche „Nissa Bella" in Neonfarben von **Martial Raysse.** Weitere bekannte Künstler, die mit Werken im MAMAC vertreten sind: Keith Haring, Andy Warhol und Roy Lichtenstein.

- **Musée d'Art Moderne et d'Art Contemporain (MAMAC),** Esplanade de Victoire, Tel. 04.97.13.42.01, www.mamac-nice.org. Täglich außer dienstags. Eintritt frei.

Praktische Tipps

Information

- **Office de Tourisme,** 5, Promenade des Anglais, 06000 Nice, Tel. 08.92.70.74.07 (kostenpflichtige Servicenummer, auch für alle Zweigstellen), Fax 04.92.14.46.49, www.nice

tourism.com. Weitere Informationspunkte gibt es am Flughafen (Terminal 1 und 2) und am SNCF-Bahnhof (Avenue Thiers).

- **Comité Régional de Tourisme Riviera-Côte d'Azur,** 55, Promenade des Anglais, BP602, 06011 Nice Cedex, Tel. 04.93.37.78.78, Fax 04.93.86.01.06. Dieses Fremdenverkehrsamt ist zuständig für das gesamte Département Alpes-Maritimes.

Stadtrundfahrten

- **Nice – Le Grand Tour:** Der Touristenbus mit Audio-Kommentaren in mehreren Sprachen (im Preis inbegriffen) hält an insgesamt elf interessanten Stellen in der Stadt: Promenade-Etats Unis, Port-Quai Lunel, Croisiéres-Bleu Rivage, Place Garibaldi, Acropolis-Pont Barla, Cimiez-Monastère, Musée Chagall, Masséna-Verdun, Promenade-Magnan. Man kann den ganzen Tag über (bzw. an zwei Tagen) beliebig ein- und aussteigen. Die Busse verkehren zwischen 9.30 und 20 Uhr. Tagesticket 20 €, zwei Tage 23 €, Ermäßigungen für Studenten und Senioren, Kinder (1 oder 2 Tage) 5 €. Weitere Informationen: STTN, Tel. 04.92.29.17. 00, nicegrandtour@ifrance.com.

Train Touristique de Nice: Die kommentierte Rundfahrt im Touristenbähnchen mit den Stationen Blumenmarkt, Altstadt und Schlossberg kostet 6 € und dauert 40 Minuten. Abfahrt ist gewöhnlich alle halbe Stunde gegenüber dem Park Albert I. an der Promenade des Anglais.

Stadtverkehr

Was das Autofahren in der Stadt angeht, so macht dies auch in Nizza nicht mehr Spaß als in anderen großen europäischen Städten. Zu bevorzugen sind Busse und Taxis, am besten entdeckt man viele Teile Nizzas zu Fuß.

- **Taxi:** Central Taxi Riviera, Telefonzentrale rund um die Uhr, Tel. 04.93.13.78.78.
- **Bus:** Innerhalb der Stadt selbst verkehrt der so genannte „Sunbus", Informationen bei der Zentralen „Sunboutique Grand Hôtel", Avenue Félix-Faure, Tel. 04.93.13.53.13. Im Verkaufsbüro an der Place Masséna kann man den „Sunpass" kaufen, gültig für einen, fünf oder sieben Tage.
- **Parken:** Von der Promenade des Anglais kommend, parkt man am besten im Parkhaus „Palais de la Méditerranée" in der Rue du Congrès (800 Plätze). Alternative ist das Parkhaus „Masséna" am gleichnamigen Platz (ca. 350 Plätze). Über die Preise dieser Parkmöglichkeiten sollte man sich keine Illusionen machen: Sie sind hoch, dafür ist man jedoch mitten im Zentrum.
- **Fahrrad:** Nizza ist für Fahrradfahrer nicht zu empfehlen, da es kaum Radwege gibt. Auch die Einheimischen selbst nutzen diese Art der Fortbewegung so gut wie nicht. Leute mit Fahrrad bzw. mit Inline-Skates sieht man eher – aus sportlichen Gründen – an der Promenade des Anglais.
- **Straßenbahn Allo Tram:** Zur Verbesserung der Verkehrssituation hat die Verwaltung in eine 8,7 km lange Straßenbahnlinie der neuen Generation investiert. Es gibt seit Ende 2007 eine Nord-Ost-Verbindung, die natürlich auch gerade das Stadtzentrum mit einbezieht. Stationen sind u.a. die Avenue Jean Médecin, die Place Masséna und die Altstadt. Ticket 1 €, Tel. 08.11.00.20.06, www.tramway-nice.org.

Autoverleih

In Nizza gibt es natürlich eine Menge Firmen, die Mietwagen verleihen. Bekannte Firmen wie Avis, Budget, Europcar, Hertz und Sixt sind am Flughafen vertreten. Auch um den Bahnhof herum sind mehrere Autovermieter angesiedelt.

Unterkunft

Nizza ist nicht nur bezüglich seiner Immobilien-Preise teuer, sondern auch was seine Unterkünfte angeht. Hotels mit 3 oder 4 Sternen dominieren, während preiswerte Adressen unterrepräsentiert sind. Für schmalere Budgets gibt es eine Jugendherberge und einige günstige Hotels im Bahnhofsviertel, welches nicht unbedingt das schönste Quartier Nizzas ist. Ein Campingplatz existiert im Stadtgebiet überhaupt nicht.

Hotels:

- **HI-Hotel** ****/€€€€€, 3, Avenue des Fleurs, Tel. 04.97.07.26.26, Fax 04.97.07.26.27, www.

hi-hotel.net. Hypermodernes Hotel, 2004 eröffnet. Gestaltet hat es die Industrie-Designerin Matali Crasset, die u.a. mit Philippe Starck zusammengearbeitet hat. Das erklärte Konzept war es, ein Hotel der Oberklasse, *haute gamme*, zu schaffen, das mit den traditionellen Erkennungsmerkmalen des Luxus brechen sollte. Durch außergewöhnliche Raumkonzepte, interessante Farbauswahl, loungeartige Lobby und andere Elemente ist dies auch gelungen. Es gibt eine schöne Dachterrasse mit Pool, einen Hammam, einen begrünten Innenhof und ein Restaurant mit Bio-Gerichten (zur Selbstbedienung). Dieses wird manchmal von DJs und für Video-Vorführungen genutzt. Das Hotel kann sich sehen lassen, die Preise aber auch ...

● **Hotel Villa Victoria** ***/€€€-€€€€, 33, Boulevard Victor Hugo, Tel. 04.93.88.39.60, Fax 04.93.88.07.98, www.villa-victoria.com. Strategisch gut gelegenes, ruhiges und charmantes Hotel der Mittelklasse mit freundlicher Atmosphäre. Die 38 Zimmer sind klassisch eingerichtet, dabei gemütlich und in sehr gutem Zustand. Das Frühstücks-Buffet ist gut sortiert, der Garten im Innenhof vor allem im Sommer angenehm.

● **Hotel Windsor** ***/€€€-€€€€, 11, Rue Dalpozzo, Tel. 04.93.88.59.35, Fax 04.93.88.94.57, www.hotelwindsornice.com. Dieses Hotel liegt nicht weit von der Villa Victoria, gehört zur selben Preiklasse und Sternekategorie – und ist doch völlig anders. Am ehesten kann man es als „Art-Hotel" bezeichnen, denn jedes Zimmer ist individuell und von zeitgenössischen Künstlern gestaltet. So haben sie mal eine Wand in einen tropischen Dschungel verwandelt, mal ein Zimmer ganz puristisch gehalten oder die Dekoration an einem Thema orientiert. Vor einer Buchung schaut man am besten im Internet nach, welcher Stil einem gefällt. Herrlich sind auch der tropische Garten und der Fitness-Raum unter dem Dach mit Sauna und Hammam.

● **Hotel du Petit Palais** ***/€€€-€€€€, 17, Avenue Bieckert, Tel. 04.93.62.19.11, Fax 04.93.62.53.60, www.chateauxhotels.com. Im Stadtteil Cimiez, unweit des Chagall-Museums. Untergebracht ist es in einer schönen Belle-Epoque-Villa, die einst Sacha Guitry gehörte, und ist Touristen zu empfehlen, die Ruhe bevorzugen. Die 25 Zimmer haben größtenteils Blick auf die Engelsbucht.

● **Hotel Régence** **/€€-€€€, 21, Rue Masséna, Tel. 04.93.87.75.08, Fax 04.93.82.41.31, www.hotelregence.com. Dieses empfehlenswerte, einfache Zwei-Sterne-Hotel liegt direkt in der Fußgängerzone, ist aber trotzdem ruhig. Das Haus ist komplett renoviert, und selbst die Ausblicke auf Hinterhöfe sind angenehm gestaltet.

● Derselben Direktion untersteht auch das **Hotel Massenet** ***/€€€ in der Rue Massenet, Tel. 04.93.87.11.31, www.hotelmassenet.com. Es ist ebenfalls in modern-unkompliziertem Stil wie das Régence gehalten, etwas komfortabler und liegt in einer Seitenstraße der Fußgängerzone Rue Masséna.

● **Villa La Tour** **/€€-€€€, 4, Rue de la Tour, Tel. 04.93.80.08.15, Fax 04.93.85.10.58, reservation@villa-la-tour.com. Charmantes Zwei-Sterne-Hotel in der Altstadt nahe der Place Garibaldi mit gutem Preis-Leistungs-Verhältnis. Das Hotel steht unter deutscher Leitung und hat 16 Zimmer im Angebot.

Jugendherberge:

● **Auberge de Jeunesse,** Route Forestiére du Mont-Alban, Tel. 04.93.89.23.64, Fax 04.93.04.03.10, www.fuaj.org. Erreichbar mit dem Bus Nr. 14. Die Jugendherberge liegt in der Nähe des Parks von Mont-Boron. Der Blick über Nizza und die Engelsbucht ist fantastisch, weshalb die Auberge sehr beliebt ist. Eine Reservierung ist leider nicht möglich, die Anzahl der freien Plätze für die Nacht ist am Eingang angeschlagen.

Essen und Trinken

In der Altstadt:

● **La Merenda,** 4, Rue Raoul Bosio, kein Telefon, weil der *Patron* – übrigens ehemaliger Chef des Negresco – es unkonventionell liebt und keine Reservierungen wünscht. Zu Stoßzeiten wird man deshalb für die 24 Plätze anstehen müssen. Wem es allerdings gelingt, einen Platz zu ergattern, wird – wie viele Einheimische auch – von der Küche begeistert sein: sehr frisch, sehr elaboriert und sehr lecker. Allerdings gehobenes Preisniveau, und es wird nur Barzahlung akzeptiert.

Strand an der acht Kilometer langen Baie des Anges, der „Engelsbucht"

- **Le Grand Café de Turin,** 5, Place Garibaldi, Tel. 04.93.62.29.52. Ebenfalls eine Institution in Nizza: Gelegen an der historischen Place Garibaldi, bietet dieses Restaurant eine Brasserie-Atmosphäre und ansonsten Meeresfrüchte und Schalentiere satt. Schon draußen kann man sich an den aufgebauten Ständen aussuchen, welche Austern man später schlürfen möchte. Die Preise sind mittel bis gehoben und richten sich nach der Menge der verzehrten Delikatessen.
- **Estocaficada,** 2, Rue de l'Hôtel de Ville, Tel. 04.93.80.21.64. Hier wird die kulinarische Tradition Nizzas ohne Wenn und Aber aufrecht erhalten. Es gibt *soupe au pistou, petit farcis,* gefüllte Gemüse also, dann provenzalische *daube* (geschmortes Rindfleisch) und das Gericht Stockfisch, nach dem das Restaurant benannt ist. Eine Adresse, die auch Einheimische sehr schätzen. Mittleres Preisniveau.
- **La Table Alziari,** 4, Rue François Zanin, Tel. 04.93.80.34.03. Wenn man in diesem Restaurant isst, findet man auf jedem Tisch ein hübsches Olivenöl-Kännchen mit der Aufschrift „Alziari". Und tatsächlich gehört das Restaurant zu dem gleichnamigen, alteingesessenen Nizzaer Fachgeschäft (siehe „Einkaufen"). Im Angebot sind ausgewählte regionale Gerichte (Label „Cuisine nissarde") mit stets frischen Zutaten vom nahen Markt am Cours Saleya. Die Preise bewegen sich im mittleren Bereich.
- **Escalinada,** 22, Rue Pairolière, Tel. 04.93.62.11.71. In diesem familiären Restaurant werden seit einem halben Jahrhundert Nizzaer Spezialitäten angeboten, zum Beispiel Ravioli, Gnocchi und gefülltes Gemüse, aber auch viele Fleischgerichte. Wie der Name des Restaurants andeutet, isst man am Fuße der

Treppen *(escaliers)* der Altstadt. Günstig bis mittleres Preisniveau.

● **La Tapenade,** 6, Rue Sainte-Réparate, Tel. 04.93.80.65.63. Rustikal eingerichtetes Restaurant mit provenzalischen und Nizzaer Spezialitäten, z.B. Kaninchen mit Ratatouille, aber auch Pizza im Angebot. Viele preiswerte Gerichte von guter Qualität.

Am Hafen:

● **L'Ane Rouge,** 7, Quai des Deux-Emmanuel, Tel. 04.93.89.49.63. Ein ideales Restaurant für verwöhnte Gaumen, die komplette Fischmenüs zu schätzen wissen. Im Angebot sind aber auch Delikatessen wie mit Langustinen gefüllte Zucchiniblüten. Zum Ambiente trägt der Blick auf den Hafen bei. Und warum heißt ein Fischrestaurant in Nizza „Zum roten Esel"? Vielleicht werden Sie, um diese Frage zu beantworten, in den Büchern eines gewissen Marcel Pagnol fündig. Gehobenes Preisniveau.

● **La Zucca Magica,** 4, Quai Papacino, Tel. 04.93.56.25.27. Vom „Roten Esel" aus blickt man direkt auf dieses Restaurant, dessen Atmosphäre tatsächlich ein wenig „magisch" und sehr gemütlich ist. Die Küche ist kreativ, italienisch angehaucht und rein vegetarisch. Allerdings gibt es nur ein einziges Menü zur Auswahl, das täglich wechselt. Das Preis-Leistungs-Verhältnis ist gut.

Im Zentrum:

● **Noori's 1,** Place Grimaldi, Tel. 04.93.82.28.33. Gutes indisches Restaurant mitten im Zentrum (in der Nähe der Rue Masséna) mit großer Auswahl an Gerichten, darunter natürlich *Daal,* die berühmte Linsensuppe, Samosa-Teigtaschen und Reisgerichte. Man sitzt recht komfortabel, allerdings ohne besonderes Flair. Die Terrasse ist auf der (befahrenen) Place Grimaldi. Alle Gerichte auch zum Mitnehmen.

● **La Casbah,** 3, Rue Docteur-Balestre, Tel. 04.93.85.58.81. Dieses maghrebinische Restaurant in der Nähe des Einkaufszentrums *Nice Etoile* bietet Hausmannskost der orientalischen Art. Es ist seit 1945 im Besitz der Familie Coppa. Die Köchin Vivi wurde in Algerien geboren und hat von dort die Rezepte für die Couscous-Gerichte mitgebracht, die sie anbietet. Verarbeitet werden nur ganz frische Zutaten, und das Restaurant ist urgemütlich. Mittleres Preisniveau, aber große Portionen.

Nachtleben

● **Johnny's Wine Bar,** 1, Rue Rossetti, Tel. 04.93.80.65.97. Beliebte Adresse in der Altstadt mit einer Art Biergarten im Innenhof – natürlich gibt es aber auch Wein und sogar Sangria hier. Vielfach frequentiert von Studenten, zu deren Entzücken manchmal der Chef des Hauses auf seiner Gitarre „klampft".

● **Le Bar des Oiseaux,** 5, Rue Saint-Vincent, Tel. 04.93.80.27.33. Ebenfalls in der Altstadt gelegen, bietet diese Bar noch echt traditionelles französisches Ambiente (was ja auch in Frankreich immer seltener wird). Die Bar ist bekannt für ihre netten Jazz- und Chanson-Abende, vor allem aber für die regelmäßige Darbietung der Chefin des Hauses über das Leben der Niçoiser.

● **La Bodeguita del Havana,** 14, Rue Chauvain, Tel. 04.93.92.67.24. In der Nähe des Museums MAMAC gelegen, bietet diese Lokalität, wie der Name schon andeutet, kubanische Genüsse, Latino-Konzerte, Salsa-Kurse oder auch einfach Tanzabende. Das Gebäude stammt noch von Gustave Eiffel, dem Erbauer des berühmten Turms in der fernen Hauptstadt.

● **Odace Club,** 29, Rue Alphonse-Karr, Tel. 04.93.82.37.66. Die größte Diskothek der Stadt liegt in einer Seitenstraße der Fußgängerzone Rue Masséna, umgeben von schicken Boutiquen. Angeschlossen sind ein Restaurant und eine Bar im Lounge-Stil.

● **Casino Ruhl,** 1, Promenade des Anglais, Tel. 04.97.03.12.22. Geöffnet täglich von 10 Uhr morgens bis zum Morgengrauen, angeschlossen sind eine Diskothek und eine Show-Bühne.

Märkte

● **Obst- und Gemüsemarkt,** täglich außer montags 7–13 Uhr auf dem Cours Saleya.

● **Blumenmarkt,** täglich außer montags und sonntagnachmittags 6–17.30 Uhr auf dem Cours Saleya.

- **Trödelmarkt,** montags 8–17 Uhr auf dem Cours Saleya.
- **Flohmarkt,** täglich außer montags 10–18 Uhr auf der Place Robilante.
- **Fischmarkt,** täglich außer montags 6–13 Uhr auf der Place Saint-François.
- **Markt alter Bücher / Kunstmarkt,** im Wechsel samstags auf der Place du Palais de Justice.
- **Marché de la Libération,** täglich außer montags 7–13 Uhr auf der Avenue Malausséna und der Place Charles-de-Gaulle. Vielleicht weniger malerisch, dafür aber größer und weniger touristisch als der Markt in der Altstadt. Hier gibt es Obst und Gemüse, Kleidung usw.

Feste und Veranstaltungen

- **Carnaval de Nice,** Umzüge und andere Veranstaltungen rund um den Karneval im Februar.
- **Fest des Meeres,** jedes Jahr im Juni treffen sich die Fischer von Nizza zu Ehren des heiligen Petrus. Die Feierlichkeiten beginnen mit einer Messe in der Gesù-Kirche, gefolgt von einer Prozession zum Strand von Ponchettes, wo zu Ehren des Schutzheiligen ein Boot verbrannt wird.
- **Internationales Jazz-Festival,** im Juli in Cimiez.
- **Voucalia,** Festspiele des mediterranen Gesangs im Freilicht-Theater an der Promenade des Anglais im Juli.
- **Musicalia,** Musik aus der ganzen Welt, Gratiskonzerte im Freilicht-Theater jeden Mittwoch- und Samstagabend im Juli und August.
- **Nuits Musicales de Nice,** die „musikalischen Nächte von Nizza“ finden im Juli und August im Kloster Cimiez statt.
- **Internationaler Triathlon,** im September, mit Schwimmen in der Baie des Anges und Langstreckenlauf auf der Promenade des Anglais.
- **Fest des Schutzheiligen von Nizza,** im Oktober wird zu Ehren der heiligen Réparate in der Altstadt gefeiert.
- **Cap Cyber,** Multimedia-Messe im November in der Acropolis.

Einkaufen

- **Maison Auer,** 7, Rue Saint François de Paule, Tel. 04.93.85.77.98, www.maison-auer.com. Traditionelles Haus, seit 1820 in Nizza ansässig, eingerichtet im nostalgischen Stil. Im Angebot vor allem kandierte Früchte, aber auch Konfitüren und Schokolade.
- **A L'Olivier,** Tel. 04.93.13.44.97. Direkt nebenan das Kontrastprogramm: Hier gibt es Olivenöl und Herzhaftes wie Gewürze, getrocknete Tomaten etc. Schön sind auch die edlen Küchenutensilien, einige aus Olivenbaumholz, und die Kosmetikprodukte auf der Basis von Olivenöl.
- **Alziari,** Tel. 04.93.85.76.92. Noch ein Traditionsgeschäft auf der selben Straße: Auch hier dreht sich alles um die Olive, verkauft werden Öle und allerlei Pasten in reizenden Verpackungen.
- **Aux Parfums de Grasse,** 10, Rue Saint-Gaëtan, Tel. 04.93.85.60.77. Für alle, die es nicht in die Parfum-Stadt Grasse schaffen, gibt es hier in einem kleinen Laden eine große Auswahl an Parfums, Eau de Toilettes und Seifen.

Bootstouren

- **Trans Côte d'Azur,** Port de Nice, Quai Lunel, Tel. 04.92.00.42.30, www.trans-cote-azur.com. Im Angebot sind Touren zu den Lérins-Inseln vor Cannes, nach Monaco, Saint-Tropez, San Remo in Italien sowie eine kleine „Promenade Côtière“ an der Nizzaer Küste entlang bis nach Villefranche und zum Cap Ferrat (1 Stunde). Alle Touren müssen reserviert werden, entweder vor Ort oder telefonisch.

Verkehrsverbindungen

- **Flughafen:** Aéroport Nice-Côte d'Azur, Tel. 08.20.42.33.33, www.nice.aeroport.fr. Der Flughafen hat zwei Terminals. Wer ein Auto mietet, muss unter Umständen zum anderen Terminal gelangen, wofür ein Pendelbus eingerichtet ist. Vom Flughafen verkehrt regelmäßig ein Shuttle-Bus in die City.
- **Bus:** Gare Routière, Promenade du Paillon, Tel. 04.93.85.61.81 oder 04.93.85.64.44, www.regionpaca.fr, www.fntv.fr (Internet-

adresse für die regionalen Expressbuslinien). Von hier verkehren Busse zu praktisch allen wichtigen Städten an der Küste und im Hinterland. Auch viele kleinere Städte und Dörfer sind von Nizza aus mit dem Bus erreichbar.

Die Gesellschaft **TAM** z.B. betreibt folgende Buslinien: Nizza - Monaco - Menton (Linie 100), Nizza - Eze - Beausoleil (Linie 112), Nizza - Antibes - Cannes (Linie 200), Nizza - Grasse (Linie 500), Flughafen Nizza - Monaco - Menton (Linie 110), Flughafen Nizza - Cannes (Linie 210). Weitere Informationen unter Tel. 04.93.85.64.44 oder 08.10.06.10.06, www.rca.tm.fr.

- **Bahn:** SNCF-Bahnhof, Avenue Thiers, Tel. 08.92.35.35.35, www.sncf.com, www.region paca.fr, www.ter-sncf.com/paca. Tägliche Verbindungen zu fast allen Städten und Dörfern der Region mit dem so genannten *ter*, dem Regionalexpress. Die Verbindung Paris - Nizza mit dem TGV dauert 5½ Stunden.

Vom Hauptbahnhof Nizza aus verkehrt auch der **Train des Merveilles,** der „Zug der Wunder". Er wird so genannt, weil er bis nach Tende führt, in die Nähe des Vallée des Merveilles mit seinen bronzezeitlichen Felszeichnungen (siehe „Vallée de la Roya" im Kapitel „Alpes Maritimes"). Auf der Strecke liegen Peille, Sospel und Breil-sur-Roya. Die ganze Fahrt über gibt ein Touristen-Führer Informationen zu Orten und Gegend in französischer Sprache. Auf der selben Strecke verkehrt auch ein Regionalexpress bis Cúneo und Turin in Italien.

Nizza hat noch einen zweiten Bahnhof, den „Chemins de Fer de Provence", Rue Alfred-Binet, Tel. 04.97.03.80.80. Von hier fährt der so genannte **Train des Pignes** ab, ein historischer Zug, der Nizza mit Digne verbindet.

- **Fähren:** *Corsica Ferries,* Quai Amiral-Infernet, Tel. 08.25.09.50.95. Vom Hafen aus regelmäßige Verbindungen nach Korsika, zum Teil mit Hochgeschwindigkeits-Schiffen.

Villefranche-sur-Mer

Das kleine Seebad (7000 Einwohner) liegt an einer **tief eingeschnittenen Bucht,** die durch das Cap Ferrat im Osten und den Mont Boron auf der Nizzaer Seite gebildet wird. Nicht nur Touristen, sondern auch Bewohner des großen Nachbarn (Nizza liegt nur fünf Kilometer entfernt) schätzen die **Beschaulichkeit des Ortes,** den malerischen Hafen und die hübsche, italienisch angehauchte Altstadt. Sehenswert sind vor allem die sehr gut erhaltene Zitadelle von 1557 wie auch eine von Jean Cocteau gestaltete Fischer-Kapelle. Ihren Namen verdankt die „Freie Stadt", so die Übersetzung von *Villefranche,* dem Grafen der Provence, Karl von Anjou, der ihr im 13. Jh. Stadtrechte verlieh.

Cocteau-Kapelle

Das Multitalent Jean Cocteau hielt sich in der Zeit zwischen den beiden Weltkriegen oft in Villefranche auf. Bei seinen Spaziergängen am Hafen fiel ihm eine alte romanische Kapelle auf, sehr heruntergekommen und von den Fischern als Lagerhalle zweckentfremdet. Aber erst Jahre später kam der Künstler zum Zuge und wurde 1957 mit einer neuen Innendekoration der Kapelle beauftragt. Im Stile seiner typischen Zeichentechnik, die ein wenig an den Kubismus erinnert, gestaltete er **mehrere Fresken** mit sowohl religiösen wie profanen Motiven. Themen sind das Leben des heiligen Petrus, der als Patron der Fischer gilt, eine „Huldigung an die Mädchen von Villefranche" und „Die Zigeuner".

• **Chapelle Cocteau,** Quai Courbet, Tel. 04. 93.76.90.70. Geöffnet täglich außer montags von März bis August 10–12 und 15–19 Uhr, von September bis Februar 10–12 und 14–18 Uhr, Mitte November bis Mitte Dezember geschlossen, Eintritt 3 €.

Zitadelle

Um dieses Gebäude zu verstehen, das für das kleine Villefranche überdimensioniert wirkt, bedarf es einiger historischer Kenntnisse über die Stadt. 1388, im selben Jahr wie Nizza, fiel Villefranche an Savoyen und wurde zu einer Art Staatshafen der Grafen und Herzöge. 1557 entschloss sich der damals herrschende Herzog Emmanuel Philibert, in Villefranche eine große Verteidigungsanlage zu errichten, und ließ die Zitadelle bauen sowie einen neuen Kriegshafen anlegen.

Dass die Zitadelle bis heute in beeindruckendem Zustand und überhaupt erhalten ist, verdankt sie Vauban, dem Festungsbaumeister Ludwigs XIV. Dieser war so begeistert von der Anlage, dass er beim Sonnenkönig ihre Erhaltung durchsetzen konnte, während damals alle anderen Verteidigungsanlagen der Grafschaft Nizza geschleift wurden. Heute kann man daher einen Spaziergang rund um die spektakulären Burggräben machen, wie auch das Innere besichtigen. Dort untergebracht sind nicht nur das Rathaus und eine Freilichtbühne, sondern auch mehrere **Kunst-Museen.** Während in der Kapelle Saint-Elme wechselnde Ausstellungen stattfinden, zeigt

008co Foto: im

ein weiteres Museum in einer Dauerschau Skulpturen des lokalen Künstlers Volti. Das Goetz-Boumeester-Museum schließlich geht auf eine Schenkung des gleichnamigen Künstlerehepaars zurück und umfasst auch Werke von Miró und Picasso.

• **Citadelle,** die Museen sind täglich geöffnet von Juni bis September 10–12 und 15–18.30

Uhr, von Oktober bis Mai 10–12 und 14–17.30 Uhr, im November geschlossen, Eintritt frei.

Spaziergang und Touristenbähnchen

Empfehlenswert ist die so genannte **Promenade des Marinières,** die von der Zitadelle am Meer entlang bis zur Darse führt, dem ehemaligen Kriegshafen. Wer nicht gut zu Fuß ist, kann zur Erkundung Villefranches das Touristenbähnchen nutzen, das entlang der gesamten Bucht und bis hinauf zur Zitadelle fährt (ca. eine halbe Stunde Fahrtzeit, 6 €).

Blick auf Villefranche-sur-Mer

Information

- **Office de Tourisme,** Jardin François Binon, 06230 Villefranche-sur-Mer, Tel. 04.93.01.73.68, Fax 04.93.76.63.65, www.villefranche-sur-mer.com.

Unterkunft/ Essen und Trinken

- **Le Provençal** €€-€€€, 4, Avenue du Maréchal-Joffre, Tel. 04.93.76.53.53, Fax 04.93.76.96.00, www.hotelprovencal.com. Dieses Logis-de-France-Hotel liegt im Stadtzentrum, 150 Meter vom Hafen entfernt. Es ist untergebracht in einer imposanten Villa mit Türmchen und bietet 45 Zimmer, wahlweise mit Blick auf den Garten oder das Meer.
- **La Fille du Pêcheur,** 13, Quai Courbet, Tel. 04.93.01.90.09. Krystel, die junge Inhaberin dieses Restaurants, ist wirklich eine echte *fille du pêcheur,* Tochter eines Fischers. Dieser steuert seinen Fang für die Gerichte des Hauses bei, z.B. gemischte Fischplatte oder traditionelle Bouillabaisse. Gespeist wird in eher elegantem Rahmen: Die Einrichtung in Mahagoni-Holz soll an alte Schiffe erinnern. Das Restaurant liegt am östlichen Ende des Hafens. Mittleres bis gehobenes Preisniveau.

Aktivitäten

- **Whale Watching,** Start am Port de la Santé/ Gare Maritime, dienstags, freitags und samstags. Vier Stunden kosten für Erwachsene 45 €, für Kinder 30 €. Juli und August 8.30 Uhr und 13.30 Uhr, Juni und September nur 13.30 Uhr. Tel. 04.93.62.00.16 oder 06.03.78.30.85, www.actiloisirs.com.
- **Touristenbähnchen,** entlang der Bucht bis zur Zitadelle (ca. eine halbe Stunde Fahrtzeit, 6 €).

Verkehrsverbindungen

- **Bus/Bahn:** Häufige, regelmäßige Verbindungen nach Nizza, Monaco und Menton (weitere Informationen siehe Nizza).

Cap Ferrat

Das weit ins Meer hineinragende Kap kann schon fast als Halbinsel gelten. Es gehört zu den **nobelsten Flecken** der Côte d'Azur, ja ganz Frankreichs. Das Cap Ferrat wirkt verhältnismäßig grün, denn die prachtvollen Villen und Anwesen sind nicht selten von parkähnlichen Gärten und Wäldern umgeben. Bausünden gibt es hier nicht, aber auch vieles Schöne bleibt sorgfältig vor den Augen der Touristen verborgen.

Nur einer der Paläste öffnet seine Tore für Touristen: Die Villa Ephrussi de Rothschild, einst Tresor für die Kunstschätze einer exzentrischen Baronin, heute vielbesuchtes Museum. Touristisch interessant sind weiterhin: das Dorf Saint-Jean-Cap-Ferrat, ein Zoo und der Küstenwanderweg. Für die Entdeckung des Kaps sollte man mindestens einen halben Tag einplanen, wer wandern und Fisch essen möchte, sollte länger bleiben.

Villa Ephrussi de Rothschild

Dieses traumhafte Anwesen, gelegen an einer Engstelle des Cap Ferrat, ist wirklich ein **Kleinod** an der Côte d'Azur und eine Reise wert. Es ist inspiriert vom venezianischen Stil und den Palästen der italienischen Renaissance, zum Teil auch von der Bauweise der Mauren. Errichtet während der Belle Epoque von der Baronin Ephrussi, verkörpert dieses elegante Landhaus die Lebensgewohnheiten bestimmter

Kreise der europäischen Oberklasse, zu welchen der Tourist nur selten Zugang erhält.

Hier jedoch bietet sich die Möglichkeit, einen Blick in das Innere eines dieser Prachtbauten zu werfen, die zu jener Zeit vor dem Ersten Weltkrieg an der französischen Riviera entstanden. Ganz und gar ein Privathaus, sollte die Villa, die nach einem Kreuzfahrtschiff ursprünglich „Ile de France" hieß, niemals sein. Vielmehr plante die Baronin von Anfang an einen Ausstellungsort für ihre reichen **Kunstsammlungen** zu errichten. Heute sind 5000 Objekte in der Villa ausgestellt, draußen erfreuen **sieben Gärten** unterschiedlichen Stils das Auge des Betrachters.

Geschichte

Damals, im Jahr 1905, als Béatrice Ephrussi, geborene Baronin von Rothschild, Tochter des Chefs der *Banque de France* und Gemahlin eines nicht minder betuchten Bankiers, das Cap Ferrat entdeckte, war die Côte d'Azur im Vergleich zu heute noch paradiesisch unverbaut. Das Cap Ferrat zog die ganz Reichen und Mächtigen an, zum Beispiel den belgischen König Leopold II. Gegen diesen, der sein Anwesen vergrößern wollte, musste Béatrice sich durchsetzen, als sie ihr Stück Land an der Engstelle des Kaps erwarb.

Sieben Jahre waren für den Bau des Palastes notwendig, beeindruckender noch ist die Zahl der rund **vierzig Architekten,** die die Baronin beschäftigte. Auch sonst war der Lebensstil dieser Frau, die recht exzentrisch gewesen sein soll, alles andere als bescheiden. Wenn Madame, die ein besonderes Faible für das 18. Jh. hatte, in der Villa Gäste empfing, tat sie das in der Aufmachung Marie Antoinettes – deren ehemaligen Spieltisch sie besaß.

1934, als Béatrice Ephrussi starb, übernahm die Akademie der Schönen Künste das Anwesen, denn die Baronin hatte diese großzügigerweise zur Erbin erklärt.

Rundgang durch die Villa

Man betritt die Villa von einem überdachten Innenhof aus, dem **Patio,** der im Parterre von Säulen aus Verona-Marmor umgeben ist. Darüber befindet sich eine zweite Etage spanisch-maurischen Stils mit Balkonen. Der Patio ist mit einer Auswahl mittelalterlicher Kunstwerke und solcher aus der Renaissance ausgeschmückt. Bemerkenswert sind vor allem ein Altarbild aus dem 15. Jh., welches die heilige Brigid von Irland darstellt, sowie ein Gemälde von Carpaccio mit einem venezianischen Condottiere.

Vom Patio gehen die übrigen Räume der Ausstellung ab: Im Salon Louis XVI. ist nicht nur das Mobiliar im nach diesem König benannten Stil zu bewundern, sondern auch ein eleganter Spieltisch, der einst Königin Marie Antoinette gehörte. Den Boden ziert ein kostbarer Teppich aus den königlichen Manufakturen der Savonnerie, der ursprünglich für die Kapelle des Schlosses von Versailles hergestellt wurde. Er ist im Stil Louis XV. gehalten wie auch der nächste Salon: Hier gibt es unter anderem Sessel von Boulard, die mit

kostbaren Stoffen aus der Beauvais-Teppich-Manufaktur bezogen sind.

Interessant sind auch die **Privatgemächer** der Baronin: Das Schlafzimmer, ausgestattet mit einer venezianischen Decke aus dem 18. Jh., bietet einen guten Ausblick auf die Reede von Villefranche. An den Raum grenzen Ankleideraum und Badezimmer, woran sich wiederum das Esszimmer anschließt. Liebhaber edlen Porzellans kommen hier auf ihre Kosten, denn es ist mit Stücken aus Vincennes und Sèvres ausgestattet.

In der ersten Etage der Villa, die nur im Rahmen einer Führung besucht werden kann, sind weitere solcher Kostbarkeiten ausgestellt. Kurios sind vor allem ein „Affenorchester" aus Meissner Porzellan und der sogenannte Affensalon.

Einen Besuch der sieben **Gärten** – u.a. französischen, florentinischen, und japanischen Stils – sollte man nach dem Rundgang im Museum nicht auslassen. Zum Abschluss bietet sich eine Pause im **Café** an, untergebracht im ehemaligen orientalischen Salon der Baronin.

Die Rothschild-Villa am Cap Ferrat

• **Villa & Jardins Ephrussi de Rothschild,** Saint-Jean-Cap-Ferrat, Tel. 04.93.01.45.90, www.villa-euphrussi.com. Täglich geöffnet vom 7. Februar bis 2. November 10–18 Uhr, im Juli und August bis 19 Uhr, vom 3. November bis 6. Februar in der Woche 14–18 Uhr, an den Wochenenden und in den Schulferien 10–18 Uhr.

Besichtigung des Erdgeschosses und der Gärten ohne Führung 10 €, ermäßigt 7,50 €, ein Kombi-Ticket mit der Villa Kerylos kostet 15 €. Die Sammlungen der ersten Etage können nur im Rahmen einer Führung und nach Anmeldung besichtigt werden, Aufpreis 3 €.

Rundfahrt um das Cap Ferrat

Ausgehend von der Villa, schlägt man die Hauptstraße weiter gen Süden ein. Von hier führt eine Stichstraße zur **Plage de Passable** (für Parkplätze dem Schild „Lido" folgen). Der winzige Strand, von dem aus sich eine herrliche Aussicht auf das benachbarte Villefranche bietet, macht seinem Namen alle Ehre: Es gibt wirklich kaum Sand, *pas de sable*.

Zoo

Der Zoo liegt auf dem ehemaligen Anwesen des belgischen Königs Leopold II. Dieser war durch den Erwerb des Kongo als persönlicher Kolonie steinreich geworden und kaufte damals einen großen Teil des Cap Ferrat. Für den Zoo wurden 1950 ein See trocken gelegt und ein Park mit botanischem Garten geschaffen. Dort leben heute rund 300 Tiere: Bären und Tiger, Affen und Zebras, Krokodile und Strauße, um nur einige Arten zu nennen.

• **Zoo-Parc Cap Ferrat,** Saint-Jean-Cap-Ferrat, Tel. 04.93.76.07.60, www.zoocapferrat.com. Das ganze Jahr über täglich geöffnet 9.30–19 Uhr (bis 17.30 Uhr im Winter). Eintritt 15 €, Kinder bis zehn Jahre 10 €.

Leuchtturm

Nun geht es weiter nach Süden zum eigentlichen Kap, wo ein Leuchtturm *(phare)* steht. Während des Zweiten Weltkriegs von der deutschen Wehrmacht zerstört, wurde er 1951 wiedererrichtet und hat eine Reichweite von 45 Metern.

Wanderungen und Spaziergänge

Wer gut zu Fuß ist, sollte das Kap per pedes entdecken anstatt mit dem Auto. Die **große Rundwanderung** kann am Hafen von Saint-Jean beginnen, sie führt über die Pointe Causinière bis zum Leuchtturm. Zurück geht es über die Westseite, den Chemin du Roy (der durch das ehemalige Anwesen Leopolds II. führt) und den Passable-Strand. Von dort erreicht man den Hafen, indem man die Halbinsel über den Chemin de Passable überquert. Diese Strecke ist insgesamt etwa zwölf Kilometer lang.

Wer kürzere Spaziergänge bevorzugt, dem seien folgende empfohlen: Die **Promenade Maurice-Rouvier** beginnt am Strand von Saint-Jean und führt – immer am Meer entlang – bis nach Beaulieu. Schön ist auch der **Rundweg zur Pointe Saint-Hospice,** der hin und zurück etwa eine Stunde dauert. Es bieten sich herrliche Blicke auf Eze, Monaco und das Cap Martin.

Saint-Jean-Cap-Ferrat

Der Ort war früher ein Fischerdorf, hat sich aber längst zu einem Urlaubsort entwickelt. Im Hafen schaukeln nur noch Segelyachten, nett ist es trotzdem, in einem der Fischrestaurants mit Blick aufs Wasser zu essen. Einzige Sehenswürdigkeit des Dorfes ist das Heiratszimmer im Rathaus: Wie jenes von Menton ist es mit Wandmalereien von Jean Cocteau dekoriert.

Information

- **Office de Tourisme,** 59, Avenue Séméria, 06230 Saint-Jean-Cap-Ferrat, Tel. 04.93.76.08.90, Fax 04.93.76.16.67, www.saintjeancapferrat.fr

Unterkunft/ Essen und Trinken

- **Hôtel Brise Marine** ***/€€€€, 58, Avenue Jean-Mermoz, Tel. 04.93.76.04.36, www.hotel-brisemarine.com. Untergebracht in einem schönen, italienisch anmutenden Gebäude von 1878, bietet dieses Hotel charmante Zimmer mit Meer- oder Gartenblick. Die Lage in einem Wohnviertel ist ruhig, dennoch geht man ins Zentrum nur ein paar Schritte.
- **Restaurant La Goélette,** Tel. 04.93.76.14.38. Dieses Fischrestaurant liegt direkt am Hafen von Saint-Jean. Im Angebot sind provenzalische Spezialitäten wie Bouillabaisse, aber auch spanische wie Paëlla. Das Preis-Leistungs-Verhältnis ist gut, das Restaurant ist für diese Gegend geradezu günstig.

Verkehrsverbindungen

- **Bus:** ca. zehn Verbindungen täglich von Saint-Jean nach Nizza. Einige Busse fahren auch die Tour über das gesamte Kap (Busgesellschaft siehe Nizza).

Beaulieu-sur-Mer

Das Städtchen – einst **„Perle der Côte d'Azur"** genannt – wirkt wie die letzte Bastion der Belle Epoque. Wenn hier nicht alles echt wäre, die Hotelpaläste, das Kasino, die Kerylos-Villa, dann müsste man schreiben: Beaulieu ist im Retro-Stil errichtet. Da dies aber nicht so ist, bestaunt man die so genannte Rotonde des Hotel Bristol, die früher als Restaurant und heute als Kongress-Zentrum der Stadt dient.

Ein Urlaub hier ist allerdings nicht nach jedermanns Geschmack (schon im frühen Herbst gibt sich der Ort verschlafen) und auch nicht etwas für jeden Geldbeutel (eher die gehobene, Diskretion und Ruhe suchende Klientel ist angesprochen).

Beaulieu wird von einer Hügelkette abgeschirmt, die die Nordwinde abhält, sodass es mit Menton zu den wärmsten Orten der französischen Riviera zählt. Schön ist schließlich ein Spaziergang über den Küstenwanderweg auf das Cap Ferrat (Promenade Maurice-Rouvier).

Villa Kerylos

Fasziniert von der griechischen Antike, ließ sich der betuchte Archäologe Théodore Reinach im Jahr 1902 eine Villa in Anlehnung an die **Bauweise der alten Griechen** errichten. Reinach orientierte sich an den Villen auf der Insel Delos (2. Jh. v. Chr.) und benannte sein Haus nach einem Vogel der griechischen Mytologie, „Kerylos", was so viel bedeutet wie Eisvogel oder Meeresschwalbe. Reinach vermachte

seine Villa 1928 dem Institut de France, das ihren Zustand konservierte und bis heute einem breiten Publikum zugänglich macht.

Beim Bau wurden **sehr edle Materialien** verwendet: Marmor und Elfenbein für die hauseigenen Thermen, wiederum Marmor – diesmal aus Carrara – für die Wände des Wohnraums, außerdem Alabaster, Zitronenbaumholz und andere exotische Hölzer, Blattgold, Bronze und vieles mehr. Wenn auch die Anordnung der Räume der einer antiken Villa entspricht, so genügen doch einige Austattungsmerkmale bereits moderneren Anforderungen an Komfort. Besonders überraschend ist eine Freiluft-Dusche, die durch Regenwasser gespeist wurde.

Trotzdem hielten sich Reinach und seine Frau nur gelegentlich in der Villa auf, pflegten aber ihre Gäste bei Festlichkeiten als Griechen verkleidet zu empfangen – ähnlich wie ihre Nachbarin Baronin Rothschild, die als Marie Antoinette auftrat. Reinach hatte es sich außerdem zur Angewohnheit gemacht, ausgetreckt auf einer Liege zu arbeiten.

Im Untergeschoss der Villa, wo durch große Fensterscheiben der Blick auf das Meer freigegeben wird, hatte der Archäologe außerdem eine *Gale-*

In der Villa Kerylos

010co Foto: im

rie des Antiques eingerichtet. In einem Rundgang kommt der Besucher an **Statuen** von Apollon, dem Diskuswerfer, der Venus von Milo und anderen Berühmtheiten vorbei – alles Kopien, versteht sich. Aber Originale aus antiker Zeit gibt es auch: zum Beispiel Amphoren, Lampen, Mosaiken und kleine Terrakotta-Figuren.

- **Villa Grecque Kérylos,** Beaulieu-sur-Mer, Tel. 04.93.01.01.44, www.villa-kerylos.com. 10. Februar bis 8. November täglich 10–18 Uhr, im Juli und August bis 19 Uhr, den Rest des Jahres über an Wochentagen 14–18 Uhr, an Wochenenden und in den Ferien 10–18 Uhr. Eintritt: 8 €, Ermäßigungen, Kombi-Ticket zusammen mit der Rothschild-Villa 14,50 €.

Information

- **Office de Tourisme,** Place Clemenceau, 06310 Beaulieu-sur-Mer, Tel. 04.93.01.02.21, Fax 04.93.01.44.04, www.ot-beaulieu-sur-mer.fr.

Unterkunft/ Essen und Trinken

- **Hotel le Havre Bleu** **/€€-€€€, 29, Boulevard Joffre, Tel. 04.93.01.01.40, Fax 04.93.01.29.92, www.hotel-lehavrebleu.fr. Diese hübsche, weiße Villa mit azurblauen Fensterklappen bietet für Urlauber 20 einfach eingerichtete Zimmer. Manche verfügen über einen Balkon oder eine eigene Terrasse. Die Atmosphäre ist familiär und angenehm ruhig.
- **Restaurant Les Agaves,** 4, Avenue Foch, Tel. 04.93.01.13.12. Gastronomisches Restaurant, dessen Küche marktfrisch und regional inspiriert ist. Auch der Speiseraum ist teilweise provenzalisch dekoriert. Kein Mittagsmenü, mittleres bis gehobenes Preisniveau.

Verkehrsverbindungen

- **Bus/Bahn:** Häufige, regelmäßige Verbindungen nach Nizza, Monaco und Menton (weitere Informationen siehe Nizza).

Eze

Dieses Dorf wirkt wie das Urbild eines mittelalterlichen *village perché*. Dicht zusammengedrängt thront es – für die damalige, unruhige Zeit strategisch günstig angelegt – auf einem Felsen, 427 Meter hoch über dem Meer. Heute erreicht man es bequem mit dem Auto über die mittlere Corniche, aber lange Zeit war Eze schwer zugänglich, außerdem geschützt von hohen Mauern und bewacht von einer Burg.

Die Festung ist längst geschleift (das Werk Ludwigs XIV. nach dem spanischen Erbfolgekrieg gegen den Herzog von Savoyen), und in die mittelalterlichen Häuser des Dorfes sind Kunsthandwerker und Händler eingezogen. Im ehemaligen Ferienwohnsitz des Königs Wilhelm von Schweden ist heute ein Luxushotel der Sonderklasse untergebracht und im Sommer ist das Dorf ohnehin fest in Touristenhand.

Wie sich die Zeiten ändern, denn ursprünglich war Eze ein heiliger Ort: Phönizische Seefahrer sollen hier ihrer Göttin Isis geopfert haben. Und um noch mehr zur Bildung des Lesers beizutragen: Friedrich Nietzsche verbrachte mehrere Arbeitsurlaube in Eze. Der Weg vom Ort hinunter zum Meer (heute Eze-Bord-de-Mer) trägt seinen Namen: Sentier Frédéric-Nietzsche. Während er auf ihm wandelte, soll der Philosoph den dritten Teil seines Werks „Also sprach Zarathustra" ersonnen haben.

Man betritt das Dorf durch ein Tor aus dem 14. Jh., welches die Zerstörungsaktion des Sonnenkönigs über-

Die Corniches – Traumstraßen der Nostalgie

Zwischen Nizza und Menton fallen die Ausläufer der Seealpen steil zum Meer ab. In alten Zeiten war es nicht einfach, sich hier fortzubewegen, der Weg war beschwerlich, im Winter oft unmöglich. Heute sind die beiden Städte durch die drei Riviera-Corniches verbunden, die mittlerweile schon klassischen Wege, Traumstraßen der Nostalgie.

Die obere, die **Grande Corniche,** ist zugleich die älteste und bietet wegen ihrer Höhe von bis zu 550 Metern über dem Meeresspiegel die schönsten Ausblicke. Über sie ist das Dorf La Turbie zu erreichen mit seiner antiken Augustus-Trophäe sowie der 512 Meter hohe Pass von Eze. Auf der mittleren, der **Moyenne Corniche,** liegen Eze und Beausoleil, das längst mit Monaco zusammengewachsen ist. Vom Villefranche-Pass aus (150 Meter hoch) bietet sich eine wunderbare Aussicht auf Nizza, das Cap Ferrat und die Halbinsel von Antibes.

Die untere schließlich, die **Basse Corniche,** berührt sämtliche Küstenorte, die sich wie Perlen an einer Kette aufreihen: Nizza, Villefranche, Cap Ferrat, Beaulieu-sur-Mer, Cap d'Ail, Monaco, Cap Martin und Menton. Manche meinen, hier sei das Ende der Welt erreicht, denn in Menton endet Frankreich und dahinter beginnt Italien ...

Drei Kaiser haben an der Grande Corniche gebaut, allerdings lag deren Lebenszeit weit auseinander: Es war **Napoleon I.,** der die Straße **aus militärischen Gründen** anlegen ließ. Sein Nachfolger Napoleon III. baute die Höhenstraße weiter aus. Sie folgt weitgehend der römischen Via Julia Augusta, die nach Kaiser Augustus benannt war und Rom mit Arles verband. Später **Via Aurelia** genannt, genügte sie hohen, technischen Standards: Sie hatte ein Fundament aus Beton, war gepflastert, gewölbt und 2,50 Meter breit. Alle 1478 Meter stand ein Meilenstein.

1860 wurde die Grafschaft Nizza an Frankreich angeschlossen. Bald darauf wurde der Bau der unteren Corniche in Angriff genommen, die 1881 fertig gestellt war, erst für Kutschen, dann für eine Trambahn, zuletzt für das Automobil. *Corniche* bedeutet wörtlich „herausgeschält aus hartem Material" und tatsächlich ist speziell die untere Corniche über weite Strecken **in Felsen gehauen,** die steil ins Meer abfallen. Aber die Investition lohnte sich, denn zu jener Zeit kamen die Aristokraten und Reichen Europas an die französische Riviera, um ihr Geld auszugeben oder in den Kasinos zu verspielen.

Als 1927 die mittlere Corniche eingeweiht wurde, war auch das Fortbewegungstempo auf den anderen Küstenstraßen längst schneller geworden. Bloßes Tempo wurde zum Selbstzweck und der Große Preis von Monte Carlo und die jährliche **Autorallye** in Monaco machen dies populär.

Der Zwergstaat und die Corniche sind auch mit einem der größten tragischen Medienereignisse des vergangenen Jahrhunderts verbunden: Am 14. September 1982 wurde die Fürstin Gracia Patricia von Monaco in ihrem Rover 3500 aus einer Kurve getragen.

lebt hat. Die **Gässchen** sind sehr malerisch: Eng und verzweigt, teilweise überwölbt, führen sie steil den Berg hinauf. Das Gewirr und die schönen, restaurierten Häuser sind bei Touristen sehr beliebt, das Angebot an Souvenirs ist entsprechend groß.

Die **Kirche Notre-Dame-de-l'Assomption** geht in ihrer heutigen Gestalt auf das 18. Jh. zurück. Ihre Fassade gilt als klassizistisch, die Inneneinrichtung ist im Nizzaer Barockstil gehalten. Sehenswert ist auch die **Kapelle der Weißen Büßer** aus dem 14. Jh., ein schlichter Bau, dessen Außenwände Bilder aus dem Leben Jesu Christi und Marias zieren.

Zum Aussichtspunkt gelangt man durch den **Jardin Exotique,** den exotischen Garten, der die Reste der ehemaligen Burg umgibt. Von einer Terrasse aus bietet sich eine herrliche Aussicht über die Küste, die an klaren Tagen bis nach Korsika reicht.

- **Jardin Exotique,** täglich von 9 bis 19 Uhr, im Sommer bis 20 Uhr, Eintritt 5 €.

Information

- **Office de Tourisme,** Place de Gaulle, 06360 Eze, Tel. 04.93.41.26.00, Fax 04.93.41.04.80, www.eze-riviera.com.

Unterkunft

- **Hermitage du Col d'Eze** ***/€€€, Tel. 04.93.41.00.68, Fax 04.93.41.24.05. Dieses hübsche Logis-de-France-Hotel liegt etwa 2,5 km von Eze entfernt (D46) an der oberen Corniche. Es ist ruhig und mit Swimming-Pool ausgestattet, die Küche stellt auch verwöhnte Gaumen zufrieden. Das Beste aber ist der herrliche Blick über das Meer und die Seealpen.

Camping

- **Les Romarins,** Tel. 04.93.01.81.64. Wie das Hotel Hermitage liegt auch dieser Platz in luftiger Höhe an der oberen Corniche. Der Blick ist nicht zu verachten, außerdem ist der Platz ohnehin der einzige in dieser Ecke. Geöffnet von Ostern bis September.

Essen und Trinken

- **Le Troubadour,** Rue Brec, Tel. 04.93.41.19.03. Alteingesessene Adresse im alten Dorf. Regionale Küche mittleren bis gehobenen Preisniveaus.

Verkehrsverbindungen

- **Bus:** Mehrere Verbindungen täglich außer sonntags nach Nizza und Beausoleil (Busgesellschaft siehe Nizza).
- **Bahn:** Eze liegt auf der Regionalexpress-Strecke Nizza - Monaco - Menton (weitere Informationen siehe Nizza).

Parc naturel régional de la Grande Corniche

Dieser regionale Naturpark ist - wie der Name schon sagt - erreichbar über die obere Corniche. Der Panorama-Blick von hier ist noch beeindruckender als von Eze aus und reicht nicht nur über die Küste, sondern auch das Hinterland: die Seealpen mit dem Mercantour-Nationalpark. Ebenfalls beeindruckend und ein Foto wert ist die Aussicht auf Eze, das von hier oben wahrlich wie ein Adlerhorst wirkt.

Auf der Höhe liegt auch das **Fort de la Revère,** ein Relikt aus dem Zweiten Weltkrieg. Des Weiteren wartet ein **botanischer Lehrpfad** auf seine Entdeckung (eine Stunde Fußweg), sowie

La Turbie

das **Astorama,** eine Sternwarte mit Museum (Tel. 04.93.85.85.58).

Blick auf Eze und das Cap Ferrat

Das kleine Dorf liegt in 480 Metern Höhe zu Füßen eines Berges mit dem merkwürdigen Namen *Tête de Chien*, zu deutsch „Hundskopf". Von hier oben ließ der Herzog von Savoyen Monaco bewachen. Auch heute ist der **Blick auf Monaco** für den Besucher ein besonderer Genuss: Vor allem abends im Lichterglanz erscheint das „New York des Mittelmeers" berauschend schön.

Obwohl sich oberhalb des Dorfes eines der wichtigsten römischen Monumente Südfrankreichs, die **Augustus-Trophäe,** erhebt, ist das hübsche La Turbie kaum touristisch und bietet nur wenige Unterkunftsmöglichkeiten.

Den Tourismus zu fördern, hat der Ort wegen der Nähe zu Monaco auch nicht nötig: Das Fürstentum bietet genug Arbeitsplätze und viele der Bewohner La Turbies sind ohnehin betuchte „Zweitwohnsitzler".

Altes Dorf

Das Dorf lag in antiker Zeit an der Via Julia Augusta, der späteren Via Aurelia. Diese war die wichtigste Straße der Provincia Gallia Narbonensis, die von Rom nach Arles führte. In La Turbie erreichte die Römerstraße, die heute Grande Corniche heißt, ihre höchste Stelle. Die heutige Rue Comte-de-Cessole folgt dem Verlauf der alten Römerstraße und führt durch das westliche Tor bis zum Siegesmonument des Augustus. Zum Teil ist sie von mittelalterlichen Häusern gesäumt; eines zieren Verse, die Dante Alighieri La Turbie widmete.

Sehenswert ist die **Église Saint-Michel-Archange,** die dem Erzengel Michael geweiht ist. Die Kirche wurde 1764 bis 1777 im Nizzaer Barockstil errichtet und hat einen ellipsenförmigen Grundriss. Wie für andere Gebäude des Dorfes auch, wurden für die Kirche Steine der Augustus-Trophäe verbaut. Die Innendekoration – geprägt durch Stuck und Fresken – ist prächtig und zum Teil kostbar. Hervorzuheben sind zwei Gemälde van Loos, eine Kopie des heiligen Michael von Raffael (Original im Louvre) sowie der Hauptaltar aus 17 verschiedenen Marmorsorten.

Zum Abschluss des Dorfrundgangs sollte man die **Aussichtsterrassen** besuchen und den Blick über die Küste und Monaco genießen.

Augustus-Trophäe

Nach dem Tod Cäsars gelang es den Römern nicht, die Alpenregion zu halten. Das war äußerst ungünstig für das Reich, bedrohten doch die dort ansässigen Stämme die Verbindung zwischen Italien und den Kolonien jenseits der Alpen. Cäsars Neffen Augustus gelang es, insgesamt 45 keltoligurische Stämme zu unterwerfen und die Provinz *Alpes Maritimae* mit der Hauptstadt Cemenelum (Nizza-Cimiez) zu gründen. Sie und andere Provinzen bildeten nun das Bindeglied zwischen Italien, Gallien und Germanien.

Wo die neue Straße Via Julia Augusta ihren höchsten Punkt erreicht, ließen Senat und Volk von Rom für den Kaiser Augustus, der fortan wie ein Gott verehrt wurde, im Jahre 7 v. Chr. ein **Siegesmonument** errichten. Ein vergleichbares römisches Bauwerk gibt es nur noch in Rumänien: die Siegestrophäe des Trajan in Adamklissi. Der Name La Turbie geht übrigens auf *Tropea Augusti* zurück.

Ursprünglich war das auch **Trophée des Alpes** genannte Siegesdenkmal ein kolossaler Bau von 50 Metern Höhe und einer Seitenlänge von je 38 Metern. Auf einem quadratischen Sockel, den die Namen der unterworfenen Stämme zierten, befanden sich zwei weitere Stockwerke. Das obere hatte eine kreisförmige Grundfläche und war ringsum von Säulen umgeben. In mehreren Nischen war Platz für Statuen der Heerführer, die Augustus zum Sieg verholfen hatten. Das Dach zierte eine Statue des Kaisers selbst, mit triumphaler Geste.

Für den Bau, der zu nichts anderem diente, als den Sieg zu demonstrieren, verwendete man schönen, weißen Stein aus La Turbie. In späteren Zeiten nahm man Steine aus dem Siegesmonument, um Teile des Dorfes und die Kirche Saint-Michel zu errichten. Als das Römische Reich zusammenbrach, zur Zeit der Völkerwanderung, wurde das Monument zum ersten Mal beschädigt. Im Laufe der Geschichte trugen es die verschiedenen Herren der Gegend weiter ab bzw. funktionierten es um.

Die Zerstörung der Statuen etwa geht auf das Konto der Mönche von Lérins: Um 700 n. Chr. ließen sie diese entfernen, weil sie darin Zeugnisse des Aberglaubens sahen. Ab 1125 diente die Trophäe - entsprechend umgebaut - als Festung. Ludwig XIV. ließ sie nach dem spanischen Erbfolgekrieg gegen den Herzog von Savoyen im Jahr 1705 schleifen. Seit 1865 schließlich gilt die Trophäe als historisches Monument. Ein kleines **Museum** zeichnet ihre Geschichte und die Etappen ihrer Restaurierung anhand von Plänen, Fotos und Modellen nach.

- **Trophée d'Auguste / Centre des Monuments Nationaux,** 18, Avenue Albert I., Tel. 04.93.41.20.84, www.monum.fr. 21. September bis 18. Mai 10–13 und 14.30–17 Uhr, 19. Mai bis 20. September 9.30–13 und 14.30–18.30 Uhr, täglich außer montags. Eintritt 5 €, Ermäßigungen.

Information

- **Point Information,** Place Detras, 06320 La Turbie, Tel. 04.93.41.21.15, Fax 04.93.41.13.99, www.ville-la-turbie.fr.

Unterkunft/ Essen und Trinken

- **Hostellerie Jérôme** ***/€€€, 20, Rue Comte-de-Cessole, Tel. 04.02.41.51.51, Fax 04.92.41.51.50, www.chateauxhotels.com. Dieses kleine Hotel in der Nähe der Augustus-Trophäe ist untergebracht in einem alten provenzalischen Haus (13. Jh.) und eine Oase der Ruhe. Vier charmant eingerichtete Zimmer stehen für Gäste zur Verfügung. Im angeschlossenen Restaurant „Le Café de la Fontaine" kann man eine gehobene Küche genießen (2 Michelin-Sterne, Preise dementsprechend). Der Speisesaal ist überwölbt und ausgemalt mit Fresken aus dem 18. Jh., aus der selben Zeit stammen auch die Möbel.

Verkehrsverbindungen

- **Bus:** Mehrere Verbindungen täglich außer sonntags von und nach Monaco und Nizza (Busgesellschaft siehe Nizza).

Peille und Peillon

Nördlich von La Turbie, erreichbar über die D 53, verstecken sich zwei Dörfer in den Bergen, die für Liebhaber der auf Felsen „hockenden" *villages perchés* einfach ein Muss sind. Beide liegen am Fluss Paillon (bzw. oberhalb davon), dessen anderer Arm, der Paillon de Contes, etwas westlich fließt.

Zunächst erreicht man **Peille,** das in seiner gesamten Anlage **sehr mittelalterlich** wirkt. Ein Rundgang führt durch verwinkelte, zum Teil überdachte Terrassen und über mehrere kleine Plätze. An der Place Laugier steht noch der ehemalige Amtssitz der Konsuln, der Grafen der Provence; die Place aux Arcades schmückt ein gotischer Brunnen. Ebenfalls aus dem 13. Jh. stammen Teile der Kirche Sainte-Marie und das Rathaus. Vom Kriegerdenkmal auf dem Hügel schließlich hat man eine **gute Aussicht** auf die Umgebung.

Noch reizender als Peille aber ist **Peillon,** das manche für das schönste Dorf an der Côte d'Azur halten. Wie im Bilderbuch **dicht um einen Felsen gedrängt** und auch heute noch schwer zugänglich, diente der Ort schon in vorrömischer Zeit als befestigtes Oppidum der Ligurer. Dann aufgegeben, wurde der Felsen erst zur Zeit der so genannten Barbareneinfälle im 10. Jh. „reaktiviert". Damals entstand die mittelalterliche Dorfstruktur mit verschachtelten Häusern und verschlungenen Gässchen, die eigentlich nur schmale Pfade sind und alle hinauf zur Kirche (18. Jh.) führen.

Der Platz dort oben, umgeben von schönen, restaurierten Gebäuden, strahlt Würde, ja fast etwas Magisches aus. Dem Touristen, der die Ruhe schätzt, kommt es durchaus entgegen, dass Peillon in der Nebensaison ausgestorben wirkt. Weiter unten im Dorf ist die **Kapelle der Weißen Büßer** sehenswert mit Fresken von Jean Canavesio aus dem 15. Jh. Ein **Wanderweg** auf der Trasse einer ehemaligen Römerstraße verbindet Peillon mit Peille in etwa zwei Stunden.

Information

- **Syndicat d'Initiative,** 4, Rue Centrale, 06440 Peillon, Tel. 06.24.97.42.25.

Unterkunft/ Essen und Trinken

- **Auberge de la Madone** ***/€€€€, Place Auguste-Arnulf, 06440 Peillon, Tel. 04.93.79.91.17, Fax 04.93.79.99.36, www.chateauxhotels.com/madone. Dieses Hotel am Dorfrand garantiert absolute Ruhe und bietet provenzalisch eingerichtete Zimmer, zum Teil mit Terrasse und Aussicht über das Tal. Im in der ganzen Gegend bekannten Restaurant kann der Gast eine Küche genießen, die Tradition mit Modernität und kreativen Ideen verbindet. Das Preisniveau ist gehoben, aber für diese Qualität durchaus angemessen.

Verkehrsverbindungen

- **Bus:** Täglich außer sonntags mehrere Verbindungen mit Nizza über La Turbie (Busgesellschaft siehe Nizza).
- **Bahn:** Peille und Peillon liegen auf der Regionalexpress-Strecke Nizza – Cúneo (Italien) bzw. auf der Strecke des *Train des Merveilles,* der nach Tende nahe dem „Tal der Wunder" mit seinen bronzezeitlichen Felszeichnungen führt (weitere Informationen siehe Kap. „Alpes Maritimes: Vallée de la Roya").

Monaco

Der nach dem Vatikan **zweitkleinste Staat der Welt** umfasst nur 1,95 Quadratkilometer und ist damit etwa **halb so groß wie der Englische Garten** in München. Aber die knapp sechzig Banken des als Steuerparadies bekannten Fürstentums verwalten rund 500 Milliarden Euro auf etwa 340.000 Konten größtenteils ausländischer Besitzer! Die Deutschen verbinden mit Monaco laut Umfragen des fürstlichen Tourismusamtes vor allem Prinzessin Caroline, das Formel-1-Rennen und das Kasino von Monte Carlo. Wer weiter nach Klischees sucht, landet bei Glanz und Glamour, Stars und Sternchen und vor allem bei **Grace Kelly,** der Hollywood-Schönheit, der es gelang, den feschen Fürsten Rainier zu zähmen. Leider starb Fürstin Gracia Patrizia tragisch und viel zu früh: Am 14. September 1982 wurde sie, mit ihrem Rover 3500 die Corniche entlang fahrend, aus einer Kurve getragen. Spekulationen über die Ursache ihres Todes haben nie aufgehört, und viele träumen noch heute von der Traumhochzeit des Fürsten und der Leinwandprinzessin ...

Aber von dieser Epoche der magischen **Fusion von Hollywood und Monaco,** von der beide profitierten, ist so gut wie nichts geblieben. Tochter Caroline, die einen zupackenden Welfen geheiratet hat und sich *Prinzessin von Hannover* nennen darf, befindet sich zwar tapfer im Dauerstreit mit bunten Blättern, aber auch sie ist mittlerweile in die Jahre gekommen, und Vertreterinnen von Europas jüngerer Prinzessinnen-Generation haben ihr längst den Rang auf den Titelseiten der Klatschpresse abgelaufen.

Warum also heute nach Monaco reisen? Wegen der alten Damen mit ihren albernen Mini-Hündchen, die – Chanel-bekleidet – immer noch um das Kasino kreisen, als sei das Gestern nicht vom Heute zu unterscheiden? Oder wegen der Luxusyachten im Hafen, die es längst auch anderswo gibt? Wegen des Fürstenpalastes, in dem viele das Sinnbild des Operettenstaates, des Scheins und der Inszenierung sehen? Weil man hofft, Prominente zu treffen, Steuerflüchtlinge? Oder weil bemerkenswert ist, wie hier gebaut wurde: zuerst in die Höhe, dann aufs Meer, schließlich unter der Erde?

All dies ist schon erstaunlich genug, doch gibt es noch mehr Skurrilitäten: Der Fürst, heute heißt er Albert II., nennt sich wie eh und je „Seine Ehrwürdigste Hoheit", *Son Altesse Sérénissime*. Kaum ein anderer Ort auf der Welt ist sicherer als sein Reich, denn auf je 70 Einwohner kommt ein Polizist, und mehr als 400 Videokameras überwachen überall das Geschehen. Doch damit nicht genug: Auch die 700 staatlich angestellten Gärtner sind angewiesen, jederzeit über Merkwürdigkeiten Bericht zu erstatten. Big Brother lässt grüßen, aber immerhin kann man hier sorglos seine Juwelen tragen. Und für Unterhaltung jeglicher Art (oder heißt das „Abzocke"?) ist selbstverständlich gesorgt, man muss sich nur entscheiden, ob eine Autoschau interessanter ist als ein Puppenmuse-

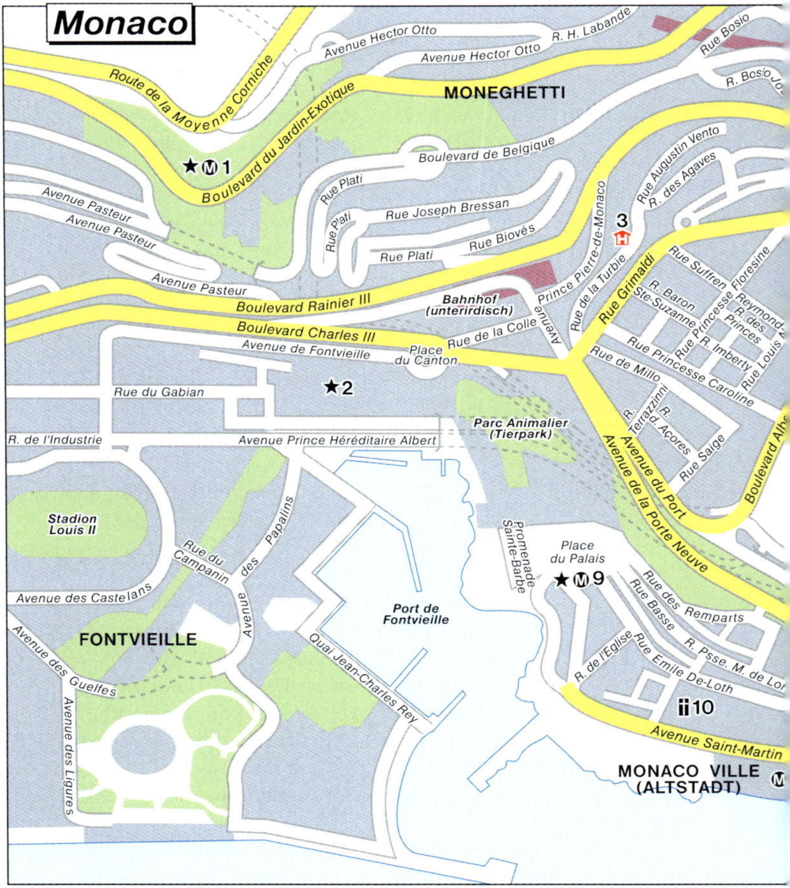

★ Ⓜ	1	Jardin Exotique (Exotischer Garten) und Anthropologie-Museum
★	2	Collection de Voitures Anciennes (Oldtimersammlung)
H	3	Hôtel de France **
	4	Restaurant Polpetta
i	5	Office de Tourisme (Fremdenverkehrsamt)
	6	Restaurant Il Triangolo
★	7	Kasino von Monte Carlo
	8	Strände von Le Larvotto
★ Ⓜ	9	Palais Princier (Fürstenpalast) / Musée des Souvenirs Napoléoniens (Napoleonisches Museum)
	10	Kathedrale
Ⓜ	11	Ozeanografisches Museum
	12	Star'n Bars - Sports Bar & Club

um oder ob im Budget noch ein Hubschrauberflug drin ist oder doch nur das Touristenbähnchen. Auf also nach Monaco, selbst wenn man nicht genau weiß warum!

Geschichte

Der Name Monaco ist wahrscheinlich auf einen ligurischen Stamm zurückzuführen, der sich auf dem Felsen und um die Bucht herum ansiedelte, bevor die Griechen und Römer kamen. Im Laufe der Antike erhielt der Hafen den Namen *Portus Herkules Monoeci*, Herkules-Hafen. Nach den unruhigen Zeiten der Völkerwanderung und der Sarazenen-Einfälle fiel das Gebiet des heutigen Monaco an die Herrscherfamilie von Genua. 1215 erbauten diese eine Festung an der Stelle des heutigen Fürstenpalastes.

In Genua standen sich zwei feindliche Gruppen gegenüber: die papsttreuen Guelfen und die Anhänger der Staufer-Kaiser, die Gibellinen. Die Vertreibung des Guelfen François von Grimaldi im Jahre 1297 wurde für Monaco bedeutsam: Diesem gelang es mit einigen Helfern, als Franziskanermönche verkleidet, sich Monacos zu bemächtigen. Bis heute sind auf dem Grimaldi-Wappen zwei bewaffnete Mönche dargestellt. Die Besetzung Monacos durch François dauerte indes nicht lange und schon 1301 wurde er gezwungen, die Stadt an Genua zurückzugeben.

Als der eigentliche Gründer des Hauses Grimaldi gilt Charles I., der 1308 den Genuesern Monaco abkaufte und 1346 bzw. 1355 auch Menton und Roquebrune hinzugewann. In der Folgezeit stand Monaco mal unter spanischem Schutz, mal unter französischem, aber auch Genua und das Herzogtum Savoyen hatten Einfluss auf das kleine Fürstentum. Nach der Revolution fiel es 1793 sogar für 21 Jahre als „Fort Herkules" komplett an Frankreich. Während der Revolution von 1848 erklärten Menton und Roquebrune sich zu freien Städten, sodass das Fürstentum auf Monaco reduziert wurde (1860 bestätigt).

Wer so auf sich selbst zurückgeworfen ist, muss erfinderisch in punkto Einnahmequellen sein. Und tatsächlich wurde wenig später, 1863, die *Société des Bains de Mer*, die Seebäder-Gesellschaft, ins Leben gerufen. Sie übernahm das bereits bestehende Spielkasino und baute mehrere Hotelpaläste, darunter das Hôtel d'Europe, sowie mehrere Villen und Gärten. Dank der Anbindung an die Eisenbahn und der steigenden Beliebtheit der französischen Riviera bei Europas Reichen und Adligen nahm Monaco einen unerwarteten Aufschwung. 1869 wurde das Fürstentum außerdem zu dem Steuerparadies, das bis heute große Vermögen anzieht.

Unrühmlich war seine Rolle ab 1933: Fürst Louis II. erließ damals judenfeindliche Gesetze, um zu verhindern, dass sein kleines Reich ein „Palästina de luxe" würde, außerdem waren monegassische Banken an der Wäsche von Nazigeld beteiligt. Nach dem Zweiten Weltkrieg, vor allem in den 1970er und 1980er Jahren erlebte Monaco einen Bauboom, der ihm seine heutige Gestalt mit Hochhäusern und seinen Spitznamen „New York des Mittelmeers" einbrachte.

Von seinem großen Bruder Frankreich, dem einzigen Nachbarn, ist der Zwergstaat **keineswegs unabhängig:** Ein Vertrag von 1918 bestimmt, dass Frankreich Monacos territoriale Integrität achtet und schützt und dass Monaco sich im Gegenzug dazu verpflichtet, sich im Einklang mit den Interessen Frankreichs zu verhalten. Dazu gehört, dass Paris den Regierungschef bestimmt, indem es dem monegassischen Fürsten eine Dreier-Liste vorlegt, aus der er wählen muss; auch Polizeichef und Generalstaatsanwalt werden von Frankreich „vorgeschlagen". Franzosen bleiben auch mit monegassischem Wohnsitz steuerpflichtig gegenüber Paris. Das hatte einst de Gaulle von Rainier so verlangt – als Drohung hatte er Monaco drei Tage lang den Strom abgestellt.

Monaco heute

Fürst Rainier III. bestieg 1949 den Thron und regierte bis zu seinem Tod 2005. Seine große Leistung war sicherlich, dass er die wirtschaftliche Abhängigkeit Monacos von seinem Spielkasino beendete. Als er die Regentschaft übernahm, hatten Monte Carlo, das Kasino und damit auch der kleine Staat ihre Glanzzeiten längst hinter sich. Rainier baute es wieder auf und setzte es diesmal auf **wirtschaftlich solidere Fundamente.** Seinen Staat führte er wie ein Unternehmer. Er holte Handel und Banken ins Land, auch Industriebetriebe und förderte den Tourismus.

Nachdem das In-die-Höhe-Bauen an seine Grenzen gestoßen war, ließ der Fürst nach besseren Lösungen suchen, um Platz zu gewinnen. So wurde das Gebiet von 150 auf 195 Hektar vergrößert, indem man Erdreich im Meer aufschüttete, das **Viertel Fontvieille** entstand. Doch diese Methode ist wegen der Meerestiefe mittlerweile ausgereizt und so liegt die architektonische Zukunft Monacos im Untergrund: Der Bahnhof, der Busbahnhof, riesige mehrgeschossige Parkhäuser, Auto-Tunnel und Straßen – was nur möglich ist, wird **unter die Erde verlagert.**

Seit Juli 2005 regiert **Albert II.** über das Fürstentum. Sein Vater Rainier weigerte sich Zeit seines Lebens, zugunsten seines als Frauenheld und Lebemann verschrienen Sohnes abzudanken. Letztendlich hat Albert dann doch den Thron als Junggeselle bestiegen.

Wirtschaft und Gesellschaft

Monaco bietet weitaus mehr Arbeitsplätze, als Menschen dort leben oder ihren Wohnsitz dort haben: Auf die 35.000 Einwohner – aus mehr als hundert Nationen übrigens – kommen über **40.000 Arbeitsplätze.** Jeden Tag pendeln etwa 25.000 Franzosen und Italiener als Arbeitnehmer nach Monaco. **„Echte" Monegassen** gibt es ohnehin nur 5000; sie müssen weder Einkommenssteuer noch Krankenkassenbeiträge zahlen und bekommen vom Staat günstige Wohnungen gestellt. Wer als Auswärtiger in den Genuss der Steuervorteile kommen will, muss mindestens drei Monate im Jahr in Monaco wohnen – eine Briefkastenadresse reicht nicht aus.

Selbst wenn das verwundern mag, auch Monaco lebt letztendlich zu einem Großteil von **Steuereinnahmen.** Sie stammen aus Bankgeschäften, von den Industrieunternehmen in Fontvieille, aus dem Handel (auch mit Immobilien), dem Tourismus und Großveranstaltungen wie der Formel 1. Die Einnahmen aus dem Kasino machen heute gerade mal 5 % des Staatshaushaltes aus – im Jahr 1890 waren es noch 95 %. Wie sich die Zeiten ändern!

Orientierung

Das Fürstentum besteht aus der **Altstadt Monaco** mit dem Fürstenpalast – beide auf dem 300 Meter breiten und 800 Meter langen Felsen **Le Rocher** gelegen –, dem Stadtteil **Monte Carlo** mit dem Spielkasino, dem diese beiden Viertel verbindenden Stadtteil **La Condamine** mit Hafen und Geschäftsstraßen, dem angrenzenden Viertel **Moneghetti** mit dem Jardin Exotique sowie dem Industrie- und Arbeiterviertel **Fontvieille** im Westen. Hier liegt auch das Stadion Louis II., wo der Fußballclub AS Monaco spielt. Die künstlich angelegten **Strände** befinden sich ganz im Osten der Stadt in Le Larvotto.

Am bequemsten ist es, **per Bus oder Bahn anzureisen,** denn die Stadt ist bekanntlich sehr eng. Wer jedoch auf die Benutzung des PKWs nicht verzichten möchte, wird in eines der **unterirdischen Parkhäuser** geleitet, mehrstöckige Labyrinthe tief unter der Erde, schlecht belüftet, aber unerlässlich angesichts der Raumnot, die in Monaco herrscht.

Auf dem Felsen von Monaco

Fürstenpalast

Die Anlage des Fürstenpalastes geht auf eine Festung aus dem 13. Jh. zurück, von der allerdings kaum mehr als ein Turm erhalten ist. Man betritt den *Palais Princier* über den **Ehrenhof** mit seinen eleganten Arkaden. Eine Renaissance-Treppe aus Carrara-Marmor führt zur Herkulesgalerie, die mit Gemälden des genuesischen Malers Ferrari geschmückt ist.

Neben einigen prächtig eingerichteten Salons ist schließlich der **Thronsaal** für Besucher geöffnet, in dem die offiziellen Feierlichkeiten abgehalten werden. In diesem Saal fand am 18. April 1956 die standesamtliche Trauung von Fürst Rainier III. und Grace Kelly statt. Auf dem Baldachin über dem Thron steht der Wahlspruch der Grimaldi „Deo Juvante", auf Deutsch „Mit Gottes Hilfe".

Die privaten Gemächer der Mitglieder der Fürstenfamilie darf natürlich kein Tourist betreten, aber immerhin gibt eine Flagge, die über dem Turm gehisst wird, Auskunft über die Anwesenheit des Fürsten. Besonders beliebt ist ein Gemälde von Rainier und Grace mit Caroline, Albert und Stéphanie, als diese noch Kinder sind.

Auf dem Schlossplatz, der **Place du Palais,** wo Kanonen und Kugeln aufgestellt sind, die Ludwig XIV. dem damaligen Fürsten schenkte, findet jeden Tag um kurz vor zwölf Uhr ein operettenhaftes Spektakel statt: die **Wachablösung** der *Carabiniers* des Fürsten. Im Sommer tragen diese persönlichen Ehrengardisten weiße Uniformen, im Winter schwarze.

• **Palais du Prince,** Place du Palais, Tel. 00377-93.25.18.31, www.palais.mc. Täglich von April bis Oktober 10–18.15 Uhr, von November bis März geschlossen. Eintritt 8 €, Kinder von 8 bis 14 Jahren 3,50 €.

Napoleonisches Museum

Im Ostflügel des Palastes ist die *Musée des Souvenirs Napoléoniens* mit den Palastarchiven untergebracht. Ausgestellt sind etwa **1000 Erinnerungsstücke und Dokumente** Napoléon Bonapartes wie persönliche Gegenstände, Waffen, Uniformen und Abzeichen, Fahnen und Medaillen sowie zwei bekannte Napoléon-Büsten von Canova und Houdon. Die Ausstellung im ersten Stock beschäftigt sich mit der **Geschichte Monacos.** Hier ist unter anderem die Unabhängigkeitserklärung des Fürstentums ausgestellt, die durch den französischen König Louis XII. bestätigt wird.

• **Musée des Souvenirs Napoléoniens et Collection des Archives Historiques du Palais,** Place du Palais, täglich von Januar bis März 10.30–17 Uhr, April bis Oktober 10–18.15 Uhr (montags geschlossen), im November geschlossen, im Dezember 10.30–17 Uhr. Eintritt 4 €, von 8–14 Jahren 2 €.

012co Foto: im

Altstadt

Die **Gassen** der Altstadt, vor allem die Rue Basse, sind recht gut erhalten und restauriert. Leider sind sie vollständig von Souvenirshops, Restaurants und billigen Snackbuden okkupiert, wodurch eine wenig anheimelnde Atmosphäre entsteht. Sogar die **Kathedrale** im neoromanischen Stil wirkt kitschig. Um sie zu bauen, zerstörte man Ende des 19. Jh. die alte Kirche Saint-Nicolas aus dem 13. Jh. Im Inneren gibt es von diesem Heiligen ein Gemälde, eines der Hauptwerke Louis Bréas (ca. 1450–1522/23). Die Mehrheit der Besucher kommt jedoch, um das Grabmal Grace Kellys zu sehen, das die einfache Inschrift trägt „Gratia Patricia Principis Rainier III.".

Ozeanografisches Museum

Highlight der Altstadt und überhaupt Monacos ist die *Musée Océanographique,* 1910 von Fürst Albert I. gegründet. Dieser war ein begeisterter Meeresforscher und hatte ab 1885 zahlreiche Schiffsreisen unternommen. Die Erkenntnisse und Funde dieser Reisen sind im Museum ausgestellt, unter anderem auch **Modellbauten** seiner vier Forschungsschiffe. Das eigentlich Interessante an diesem Museum aber ist das **Aquarium,** das europaweit zu den bedeutendsten seiner Art zählt. In 90 Becken, die direkt vom Meer mit Wasser gespeist werden, leben mehrere hundert Arten Fische aus allen Weltmeeren. In dieser unterirdischen Welt kann man sich stundenlang aufhalten und staunen! Besonders beliebt ist die **Haifisch-Lagune,** ein riesiges Becken mit 450.000 Litern Wasser und einem Korallenriff aus Djibouti.

Im Erdgeschoss sind in der Abteilung für physische Meereskunde riesige **Wal-Skelette** ausgestellt sowie **präparierte Meerestiere** wie Riesenkrebse und -schildkröten. Während die **Muschel-Kunstwerke** aus der Sammlung Alberts I. etwas fürs Auge sind, ist die Ausstellung im ersten Stock, wo es um Themen wie Wellen, Ebbe und Flut, Salzgehalt des Wassers geht, eher lehrreich.

• **Musée Océanographique,** Avenue Saint-Martin, Tel. 00377-93.15.36.00. Täglich geöffnet von April bis Juni und im September 9.30–19 Uhr, im Juli und August 9.30–19.30 Uhr, Oktober bis März 10–18 Uhr. Eintritt 12,50 €, von 6–18 Jahren und für Studenten 6 €.

Monte Carlo

Sinnbild dieses Stadtteils ist das **Spielkasino** mit seiner hübschen, **tropischen Gartenanlage** im Vordergrund, tausendfach fotografiert. Wen das Belle-Epoque-Gebäude an die Pariser Oper erinnert, der liegt richtig, es hat denselben Architekten: Charles Garnier. Ausgestattet mit viel Marmor, Gold und Stuck, entstand das Kasino in der Zeit, als das Fürstentum dank der touristischen Entdeckung der Côte d'Azur seine **Glanzzeit** erlebte (1878–1910). Von dieser Zeit ist jedoch kaum mehr die Kulisse geblieben: Neben dem Kasino liegen das „Café de Paris" und das Hotel gleichen Namens, gegenüber das „Hermitage". Die meisten der schönen Villen wurden längst abgerissen, um Platz für die Hochhäuser und die Siebziger-Jahre-Skyline Monacos zu schaffen.

Die zentrale Halle darf man kostenlos besuchen. Von hier aus gehen das reizende **Belle-Epoque-Theater** und die Spielsäle ab. Wer jedoch die Salons besichtigen möchte, wird ordentlich zur Kasse gebeten. Von der Terrasse aus hat man eine schöne Aussicht bis zur Landspitze von Bordighera. Dazwischen erstrecken sich die künstlich angelegten **Strände** Monacos im Viertel Le Larvotto.

- **Le Casino,** Place du Casino, Monte Carlo, Tel. 00377-92.16.20.00. Täglich ab 12 Uhr geöffnet, für Jugendliche unter 18 Jahren ist der Zugang verboten. Eintritt 10 € (Europäische Salons) bzw. 20 € (Private Salons).

Puppen- und Automatenmuseum

Liebhaber nostalgischer Spielsachen werden noch einen Abstecher in die *Musée National* machen, deren Exponate aus dem 19. Jh. stammen.

- **Musee National,** Villa Sauber, 17 Avenue Princesse-Grace, Tel. 00377-98.98.91.26, www.monte-carlo.mc/musee-national. Geöffnet täglich von 10–18 Uhr. Eintritt 6 €, Kinder von 6 bis 14 Jahren und Studenten 3,50 €.

La Condamine

Das **Geschäftsviertel** La Condamine verbindet die Altstadt auf dem Felsen mit Monte Carlo. Es erstreckt sich rund um den **Hafen,** der 1901 in dieser Form angelegt wurde und wo sich heute herrliche Segelyachten aneinanderreihen.

Am nördlichen Ende des Boulevard Albert I. liegt die **Eglise Sainte-Dévote** von 1870, die Kirche der Schutzpatronin Monacos. Die Legende erzählt, dass es sich bei der Heiligen um eine christliche Märtyrerin handelt, deren Leichnam im 3. Jh. von Korsika aus in einem Boot ins Meer gestoßen wurde. Geleitet von einer Taube, gelangte der Kahn an die monegassische Küste, wo die Reliquien der Dévote bis heute aufbewahrt werden.

In La Condamine liegen außerdem das **olympische Schwimmbad** und die belebte Geschäftsstraße **Rue Grimaldi.**

Fontvieille

Das Viertel Fontvieille wurde zu einem guten Teil dem Meer abgerungen. Hier befinden sich das 1985 eröffnete **Stadion Louis II.,** wo der Fußballclub **AS Monaco** seine Heimspiele hat und das bis zu 20.000 Zuschauer aufnehmen kann, der **Zoo** des Fürstentums und das Museum mit der **Oldtimersammlung** des verstorbenen Rainier, die *Collection de Voitures Anciennes de S.A.S. le Prince de Monaco.*

- **Collection de Voitures Anciennes de S.A.S. le Prince de Monaco,** Terrasses de Fontvieille, Tel. 00377-92.05.28.56, www.palais.mc. Täglich 10–18 Uhr geöffnet. Eintritt 6 €, von 8 bis 14 Jahren 3 €.

Exotischer Garten

Streng genommen schon im Viertel Moneghetti liegt der *Jardin Exotique* mit den **Grottes de l'Observatoire** – 60 Meter tiefe Höhlen mit beeindruckenden Stalaktiten und Stalagmiten – und dem **Musée d'Anthropologie Préhistorique,** einem Museum, in dem regionale Funde aus vorgeschichtlicher Zeit ausgestellt sind wie Tierknochen und Steinwerkzeuge. Besonders eindrucksvoll sind die **Homo-Sapiens-Skelette,** die in den Grimaldi-Grotten in der Nähe der Grenze zu Italien gefunden wurden.

- **Jardin Exotique,** 62, Boulevard du Jardin-Exotique, Tel. 00377-93.15.29.80, www.jardin-exotique.mc. Täglich von Mitte Mai bis Mitte September 9–19 Uhr, im übrigen Jahr nur bis 18 Uhr oder Einbruch der Dunkelheit. Eintritt (Garten, Grotten und Museum) 6,90 €, von 6 bis 18 Jahren und für Studenten 3,60 €.

Praktische Tipps

Information

- **Office de Tourisme,** 2a, Boulevard des Moulins, Monte Carlo, MC 98030 Monaco Cédex, Tel. 00377-92.16.61.66, www.visitmonaco.com.
- Auch innerhalb Monacos muss die **Telefon-Vorwahl 00377** immer mitgewählt werden.

Stadtverkehr

- **Busse:** Die Nr. 1 verkehrt zwischen Altstadt und Kasino, Nr. 2 fährt Fahrgäste zum Exotischen Garten und Nr. 4 bedient die Strandgegend Larvotto (ab Bahnhof).

Autoverleih

- **Avis,** 9, Avenue Ostende, im östlichen Nachbarort Beausoleil, Tel. 00377-04.93.30.17.53.
- **Europcar,** 47, Avenue de Grande Bretagne, Beausoleil, Tel. 00377-04.93.50.74.95.

Parken

Wer auf die Benutzung des PKWs nicht verzichten möchte, wird in eines der unterirdischen Parkhäuser geleitet.

Unterkunft

- **Hôtel de France** **/€€€, 6, Rue de la Turbie, Tel. 00377-93.30.24.64, Fax 00377-92.16.13.34, www.monte-carlo.mc/france. Dieses einfache, nette Hotel liegt in La Condamine, unweit des Bahnhofs. Es ist in einem lachsfarbenen Stadthaus aus dem 19. Jh. untergebracht und bietet renovierte Zimmer in provenzalischen Farben.

Jugendherberge:

- **Relais International de la Jeunesse,** Boulevard de la Mer, 06320 Cap d'Ail, Tel. 00377-04.93.78.18.58, claijpaca@cote-dazur.com. Die Jugendherberge liegt nicht auf dem Territorium des Fürstentums, sondern im westlichen Nachbarort Cap d'Ail.

Essen und Trinken

Das kleine Monte Carlo weist eine besonders hohe Dichte von Restaurants mit Michelin-Stern bzw. -Sternen auf: Le Louis XV – Alain Ducasse, Grill de l'Hôtel de Paris, Joël Robuchon Monte Carlo (Hôtel Métropole), Vista Mar (Hôtel Hermitage) oder Bar Boeuf & Co (Sporting Club Monte Carlo).

- **Il Triangolo,** Avenue de la Madone, Tel. 00377-93.30.67.30. Rustikal eingerichtete Stube ganz in der Nähe des Kasinos, die man leicht übersehen kann. Drinnen sitzt man eng beieinander an langen Tischen und kann – zu für Monaco durchaus akzeptablen Preisen – leckere Pasta, Gnocchi oder Pizza genießen. Die Klientel ist vor allem italienisch und der „Patrone" scheint jeden Einzelnen persönlich zu kennen.
- **Polpetta,** 2, Rue du Paradis, Tel. 00377-93.50.67.84. Dieses schon klassische Restaurant liegt ebenfalls in Monte Carlo und bietet italienische Küche. Auch hier ist die Atmosphäre entspannt und die Qualität der Speisen sehr gut. Angenehm ist im Sommer die Terrasse. Mittleres Preisniveau.

Nachtleben

Monaco hat im Bereich Bars, Diskotheken, Varieté etc. einiges zu bieten. Hier eine Empfehlung:

- **Stars'n Bars – Sports Bar and Club,** 6, Quai Antoine I., Tel. 00377-93.50.95.95. Das *Le Stars,* wie es von Kennern der Szene genannt wird, erinnert mit seinen 1500 m² Fläche an ein Museum, und tatsächlich können hier eine Menge „Utensilien" bewundert werden, die einst mehr oder weniger berühmten Sportlern gehörten. Im Übrigen kann man sich hier amüsieren: im Restaurant, an den Bars oder in der Diskothek.

Feste und Veranstaltungen

- **Rallye Automobile Monte Carlo,** im Januar.
- **Grand Prix Automobile de Monaco,** im Mai.
- **Nationalfeiertag,** am 19. November seit 1857.
- **Monaco Jazz Festival,** Ende November/Anfang Dezember.

Märkte

- **La Condemine,** täglich 7–13 Uhr.

Aktivitäten

- **Hubschrauberflüge,** Héli Air Monaco, Héliport, Avenue des Ligures, Tel. 00377-92.05.00.50, www.heliairmonaco.com.). Dieses Vergnügen kostet 50 € aufwärts (Preis für 10 Min., wenn 4 Personen mitfliegen).

Verkehrsverbindungen

- **Bus:** täglich regelmäßige Verbindungen von und nach Nizza und Menton (Busgesellschaft siehe Nizza).
- **Bahn:** SNCF-Bahnhof mit TGV- und Regionalverbindungen Richtung Nizza und Menton, Tel. 08.92.35.35.35.

Roquebrune-Cap Martin

Die Doppelstadt, die rund 12.000 Einwohner zählt, ist längst zusammengewachsen und hat sich entlang der gesamten Küste zwischen Monte Carlo und Menton ausgebreitet. Sie besteht aus dem Stadtteil Cap Martin, der sich zum Teil über die gleichnamige Halbinsel, eine wunderschöne Villengegend, erstreckt, sowie dem alten Dorf Roquebrune, das schon in karolingischer Zeit existierte. An dessen Ortseingang steht ein **Olivenbaum,** der mit etwa **2000 Jahren** der älteste der Welt sein soll.

Roquebrune

Liebhaber mittelalterlicher Wehrdörfer sollten Roquebrune nicht auslassen, denn dies ist ein besonders schönes und historisch bedeutsames *village perché*. Es ist Frankreichs einziger befestigter Ort aus der **Karolinger-Zeit.** Erhalten ist vor allem die **Burg** aus dem 10. Jh., die Graf Konrad I. von Ventimiglia zur Abwehr der Sarazenen (Mauren) errichten ließ. Mehrere Jahrhunderte gehörte sie der Familie Grimaldi von Monaco.

Zum Château zählte ursprünglich das gesamte Dorf, welches von einem Mauerring umgeben war, auch die **Kirche Sainte-Marguerite** aus dem 13. Jh. (umgebaut im 17. Jh.). Diese mittelalterliche Struktur mit verwinkelten, teilweise überwölbten Gassen ist bis heute erhalten. Später nannte man nur noch den Bezirk um den Turm *Château*. Der *Donjon* genannte **Wohn- und Verteidigungsturm** hat bis zu

013co Foto: im

vier Meter dicke Mauern und ist mit Zinnen, Pechnasen und Schießscharten ausgerüstet, ganz so, wie man sich mittelalterliche Ritterburgen vorstellt. Im Innern gibt es mehrere restaurierte Räume: Unter anderem stößt man auf den höfischen Festsaal, die Wachstube, den Schlafraum der Schützen und die Kerker. Herrlich ist die Aussicht von der Burgterrasse über das malerische Häusergewirr von Roquebrune, das Cap Martin und das benachbarte Monaco.

- **Chateau de Roquebrune-Cap Martin,** täglich 10–12.30 und 14–17 Uhr, im Sommer nachmittags 15–19.30 Uhr. Eintritt 4 €, Ermäßigungen.

Cap Martin

Das Kap gilt als Nobel-Vorort von Menton. Es ist mit vornehmen **Villen** bebaut, dazwischen verleiht eine üppige Vegetation, bestehend aus Kiefern, Zypressen und Mimosen, der Halbinsel viel mediterranes Flair. Eines der Gebäude, **Cabanon** genannt - das eher einer Hütte als einer Villa ähnelt – hat der berühmte Architekt **Le Corbusier** gebaut. Es wurde nach der so genannten Modulor-Methode berechnet, die Le Corbusier entwickelte und deren Proportionen auf den menschlichen Körpermaßen beruhen. Der Künstler bewohnte das Haus zeitweilig selbst und schwärmte darüber: „Ich besitze ein Schloss an der Côte d'Azur, 3,66 Meter mal 3,66 Meter groß. Es ist außergewöhnlich komfortabel und be-

Roquebrune, ein typisches village perché

haglich zugleich." Le Corbusier erlitt 1965 bei einem Bad im Meer einen Herzinfarkt, verstarb daran und wurde auf dem Friedhof von Roquebrune begraben.

- **Cabanon de Le Corbusier,** Besichtigung nur mit Führung möglich, Treffpunkt dienstags und freitags um 10 Uhr am Office de Tourisme. Kosten 8 €, Ermäßigungen.

Küstenwanderweg

Vom Cap Martin nach Monte Carlo Beach führt ein Küstenwanderweg, für den man hin und zurück etwa vier Stunden braucht. Startpunkt ist der Parkplatz an der Kap-Spitze, der Weg ist zunächst ausgeschildert als *Promenade Le Corbusier* – bereits erwähnter **Cabanon** liegt also auf dem Weg. Wem die Strecke zu weit ist, der kann für die Rückfahrt von Monte Carlo aus auch den Bus nehmen. Was schließlich die **Ostseite** des Cap Martin angeht, so hat man von hier aus eine **herrliche Aussicht** auf die Bucht von Menton, die dahinter liegenden Berge und auf die italienische Küste bis Bordighera.

Information

- **Office de Tourisme,** 218, Avenue Aristide Briand, 06190 Roquebrune-Cap Martin, Tel. 04.93.35.62.87, Fax 04.93.28.57.00, www.roquebrune-cap-martin.com.

Unterkunft/ Essen und Trinken

- **Les Deux Frères** €€€-€€€€, Place des Deux-Frères, Roquebrune, Tel. 04.93.28.99.00, Fax 04.93.28.99.10, www.lesdeuxfreres.com. Das Hotel liegt am Rand des alten Dorfes Roquebrune, an einem schönen Platz. Kaum zu glauben, aber bei dem Gebäude handelt es sich um das alte Schulhaus. Nachdem es einige Jahre völlig leer gestanden hatte, wurde es gründlich renoviert und erstrahlt heute in leuchtendem Weiß mit grünen Fensterläden. Auch in den zehn Zimmern dominiert die Farbe Weiß, die übrige Dekoration ist im mediterranen Stil gehalten. Der frühere Schulhof dient als Terrasse des Restaurants. Das Preisniveau der Speisen liegt im mittleren bis gehobenen Bereich.

Feste und Veranstaltungen

- **Theater- und Tanzfestival,** im Juli und August auf dem Burgplatz.
- **Musikalische Abende,** im Juli und August auf dem Burgplatz.
- Die **Schneckenlichter-Prozession,** eine ähnliche Veranstaltung wie in Gorbio, findet an Karfreitag seit 1315 statt: Bei der *Procession aux Limaces* werden mit Öl gefüllte Schneckenhäuschen zum Leuchten gebracht.

Verkehrsverbindungen

- **Bus:** mehrere Verbindungen täglich nach Menton, Monaco und Nizza (Busgesellschaft siehe Nizza).
- **Bahn:** Roquebrune-Cap Martin liegt auf der Strecke des Regionalexpresszuges Nizza – Menton – Ventimiglia (weitere Informationen siehe Nizza).

Menton

„Hier ist die Luft von feinem Mandarinen-Geruch gefüllt", schwärmte Katherine Mansfield (1888–1923), „mit einem Hauch Muskat". Die neuseeländische Schriftstellerin verbrachte vom Frühjahr 1920 an ein ganzes Jahr in Menton und ließ sich von dieser Stadt zu einiger ihrer besten Erzählungen inspirieren. Die Altstadt, behauptete sie, sei das schönste, was sie jemals gesehen habe.

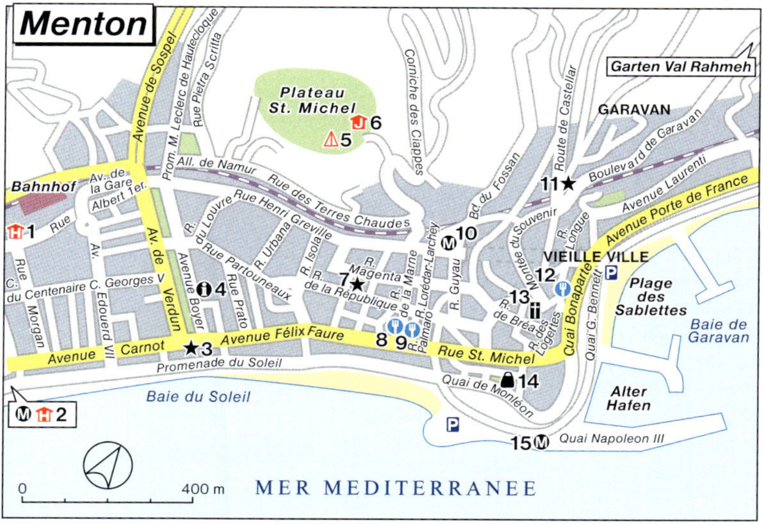

- 1 Hôtel Beauregard**
- 2 Palais Carnolès, Le Riva***, Aiglon***
- 3 Spielkasino, Jardins Biovès (Zitronenfest)
- 4 Office de Tourisme
- 5 Camping Saint-Michel
- 6 Auberge de Jeunesse (Jugendherberge)
- 7 Hôtel de Ville mit dem von Jean Cocteau gestalteten Hochzeitszimmer
- 8 Le Jardin des Lys
- 9 Le Bouquet Garni
- 10 Museum für regionale Vor- und Frühgeschichte
- 11 Cimetière du Vieux Château (Alter Friedhof)
- 12 Braijade Meridounale
- 13 Basilika Saint-Michel und Kapelle der Weißen Büßer
- 14 Markthalle
- 15 Cocteau-Museum

Ob die Mansfield mit diesem Superlativ nun Recht hat oder nicht, Mentons „Vieille Ville", ja die ganze Stadt ist ein charmanter Flecken Erde. Ihre Lage an der **Grenze zu Italien** hat nicht nur ihre Geschichte geprägt – Menton wurde erst 1861 französisch – sondern auch ihr Antlitz mit italienisch anmutenden Plätzen und Kirchen im **Genueser Barockstil.**

Besonders bezaubernd sind der **alte Friedhof,** der hoch über dem Meer auf einem Felsen thront, und gleich nebenan das legendäre Viertel Garavan, das im 19. Jh. entstand, als die europäische Aristokratie Menton für sich entdeckte. Damals kam man im Winter wegen des milden Klimas, doch längst ist Menton ein Ganzjahresreiseziel geworden.

Rundherum geschützt von über tausend Meter hohen Bergen, gilt es als das **wärmste Seebad der Côte d'Azur** und hat 316 Sonnentage pro Jahr. Bei einer Durchschnittstemperatur von über 11 °C selbst im Januar gedeihen hier tropische Pflanzen prächtig, vor allem die empfindlichen **Zitronen** – eine Art Symbol der Stadt – die bereits bei geringen Minusgraden erfrieren. Zu Ehren der Zitrone veranstaltet die Stadt jedes Jahr im Februar ein großes Zitronenfest, eine Tradition seit den 1920er Jahren.

Geschichte

Mentons Vorgängerstadt, *Podium Pini* oder *Puypin*, wurde zum ersten Mal 1146 erwähnt, der Name *Menton* sogar erst ein Jahrhundert später. Sie soll zum Herrschaftsgebiet der genuesischen Familie Vento gehört haben, bevor die Stadt 1346 von Charles Grimaldi von Monaco gekauft wurde. Unter monegassischer Herrschaft war sie an der wechselvollen Geschichte des Fürstentums beteiligt; erst 1861 fiel Menton endgültig an Frankreich.

Etwa um dieselbe Zeit wurde Menton zunächst von reichen Briten, später auch von anderen Europäern als Erholungsort entdeckt. Wie in die übrigen Riviera-Orte kam man zunächst im Winter wegen des milden Klimas. Am Vorabend des Ersten Weltkrieges zählte man in Menton nicht weniger als 75 Hotels und Hunderte prächtiger Villen, viele umgeben von wunderbaren tropischen Gärten. Zu den berühmtesten Gästen der Stadt zählen die Kaiserin Eugénie, Alexander von Russland und die englische Königin Victoria.

Während des Zweiten Weltkrieges wurde Menton zunächst von Italien, dann vom Deutschen Reich besetzt und am 8. September 1944 von den alliierten Truppen befreit. Heute gilt Menton in Frankreich als Stadt der Rentner: Sie stellen von den rund 30.000 Einwohnern nahezu ein Drittel.

Strandpromenade

Menton erstreckt sich um eine weit geschwungene Bucht, die sich in zwei Teile teilt: Östlich der Altstadt liegt die **Baie de Garavan,** westlich davon die **Baie du Soleil.** An Letzterer läuft die **Promenade du Soleil** entlang, sonnenverwöhnt und beliebt bei Spaziergängern. Zur Hafenseite hin stößt man noch auf einige prächtige Bauten aus der Belle Epoque, zum Beispiel den Winter-Palast und den Riviera-Palast am Quai de Monléon.

Wendet man sich nach Westen Richtung Cap Martin, kommt man zunächst am Kasino vorbei. Hinter diesem verläuft die Avenue de Verdun mit den **Jardins Biovès,** wo alljährlich im Februar das **Zitronenfest** stattfindet. Gewissermaßen erfunden von einem ortsansässigen Hotelier im Jahre 1929, der seine Gäste mit einer Blumen- und Zitrusfrüchte-Ausstellung unterhalten wollte, findet dieser spezielle „Menton-Karneval" seitdem jährlich statt. Die Umzüge stehen jedes Mal unter einem anderen Motto und es werden jeweils rund 120 Tonnen Zitrusfrüchte für die Dekoration verbraucht!

Zurück auf der Strandpromenade reihen sich neuere Hotels, Cafés und Restaurants aneinander. Auch wer Strände liebt, ist in diesem Abschnitt der Promenade richtig. Allerdings darf man nicht zu lärmempfindlich sein, denn parallel zum Meer verläuft die Straße und auch die Franzosen lieben - schließlich ist Italien nicht weit - laute Motorräder und Vespas.

Altstadt

Man erreicht die Altstadt über die Rue Saint-Michel, Mentons Fußgängerzone. Fast an deren Ende, Richtung Hafen, liegt die schöne, von Platanen bestandene **Place aux Herbes,** der „Kräuterplatz" mit Säulengang, Brunnen und Cafés. Nur wenige Schritte von hier stößt man auf die **Markthalle,** die zusammen mit dem Orientpalast in der Rue da la République zu den schönsten Belle-Epoque-Gebäuden Mentons zählt. Jeden Morgen findet hier ein Markt statt, freitags auch zusätzlich ein **Antiquitäten- und Trödelmarkt.**

Über die italienisch anmutende Place du Cap erreicht man die eigentliche Altstadt. Links führt die **Rue des Logettes** den Berg hinauf und mündet in die **Rue Longue,** die ehemalige Hauptstraße des alten Menton, die der antiken Via Julia Augusta folgt. Man bemerkt bald, dass Mentons Altstadt wohltuend „authentisch" geblieben ist: Nur zum Teil renoviert, ist sie von den sonst an der Côte d'Azur allgegenwärtigen Kunsthandwerker- und Souvenirshops verschont geblieben.

Basilika Saint-Michel

An den Rampes Saint-Michel hat man rechts einen schönen Blick auf Mentons Yachthafen, wendet man den Blick jedoch nach links, gen Hügel, so erhebt sich dort majestätisch die Basilika Saint-Michel mit ihrer herrlichen zweistöckigen **Fassade im Barockstil,** gelbgrün getüncht und mit zwei Glockentürmen versehen (Grundsteinlegung der Kirche 1619). Mit Ausblick auf diese Fassade finden auf dem Kirchplatz jeden Sommer die Konzerte des **Musikfestivals** statt.

Die ebenfalls barocke Innendekoration der Basilika war seinerzeit inspiriert von der Kirche Santissima Annunziata in Genua: Vom Hauptschiff aus, das ein Tonnengewölbe trägt, gehen mehrere **reich ausgestattete Kapellen** ab. Über dem ganz nach barockem Geschmack verzierten Hochaltar ist der Kampf des heiligen Michael, dem die Kirche geweiht ist, mit Luzifer zu sehen. Ebenfalls bemerkenswert ist ein Michaelsretabel von Manchello (1569), welches ihn zusammen mit Petrus und Johannes dem Täufer zeigt. Die beeindruckende **Orgel** auf der Empore stammt aus dem 17. Jh.

- **Basilika Saint-Michel,** montags bis freitags 10–12 und 15–17 Uhr.

Kapelle der Weißen Büßer

Gleich neben der Basilika liegt die Kapelle der Weißen Büßer, einer Laienbrüderschaft. 1689 errichtet, wurde sie im 19. Jh. stark verändert. Ihre harmonisch wirkende Fassade ist verziert mit schönen Blumengirlanden aus Stuck. Das barocke Innere kann leider nur montags zwischen 15 und 17 Uhr bewundert werden.

Alter Friedhof

Weiter oben auf dem Hügel liegt der vielleicht schönste Ort von Menton, der **Cimetière du Vieux Château.** Dass dies ausgerechnet ein Friedhof ist, liegt zunächst an seiner beeindruckenden Lage hoch über dem Hafen und an dem **herrlichen Blick** auf Menton, die Dächer der Altstadt und die Küste vom Cap Martin bis nach Italien. Terrassenförmig angelegt, wo einmal die mittelalterliche Burg stand, strahlt dieser Friedhof einen besonderen Geist aus: den der internationalen Aristokratie des 19. Jh. Während die Mehrheit damals unter der so genannten „sozialen Frage" und den Folgen der Industrialisierung litt, gehörten weite Reisen zum Lebensstil der Reichen und Adligen selbstverständlich hinzu. Tragisch war nur, dass viele von ihnen zum Kurieren ihres Lungenleidens nach Menton kamen, doch dafür war das dortige Klima mitnichten geeignet. Manche starben jung, sehr jung sogar, wie zum Beispiel die 15-jährige Veronica, Tochter des britischen Generals Jones und 1888 auf dem Mentoner Friedhof bestattet. An-

014co Foto: im

dere Gräber tragen russische, schwedische und sogar auf Kanada hinweisende Inschriften. Schließlich fällt auch das Grab eines Deutschen auf, des Grafen Leonard Ferdinand Henckel von Donnersmarck, eines Schlesiers, der 1892 in Menton bestattet wurde. Allerdings starb er in Monte Carlo – vielleicht gar an der Spielsucht?

• **Cimetière du Vieux Château,** täglich 7–18 Uhr, von Mai bis September 7–20 Uhr.

Viertel Garavan

Viele der auf dem Cimetière du Vieux Château begrabenen betuchten Ausländer wohnten während der Belle Epoque in dem damals neu entstandenen Garavan, einem **noblen Villenviertel,** das am Friedhof beginnt. Der 1882 bis 1888 gebaute Boulevard de Garavan ersteckt sich über drei Kilometer bis zur italienischen Grenze. Man kann hier Villen eklektischen Stils bewundern und Gärten mit tropischer Flora, ebenfalls im 19. Jh. in Menton eingeführt.

Für den Rückweg bietet sich die Montée du Souvenir an, die wieder zum Kirchplatz zurückführt. Über die Rampes Saint-Michel erreicht man die Hafengegend.

Menton nahe der italienischen Grenze

Museen

Cocteau-Museum

Es ist untergebracht in einer Bastion von 1639 am Hafen, die Cocteau entdeckte, als er mit der Dekoration des Mentoner Heiratszimmers beschäftigt war. Der Künstler übernahm persönlich die **Leitung der Restaurierungsarbeiten** und erschuf sich so ein Museum, das seinem Geschmack entsprach. Leider wurde es erst nach seinem Tod eröffnet. Den Eingangsbereich ziert ein Wandteppich mit dem Titel „Judith und Holofernes", den Matisse seinerzeit als den „einzig wahren zeitgenössischen Wandteppich" bezeichnete. Cocteau entwarf für sein Museum schmiedeeiserne Vitrinen, in denen Keramik-Arbeiten ausgestellt sind. Im ersten Stock findet sich eine sehr schöne Serie von Pastellen mit dem Titel „Die Innamorati" (1961), Variationen über die Liebe, inspiriert von den Liebschaften der Mentoner Fischer.

• **Musée Jean Cocteau,** Vieux-Port, Tel. 04.93. 57. 72.30, täglich außer dienstags und an Feiertagen 10–12 und 14–18 Uhr. Eintritt 3 €, Ermäßigungen.

Cocteau-Hochzeitssaal

Die „Salle des Mariages" **im Rathaus** gestaltete Cocteau in den 1950er Jahren. Das Gemälde der Frontwand stellt in geschwungenen Linien ein Liebespaar dar: rechts der Mentoner Fischer mit der typischen Kopfbedeckung, links das Mädchen mit einem Hut aus Nizza. Die Seitenwände zeigen die Geschichte von „Orpheus und

Eurydike“ und eine Hochzeitsfeier. Auch das Mobiliar trägt die Handschrift Cocteaus: knallrote Stühle im spanischen Stil, schmiedeeiserne Lampen, die an Palmen erinnern und ein Raubtierfell vor dem Hochzeitstisch – in extravaganterer Umgebung kann man wohl kaum heiraten!

● **Hôtel de Ville, Salle des Mariages,** Place Ardoino, Tel. 04.92.10.50.00, täglich außer an Wochenenden und Feiertagen 8.30–12.30 Uhr und 13.30–17 Uhr. Eintritt 1,50 €.

Museum für regionale Vor- und Frühgeschichte

Dieses Museum versetzt den Besucher zurück in die Zeit, als die Menschen der französischen Riviera noch die Höhlen von Vallonet, Lazaret und Grimaldi bewohnten. Anhand **nachgestellter Szenen** und von **Fundstücken** wie zum Beispiel Steinwerkzeugen und Tierskeletten kann das Leben tausende Jahre vor unserer Zeit nachvollzogen werden. Besonders interessant ist ein männliches **Skelett** aus der Grimaldi-Grotte, das auf **25.000 v. Chr. datiert** wird. Im Untergeschoss des Museums befindet sich ein Saal zur **Mentoner Geschichte** und Folklore.

● **Musée de Préhistoire régionale,** Rue Lorédan-Larchey, Tel. 04.93.35.84.64. Täglich außer dienstags und an Feiertagen 10–12 und 14–18 Uhr. Eintritt frei.

Musée des Beaux-Arts, Palais Carnolès

Untergebracht in der ehemaligen Residenz der Fürsten von Monaco aus dem 17. Jh., umgebaut im 19. Jh., zeigt dieses Museum **Kunstwerke vom 13. Jh. bis in unsere Zeit.** Hervorzuheben sind Werke von Leonardo da Vinci, dem Nizzaer Künstler Louis Bréa (ca. 1450–1522/23) und dem modernen Maler Raoul Dufy. Das Palais ist umgeben von einem Zitrusbaumgarten mit Skulpturen.

● **Palais Carnolès,** 3, Avenue de la Madone, Tel. 04.93.35.49.71. Täglich außer dienstags und an Feiertagen 10–12 und 14–18 Uhr. Eintritt frei.

Mentons Gärten

Stellvertretend für die zahlreichen Parks und Gärten Mentons, die so klingende Namen tragen wie „Villa Maria Serena“ oder „Fontana Rosa“, seien hier die beiden schönsten beschrieben.

Val Rahmeh

Der botanische **Exotengarten** Val Rahmeh liegt im Viertel Garavan, unweit der italienischen Grenze. Es ist der „Mittelmeer-Ableger“ des nationalen Museums für Naturgeschichte. Eingerahmt von Bergen und daher geschützt von allen Winden, herrscht hier ein so mildes Mikroklima, dass auch Pflanzen aus sehr warmen Gegenden der Welt gut gedeihen.

Ursprünglich ein landwirtschaftlicher Betrieb, wurde das Anwesen Anfang des 20. Jh. von dem Engländer Lord Ratcliffe erworben und zu einem Feriensitz mit botanischem Garten umfunktioniert. Insbesondere die zweite Besitzerin Val Rahmehs, die Botanikerin Campbell, eine ehemalige

Mitarbeiterin des Britischen Museums, bereicherte den Garten durch zahlreiche neue Arten aus Afrika, Asien und Ozeanien.

1966 verkaufte sie ihr Anwesen an den französischen Staat, der es als Museum der Öffentlichkeit zugänglich machte. Ein Entdeckungsgang durch den wunderschönen Garten mit Pflanzen aus aller Welt lohnt sich. Besonders schön sind die **Teiche** mit Papyrus, Wasserhyazinten, Lotus und Seerosen.

- **Val Rahmeh,** Avenue Saint-Jacques, Tel. 04.93.35.86.72. Täglich geöffnet von Oktober bis März 10–12.30 und 14–17 Uhr, April bis September 10–12.30 und 15–18 Uhr. Eintritt 5 €, Ermäßigungen.

Serre de la Madone

Der Garten Serre de la Madone ist ein ländliches Anwesen im Tal von Gorbio und war einst Eigentum Lawrence Johntons, eines in Paris geborenen Amerikaners. Er wollte sich „ein kleines Paradies auf Erden" schaffen und brachte dazu Anfang des 20. Jh. allerhand Pflanzen nach Menton, vor allem von seinen Reisen nach Asien. Spaziert man heute durch des Majors Exotengarten, stößt man außerdem auf Terrassen, Wasserbassins, Brunnen, Statuen, Treppchen und Lauben – ein herrlicher, der Zeit entrückter Ort!

- **Serre de la Madone** 74, Route de Gorbio, Tel. 04.93.57.73.90, www.serredelamadone.com. Täglich geöffnet außer montags von Mitte Februar bis Oktober, genaue Zeiten sind beim Office de Tourisme zu erfragen. Nur im Rahmen von Führungen zu besichtigen. Eintritt 8 €, Ermäßigungen.

Praktische Tipps

Information

- **Office de Tourisme,** 8, Avenue Boyer, 06500 Menton, Tel. 04.92.41.76.76, Fax 04.92.41.76.78, www.menton.fr.

Unterkunft

- **Le Riva** ***/€€€€, 600, Promenade du Soleil, Tel. 04.92.10.92.10, Fax 04.93.28.87.87, www.hotelrivamenton.com. Modernes Hotel an der Strandpromenade Richtung Cap Martin. Die Zimmer sind in der Ausstattung standardisiert, dabei sehr komfortabel und verfügen über eine Klimaanlage. Die schönsten sind jene mit Balkon und Meerblick, je höher gelegen desto ruhiger. Das Frühstücksbuffet ist reichhaltig.
- **Aiglon** ***/€€€€, 7, Avenue de la Madone, Tel. 04.93.57.55.55, Fax 04.93.35.92.39, www.hotelaiglon.net. Untergebracht in einem alten Stadtpalais, bietet dieses Hotel ein Ambiente, das an die Zeit erinnert, in der die Engländer die Riviera als Winterreiseziel entdeckten. Die Zimmer sind trotzdem komfortabel, dabei für Menton recht günstig. Das Restaurant konzentriert sich auf regionale Spezialitäten; Sommers speist man auf der Veranda, bei kühleren Temperaturen im Wintergarten. Den Gästen steht ein Swimming-Pool im Garten zur Verfügung.
- **Le Beauregard** **/€€, 10, Rue Albert I., Tel. 04.93.28.63.63, Fax 04.93.28.63.79. Preiswertes Hotel in Bahnhofsnähe, untergebracht in einer alten Villa, die umgeben ist von einem schönen Garten mit Palmen und Bougainvilleen. Der Empfang ist freundlich und die Zimmer sind ruhig.

Jugendherberge:

- **Auberge de Jeunesse,** Plateau Saint-Michel, Tel. 04.93.35.93.14, Fax 04.93.35.93.07, www.ajmenton.com.

Camping

- **Camping municipal Saint-Michel,** Plateau Saint-Michel, Tel. 04.93.35.81.23. Campingplatz mit schöner Aussicht und 130 Stellplätzen unter Oliven- und Eukalyptus-Bäumen.

Geöffnet von April bis Oktober und während des Zitronenfestes.

Essen und Trinken

- **Braïjade Meridounale,** 66, Rue Lounge, Tel. 04.93.35.65.65. Auch bei Einheimischen beliebtes, traditionelles Restaurant in der Altstadt. Die Einrichtung ist rustikal und gemütlich, die Qualität der Speisen sehr gut. Eine Reservierung ist ratsam. Mittleres bis gehobenes Preisniveau.
- **Le Bouquet Garni,** 1, Rue Palmaro, Tel. 04. 93.35.85.91. Bei diesem Restaurant trügt der äußere Anschein: Der Speiseraum innen ist denkbar einfach, aber die Küche überrascht durch Kreativität und Frische. Der Koch bereitet auf der Basis traditioneller Rezepte köstliche, leichte Gerichte zu. Die Weinkarte überzeugt, im Sommer gibt es eine Terrasse.
- **La Jardin des Lys,** 1, Rue de la Marne, Tel. 04.93.78.72.09. Netter Teesalon, der gleichzeitig eine gute Adresse für kleine Gerichte wie zum Beispiel Quiches mit Salat ist.

Märkte

- **Überdachter Markt,** jeden Vormittag in den Hallen am Quai de Monléon.
- **Antiquitäten- und Trödelmarkt,** freitags auf der Place aux Herbes, neben den Markthallen.

Feste und Veranstaltungen

- **Zitronenfest,** zwei Wochen lang Ende Februar (an Karneval).
- **Gartenmonate,** spezielles Angebot zum Besuch der Mentoner Gärten im Juni und September.
- **Sommerprogramm,** Musik-, Tanz- und Straßenfeste im Juni und August.

Einkaufen

- **L'Arche des Confitures,** früher Maison Herbin, 2, Rue du Vieux Collège, in einer Seitenstraße der FUZO. Traditionelles und über die Grenzen von Menton bekanntes Haus, das Konfitüren und Honig herstellt. Die Mischungen sind zum Teil außergewöhnlich und die Qualität ist ihren Preis wert.

Verkehrsverbindungen

- **Bus:** Es bestehen regelmäßige Verbindungen nach Monaco und Nizza sowie zum Flughafen Nizza. Busstation: Avenue de Sospel, Tel. 04.93.35.93.60. (Weitere Informationen siehe Nizza.)
- **Bahn:** Menton liegt an der Regionalexpress-Strecke Nizza – Ventimiglia. Im Sommer besteht zudem eine TGV-Verbindung. SNCF-Bahnhof: Tel. 08.36.35.35.35.

Umgebung von Menton

Von der „Zitronenstadt" aus können einige Dörfer erkundet werden, die in den Bergen oberhalb Mentons liegen und zum Teil bereits von der Autobahn aus zu sehen sind. Einfach erreichbar sind sie jedoch nicht, vielmehr schlängeln sich die Straßen in eng aufeinanderfolgenden Serpentinen den Berg hinauf.

Gorbio

Nach Gorbio ist die Route von Cap Martin aus zu empfehlen (D 23), die durch eine begehrte Wohngegend führt. Das Dorf wirkt gemütlich mit seinen engen Gassen und seinem Dorfplatz, auf dem eine 1713 gepflanzte Ulme steht.

In der Gegend bekannt ist Gorbio für seine **Schneckenlichter-Prozession** *(Procession aux Limaces)* an Fronleichnam: Das Dorf ist dann übersät mit ölgefüllten, leuchtenden Schneckenhäuschen!

Sainte-Agnès

Der Nachbarort Sainte-Agnès, von Menton erreichbar über die D 23, liegt – obwohl nur wenige Kilometer

015co Foto: im

von der Küste entfernt – in luftigen 660 Metern Höhe und ist etwas touristischer als Gorbio. Die **Aussicht** auf die Küste ist herrlich, und Liebhaber von **Boutiquen und Kunsthandwerk** kommen hier auf ihre Kosten. Bei Sainte-Agnès steht noch das **Fort Maginot** aus dem Zweiten Weltkrieg, errichtet 1931 bis 1938.

Castellar

Castellar schließlich liegt am weitesten östlich (D 24) und ist vor allem **Wanderfreunden** zu empfehlen (hier verläuft der Fernwanderweg GR 52). Durch das Carei-Tal und über den Col de Castillon (707 m) erreicht man Sospel im Bévéra-Tal (s. nächstes Kapitel).

Unterkunft/ Essen und Trinken

- **Hôtel des Alpes** €€, Place Clemenceau, Castellar, Tel. 04.93.35.82.83, Fax 04.93.28. 24.25. Preiswertes Hotel für Wanderer mit ländlichem Restaurant.
- **Le Palais Lascaris,** 58, Rue de la République, Tel. 04.93.57.13.63. Ebenfalls in Castellar gelegen, bietet dieses Restaurant ligurische und provenzalische Spezialitäten zu einem guten Preis-Leistungs-Verhältnis.
- **Le Logis Sarrasin,** Tel. 04.93.35.86.89. Familiäres Restaurant in Sainte-Agnès mit deftiger Küche und gutem Preis-Leistungs-Verhältnis.
- **Beau Séjour,** Tel. 04.93.41.46.15. In der Gegend beliebtes Restaurant am Dorfplatz von Gorbio. Die regionalen Spezialitäten überzeugen selbst Einheimische.

Sainte-Agnès

019co Foto: im

Alpes Maritimes

(Französische Seealpen)

020co Foto: im

021co Foto: im

Das Grenzstädtchen Tende war bis 1947 italienisch

In Utelle, einem Dorf im Vesubie-Tal

Der Train des Merveilles fährt ins „Tal der Wunder"

Überblick

Vergessen Sie alles, was Sie bisher über die Côte d'Azur wussten: Hier, nur wenige Kilometer nördlich von Nizza, beginnt eine andere Welt – **abgeschieden, alpin und dörflich**. Die Alpes Maritimes mit ihren so nah am Meer liegenden und daher erstaunlich hohen Bergpässen und ihren zum Teil noch mediterran, zum Teil schon alpin, vielfach auch italienisch anmutenden Orten sind eigenartig schön, ein **Grenzland** an der Scheide von Klimazonen, Kulturen und Zivilisationen. Mit dem regen Treiben in den Badeorten hat diese Gegend, außer wenn die Teilnehmer der **Rallye Monte Carlo** durch die stille Bergwelt brausen, kaum etwas gemein.

Bevor der Tourismus die Küste eroberte, war das Verhältnis aber gerade umgekehrt: Das Leben spielte sich in den Bergdörfern ab, die im Laufe des Mittelalters zu respektablen Städtchen heranwuchsen. Ein nicht zu unterschätzender Motor dieser Entwicklung war die *Route du Sel*, die **Salzstraße,** die von Nizza durch die Täler des Paillon, der Bévéra und der Roya nach Turin führte und lange bis in die Neuzeit eine wichtige Handelsroute war.

Der Charakter der Orte Sospel, Breil-sur-Roya, Saorge und Tende ist bis heute durch diese Zeiten geprägt. Zu entdecken gibt es dort zudem schöne **Kirchen und Kapellen aus der Barockzeit** wie auch die herrlichen Fresken von La Brigue noch älteren Datums (um 1500). Die Hauptattraktion des Roya-Tals ist jedoch ein Berg mit zwei Tälern, der Mont Bégo, der das **Vallée des Merveilles** vom Vallon de Fontanalbe trennt. Die Gegend ist berühmt für ihre rund 40.000 rätselhaften Felszeichnungen, wahrscheinlich hauptsächlich aus der frühen Bronzezeit.

Wer will, kann Tende, den Ausgangspunkt für Exkursionen zum „Tal der Wunder" mit dem gleichnamigen **Train des Merveilles,** ansteuern, einem abenteuerlichen Alpenzug mit herrlichen Aussichten und denkwürdigen 360-Grad-Tunneln. Westlich des Mont Bégo schließlich liegt das Tal der Vésubie. Hauptort dieser Gegend ist das Städchen **Saint-Martin,** das vor allem wegen der dazugehörigen Bergstation Le Boréon einen Besuch lohnt: Von hier aus bieten sich Wanderungen in die Kernzone des **Mercantour-Nationalparks** sowie ein Besuch des interessant gestaltenen Wolfsparks Alpha an.

Vallée de la Vésubie (Vésubie-Tal)

Die Vésubie ist ein Nebenfluss des Var und wird gespeist durch die Bergbäche Boréon und Madone-de-Fenestre, die beide unweit der Grenze zu Italien entspringen. Die Vallée de la Vésubie zählt zu den **schönsten Flusstälern** des Nizzaer Hinterlandes: Der Reisende staunt über eine malerische Landschaft mit hohen Gipfeln, wilden Schluchten und Wasserfällen sowie Bergdörfern, deren Häuser sich meist um eine Felsgruppe drängen. Das Vésubie-Tal bietet die Besonderheit, dass in seinem Verlauf die **Klimazonen wechseln:** Man kommt von der mediterranen in die alpine Welt.

Von Nizza aus erreicht man die nördlich gelegenen **Gorges de la Vésubie,** die Vésubie-Schluchten, entweder über die malerische D 19 und das Dorf Levens oder man wählt den schnelleren Weg durch das Var-Tal über die N 202 (Richtung Digne). Von hier aus führt in Plan-du-Var die D 2565 ins Vésubie-Tal, vorbei an Utelle und Roquebillière, bis nach Saint-Martin-Vésubie.

Nichtsdestotrotz ist die D 19 die touristisch interessantere Route, weil sie oberhalb der Schlucht entlangführt und schöne Ausblicke freigibt, vor allem am **Belvedere du Saut-des-Français** kurz hinter dem Weiler Duranus. Man kann die schnelle Strecke jedoch auch mit der malerischen verbinden und in Saint-Martin-du-Var von der N 202 auf die D 20 abzweigen, die in Levens auf die D 19 stößt.

Utelle

Für Liebhaber außergewöhnlicher Bergdörfer ist das einsam gelegene Utelle in 800 Metern Höhe ein Muss. Man sollte nicht zu wenig Zeit und eventuell ein Mittagessen dort einplanen, weil sich die Anfahrt über die D 32 sonst nicht lohnen würde. Diese schlängelt sich am Ende der Vésubie-Schluchten über neun Kilometer in Serpentinen den Berg hinauf.

Fernab der großen Straßen, gewissermaßen isoliert von der modernen Welt, wirkt Utelle selbst heute noch **mittelalterlich** oder frühneuzeitlich. Weil man von hier aus eine gute Übersicht hatte, war der Ort bedeutend für die Gegend und beherrschte nicht nur den Handel des Vésubie- sondern auch des benachbarten Tinée-Tals. Von dieser wohlhabenden Periode seiner Geschichte zeugen noch Reste der Stadtmauer, Tore, mittelalterliche Häuser und der schöne Dorfplatz.

Sehenswert sind vor allem die **Chapelle des Pénitents Blancs,** eine Kapelle der Laienbruderschaft der Weißen Büßer aus dem 17. Jh., sowie die **Kirche Saint-Véran,** im selben Jahrhundert umgebaut, aber ursprünglich im 14. Jh. errichtet. Saint-Véran vorgelagert ist eine Eingangshalle gotischen Stils. Die Türflügel zieren Schnitzereien mit Szenen aus dem Leben des heiligen Veranus. Innen fällt vor allem der seltene Stilmix auf: Während das Tonnengewölbe und die Säulen und Kapitelle schlichten romanischen Stils sind, gibt es überall auch Stuckdekoration im überreichen Barockstil. Sehenswert sind auch barocke Schnitzereien wie Chor und Kanzel und vor allem die Altarbilder, welche die Passionsgeschichte darstellen (17. Jh.).

Wallfahrtskapelle Notre-Dame-des-Miracles

In der näheren Umgebung des Dorfes, etwa sechs Kilometer außerhalb, liegt die Wallfahrtskapelle Notre-Dame-des-Miracles. Seit dem Jahr 850 kommen jedes Jahr Gläubige hierher, um zu beten. Damals errichteten spanische Seefahrer (Mauren) der Mutter Gottes eine Andachtsstätte zum Dank, dass sie einen Sturm überlebt hatten. Viele Besucher kommen jedoch heute nur hier herauf, um die **Aussicht** vom **Madone d'Utelle** (1174 m) zu genießen: Man sieht die Täler der Flüsse Var, Vésubie und Tinée, die Alpen und das Meer. Wer an diesem magischen Ort einen der sagenhaften „steinernen Sterne" findet (vom Himmel? aus dem Urmeer?) wird vielleicht das nächste Mal doch als Wallfahrer wiederkommen.

Essen und Trinken

- **Aubergerie del Campo,** Tel. 04.93.03.13.12. Dieses Restaurant liegt an der Serpentinen-Strecke, die hinauf nach Utelle führt, genauer: Es klebt am Hang. Bei dem Gebäude handelt es sich um einen alten Schäferhof aus dem 18. Jh., der – nett umgebaut – ein gemütliches Restaurant abgibt. Die Küche ist bodenständig und nicht zu teuer, der Empfang einladend und freundlich. Eine wirklich originelle Adresse für Liebhaber rustikaler Landgasthöfe!
- **Le Bellevue,** Route de la Madone, Tel. 04.93.03.17.19. Das Restaurant „Zur schönen Aussicht" ist oberhalb des Dorfes an der Straße zu finden, die zur Wallfahrtskapelle führt. Über die Einrichtung kann man streiten, aber auf der großen Terrasse sitzt man gemütlich und auch die Qualität der Speisen überzeugt. Der Stil der Küche ist rustikal-bodenständig, die Preise bewegen sich im mittleren Bereich.

Roquebillière

Weiter dem Verlauf der Vésubie folgend (D 2565), passiert man das touristisch weniger interessante Lantosque und erreicht danach Roquebillière, das aus einem alten und einem neuen Dorf besteht. In den 1920er Jahren nämlich zerstörte ein **Erdrutsch** einen guten Teil des Ortes auf der linken Fluss-Seite und forderte dabei mehrere Menschenleben. Die Einheimischen bauen seither lieber auf der anderen Seite der Vésubie.

Dort, am Fuße der Brücke, liegt auch die Hauptsehenswürdigkeit von Roquebillière, die **Templerkirche,** deren heutige Gestalt auf die erste Hälfte des 16. Jh. zurückgeht. Von außen recht baufällig wirkend, ist sie im Innern reich ausgeschmückt. Wer des Französischen mächtig ist, kann die Nachbarn gegenüber der Kirche um eine Führung bitten (sie haben auch den Schlüssel).

Zu Roquebillière gehört das einzige Thermalbad der Alpes-Maritimes: **Berthemont-les-Bains,** ein kleiner Ort, den schon die Römer kannten. Für Liebhaber spektakulärer Panoramablicke sind jedoch das Dorf **Belvédère** (zu Deutsch: „Schöne Aussicht") sowie das **Tal der Gordolasque** interessant: Fährt man letzteres entlang, stößt man auf zwei **Wasserfälle,** die *Cascades du Ray* und *de l'Estrech*. Das berühmte Merveilles-Tal (siehe Ende dieses Kapitels) ist nicht weit von hier, nur der „verteufelt" hohe Gebirgszug *Cime du Diable* mit fast 2700 Metern Höhe versperrt ein wenig den Weg.

Alpes Maritimes

Als die Wölfe wiederkamen – der Wolfspark Alpha

Es war 1937, als in Frankreich der letzte Wolf geschossen wurde und es war genau 55 Jahre später, als im Mercantour-Nationalpark erstmals wieder Wölfe gesichtet wurden. Hierbei handelte es sich um Wölfe aus Italien, die jenseits der Grenze ihr Glück suchten. Italien ist nämlich eines der wenigen Länder Westeuropas, wo der Wolf niemals verschwand. Ganz anders in Frankreich, wo man sich sehr darum bemühte, diese Spezies auszurotten und wo auch heute, nach deren Rückkehr, längst nicht jeder die Wölfe liebt.

Zu den größten Kritikern zählen die Schäfer, die natürlich von ihrer Warte aus Recht haben mit ihrer ablehnenden Position: Schließlich sind es *ihre* Schafe, die von den Wölfen gerissen werden. Es handele sich dabei jedoch nur um sehr geringe Verluste, sagen andere, die der Meinung sind, dass der Wolf ein Anrecht auf seinen natürlichen Lebensraum habe und im Ökosystem nicht fehlen dürfe. Wie dem auch sei, heute leben wieder **60 bis 70 wilde Wölfe** in Frankreich, 30 davon allein im Mercantour-Nationalpark.

Um die Öffentlichkeit für diese Thematik zu interessieren, hat die Stadt Saint-Martin-Vésubie zusammen mit dem *Conseil Général* die Anlage Alpha eingerichtet, einen so genannten Scénoparc, dessen Herzstück **drei Gehege** mit etwa 20 Wölfen sind. Es handelt sich dabei allerdings nicht um „Einwanderer" aus Italien, sondern um Importe aus Tschechien, Polen und den ehemaligen Gebieten Jugoslawiens.

Jeden Tag, bevor der Park öffnet, gehen Mitarbeiter die Gehege ab, um die Unversehrtheit der Zäune zu überprüfen und die Wölfe zu zählen. Tierpfleger sind dafür verantwortlich, dass sie alle zwei bis drei Tage gefüttert werden. Als Fleischfresser bekommen sie natürlich zu 99 % Fleisch, das verbleibende Prozent besteht aus Obst und Gemüse.

In zwei ehemaligen Kuhställen sind für die Besucher **kleine Kinos** eingerichtet. Anhand von drei sehr ansprechend gestalteten Filmen, die multi-mediale Elemente integrieren, wird die Problematik der Rückkehr der Wölfe in die französischen Alpen reflektiert (je 15 bis 20 Minuten Länge). Für die Zukunft ist geplant, Alpha mit weiteren Tiergehegen auszustatten, um den Wolf in sein natürliches Lebensmilieu einzubetten.

Und warum der sonderbare Name **Alpha,** der wie der erste Buchstabe des griechischen Alphabets klingt? Als Alpha-Tiere werden in der Wolfswelt jene zwei Wölfe bezeichnet, die das Rudel anführen. Als Paar sind sie so etwas wie der Opa und die Oma innerhalb einer Großfamilie und kommen bei allem an erster Stelle, eben wie das Alpha im Alphabet.

● **Alpha, Le Temps du Loup, Le Scénoparc de Saint-Martin-Vésubie,** Le Boréon, Tel. 04.93.03.21.28, www.alpha-loup.com. Geschlossen von Mitte November bis Mitte Dezember und im Januar, Eintritt 9 €, Kinder 7 €. Da Alpha sich auf 1500 Metern Höhe befindet, sollte man auf entsprechende Ausrüstung (warme Kleidung, Sonnenschutz) achten. Der Besuch im Wolfspark dauert rund zweieinhalb Stunden, es wird empfohlen, im Sommer zu reservieren.

024co Foto: im

Die Wölfe haben sich französisches Territorium zurückerobert – im Alpha-Park ist ihre Anwesenheit nicht umstritten

• **Restaurant La Taverne du Pelago,** Tel. 04.93.03.22.00. Gleich neben dem Boréon-Hotel liegt diese von außen etwas unscheinbar wirkende Taverne, deren Chef jedoch herrliche Gerichte zaubert. Im Gegensatz zu vielen anderen Restaurants in Frankreich ist es hier kein Problem, nur ein Tellergericht zu bestellen. Für Wanderer oder Skifahrer, die den Magen nicht zu voll haben wollen, ist das natürlich von Vorteil und preiswert zudem.

Forêt de Turini (Turini-Wald)

Dieses ausgedehnte Waldgebiet erstreckt sich über rund 3500 Hektar zwischen den Tälern der Vésubie und der Bévéra. Obwohl es nur 30 Kilometer vom Meer entfernt liegt, wirkt die Vegetation nicht mehr mediterran. Aufgrund der Höhe von zum Teil über 2000 Metern herrschen dort Nadelbäume wie Fichten, Tannen und Lärchen vor. Weiter unten und an den Nordhängen wachsen auch Buchen, Eichen und Kastanienbäume. Durch den Forêt de Turini führen mehrere Straßen, die großartige Landschaftserlebnisse und herrliche Aussichten bereithalten.

Col de Turini (Turini-Pass)

Zentraler Punkt des Turini-Waldes ist der gleichnamige Pass, der Col de Turini mit 1604 Metern Höhe. Hier kreuzen sich die Straßen, die in die benachbarten Flusstäler führen: die westliche „Haarnadelkurvenstrecke" D 70 mündet bei **La Bollène-Vésubie** ins Vésubie-Tal (s.o.), die südöstliche D 2566 verläuft entlang der Bévéra nach Sospel (s.u.). Der andere Arm der D 2566 schließlich führt nach Peïra-Cava und danach über Lucéram und L'Escarène ins Braus-Tal und über den gleichnamigen Pass wiederum zur Bévéra und nach Sospel. Liebhabern großartiger Panorama-Blicke sei die **Pointe des Trois Communes** (2082 m) empfohlen, denn von hier oben überblickt man weite Teile des Mercantour-Nationalparks. Man erreicht sie über die vom Col de Turini nach Norden führende D 68, die so genannte Authion-Straße.

Unterkunft/ Essen und Trinken

• **Grand Hôtel du Parc** **/€€, La Bollène-Vésubie, Tel. 04.93.03.01.01, Fax 04.93.03.01.20, www.legrandhotelduparc.com. Logis-de-France-Landhotel in dem hübschen Dorf La Bollène, das auf ca. 600 m Höhe liegt. Es gibt 46 einfache Zimmer, die zum Teil etwas altmodisch wirken, aber – wie immer bei Logis de France – in gepflegtem Zustand sind. Im Restaurant wird eine rustikale, ländliche Küche angeboten.

• **La Source** €€, Col de Turini, 06440 La Bollène-Vésubie, Tel. 04.93.91.56.49. Einfache Berg-Herberge mit Zimmern ohne „Schnickschnack", gut geeignet für Natur- und Wanderfreunde, die sich sowieso meistens draußen aufhalten. Die regionale Küche, weniger mediterran als alpin, ist jedoch nicht zu verachten. Zum Beispiel gibt es Spezialitäten wie Wildschweinbraten.

Vom Col de Turini nach Sospel

Diese Strecke (D 2566) verläuft gewissermaßen parallel zu der Strecke über Peïra-Cava (s.u.), jedoch weiter östlich. Sie führt vom Turini-Pass durch das **Bévéra-Tal** auf direktem Weg nach Sospel. Eine richtig flotte Strecke ist sie darum noch längst nicht, jedenfalls nicht für normale Autofahrer. Die Teilnehmer der **Rallye Monte Carlo** dagegen dürfen und sollen schon mal etwas mehr aufs Gaspedal drücken. Für manche Fahrer wie auch Zuschauer sind Haarnadelkurven und Serpentinenstrecken eben eine Freude!

Zu einer Pause auf der Strecke lädt der hübsche Weiler **Moulinet** ein sowie die herrlich gelegene **Kapelle Notre-Dame-de-la-Menour.** Schon von Weitem sieht man ihre gelbe Renaissance-Fassade, zu der man über eine lange Fußgängerbrücke gelangt. Später auf dem Weg erfreut noch ein **Wasserfall** *(Cascade)* das Auge, bevor man Sospel erreicht.

Peïra-Cava

Der Ort liegt sieben Kilometer südlich des Turini-Passes in 1423 Metern Höhe auf einem schmalen Felsrücken zwischen den Tälern der Vésubie und der Bévéra. Sommers wie winters bei Urlaubern beliebt, bietet er zwei großartige **Aussichtspunkte:** der beim *Cime de Peïra-Cava* liegt östlich des Dorfes und zum Bévéra-Tal hin, den *Pierre-Plate* findet man westlich zur Vésubie-Seite.

Südlich von Peïra-Cava Richtung Lucéram beginnt eine abenteuerliche Haarnadelkurvenstrecke, für die man etwas Zeit einplanen sollte – vor allem, wenn einem dort ein Bus begegnet, was nicht wünschenswert ist, aber vorkommen kann. Wohnmobil- und Wohnwagen-Fahrer sollten die Strecke meiden.

Lucéram

Von Norden kommend, hat man eine gute Aussicht auf das Bergdorf, welches malerisch auf einem Felsen zwischen zwei Schluchten liegt. Es handelt sich um eines der typischen *villages perchés* des Nizzaer Hinterlandes, deren Struktur bis in unsere Zeit **mittelalterlich** geblieben ist. Es gibt schön restaurierte Häuser aus der Gotik, ein verwinkeltes System von Gassen, Treppchen und Durchgängen sowie einen alten Verteidigungsturm aus dem 13. Jh.

Sehenswert ist vor allem die **Kirche Sainte-Marguerite,** deren ursprünglicher mittelalterlicher Bau im 18. Jh. im italienischen Rokoko-Stil überbaut wurde. Hinter ihrer rosa-weißen Fassade und umgeben von schöner Stuckdekoration kann man im Innern mehrere wertvolle Altaraufsätze bewundern. Die Sammlung der Kirche von Lucéram gilt als eine der bedeutendsten Kollektionen von Werken der **Nizzaer Malerschule** in der ganzen Umgebung. Zu sehen sind u.a. das Antonius-Retabel von Jean Canavesio, das zehnteilige Margareten-Retabel von Louis Bréa über dem Hochaltar sowie eine Silberskulptur der heiligen Margarete mit einem Drachen aus der Zeit um 1500.

Information

- **Office de Tourisme,** Place Barralis, 06440 Lucéram, Tel./Fax 04.93.79.46.50, www.luceram.com.

Essen und Trinken

● **Restaurant Bocca Fina,** Place Barralis, Tel. 04.93.79.51.54. Dieses Restaurant ist auch bei den Einheimischen beliebt, was auf ein gutes Preis-Leistungs-Verhältnis hindeutet. Der Gastraum, bestehend aus einer etwas gewöhungsbedürftigen, künstlichen Grotte und einem Barbereich, wirkt sehr ländlich. Zum Lokalkolorit trägt bei, dass auch die Dorfpolizisten hier speisen. Die Küche ist sehr rustikal, fleischlastig und schwer. Wer das mag, ist hier genau richtig.

Umgebung von Lucéram

Ölmühle Val de Prat

Die *Moulin* liegt ca. 5 km außerhalb des Dorfes. Man erreicht sie über die D 2566 Richtung L'Escarène, von der aus man nach etwa 1,5 km rechts abzweigt (den Schildern folgen). Hier kann man **Bio-Öl und Konfitüren** kaufen sowie im Dezember die Produktion besichtigen. Tel. 04.93.79.54.66.

Coaraze

Von Lucéram aus kann man einen Abstecher in das charmante Nachbardorf Coaraze machen (19 km auf den serpentinenreichen D 2566 und D 15 nach Westen), ebenfalls ein *village perché*, das mit mehreren **Sonnenuhren** aus den 1950er und -60er Jahren geschmückt ist, u.a. von Jean Cocteau.

Unterkunft/ Essen und Trinken

● **Auberge du Soleil** */€€-€€€, Quartier Porta-Savel, 06390 Coaraze, Tel. 04.93.79.08.11, Fax 04.93.79.37.79. Dass dieses Hotel nur einen Stern trägt, bedeutet nicht, dass es nicht

025co Foto: im

komfortabel wäre. Vielmehr sind die Zimmer dieses restaurierten provenzalischen Hauses sogar sehr charmant und geschmackvoll eingerichtet (8 Zimmer und 2 Suiten). Die Terrasse des Restaurants bietet einen Blick über das ganze Tal.

L'Escarène

Der Ort ist anderen Charakters als sein Nachbar Lucéram, denn er liegt im Tal am Ufer des Flusses Paillon und war seit alters her **Marktflecken** und kein befestigtes Wehrdorf. Früher war L'Escarène eine Station auf der wichtigen Handelsstraße von Nizza nach Turin: Über diese wurde mit Maultieren Salz vom Meer durch die Berge transportiert und man brachte Tauschwaren wie Korn oder Wolle in die Dörfer der Nizzaer Region.

Für den heutigen Touristen ist das Dörfchen eher einen Stopp auf dem Weg zum Col de Turini wert als einen längeren Aufenthalt. Sehenswert ist neben der Dorfkulisse (von der Paillon-Brücke aus) vor allem die **Kirche Saint-Pierre,** ein Werk des Baumeisters der Nizzaer Kathedrale Guibert. Außen wie innen ist die schöne Barockdekoration zu bewundern sowie eine als historisches Monument klassifizierte Orgel von 1791.

Information

- **Office de Tourisme,** Place Carnot, 06440 L'Escarène, Tel./Fax 04.93.79.62.93.

Verkehrsverbindungen

- **Bahn:** L'Escarène liegt auf der Regionalexpress-Strecke Nizza – Cúneo (Italien) bzw. auf der Strecke des *Train des Merveilles,* der nach Tende nahe dem „Tal der Wunder" mit seinen bronzezeitlichen Felszeichungen führt (weitere Informationen siehe unten: Vallée de la Roya).

Von L'Escarène nach Sospel

Von L'Escarène führt die D 2204 zuerst durch das Tal des Braus-Baches und schließlich über den **Col de Braus** nach Sospel (22 km). Die Braus-Pass-Straße ist Teil der alten von Nizza nach Turin führenden Handelsstraße. Zuerst passiert man das winzige Dorf **Touët-de-l'Escarène,** dessen Barockkirche einen Stopp wert ist. Kurz hinter dem Dorf öffnet sich die Schlucht *Clue de Braus,* dann erreicht man **Saint-Laurent.** Hier bietet sich ein Spaziergang zur **Cascade de Braus** an, einem Wasserfall, den man innerhalb einer Viertelstunde erreicht.

Nachdem man den Ort Saint-Laurent hinter sich gelassen hat, windet sich die Straße in Serpentinen den Berg hinauf und die Aussicht wird zunehmend spektakulärer. Auf 1002 Metern Höhe erreicht man den **Braus-Pass,** dann beginnt die Talfahrt, auf der wiederum herrliche Aussichten zu erwarten sind. Schließlich erreicht man Sospel im Bévéra-Tal.

Sospel

Das hübsche kleine Städtchen (3000 Einwohner), eingebettet in hohe Berge, ist von Menton in einer halben Stunde erreichbar. Und doch symbolisiert es ein ganz anderes Leben, eine ganz andere Zeit. Während Menton als Wintererholungsort erst seit dem 19. Jh. einen Aufschwung erlebte, war Sospel schon im Mittelalter eine wichtige Etappe auf der **Salzstraße** von Nizza ins Piémont.

Salz, das „Gold des Mittelalters", früher wichtig für die Konservierung von Nahrungsmitteln sowie die Herstellung von Leder, wurde von den provenzalischen Salinen über Sospel, Breil, Saorge und den Col de Tende nach Italien transportiert. Für Wagen war die Strecke ungeeignet, sodass bis ins 18. Jh. Esel als Lasttiere dienten.

Gelegen am Ufer der Bévéra, baute man in Sospel schon im 13. Jh. eine Brücke, um den Händlern den Transport ihrer Waren zu erleichtern. Heute wirkt Sospel ein wenig verschlafen und man merkt dem Ort an, dass er schon bessere Zeiten gesehen hat.

Pont Vieux

Die **Bévéra-Brücke,** genannt Pont Vieux, gilt als Wahrzeichen Sospels, hat sie doch die Geschichte des Städtchens entscheidend mitbestimmt. Ihr Bau im 13. Jh. war nicht nur wichtig für den Ort selbst, sondern auch für die Versorgung einer ganzen Region. Erneuert im 16. und 17. Jh., stammen allerdings nur noch wenige Teile aus der ersten Bauphase.

Von der Lage der Brücke auf der Salzstraße wussten die Sospeler auch zu profitieren: In dem Türmchen in der Mitte saß in früheren Zeiten ein Vertreter der Bürgerschaft und kassierte von jedem Benutzer eine Gebühr. Während des Zweiten Weltkriegs wurde die Brücke leider zerstört, jedoch Anfang der 1950er Jahre sorgfältig wieder aufgebaut.

Linke Fluss-Seite

Nahe der Brücke befindet sich die schöne **Place Saint-Nicolas,** weitgehend erbaut im 18. Jh. Das Hauptgebäude diente ab 1793 als Rathaus. Die angrenzende **Rue de la République** war im Mittelalter die Hauptgeschäftsstraße, gesäumt von Geschäften und Lagern mit vorgebauten Arkadenreihen. Auch heute noch sind einige der Gebäude aus dem 14. und 15. Jh. gut erhalten.

Sehenswert ist außerdem die **Chapelle des Pénitents Blancs,** die Kapelle der Weißen Büßer an der Place Sainte-Croix, errichtet im 16. Jh., an der Stelle eines romanischen Vorgängerbaus mit ansehnlichem barocken Kirchturm. Die **Place Garibaldi** schließlich, wiederum umgeben von Häusern mit Arkaden, war früher – als Sospel noch hauptsächlich von Landwirtschaft und Viehzucht lebte – Markt- und Warenumschlagplatz für die Bauern der Umgebung. Erst nach dem Zweiten Weltkrieg setzte die Landflucht ein, sodass dieser Markt lange intakt war.

Rechte Fluss-Seite

Rund um die **Place de la Cabraïa,** den heutigen Marktplatz, waren früher die Salzvorräte untergebracht, die auf dem Rücken von Eseln gen Norden transportiert werden sollten. Der größte und schönste Platz Sospels ist jedoch die **Place Saint-Michel,** ein barockes Ensemble bestehend aus Kirche, Kapellen und noblen Häusern. Im **Palais Ricci** rechts neben der Kirche wurde 1809 der damals amtierende Papst Pius VII. untergebracht, der sich auf der Durchreise befand – Napoléon hatte dies angeordnet.

Die **Kathedrale Saint-Michel** entstand in ihrer heutigen Gestalt 1641–1762 und gilt als größte Kirche der Alpes-Maritimes. Ihr Vorgängerbau war zur Zeit des Schismas 1380 sogar Bischofskirche des damaligen Bistums Sospel. Aus einer noch früheren Bauphase, der Romanik, stammt der mit Rundbögen verzierte Glockenturm. Er kontrastiert auffällig mit der Dekoration der Fassade im Barockstil, die sich im Innern fortsetzt. In einer Kapelle links des Chorraums hängt eines der Hauptwerke François Bréas, seine „Jungfrau der unbefleckten Empfängnis" (15. Jh.).

Unweit des Kirchplatzes erhob sich früher die Burg der Grafen der Provence (14. Jh.), von der nur noch ein Turm und einige Mauerreste zeugen. Schön ist es schließlich, auf der Rue Saint-Pierre und am **Flussufer** spazieren zu gehen, die eine Seite gesäumt von Arkadenhäusern, die andere von Gebäuden mit Malereien im Trompe-l'œil-Stil.

Fort Saint-Roch

Wer größere **Wanderungen** unternehmen will, kann zum Beispiel zum Fort Saint-Roch laufen, einem 1932 fertig gestellten **Festungswerk** der so genannten Maginot-Linie, die das Bévéra-Tal abriegeln sollte. Mit dem PKW erreicht man es über die D 2204 Richtung Nizza, von der nach ca. einem Kilometer rechts der Weg zum Fort abzweigt.

Information

- **Office de Tourisme,** 19, Avenue Jean Médecin, 06380 Sospel, Tel. 04.93.04.15.80, Fax 04.93.04.19.96, www.sospel-tourisme.com.

Unterkunft/ Essen und Trinken

- **Auberge Provençale** **/€€€, Route de Col de Castillon, Tel. 04.93.04.00.31, Fax 04.93.04.24.54, aubpro@aol.com. Nette Landherberge (Logis de France) 2 km außerhalb des Dorfzentrums, am Ufer der Bévéra gelegen. Die 12 Zimmer sind mit naiver Malerei des Patrons dekoriert, ansonsten aber klassisch eingerichtet. Das Restaurant bietet regionale Gerichte mittlerer Preislage an.
- **Auberge de Pont Vieux** €€, 3, Avenue Jean-Médecin, Tel./Fax 04.93.04.00.73. Untergebracht in einem alten Kloster aus dem 14. Jh., bietet das Haus eine gemütliche Atmosphäre. Die Zimmer im provenzalischen Stil sind recht günstig, ebenso stimmt das Preis-Leistungs-Verhältnis im Restaurant. Auch die Einheimischen kommen gern zum Essen hierher. Die Auberge liegt direkt neben der namengebenden Brücke.

Märkte

- **Wochenmarkt,** donnerstags auf der Place Gianotti und sonntags auf der Place de la Cabraïa.

Feste und Veranstaltungen

- **Festival Celtique,** keltisches Fest im Mai in Sospel.

Verkehrsverbindungen

- **Bus:** Nach Sospel fahren u.a. Busse von Menton aus.
- **Bahn:** Sospel liegt ebenso wie die Orte des Roya-Tals auf der Regionalexpress-Strecke Nizza – Cúneo. Hier verkehrt auch der *Train des Merveilles* (s.u.: Vallée de la Roya).

Von Sospel ins Roya-Tal

Die **Route du Col de Brouis** ist nicht zu verwechseln mit der Braus-Pass-Straße zwischen Sospel und Escarène. Die Brouis-Straße beginnt ebenfalls in Sospel, führt jedoch in die entgegengesetzte Richtung nach **Breil-sur-Roya** (23 km). Dem Verlauf der alten Salzstraße folgend, verbindet sie das Bévéra- mit dem Roya-Tal. Höchster Punkt ist der Col de Brouis mit 879 Metern.

Vallée de la Roya (Roya-Tal)

Zum Tal der Roya, das an der **Grenze zu Italien** liegt, gehören die Orte Breil-sur-Roya, Saorge, La Brigue und Tende – die letzten beiden sind erst seit 1947 französisch. Der Grenzlandcharakter des Tals zeigt sich nicht nur in der italienischen Atmosphäre der Orte, sondern auch in der binationalen Zusammenarbeit beim **Naturpark Mercantour,** der auf der anderen Seite der Grenze *Parco Naturale Alpi Marittime* heißt.

Die meisten Touristen besuchen diese Gegend, um die berühmten **bronzezeitlichen Felszeichnungen** rund um den Mont Bégo zu bewundern: Sie wandern dazu in das Val de Fontanalbe oder die **Vallée des Merveilles,** das „Tal der Wunder". Bis nach Tende, dem Ausgangspunkt für diese Exkursionen, fährt der **Train des Merveilles** auf einer spektakulären Bergbahnstrecke mit ungezählten Tunneln und Brücken.

In etwa diesen Weg nahmen früher die „Esel-Karawanen", die Salz aus der Provence ins italienische Piemont transportierten. Man nannte den Weg daher *Route du Sel,* **Salzstraße.** Den früheren Reichtum – aus dem Mittelalter bis weit in die Neuzeit hinein – sieht man den Orten an der Strecke bis heute an. Vielerorts sind **gotische Wohnhäuser** erhalten, vor allem aber **barocke Kirchen.** Im Roya-Tal kann man einen Natururlaub also wunderbar durch kulturelle Akzente ergänzen.

Geschichte

Spuren menschlicher Aktivität im Roya-Tal lassen sich bis ins Neolithikum zurückverfolgen. Die meisten Felszeichnungen in der Vallée des Merveilles stammen jedoch aus der frühen und mittleren Bronzezeit (1800–1500 v. Chr.). Der Landstrich erlebte danach die Einwanderung der Kelten (um 500 v. Chr.), die Eroberung durch die Römer (14 v. Chr.) und die Invasionen der Goten und Lombarden. Nach den Sarazenen-Einfällen (890–970 n. Chr.) bzw. noch während dieser Phase fielen die Täler der Roya und der Bévéra 962 an den Grafen von Ventimiglia. Als Teil der Grafschaft Nizza fielen Sospel, Breil und Saorge 1388 an das Haus Savoyen. Auch Tende wurde 1581 hinzugewonnen.

Nach der Revolution wurde das Roya-Tal kurzzeitig französisch, 1860 dann endgültig. Was Tende und La Brigue angeht, so blieben sie bei Savoyen und wurden erst – ebenso wie die heute zu Breil gehörenden Dörfer Piène und Libre – nach dem Zweiten Weltkrieg im Oktober 1947 französisch. Die 1928 eröffnete Eisenbahnlinie erlitt im Krieg so starke Zerstörungen, dass der Streckenabschnitt zwischen Breil und Tende erst 1979 wieder eröffnet werden konnte.

Feste im Gebiet von Roya und Bévéra

- **Fête de la Musique,** Musikfestival im Juni an verschiedenen Orten des Roya-Bévéra-Gebietes.
- **Les BaroQuiales,** Festival rund um die Zeit des Barock mit Konzerten, Ausstellungen und Filmen. Anfang Juli an verschiedenen Orten des Roya-Bévéra-Gebietes, Tel. 04.93.04.15.80.
- **Le Raid du Mercantour,** Sportfest mit verschiedenen Disziplinen (Wandern, Klettern, Mountainbiking, Kanu, Kajak) in allen Orten des Roya-Tals Mitte September; im Februar „Winterversion" mit Skilanglauf. Tel. 04.93. 04.92.05, www.raiddumercantour.com.
- **Vallée des Santons,** Krippenweg Mitte Dezember, der durch alle Dörfer des Roya-Tals führt.

Aktivurlaub

In der Gegend sind viele Sportarten möglich, wie Klettern, Bergwandern, Mountainbiking, Paragliding, Kanu- und Kajakfahren, Rafting, Skifahren, Angeln, Reiten und Golfspielen. Informationen und Adressen von **Ausrüstungsverleihern** erhält man beim *Pôle touristique* in Breil-sur-Roya oder unter www.loisirs-mercantour.com.

Train des Merveilles

Die **Bergbahn nach Tende,** dem Ausgangspunkt zur **Vallée des Merveilles** (Tal der Wunder), nimmt dieselbe Strecke wie die normale SNCF-Regionalbahn *(ter),* bietet aber touristische Informationen. Sie wird gemeinsam von der Bahngesellschaft und der Verwaltung der Provence-Alpes-Côte d'Azur (PACA) betrieben und führt von **Nizza** durch die Täler des Paillon, der Bévéra und – das ist der interessante Streckenabschnitt – durch das **Roya-Tal** bis nach Tende (und weiter nach Cúneo in Italien). Die Orte auf der Strecke sind: Nizza (Hauptbahnhof), Nizza-Saint-Roch, Drap-Cantaron, Peillon, Peille, L'Escarène, Sospel, Breil-sur-Roya, Saorge, Saint-Dalmas-de-Tende, La Brigue und Tende. Außer Peillon, wohin der Aufstieg ca. zwei Stunden dauert, sind alle Orte auf der Strecke in max. 15 Min. vom Bahnhof aus erreichbar.

Hinter Sospel, wo das Roya-Tal beginnt, werden die Berge höher und die Landschaft spektakulärer. Die früher Tenda-Bahn genannte Linie wurde in den 1920er Jahren eingeweiht und ist an vielen Stellen als **Tunnel** durch den Berg gebaut oder führt über **Brücken,** die tief eingeschnittene Täler überspannen. Die Tunnel sind oft kilometerlang und einige winden sich schleifenförmig über 360 Grad im Innern der Berge hoch. Der Grenztunnel nach Italien am **Col de Tende** schließlich ist der älteste Tunnel der Alpen.

- **Train des Merveilles,** täglich von Juni bis September, im Mai, Oktober und November nur an den Wochenenden. Start ist um 9 Uhr ab Nizza Hauptbahnhof. Während der Fahrt gibt ein Führer Informationen in französischer Sprache. Wer aussteigt, um sich einen der Orte auf der Strecke anzusehen, wird für die Weiterfahrt mit einer normalen Regionalbahn Vorlieb nehmen müssen. Die Rückfahrt von Tende aus ist um 17.20 Uhr (letzter Zug; die anderen Orte entsprechend später), Ankunft 19 Uhr in Nizza. Infos unter www.trainstouristiques-ter.com.

Breil-sur-Roya

Auf halbem Weg zwischen dem Mittelmeer und den Höhenlagen des Mercantour-Nationalparks gelegen, mutet dieses kleine Städtchen in 300 Metern Höhe teils schon alpin, teils italienisch an. Das alte Dorf drängt sich malerisch zwischen einer Biegung des Flusses Roya und dem Ausläufer eines Bergrückens zusammen. Dass auf diesem begrenzten Raum ein **Gassengewirr** entstehen musste, überrascht nicht. Bis heute muten einige Straßen sehr mittelalterlich an. Sehenswert ist die **Kirche Sancta-Maria-in-Albis** am Ufer der Roya mit ihrem im Barockstil gestalteten Innenraum. Kunstschatz ist ein Altarbild von 1500, das den heiligen Petrus zeigt.

In der Umgebung werden traditionell Oliven angebaut und zu hochwertigem Öl verarbeitet. Es ist noch nicht lange her, da waren in dem kleinen Ort neun **Ölmühlen** in Betrieb!

Zwischen Breil und Italien erstreckt sich die **Arpette-Bergkette,** mit maximaler Höhe von 1600 Metern eine natürliche **Grenze.** Zwei Weiler, die zum Stadtgebiet gehören, Libre und Piène-Haute, sind erst 1947 französisch geworden.

Information

- **Office de Tourisme,** Place Biancheri, 06540 Breil-sur-Roya, Tel./Fax 04.93.04.99.76, www.breil-sur-roya.fr.
- **Pôle touristique de la Roya-Bévéra,** 31, Boulevard Rouvier, 06540 Breil-sur-Roya, Tel. 04.93.04.92.05, Fax 04. 93.04.99.91, www.royabevera.com. Dies ist die zentrale Informationsstelle für die Täler der Roya und der Bévéra.

Unterkunft/ Essen und Trinken

- **Castel du Roy** ***/€€-€€€, 146, Route de l'Aigara, Tel. 04.93.04.43.66, Fax 04.93.04.91.83, casteldurroy@wanadoo.fr. Logis-de-France-Hotel, das an der Straße nach Tende liegt. Den Gästen stehen knapp 20 Zimmer sowie ein Swimming-Pool zur Verfügung. Auch ein Restaurant mit traditioneller Küche ist angeschlossen. Ein idealer Ort, um die Natur zu genießen und zur Ruhe zu kommen.

Märkte

- **Wochenmarkt,** dienstag- und samstagmorgens.

Italien ist nicht weit in Breil-sur-Roya

026co Foto: im

Alpes Maritimes

Feste und Veranstaltungen

- **A Stacada,** die Stacada findet nur alle vier Jahre statt (2010, 2014 usw.) und gedenkt dem Aufbegehren der Einwohner Breils gegen den Grundherrn und dessen Recht auf die erste Nacht mit der Braut eines seiner Leibeigenen. Das Fest hat daher mittelalterlichen Charakter: Dorfbewohner in Trachten spielen u.a. einige Szenen von damals nach.

Verkehrsverbindungen

- **Bus:** Die Orte des Roya-Tals liegen auf der Strecke Nizza – Cúneo. Informationen: Phocéens Cars, Tel. 04.93.85.66.61, und www.regionpaca.fr.
- **Bahn:** Die Orte des Roya-Tals liegen auf der Regionalexpress-Strecke Nizza – Cúneo und der Route des *Train des Merveilles,* Tel. SNCF 08.36.35.35.35, www.voyages-sncf.com, www.trainstouristiques-ter.com.

Saorge

Das Dorf in 500 Metern Höhe ist vor allem bekannt wegen seines **Franziskanerklosters** aus dem 17. Jh., welches zum illustren Kreis der nationalen Denkmäler in Frankreich zählt. Aber auch das Dorf selbst wurde längst und völlig zu Recht mit dem Titel ausgezeichnet, eines der schönsten Dörfer des Landes zu sein. Schon die Lage Saorges oberhalb des Roya-Tals ist bemerkenswert: Gegen den Hang gebaut, wirken die Häuser verschachtelt und förmlich übereinander gestapelt. Wer dieses Gassengewirr aus der Nähe genießen will, muss natürlich sein Auto stehen lassen und einige steile Gassen und Treppen erklimmen.

Im Mittelalter und lange bis in die Neuzeit hinein galt Saorge als strategischer Vorposten der Herren des Piemont; erst im Jahr 1860 verlor das Königreich Savoyen-Sardinien Saorge (zusammen mit Breil und Sospel) an Frankreich. Heute sind die alten Häuser des Dorfes vielfach zu Zweitwohnsitzen und Ferienwohnungen umgebaut worden. Eine alternative Szene herrscht vor.

Sehenswerte Sakralbauten

Die **Pfarrkirche Saint-Saveur** wurde 1500 nach einem Brand, der 1465 große Teile des Dorfes zerstört hatte, wieder aufgebaut. Ihr Inneres ist dreischiffig und im Barockstil dekoriert, mit viel Stuck und illusionistischer Malerei.

Die romanische **Kapelle La Madone-del-Poggio** befindet sich in Privatbesitz und kann nur von Außen besichtigt werden. Auffallend ist ihr Glockenturm mit sechs Etagen im lombardischen Stil. Die Kapelle soll das älteste Gotteshaus des Roya-Tals sein und aus dem 11. Jh. stammen.

Das **Monastère de Saorge** schließlich ist ein schönes barockes Franziskanerkloster aus dem 17. Jh. Kreuzgang und Vorhalle sind mit Fresken ausgemalt, die das Leben des heiligen Franz von Assisi nachzeichnen. Sehenswert sind auch die Kapelle, das Refektorium und der Klostergarten sowie neun kunstvoll gestaltete Sonnenuhren aus dem 17., 18. und 19. Jh. Im Nizzaer Land ist dies das einzige erhaltene Kloster dieses Ordens.

- **Monastère de Saorge,** Tel. 04.93.04.55.55, www.monum.fr. Täglich außer dienstags von April bis Oktober 10–12 und 14–18 Uhr, von

November bis März 10–12 und 14–17 Uhr. Eintritt 5 €, Ermäßigungen, bis 18 Jahre frei.

Information

- **Mairie,** 06540 Saorge, Tel. 04.93.04.51.23, Fax 04.93.04.55.25, mairie.saorge@wanadoo.fr.

Essen und Trinken

- **Le Bellevue,** 5, Rue Louis-Périssol, Tel. 04.93.04.51.37. Gemütliches Restaurant mit Panorama-Blick und Teesalon. Gekocht werden lokale und regionale Spezialitäten wie hausgemachte Ravioli, Thymian-Hühnchen oder Schmortopf vom Wildschwein.

Feste und Veranstaltungen

- **Fête de l'Olive,** Olivenfest im Mai.

Verkehrsverbindungen

Siehe Vallée de la Roya und Breil-sur-Roya.

La Brigue

Das Städtchen, 45 Kilometer vom Meer entfernt, liegt in 800 Metern Höhe an der Levense, einem Nebenfluss der Roya. Erst 1947, in der Folge eines Volksentscheids, kam La Brigue zusammen mit Tende zu Frankreich. Vom Charakter deutlich mittelalterlich, wird der Ort von den Ruinen der ehemaligen **Burg** der Herren von Lascaris überragt; gut erhalten ist allerdings nur der *Donjon* genannte Burgturm. Beim Rundgang durch das Dorf stößt man bei vielen Häusern auf schöne mittelalterliche Verzierungen an Fenstern und Türen.

Für Wander- und Kletterfreunde gibt es den **Klettersteig Via Ferrata,** zu dem das Fremdenverkehrsamt nähere Informationen bereithält.

Pfarrkirche Saint-Martin

Die Pfarrkirche Saint-Martin stammt in ihrer heutigen Gestalt aus dem 15. Jh., wurde jedoch zur Zeit des Barock im Innern aufwendig umgestaltet (17. Jh.). Unter den Altarbildern sticht „Die Kreuzigung" hervor, das dem Meister Louis Bréa bzw. dessen Malerschule zugeschrieben wird.

Chapelle de Notre-Dame-des-Fontaines

Unter den Kapellen La Brigues ist jene am bemerkenswertesten, die am weitesten außerhalb liegt. Um die Chapelle de Notre-Dame-des-Fontaines zu erreichen, muss man knapp fünf Kilometer über die D 43/D 143 fahren. Sie liegt abgelegen in dem schönen **Mont-Noir-Tal** unweit des Mont Bégo und sieht von außen eher schlicht aus (12./14. Jh.). Innen jedoch überraschen kunsthistorisch wertvolle **Malereien** den Besucher – Notre-Dame-des-Fontaines gilt auch als **„Sixtinische Kapelle der Südalpen"!**

Im Verlauf des 15. Jh. haben zwei piemontesische Maler, Jean Baleison und Jean Canavesio, das Gotteshaus ausgestaltet. Im Chorgewölbe sind die vier Evangelisten zu sehen, an den Wänden Christi Auferstehung und Mariä Himmelfahrt – alles gotische Werke Baleisons. Von Canavesio hingegen stammen die Dekorationen des Langhauses im Stil der frühen Renaissance: Sie stellen die Passionsgeschichte und das Jüngste Gericht dar. Zu letzterem zählen beeindruckende Darstellungen der Hölle und des erhängten und aufgeschlitzten Judas.

- **Chapelle de Notre-Dame-des-Fontaines,** geöffnet von Mai bis September von Montag bis Freitag 10.30–12.30 und 14–17.30 Uhr, in der übrigen Zeit des Jahres Besichtigungen nur auf Anfrage beim Office de Tourisme. Eintritt 1,60 €, mit Ermäßigung 3,50 €.

Information

- **Office de Tourisme,** Place Saint-Martin, 06430 La Brigue, Tel./Fax 04.93.04.60.04, www.labrigue.fr.

Unterkunft/ Essen und Trinken

- **Hôtel le Mirval** **/€€, 3, Rue Ferrier, Tel. 04.93.04.63.71, Fax 04.93.04.79.81, www.lemirval.com. Logis-de-France-Hotel neben einem Gebirgsbach mit 13 einfachen Zimmern und hübschem Garten. Das angeschlossene Restaurant genießt einen guten Ruf in der Gegend.
- **Restaurant La Cassolette,** 20, Avenue de Gaulle, Tel. 04.93.04.63.82. Winziges, familiäres Restaurant, das eine schmackhafte ländliche Küche anbietet. Im Angebot sind auch Spezialitäten des Südwestens wie Gänseleber *(foie gras)*, Entenkeule und Trüffelgerichte.

Märkte

- **Wochenmarkt,** donnerstag-, freitag- und sonntagmorgens.
- **Trödelmarkt,** im August.

Feste und Veranstaltungen

- **Fête Médiévale,** Mittelalter-Fest Mitte Juli.

Verkehrsverbindungen

Siehe Vallée de la Roya und Breil-sur-Roya.

Saint-Dalmas-de-Tende

Hier verlief bis zum Zweiten Weltkrieg die Grenze zwischen Frankreich und Italien. Saint-Dalmas war bis 1947 Grenzort und Zollstation auf italienischem Gebiet. Der Duce selbst hat das **Bahnhofsgebäude** des Dorfes in Auftrag gegeben und so verwundert der Stil dieser Architektur kaum: Der monumentale *Gare* wirkt für den kleinen Ort vollkommen überproportioniert und macht – wie viele Gebäude aus der Zeit des Faschismus – einen kasernenartigen Eindruck. Abgesehen davon ist Saint-Dalmas jedoch ein **angenehmer kleiner Urlaubsort** und bietet sich als Ausgangspunkt für Exkursionen in die **Vallée des Merveilles** an.

Unterkunft/ Essen und Trinken

- **Le Terminus** **/€€, Rue des Martyrs, 06430 Saint-Dalmas-de-Tende, Tel. 04.93.04.96.96, Fax 04.93.04.96.97, hoterminus.fr. Kleines Logis-de-France-Hotel mit nur zehn Zimmern einfachen Stils. Wer bei gutem Wetter draußen sitzen möchte, kann dies auf dem Hof vor dem Hotel tun. Im Restaurant gibt es bodenständige, preiswerte Gerichte wie provenzalischen Rinderschmortopf und hausgemachte Ravioli.
- **Le Prieuré** **/€€, Rue Jean-Médecin, Tel. 04.93.04.75.70, Fax 04.93.04.71.58, www.leprieure.org. Ehemalige Priorei, die stilvoll zu einem Hotel umgebaut wurde. Die Zimmer sind geschmackvoll eingerichtet, einige mit hübschem Blick auf Fluss und Garten. Das zugehörige Restaurant bietet eine regionale Küche mit deutlich italienischem Einschlag. Es stehen z.B. Polenta-Gerichte und auch viel Fisch auf der Karte. Günstig bis mittleres Preisniveau.

Verkehrsverbindungen

Siehe Vallée de la Roya und Breil-sur-Roya.

Tende

Kurz vor dem Col de Tende und dem gleichnamigen Tunnel liegt das **Grenzstädtchen** mit seinen nicht einmal 1000 Einwohnern. Bis 1947 war es italienisch und hieß Tenda. Dieser Umstand spiegelt sich im Charakter des Ortes wider, der bis heute wie ein italienisches Nest auf französischem Boden wirkt. Aber natürlich wird längst französisch gesprochen, so auch beim Dorfbäcker Molinari, wo man noch wirklich guten Klatsch zu hören bekommt, z.B. wer nach Paris geheiratet hat oder wer kürzlich verrückt geworden ist. Hier scheint die Welt noch in Ordnung ...

Abgeschnitten von derselben ist Tende darum noch lange nicht, denn wegen der berühmten **Felszeichnungen in der Vallée des Merveilles** strömen jährlich Tausende von Touristen in die Gegend. Wer das „Tal der Wunder" besuchen will, sollte mindestens eine Übernachtung in Tende oder der nahen Umgebung einplanen.

Beeindruckend ist zunächst die Lage des Ortes am **Ufer der Roya,** eingekreist von hohen Bergen. Auf einer der Anhöhen oberhalb des Dorfes hat man innerhalb der Mauerreste der alten Burg einen **Friedhof** angelegt. Wer hier oben auf einer der Terrassen zur Ruhe kommt, dem ist die schöne Aussicht über das Dächergewirr von Tende gewiss. Viele der Häuser sind aus dem grünlich bis violett schimmernden Schiefer der Umgebung gebaut; bei schlechtem Wetter kann der Ort daher etwas düster wirken.

Die **Pfarrkirche Notre-Dame-de-l'Assomption,** im 15. Jh. ebenfalls aus Schiefer erbaut, beherbergt Gräber der Herren von Lascaris, die einst den Ort beherrschten. Das Gotteshaus ziert ein schönes Renaissance-Portal mit Löwen und kleinen Statuen.

Musée des Merveilles

Das Museum stellt zum Besuch des „Tals der Wunder" (siehe Kasten) eine interessante Ergänzung dar: Die dort ausgestellten **Felszeichnungen** sind zwar nur Kopien der echten vom Mont Bégo, doch zeigen sie einen Querschnitt der für die Täler Vallée des Merveilles und Vallon de Fontanalbe typischen Motive. Der Besucher erfährt, dass sich diese in vier Gruppen einteilen lassen: Die erste Gruppe bilden die „gehörnten Tiere", vielfach Stiere, die fast 80 % der Gravuren ausmachen; es folgen geometrische Figuren (12,5 %), Werkzeuge (7,2 %) und schließlich anthropomorphe Figuren, d.h. menschenähnliche Darstellungen (0,5 %).

Man vermutet, dass es sich bei den zahlreichen Stierdarstellungen (allein oder in Gruppen) um eine Art **Stiergott** handelt, dessen weibliches Pendant die Göttin der Erde ist. Der Stiergott symbolisiert die Kraft von Blitz und Donner und den Segen des fruchtbringenden Regens. Die **Mutter Erde** hingegen steht für das empfangende Element: Der Samen des Himmels, einmal in ihr aufgegangen, wächst und trägt Früchte. Forscher sind der Meinung, dass die rechteckigen geometrischen Formen, darunter

viele Gitternetze, diese Göttin symbolisieren, weil sie Felder und Ackerbau darstellen.

Die Vermutungen der Wissenschaftler gehen also dahin, dass der Mont Bégo ein heiliger Ort war, ein **religiöses Kultzentrum** unter freiem Himmel. Wer sich hier versammelte, wann und zu welchem Anlass, weiß man nicht genau. Schließlich ist nicht einmal die Grundthese bewiesen. Eventuell handelt es sich bei den Felszeichnungen sogar um eine Symbol-Sprache, die bisher allenfalls ansatzweise entschlüsselt ist. Das „Tal der Wunder“ ist ein einzigartiges Rätsel, das es noch zu lösen gilt.

Tende ist ein guter Ausgangspunkt für einen Besuch der Felszeichnungen im „Tal der Wunder“

Nichtsdestotrotz ist das Museum, das neben den (nachgebildeten) Felszeichnungen auch archäologische Funde wie Waffen, Werkzeuge und Schmuck präsentiert, den Besuch wert. Hauptattraktion ist der so genannte **„Stammeschef“:** eine originale Stele aus dem Merveilles-Tal, die wegen der großen Beschädigungsgefahr ins Museum „gerettet“ wurde. Die Ausstellung ist interessant aufgemacht und auch für Kinder geeignet, so gibt es die sprechende Wachsfigur eines Schäfers, die – umgeben von alten Schäferutensilien – Legenden erzählt und vom Leben der Schäfer in früherer Zeit berichtet.

• **Musée des Merveilles,** Avenue du 16 Septembre 1947, Tel. 04.93.04.32.50, www.museedemerveilles.com. Geöffnet täglich außer dienstags von Mai bis Mitte Oktober 10–18.30 Uhr, Mitte Oktober bis April 10–17 Uhr. Geschlossen vom 12. bis 24. März und vom 13. bis 25. November. Eintritt 4,55 €, Ermäßigungen.

Information

• **Office de Tourisme,** Avenue du 16 Septembre 1947, 06430 Tende, Tel. 04.93.04.73.71, Fax 04.93.04.35.09, www.tendemerveilles.com.

• **Maison du Parc National du Mercantour,** Tel. 04.93.04.67.00, gleiche Adresse, im Sommer auch Informationsstelle in Castérino, Tel. 04.93.04.89. 79, www.parc-mercantour.com.

Unterkunft/ Essen und Trinken

• **Hotel-Restaurant Auberge des Melezès** €€, 06430 Castérino, Tel. 04.93.04.95.95, www.lesmelezes.fr. Großes Alpen-Chalet, das – umgeben von Wäldern – am Fuß des Berges Paracouerte liegt (2385 m). Die Zimmer sind recht komfortabel und ruhig, der Empfang ist freundlich. Das Restaurant bietet eine deftige regionale Küche.

• **Auberge Tendasque,** 65, Avenue du 16 Septembre 1947, Tel. 04.93.04.62.26. Dieses Restaurant liegt auf der Hauptstraße von Tende, ist beliebt in der Gegend und bietet einige durchaus originelle Spezialitäten an, wie Forellen-Soufflé, Entenbrustfilet mit Steinpilzen oder Jakobsmuscheln. Mittleres Preisniveau.

Camping

• **Camping municipal Saint-Jacques** **, Tel. 04.93.04.76.08, Fax 04.93.04.35.09. 35 Stellplätze, geöffnet von Mai bis September.

Märkte

• **Wochenmarkt,** mittwoch- und samstagmorgens.

Verkehrsverbindungen

Siehe Vallée de la Roya und Breil-sur-Roya.

Mercantour-Nationalpark und Vallée des Merveilles

Im Jahr 1979 gegründet, ist der Parc National du Mercantour der jüngste der sieben französischen Nationalparks. Das 68.500 Hektar große Schutzgebiet erstreckt sich über mehr als 120 Kilometer entlang der französisch-italienischen Grenze von den Alpes Maritimes zu den Alpes de Haute-Provence. Entsprechend gehört der Park auch zu den gleichnamigen Départements. Jenseits der Landesgrenze, in Italien, setzt sich die Schutzzone mit dem *Parco Naturale Alpi Marittime* fort.

Die periphere Zone des Mercantour besteht aus einem 1463 Quadratkilometer großen Gebiet von insgesamt 28 Kommunen, darunter in den Seealpen Saint-Martin-Vésubie, Breil-sur-Roya und Tende. Die zentrale Zone, eine unbesiedelte, wunderbare Alpenwelt mit hohen Gipfeln, Tälern, Almen und Bergseen, umfasst 685 Quadratkilometer. Herzstück ist die Vallée des Merveilles, das „Tal der Wunder" mit seinen faszinierenden Felszeichnungen hauptsächlich aus der Bronzezeit. Der Mercantour-Park bietet ein Netz von 600 Kilometern ausgeschildeter Wanderwege und zwölf Berghütten für die Unterkunft. Es kommen jedes Jahr 600.000 Besucher.

Flora und Fauna

Die Alpes Maritimes sind das einzige Gebiet Europas, in welchem alle

Vegetationsstufen von 0 bis 2700 Metern Höhenlage vertreten sind: Die Mittelmeerstufe unter 700 Metern zeigt sich mit Eichen und Olivenbäumen, dann folgen – zwischen 700 und 1500 Metern – Tannen, Kiefern und Pinien, in der Zone bis 2500 Meter Lärchen und Zirbelkiefern und schließlich Landstriche über 2500 Metern mit Alpenwiesen, Alpenrosen, Moosen.

Von den 4200 in Frankreich bekannten Pflanzenarten sind im Mercantour-Nationalpark 2000 vertreten. 200 davon gelten als selten, so zum Beispiel das Fingerkraut. 40 Arten gelten sogar als endemisch, d.h. sie sind in keiner anderen Gegend der Welt zu finden.

Der Vielfalt der Flora entspricht die diversifizierte Tierwelt. In höherer Lage ist der Mercantour das einzige europäische Gebirge, in dem die sechs Huftierarten vorkommen: Wildschweine, Rehe, Hirsche, Gemsen, Steinböcke und Mufflons. Der aufmerksame Beobachter kann auch Murmeltiere und Hermeline entdecken. Aber auch die Vogelwelt ist bemerkenswert: Es gibt Birkhühner, Alpenschneehühner, Wanderfalken, Bartgeier und schließlich Steinadler, deren Vorkommen in Frankreich im Mercantour am zahlreichsten ist. Nicht zu vergessen ist der Wolf, der 1992 über Italien nach Frankreich zurückkehrte. Ihm ist der Alpha-Park in Saint-Martin-Vésubie gewidmet (s. dort).

Das „Tal der Wunder"

Der **Mont Bégo,** 2872 Meter hoch, teilt ein Gebiet in zwei Teile, das einen archäologischen Schatz von etwa **40.000 Felsmalereien** birgt. Auf der einen Seite des Berges liegt die Vallée des Merveilles, auf der anderen das Val de Fontanalbe. Die Gebiete wurden 1989 unter Naturschutz gestellt. In dieser grandiosen Landschaft, die von den Gletschern des Quartärs geformt wurde und mit vielen kleinen Seen übersät ist, haben die **Schafhirten der Bronzezeit** Zeichen ihrer Gegenwart hinterlassen.

Sie haben in die Felsen Darstellungen von Tieren, Werkzeugen, Waffen, menschenähnlichen und geometrischen Figuren eingeritzt, herrlich einfache Kunstwerke, die vielleicht gar nicht als solche gedacht waren, sondern nur die Erinnerung wachhalten sollten an Zusammenkünfte wahrscheinlich religiöser Art. Manche Forscher vermuten gar, es handele sich bei den Gravuren um eine Art Symbolsprache, die allerdings noch entschlüsselt werden muss.

Auch die Angaben über die Periode, aus der die Felszeichungen stammen, schwanken: Einig scheinen sich die Forscher nur bezüglich der „Hauptschaffensperiode" in der Bronzezeit zu sein, ca. 2000 bis 850 v. Chr., es soll aber auch vereinzelt noch ältere Gravuren geben. Bei der immensen Anzahl von 35.000 bis 40.000 Bildern ist das Datieren wahrlich nicht leicht!

Zugang zu den Felszeichnungen

Für den Besuch der historischen Stätte bieten sich drei Möglichkeiten an: Entweder man schließt sich einer der regelmäßig stattfindenden **Führungen** an oder man kontaktiert mit

Hilfe einer Liste, die es bei den Offices de Tourisme gibt, selbst einen der zugelassenen Führer und macht einen individuellen Termin aus. Man kann die Täler und den Mont Bégo auch auf eigene Faust entdecken, muss sich dabei aber an die zugelassenen Pfade halten, die nur gelegentlich mit Erklärungstafeln ausgestattet sind.

Dazu fährt man in Saint-Dalmas-de-Tende Richtung **Castérino,** einem kleinen Weiler, in dem der Nationalpark eine Informationsstelle unterhält. Um zur Vallée des Merveilles zu gelangen, stellt man sein Auto am *Parking du Lac des Mesches* ab, dem Parkplatz am Mesches-See. Für die **Wanderung** hin und zurück inklusive Besichtigung der Gravuren sollte man sieben Stunden einplanen. Wer zum Vallon de Fontanalbe wandern möchte, das leichter zu erreichen und daher für Familien besser geeignet ist, stellt sein Auto auf dem Parkplatz von Castérino ab. Hier sind für Wanderung und Besichtigung ca. fünf Stunden einzuplanen.

Information

- **Parc National du Mercantour,** 23, Rue d'Italie, B.P. 1316, 06006 Nice Cédex 1, Tel. 04.93.16.78.88, Fax 04.93.88.79.05, www.parc-mercantour.com.
- **Maison du Parc National du Mercantour,** Tel. 04.93.04.67.00, Avenue du 16 Septembre 1947, Informationsstelle in Tende, im Sommer auch in Castérino, Tel. 04.93.04.89.79.

Verhaltensregeln für die zentrale Schutzzone

- keine Fahrzeuge benutzen, auch keine Mountainbikes (Ausnahmen bilden die Führungen mit Geländefahrzeugen)
- keine Hunde mitführen
- keine Pflanzen abschneiden und schon gar nicht herausreißen
- keine Waffen mitführen; das Jagen ist verboten
- kein Camping, kein Feuer machen, keinen Abfall hinterlassen; das Biwakieren, also Übernachten unter freiem Himmel, ist jedoch zwischen 19 und 9 Uhr erlaubt
- keinen Lärm verursachen, um die Tiere nicht zu stören
- Paragliding ist verboten
- Mitarbeiter des Parks, die unter anderem die Einhaltung dieser Regeln überwachen, sind erkennbar an ihren grünen Uniformen mit dem spiralförmigen Symbol der französischen Nationalparks.
- In der peripheren Zone gelten die meisten dieser Regeln auch, aber man darf dort mit Mountainbikes fahren und Paragliding ist ebenfalls erlaubt.

029co Foto: im

Cannes, Estérel-Gebirge und Hinterland

043co Foto: im

040co Foto: im

Cannes zieht nicht gerade die ärmsten Besucher an

Insel vor der Küste des Estérel-Gebirges

Neobyzantinische Kirche in Saint-Raphaël

Überblick

Will man diesen Teil der Küste und sein Hinterland charakterisieren, so muss zunächst festgestellt werden, dass zwar das **Internationale Filmfestival von Cannes** zu den bekanntesten Attraktionen zählt, die Stadt aber mitnichten zu den touristischen Highlights gehört, denn nur ein ausgewähltes Publikum trifft sich unter den Palmen der berühmten Croisette.

Für den „normalen" Reisenden sind beispielsweise die Cannes vorgelagerten **Lérins-Inseln** weitaus interessanter, hütet doch die eine – Ile Sainte-Marguerite genannt – das Geheimnis des „Mannes mit der eisernen Maske", während die andere, die Ile Saint-Honorat, als eine der Keimzellen des katholischen Klosterwesens gilt und bis heute von Mönchen bewohnt wird.

Damals wie heute mondän und luxuriös geht es auf dem **Cap d'Antibes** zu mit seinen prachtvollen Villen und schicken Hotels. Juan-les-Pins steuert zum Ambiente sein alljährlich stattfindendes, bekanntes Jazz-Festival bei, und in dem alten Schloss von Antibes – einer reizenden Stadt – sind **Kunstwerke Picassos** zu bewundern. Dies gilt auch für das nicht weit entfernte Dörfchen Vallauris, wo der Künstler einige Jahre Töpferwaren herstellte und eine Kapelle innen ausgestaltete, Titel: „Krieg und Frieden". Zu den großen Kunstmuseen, mit denen die Region aufwarten kann, gehört auch das von Biot, das **Fernand Léger** gewidmet ist.

Doch die Gegend lebt nicht allein von Museen und Tourismus, sondern hat mit **Sophia Antipolis** bei Valbonne auch Frankreichs Silicon Valley angesiedelt, ein wirtschaftlicher Segen für die ganze Region. Ganz anders **Grasse,** die Parfumstadt: Sie galt früher weltweit als Metropole der Herstellung wohlriechender Essenzen, erlebt aber seit den 1950er Jahren ihren unaufhaltsamen Niedergang – dank Globalisierung und künstlich hergestellten Duftstoffen.

In der Nachbarschaft liegen die **Loup-Schluchten** mit einigen *villages perchés* an ihren Rändern und **Vence,** eines dieser angenehmen Städtchen, die den Traum vom Leben im Süden stets wach halten. In **Saint-Paul-de-Vence** – touristisch sehr bekannt und entsprechend überlaufen – dann schon wieder Kunst und ganz hochkarätige zudem: Die **Fondation Maeght** gehört weltweit zu den bedeutendsten Sammlungen im Bereich der Moderne – schon das Gebäude ist ein Kunstwerk für sich.

Wer Ausflüge in das **Estérel-Massiv** unternehmen möchte, dieses schöne, bizarre Gebirge aus rotem Lava-Gestein, schlägt sein Lager am besten in

Der Festivalpalast

Saint-Raphaël auf, zu dessen Stadtgebiet mehrere reizende Küstenörtchen gehören. Kulturinteressierte werden in der Schwesterstadt **Fréjus** fündig, wo man allenthalben auf römische Monumente stößt, außerdem auf eine seltene frühchristliche Taufkapelle sowie einen noch selteneren Kreuzgang aus dem 14. Jh., ausgestaltet mit Hunderten bemalter Holztäfelchen, vielfach mit grotesken Motiven.

Liebhaber der ländlichen Provence schließlich stoßen im **Land von Fayence** auf mehrere mittelalterliche Bergdörfer; eines davon – das hübsche Seillans – wusste schon der rheinische Expressionist **Max Ernst** als Wohnort zu schätzen, dem dort ein kleines Museum gewidmet ist.

Cannes

Früher beim europäischen Adel beliebt und heutzutage während des **Filmfestivals** von Stars und Sternchen bevölkert, hat die 70.000-Einwohner-Stadt auch „Normalsterblichen" einiges zu bieten. Das ganze Jahr über ist sie beliebt bei Kongress-Teilnehmern aus aller Herren Länder. Zu den ständigen Einwohnern zählen nicht wenige Rentner und Pensionäre. Sie alle schätzen die herrliche Lage der Stadt am Rande des Estérel-Gebirges im Golf von La Napoule.

Dort entlang verläuft die **Croisette,** Cannes' palmengesäumte Uferpromenade mit Hotelpalästen, exklusiven Geschäften und Nachtlokalen. An ih-

028co Foto: im

rem westlichen Ende liegen der **Festival- und Kongresspalast** sowie der **Hafen.** Von hier aus legen die Boote ab zu den Lérins-Inseln. Schließlich hat Cannes auch eine **Altstadt mit Castrum.** Sie liegt oberhalb des Hafens auf einem Hügel, der schon in der Römerzeit besiedelt war.

Geschichte

Der Name Cannes geht wahrscheinlich auf das lateinische Wort *Canna* für Schilfrohr zurück, denn die Gegend um den Altstadthügel muss in früheren Zeiten sehr sumpfig gewesen sein. Die **Römer** nannten den Ort denn auch *Portu Canuae.* Andere Forscher behaupten, der Ortsname käme von *Kan,* dem keltoligurischen Wort für Gipfel.

Wie dem auch sei, Cannes – lange nichts weiter als ein Fischernest – soll um das Jahr 1000 von Rodoard, dem Herren von Grasse und Antibes, gegründet worden sein. Ab 1131 bekamen die **Mönche von Lérins** die Inseln und auch das Festland davor als Lehen. Zum Schutz des Ortes, von dem aus sie zu den Inseln übersetzten, erbauten sie ein Castrum mit Wachturm, das noch heute den Hafen überragt.

Als entscheidendstes Datum für die Entwicklung Cannes' gilt jedoch das Jahr 1834. Damals hielt sich der reiche britische Politiker **Lord Brougham** mit seiner kränkelnden Tochter an der Küste auf. Auf dem Weg nach Nizza wurde er von der Nachricht überrascht, dass er durch Cholera verseuchtes Gebiet fuhr. Der Weg vom Var in die Grafschaft Nizza war versperrt.

Also entschloss sich der Lord, in Cannes auf die Aufhebung der Schutzmaßnahmen zu warten. Das Fischerdorf gefiel ihm so gut, dass er 34 Jahre lang immer wieder kam, viele britische Adlige folgten seinem Beispiel. Das war der Beginn von Cannes' Aufstieg zu einem **noblen Seebad** von Weltruf, das früher Könige und Prinzessinnen kommen und gehen sah und heute Leinwandgöttinnen und Medienzare. Auf der Allée des Stars (Esplanade Pompidou) in der Nähe des Festival-Palastes haben sich viele berühmte Filmstars auf Betonplatten per Handabdruck und Unterschrift verewigt.

Sehenswertes

Boulevard de la Croisette

Cannes' prächtige Uferpromenade erstreckt sich von der Place de Gaulle am alten Hafen bis hin zur Landspitze Pointe de la Croisette. Neben dem Hafen erhebt sich der **Palais des Festivals,** ein architektonisch gewöhnungsbedürftiger Betonkomplex (1980–82) mit 30.000 m² Ausstellungsfläche und einem Spielkasino. Die Atmosphäre hier ist jedoch mondän, weil im Grunde das ganze Jahr über Kongresse und Messen mit internationalen Teilnehmern stattfinden. Neben dem berühmten Filmfestival im April finden z.B. im März und Oktober bedeutende internationale TV-Programm-Messen statt (MIP-TV und MIPCOM).

Das **Filmfestival** entstand auf Initiative des Volksfront-Ministers Jean Zay, der mit vielen anderen der Meinung war, dass man dem Festival La Mostra in Venedig etwas entgegensetzen musste. Denn dort wurden im Laufe der 1930er Jahre vor allem von den Deutschen und Italienern ausgewählte Filme gezeigt, nicht wenige faschistischen Inhalts. Leider verzögerte der Ausbruch des Zweiten Weltkrieges die Eröffnung der Filmfestspiele von Cannes, die somit erst 1946 erfolgte.

Der Vorgänger des jetzigen Festival-Palastes stand übrigens an der Stelle, wo sich heute auf der Croisette das Luxushotel „Palais Stéphanie" erhebt. Es ist das jüngste der vier **Hotelpaläste** der Stadt, erbaut erst 1992. Die anderen Nobel-Herbergen heißen „Carlton", als historisches Monument der Belle Epoque klassifiziert und tausendfach fotografiert, „Majestic", untergebracht in einem Art-Déco-Bau von 1926, und „Martinez", eingeweiht 1929, ebenfalls im Art-Déco-Stil und über ein Restaurant der Spitzenklasse (zwei Michelin-Sterne) verfügend.

Der Weg nach Osten an der Croisette entlang führt zum **Hafen Port Canto,** von wo aus man einen guten Blick auf das alte Cannes hat. Erreicht man die **Pointe de la Croisette,** stößt man auf das berühmte **Casino Palm-Beach.** Der Name der Landspitze ist jedoch ganz anderen Ursprungs und geht auf ein kleines Kreuz *(Croisette)* zurück, das einst hier stand. Nördlich der Landspitze liegt La Californie, ein Villenviertel mit üppiger Vegetation, wo man zum Teil auf erstaunliche, von allen Stilen der Welt beeinflusste Architektur stößt.

Hafen und Altstadt

Neben dem Festival-Palast liegt der alte Hafen von Cannes, wo – ganz demokratisch – **Luxusjachten und Fischerkähne** nebeneinander im Wasser schaukeln. Von hier aus, genauer vom Ende des Quai Saint-Pierre, legen die Ausflugsschiffe zu den vor Cannes liegenden Lérins-Inseln ab.

Nördlich des Hafens ist das **Einkaufsviertel:** Haupteinkaufsstraße ist die Rue d'Antibes, unweit davon liegt der überdachte **Marché Forville,** wo man täglich frisches Obst und Gemüse, Fleisch und Fisch kaufen kann. Auf der Allée de la Liberté schließlich findet der Blumenmarkt und samstags ein Antiquitäten- und Trödelmarkt statt. Die Rue Meynadier, die am Bahnhof beginnt, verbindet die moderne Stadt mit dem **Altstadtviertel Le Suquet** auf dem Hügel. Bevor man das Castrum erreicht, kann man vom Platz davor den Blick über Cannes und die Inseln genießen. Hier steht die sehenswerte Kirche **Notre-Dame-d'Espérance,** errichtet 1627 im Stil der provenzalischen Gotik.

Die **Musée de la Castre,** eines der ältesten ethnografischen Museen Frankreichs, ist untergebracht in der Burg, die einst von den Lérins-Mönchen gebaut wurde. Von der mittelalterlichen Anlage steht jedoch nur noch die **Tour du Suquet,** ein 22 Meter hoher, imposanter Wachturm, dessen Bau im 12. Jh. begonnen und 1385 beendet wurde. Das Museum zeigt archäologische und völkerkundliche Exponate, zusammengetragen aus allen fünf Kontinenten. Neben ei-

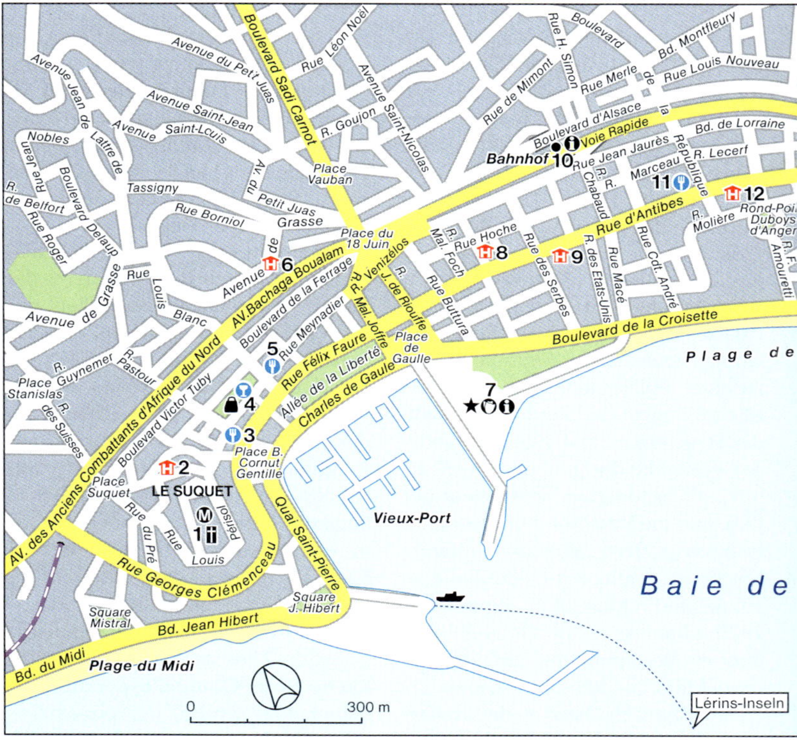

- 1 Musée de la Castre, Notre-Dame-d'Espérance
- 2 Hôtel Villa de l'Olivier***
- 3 Le Relais des Semailles
- 4 Marché Forville (überdachter Markt), Café-Bar Taverne Lucullus,
- 5 Aux Bons Enfants
- 6 Hôtel Albert I.**
- 7 Palais des Festivals / Théâtre de la Mer, Office de Tourisme
- 8 Hôtel La Villa Tosca***
- 9 Hôtel de France***
- 10 Office de Tourisme
- 11 Le Comptoir des Vins
- 12 Hôtel Le Canberra****
- 13 Le Restaurant Arménien
- 14 Casino Palm-Beach

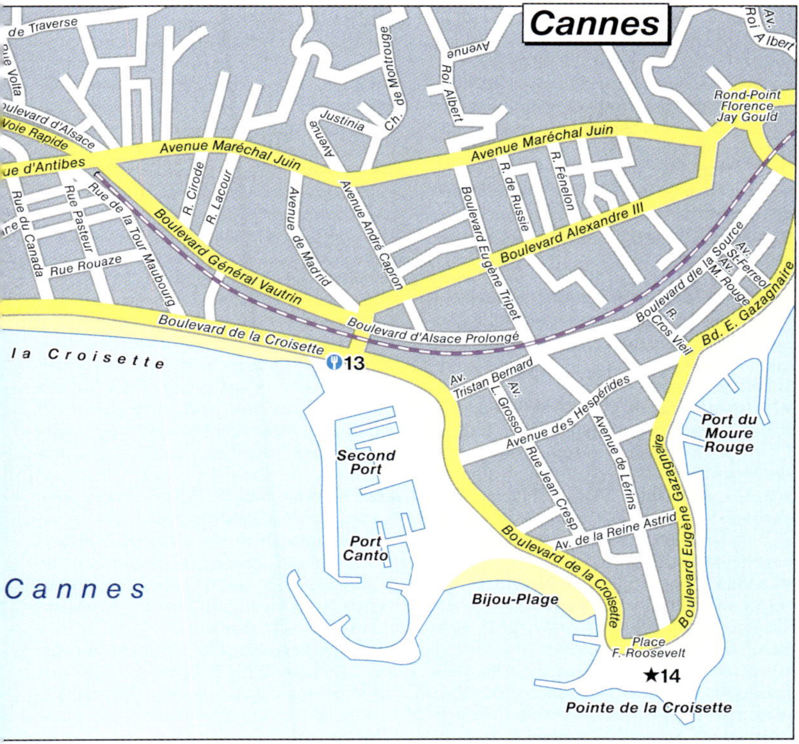

ner nicht unbedeutenden Sammlung von antiken Funden aus dem Mittelmeerraum sind vor allem Stücke aus Ozeanien, dem Himalaya-Gebirge sowie Nord- und Südamerika zu erwähnen. In der romanischen Kapelle Sainte-Anne (12. Jh.) ist eine beeindruckende Sammlung von **Musikinstrumenten** aus aller Welt ausgestellt.

- **Musée de la Castre,** täglich außer montags Oktober bis März 10–13 und 14–17 Uhr, April bis Juni und September 10–13 und 14–18 Uhr, Juni und August 10–19 Uhr, im November geschlossen. Eintritt 3 €, unter 25 Jahre 3,20 €, für Kinder und Jugendliche unter 18 Jahren und Studenten kostenlos.

Praktische Tipps

Information

- **Office de Tourisme,** Palais des Festivals, La Croisette, 06400 Cannes, Tel. 04.92.99.84.22, Fax 04.92.99.84.23, www.cannes.com und www.palaisdesfestivals.com.

Unterkunft

- **Le Canberra** ****/€€€€, 120, Rue d'Antibes, Tel. 04.97.06.95.00, Fax 04.92.98.03.47, www.hotels-ocre-azur.com. Dieses „Boutique Hotel" genannte Haus bietet rund 40 Zimmer in einem angenehm eleganten, unaufdringlichen Stil. Wie die anderen hier empfohlenen Hotels liegt auch dieses zentral und eignet sich gut für die Erkundung der Stadtmitte und der Croisette.
- **Villa de l'Olivier** ***/€€€-€€€€, 5-7, Rue des Tambourinaires, Tel. 04.93.39.53.28, Fax 04.93.39.55.85, www.hotelolivier.com. Dieses Hotel mit seinen 24 romantisch eingerichteten Zimmern liegt im Altstadtviertel Le Suquet. Den Gästen stehen eine große Terrasse und ein Swimming-Pool zur Verfügung, umgeben von Palmen.
- **Hôtel de France** ***/€€€-€€€€, 85, Rue d'Antibes, Tel. 04.93.06.54.54, Fax 04.93.68.53.43, www.h-de-France.com. Ansprechendes Hotel im Art-Déco-Stil, das rund 30 renovierte, komfortable Zimmer anbietet. Man darf, wenn man sich hier einmietet, allerdings nicht Ruhe und Natur suchen, denn das Haus liegt direkt an der Einkaufsstraße.
- **La Villa Tosca** ***/€€€€, 11, Rue Hoche, Tel. 04.93.38.34.40, Fax 04.93.38.73.34, www.villa-tosca.com. Dieses Hotel liegt in einer Seitenstraße der Rue d'Antibes, in einer Fußgängerzone. Das Gebäude aus der Belle Epoque ist von außen sehr schön anzusehen, aber auch die 22 frisch renovierten Zimmer überzeugen: Sie sind in warmen Farben eingerichtet und vom Stil her elegant-charmant.
- **Hotel Albert I.** **/€€€, 68, Avenue de Grasse, Tel. 04.93.39.24.04, Fax 04.93.38.83.75, www.hotelalbert1ercannes.com. Auch dies ein Hotel im Art-Déco-Stil (Gebäude aus den 1930er Jahren), allerdings in einem ruhigeren Viertel gelegen und etwas kleiner als das Hôtel de France (11 Zimmer). Ins Zenrtum geht man 10 Min. zu Fuß.

Essen und Trinken

- **Le Relais des Semailles,** 9, Rue Saint-Antoine, Tel. 04.93.39.22.32. In Le Suquet haben sich ungezählte Restaurants angesiedelt, die „regionale Küche", aber längst nicht alle Qualität anbieten. Das Relais gehört zu den empfehlenswerten Adressen in der Altstadt, das Preisniveau ist mittel für diese Gegend. Touristen werden die Mittagskarte bevorzugen, die deutlich günstiger ist.
- **Le Comptoir des Vins,** 13, Boulevard de la République, Tel. 04.93.68.13.26. Dieses Restaurant findet sich nicht weit von der Einkaufsstraße Rue d'Antibes. Der Schwerpunkt liegt, wie der Name schon sagt, auf dem Wein. Jeder Gast wird zunächst durch den „Weinkeller" geleitet und sucht sich den Wein aus, den er später zum Essen trinken möchte. Die Speisen sind „klein aber fein", und decken neben der Provence auch andere Regionen Frankreichs ab. Mittleres Preisniveau.
- **Aux Bons Enfants,** 80, Rue Meynadier, kein Telefon. Alteingesessenes Restaurant mit familiärer Atmosphäre, das provenzalische und nizzaer Spezialitäten auf der Speisekarte hat. Es gibt allerdings nur ein Menü, das aber ist recht günstig. Freitags ist Aïoli-Tag. Kreditkarten werden nicht akzeptiert.
- **Taverne Lucullus,** Place Marché-Forville, Tel. 04.93.39.32.74. Beliebte Café-Bar am Markt, wo man Tapas bekommt, Tagesgerichte oder einfach nur einen Kaffee oder Pastis trinken kann.

In Cannes gibt es natürlich auch ein breites Angebot an Restaurants, die internationale Küche anbieten. Hier zwei Beispiele:

- **Le Restaurant Arménien,** 82, La Croisette, Tel. 04.93.94.00.58. Dieses ein wenig kitschig eingerichtete Restaurant bietet nur ein einziges Menü an, das aber ist original armenische Küche! Das Preis-Leistungs-Verhältnis ist in Ordnung, denn die Portionen sind reichlich und schließlich speist man an der Croisette.

Märkte

- **Überdachter Markt Forville,** jeden Morgen außer montags.

- **Blumenmarkt,** täglich auf der Allée de la Liberté außer montags.
- **Antiquitäten- und Trödelmarkt,** samstags auf der Allée de la Liberté.

Feste und Veranstaltungen

- **Festival de Cannes,** Filmfestival im Mai.
- **Musikalische Nächte in der Altstadt,** im Juli.
- **Internationales Segelfestival,** im Sept.
- **MIP-TV,** im März, **MIPCOM,** im Oktober, internationale TV-Programm-Messen.

Aktivitäten

- **Bootstouren zu den Lérins-Inseln:** *Compagnie Trans Côte d'Azur,* Tel. 04.92.98.71.30, *Compagnie Horizon,* Tel. 04.92.98.71.36, *Riviera Lines,* Tel. 04.92.98.71.31 (alle drei: Sainte-Marguerite), *Compagnie Planaria,* Tel. 04.93.98.71.38 (Saint-Honorat). Der Ticketschalter liegt am Ende des Quai Saint-Pierre, nicht weit davon legen die Boote ab.
- **Tauchen:** *Plongeé Club de Cannes,* Quai Saint-Pierre, Tel. 04.93.38.67.57 oder Handy 06.11.81.76.17, www.plongee-sylpa.com.

Verkehrsverbindungen

- **Flughafen:** Der Flughafen von Nizza liegt knapp 30 km entfernt. Es gibt regelmäßige Shuttle-Bus-Verbindungen von dort nach Cannes.
- **Bus:** In Cannes gibt es zwei Busbahnhöfe. Der eine (Tel. 04.93.64.18.37) liegt neben dem Bahnhof, der andere am Rathausplatz (Tel. 04.93.39.11.39). Vom Bahnhof aus kann man nach Grasse fahren, von beiden Busbahnhöfen aus nach Nizza und zum Flughafen. (Linien ab Nizza Richtung Monaco und Menton siehe Nizza.)
- **Bahn:** SNCF-Bahnhof, Rue Jean-Jaurès, Tel. 04.93.99.36.35. Regelmäßige und häufige Verbindungen zu den anderen Städten der Côte d'Azur.

Iles de Lérins (Lérins-Inseln)

Selbst wer nicht viel Zeit hat, sollte die Überfahrt zu wenigstens einer der beiden Inseln, die direkt vor Cannes liegen, nicht versäumen: Die Ausblicke auf die Küste zwischen dem Cap d'Antibes und dem Cap Roux sind herrlich, und die Altstadt von Cannes wirkt aus der Ferne besonders malerisch. Aber auch die Inseln selbst haben Besuchern einiges zu bieten. Während die Ile Sainte-Marguerite das Geheimnis des „Mannes mit der eisernen Maske" hütet, gilt die Ile Saint-Honorat als eine der Keimzellen des katholischen Klosterwesens.

Ile Sainte-Marguerite

Mit ihren drei Kilometern Länge und knapp einem Kilometer Breite ist die Ile Sainte-Marguerite die größere der beiden Inseln. Die Überfahrt von Cannes aus dauert nur etwa fünfzehn Minuten. Die Insel lädt Naturliebhaber zum **Wandern und Baden** in kleinen Buchten ein. Wissbegierige werden vielleicht den Naturlehrpfad *(Sentier Botanique)* begehen.

Das eigentlich Sehenswerte auf der Insel aber ist das **Fort Royal,** eine unter Richelieu erbaute und von Vauban 1712 verstärkte Festung, in der der geheimnisvolle „Mann mit der eisernen Maske" elf Jahre lang einsaß (siehe Exkurs). Neben den Gefängniszellen ist auch das **Musée de la Mer** einen Be-

Das Rätsel um den „Mann mit der eisernen Maske“

Das **Fort Royal** auf der Insel Sainte-Marguerite wurde 1685 **französisches Staatsgefängnis.** Zwei Jahre später wurde ein mysteriöser Mann dort einquartiert, über den der Schriftsteller Voltaire in seinem Werk „Das Zeitalter Ludwigs XIV.“ schrieb: „Einige Monate nach dem Tod Mazarins (...) brachte man in aller Heimlichkeit einen unbekannten Gefangenen in die Festung der Insel Sainte-Marguerite, welcher - außergewöhnlich hoch gewachsen - von besonders edler und schöner Erscheinung war. Dieser Gefangene trug eine Maske, deren Kinnband mit Stahlfedern befestigt war, sodass er essen konnte, ohne die Maske vom Gesicht zu nehmen. Es war befohlen worden, ihn zu töten, wenn er sich zu erkennen geben sollte.“

Wer war dieser Mann, der später in die Bastille gebracht wurde, dort 1703 starb und auf dem Pariser Friedhof Saint-Paul unter dem Namen *Marchioly* bestattet wurde? In dem **Hollywoodstreifen „Der Mann mit der eisernen Maske“** spielt Leonardo di Caprio den Zwillingsbruder Ludwigs XIV., dem sein Recht verwehrt wird. Für Voltaire jedoch war er der ältere Bruder des Sonnenkönigs, ein nicht-legitimer Sohn der Königin. Eine andere Hypothese zielt in die Richtung, dass Ludwig XIV. selbst ein „Bastard“ war. Der Mann mit der Maske könnte der Schwiegersohn des Arztes der König Anna von Österreich gewesen sein, der ausplaudern wollte, dass Ludwig XIII. zeugungsunfähig gewesen war - schon wieder ein **Angriff auf Ludwigs XIV. Thronanspruch!**

Doch nicht genug der Spekulationen: Der mysteriöse Gefangene soll in der Zelle auf Sainte-Marguerite sogar ein Kind gezeugt haben, das nach Korsika gebracht und *Buonaparte* („von guter Abstammung“) genannt wurde. Diesmal dient der Maskenmann dem ersten Kaiser der Franzosen, der ja als *Bonaparte* geboren wurde, als Rechtfertigung für seine Herrschaft. Wie dem auch sei, letztlich ist bisher keine der Theorien bewiesen, denn der Gefangene mit dem vielleicht hochpolitischen Schicksal nahm sein Geheimnis mit ins Grab.

030co Foto: im

Im Fort Royal auf Sainte-Marguerite war der unbekannte Maskenmann gefangen

such wert. Ausgestellt sind archäologische Funde (Keramiken, Glas u.s.w) vor allem aus der Römerzeit, die beim Fort und auf dem Meeresgrund gemacht wurden.

• **Musée de la Mer,** geöffnet täglich außer montags von Oktober bis März 10.30–13.15 Uhr und 14.15–16.45 Uhr, von April bis Mai 10.30–13.15 und 14.15–17.45 Uhr, von Juni bis September 10–17.45 Uhr. Eintritt zusammen mit den Gefängniszellen 3,20 €, für unter 25-Jährige 2 €, für Studenten und bis 18 Jahre kostenlos.

Ile Saint-Honorat

Das kleine Eiland ist mit seinen 1,5 Kilometern Länge und 400 Metern Breite etwa halb so groß wie die Nachbarinsel Sainte-Marguerite. Anders als diese, die dem französischen Staat gehört, befindet sich Saint-Honorat im **Privatbesitz des gleichnamigen Klosters,** das zu den bekanntesten der westlichen Christenheit gehört. Die Klostergebäude, von denen die mittelalterliche Mönchsburg, die Kirche aus dem 19. Jh. und ein Museum besichtigt werden können, sind eingebettet in eine mediterrane Landschaft, die vor allem aus Aleppokiefern, Eichen und Macchia besteht. Die Überfahrt von Cannes dauert etwa zwanzig Minuten. Den Fährverkehr versuchen die Mönche nach wie vor zu kontrollieren, obwohl sie bereits 1993 per Gerichtsurteil das Monopol abgesprochen bekamen.

Geschichte

Im frühen und hohen Mittelalter war die Gemeinschaft so bedeutend, dass Hunderte von Mönchen – im 7. Jh. sogar über 3000 Mönche – auf der Insel lebten. Das Kloster besaß ausgedehnte Ländereien in der Provence und zeitweilig sogar darüber hinaus. Seine Wurzeln gehen ungefähr auf das Jahr 400 zurück, als sich der in Trier geborene **Honoratius** auf die Mittelmeerinsel zurückzog, um sich ganz einem Leben mit Gott zu widmen. Er soll, so die Legende, die Insel von einer Schlangenplage befreit und eine Mönchsgemeinschaft gegründet haben und ist später angeblich Bischof von Arles geworden.

Im Jahre 660 wurde wahrscheinlich die **Regel des heiligen Benedikt** auf der Insel eingeführt. Bedeutende Kirchenmänner und Missionare gingen aus dem Kloster hervor, so der heilige Patrick, der das Christentum in Irland bekannt machte. Wegen der ungeschützten Lage des Mini-Eilandes und mangels wehrhafter Bauten wurden die Mönche jedoch oft überfallen, von Mauren aus Spanien, Genuesern, Piraten und Seeräubern. Dies führte im 11. Jh. zum **Bau einer Flucht- und Wehrburg,** die auch heute noch ein markanter Blickfang auf der Insel ist.

Seit dem Spätmittelalter verlor das Kloster immer mehr an Bedeutung und schrumpfte zu einer Kleinstgemeinschaft von weniger als zehn Mönchen zusammen. Trotzdem blieb es bestehen und wurde erst 1791, in den Wirren der Französischen Revolution, aufgelöst und dem Bistum von Grasse zugeschlagen. Knapp 80 Jahre später, 1869, zogen wieder Ordensbrüder auf die Insel.

Die etwa **25 Zisterzienser,** die heute auf Saint-Honorat heimisch sind, leben vom Lavendel- und vor allem vom **Weinanbau.** Man sollte es nicht versäumen, im Klosterladen eine Flasche zu erstehen, denn es handelt sich um Spitzen-Weine, die man auch im Angebot provenzalischer Gourmet-Restaurants findet.

Die alte Mönchsburg

1073 wurde die Burg zum Schutz vor Angreifern und Plünderern errichtet. Ihr Standort auf einer Landspitze im Süden bietet einen natürlichen Verteidigungsring, drei Seiten der Burg liegen zum Meer hin. Im späten Mittelalter, als die Anzahl der Mönche deutlich geschrumpft war und sie umso leichter attackiert werden konnten, diente die Trutzburg als Kloster. Im Innern wurden die üblichen klösterlichen Räume wie Speise- und Schlafsaal, Bibliothek, Kreuzgang und Kapelle eingerichtet. Letztere wirken mit Spitztonnen- bzw. Kreuzrippengewölbe deutlich gotisch. Von der Terrasse des zinnenbekrönten Wehrturms, den die Mönche im 15. Jh. hinzufügten, hat man einen **weiten Ausblick** über das Meer und die Küstenregion.

Neue Klosteranlage und Kapellen

Eine neue Anlage hat man 1869 errichtet, als das Kloster nach längerer Pause wieder zum Leben erweckt wurde. Die Gebäude gruppieren sich um einen Kreuzgang aus dem 11. und 12. Jh., der leider nicht besichtigt werden kann. Allein die **Kirche,** für deren Bau der romanische Vorgänger weichen musste, darf besucht werden. Allerdings ist sie, neoromanischen Stils und wie die anderen neueren Klosterteile aus dem 19. Jh., kunsthistorisch kaum bedeutend. Das **Museum** dokumentiert die Geschichte des Klosters und zeigt archäologische Funde aus römischer und frühchristlicher Zeit von der Insel.

Von den einst sieben Kapellen, die sich im Mittelalter über die Insel verteilten, sind heute vier für Touristen zugänglich. Die vielleicht schönste von ihnen ist die **Chapelle de la Trinité** am südöstlichen Rand der Insel, die bereits im 9. oder 10. Jh. entstand. Wie so viele der alten Sakralbauten in der Provence wurde auch sie mehrmals umgebaut: zuerst im 12. Jh., dann im 17. Jh., als die Spanier die Insel einnahmen und aus der Kapelle eine „Mini-Festung" bauten und sie aufstockten. Erst in den 1930er Jahren wurde sie wieder in ihren ursprünglichen Zustand versetzt.

Information

- **Abbaye Notre-Dame-de-Lérins,** Ile St-Honorat, BP 157, 06406 Cannes cedex, Tel. 04.92.99.54.00, Fax 04.92.99.54.01, www.abbayedelerins.com und www.cannes-ilesdelerins.com.

Im Château von La Napoule ist ein Kunstmuseum untergebracht

Unterkunft

- Wer die Fähre verpasst oder vorher anfragt, kann für eine Nacht ein **Zimmer im Kloster** bekommen, Tel. 04.92.99.54.00, Fax 04.92. 99.54.01, planaria@abbayedelerins.com.

Fähre

- **Planaria,** Tel. 04.92.98.71.38, Hafen von Cannes, Quai des Iles. Im Sommer startet die erste Fähre zur Insel um 8 Uhr, die letzte um 18 Uhr (17 Uhr im Winter). Zurück geht es im Stundentakt ab 8.30 Uhr bis 18 Uhr (Im Winter 17 Uhr). Da der Fahrplan sich ändern kann, für bestimmte Verbindungen am selben Tag noch, ist es am sichersten, man erkundigt sich zeitnah nach den genauen Abfahrten. Die Überfahrt kostet hin und zurück 10 €, Kinder bis 10 Jahre zahlen 5,50 €, Kinder unter 5 Jahren fahren kostenlos mit.

Mandelieu-La Napoule

Der Doppelort liegt westlich von Cannes in der Bucht, welcher er den Namen gab: dem *Golfe de la Napoule.* Während der Ortsteil Mandelieu landeinwärts liegt, bietet das touristisch interessante La Napoule schöne Strände, zahlreiche Unterkunftsmöglichkeiten und am Hafen ein **Château-Musée,** eine umgebaute mittelalterliche Burg, die ein Kunstmuseum beherbergt.

Schöpfer dieser Anlage war in den 1950er Jahren der US-amerikanische Bildhauer **Henry Clews,** der es mit

031co Foto: im

den Stilen und Epochen nicht so genau nahm und den alten Türmen aus dem 14. Jh. allerlei andere Bauteile hinzufügte. So entstand ein Paradebeispiel für den eklektizistischen Architekturstil - hier neoromanisch, neogotisch und orientalisch -, der immer wieder an der Côte d'Azur zu finden ist. Beeindruckend ist jedenfalls die Lage am Hafen mit dem Estérel-Massiv im Hintergrund.

● **Château-Musée,** Tel. 04.93.49.95.05, täglich geöffnet 10–18 Uhr, von November bis Januar an Wochenenden und in den Schulferien 10–17 Uhr, ansonsten 14–17 Uhr. Eintritt 6 €, Ermäßigungen.

Information

● **Office de Tourisme,** Avenue Henry-Clews, 06210 La Napoule, Tel. 04.93.49.95.31, Fax 04.93.97.99.57, Hotelresevierungen Tel. 04.93.93.64.64, www.ot-mandelien.fr.

Unterkunft

● **Villa Parisiana** **/€€-€€€, Rue Argentière, Tel. 04.93.49.93.02, Fax 04.93.49.62.32, www.villaparisiana.com. Das Hotel mit 13 Zimmern in einer Villa von 1900 liegt in einem Wohnviertel. Es gibt einige hübsche Balkons sowie eine gemeinschaftliche Terrasse. Leider ist die Eisenbahn zu hören, dafür ist das Hotel aber recht preiswert.

Camping

● **Les Pruniers,** 118, Rue de la Pinea, Tel. 04.93.97.00.44, Fax 04.93.49.37.45, www.bungalow-camping.com. Wie die Internetadresse schon verrät, kann man hier sowohl campen als auch wochenweise Bungalows mieten. Ein beheizter Swimming-Pool ist vorhanden, aber das Meer ist auch nur wenige Hundert Meter entfernt. Geschlossen von Mitte Oktober bis Ende März.

Essen und Trinken

● **Pomme d'Amour,** 209, Avenue-du-23-Août, Tel. 04.93.49.95.19. Im Zentrum von La Napoule gelegen, ganz in der Nähe des Bahnhofs, bietet dieses Restaurant regionale Küche zu mittleren Preisen an. Das Lokal ist gemütlich und rustikal eingerichtet.

● **Bistrot du Port,** Tel. 04.93.49.80.60. Wer gern am Hafen sitzt, ist hier genau richtig: Das an eine Schiffskajüte erinnernde Restaurant bietet eine Terrasse an der Promenade. Beliebt ist das Bistrot nicht nur zum Apéritif-Trinken, sondern auch für Pizza und Pasta.

● **La Voile d'Azur,** Avenue de Gaulle, Tel. 04.93.49.20.44. Ein Strandrestaurant mit herrlichem Meerblick, das an der Nationalstraße Richtung Cannes liegt. Spezialität sind Fischgerichte, das Preisniveau bewegt sich im mittleren Bereich.

Märkte

● **Wochenmarkt,** mittwochs in Mandelieu, donnerstags und samstags in La Napoule.

Verkehrsverbindungen

● **Bus/Bahn:** Mehrere Verbindungen täglich nach Cannes und Saint-Raphaël.

Théoule-sur-Mer

Théoule ist ein **ruhiges kleines Seebad** mit einigen Hotels und einer Jugendherberge. Vom Strand aus überblickt man einen großen Teil der Bucht von La Napoule, die Stadt Cannes und die Pointe de la Croisette. Sehenswürdigkeiten hat der Ort nicht zu bieten; das an eine Burg erinnernde Gebäude am Meer war früher nichts als eine Fabrik zur Seifenherstellung. Théoule ist jedoch ein guter Ausgangspunkt für Ausflüge ins Estérel-Gebirge.

Information

- **Office de Tourisme,** 1, Boulevard de la Corniche-d'Or, 06590 Théoule, Tel. 04.93.49.28.28., Fax 04.93.49.00.04, www.theoule-sur-mer.com. Hier auch **Mountainbike-Verleih.**

Unterkunft

- **La Tour de l'Esquillon** ***/€€€€-€€€€€, Miramar, Tel. 04.93.75.41.51, Fax 04.93.75.49.49, www.esquillon.com. Dieses Hotel liegt direkt an der Küstenstraße und bietet 25 Zimmer, manche mit Meerblick und Balkon. Das angeschlossene Restaurant hat sich auf Fischgerichte spezialisiert. Es soll nicht verschwiegen werden, dass einige Zimmer im Sommer, wenn das Verkehrsaufkommen höher ist, etwas lauter sind.
- **Auberge de Jeunesse,** Tel. 04.93.75.40.23, Fax 04.93.75.43.45. Die Jugendherberge liegt von Théoule aus Richtung Le Trayas, etwa 2 km vom Bahnhof entfernt. Im Januar geschl.

Essen und Trinken

- **Marco Polo Plage,** Avenue de Lérins, Tel. 04.93.49.96.59. Angenehmes Strandrestaurant und ein traditionelles noch dazu: Das Marco Polo gibt es seit 50 Jahren! Aber angestaubt ist es darum noch lange nicht, vielmehr herrscht in der Strandbar eine entspannte Lounge-Atmosphäre. Dazu trägt nicht zuletzt der herrliche Blick über den Golf von La Napoule bis Cannes bei. Das Restaurant bietet vor allem eine gute Auswahl an Fischgerichten an, aber auch kleine Gerichte und Salate.

Verkehrsverbindungen

- **Bus/Bahn:** Mehrere Verbindungen täglich nach Cannes und Saint-Raphaël.

Aktivitäten

- **Tauchen/Wandern:** Unterwasser-Entdeckungspfad der Pointe-de-l'Aiguille, im Juli und August, nähere Informationen beim Office de Tourisme. Zur Pointe d'Aiguille ist auch eine Wanderung möglich, Ausgangspunkt im Zentrum: Promenade Pradayrol.

Mougins

Der Ort nördlich von Cannes mit heute 16.000 Einwohnern galt in der Römerzeit als bekannte Etappe auf der Via Aurelia, der Straße, die von Rom nach Arles führte, und war im Mittelalter weitaus bedeutender als Cannes. Heute hat sich dieses Verhältnis zwar umgekehrt, dafür aber gilt Mougins als beliebter Wohnort, vor allem bei Betuchten und Zweitwohnsitzlern, weil es hier ruhig und grün ist. Das **Bergdorf,** 260 Meter hoch, mit Resten der alten Befestigung, einem Tor aus dem 12. Jh. und einem malerischen Dorfplatz, entbehrt nicht eines gewissen Charmes. Die 360-Grad-Aussicht ist herrlich: Man sieht Cannes, die Lérins-Inseln, Grasse und die Seealpen.

Als **Picasso** Mougins 1935 zusammen mit dem Fotografen *Man Ray* entdeckte, hatte er zumindest in einem Punkt noch eine andere Aussicht: Die Landschaft um den alten Dorfkern herum war noch nicht so sehr von Villen mit Swimming-Pools verbaut. Dass der Ort so beliebt wurde, hat Picasso vielleicht sogar mit verursacht: 1961 zog der Künstler zusammen mit seiner Frau Jacqueline nach Mougins und blieb dort bis zu seinem Tod 1973.

Fotografie-Museum

Das Museum zeigt unter anderem Fotos von **Picasso und seiner Familie,** aufgenommen von Robert Doisneau, André Villers u.a. Es liegt in der Nähe der Porte Sarrasine.

- **Musée de la Photographie,** Tel. 04.93.75.85.67, täglich von 10–18 Uhr geöffnet, im

Juli und August bis 20 Uhr, im November geschlossen, Eintritt frei.

Information

- **Office de Tourisme,** 15, Avenue Mallet, 06250 Mougins, Tel. 04.93.75.86.67, Fax 04.92.92.04.03, www.mougins-coteazur.org.

Essen und Trinken

- **L'Amandier de Mougins,** Tel. 04.93.90.00.91. Das mitten im Dorf gelegene Restaurant war im Mittelalter eine Weinkelterei. Daran erinnert noch heute eine alte Presse, die auf Initiative Picassos aufgestellt worden sein soll, sowie das Gewölbe des Gastraumes. Er ist schön gestaltet, zum Teil mit moderner Kunst. Die Küche ist provenzalisch, das Preisniveau der Speisen liegt im mittleren Bereich.

Verkehrsverbindungen

- **Bus:** Mehrere Verbindungen täglich nach Cannes.

Valbonne und Sophia Antipolis

Das Dorf Valbonne, ein paar Kilometer nördlich von Mougins, wurde im 16. Jh. von den Mönchen von Lérins neu errichtet. In dem Waldgebiet südlich davon haben die Franzosen seit den 1970er Jahren ihr **„Silicon Valley"** erschaffen. Wegen der Nähe zu Antibes griff man den antiken Namen *Antipolis* auf, „die Stadt gegenüber" (von Nizza), und ergänzte ihn um das griechische Wort *Sophia,* zu Deutsch: Weisheit.

Heute bietet Sophia Antipolis rund 25.000 Menschen einen Arbeitsplatz in Zukunftsbranchen wie dem IT-Bereich oder der Biotechnologie. Die Fluggesellschaft Air France hat hier ihre internationale Reservierungszentrale untergebracht und große Firmen wie IBM oder Texas Instruments haben Zweigstellen eingerichtet.

Das Gelände umfasst mit 2300 Hektar (etwa ein Viertel der Fläche von Paris). Davon ist allerdings nur ein Drittel bebaut, was bewusst so geplant wurde, denn Sophia Antipolis ist gleichzeitig ein grüner Wohnpark und bietet zurzeit 3500 Familien ein Zuhause. Wer allerdings doch – wie nicht wenige Ausländer – provenzalischen Charme bevorzugt, wohnt im alten Valbonne.

Information

- **Office de Tourisme,** Place de l'Hôtel-de-Ville, 06560 Valbonne, Tel. 04.93.12.34.50, Fax 04.93.12.34.57, www.tourisme-valbonne.com.

Unterkunft

- **Club Méditerranée,** Opio. Zentrale Reservierungsstelle für längere Aufenthalte Tel. 0810.810.810, weitere Informationen unter Tel. 04.93.09.71.53, www.club-med.de/anlage70.html. Der Club Méditerranée hat im Nachbarort Opio ein Dorf eingerichtet, wo man sowohl einen ganzen Urlaub verbringen kann als auch einzelne Wellness-Tage. Es gibt Sauna, Hammam, Fitnessraum und Schwimmbäder im Innen- und Außenbereich.

Essen und Trinken

- **L'Auberge Fleurie,** Route de Cannes, Tel. 04.93.12.02.80. Das Restaurant liegt etwa 1 km außerhalb von Valbonne an der D 3 Richtung Cannes und ist bei den Einheimischen beliebt, was immer ein gutes Zeichen ist. Die Küche ist eine Mischung aus kreativ und bodenständig, die Preise bewegen sich auf mittlerem Niveau.

Golfe-Juan und Vallauris

Die beiden Schwesterstädtchen (mit zusammen etwa 26.000 Einwohnern) hat eine Talsenke mit dem merkwürdigen Namen *Vallon de l'Issourdadou* daran gehindert zusammenzuwachsen. Und so liegt Vallauris bis heute zwei Kilometer landeinwärts von Golfe-Juan, dem Seebad zwischen Cannes und dem Cap d'Antibes. Dieses hat mit dem berühmten Nachbarn Juan-les-Pins nur den Namen gemeinsam, denn besonders schick und mondän geht es hier nicht zu.

Selbst **Vallauris,** bekannt wegen seines Picasso-Museums, ist eher ein Wohnort für weniger Wohlhabende und Einwanderer und hat daher auch einen Hauch orientalisches Flair. Traditionell lebte man hier von der Töpferei, doch in den 1950er Jahren war dieses Gewerbe fast zum Erliegen gekommen. Dank des großen Picasso, der es liebte, mit Materialien zu experimentieren und einige Jahre lang in Vallauris Tonwaren entwarf, erlebte dieses Kunsthandwerk einen neuen Aufschwung.

Golfe-Juan, das Dorf am Meer, wurde für Frankreichs Geschichte bedeutsam, als im Jahr 1815 Napoléon, von der Insel Elba kommend, hier landete und in 20 Tagen bis nach Paris marschierte. Golfe-Juan ist daher als Anfangspunkt der berühmten **Route Napoléon** in die Geschichte eingegangen.

Picasso in Vallauris

Im Jahr 1946, Picasso war damals 65 Jahre alt, kam der Künstler als Tourist zum jährlichen Töpfermarkt von Vallauris und war begeistert. Etwa um dieselbe Zeit lernte er die Inhaber des Ateliers Madoura kennen, Georges und Suzanne Ramié, die ihn ermunterten, in ihrer Werkstatt zu arbeiten. Zwischen 1948 und 1955 entstanden so mehrere Hundert **Töpferarbeiten.**

Während dieser Zeit, als Picasso in Vallauris wohnte, schlug ihm der Stadtrat vor, die Kapelle der alten Priorei zu gestalten. Und so schuf der Künstler 1952 das Wandgemälde „La Guerre et la Paix" („Krieg und Frieden").

Obwohl er zum Ehrenbürger der Stadt ernannt wurde, zog es Picasso später fort von hier, allerdings nicht sehr weit: Er ließ sich für seinen Lebensabend im nur wenige Kilometer entfernt liegenden Dorf Mougins nieder. Von dort soll er im Fernsehen beobachtet haben, wie Vallauris mit viel Pomp seinen 90. Geburtstag feierte. Er hatte sich geweigert zu kommen, denn in diesem Alter wollte er einfach nicht mehr als „Attraktion" herhalten.

Picasso-Museum und Kapelle

Picasso hat 1952 die romanische Kapelle (12. Jh.) des **Château de Vallauris** innen ausgestaltet. Dieses Gebäude, das – obwohl mitten im Ort gelegen – an ein provenzalisches Landgut erinnert, wurde bis 1787 von Klerikern bewohnt: Ab dem 11. Jh. gehörte es zur Abtei von Lérins, ab dem 16. Jh. wurde es zur Priorei erhoben. Die heutige Gestalt geht auf eben dieses Jahrhundert zurück, ist also im Renaissance-Stil gehalten. Nur der Eingangsbereich wurde im 18. Jh. hinzugefügt.

Die Route Napoléon

Viele Straßen in Frankreich und auch in ganz Europa könnten den Namen Route Napoléon tragen, doch naturgemäß bekommt diejenige ihn zugeschrieben, die mit Napoléons spektakulärster Aktion zusammenhängt. In den Kriegen ab 1813 hatten sich die europäischen Völker von der Napoleonischen Herrschaft befreit. Die Verbündeten zwangen den Kaiser der Franzosen am 6. April 1814 zur Abdankung und wiesen ihm als Souverän mit Kaisertitel die Insel Elba als Wohnsitz zu.

Der ehrgeizige Emporkömmling dachte jedoch nicht daran, den Rest seines Lebens auf der Insel zu verbringen und schon gar nicht, auf die Kaiserwürde zu verzichten. Es gelang ihm mit 1200 Mann, den französischen und englischen Flotten, die Elba bewachten, zu entkommen. Er landete am 1. März 1815 in **Golfe-Juan** bei Cannes. Entschlossen, militärische Aktionen möglichst zu vermeiden, schlug er den beschwerlichen **Weg nach Paris durch die Alpen** ein, um die Provence zu umgehen, wo viele den Royalisten anhingen – diese Route sollte später für immer seinen Namen tragen.

Am 2. März 1815 machte der Zug Rast in den Dünen von **Cannes** und auf dem Plateau de Roquevignon bei **Grasse,** wo der Kaiser mit den begeisterten Rufen „Vive l'Empéreur!" von den Menschen gefeiert wurde. Nachdem er die Nacht im Schloss des Marquis de Gourdon, des Bürgermeisters von Grasse, verbracht hatte, setzte sich der Zug am 3. März wieder in Bewegung und erreichte gegen Mittag **Castellane,** in dessen Unterpräfektur der Kaiser speiste.

In **Barrême** gewährte ihm der Richter Tartanson ein Nachtlager. Am Mittag des folgenden Tages schon machte der Zug Halt in **Digne,** wo Napoléon im Hôtel du Petit Palais einkehrte. Nun begannen lange Stunden des Bangens, denn **Sisteron,** die nächste Station, war auf dem Weg nach Norden die letzte Bastion der royalistischen Provence.

Um drei Uhr nachts endlich erreichte ein Bote den Kaiser mit der Nachricht, dass Sisteron nicht bewacht und die Zitadelle sogar ohne Munition sei. Der Graf von Loverode, Départements-Verwalter im Namen Ludwigs XVIII., jedoch heimlicher Napoléon-Anhänger, hatte dies befohlen und so konnte der Kaiser am frühen Nachmittag des 5. März aufatmend in Sisteron einziehen. „Ich bin in Paris", soll er gesagt haben, weil er sicher sein konnte, dass die dahinter liegende Provinz Dauphiné auf seiner Seite war. Dennoch gönnte er sich kaum eine Pause und traf noch am Abend in **Gap** ein.

Am Mittag des 7. März empfing den Kaiser eine begeisterte Menschenmenge und es gesellten sich ihm viele Freiwillige hinzu. Das Unglaubliche geschah jedoch erst kurz darauf, als in Laffrey die royalistischen Truppen zu ihm überliefen. Gegen 23 Uhr zog er schließlich im Triumphzug in **Grenoble** ein und soll später gesagt haben: „Jusqu'à Grenoble j'étais aventurier; à Grenoble j'étais Prince!" – „Bis Grenoble war ich Abenteurer; in Grenoble war ich Prinz!"

In nur sieben Tagen hat Napoléon mit seinem gewaltigen Zug 330 Kilometer zurückgelegt; am Abend des 20. März erreichte er schließlich mit einer Armee, die auf 20.000 Mann angewachsen war, die Tuilerien in **Paris.** Seine Herrschaft blieb jedoch nichts als ein Intermezzo, sie währte nur die berühmten hundert Tage – denn mit der Schlacht von Waterloo war der Traum vorbei. Großbritannien internierte Napoléon auf der Insel Helena, wo er am 5. Mai 1821 an Magenkrebs starb. 1840 wurde sein Leichnam in den Pariser Invalidendom überführt.

Picassos **Wandgemälde „La Guerre et la Paix"**, mit dem er die Kapelle ausmalte, ist nach „Guernica" (1937) und „Massaker in Korea" (1951) das letzte monumentale Werk des Künstlers, mit dem er – Mitgleid der KP und der Friedensbewegung seiner Zeit – sich explizit politisch ausdrückte. Es besteht aus drei Teilen: einer allegorischen Darstellung des Krieges (links vom Eingang), einer Darstellung der Tätigkeiten und Freuden der Menschen in Friedenszeiten und einem Bild über die Verständigung der Völker der Welt.

Picassos damalige Lebensgefährtin Françoise Gilot erinnerte sich, dass er bei der Darstellung des Friedens befürchtete banal zu werden. „Ich frage mich", soll Picasso gesagt haben, „was die Menschen in Friedenszeiten tun können; von neun bis fünf ins Büro gehen, freitagabends Liebe machen und sonntags ein Picknick?" Françoise antwortete: „In Friedenszeiten ist alles möglich, da kann sogar ein Kind das Meer pflügen." Wer genau hinschaut, kann diese Idee in der Kapelle verwirklicht sehen.

Die **Töpferarbeiten** Picassos sind in den Räumen des Museums nebenan ausgestellt. In den für ihn typischen Erdtönen hat er unter anderem Vasen und Teller bemalt mit den für ihn ebenso typischen Motiven wie Faunen und Nymphen, Frauenporträts, Tieren und Stierkampf-Szenen.

Das Museum zeigt außerdem Keramikarbeiten anderer Künstler und Kunsthandwerker aus verschiedenen Zeiten und Ländern. Auch die prämierten Arbeiten der **Keramik-Biennale von Vallauris** seit 1968 sind hier ausgestellt. Schließlich finden sich Werke eines Zeitgenossen Picassos: die farbenfrohen Gemälde des italienischen Künstlers **Alberto Magnelli**, der zwischen 1940 und 1970 in Grasse wohnte.

● **Château-Musée de Vallauris, Musée National Picasso,** Place de la Libération, Tel. 04. 93.64.71.83, www.musee-picasso-vallauris.fr, täglich außer dienstags von 10–12 und 14–17 Uhr geöffnet, im Juli und August täglich von 10–19 Uhr. Eintritt 3,50 €, Ermäßigungen.

Töpferei-Museum

Die *Musée de la Poterie* ist in einer alten Töpfer-Werkstatt untergebracht und bietet einen Einblick in die Arbeitsweise dieser Zunft zu Beginn des 20. Jh.

● **Musée de la Poterie,** Rue Sicard, Tel. 04. 93.64.66.51, täglich geöffnet von 9–12 und 14–18 Uhr, außerhalb der Ferien 14–18 Uhr, Eintritt 2 €.

La Maison de Pétanque

Das Haus des Pétanque zeigt alles über dieses Spiel, eine Variante des Boules. In einer ehemaligen **Fabrik für Boules-Kugeln** zeigt eine Ausstellung die Herstellung der Kugeln, erklärt Regeln und Geschichte des Spiels. Profis und Liebhaber können an einem Spezialgerät testen, welche Kugeln für ihre Hände genau passen. Zum Verkauf stehen Kugeln in allen Varianten und Preisklassen – am schönsten sind natürlich die mit Namensgravur – und Pétanque-Zubehör aller Art.

- **La Maison de Pétanque,** 1193, Chemin Saint-Bernhard, Tel. 04.93.64.11.36, montags bis freitags 9–12 und 14–18.30 Uhr, im Sommer auch samstags, im November geschlossen. Eintritt 3 €, kostenlos für Schüler und Studenten.

Information

- **Office de Tourisme,** Square-du-8-Mai-1945, 06220 Vallauris, Tel. 04.93.63.82.58, www.vallauris.net.
- **Office de Tourisme,** Vieux Port, 06220 Golfe-Juan, Tel. 04.93.63.73.12.

Essen und Trinken

- **Lou Pichinet,** Place Lisnard, Vallauris, Tel. 04.93.64.63.70. Preiswertes, einfaches Restaurant mit bodenständigen Gerichten wie Rinderschmortopf *(daube),* Ravioli oder gefülltem Gemüse nach Nizzaer Art.
- **Chez Bruno,** Avenue-des-Frères-Roustan, Golfe-Juan, Tel. 04.93.63.72.12. Dieses Restaurant mittlerer Preislage liegt direkt am Hafen und gehört zu den alteingesessenen Häusern im Ort. Klassisch ist die Marseiller Fischsuppe Bouillabaisse. Die übrigen Gerichte auf der Speisekarte basieren oft auf Fisch oder Gemüse und sind nach provenzalischen Rezepten gekocht.

Feste und Veranstaltungen

- **Biennale Internationale de Céramique d'Art,** die internationale Biennale für Keramikkunst findet von Juli bis Mitte Oktober statt. Die teilnehmenden Künstler haben eine Qualitäts-Charta unterschrieben, ein Aufkleber am Atelier zeigt ihre Zugehörigkeit.
- **Picasso-Fest,** Mitte Juli gibt sich Vallauris spanisch und feiert seinen berühmtesten Bürger.
- **Fête de la Poterie,** Töpferfest am zweiten Sonntag im August.

Einkaufen

- **Töpferwaren und Keramik,** in Vallauris gibt es mehrere Hersteller und Galerien, von denen die *Galerie Madoura* die bekannteste ist. Geführt vom Sohn der Freunde Picassos, Alain Ramié, werden hier auch Kopien der Kreationen Picassos angeboten sowie anderer moderner und zeitgenössischer Künstler.
- **Nérolium,** Avenue Georges Clemenceau, Tel. 04.93.64.27.54. Die örtliche landwirtschaftliche Kooperative hat eine große Auswahl an Olivenöl, Honig und Konfitüren im Angebot.

Verkehrsverbindungen

- **Bus:** Mehrere Verbindungen täglich von Vallauris nach Cannes und Antibes und von Golfe-Juan nach Cannes und Nizza; natürlich besteht auch eine regelmäßige und häufige Verbindung zwischen Vallauris und Golfe-Juan.

Juan-les-Pins

Das für sein **Jazz-Festival** bekannte Seebad liegt in einer geschützten Bucht, die durch die Halbinsel von Antibes und die Pointe de la Croisette von Cannes gebildet wird. Die vor allem Badetouristen anlockende Infrastruktur bietet neben einem drei Kilometer langen Sandstrand auch eine an die Croisette von Cannes erinnernde **Strandpromenade** mit vielen schicken Boutiquen, Restaurants und Nachtclubs. Nicht weit von hier liegt auch ein Spielkasino. Das Festival „Jazz à Juan" findet seit 1959 alljährlich im Sommer statt. Spielort ist der Park im Osten der Stadt „Pinède Gould".

Die Entdeckung Juans als Erholungsort geht auf die 1880er Jahre zurück, als es üblich war, die Côte d'Azur im Winter zu besuchen. Zu einem Sommerbadeort, einem Vorreiter dieser Art in Frankreich überhaupt, wurde Juan erst in den 1920er Jahren, als sich

Die Leidenschaft der Männer mit den Silberkugeln

Für Liebhaber des französischen Südens ist es der Inbegriff der Muße und des Savoir Vivre: das Pétanque-Spiel. Wo immer sich eine ebene freie Fläche in einem provenzalischen Örtchen findet, stehen sie stundenlang zusammen und werfen mit silbrig glänzenden Kugeln *(boules).* Meist sind es ältere Männer, an Feiertagen auch andere, die beim Spiel heftig diskutieren, lamentieren, lachen und bei alledem reichlich Pastis trinken. Das Wort „Stress" wurde hier nicht erfunden.

Die Geschichte der Boules-Spiele

Schon die alten Griechen und Römer kannten ein dem heutigen Boules verwandtes Spiel. Die **Griechen** spielten mit kugelförmigen Steinen, während die **Römer** Holzkugeln bevorzugten, die sie mit Eisen beschlugen. Letztere sind auch Erfinder der Zielkugel, die im Französischen *cochonnet,* bei uns „Schweinchen" genannt wird. Spielinhalt seither ist, dass zwei gegnerische Parteien darum wetteifern, wessen Kugeln näher an das Schweinchen gelangen.

Nach der Völkerwanderung geriet das Spiel in Vergessenheit und tauchte erst im Mittelalter wieder auf. In Frankreich wurde es derart beliebt, das Karl V. es 1369 kurzerhand verbot, weil es die Moral seiner Krieger untergrub. Dies, wie auch ein weiteres Verbot 1629, nützte nichts, das Kugelspiel war aus Frankreich nicht mehr wegzudenken und gehört bis heute zur Identität des Landes. 1792, in den Wirren der Revolution, gab es jedoch auch einen traurigen Zwischenfall: bei einer Partie in Marseille starben 38 Menschen – sie hatten nicht gewusst, dass ihre Bouleskugeln in Wirklichkeit Kanonenkugeln waren.

Wie das Pétanque-Spiel entstand

Früher herrschte in der Provence eine Variante des Kugelspiels vor, die über 17 bis 21 Meter ging und heute ein athletischer Sport ist, genannt *Jeu Provençal.* Das Pétanque-Spiel im engeren Sinne entstand im Sommer 1910 in La Ciotat, einer kleinen Küstenstadt östlich von Marseille. Damals konnte der Spieler Jules-Le-Noir, weil er starkes Rheuma hatte, keine Anlaufschritte mehr machen. Sein Freund Ernest Pitiot konnte nicht mit ansehen, dass sein Freund traurig am Rand saß, und erfand eine Variation: Man spielte jetzt *ped tanco* (provenzalisch) bzw. *pieds tanqués* (französisch), also mit zusammengestellten Füßen und **ohne Anlauf** aus einem Kreis heraus. Auch die Distanzen hatten sich verändert und betrugen nur noch **sechs bis zehn Meter.** Wegen der leichteren Praktizierbarkeit trat diese Variante des Boules-Spiels ihren Siegeszug um die ganze Welt an.

ein Franzose und ein Amerikaner zusammentaten und eine Marketingstrategie entwickelten: Edouard Baudoin, Besitzer des Kasinos von Deauville (Normandie), und Franck Jay Gould, Eisenbahn-Magnat, kauften das Kasino und bauten Hotels der Luxusklasse.

Durch die Amerikaner, die sich bald einfanden, erreichte ein völlig neuer Urlaubsstil die blaue Küste: Die Touristen nahmen Sonnenbäder am Strand, fuhren Wasserski und hörten eine neuartige, von Schwarzen erfundene Musik, die man „Jazz" nannte. Die besondere Atmosphäre des Ortes sprach sich schnell unter den Promis der damaligen Zeit herum und so kamen die Fitzgeralds, Rudolph Valentino, die Warner-Brothers und Ernest Hemingway.

Nach dem Zweiten Weltkrieg setzte sich die Tradition fort und Juan wurde jeden Sommer zu einer Art europäischen Hauptstadt des Jazz. Das erste offizielle Festival fand 1959 statt. Gastsspiele von Louis Armstrong, Duke Ellington, Miles Davis und vielen anderen trugen zum weltweiten Ruf des Festivals bei.

Information

- **Office de Tourisme,** 51, Boulevard Guillaumont, 06160 Juan-les-Pins, Tel. 04.97.23.11.10.

Unterkunft/ Essen und Trinken

- **Sainte-Valérie** ***/€€€€-€€€€€, Rue de l'Oratoire, Tel. 04.93.61.07.15, Fax 04.93.61.47.52, www.juanlespins.net. Villa mit viel mediterranem Flair im Zentrum von Juan. Die Dekoration ist farbenfroh, wirkt aber nicht überladen. Wer sich entscheidet, in einem der 20 Zimmer oder 6 Suiten zu verweilen, verbringt keinen preiswerten Urlaub, aber hoffentlich einen unvergesslichen. Den Gästen stehen ein Swimming-Pool und ein Restaurant zur Verfügung.
- **Le Pré Catelan** ***/€€€€, 27, Avenue des Palmiers, Tel. 04.93.61.05.11, Fax 04.93.67.83.11, www.precatalan.fr. Gemütliches, kleines Hotel mit 24 geschmackvoll eingerichteten Zimmern, vorrangig traditionell provenzalischen Stils. In dem mit Palmen bestandenen Garten wartet ein Swimming-Pool auf die Gäste.
- **Le Capitole,** 26, Avenue Amiral-Courbet, Tel. 04.93.61.22.44. Dieses Restaurant in der Nähe des Zentrums beherbergte in früheren Zeiten ein Lebensmittelgeschäft. Die Küche ist bodenständig, dabei sehr schmackhaft und das Preis-Leistungs-Verhältnis erfreulich.

Nachtleben

- **Le Pam Pam,** 137, Boulevard Wilson, Tel. 04.93.61.11.05. Diese Bar ist bekannt für ihre brasilianischen Tanzgruppen wie auch die exotische Dekoration. Wer Fisch mag, sollte die mittlerweile berühmten, in Fett gebackenen *Accras* nicht verpassen, die bis 21 Uhr serviert werden. Ab dann geht die Party erst richtig los und es wird im Pam Pam gehörig voll.

Feste und Veranstaltungen

- **Jazz à Juan,** jeden Sommer. Reservierungen laufen über das Office de Tourisme von Antibes/Juan-les-Pins, und zwar schriftlich oder über das Internet: www.ticketonline.com. Telefonische Informationen erhält man unter der Tel. 04.97.23.11.11, im Web unter www.antibesjuanlespins.com.

Verkehrsverbindungen

- **Bahn:** Bahnhof in der Avenue de l'Estérel, Tel. 08.92.35.36.35.

Antibes

Die Stadt, herrlich gelegen am nordöstlichen Rand des Cap d'Antibes und im Südwesten der Engelsbucht, zählt zu den **schönsten Orten der Côte d'Azur.** Zusammen mit dem Nachbarort Juan-les-Pins hat sie etwas mehr als 70.000 Einwohner und ist damit die zweitgrößte Stadt des Départements Alpes-Maritimes.

Als Urlaubsdomizil ist sie jenen zu empfehlen, die eine Vielfalt an Aktvitäten suchen: Neben Stränden und Wassersportmöglichkeiten (der Yachthafen ist beeindruckend) bietet Antibes mit dem Picasso-Museum auch Kultur für höchste Ansprüche (auch jenes von Vallauris ist nicht weit), dann eine hübsche Innenstadt mit ansprechenden Einkaufsmöglichkeiten und schließlich dank des Kaps eine wunderbare Umgebung.

Angenehm ist schließlich auch die Nähe zu Nizza: zum einen für Reisende, die mit dem Flugzeug kommen, zum anderen für Touristen, die gern Tagestouren nach Nizza machen, nicht aber in der fünfmal größeren Nachbarstadt wohnen wollen.

Im 4. Jh. v. Chr. gründeten griechische Händler eine Reihe von Niederlassungen an der Côte d'Azur. Neben Nikaia (Nizza) entstand ein Ort, der Antipolis genannt wurde, „die Stadt gegenüber". Seit dem 14. Jh. wurde Antibes, bis dahin zwar Bischofssitz, aber sonst wenig bedeutend, für die französischen Könige strategisch sehr wichtig: Weil die Stadt an der Grenze zu Savoyen lag, wurde sie aufwendig befestigt; letzter Baumeister war der berühmte Vauban (1633–1707), der Festungsbaumeister Ludwigs XIV.

Von dem komplexen Verteidigungssystem sind heute nur noch das Fort-Carré am Hafen, Reste der Stadtmauer und die Uferbefestigung erhalten. Alle anderen Bauten fielen 1894 einer groß angelegten Abrissmaßnahme zum Opfer, die der Stadt die Expansion ermöglichen sollte. Touristisch gehört Antibes eher zu den „Spätentwicklern" an der blauen Küste: Erst in den 1920er Jahren begann dieser Wirtschaftszweig sich zu entwickeln. Bis heute ist Antibes keine Stadt, die nur vom Sommertourismus lebt, sie wird das ganze Jahr über viel besucht.

Sehenswertes

Hafen und Festung

Obwohl zum Großteil zerstört, prägen die Befestigungen aus dem Mittelalter und der frühen Neuzeit das Stadtbild von Antibes bis heute: Da ist zunächst der Hafen **Port Vauban,** benannt nach dem Baumeister Ludwigs XIV. *Sébastien le Prestre de Vauban.* Mit seinen immensen, künstlich angelegten Becken nimmt er die Bucht Saint-Roch komplett ein. Heute kann man hier den **größten Yachthafen Europas** bewundern mit dem bezeichnenden Quai der Milliardäre („Kai 1001 Nacht"), wo die großen Privatyachten bis 160 m Länge anlegen können. Dominiert wird der Hafen von der Festung **Fort Carré** auf dem Felsen, die – geschickt platziert und konzipiert – in ihrer Geschichte niemals eingenommen wurde. Ihr ältester Teil ist der 1550 erbaute Turm Saint-Laurent.

● **Fort Carré,** täglich geöffnet außer montags 10–16.30 Uhr, Mitte Juni bis Mitte September bis 18 Uhr. Eintritt 3 €, Ermäßigungen.

Uferpromenade

Der Hafenbereich endet mit dem **Vieux Port** („alter Hafen"). Hinter der angrenzenden **Plage de la Gravette** beginnt die Uferpromenade, die Avenue Amiral-de-Grasse. Sie folgt dem Verlauf der **Befestigung** aus dem 17. Jh. und man erreicht über sie das Picasso-Museum.

Picasso-Museum

Das ehemalige **Château Grimaldi** wurde im Jahr 1966 zum Picasso-Museum und bietet für die Ausstellungen einen herrlichen Rahmen. Errichtet an der Stelle eines römischen Castrums und des mittelalterlichen Bischofssitzes, wurde die Burg zwischen 1380 und 1608 von der monegassischen Fürstenfamilie bewohnt. 1925 kaufte die Stadt das Gemäuer und richtete ein Museum ein.

Im Sommer 1946 erfuhr der Konservator des Museums, dass Picasso sich im benachbarten Golfe-Juan aufhielt, und bot dem Künstler an, Räume der alten Burg als Atelier zu nutzen. Picasso nahm an und schuf von September bis November 1946 nicht weniger als 23 Gemälde und 44 Zeichnungen, die er dem Museum überließ. Am bekanntesten ist „La Joie de Vivre" („Die Lebensfreude"), die als Ausdruck der Freude über das Ende des Krieges verstanden werden kann. Dass auch Picasso von den Entbehrungen der Nachkriegszeit nicht verschont blieb, zeigt sich in der Auswahl billiger Materialien wie Lackfarbe, Sperrholz und Zement. Interessant sind auch Fotos von Michel Sima, die den Meister in den Burgräumen bei der Arbeit zeigen.

Im Laufe der Zeit vergrößerten mehrere Schenkungen die Sammlung, vor allem um zahlreiche Keramiken, die 1947/48 im Atelier Madoura in Vallauris entstanden. Das Museum umfasst außerdem eine Sammlung moderner Kunst mit Werken von u.a. Nicolas de Staël, Hans Hartung, Arman, César, Max Ernst und Yves Klein sowie einen schönen **Skulpturengarten** über dem Meer mit Werken von Germaine Richter und Miró.

● **Musée Picasso,** Château Grimaldi, Place Marijol, Tel. 04.92.90.54.20, musee.picasso@ville-antibes.fr, www.antibes-juanlespins.com. Von Mitte Juni bis Mitte September täglich außer montags von 10–18 Uhr geöffnet, im Juli und August mittwochs und freitags auch bis 20 Uhr, außerhalb der Saison täglich außer montags 10–12 und 14–18 Uhr.

Kathedrale und Sarazenenturm

Gleich neben dem Museum erhebt sich die Kathedrale **Notre-Dame-de-l'Immaculée-Conception,** die mehrere Stile in sich vereint. Älteste Teile sind der Chorraum mit den beiden Seitenkapellen (Taufkapelle und Kapelle des hl. Sakraments). Sie stammen aus der Zeit der Romanik (12. Jh.), wobei schon nicht mehr stilecht, denn das Gewölbe über dem Chor ist bereits aus gotischer Zeit. Das bedeutendste Kunstwerk im Innern ist ein Altarbild der hl. Mutter Gottes des aus Nizza stammenden und in der Gegend allgegenwärtigen *Louis Bréa* von 1515.

Als Glockenturm dient ein Wachturm aus dem 12. Jh., der „Sarazenen-Turm" genannt wird, weil er – wie so viele Türme an der Küste – zum Schutz gegen aus Nordafrika und Spanien stammende Seefahrer errichtet wurde. Die Fassade der Kirche schließlich ist klassizistischen Stils und geschmückt durch ein schönes, geschnitztes Holzportal von 1710.

● **Notre-Dame-de-l'Immaculée-Conception,** geöffnet montags bis freitags 8–12 Uhr und 15–18.30 Uhr, am Wochenende bis 19 Uhr.

Altstadt und Markt

Zwar liegen bereits das Picasso-Museum und die Kathedrale am Rand der Altstadt, aber das eigentliche Gassengewirr mit Geschäften, Cafés und Restaurants beginnt jenseits des Cours Masséna. Hier, vor dem Rathaus von 1828, finden Liebhaber provenzalischer Märkte ein besonderes Vergnügen: Der **Markt** findet täglich statt, bietet ein überschaubares, aber qualitativ hochwertiges Angebot und ist – da stilvoll **überdacht** – bei jedem Wetter einen Besuch wert. Weitere Einkaufsmöglichkeiten findet man in der **Fußgängerzone** Rue de la République, einer Verlängerung der Altstadtgasse Rue Sade – beide zusammen durchqueren fast das gesamte Stadtzentrum.

Le Safranier und Archäologisches Museum

Le Safranier ist eine eigene Gemeinde, doch tatsächlich geht das 2000-Seelen-Dorf nahtlos in Antibes über und wirkt wie ein Viertel der Stadt. Man kann einen Bummel durch die **malerischen Gassen** machen, bevor man das Archäologische Museum besucht. Dieses ist untergebracht in der ehemaligen **Bastion Saint-André,** einem Überrest der Verteidigungsanlage aus dem 17. Jh.

033co Foto: im

Die Kathedrale von Antibes

Antibes
Port Vauban
Vieux Port
Plage de la Gravette
Plage de l'Ilette
Bahnhof
Nizza, Cannes
Juan-les-Pins
Cap d'Antibes
Av. du 11 Novembre
Avenue de la Libération
R. H. Ferrare
Avenue de Verdun
Rue Sadi Carnot
Av. St. Roch
Av. F. Mistral
Av. P. Arène
Square du 8 Mai 1945
Boulevard d'Aguillon
Rue Général d'Andreossy
Carrefour Vauban
Av. Thiers
Carrefour des Diables Bleus
Avenue Pasteur
Avenue Mirabeau
Rue Lacan
Av. du Grand Cavalier
Av. Gambetta
Avenue Robert Soleau
Avenue Tourre
Rue Ernest Macé
Vauban
Rue Fontvieille
R. du Dr. Rostan
Rue Thuret
R. Casemates
R. d. Palmiers
Rue Aubernon
Migrainier
Rue du
R. Clémenceau
R. des Arceaux
Prom. Amiral de Grasse
Av. P. Doumer
R. Championnet
Place Nationale
Rue Sade
Rue du Petit Four
Cours Masséna
Pl. Mariejol
Rue de la République
R. Raybaud
R. Vial
Rue Dr. Delmas
Rue du Marc
R. James Close
Rue Paul Bourgarel
R. des Revennes
R. du Cannet
Rue des Bains
Place Guynemer
R. Fourmillière
R. St. Antoine
R. du T
R. Arazy
Rue Fersen
Av. A. Briand
Place Général de Gaulle
Av. Frères Olivier
Bd. du Président Wilson
Av. du 24 Août
R. Général Vandenberg
Haut Castelet
R. du Bas Castelet
Rue de la Tourraque
Pl. Nikos Kazantzaki
Rue du
Avenue Niquet
Avenue Guillabert
Av. Meissonnier
Avenue Maréchal Reille
Boulevard Albert 1er.
Avenue Lemeray
Avenue Gazan
Boulevard Maréchal Foch
Roustan
Avenue Principal Pastour
Avenue Barquier
Avenue Général Maizière
Avenue d. Frères
Avenue Daudel
Avenue
1
2
3
4
5
6
7
8
9
10
11
12
13
0
200 m

	1	Fort Carré (Hafenfestung)
	2	Mas Djoliba ***
	3	Port Prestige ****
	4	Office de Tourisme
	5	Restaurant/Café Pimms
	6	L'Oursin
	7	Art Home
	8	Kathedrale Notre-Dame-de-l'Immaculée-Conception
	9	Marché Couvert (überdachter Markt)
	10	Musée Picasso
	11	Le Brûlot
	12	Archäologisches Museum
	13	Le Ponteil **

In zwei überwölbten Sälen sind zahlreiche **lokale Funde** aus der griechischen und römischen Antike ausgestellt, die im Laufe der Zeit zu Lande und zu Wasser gemacht wurden. Dazu zählen ein gut erhaltener Mosaik-Fußboden, ein marmorner Brunnen (2. Jh. n. Chr.), Keramiken (darunter sogar welche aus dem 6. Jh. v. Chr.), Münzen, Schmuck und Skulpturteile.

Das **Panorama** von der Terrasse aus über die Altstadt und das Cap d'Antibes ist herrlich. Auch kann man hier die **Strände** Plage de l'Ilette und Plage de la Salis sehen. Bei letzterem und dem gleichnamigen Hafen beginnt im engeren Sinne der Bereich des Kaps.

- **Musée d'Archéologie,** geöffnet täglich außer montags 10–12 Uhr und 14–18 Uhr, Mitte Juni bis Mitte September 10–18 Uhr, Juli und August mittwochs und freitags bis 20 Uhr, Eintritt 6 €, unter 18 Jahren kostenlos.

Praktische Tipps

Information

- **Office de Tourisme,** Place de Gaulle, 06600 Antibes, Tel. 04.97.23.11.11, Fax 04.97.23.11.12, www.antibesjuanlespins.com.

Unterkunft

- **Port Prestige** ****/€€€-€€€€, Avenue de Verdun, Tel. 04.92.90.62.00, von Deutschland aus zu buchen unter Tel. (0721) 931950. Ferienresidenz der Kette *Pierre et Vacances* direkt am Hafen.
- **Mas Djoliba** ***/€€€€, 29, Avenue de Provence, Tel. 04.93.34.02.48, Fax 04.93.34.05.81, www.hotel-djoliba.com. *Mas* steht für „provenzalisches Landhaus", in einem solchen ist das Hotel mit seinen 15 Zimmern untergebracht. Es liegt, umgeben von viel Grün, in einem hübschen Viertel nicht weit von der Altstadt. Den Gästen steht ein Swimming-Pool zur Verfügung, aber auch der Ilette-Strand ist nicht weit. Es kann Halbpension gebucht werden (Restaurant nur für Hotelgäste).
- **Le Ponteil** **/€€€, 11, Impasse-Mensier, Tel. 04.93.34.67.92, Fax 04.93.34.49.47, www.logis06.com. Familiäres Logis-de-France-Hotel in der Nähe des Ilette-Strandes. Die 15 Zimmer sind ruhig, schön dekoriert und sauber. Im Sommer ist es gern gesehen, wenn man Halbpension bucht, was man bei diesem Restaurant nicht bereuen wird: Die traditionellen Gerichte sind von guter Qualität und nicht zu teuer (nur für Hotelgäste).

Essen und Trinken

- **L'Oursin,** 16, Rue de la République, Tel. 04.93.34.13.46. Nur fünf Gehminuten vom provenzalischen Markt entfernt, mitten in der Fußgängerzone, liegt dieses Spezialitätenrestaurant, das auch die Einheimischen schätzen. Seit 1962 werden hier Fisch, Meeresfrüchte, Muscheln und Austern serviert. Die Preise richten sich nach Anzahl und Gewicht, sind aber gehoben.
- **Le Brûlot,** 3, Rue Frédéric Isnard, Tel. 04.93.34.17.16. Lokale Institution, wo es frisch ge-

backene Socca und Pissalediéres gibt, außerdem die Klassiker der provenzalischen Küche und Fischgerichte. Günstiges bis mittleres Preisniveau, Reservierung daher unbedingt angeraten.

- **Café Pimms,** 3, Rue de la République, Tel. 04.93.34.04.88. Café mit guten und preiswerten Mittagsgerichten wie Salaten, Baguettes, Toasts und Fleischgerichten. Auch in diesem Restaurant, am Anfang der Fußgängerzone und in der Nähe der Touristeninformation gelegen, verkehren viele Einheimische.
- **Art Home,** 10, Rue Aubernon, Tel. 04.93. 34.51.36. Modern und stilvoll eingerichtete Weinbar mit Café, wo man durchgehend schmackhafte kleine Gerichte bekommen kann, z.B. Tapas. Die Preise sind in Ordnung, besonders in Anbetracht des Ambientes.

Nachtleben

- **Diskothek La Siesta,** Tel. 04.93.33.31.31. Diese gigantische Diskothek an der Küstenstraße Richtung Nizza ist weit über Antibes hinaus bekannt. Von den sieben Tanzflächen liegen einige unter freiem Himmel, insgesamt herrscht ein exotisches Ambiente vor. Soviel Vergnügen muss man allerdings auch teuer bezahlen!

Aktivitäten

- **Tauchclub:** *Le Village de Fabulite,* 150, Traverse Dénielle, Tel. 04.93.61.47.45, www.fabulite.com. Tauchzentrum (Schule und Verleih von Equipment) und familiäres **Hotel** mit preiswerten Zimmern. Ideal für Wasserratten und Tauchfreaks, die länger bleiben und dabei nicht arm werden wollen. Die Atmosphäre ist kommunikativ, weil es sich um eine Art Clubdorf handelt.
- **Freizeitpark:** *Marineland,* Tel. 04.93.33.49. 49, www.marineland.fr. Gelegen an der Kreuzung der N 7 mit der Straße nach Biot, täglich geöffnet 10–23 Uhr, im Juli und August sogar bis 0.30 Uhr, Eintritt 28 €, Kinder 21 €. Mediterraner Tier(Schutz-)Park mit Delphinen, Walen, Haifischen und vielen anderen Meeresbewohnern. Angeschlossen ist das Spaßbad **Aquasplash** (Tel. 04.93.33.49.49) mit Wellenbad und Wasserrutschen, Eintritt 17 €, Kinder 14 €. Beide Einrichtungen sind recht teuer und eignen sich daher am besten für Tagesausflüge, damit man das Angebot richtig auskosten kann.

Märkte

- **Provenzalischer Markt** (überdacht), jeden Morgen außer montags auf dem Cours Masséna, im Sommer jeden Morgen.
- **Antik- und Trödelmarkt,** donnerstags 6–18 Uhr auf der Place Audiberti.

Verkehrsverbindungen

- **Bus:** mehrere Verbindungen täglich nach Nizza und Cannes. Es fahren auch Busse zu den kleineren Orten der Umgebung wie Juan-les-Pins, Vallauris und Biot.
- **Bahn:** mehrere Verbindungen täglich nach Cannes, Nizza und Marseille.

Cap d'Antibes

Die Kaps der Côte d'Azur, wie das Cap Ferrat und das Cap Martin, sind die Domänen der reichen Villenbesitzer und der Besucher von Luxushotels. Das gilt auch und gerade für das Cap d'Antibes. Die kleine Halbinsel ragt südlich von Juan-les-Pins und Antibes ins Meer hinein und ist nach ihrem äußersten Punkt, dem eigentlichen Kap benannt. Die Liste der Besucher weist lauter klingende Namen auf: Leopold II., König von Belgien, kam öfters vorbei, der Herzog von Windsor pflegte hier seine verbotene Liebe zu Wallis Simpson. Nach den Adligen kamen die Reichen wie Onassis und die Filmstars wie Greta Garbo, Gloria Swanson und Douglas Fairbanks. Interessant ist auch, dass im 19. Jh., als der Ort noch ruhig und unentdeckt war,

Jules Verne hier seinen Abenteuerroman „20.000 Meilen unter dem Meer" erfand.

Napoléon-Museum

Von Juan-les-Pins auf der Westseite kommend, erreicht man – nach einem ersten Aussichtspunkt am Port de l'Olivette – die *Musée Napoléonien,* die dem berühmten Kaiser der Franzosen gewidmet ist. Untergebracht in einem alten Turm, der Tour Grillon, sind hier persönliche Gegenstände Napoléons zu sehen sowie zeitgenössische Bilder, Schriftstücke, Uniformen und vieles mehr.

• **Musée Napoléonien,** Boulevard Kennedy, Tel. 04.93.61.45.32, geöffnet täglich außer Sonntag und Montag 10–18 Uhr, von Mitte Sept. bis Mitte Juni 10–16.30 Uhr, Eintritt 3 €.

Hôtel du Cap-Eden-Roc

In der Nachbarschaft des Museums liegt das Hôtel du Cap-Eden-Roc, ein Hotel der Luxusklasse, dessen Klientel nicht unwesentlich dazu beigetragen hat, Juan-les-Pins zu einem legendären Urlaubsort zu machen. Früher kamen **Berühmtheiten** wie Picasso oder Marlene Dietrich, heute steigen Stars wie Madonna hier ab.

Jardin Thuret

Ein anderes luxuriöses Vergnügen liegt etwas weiter im Landesinneren: der üppige **botanische Garten** Jardin Thuret wurde 1857 von dem Botaniker gleichen Namens gegründet. Thuret war auch der erste, der Eukalyptus aus Australien an der Côte pflanzte. Heute untersteht der Park dem nationalen Institut für landwirtschaftliche Forschung, das auf sieben Hektar rund 150 Pflanzenarten hegt und pflegt.

• **Jardin Thuret,** Boulevard du Cap/Chemin Raymond, täglich außer am Wochenende 8–18 Uhr, im Winter von 8.30–17.30 Uhr, Eintritt frei.

Plateau de la Garoupe

Das Plateau de la Garoupe bietet nicht nur eine herrliche Aussicht (wenn man Glück hat bis nach Korsika), sondern mit seinem **Leuchtturm** *(phare)* eines der stärksten Leuchtfeuer des Mittelsmeeres: Bei klarem Wetter hat es eine Reichweite von über 50 Kilometern. Die benachbarte **Kapelle Notre-Dame-de-Bon-Port** besteht aus zwei Schiffen (13./16. Jh.) und birgt eine große Sammlung von Votivtafeln. Die meisten Dankesworte richten sich an „Unsere liebe Frau vom sicheren Hafen", die Patronin der Seeleute also, nach der die Kapelle benannt ist und deren Statue über den Ort wacht.

Wanderweg

Zur **Plage de la Salis** auf der Ostseite der Halbinsel führt von hier der **Chemin du Calvaire,** ein netter Wanderpfad. Wer am Salis-Strand baden geht, genießt gleichzeitig den Blick auf die wehrhafte Kulisse von Antibes mit der Nizzaer Engelsbucht und den Seealpen im Hintergrund. Herrlich!

Unterkunft

• **Beau Site** €€€, 141, Boulevard Kennedy, Tel. 04.93.61.53.43, Fax 04.93.67.78.16. Dieses Hotel, eingerichtet im provenzalischen Stil, bietet 30 Zimmer und einen Swimming-Pool für seine Gäste.

- **La Jabotte** €€-€€€, 13, Avenue Maurey, Tel. 04.93.61.45.89, Fax 04.93.61.07.04, www.jabotte.com. Freundliches, kleines Hotel mit 12 Zimmern, das nur 60 m vom Salis-Strand und 10 Gehminuten von Antibes' Altstadt entfernt liegt. Die Zimmer sind einfach, aber hübsch eingerichtet, und das Preis-Leistungs-Verhältnis erscheint angemessen. Bei gutem Wetter, das ja nicht selten ist an der Côte, kann man die Terrasse mit Patio nutzen.
- **Relais International de la Jeunesse,** 60, Avenue de l'Antiquité, Tel. 04.93.61.34.40, Fax 04.93.80.65.33, www.clajsud.fr. Angeschlossen ist ein kleiner Zeltplatz.

Biot

Das Dorf Biot nördlich von Antibes, ein Ort des Kunsthandwerks, ist traditionell bekannt für sein **mundgeblasenes Glas** und seine großen **Tonkrüge.** Schon zur Zeit der griechischen Besiedlung der Küste fertigte man hier Töpferwaren; sie dienten vor allem zum Transport von Wein und Olivenöl. Erst im 19. Jh. verlor Biot seine Vorrangstellung im Bereich der Töpferei an den Nachbarort Vallauris. Heute verbindet man mit Biot vor allem den Namen Fernand Léger, dessen Werke in einem nationalen Museum mit dem Beinamen „Kathedrale der modernen Kunst" versammelt sind.

Sehenswert sind die Reste der Stadtmauer aus dem 16. Jh., insbesondere die Tore **Porte des Tines** und **Porte des Migraniers.** Der ausgeschilderte Rundgang führt auch zur hübschen Place des Arcades, ein Ensemble, das im Wesentlichen aus dem 14. und 15. Jh. stammt. Nicht weit davon liegt die **Pfarrkirche,** die Altarbilder Bréas und Canavesios beherbergt (15. Jh.).

Musée National Fernand Léger

Die Sammlung Léger befindet sich außerhalb des Dorfes in einem modernen, schlichten Gebäude aus den 1960er Jahren und ist umgeben von einem mediterranen Park. Fernand Léger (1881–1955) ist einer der Künstler der Moderne, dessen Stil nur schwer einer Richtung zuzuordnen ist. Er war beeinflusst von Cézanne und den Impressionisten, ebenso wie später von den Kubisten, blieb aber in seiner Darstellung doch oft figürlich und konkreter als diese. In seinem Werk setzte er sich intensiv mit der Lebensrealität der Menschen im 20. Jh. auseinander, mit den Städten, der industriell geprägten und verbauten Landschaft, den Werkzeugen und Maschinen. Zu seinem eigenen Erfahrungshorizont gehörte der Erste Weltkrieg, in dem er verwundet wurde. Beeindruckend sind insbesondere sein Werk „Les Constructeurs" sowie die riesigen Mosaike, die die Fassade und den Innenhof schmücken.

- **Musée National Fernand Léger,** Chemin du Val de Pome, Tel. 04.92.91.50.30, täglich außer dienstags von April bis Juni 10–12.30 Uhr und 14–18 Uhr, von Juli bis September 10.30–18 Uhr, von Oktober bis März 10–12.30 und 14–17.30 Uhr. Eintritt 4 €, Ermäßigungen, freier Eintritt am ersten Sonntag im Monat.
- **Café-Bistro,** La Buvette du Jardin, Tel. 04.92.91.50.22. Ideal zum Einkehren nach dem Museumbesuch. Im Angebot: Kaffee und Kuchen, kleine Speisen.

Museum für Lokalgeschichte

Die *Musée d'Histoire et de Céramique biotoises* ist untergebracht in der ehemaligen **Kapelle der Weißen Bü-**

ßer. Anhand von Fotografien und vor allem von kunsthandwerklichen Exponaten wie den bereits erwähnten Tonkrügen wird die Geschichte des Ortes nachgezeichnet.

- **Musée d'Histoire et de Céramique biotoises,** 9, Rue Saint-Sébastien, Tel. 04.93.65.54.54, täglich außer montags und dienstags von Juli bis Sepbtember 10–18 Uhr, von Oktober bis Juni 14–18 Uhr, Eintritt 2 €, für Kinder kostenlos.

Bonsaï Arboretum

Auf einer Fläche von 2000 Quadratmetern kann man in diesem **japanischen Garten** eine Sammlung von „Miniatur-Pflänzchen" aus aller Welt bewundern.

- **Bonsaï Arboretum de la Côte d'Azur,** 229, Chemin du Val de Pome, Tel. 04.93.65.63.99, täglich außer dienstags 10–12 und 14–18 Uhr, Eintritt 4 €, Ermäßigungen.

Information

- **Office de Tourisme,** 46, Rue Saint-Sébastien, 06410 Biot, Tel. 04.93.65.78.00, Fax 04.93.65.78.04, www.biot.fr.

Unterkunft

- **Le Domaine du Jas** ***/€€€€-€€€€€, 625, Route de la Mer, Tel. 04.93.65.50.50, Fax 04.93.65.02.01, www.chateauxhotels.com. Dieses herrliche Anwesen, eine Oase der Ruhe, liegt außerhalb des Dorfes und ist umgeben von Palmen und Zypressen. Die 19 Zimmer sind klimatisiert, stilvoll eingerichtet und haben alle entweder Balkon oder Terrasse. Den Gästen steht ein Swimming-Pool zur Verfügung, aber auch die Strände von Antibes und Juan-les-Pins sind nicht weit.

Camping

- **Les Oliviers,** 274, Chemin des Routes Vignasses, Tel./Fax 04.93.65.02.79. Der Name passt genau, ist dieser Campingplatz – mit Blick auf das alte Biot – doch tatsächlich in Terrassen angelegt und bestanden von uralten Olivenbäumen. Geöffnet von Mai bis September.

Einkaufen

- **Töpferwaren,** La Poterie Provençale, 1689, Route de la Mer, Tel. 04.93.65.63.30.
- **Mundgeblasenes Glas,** La Verrerie de Biot, Chemin des Combes, Tel. 04.93.65.03.00. Führungen durch die Produktion, Verkauf, kleines Museum, Glasbläser-Kurse.

Verkehrsverbindungen

- **Bus:** regelmäßige Verbindungen von und nach Antibes.
- **Bahn:** Der Bahnhof von Biot liegt etwa 4 km außerhalb an der Küste.

Villeneuve-Loubet

Wie bei so vielen Orten an der Küste handelt es sich auch hier um eine zweigeteilte Stadt: Villeneuve-Loubet besteht aus einem alten Dorf im Hinterland, hübsch und sehenswert, mit einer alten Burg (12./19. Jh.) und gemütlichen Gassen, und aus einem modernen Ableger an der Küste. Letzterer erstreckt sich entlang der N 7 über den westlichen Bereich der Baie des Anges (Engelsbucht); Hotels und Campingplätze reihen sich in einer schier endlosen Kette aneinander.

Hervorstechend und von weither sichtbar ist die **Marina-Baie-des-Anges,** ein nicht unumstrittenes Beispiel für die funktionale Architektur der 1970er Jahre. Die pyramidenartigen Appartementhäuser bieten den Urlaubern nicht nur private Terrassen, stufenförmig übereinander angeordnet, sondern auch Strand, Swimming-Pool und Yachthafen direkt vor der Haustür. Und natürlich fehlen in der Ferienresidenz auch nicht Restaurants, Cafés und Shopping-Möglichkeiten. Wem dieser Stil gefällt, der ist hier durchaus gut aufgehoben.

Musée de l'Art Culinaire

Das auch *Fondation Auguste Escoffier* genannte **Museum der Kochkunst** ist benannt nach dem berühmten französischen Küchenchef (1846–1935), der unter anderem das Dessert „Pfirsich Melba" kreierte. In acht Sälen, untergebracht im Geburtshaus des Meisterkochs im alten Ortskern, dreht sich alles um die „kulinarische Kunst", u.a. werden 1500 Menü-Karten ab 1820 ausgestellt, eine provenzalische Küche, Kunstwerke aus Zucker sowie zahlreiche Utensilien und Erinnerungsstücke Escoffiers.

- **Musée de l'Art Culinaire,** Tel. 04.93.20.80.51, www.fondation-escoffier.org, täglich geöffnet außer samstags 14–18 Uhr, im Juli und August täglich 14–19 Uhr, mittwochs und freitags auch 10–12 Uhr, im Novmber geschlossen, Eintritt 5 €, Ermäßigungen.

Information

- **Office de Tourisme,** 16, Avenue de la Mer, 06270 Villeneuve-Loubet, Tel. 04.92.02.66.16, Fax 04.92.02.66.19, www.villeneuve loubet.org.

Unterkunft

- **Marina-Baie-des-Anges,** Immeuble de Barronet (Gebäudeteil Barronet), Ferienresidenz, Appartements der Gruppe *Pierre et Vacances,* geöffnet von Mitte März bis Anfang November. Buchbar von Deutschland aus unter Tel. (0721) 93195-0, www.pierre-et-vacances.de.

Essen und Trinken

- **La Vieille Auberge,** 13, Rue des Mesures, Tel. 04.93.73.90.92. Empfehlenswerte Adresse im alten Ortskern, unweit des Koch-Museums. Man speist hier in rustikal-gemütlichem Rahmen, die Gerichte sind traditionell-raffiniert, das Preisniveau ist mittel bis gehoben.
- **Le Chat-Plume,** 5, Rue des Mesures, Tel. 04.93.73.40.91. Auf der gleichen Straße eine etwas preiswertere, aber nicht minder empfehlenswerte Adresse: Die Küche ist etwas bodenständiger, gleichzeitig etwas experimentierfreudiger bzw. internationaler (z.B. gibt es marokkanische Tajine).

Verkehrsverbindungen

- **Bahn:** Mehrere Verbindungen täglich nach Cannes und Nizza; der Bahnhof liegt in Strandnähe.

Cagnes-sur-Mer

Drei Dörfer bilden diese Stadt: Ein schönes mittelalterliches *village perché,* genannt Haut-de-Cagnes, Cros-de-Cagnes, ein Badeort, in dem die alte Tradition des Fischens noch hochgehalten wird, und schließlich ein touristisch wenig interessanter, moderner Stadtteil mit Einkaufszentrum und Neubausiedlungen. Liebhaber der impressionistischen Kunst werden dem ehemaligen Wohnhaus Auguste Renoirs einen Besuch abstatten, das ein sehenswertes Museum beherbergt.

Haut-de-Cagnes

Der älteste Ortsteil ist ein reizendes, mittelalterlich geprägtes Dorf mit ge-

034co Foto: im

pflegten Häusern aus dem 15. und 17. Jh., darunter die so genannte *Maison commune*. Auch die zweischiffige Kirche Saint-Pierre stammt aus diesen beiden Bauphasen. Dominiert wird das Dorf aber von seinem **Château** von 1310, bis zur Französischen Revolution im Besitz der Familie Grimaldi und architektonisch im Laufe der Zeit mehrfach verändert. Überraschend ist – vor allem im Vergleich zum schlichten Äußeren – der aufwendig gestaltete barocke Innenhof mit seinen Galerien und Malereien. In den Sälen des Château sind heute **zwei Museen** untergebracht: das eine dreht sich um den Olivenbaum und seine Frucht, das andere ist ganz anderen Charakters und zeigt Exponate moderner und zeitgenössischer Künstler.

Blick von Haut-de-Cagnes auf die verschneiten Seealpen

- **Château-Musée Grimaldi,** täglich außer dienstags 10–12 und 14–18 Uhr (im Winter bis 17 Uhr), geschlossen im November, Eintritt 3 €, Kombiticket zusammen mit dem Renoir-Museum 4,50 €.

Cros-de-Cagnes

In Cros-de-Cagnes, dem Ortsteil am Meer, kann man tatsächlich noch echte **Fischer** treffen, die ihren Fang sogar am Hafen verkaufen. Die Touristeninformation von Cagnes bietet einmal in der Woche Führungen an, die etwa zwei Stunden dauern und folgende Programmpunkte beinhalten: Hafentour, Besuch bei den Fischern und Informationen über traditionelle Feste und Spezialitäten. An der Nationalstraße, die am Meer entlangführt, kann der aufmerksame Tourist eine alte, ockerfarbene Fischerkirche entdecken.

Museum Auguste Renoir

Der Künstler Auguste Renoir, der an starkem Rheuma litt, zog auf Anraten seines Arztes nach Südfrankreich. Er probierte verschiedene Orte aus, doch schließlich fiel seine Wahl auf Cagnes, wo er sich mit seiner Frau und seinen drei Söhnen dauerhaft niederließ. Hier lebte der alte Mann, der ab 1912 an den Rollstuhl gefesselt war, von 1903 bis zu seinem Tod 1919. Was ihn an dem Ort gefiel war, „dass man nicht die Berge vor der Nase hatte", denn die liebte er nicht besonders.

Zuerst wohnte er in der alten Post des Ortes, in dem heute das Bürgermeisteramt untergebracht ist. 1907 kaufte er das Anwesen „Les Collettes" und baute sich dort ein Haus nach seinen Bedürfnissen mit einem Garten, der so angelegt war, dass der Maler sich dort ungehindert mit dem Rollstuhl bewegen konnte. Bis heute bemerkenswert sind die alten Olivenbaum-Haine.

Die Stadt Cagnes erwarb den Besitz 1960 und richtete dort ein Museum ein. Ziel war es, alles wieder so herzurichten wie zu Zeiten Renoirs. Das Museum wirkt ein wenig angestaubt, entbehrt darum aber auch nicht eines gewissen Charmes. Es besitzt **elf originale Gemälde** und **zwei Skulpturen** des großen impressionistischen Künstlers.

- **Musée Renoir,** Viertel „Les Collettes", Tel. 04.93.20.61.07, täglich außer dienstags und an Feiertagen 10–12 und 14–18 Uhr (im Winter bis 17 Uhr). Führungen samstags und sonntags 10 Uhr, mittwochs und samstags 15 Uhr (im Sommer zusätzlich 16.30 Uhr), Eintritt 3 € (mit Führung 6 €), Ermäßigungen.

Information

- **Office de Tourisme,** 6, Boulevart du Maréchal-Juin, 06800 Cagnes, Tel. 04.93.20.61.64, Fax 04.93.20.52.63, www.cagnes-tourisme.com.

Unterkunft

- **Le Mas d'Azur,** 42, Avenue de Nice, Tel. 04.93.20.19.19, Fax 04.93.20.87.01. Preiswertes Hotel in Strandnähe, das zwar an der Nationalstraße liegt, aber trotzdem ruhig ist. Das Gebäude ist hübsch (von ca. 1750) und der Empfang sehr freundlich.

Camping

- **Le Colombier,** 35, Chemin Sainte-Colombe, Tel./Fax 04.93.73.12.77, www.campingle colombier.com. Dieser Platz liegt in fußläufiger Nähe zum alten Dorf, etwa zwei Kilometer vom Strand entfernt. Der Platz ist von überschaubarer Größe und recht preiswert. Geöffnet von April bis September.

Essen und Trinken

- **Fleur de Sel,** 85, Montée de la Bourgade, Tel. 04.93.20.33.33. Provenzalisch-rustikal eingerichtetes Restaurant im alten Cagnes in der Nähe der Kirche. Die Räumlichkeiten sind klein, aber umso gemütlicher und die Gerichte schmackhaft und frisch. Mittlere Preislage.
- **La Villa du Cros,** am Hafen von Cros-de-Cagnes, Tel. 04.93.07.57.83. Hier sind, wie

sollte es in einem Fischerort anders sein, vor allem (auf provenzalische Art zubereitete) Fischgerichte die Spezialität des Hauses. Kleines, intimes Restaurant mit mittlerem Preisniveau.

Märkte

- **Überdachter Markt,** jeden Morgen außer montags in Cagnes-Zentrum.
- **Fischmarkt,** täglich 7–13 und 15.30–19 Uhr in Cros-de-Cagnes.

Feste und Veranstaltungen

- **Olivenfest,** Markt rund um die Olive im März.
- **Internationale Blumenausstellung,** seit Jahrzehnten an zehn Tagen Anfang April im Hippodrome.
- **Mittelalterliches Fest,** Anfang August im alten Cagnes.

Verkehrsverbindungen

- **Bahn:** Cagnes liegt auf der viel befahrenen Strecke Nizza - Cannes.

Saint-Paul-de-Vence

Der 3000-Seelen-Ort im Hinterland von Cagnes ist wahrscheinlich der **touristischste Flecken** an der gesamten Côte d'Azur. Zumindest erscheint es so, denn ein klassisches - und ursprünglich außerordentlich schönes - **village perché** wie dieses ist für den Massenansturm von PKWs und Autobussen einfach nicht geschaffen. Immerhin hat man darauf mit dem Bau eines mehrstöckigen Parkhauses reagiert, sodass kein Mangel an Stellplätzen besteht.

Bei einem Spaziergang durch die einst malerischen Gassen sieht man, um ein gängiges Bild zu benutzen, vor lauter Bäumen den Wald nicht mehr, hier zu übersetzen in: Vor lauter **Galerien, Boutiquen und Souvenirshops** sieht man Saint-Paul nicht mehr. Wer sich aber wie die vielen anderen Touristen einen Besuch nicht nehmen lassen will, sollte wegen des Kopfsteinpflasters unbedingt auf Stöckelschuhe verzichten.

Entdeckt wurde Saint-Paul einst in den 1920er Jahren von einigen **Malern** – wie so viele Orte an der Côte d'Azur –, darunter niemand Geringeres als Signac, Picasso, Miró, Matisse und Max Ernst. Sie alle stiegen im Nobelhotel *La Colombe d'Or* ab, das damals alles andere als nobel war und Robinson hieß.

Dass Saint-Paul sich bis heute zu einem Touristen-Magneten entwickelte, liegt wiederum in nicht unwesentlichem Ausmaß an der Kunst. 1964 nämlich öffnete die weltbekannte **Fondation Maeght** ihre Pforten und zieht bis heute jährlich 250.000 Besucher an, davon die Hälfte Ausländer. Die Fondation ist damit das am zweitmeisten besuchte Museum für moderne Kunst in ganz Frankreich nach dem Centre Pompidou in Paris.

Die **Silhouette** von Saint-Paul gehört sicherlich zu den schönsten Dorfansichten Frankreichs. Als „Hotspot" für Fotos bietet sich die Straße Richtung Cagnes an, kurz hinter der Abzweigung zur Fondation Maeght. Wer diesen verpasst, kann Saint-Paul auch vom Nachbardorf La-Colle-sur-Loup aus fotografieren.

Rue Grande und Stadtmauer

Zur Hauptstraße gelangt man durch das Nordtor aus dem 14. Jh. Charakteristisch für die Rue Grande ist die große Anzahl an Geschäften. Man kann da leicht den Brunnen von 1850 und das so genannte „Brückenhaus" (Le Pontis) aus dem 15. Jh. übersehen.

Am äußersten Ende mündet die Straße in die südliche **Porte de Nice**. Dahinter befindet sich ein **Aussichtspunkt,** von dem aus man einen schönen Panoramablick über die an die Toskana erinnernde Landschaft bis hin zum Mittelmeer hat. Außerdem sieht man den Dorffriedhof, auf dem das **Grab Marc Chagalls** liegt (gest. 1985).

Für den Rückweg bietet sich der Weg außerhalb der westlichen Stadtmauern an *(Remparts Ouest)* mit Aussichten auf die Saint-Paul umgebenden Weinfelder.

Rund um den Kirchplatz

Zunächst einmal liegt hier die Dorfkirche selbst, genannt **Collégiale de la Conversion.** Ihr ältester Teil ist der romanische Chorraum aus dem 12. Jh., andere Teile stammen aus späteren Bauphasen im 13. und 16. Jh. Um die Mitte des 18. Jh. wurden das Gewölbe des Hauptschiffs und der Glockenturm hinzugefügt. Im Innern, in der im Barockstil dekorierten **Kapelle Saint-Clément,** kann man das Gemälde „Die heilige Katharina von Alexandrien" bewundern, die dem Venezianer Tintoretto zugeschrieben wird (17. Jh.).

Neben dem Bürgermeisteramt erhebt sich ein **Donjon** aus verschiedenen Bauphasen des 12.–14. Jh. Sehenswert ist auch die benachbarte Kapelle der Weißen Büßer aus dem 17. Jh.

Im **Museum** schließlich wird die Lokalgeschichte beleuchtet – anhand von Wachsfiguren und daher nicht sehr tiefgründig. Eine Fotosammlung zeigt Künstler und Prominente, die in Saint-Paul lebten oder Urlaub gemacht haben.

- **Musée d'Histoire Locale,** Place de l'Eglise, Tel. 04.93.32.41.13, täglich 10–12 und 14–17 Uhr, geschlossen im November, Eintritt 3 €, ermäßigt 2 €.

Fondation Maeght

Die Fondation ist ein von privater Hand betriebenes Museum **moderner und zeitgenössischer Kunst** von internationalem Renommee. Sie wurde 1964 von dem Kunsthändler-Ehepaar Marguerite und Aimé Maeght ins Leben gerufen und vom damaligen Kulturminister André Malraux eröffnet und unterstützt. Dieser war der Ansicht, es handele sich um ein Projekt von öffentlichem Interesse.

Dies bestätigen nicht nur die hohen Besuchszahlen (250.000 Besucher pro Jahr), sondern auch die Sammlung selbst überzeugt bis heute. Sie umfasst mehr als 6000 Kunstwerke und ist damit eine der bedeutendsten Sammlungen moderner Kunst in Europa. Von staatlicher Unterstützung ist die Fondation aber bis heute unabhängig.

Bei einem Besuch besticht zunächst einmal die Lage des modernen Bauwerks „inmitten der Natur", von mediterraner Landschaft und Wäldern umgeben. Architekt der Fondation war

der Katalane *Josep Lluis Sert,* ein Freund Mirós und Schüler Le Corbusiers. Charakteristisch für das Gebäude ist, dass es über mehrere Ebenen konzipiert ist und über viele Terrassen und Wasserbassins verfügt. Eines davon zum Beispiel wurde gestaltet von Georges Braque.

Herrlich ist auch dessen Gestaltung eines Glasfensters in der Kapelle, wie überhaupt mehrere Künstler von dem Architekten an der Gestaltung der Räume beteiligt wurden: Da ist zum Beispiel ein Mosaik von Chagall und ein Brunnen von Pol Bury, an anderer Stelle stößt man auf das „Labyrinth" Mirós sowie mehrere Skulpturen dieses Künstlers.

Überhaupt ist es der Spanier, der zusammen mit dem Italiener Alberto Giacometti „die Seele" der Sammlung ausmacht – mit den beiden waren die Maeghts eng befreundet. Aber auch die anderen Namen lassen sich sehen: Es gibt Werke von Pierre Bonnard, Fernand Léger, Kandinsky und Picasso. Die jüngere Generation repräsentieren Namen wie Tal-Coat, Tàpies, Ubac, Riopelle oder Hans Arp.

Nett ist es, zum Abschluss des Besuchs eine Tasse Kaffee in der Cafétéria zu trinken, deren Mobilar von Diego Giacometti gestaltet wurde.

●**Fondation Maeght,** Tel. 04.93.32.81.63, www.fondation-maeght.com, von Juli bis September 10–19 Uhr, von Oktober bis Juni 10–12.30 und 14.30–18 Uhr, Eintritt 11 €, wenn temporäre Ausstellungen laufen mit Aufschlag, Studenten 9 €, Kinder unter 10 Jahren frei.

Information

●**Office de Tourisme,** 2, Rue Grande, 06570 Saint-Paul-de-Vence, Tel. 04.93.32.86.95, Fax 04.93.32.60.27, www.saint-pauldevence.com.

Unterkunft

Unterkünfte sind in Saint-Paul sehr teuer und für den normalen Geldbeutel unerschwinglich. In den Nachbarorten, sogar in dem schönen Vence, kommt man preiswerter unter. Trotzdem seien zwei akzeptable Adressen für Saint-Paul empfohlen:

●**Les Remparts** **/€€€, 72, Rue Grande, Tel. 04.93.32.09.88, Fax 04.93.32.06.91, www.saintpaulweb.com/remparts. Das günstigste Haus am Platz liegt direkt an der belebten Dorfstraße und bietet neun klimatisierte Zimmer mit Blick entweder auf die Straße oder auf das Tal.

●**Auberge Le Hameau** ***/€€€€, 528, Route de la Colle, Tel. 04.93.32.80.24, Fax 04.93.32.55.75, www.le-hameau.com. Von diesem charmanten Hotel aus, das etwas außerhalb des alten Dorfes inmitten der schönen Landschaft liegt, hat man einen herrlichen Blick auf Saint-Paul. Den Gästen steht auch ein Swimming-Pool zur Verfügung.

Essen und Trinken

●**Café de la Place,** Place du Générale-de-Gaulle, Tel. 04.93.32.80.03. In diesem alteingesessenen Café direkt am Boules-Platz treffen sich Einheimische wie Touristen. Es gibt relativ preiswerte Tagesgerichte nach regionalen Rezepten.

●**La Colombe d'Or,** Place des Ormeaux, Tel. 04.93.32.80.02. Wem es zu teuer ist, sich in diesem Traditionshaus (s.o.) einzumieten, der möchte sich vielleicht trotzdem ein Menü leisten – aber auch für die qualitätsbewusste, raffinierte Küche muss man tief in die Tasche greifen.

Verkehrsverbindungen

●**Bus:** Mehrere Verbindungen täglich nach Nizza, Vence und Cagnes.

Vence

Es ist ein charmantes und zugleich **umtriebiges Städtchen,** dieses Vence, und man sollte einen Besuch nicht versäumen, selbst wenn man an der Küste logiert. Obwohl es auch hier wie im benachbarten Saint-Paul viele Touristen gibt, wirkt Vence doch authentischer und die Einheimischen geben den Ton an. Samstags, nach dem Wochenendeinkauf, trifft man sich rund um die Porte du Peyra, um Kaffee zu trinken. Das Tor von 1810 ist integriert in die mittelalterliche **Stadtmauer,** die den Ortskern eiförmig und komplett erhalten umgibt. An einen Spaziergang durch die Altstadt wird der Kunstfreund einen Besuch in der **Matisse-Kapelle** oder in einem der beiden Museen anschließen.

Vence ist auch Ausgangspunkt für **Exkursionen** ins Hinterland, zum Beispiel zum Col de Vence und zu den Gorges du Loup.

In der Altstadt

Ein Rundgang wird zumeist an der **Porte du Peyra** beginnen und zum gleichnamigen kleinen Platz führen. Hier soll sich in antiker Zeit das Forum befunden haben, denn Vence geht auf die römische Siedlung Vintium zurück.

Auf den Platz mündet die Rue du Marché, die alte Marktstraße und heutige Einkaufsstraße.

Über die Rue Alsace-et-Lorraine gelangt man zum Clemenceau-Platz, den seit 1911 das Rathaus ziert, erbaut an der Stelle des ehemaligen Bischofspalastes. Ja, tatsächlich: Vence war früher Bischofssitz, gegründet im 5. Jh., der kleinste Frankreichs. Der berühmteste dieser Bischöfe, Saint Véran (449–81), ist in der **Kathedrale** begraben. Diese stammt aus verschiedenen Bauphasen und fällt durch ihre sehr schmale Fassade von 1879 im Rokoko-Stil auf. Das Hauptschiff ist aus romanischer Zeit, aber schon früher, im 4. Jh., muss hier ein erster Kirchenbau entstanden sein an der Stelle des römischen Tempels. Im Innern sind sehenswert der Véran-Sarkophag aus dem 5. Jh., das Grab des heiligen Lambert und aus der modernen Zeit ein Moses-Mosaik von Marc Chagall.

Wer die Altstadt über die Rue Saint-Véran verlässt, gelangt zur **Porte d'Orient,** mit der man 1787 ein neues Tor in die bis dahin geschlossene Stadtmauer baute. Der Rückweg führt außerhalb der Stadtmauern über die Avenue Maurel. Ein besonders schönes sakrales Bauwerk liegt außerhalb der Altstadt an der Avenue Isnard: Die **Kapelle der Weißen Büßer** besticht vor allem durch ihr mit glasierten Ziegeln gedecktes Dach, ein wenig orientalisch anmutend.

Matisse-Kapelle

Als im Kriegsjahr 1943 die Bombardierung Nizzas drohte, wich der Maler Henri Matisse (1869–1954) nach Vence aus und ließ sich in der Villa Le Rêve nieder. Er ließ sich dazu überreden, die **Chapelle du Rosaire** neu zu gestalten, gelegen auf einem Hügel der Stadt oberhalb des Tals der Lubiane. 1951 wurde die Kapelle vom Bischof von Nizza und den Dominikanerinnen, denen sie gehörte, feierlich eingeweiht. Sie gilt als Alterswerk und Höhepunkt im Schaffen des großen Künstlers, der vier Jahre lang daran arbeitete.

Als Matisse den Auftrag erhielt, diese Kapelle zu gestalten, frotzelte Picasso dem Freund gegenüber, der als nicht gläubig galt: „Warum machen Sie nicht lieber eine Markthalle? Da malen Sie dann Früchte und Gemüse!" Matisse erwiderte: „Für mich ist es vor allem ein Kunstwerk. Ich meditiere und lasse mich ganz von dem durchdringen, was ich vorhabe. Ich kann nicht sagen, ob ich glaube oder nicht. Vielleicht bin ich eher ein Buddhist. Wesentlich ist, dass ich in einem geistigen Zustand arbeite, der dem Gebet ähnlich ist ..."

Die Idee zur Gestaltung einer Kapelle scheint Matisse während eines Krankenhausaufenthaltes in Lyon gekommen zu sein, wo er von Dominikanerinnen gepflegt wurde. In Vence traf er bei den Nonnen zudem seine ehemalige Krankenpflegerin aus Nizza wieder, die ihm auch Modell gestanden hatte: Monique Bourgeois war mittlerweile in den Orden eingetreten, und er fühlte sich ihr gegenüber besonders zu Dank verpflichtet.

Es ging Matisse darum, mit seinem Werk eine Atmosphäre zu erschaffen, die dem Geist des Dominikaner-Ordens, für den es bestimmt war, entsprach. Das Innere der Kapelle ist zum einen von Weiß bestimmt, zum anderen durch die klaren Farben der Glasfenster. Auf weißem Keramik-Hintergrund heben sich – in einfachen Linien entworfen und ohne Darstellung von Gesichtszügen – drei große Motive ab: Ein monumentaler heiliger Dominikus, die Jungfrau mit Kind und schließlich ein Kreuzweg. Diese graffitiartige Symphonie in Schwarz-Weiß wird je nach Tageszeit durch die bunten Glasfenster mit Farbe überflutet. Gelb, Grün und Blau stehen für die Elemente Sonne, Vegetation und Meer.

Die beste Zeit für einen Besuch sei, so Matisse, „ein später Vormittag im Winter, wenn das Licht klar und rein ist". Die Modelle für die Fenster sind aus Gouache-Schnitten entstanden, eine Technik, die Matisse in seiner späten Phase entwickelte. Auffällig sind vor allem die geschwungenen Blätter des Lebensbaums, die die Fenster zieren. 1952, zwei Jahre vor seinem Tod, erklärte Matisse, durch die Gestaltung der Kapelle habe er begriffen, „dass der ganze erbitterte Kampf meines Lebens für die große Menschengemeinschaft bestimmt war, welcher durch mich als Vermittler ein wenig von der erfrischenden Schönheit der Welt offenbart werden sollte." Verglichen mit großen Kirchen und Kathedralen, was bedeutete ihm seine kleine Kapelle? „Es ist eine Blume. Nichts weiter als eine Blume, aber es ist eine Blume..."

• **Chapelle Matisse,** 466 Avenue Henri-Matisse (Straße nach Saint-Jeannet), Tel. 04.93.58.03.26, täglich außer freitags 14–17.30 Uhr, dienstags und donnerstags auch 10–11.30 Uhr, Mitte November bis Mitte Dezember geschlossen. Eintritt 2,80 €, Ermäßigungen. Sonntags um 10 Uhr heilige Messe.

Musée-Château des Villeneuve

In dem ehemaligen Schloss derer von Villeneuve, der früheren Herren von Vence, ist heute die *Fondation Hugues* untergebracht. Hier werden wechselnde Ausstellungen **moderner und zeitgenössischer Künstler** organisiert.

• **Musée-Château des Villeneuve,** Place du Frêne, Tel. 04.93.58.15.78, Juni bis August 10–18 Uhr, September bis Mai 10–12.30 und 14–18 Uhr, montags geschlossen. Eintritt 5 €, Ermäßigungen, Kinder bis 12 Jahre frei.

Galerie Beaubourg

Diese im Grunde zum Museum avancierte Galerie der Pariser Kunsthändler Marianne und Pierre Nahon ist ein wenig nach dem Muster der Fondation Maeght eingerichtet: Die Exponate findet man drinnen wie auch draußen im Park. Höhepunkt der Ausstellung sind die **Skulpturen Niki de Saint-Phalles.**

• **Galerie Beaubourg,** Châteaux Notre-Dame-des-Fleurs, Route de Grasse, Tel. 04.93.24.52.00. Besuche nur nach vorheriger Anmeldung, Eintritt 5 €, Ermäßigungen.

Information

• **Office de Tourisme,** Place du Grand Jardin, 06140 Vence, Tel. 04.93.58.06.38, www.vence.fr.

Unterkunft

• **La Maison Lacordaire** €€, 466, Avenue Henri-Matisse, Tel. 04.93.58.03.26, Fax 04.

93.58.21.10, http://perso.orange.fr/maison.lacordaire. In den beiden Villen neben der Matisse-Kapelle bieten die Dominikanerinnen einige schlichte, aber vollständig renovierte Zimmer an. In den günstigen Preisen ist die Halb- bzw. Vollpension eingeschlossen, gegessen wird gemeinsam im Speisesaal. Die Mindestaufenthaltsdauer beträgt drei Tage. Man darf während des Aufenthalts an Gebeten und Messen in der Matisse-Kapelle teilnehmen.

- **Auberge des Seigneurs** **/€€€, Place du Frêne, Tel. 04.93.58.04.24, Fax 04.93.24.08.01. Untergebracht in einem Nebengebäude des Château des Villeneuve bietet dieses Hotel sechs hübsche Zimmer, die die Namen berühmter Maler tragen. Das angeschlossene Restaurant hat gastronomisches Niveau und ist recht teuer.
- **Gästezimmer Nuits d'Azur** €€€, 125, Allée du Bois, Tel. 04.93.24.07.09, www.nuits-azur-vence.com. Wer Familienanschluss mag, ist hier genau richtig: Die Morlets bieten in ihrem Haus, von dem aus fußläufig das historische Zentrum von Vence erreichbar ist, drei liebevoll eingerichtete Gästezimmer mit klingenden Namen wie „Moulin Rouge" oder „Tausendundeine Nacht". Ein Zimmer ist sogar mit Whirlpool ausgestattet. Allen Gästen gemeinsam stehen Garten, Pantry-Küche im Freien und Swimming-Pool zur Verfügung.

Camping

- **Domaine de la Bergerie** ***, Chemin de la Sine, Tel. 04.93.58.09.36, Fax 04.93.59.80.44, www.pays-vencois.com/campinglabergerie. Am Fuße des Baous-Massivs, nur 2 km vom Stadtzentrum, liegt dieser hübsche, bewaldete Platz mit Tennisplatz und zwei Swimming-Pools. Es gibt 450 Stellplätze, einen Kinderspielplatz und Bungalows. Geschlossen von November bis 20. März.

Essen und Trinken

- **Vieux Couvent,** 37, Avenue Toreille, Tel. 04.93.58.78.58. In einem ehemaligen Priesterseminar aus dem 17. Jh. wird in elegantem Rahmen eine gehobene und elaborierte Küche geboten. Auch regionale Akzente werden nicht vernachlässigt.
- **La Farigoule,** 15, Avenue Isnard, Tel. 04.93.58.01.27. Beliebtes Restaurant unweit der Altstadt, das eine marktfrische, vor allem regional geprägte Küche favorisiert. Auch verwöhnte Gaumen und Liebhaber netten Ambientes kommen hier auf ihre Kosten.
- **Chez Jordi,** 8, Rue Hôtel de Ville, Tel. 04.93.58.83.45. Schlicht eingerichtetes Restaurant in der Altstadt mit ansprechender Karte, die sich auf traditionelle Gerichte konzentriert.
- **La Lilote,** 5, Rue de l'Évêche, Tel. 04.93.24.27.82. Dieses Restaurant liegt mitten im alten Vence an einem ruhigen kleinen Platz. Der junge Küchenchef bietet raffiniert schmeckende Gerichte zu einem guten Preis-Leistungs-Verhältnis.

Märkte

- **Provenzalischer Markt/Bauernmarkt,** jeden Morgen auf der Place du Grand Jardin, dienstag- und freitagmorgens auch in der Altstadt.
- **Antiquitäten- und Trödelmarkt,** mittwochs auf der Place du Grand Jardin.
- **Töpfermarkt,** an Muttertag auf der Place du Grand Jardin.

Feste und Veranstaltungen

- **Aïoli-Fest,** Ende Juni in der Altstadt.
- **Weltmusik-Festival,** Open-Air von Mitte Juli bis Mitte August.

Aktivitäten

- **Malkurse,** Villa Le Rêve, 261, Avenue Matisse, Tel. 04.93.58.82.68. In der Villa, in der früher Matisse lebte, werden heute beliebte Malkurse angeboten, zu denen man sich relativ lange im Voraus anmelden muss.

Verkehrsverbindungen

- **Bus:** Mehrere Verbindungen täglich nach Nizza, Cagnes und Saint-Paul-de-Vence; einige wenige Verbindungen täglich nach Tourrettes-sur-Loup.

Gorges du Loup (Loup-Schluchten)

Für diese **Rundfahrt,** die auch den Col de Vence (Vence-Pass) mit einschließt, plant man am besten einen Tag ein. Die Route führt durch Landschaften, die typsich sind für das Hinterland der Côte d'Azur: karge Berge, Schluchten und malerische Wehrdörfer. Für die Mittagspause bietet sich das Dorf Gourdon an mit herrlicher Aussicht auf die Gorges du Loup, zu deutsch „Wolfsschluchten". Auch einen Besuch des bei Touristen wie Einheimischen beliebten Ortes Tourrettes-sur-Loup in der Nachmittagssonne sollte man nicht versäumen. Der Loup entspringt in Andon und mündet in Cagnes ins Meer. Die Wasserversorgung von Cannes, Grasse und Villeneuve-Loubet hängt von diesem Fluss ab.

Über den Col de Vence

Von Vence aus ist der Weg ausgeschildert: Man nimmt die D 2 nach Norden Richtung Col de Vence/Coursegoules. Bald führt die Straße den Berg hinauf und die Landschaft wird immer karger, wüstenartiger. Man könnte meinen, Waldbrände hätten dies hervorgebracht, doch der Wuchs ist natürlich (wenn man von den Abholzungen über die Jahrhunderte absieht), was im Vergleich zur ansonsten paradiesischen Landschaft um Vence und Saint-Paul umso mehr überrascht.

Die Strecke ist beliebt bei Radfahrern und allenthalben weisen Schilder aus, wie weit es noch bis zum Gipfel ist. Oben, auf 963 Metern angekommen, wird man durch herrliche Aussichten belohnt. Für den Autofahrer stehen Parkflächen zur Verfügung, denn ein Spaziergang lohnt sich: Man überblickt die Küste vom Estérel-Gebirge bis zum Cap Ferrat.

Coursegoules

Folgt man weiter der D 2, so sieht man bald das Dorf Coursegoules am Wegesrand, das sich an einem Ausläufer der Cheiron-Bergkette zusammenkauert. Kaum zu glauben, dass dieses entrückte Nest im 17. Jh. 1000 Einwohner hatte und zu den Königsstädten zählte. Die schönen Häuser dienen heute zumeist als Zweitwohnsitze und das malerische Coursegoules der Erholung.

Kurz vor **Gréolières,** einem weiteren *village perché* mit Schlossruine und Kirche aus dem 12. bzw. 16. Jh., zweigt die D 3 zu den **Gorges du Loup** ab. Sicherlich, diese Schluchten sind nicht mit den berühmten Verdon-Schluchten vergleichbar, sie sind viel bescheidener. Aber die Tour lohnt sich wegen der schönen Dörfer, die auf dem Weg liegen.

Gourdon

Gerade die Lage des nächsten Dorfes namens Gourdon ist besonders spektakulär. Wie ein Adlerhorst hockt es hoch auf einem Felsen über den Schluchten. Sieht man nur diese zur Schlucht gerichtete Dorfseite, kann man sich kaum vorstellen, dass dahinter ein **Château** liegt, ursprünglich aus dem 13. Jh. und von respektabler Größe. Innen gibt es alte Gemälde, eine Waffensammlung und sogar mittelalterliche Folterwerkzeuge im **Musée Historique** zu sehen. Untergebracht im Schloss ist zudem ein zweites Museum, die **Musée des Arts Décoratifs et de la Modernité** mit Möbeln aus den 1920er und 1930er Jahren.

Ein Spaziergang durch die Gassen Gourdons, das als eines der **schönsten Dörfer Frankreichs** betitelt wird, ist reizend und auch Gourmets und Liebhaber von Andenken kommen auf ihre Kosten: Es gibt mehrere gute Restaurants und allerlei regionale Leckereien und Kunsthandwerk zu kaufen. Von mehreren Aussichtsterrassen aus hat man einen herrlichen Blick über die Schluchten.

- **Château de Gourdon,** 06620 Gourdon, Tel. 04.93.09.68.02, im Juli und August täglich 11–13 und 14–19 Uhr, während der übrigen Zeit des Jahres Besichtigung nur auf Anmeldung.
- **Taverne Provençale,** Tel. 04.93.09.68.22. Dieses Restaurant, direkt neben der Kirche gelegen, bietet eine schöne Terrasse mit Aussicht auf die Schluchten. Die regionale Küche ist auch nicht zu verachten; das Preis-Leistungs-Verhältnis erscheint für die Lokalität angemessen.

Le Bar-sur-Loup

Um die Rundfahrt fortzusetzen, muss man nun die D 3 nach Süden bis fast nach Grasse nehmen, um danach über die D 2210 wieder gen Norden zu fahren. Auf dem Weg folgt nun das Dorf Le Bar-sur-Loup, das dominiert wird von einem ehemaligen **Schloss**

037co Foto: im

038co Foto: im

Die Loup-Schluchten

der Grafen von Grasse. Sehenswert ist auch die **Kirche Saint-Jacques-le-Majeur,** mit gotischem Portal, Hauptschiff aus dem 13. Jh. und Chorraum aus dem 17. Jh. Nicht versäumen sollte man, einen Blick auf das Bild „Danse macabre" zu werfen. Es stammt wohl aus dem 15. Jh. und stellt eine regionale Legende dar über einen Grafen, der es wagte, während der Fastenzeit einen Ball zu geben. Der Fußboden öffnete sich, und die Gäste verschwanden darin – das war die Strafe für dieses Sakrileg. Reumütig versprach der Graf dem heiligen Arnoux, zur Buße eine Kapelle zu stiften. Sie existiert bis heute und liegt zwischen Le Bar und dem Nachbarort **Pont-du-Loup.** Dort ist touristisch etwas ganz anderes interessant, eine Fabrik für kandierte Früchte nämlich, seit 1949 im Besitz derselben Familie. Die traditionelle Herstellung und die Gärten können besichtigt werden.

- **Confisérie de Gorges du Loup,** Tel. 04.93.59.32.91, kostenloser Besuch mit Führung täglich 9–11 und 14–18 Uhr.
- **Office de Tourisme,** Place Paulet, 06620 Le Bar-sur-Loup, Tel. 04.93.42.72.21, Fax 04.93.42.92.60.
- **Camping Les Gorges du Loup,** 965, Chemin des Vergers, Le Bar-sur-Loup, Tel. und Fax 04.93.42.45.06, www.lesgorgesduloup.com. Herrlicher, in Terrassen angelegter Platz mit Blick auf Berge und Flusstal, geöffnet von April bis September.
- **Ecole des Filles,** 380, Avenue Amiral-de-Grasse, Le Bar-sur-Loup, Tel. 04.93.09.40.20, www.restoecoledesfilles.fr. In der Gegend beliebtes und in einem alten Schulhaus untergebrachtes Restaurant. Die Gerichte sind mittlerer Preislage.

Courmes

Möchte man nur die kleine „Schluchten-Rundtour" fahren und den Col de Vence auslassen, führt der Weg östlich der Schluchten über die D 6, von wo man einen Abstecher in das Nest Courmes machen kann. Dieser Ort bietet vor allem einen beliebten Landgasthof mit gutem Ruf in der Gegend.

- **Auberge de Courmes,** Rue des Platanes, Courmes, Tel. 04.93.77.64.70, Fax 04.93.77.65.90. Preiswerte Zimmer und leckere traditionelle Gerichte – die ideale Unterkunft für Naturliebhaber und Sportler.

Tourrettes-sur-Loup

Ob man nun die lange oder die kurze Rundfahrt gewählt hat, beide führen über das bei Einheimischen wie Touristen beliebte Dorf Tourrettes-sur-Loup westlich von Vence. Es ist wehrhaft angelegt, das heißt seine äußeren Häuser bilden einen Schutzring um das alte Dorf. Der war auch bitter nötig, denn im Mittelalter wurde es mehrere Male belagert. Die heutige Gestalt des Ortes, dessen Name sich von den drei Wehrtürmen herleitet, geht im Wesentlichen auf das 15. Jh. zurück. Die Kirche allerdings wurde von Zerstörungen verschont und muss um 1400 errichtet worden sein. Im Innern kann man einige Altarbilder bewundern, die den Schulen Louis Bréas und Leonardo da Vincis zugeschrieben werden. Liebhaber hübscher Souvenirs und lokalen Kunsthandwerks kommen in Tourrettes voll auf ihre Kosten; im Sommer ist es so voll wie auf einem orientalischen Basar!

Wanderer werden es vorziehen, den **Puy de Tourrettes** zu erklimmen, den Berg nördlich des Dorfes mit 1267 Metern Höhe.

● **Le Médiéval,** 6, Rue grande, Tel. 04.93.59.31.63. Familiäres Restaurant mitten im alten Dorf, das reichhaltige bis schwere regionale Gerichte in rustikalem Rahmen anbietet. Mittleres Preisniveau.

Grasse

Die 45.000-Einwohner-Stadt Grasse liegt im Hinterland der Côte d'Azur, knapp 20 Kilometer von Cannes entfernt. Grasse ist als **Welthauptstadt des Parfums** bekannt geworden und Patrick Süskinds berühmter Roman „Das Parfum" spielt folgerichtig in Grasse. Wer jedoch nun mit hohen Erwartungen herkommt, wird enttäuscht: Grasse wirkt mitnichten wie ein wohlriechendes, idyllisches und von Blumenfeldern umgebenes Bilderbuchörtchen, eher schon wie eine von langer Krise geplagte Problemstadt.

Heute floriert an den Hängen der Stadt vor allem der soziale Wohnungsbau und die einst hübsche Altstadt wirkt recht renovierungsbedürftig. Wer sich trotzdem von einem Besuch nicht abhalten lassen will, bekommt immerhin zum Thema Parfum einiges geboten: Museen und Shops mit allen nur erdenklichen olfaktorischen Mitbringseln, denn tatsächlich lebt die ehemalige Parfumindustrie heute vor allem vom Tourismus.

Die Altstadt

Ausgehend von der Place aux Aires erstrecken sich einige Gassen mit Fußgängerzone und Geschäften bis hin zur Kathedrale. Leider zählt die Grasser Altstadt nicht unbedingt zu den Perlen der provenzalischen Altstädte. Es gibt zwar vereinzelt ansehnliche Gebäude, z.B. das Hôtel Isnard von 1781, aber viele sind recht heruntergekommen und bedürfen mehr als eines neuen Anstrichs. Doch das Geld sitzt seit dem Niedergang der Parfumindustrie in den 1950er Jahren in Grasse nicht mehr so locker wie einst, sodass eine Kernsanierung der Altstadt vorerst nicht in Sicht ist.

Sehenswert ist die **Kathedrale Notre-Dame-du-Puy,** ursprünglich ein romanischer Bau aus dem 12. Jh., der im 18. Jh. stark verändert und umgebaut wurde. Von den Gemälden, die das Innere schmücken, sind besonders drei echte Rubens von 1601 hervorzuheben: „Die Dornenkrönung", „Die heilige Helena" und „Die Kreuzigung". Der regionale Meister Louis Bréa hat für die Kirche einen Triptychon entworfen.

❶	1	Office de Tourisme
H	2	Hôtel Mandarina**
H	3	Hôtel Le Patti **
H	4	Hôtel Isnard
	5	Le Café des Musées
M	6	Musée Fragonard
M	7	Musée International de la Parfumerie
M	8	Musée d'Art et d'Histoire de Provence
	9	Le Gazan
	10	Kathedrale Notre-Dame-du-Puy

Internationales Parfummuseum

Dieses Museum erklärt alle Schritte der Parfum-Herstellung, von der Ernte der Blüten bis zur fertigen Duftessenz. Ausgestellt sind zudem allerlei Objekte rund um das Parfum, sogar aus ägyptischer und römischer Zeit. Schön ist die Flacon-Sammlung aus dem 18. bis 20. Jh. Der Stolz der Aussteller ist das Reise-Necessaire der Königin Marie-Antoinette.

• **Musée International de la Parfumerie,** 2, Boulevard Jeu de Ballon, Tel. 04.97.05.58.60. Nähere Informationen unter www.museesdegrasse.com.

Musée Fragonard

Untergebracht in einem eleganten Landhaus vom Ende des 18. Jh. und umgeben von einem schönen Park, beherbergt dieses Museum die Werke des lokalen Malers Jean-Honoré Fragonard. Zu dessen bekanntesten Werken zählen vier Bilder mit dem Titel „Spiele der Liebe", die er für die Comtesse du Barry malte, damals Favoritin des Königs. Der Künstler lebte während der Französischen Revolution in der Villa in Grasse, seine Auftraggeber waren aber durchweg Pariser Adlige.

• **Musée Fragonard,** 23, Boulevard Fragonard, Tel. 04.93.36.52.98 (das Museum liegt, von Cannes kommend, am Ortseingang von Grasse).

Musée d'Art et d'Histoire de Provence

Dieses Museum spannt zeitlich einen weiten Bogen: Die Sammlung enthält Ausstellungsstücke von der Vorgeschichte bis ins 20. Jh. Zu sehen sind Möbel, Fayencen, Gemälde, Kleidung, provenzalische Krippenfiguren usw. Das Gebäude stammt aus dem 18. Jh. und gehörte einst der Schwester Mirabeaus.

• **Musée d'Art et d'Histoire de Provence,** 2, Rue Mirabeau, Tel. 04.93.36.80.20, von Juni bis September täglich 10–12.30 und 13.30–18.30 Uhr, an Feiertagen geschlossen, von Oktober bis Mai täglich außer dienstags 10–12.30 und 14–17.30 Uhr. Eintritt 3 €.

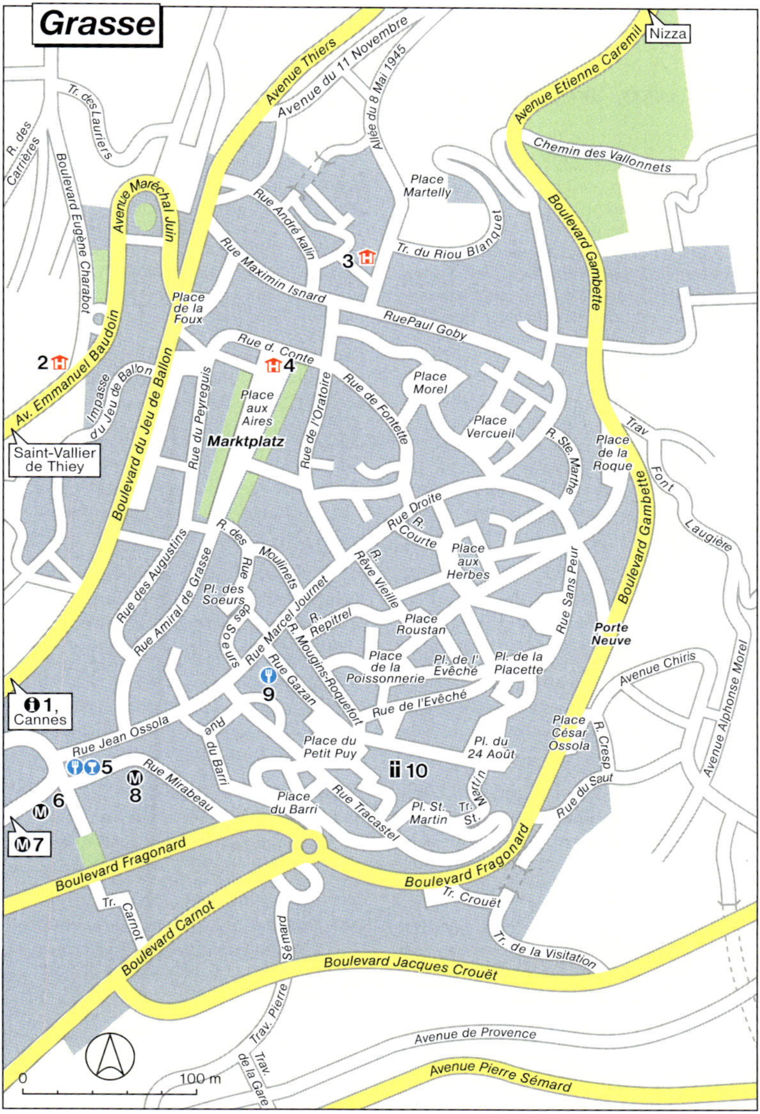
Grasse
Nizza
Avenue Thiers
Avenue du 11 Novembre
Allée du 8 Mai 1945
Avenue Etienne Caremil
Chemin des Vallonnets
Tr. des Lauriers
R. des Carrières
Boulevard Eugène Charabot
Avenue Maréchal Juin
Rue André Kalin
Place Martelly
Tr. du Riou Blanquet
Boulevard Gambette
Rue Maximin Isnard
RuePaul Goby
Place de la Foux
Rue d. Conte
Av. Emmanuel Baudoin
Impasse du Jeu de Ballon
Boulevard du Jeu de Ballon
Rue du Peyreguis
Place aux Aires
Marktplatz
Rue de l'Oratoire
Rue de Fontette
Place Morel
Place Vercueil
R. Ste. Marthe
Place de la Roque
Trav Font Laugière
Saint-Vallier de Thiey
Rue Droite
R. Courte
Place aux Herbes
R. Rêve Vieille
R. des Moulinets
Rue des Augustins
Rue Amiral de Grasse
Pl. des Soeurs
Rue des Soeurs
Rue Marcel Journet
R. Repitrel
R. Mougins-Roquefort
Place Roustan
Rue Sans Peur
Porte Neuve
Place de la Poissonnerie
Pl. de l' Evêché
Pl. de la Placette
Avenue Chiris
Avenue Alphonse Morel
Rue Gazan
Rue de l'Evêché
1, Cannes
Rue Jean Ossola
Rue du Barri
Place du Petit Puy
Pl. du 24 Août
Place César Ossola
R. Cresp
Rue du Saut
5
Rue Mirabeau
8
6
7
9
10
Place du Barri
Rue Tracastel
Pl. St. Martin
Tr. St. Martin
Boulevard Fragonard
Tr. Crouët
Tr. Carnot
Boulevard Carnot
Sémard
Tr. de la Visitation
Boulevard Jacques Crouët
Trav. Pierre
Trav. de la Gare
Avenue de Provence
Avenue Pierre Sémard
0
100 m

Grasse, Welthauptstadt des Parfums

Es war ein gewisser Jean de Galimard, der 1747 eine der ersten Parfümerien in Grasse gründete. Zu dessen Zunft gehörte damals auch die Herstellung von Handschuhen aus Ziegenleder. Hier gelang Galimard, dem späteren Freund Goethes, ein erster entscheidender Sieg des Duftes über den Gestank: der parfumierte Handschuh, dessen strenges Ziegenaroma durch Blütenduft übertüncht wurde.

Mit der Zeit kamen immer mehr Duftnoten hinzu, immer kühnere Mischungen - wer hätte gedacht, dass etwa Lavendel und Tabak harmonieren? - und die Nachfrage nach „Parfum", wie es jetzt hieß, stieg in ganz Europa.

Grasse erlebte sein goldenes Jahrhundert etwa von 1850 bis 1950. Damals ernteten Pflückerinnen in guten Jahren mehr als 5000 Tonnen Rosen- und Jasminblätter. Unzählige kleine und große Fabriken im Grasser Land entzogen den Blättern ihre duftenden Säfte mittels der so genannten *enfleurage*: Per Hand streuten Arbeiter immer wieder frische Blütenblätter auf reines Fett, in dem die Pflanzenteile ihren kostbaren Geruch hinterließen.

Die traditionelle Herstellungstechnik ist längst unrentabel geworden, heute werden die Blüten in riesigen Tanks im Lösungsmittel Hexan gebadet. Das Hexan wird in einem zweiten Arbeitsschritt wieder abgetrennt und übrig bleibt ein duftender Balsam, das *concrète*. Das Endprodukt, die *essence absolue*, entsteht schließlich per Destillation. Ein wichtiger Bestandteil von Chanel No. 5 ist zum Beispiel der *absolue de rose*.

Die meisten Düfte heute aber bestehen zu weit über 80 % aus synthetischen Stoffen. Der Calvin-Klein-Dauerbrenner „CK One" etwa enthält als einzigen natürlichen Duft das Öl der Bergamotte. Dieses Umsteigen auf chemisch hergestellte Duftstoffe ist einer der Faktoren, die zum Niedergang der Grasser Parfumindustrie geführt haben. Ein anderer Grund ist, dass die Rohware bevorzugt in Entwicklungsländern gekauft wird, wo der Lohn für die Pflücker geringer ist.

Trotzdem kann Grasse immer noch mit Recht als Kapitale der Düfte bezeichnet werden, denn die Mehrzahl der großen Parfumhäuser leistet sich immer noch einen *créateur*, also einen Duftkompositeur, aus Grasse. Das Know-how dazu ist altes Familienwissen, „einfach eine Nase zu haben" reicht nicht, vielmehr muss diese jahrelang geschult werden. Die Zweigstellen der großen Häuser in Grasse bieten aber mittlerweile auch für Laien „Riech- und Duftseminare" an.

Ein Großteil des Umsatzes der Parfumindustrie, auch in Grasse, wird heute durch Zusatzstoffe für Putz- und Lebensmittel erwirtschaftet. Die alten Grasser Traditionsfabriken Fragonard, Molinard und Galimard leben heute vorrangig vom Tourismus. Sie erklären in den alten Hallen, wie man früher produziert hat und unterhalten kleine (kostenlose) Ausstellungen, an deren Ende prall gefüllte Verkaufsräume auf die Besucher warten.

Der Regisseur Tom Tykwer verfilmte 2006 Süskinds „Das Parfum". Vielleicht bringt das für Grasse einen weiteren kleinen Aufschwung.

Information

- **Office de Tourisme,** Place de la Foux, 06130 Grasse, Tel. 04.93.36.21.68, Fax 04.93. 36.21.07, www.grasse.fr.

Unterkunft/ Essen und Trinken

- **Hôtel Mandarina** **/€€€, 39, Avenue Yves-Emmanuel-Baudoin, Tel. 04.93.36.10.29, www.mandarinahotel.com. Das Hotel bietet einen schönen Blick über Grasse, den Golf von La Napoule und – in der Ferne – die Lérins-Inseln. Die Zimmer sind recht groß, es gibt einen schönen Garten, eine Bibliothek und ein Restaurant.
- **Hôtel Le Patti** **/€€€, Place du Patti, Tel. 04.93.36.01.00, Fax 04.93.36.36.40, www.hotels-exlusive.com. Romantische Adresse in der Grasser Altstadt. Die rund 70 Zimmer sind untergebracht in einem großen provenazlischen Bürgerhaus aus dem 18. Jh., herrlich renoviert (wie leider nicht allzu viele Gebäude in der Umgebung).
- **Restaurant Le Gazan,** 3, Rue Gazan, Tel. 04.93.36.22.88. Gemütlich in der Altstadt gelegen, bietet dieses von außen etwas verstaubt aussehende Restaurant eine gute Küche, vor allem nach regionalen Rezepten gekocht, zum Beispiel *dorade á la provençale.*
- **Le Café des Musées,** Rue Ossola, Tel. 04.92.60.99.00. Dieses modern und sehr schön eingerichtete Café liegt direkt neben Fragonard und am Rand der Altstadt. Im Angebot sind auch kleine Speisen und Mittagstisch.

Märkte

- **Provenzalischer Markt mit Blumenmarkt,** jeden Morgen außer montags auf der Place aux Aires.

Feste und Veranstaltungen

- **Rosenausstellung,** am ersten Wochenende im Mai werden im Garten des Fragonard-Museums und überall in der Stadt rund 30.000 Rosen ausgestellt.
- **Jasmin-Fest,** am ersten Wochenende im August, mit Blumenumzug *(Corso).*

Verkehrsverbindungen

- **Bus:** Regelmäßige und häufige Verbindungen nach Cannes; etwa acht Verbindungen täglich nach Nizza. Außerdem mit dem Bus erreichbar sind Castellane (Verdon-Schluchten) und Digne-les-Bains im Norden sowie Tourrettes und Le Bar-sur-Loup bei den Loup-Schluchten.

Fréjus

Die Schwesterstädte Fréjus und Saint-Raphaël liegen zwar nah beieinander, sind aber recht unterschiedlich. Fréjus besucht man eher wegen seiner Monumente; es gibt dort viele römische Überreste sowie einen außergewöhnlich gestalteten Kreuzgang mit mittelalterlicher Malerei. Saint-Raphaël dagegen gilt als regionales Einkaufszentrum, hat eine schöne Promenade am Hafen und dehnt sich verwaltungstechnisch über mehrere Örtchen an der Corniche d'Or aus, dem Küstenstreifen des Estérel-Gebirges.

Für Erholungssuchende und Familien mit Kindern gehört die Region zu den am besten geeigneten Urlaubsgegenden an der Côte d'Azur: Die Anbindung ist dank des TGV sowie der Autobahn zum Flughafen Nizza sehr gut, die Unterkunftspreise sind „demokratisch", wie man das in Frankreich gern nennt, und das Angebot vielfältig.

Die Stadt Fréjus (50.000 Einwohner) ist bekannt für ihre römische Vergangenheit. Wenn auch die einzelnen **römischen Monumente** nicht besonders gut erhalten sind, so ist es doch – aufgrund der Masse der Funde – den Archäologen gelungen, die Anlage des antiken Fréjus ziemlich genau zu rekonstruieren.

Desweiteren gibt es hier die Gebäude eines **mittelalterlichen Bischofssitzes** zu bewundern, vor allem den Kreuzgang mit seiner zum Teil mit Grotesken bemalten Kassettendecke. Die **Altstadt** von Fréjus ist provenzalisch-gemütlich und lässt die Nähe von Saint-Tropez und Cannes nicht vermuten. Neuerdings haben sich hier, gefördert von der Stadt, mehrere **Kunsthandwerker** niedergelassen, die zum Teil alte Traditionen wieder aufleben lassen. So kann man zum Beispiel einem Buchbinder bei der Arbeit zuschauen oder typisch provenzalische Kacheln direkt vom Hersteller kaufen.

Das Zentrum von Fréjus liegt nicht direkt am Meer, dafür aber mehrere andere Ortsteile, weshalb die Stadt etwas zersiedelt wirkt. **Fréjus-Plage** ist wohl das am wenigsten attraktive Viertel, während der erst 1989 erbaute Hafenbezirk **Port-Fréjus** durchaus sehenswert ist. Inspiriert vom Stil bürgerlicher Badeorte zu Beginn des 20. Jh., sorgen Quais und zum Hafen hin geöffnete Plätze für eine stimmungsvolle Atmosphäre. Langfristig soll eine Verbindung zwischen Küste und historischer Altstadt geschaffen und der römische Hafen wieder in Betrieb genommen werden.

Zu erwähnen sind schließlich noch die **Etangs de Villepey,** kleine Seen und Sümpfe, die sich im Mündungsgebiet des Flusses Argens gebildet haben. Sie liegen im Stadtteil Saint-Aygulf.

Geschichte

Fréjus leitet sich vom lateinischen *Forum Julii* ab und wurde – wie dieser Name schon andeutet – von Julius Cäsar höchstpersönlich gegründet. Sein Nachfolger Kaiser Augustus machte die Stadt zu einem wichtigen Marine-Stützpunkt. Während der darauf folgenden langen Friedenszeit verlagerte sich die Bedeutung Fréjus' vom Kriegs- zum Handelshafen. Noch zur Zeit Konstantins des Großen errichtete man zahlreiche Gebäude; Ende des 4. Jh. wurde die Stadt Bischofssitz.

Der Hafen begann bereits in der Spätantike zu versanden, später zu versumpfen, aber erst zur Zeit der Französischen Revolution schüttete man das Becken zu. Im Mittelalter wurde Fréjus im 10. Jh. von Sarazenen angegriffen und zerstört. Die wiederaufgebaute Stadt erreichte nie die gleiche Größe und Bedeutung wie die römische Siedlung.

Das römische Fréjus

Die damalige Stadt war von einer Mauer mit vier Stadttoren umgeben. Die Wasserversorgung erfolgte über ein knapp 40 Kilometer langes **Aquädukt,** von dem Reste im Park der Villa Aurélienne zeugen (s.u.). Am Ende der Esplanade Paul-Vernet befand sich wahrscheinlich das Forum; von hier eröffnet sich ein Blick auf die Ebene,

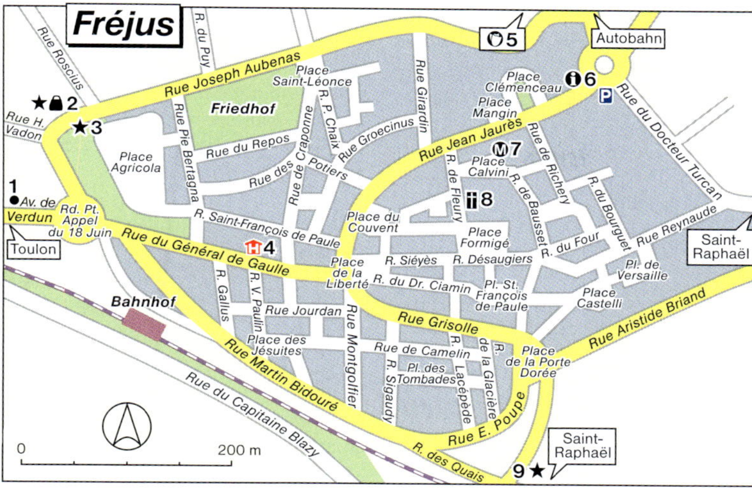

- ● 1 Europcar / Autoverleih
- ★ 2 Amphitheater, Weinkooperative Le Cellier des Romains
- ★ 3 Porte des Gaules
- 4 Hôtel l'Aréna***
- 5 Antikes Theater
- 6 Office de Tourisme
- 7 Archäologisches Museum
- 8 Groupe épiscopal / Bischofsbezirk mit Kathedrale (11./13. Jh.) und Kreuzgang (13./14. Jh.) sowie Taufkapelle (15. Jh.)
- ★ 9 Porte d'Orée

wo früher der Hafen lag. Ein 500 Meter langer Kanal verband diesen mit dem Meer, und zwei Türme sicherten den Eingang. Von diesen erhalten ist die so genannte **Lanterne d'Auguste,** das Leuchtfeuer des Augustus. Beim Spaziergang durch das heutige Fréjus stößt man außerdem noch auf Reste der **Stadtmauern** *(Clos de la Tour),* die **Porte des Gaules** (Rue Henri-Vadon), das westliche Stadttor und die **Porte d'Orée,** wo noch Reste der Thermen zu sehen sind (Rue des Moulins). Die größten und am besten erhaltenen Funde aus der Römerzeit sind das Amphitheater das Antike Theater.

Amphitheater

Erbaut im 1. Jh. n. Chr., konnte diese Arena *(Les Arènes)* ungefähr 10.000 Zuschauer aufnehmen. Im Vergleich zu den Amphitheatern von Nîmes und Arles war das von Fréjus kleiner und bescheidener ausgestattet (114 m lang und 82 m breit). Das lag daran, dass es vor allem der Unterhaltung einfacher

Soldaten diente. Mit allen anderen Arenen des römischen Reiches hatte die Arena von Fréjus gemeinsam, dass hier vor allem Tierhatzen und Gladiatoren-Kämpfe stattfanden.

Heute dürfen aus sicherheitstechnischen Gründen nur 5000 Zuschauer in das Amphitheater. Berühmte Musiker wie Sting, Nina Hagen und die Simple Minds sind in der Vergangenheit hier aufgetreten.

• **Les Arènes,** Rue Henri-Vadon, Tel. 04.94.51.34.31, vom 15. April bis 14. Oktober Dienstag bis Sonntag 9.30–12.30 und 14–18 Uhr, vom 15. Oktober bis 14. April Dienstag bis Sonntag 9.30–12.30 und 14–17 Uhr geöffnet, Eintritt 2 €.

Antikes Theater

Erbaut zur gleichen Zeit wie die Arena, ist auch dieses Theater – entsprechend der Größe des Ortes – relativ klein: Mit einem Durchmesser von knapp 84 Metern konnte es damals 2000, heute 900 Zuschauer aufnehmen. Seine Szenenwand ist leider nicht erhalten (von allen römischen Theatern steht nur noch vollständig die in Orange), dafür aber einige Mauern und die so genannte *Orchestra,* der Raum für die Chöre und Ehrengäste. Dahinter liegt die *Cavea* mit den Sitzplätzen für das Publikum. Es wurden vor allem griechische Tragödien gegeben, manchmal auch Komödien

039co Foto: im

und Pantomimen. Heute findet hier jedes Jahr im Juli ein Theaterfestival statt.

- **Théâtre Romain,** Avenue du Théâtre Romain, Tel. 04.94.53.58.75, geöffnet wie das Amphitheater, Eintritt frei.

Archäologisches Museum

Hier findet sich eine Sammlung archäologischer Funde der Umgebung im Wesentlichen aus gallo-römischer Zeit. Highlight der Ausstellung ist der **zweiköpfige Hermes,** eine Büste, die das Wahrzeichen der Stadt Fréjus geworden ist. Gemeißelt aus weißem Marmor, wurde er vom archaischen Stil der griechischen Antike (5. Jh. v. Chr.) beeinflusst und stammt wahrscheinlich – wie die meisten Funde in Fréjus – aus dem 1. Jh. n. Chr. Die Hermes-Büste wurde 1970 bei Ausgrabungen im Stadtteil Clos de la Tour in einem ehemaligen römischen Wohnhaus gefunden.

- **Musée archéologique municipal,** Place Calvini, Tel. 04.94.52.15.78, geöffnet wie das Amphitheater.

Der Kreuzgang im Bischofsbezirk

Bischofsbezirk

Im Jahr 374, anlässlich des Konzils von Valence, wird zum ersten Mal eine christliche Gemeinde nebst Bischof in Fréjus erwähnt. Von der ursprünglichen Kathedrale ist nur eine Mauer erhalten, die man im südlichen Säulengang des Klosters sehen kann. Die Taufkapelle (Baptisterium) stammt ebenfalls aus dieser frühen Zeit, was eine Inschrift aus dem 5. Jh. belegt. Desweiteren umfasst die **Groupe épiscopal** in ihrer heutigen Form die Kathedrale Saint-Léonce und den berühmten Kreuzgang mit seiner bemalten Kassettendecke. Vom Bischofspalast ist allein der Ostflügel erhalten; er dient heute als Rathaus.

Die Tore der Kathedrale

Dank der Inschrift „1. April 1535" im Türsturz können die Türflügel exakt datiert werden. Geschnitzt aus edlem Nussbaum, verbinden sich hier gotische mit Renaissance-Elementen. Der linke Flügel zeigt unter anderem Petrus und die Jungfrau Maria, Bacchus (den Gott des Weines) sowie wahrscheinlich ein Selbstporträt des Holzschnitzers. Auf dem rechten Torflügel sind beispielsweise die Geburt Christi, der heilige Petrus und der Bischof von Fréjus abgebildet. Der seitliche rechte Pfosten stellt vermutlich Sarazenen-Überfälle auf Fréjus im 9./10. Jh. dar.

Die Taufkapelle (Baptisterium)

Die Taufkapelle stammt aus dem 5. Jh. und ist mit den Baptisterien von Aix-en-Provence, Poitiers, Valence und

Riez eines der ältesten christlichen Bauwerke Frankreichs. Ihr Grundriss ist achteckig, wobei sich gerade mit halbrunden Nischen abwechseln. Die Nischen sind voneinander durch Säulen getrennt; diese wiederum krönen abwechselnd graue und weiße Marmorkapitelle korinthischen Stils. Nur die beiden Säulen, die die östliche Nische einrahmen, stammen aus der Bauzeit des Baptisteriums, die übrigen sind Wiederverwendungen aus der Römerzeit. Auf den Säulen ruht die Kuppel, die eine Nachbildung der ursprünglichen Kuppel ist und im Zuge von umfangreichen Restaurierungsarbeiten von 1920 bis 1925 entstand. Während dieser Arbeiten legte man auch die Baureste des achteckigen Taufsteins und die Sandsteinpfosten, die ihn umgaben, frei. Dies hat den Architekten zu der Vermutung veranlasst, über dem Taufbecken sei ein Ziborium (Baldachin) gewesen. Innen und außen war das Taufbecken mit weißem Marmor verziert, von dem einige Fragmente gefunden werden konnten.

Bis zum 18. Jh. wurde hier die Taufe durch Untertauchen praktiziert. Das Ritual lief folgendermaßen ab: Der Täufling betrat das Baptisterium gesenkten Hauptes durch die niedrige Tür. Der Bischof tauchte ihn sodann vollständig im Taufbecken unter, um ihn danach mit geweihtem Öl zu salben. Danach konnte der Getaufte, jetzt Christ, symbolisch mit erhobenem Haupt die Kapelle durch die hohe Tür verlassen, um in die Kathedrale einzutreten.

Der Kreuzgang

Im 13. und 14. Jh. wurde der an die Kathedrale angrenzende Kreuzgang für die Geistlichen des Klosterkapitels errichtet. Das Kapitel von Fréjus wird 1038 zum ersten Mal urkundlich erwähnt; die Kapitulare unter Führung eines Probstes umgaben den Bischof und halfen ihm bei seinen religiösen Aufgaben.

Ursprünglich erbaut in zwei Geschossen, ist von dem oberen Stockwerk des Kreuzgangs nur wenig erhalten, da es während der Französischen Revolution weitgehend zerstört wurde. Im Erdgeschoss war ursprünglich eine gewölbte Decke vorgesehen, worauf Spuren der Verankerungen zwischen den Bogen hindeuten. Glücklicherweise, muss man aus kunsthistorischer Sicht sagen, entschlossen sich die Baumeister im 14. Jh. jedoch für einen Dachstuhl aus Lärchenholz. Jede einzelne Kassette dieses Dachstuhls wurde verschiedenartig bemalt! Von den über 1200 Kassetten sind immerhin 500 erhalten. Auf ihnen sind – abwechselnd auf rotem oder blauem Hintergrund – folgende Motive zu sehen: Porträts, Heiligen-Darstellungen, Szenen aus dem kirchlichen sowie dem alltäglichen Leben, aber auch viele Grotesken wie Fabelwesen, Nixen, Drachen, Ungeheuer und Fratzen. Im Mittelalter waren mythisch-religiöse Tiererzählungen sehr beliebt, weshalb man vermutet, dass es sich um Illustrationen solcher Geschichten handelt.

Diese Deckendekoration ist ein in Frankreich einzigartiges und sehr ungewöhnliches Beispiel für die Wandmalerei des 14. Jh. Möglich waren Darstellungen weltlichen Inhalts wohl nur darum, weil es sich nicht um den Kreuzgang eines Mönchsklosters, sondern eines Kathedralkapitels handelte. Jeder, der wollte, konnte durch den Kreuzgang in die Kathedrale gehen.

Die Bilder, die man sich in den Farben kräftiger vortstellen muss, entsprechen wegen der vereinfachten und manchmal nahezu abstrakten Darstellungsweise durchaus dem Geschmack des heutigen Betrachters. Ein wirkliches Besichtigungs-Highlight!

Die Kathedrale

Der heutige Bau wurde vom 11. bis 13. Jh. errichtet und besteht aus zwei nebeneinander liegenden Schiffen. Das ältere Schiff ist das linke mit romanischem Tonnengewölbe, dem heiligen Stephanus geweiht (Saint-Etienne). Teile stammen wahrscheinlich noch von der Vorgängerkirche. Das rechte Schiff mit frühgotischem Kreuzrippengewölbe ist ein Jahrhundert jünger und der Jungfrau Maria geweiht (Notre-Dame). Über der Vorhalle erhebt sich ein Glockenturm, der im 16. Jh. hinzugefügt wurde. Die Sakristei-Tür ziert ein Bild der heiligen Margarete (1454) von Jacques Durandi, einem Maler der Nizzaer Schule.

- **Groupe épiscopal,** 48, Rue de Fleury, Tel. 04.94.51.26.30, www.monum.fr, täglich außer montags 9–18.30 Uhr (Sommer) bzw. 9–12 und 14–17 Uhr (Winter). Die Kathedrale ist das ganze Jahr über morgens und von 14.30–18.30 Uhr geöffnet, Eintritt 4,60 €, unter 18 Jahren frei, Studenten 3,10 €.

Weitere Sehenswürdigkeiten

Römischer Aquädukt und Villa Aurélienne

Die elegante Villa Aurélienne im Nordosten von Fréjus, einen Kilometer vom Zentrum entfernt, liegt in einem 22 Hektar großen Park. Dort zeugen noch einige Bögen von dem Aquädukt aus der Römerzeit, der – im 1. Jh. nach Christus erbaut – über 40 Kilometer lang war. Er leitete früher das Wasser der Flüsse Foux (Montauroux) und Siagnole (Mons) bis zum höchsten Punkt von Fréjus.

Die Villa wurde 1880 errichtet im Renaissance-Stil des italienischen Architekten Palladio. Seit 1988 städti-

Die Via Aurelia

Die alte Römerstraße verbindet **Fréjus** und **Cannes** auf dem Weg durch das Landesinnere. Die Nationalstraße N 7 nimmt heute zu einem Großteil denselben Verlauf. In der Antike führte die Via Aurelia von **Rom** über Genua, Nizza-Cimiez, Antibes, Fréjus und Aix nach **Arles.** Sie war einer der wichtigsten Verkehrswege des gesamten Römischen Reiches, weil Gallien als die Musterprovinz schlechthin galt.

Die Via Aurelia war durchgehend befestigt, das heißt mit Steinplatten belegt. **Meilensteine** zeigten im Abstand von 1478 Metern die Entfernungen an. Im Museum von Saint-Raphaël ist ein solcher Stein ausgestellt. Am Wegrand gab es auch regelmäßig Herbergen, wo die Reisenden Verpflegung fanden und ihre Pferde austauschen konnten.

sches Eigentum, finden hier vor allem Foto-Ausstellungen statt, aber auch Seminare und Konzerte.

● **Villa Aurélienne,** Avenue du Général-d'Armée-Calliès, Tel. 04.94.52.90.49.

Pagode Hong Hien

Fréjus wurde im Ersten Weltkrieg Stützpunkt für die Kolonialtruppen aus Afrika und Asien. Aus dieser Zeit stammen Bauten, die die unterschiedlichen Kulturen der Soldaten widerspiegeln. Die beiden interessantesten sind die Pagode Hong Hien und die Moschee Missiri.

Eine echte buddhistische Pagode erwartet man eigentlich nicht an der Côte d'Azur. Diese aber ist tatsächlich ein Original und wurde 1917 vom 4. Infanterie-Regiment der Kolonialtruppe aus Indochina errichtet. Vorbild sind die traditionellen Pagoden Vietnams. Die Hong-Hien-Pagode ist bis heute ein Gotteshaus und umgeben von einem schönen Garten mit Skulpturen. Man erreicht sie über die N 7 Richtung Cannes, ca. 1,5 km vom Zentrum entfernt.

● **Pagode Hong Hien,** 525, Avenue Gén Calliès, Tel. 04.94.53.25.29, geöffnet täglich 9–19 Uhr (Sommer) bzw. 9–12 und 14–17 Uhr (Winter), Eintritt 2 €.

Moschee Missiri

1930 erbaut, ist die Moschee Missiri eine Kopie der Moschee von Djenné im heutigen Staat Mali, allerdings verkleinert und im wesentlichen aus Beton. Sie liegt ca. 5 km vom Zentrum an der D 4 Richtung Fayence und kann nur von außen besichtigt werden.

Cocteau-Kapelle

Diese Kapelle, die eigentlich **Notre-Dame-de-Jérusalem** heißt, ist die letzte der von Jean Cocteau gestalteten Kapellen (siehe auch Villefranche-sur-Mer). 1963 starb der Künstler plötzlich und konnte sein Werk nicht mehr vollenden. Sein Adoptivsohn Edouard Dermit übernahm die Arbeiten, vor allem die Koloration der Fresken.

● **Chapelle Cocteau,** Avenue Nicolai, La Tour de Mar, Tel. 04.94.53.27.06, vom 15. April bis 14. Oktober Dienstag bis Sonntag 9.30–12.30 und 14–18 Uhr, vom 15. Oktober bis 14. April Dienstag bis Sonntag 9.30–12.30 und 14–17 Uhr geöffnet, Eintritt frei.

Praktische Tipps

Information

● **Office de Tourisme „Le Florus 2",** 249, Rue Jean-Jaurès, 83600 Fréjus, Tel. 04.94.51.83.83, Fax 04.94.51.00.26, www.frejus.fr. Das Fremdenverkehrsamt von Fréjus bietet regelmäßig Führungen an, z.B. zu den Themen „Das antike Fréjus" und „Das mittelalterliche und das moderne Fréjus".

Unterkunft

● **Hôtel l'Aréna** ***/€€€-€€€€, 145, Rue Général-de-Gaulle, Tel. 04.94.17.09.40, Fax 04.94.52.01.52, www.arena-hotel.com. Dieses hübsche provenzalische Gebäude liegt am Rand des historischen Zentrums von Fréjus. Die 36 sehr schönen Zimmer gruppieren sich um einen Innenhof mit Swimming-Pool. Das Restaurant bietet eine feine Küche auf der Basis regionaler Rezepte.

● **Hôtel Oasis** **/€€, Impasse Charcot, Fréjus-Plage, Tel. 04.94.51.50.44, Fax 04.94.53.01.04, www.hotel-oasis.net. Fünf Minuten vom Strand gelegen und untergebracht in einem Haus aus den 1950er Jahren, bietet dieses Hotel zwar keinen großartigen Komfort, aber eine angenehme Atmosphäre und nett dekorierte Zimmer (alle unterschiedlich).

• **Auberge de Jeunesse,** 675, Chemin du Counillier, Tel. 04.94.53.18.75, Fax 04.94.53.25.86. Diese Jugendherberge, ca. 3,5 km vom Meer entfernt, hat eine Kapazität von 100 Betten und ist geöffnet von März bis November.

Camping

• **La Baume** ****, Route des Combattants d'Afrique du Nord, Tel. 04.94.19.88.88, Fax 04.94.19.83.50, www.labaume-lapalmeraie.com. 780 Stellplätze, Swimming-Pool-Komplex mit 5 Pools, 5 km vom Strand entfernt, Kinderclub, vielfältige Sportmöglichkeiten, Vermietung von Mobilhomes. Geöffnet von April bis September.

Essen und Trinken

• **Auberge des Adrets,** Route Nationale 7, Tel. 04.94.82.11.82. Gourmet-Restaurant des gleichnamigen 4-Sterne-Hotels mit Spezialitäten, die einem das Wasser im Mund zusammenlaufen lassen, z.B. *carré d'agneau en croûte de serpolet,* Lamm mit einer Kruste von wildem Thymian.

Märkte

• **Wochenmarkt,** mittwoch- und samstagmorgens in der Altstadt, sonntagmorgens in Fréjus-Plage (Boulevard d'Alger).

• **Marché nocturne,** abendlicher Markt im Juli und August in Port-Fréjus.

Feste und Veranstaltungen

• **Bravade,** traditionelles Straßenfest in der historischen Altstadt, am 3. Sonntag nach Ostern.

• **Les Nuits Auréliennes,** Theaterfestival im Juli, Aufführungsort ist das antike Theater.

• **Les Nuits de Port-Fréjus,** Feuerwerke an allen Freitagen im Juli und August.

• **Féria/Corrida,** Stierkämpfe provenzalischen und spanischen Stils in der antiken Arena im August.

• **Le Roc d'Azur,** im Oktober findet auf dem Gelände des Freizeitkomplexes „Base Nature" eines der bedeutendsten Mountainbike-Rennen der Welt statt.

Einkaufen

• **Kunsthandwerk,** das Office de Tourisme gibt eine Broschüre heraus, die zu den Künstlern und Kunsthandwerkern in der Altstadt führt (ca. 30 Stationen, *Circuit des Métiers d'Art du Centre Ancien*).

• **Wein,** *Le Cellier de Romains (Coopérative „La Fréjusienne"),* Rue Henri-Vadon (neben der Arena), Tel. 04.94.51.01.81, www.frejusienne.com.

Aktivitäten

• **Sunjet,** Quartier de la Plaine, Tel. 04.94.51.01.59, www.sunjet.fr. Jetski-Touren und Einführungskurse.

• **Centre de Plongée,** Port-Fréjus Est, Tel. 04.94.52.34.99, www.cip-frejus.com, Tauchzentrum.

• **Fréjus Club Nautique,** Boulevard d'Alger, Tel. 04.94.51.40.47, www.club-nautique-frejus.com, Segeln, Windsurfen, Surfen, Seekajak.

Fahrzeugverleih

Autoverleih:

• **Europcar,** 308, Avenue de Verdun, Tel. 04.94.51.53.88, www.europcar.fr

Fahrrad- und Motorradverleih:

• **Action 2 Roues,** 18, Avenue des Portes du Soleil, Tel. 04.94.44.48.34.

• **Blue Bikes,** 41, Boulevard Decuers, Tel. 04.94.52.30.65 (Verleih von Fahrrädern, Motorrädern und Vespas).

Verkehrsverbindungen

• **Flug:** Der Flughafen Nizza ist ca. 65 km, der Flughafen Marseille-Provence ca. 150 km entfernt.

• **Bus:** Der nächste Busbahnhof ist in Saint-Raphaël. Verbindungen nach Saint-Tropez: Busgesellschaft *Sodetrav,* Tel. 04.94.95.24.82. Verbindungen nach Nizza, Aix-en-Provence, Marseille und Avignon: *Cars Phocéens,* Tel. 08.10.00.40.08. Verbindungen nach Cannes:

Société Beltrame, Tel. 04.94.95.95.16, www.ste-varoise-d-autocars.fr.

- **Bahn:** Bahnhof in Fréjus, TGV-Bahnhof in Saint-Raphaël, Tel. 08.92.35.35.35. Die Verbindung nach Paris dauert 4 Std. 40 Min.

Umgebung von Fréjus

Saint-Aygulf

Dieser südliche Stadtteil – eigentlich ein eigener Ort – liegt genau wie Fréjus-Plage direkt am Meer, wirkt aber wesentlich traditioneller und ansprechender, weil mehrere Villen im Stil der Belle Epoque das Ortsbild prägen (ca. 1890 bis 1914).

Schön ist auch die von Sandstränden unterbrochene felsige Küste. Am Hafen von Saint-Aygulf beginnt der **Küstenwanderweg** von Fréjus. Man wandert Richtung Les Issambres in einer Stunde vier Kilometer bis zur *Pointe de la Tourterelle.*

Etangs de Villepey

Besonders reizvoll ist das **Naturschutzgebiet** Etangs de Villepey zwischen Fréjus und Sanit-Aygulf (an der D 7). Diese Seen und Sümpfe, die sich im Delta des Flusses Agens gebildet haben, sind eine der wenigen Lagunen zwischen der Camargue und Italien (250 Hektar). Hier findet man eine Fauna und Flora, die typisch für Feuchtgebiete ist, darunter **220 Vogelarten.** Die günstigste Zeit für die Beobachtung von Zugvögeln ist im März und September. Die Küstenschutzbehörde *Conservatoire du Littorale,* die die Lagune verwaltet, hat Wanderwege, Beobachtungspunkte und einen Naturlehrpfad eingerichtet. Um das fragile Milieu zu schützen, ist es verboten, die Wege zu verlassen. Das *Office de Tourisme* organisiert Führungen (8 €).

Information

- **Office de Tourisme,** Place de la Poste, 83370 Saint-Aygulf, Tel. 04.94.81.22.09, Fax 04.94.81.23.04.

Märkte

- **Wochenmarkt,** dienstag- und freitagmorgens in Saint-Aygulf.
- **Kunsthandwerkermarkt,** dienstag- und freitagvormittags von Juni bis September in Saint-Aygulf.

Saint-Raphaël

Weniger bekannt zwar als ihre Schwesterstadt Fréjus mit ihren kunsthistorisch bedeutsamen Monumenten, kann die Stadt Saint-Raphaël (32.000 Einwohner) jedoch mit eigenen touristischen Höhepunkten aufwarten, die eine gute Ergänzung zum Angebot Fréjus' bilden.

Da ist zunächst zu erwähnen, dass das Zentrum von Saint-Raphaël direkt am Meer liegt. Es gibt eine Strandpromenade sowie den **Yachthafen Santa Lucia** – mit einer Kapazität von 1600 Liegeplätzen der drittgrößte Frankreichs. Praktisch für die Anreise per Zug ist, dass der TGV mitten im Zentrum hält.

Die Altstadt kann zwar mit der der „Schwester" Fréjus baulich nicht mithalten, dafür ist das Shopping-Angebot größer – neben Boutiquen gibt es zwei reizende überdachte Märkte sowie den **Fischmarkt** am Hafen.

Aber der Ort ist mehr als ein regionales Einkaufszentrum, erstreckt sich das Stadtgebiet doch über einen Teil des Estérel-Gebirges und umfasst damit einen guten Teil der **Corniche d'Or,** der wunderbaren Küstenstraße bis Cannes. Saint-Raphaël besteht aus mehreren Vierteln bzw. kleinen Orten, die zumeist Seebäder sind. Vom Yachthafen aus kann man sie über den *sentier littoral* erwandern und stößt dabei auf zauberhafte kleine Häfen, schöne Sandstrände und die *Calanques* der Felsküste.

Geschichte

Mehrere Überreste aus dem Estérel-Gebirge zeugen von menschlicher Präsenz in der Gegend seit vor- und frühgeschichtlicher Zeit. In der Römerzeit, als das benachbarte Fréjus noch *Forum Julii* hieß, war Saint-Raphaël unter dem Namen *Epulias* bei reichen Bürgern als Seebad beliebt.

Wie viele andere Orte an der Küste litt Saint-Raphaël im Mittelalter unter Überfällen von Mauren und Türken. Das Estérel-Massiv dagegen wurde ein Hafen des Friedens: Der Mönch Saint-Honorat lebte hier als Eremit, bevor er seine Abtei auf den Lérins-Inseln vor Cannes gründete.

Im 16. Jh. erhielt die Stadt Saint-Raphaël ihren heutigen Namen. Er geht auf eine Legende zurück, nach der ein Junge namens Tobie seinen Vater mit Hilfe des Erzengels Raphael vor der Erblindung bewahren konnte.

Im Verlauf des 18. Jh. orientierte sich die Stadt zunehmend zum Meer hin und es entstand das Hafenviertel. In diesen Hafen kehrte Napoléon Bonaparte nach seiner Ägypten-Expedition 1799 zurück. 15 Jahre später musste er erleben, wie er ebenfalls von hier aus nach Elba in die Verbannung geschickt wurde.

Das 19. Jh. bescherte Saint-Raphaël einige schöne Villen und Stadthäuser, ein Kasino und die neobyzantinische Kirche. Berühmte Schriftsteller verbrachten hier ihren Badeurlaub wie etwa Victor Hugo, Alexandre Dumas und Guy de Maupassant. Heute ist Saint-Raphaël die bei Touristen beliebteste Stadt des Départements Var und die am viertmeisten besuchte Stadt der Region Provence-Alpes-Côte d'Azur nach Marseille, Nizza und Aix-en-Provence. Die touristische Infrastruktur umfasst 36 Kilometer Küste, mehrere Yachthäfen, sieben Tauch-Clubs, vier Golfplätze und fast 50 Hotels.

Im Stadtzentrum

Saint-Raphaël und Fréjus sind heute – obwohl verwaltungstechnisch nach wie vor getrennt – praktisch zusammen gewachsen: Direkt hinter dem alten Hafen beginnt abrupt das Stadtgebiet von Fréjus, allerdings nicht dessen Zentrum, welches bekanntlich nicht am Meer liegt.

Saint-Raphaël jedoch ist baulich ganz dem *Grand Bleu* zugewandt, die **lange Promenade** ist gesäumt von Gebäuden verschiedener Epochen, „Sünden" der 1970er Jahre eingeschlossen. Hübsch ist die Kulisse des kleinen **Fischmarktes** am Cours Jean Bart: auf der einen Seite der alte Hafen mit einigen Booten, genannt *pointus*, weil sie an den Enden spitz zulaufen, auf der anderen Seite die ehemaligen Häuser der Fischer, heute zumeist Cafés und Restaurants.

Leider ist ausgerechnet der Blick auf die einzige Sehenswürdigkeit der Stadt, die **neobyzantinische Basilika** *Notre-Dame de la Victoire de Lépante* (1882–89), völlig verbaut: Da gibt es einen Hotelklotz, das Kasino (nun gut, es stammt aus derselben Epoche) und – wer lässt sowas zu? – sogar ein Gebäude mit der Filiale einer bekannten Fast-Food-Kette ...

Wer sich jetzt wieder mit Saint-Raphaël versöhnen möchte, sollte in die Gassen der **Altstadt** gehen, am besten auf den Markt an der Place Victor Hugo, und dort anschließend im gleichnamigen Restaurant eine Bouillabaisse genießen. Warum nicht danach der alten **Pfarrkirche** aus dem 12. Jh. (erweitert im 18. Jh.) einen Besuch abstatten? Wer die knapp 130 Stufen Aufstieg auf den Turm (13. Jh.) nicht scheut, bekommt noch einen **Panorama-Blick** inklusive.

Archäologisches Museum

Für Archäologie-Interessierte bietet das angrenzende Museum eine Sammlung von Funden, entdeckt bei Ausgrabungen vor der Küste Saint-Raphaëls. Dazu zählen vor allem **Amphoren** (bauchige Tonkrüge für Wein und Öl) aus antiker und frühchristlicher Zeit, außerdem wird veranschaulicht, wie ein **römisches Schiff** aus dem 1. Jh. v. Chr. mit diesen beladen wurde. Im Obergeschoss sind vor- und frühgeschichtliche Funde aus der Region ausgestellt wie **Dolmen und Menhire.**

- 1 Golfplätze
- 2 Restaurant L' Arbousier
- 3 Pfarrkirche (12./18. Jh.) und Archäologisches Museum
- 4 Restaurant La Bouillabaisse und überdachter Markt
- 5 Office de Tourisme
- 6 „Parking" Bonaparte
- 7 Kasino
- 8 Basilika Notre-Dame de la Victoire de Lépante
- 9 Hôtel Excelsior
- 10 Yachthafen Santa Lucia, Corniche d'Or
- 11 La Table du Boucher

● **Musée de préhistoire et d'archéologie sous-marine,** Rue des Templiers, Tel. 04.94. 19.25.75, im Juli und August täglich außer montags und dienstags 10–17 Uhr, in der übrigen Zeit des Jahres mittwochs 9–12 und 14–17 Uhr, donnerstags 9–12 Uhr, samstags 14–17 Uhr, montags, dienstags und freitags geschlossen, Eintritt frei.

Valescure

Oberhalb des Zentrums und der Autobahn am nächsten gelegen, ist Valescure ein vornehmes Wohnviertel sowie Mekka der Golfer. Es gibt hier insgesamt **vier Golfplätze,** zwei davon mit achtzehn Löchern.

Strände

Zum Stadtgebiet von Saint-Raphaël gehören 36 Kilometer Küste, wobei sich östlich des Zentrums an der **Corniche d'Or** (s.u.) die felsigen *Calanques* mit Sandbuchten abwechseln. Es gibt an die 30 Strände verschiedener Größe. Jene beiden im Stadtzentrum heißen **Plage du Veillat** und **Plage**

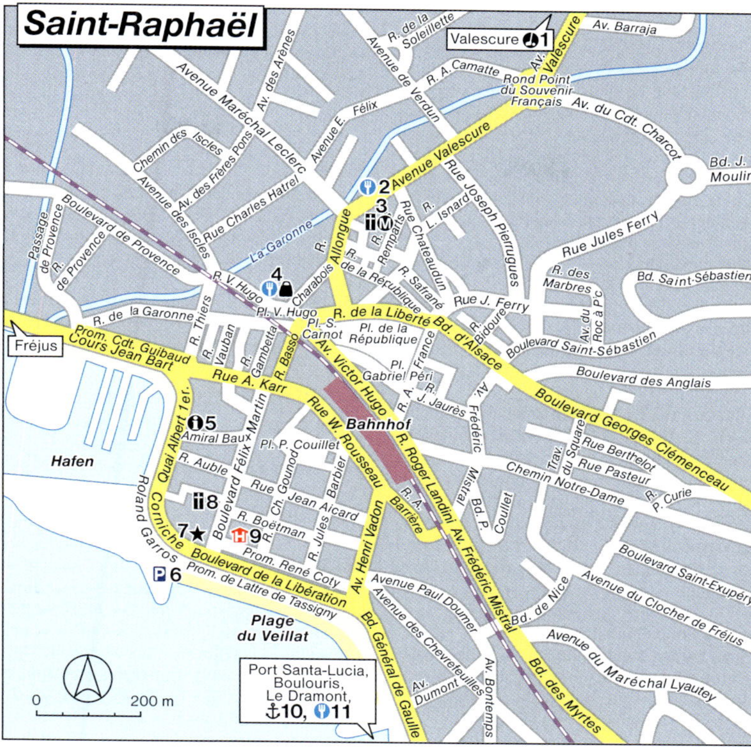

Beaurivage und sind naturgemäß die frequentiertesten, aber nicht unbedingt die schönsten. Den ausgedehntesten Sandstrand besitzt das Dorf Agay (s.u.).

Information

- **Office de Tourisme,** Quai Albert I., 83702 Saint-Raphaël, Tel. 04.94.19.52.52, Fax 04.94.83.85.40, www.saint-raphael. com.
- **Zentrale Reservierungsstelle für Unterkünfte** im Stadtgebiet und in der Gegend von Fayence, Adresse wie das Office de Tourisme, Tel. 04.94.19.10.60.

Parken

- **Parking Bonaparte,** großes Parkhaus am alten Hafen mit Dachterrasse, die vom Stadtmarketing wohlwollend als „Balcon sur la Mer" angepriesen wird.

Unterkunft/ Essen und Trinken

- **Hotel Excelsior** €€€€, Promenade du Président, Tel. 04.94.95.02.42, www.excelsior-hotel.com. Elegantes, strahlend weiß getünchtes Gebäude vom Ende des 19. Jh., das von demselben Architekten – Pierre Aublé – errichtet wurde, der auch die Basilika schuf. Das angeschlossene Restaurant genießt einen ausgezeichneten Ruf in der Gegend (gastronomische französische Küche).
- **Hotel San Pedro** ***/€€€€, Avenue Colonel-Brooke, Tel. 04.94.19.90.20, Fax 04.94.19.90.21, www.hotelsanpedro.fr. Das charmante Hotel im Stil einer spanischen Hacienda liegt im Kiefernwald von Valescure. Schöner Swimming-Pool, an das Gelände grenzen zwei Golfplätze.
- **Restaurant La Bouillabaisse,** Place Victor Hugo, Tel. 04.94.95.03.57. Rustikal eingerichtetes Restaurant neben dem Markt Victor Hugo im Stadtzentrum, das längst eine Institution in Saint-Raphaël ist. Auf der Karte stehen nur wenige Spezialitäten, darunter Langusten, Paëlla und natürlich die namensgebende Bouillabaisse. Das Vergnügen ist nicht billig, aber reichlich und seinen Preis wirklich wert. Im Sommer speist man auf der Terrasse unter einer alten Platane.
- **Restaurant L'Arbousier,** 6, Avenue de Valescure, Tel. 04.94.95.25.00. Angesehenes Haus im Stadtzentrum, elegant eingerichtet. Die feine Küche von Philippe Trancy mischt französische mit mediterranen Elementen, z.B. gibt es Lasagne von Langustinen. Mittleres bis gehobenes Preisniveau.
- **La Table du Boucher,** Part de Santa Lucia, Tel. 04.94.95.96.11. In Meeresnähe, wo vor allem Fisch gegessen wird, hat sich dieses Restaurant auf etwas ganz anderes – sehr erfolgreich – spezialisiert: auf Fleischgerichte. Das Preis-Leistungs-Verhältnis stimmt auch.

Aktivitäten

- **Les Bateaux T.M.R.,** Tel. 04.94.95.17.46, www.tmr-saintraphael.com. Von Februar bis April regelmäßige Bootstouren nach Saint-Tropez/Port Grimaud, zu den Calanques des Estérel-Gebirges und zu den Lérins-Inseln vor Cannes. Abfahrt am alten Hafen.
- **Club Nautique de Saint-Raphaël,** Base Nautique de Santa Lucia, Boulevard de Gaulle, Tel. 04.94.95.11.66, Segelclub.
- **Europlongée,** Port de Boulouris, Tel. 04.94.19.03.26, www.europlongee83.fr.st, Tauchschule.

Märkte

- **Wochenmarkt,** jeden Morgen auf der Place Victor Hugo und der Place de la République.
- **Fischmarkt,** jeden Morgen am alten Hafen.
- **Trödelmarkt,** dienstags auf der Place Coullet.
- **Sommermarkt,** jeden Abend im Juli und August bieten Kunsthandwerker auf der Place Coullet ihre Waren an.

Feste und Veranstaltungen

- **Viva Mimosa,** Fest rund um die Mimose Anfang Februar mit Korso (Umzug).
- **Fête de la Saint-Pierre,** Fest der Fischer mit Prozession und Messe an einem Wochenende im August.

Verkehrsverbindungen

- **Bus:** Verbindungen nach Saint-Tropez: Busgesellschaft *Sodetrav,* Tel. 04.94.95.24.82. Verbindungen nach Nizza, Aix-en-Provence, Marseille und Avignon: *Cars Phocéens,* Tel. 04.93.85.66.61. Verbindungen nach Cannes: *Société Beltrame,* Tel. 04.94.95.95.16, www.ste-varoise-d-autocars.fr.
- **Bahn:** Saint-Raphaël hat einen TGV-Bahnhof, Tel. 08.92.35.36.35. Die Verbindung nach Paris dauert 4 Std. 40 Min. Der Regionalexpress Saint-Raphaël – Cannes hält an folgenden Stationen: Boulouris, Le Dramont, Agay, Anthéor, Cap Roux, Le Trayas, Théoule-sur-Mer. Informationen unter www.ter-sncf.com/paca.

An der Küste des Estérel-Gebirges

Entlang der Corniche d'Or nach Cannes

Boulouris

Fährt man vom Zentrum Saint-Raphaëls Richtung Cannes die Küstenstraße entlang, erreicht man zunächst Boulouris, dessen Name tatsächlich auf das Boules-Spiel zurückgeht. Es ist ein beliebtes Wohnviertel mit neun (!) kleinen Stränden sowie einem Hafen, der Platz für etwas mehr als fünfzig Boote bietet.

Unterkunft/ Essen und Trinken

- **Hotel-Restaurant La Poutinière** ***/€€€-€€€€, 169, Avenue de la Gare, Tel. 04.94.19.81.71, Fax 04.94.19.81.72, www.la-poutiniere.com. Hübsches Logis-de-France-Hotel mit 30 Zimmern und freundlicher Atmosphäre. Das Haus bietet zwei Schwimmbäder, liegt aber auch nicht weit vom Meer. Im angeschlossenen Restaurant kann man eine gehobene französische Küche mit provenzalischen Akzenten genießen. Mittleres Preisniveau.
- **Le Thimothée** **/€€-€€€, 375, Boulevard Lafon, Tel. 04.94.40.49.49, Fax 04.94.19.41.92, www.thimothee.com. Charmante Villa in einem reinen Wohnviertel mit 12 Zimmern, Swimming-Pool und einem schönen Garten. Auch kleine Ferienwohnungen werden wochenweise vermietet.

Märkte

- **Wochenmarkt**, montagmorgens.

Le Dramont

Die Bucht von Le Dramont, dem nächsten Ort, wird von einem eigenartigen

Cannes, Estérel und Hinterland

041co Foto: im

Turm bewacht, der sich auf einem winzigen Inselchen, der Ile d'Or, erhebt. Legenden ranken sich um den Erbauer des Turms, von denen eine besagt, ein Arzt habe ihn seinerzeit für seine leprakranke Frau errichtet, damit sie niemanden anstecke. Ein grausames, aber „goldenes" Gefängnis ... Eine andere Geschichte handelt ebenfalls von einem Arzt: Der Pariser Docteur Lutaud soll sich – als Besitzer der Insel – 1913 zum König des Eilandes proklamiert haben. Ein Scherz?!

Wie dem auch sei, als historisch gesichert gilt, dass der Strand von Dramont im Zweiten Weltkrieg einer der wichtigsten Landungspunkte der Alliierten war. Am 15. August 1944 landeten dort 20.000 GIs der 36. Division von Texas.

Gleich nebenan liegt der malerische kleine Hafen von **Poussaï,** erreichbar über den Boulevard du Sémaphore. Dort gibt es ein paar hauptberufliche Fischer, deren Fang in der Hafen-Bar *Au Mirage Bleu* angeboten wird (dass es sowas noch gibt!).

Märkte

- **Trödelmarkt,** sonntags bei der Plage du Débarquement in Le Dramont.

Agay

Agay erreicht man sowohl über die Küstenstraße als auch von Valescure aus, einem nördlichen Stadtviertel von Saint-Raphaël. Dies ist auch die Strecke, über die man ins Estérel-Gebirge gelangt. Agay erstreckt sich entlang einer **großen Bucht mit Sandstrand,** wo zurzeit unter dem Namen *Ecoplage* ein Pilotprojekt gegen die Erosion durchgeführt wird. Schon griechische Seefahrer wussten die Bucht und den Hafen zu schätzen; Agay bedeutet „günstig gelegen" *(favorable)* auf Griechisch.

Agay hat den ausgedehntesten Sandstrand der Gegend, er zieht sich über die gesamte Bucht, daneben gibt es eine **Uferpromenade** – ohne schlimmere Bausünden übrigens.

Information

Zuständig für alle Ortsteile ist das Fremdenverkehrsamt von Saint-Raphaël. Zusätzlich gibt es ein kleines in Agay:

- **Office de Tourisme,** Place Giannetti, 83530 Agay, Tel. 04.94.82.01.85, Fax. 04.94.82.74.20, www.agay.fr.

Unterkunft/ Essen und Trinken

- **Le Relais d'Agay** **/€€-€€€, Boulevard de la Plage, Tel. 04.94.82.78.20, Fax 04.94.82.78.33, www.relaisdagay.com. Familiäres Haus *(Logis de France)* mit 33 klimatisierten Zimmern (2–4 Personen), viele davon mit Balkon und Meerblick. Das angeschlossene Restaurant *Coté Jardin* ist in der Gegend gut angesehen und bietet französische Gerichte zu mittleren Preisen.
- **Ferienresidenz Cap Estérel,** 83530 Agay, Tel. 04.94.82.50.00, www.capesterel.com. Diese Anlage der französischen Kette *Pierre & Vacances* nimmt fast das gesamte Cap Estérel ein. Auf der einen Seite das Meer, auf der anderen das Gebirge, ist die Lage einfach fantastisch. Auch die Residenz selbst, konzipiert wie ein eigenständiges Dorf und autofrei, enttäuscht nicht: Man kann hier Ferienwohnungen verschiedener Größe mieten oder im Drei-Sterne-Hotel (64 Zimmer) absteigen. Obwohl sich die Kapazität von 1200 Appartements zunächst einmal erschreckend anhört, ist die Residenz zu empfehlen, weil

das Gelände weitläufig und das Konzept – ganz auf Erholung ausgerichtet – einfach gut ist. Im Preis inbegriffen sind die Benutzung von 5 Swimming-Pools, Sport- und Animationsprogramme sowie Kinderbetreuung. Zu den Extras zählen: ein Neun-Loch-Golfplatz, ein Beauty- und Fitness-Spa, mehrere Tennisplätze sowie Ausflugsangebote, Malkurse und Reiten. Alle wichtigen Geschäfte sowie mehrere Restaurants sind vor Ort. Wem's gefällt, der braucht das *Village* während seines ganzen Aufenthalts nicht zu verlassen, denn mit einem nachgebauten Campanile, einem Dorfplatz und einem Markt jeden Mittwoch hat man sogar versucht, etwas provenzalisches Flair in das Feriendorf zu zaubern ...

Camping

Im Raum Saint-Raphaël gibt es mehr als ein Dutzend Campingplätze unterschiedlichen Charakters. Hier sei einer empfohlen, von dem aus sowohl das Gebirge als auch das Meer gut zu erreichen ist und dem es nicht an Komfort mangelt:

- **Estérel Caravaning** ****, Avenue de Golfs, Tel. 04.94.82.03.28, Fax 04.94.82.87.37, www.esterel-caravaning.fr. Großer, schattiger Platz am Rand des Estérel-Gebirges, drei Kilometer vom Sandstrand von Agay entfernt. Gesamtkapazität: 250 Stellplätze, zusätzlich Vermietung von rund 250 Mobilhomes. Es gibt 5 Swimming-Pools, Kinderbecken und ein Animations-Programm. Geöffnet ist die Anlage von Mitte März bis September.

Märkte

- **Wochenmarkt,** mittwochmorgens.
- **Trödelmarkt,** jeden ersten Freitag im Monat.
- **Sommermarkt,** jeden Abend im Juli und August bieten Kunsthandwerker in Agay ihre Waren an.

Östlich von Agay

Weiter auf der „goldenen Corniche" Richtung Cannes folgen **Anthéor** und **Le Trayas.** Dieser Abschnitt der Küste ist wenig bzw. zum Teil gar nicht bebaut (Staatseigentum), und es wechseln sich Felsbuchten, die so genannten *Calanques,* mit Sandstränden ab. Diese Strecke, die schöne Blicke auf das Estérel-Gebirge freigibt, ist besonders beliebt bei **Rennrad-Fahrern.** Dem Felsen abgerungen, wurde die gesamte Corniche d'Or im Jahr 1903 durch den *Touring Club de France* eingeweiht.

Wer **schöne Ausblicke** liebt, dem sei die **Pointe de l'Observatoire** empfohlen. Sie liegt zwischen Anthéor und Le Trayas. Von dort hat man eine herrliche Aussicht über die beiden Landspitzen **Pointe du Cap Roux** und **Pointe de l'Esquillon.** Auch letztere ist ein Aussichtspunkt und liegt bei **Miramar,** welches schon nicht mehr zu Saint-Raphaël gehört. Man sieht von hier bis zum Cap d'Antibes und zu den Lérins-Inseln vor Cannes, das nicht mehr weit entfernt ist.

Strände und Küstenwanderweg

Zwei kleine Strände sind sehr zu empfehlen, einmal der von **Le Dramont** mit Blick auf die kleine Insel Ile d'Or sowie die **Plage du Camp Long,** die zu Agay gehört (der Beschilderung des Restaurants *Le Tiki Plage* folgen). Von hier aus hat man nicht nur einen wunderbaren Blick auf das Estérel-Gebirge, sondern kann auch den – wie Einheimische behaupten – schönsten Abschnitt des Küstenwanderweges beschreiten, der von hier Richtung Le Dramont führt.

Obwohl dieser **Sentier littoral,** der acht Kilometer Küste vom Yachthafen Saint-Raphaëls bis zur Pointe de la Beaumette bei Agay umfasst, von unterschiedlicher Beschaffenheit und an manchen Stellen sogar ein asphaltierter Weg ist, sollte man auf festes Schuhwerk, Getränke und Wegzehrung nicht verzichten. Denn selbst wenn nur ein kleiner Spaziergang geplant war, kann es passieren, dass man aus Neugier doch noch auf einen Felsen hinaufsteigt, um die Aussicht nicht zu verpassen. Der Weg ist durch gelbe Striche markiert. Eine Rückkehr ins Zentrum von Saint-Raphaël mit dem Bus der Linie 8, der die Küste entlangfährt, ist möglich.

Das Estérel-Gebirge

Das Massif de l'Estérel ist ein relativ kleines Gebirge (32.000 Hektar) vulkanischen Ursprungs, von dem mehr als ein Drittel unter **Naturschutz** steht. Charakteristisch sind seine bizarren Felsformationen und seine **rötliche Farbe,** die je nach Tageszeit und Witterung mal mehr, mal weniger leuchtet. Es gibt aber auch Stellen, wo das Vulkangestein eher gelb, violett oder grau ist. Die höchste Erhebung ist mit 614 Metern der Mont Vinaigre.

Wunderschön ist auch die **Küste des Estérel,** weil sich das Lava-Gestein ständig mit kleinen und größeren Sandbuchten abwechselt. Nicht umsonst heißt die Küstenstraße zwischen Saint-Raphaël und Cannes **Corniche d'Or,** goldene Corniche (s.o.).

Schwer zugänglich und unbewohnt, außerdem ungeeignet für die Landwirtschaft, ist das Massiv ein **Eldorado für Wanderer und Mountainbiker.** Mit dem Auto kann es nur über eine Straße zwischen Agay und Valescure befahren werden.

Das Estérel-Gebirge wird von der Nationalen Forstbehörde (*Office National des Forêts*) verwaltet, die den Schutz der fragilen Natur überwacht. Besonders bedroht ist das Estérel seit jeher durch **Waldbrände.**

Im Gegensatz zum benachbarten Mauren-Massiv besteht das Estérel-Massiv aus erdgeschichtlich sehr altem **Vulkangestein.** Es entstand vor etwa 300 Millionen Jahren, als ein ursprünglicher Sockel aus Granit und Gneis aus dem Urmeer heraustrat. Dabei bildeten sich Bruchspalten und Magma trat aus dem Erdinneren aus. Dies gibt den Porphyren des Estérel ihre charakteristische rote Farbe. Die **bizarren Formen** entstanden durch das plötzliche Erstarren der Magma.

Die natürliche Vegetation des Estérel war lange eine Bewaldung mit Eichen. Dieser Bestand wurde durch Abholzung für die französische Marine (18. und 19. Jh.) und durch zahlreiche Brände weitgehend zerstört. Seit 1828 wurden mehr als 120 Brände gezählt. Vom Brand 1964 war das ganze Gebirge betroffen; der von 1987 zerstörte 2200 Hektar Vegetation.

Weite Gebiete des Estérel bedecken daher typische **Macchia-Pflanzen:** Büsche, Heidekraut, Zistrosen, Stechginster und Lavendel. Beim Baumbestand dominieren **Korkeichen** (18 %)

042co Foto: im

Extrem wichtig ist auch die **Vermeidung jeglichen Feuers,** inklusive Zigaretten, weil die Waldbrandgefahr das ganze Jahr über groß ist.

Bei starkem **Mistral-Wind** ist das Betreten des Gebirges komplett untersagt. Dazu die Telefon-Hotline: 04.98. 10.55.41.

Autos und Motorräder dürfen im Gebirge nie zwischen 21 Uhr abends und 6 Uhr morgens fahren. **Hunde** müssen an der Leine geführt werden. **Zelten** in freier Natur ist im Gebirge nicht erlaubt.

Die **Jagdsaison** ist von September bis Januar. In dieser Zeit sollte man sich beim Office de Tourisme in Saint-Raphaël oder Fréjus erkundigen, wann Jäger unterwegs sind.

und **Strandkiefern** (12 %). Aber es gibt auch Aleppokiefern, Schirmkiefern, Libanonzedern, Kastanien, Pistazienbäume und wilde Olivenbäume. Schön für den Betrachter, der das Bergmassiv im Januar besucht, sind die **Mimosen.** Sie blühen zu dieser Zeit und es gibt sie in 50 verschiedenen Sorten! Im Estérel leben heute zahlreiche **Wildtierarten,** darunter Hirsche und Rehe, Wildschweine, Füchse, Kaninchen, Hasen und sogar Fasane.

Naturschutz und Verhaltensregeln

Spaziergänger, Wanderer und Radfahrer sind angehalten, die Waldwege bzw. **markierten Routen nicht zu verlassen.** Es ist streng verboten, Pflanzen mitzunehmen (selbst wenn man sie abschneidet, anstatt sie abzureißen).

Touren im Gebirge

Man kann das Gebirge entweder zu Fuß (90 km Wanderwege), mit dem Mountainbike (Streckennetz 100 km) oder auf dem Rücken von Pferden (100 km Wege) erkunden. Mit motorisierten Fahrzeugen ist das Estérel nur über die Straße zwischen Agay und Valescure und wenigen Stichstraßen befahrbar.

Zum Pic de l'Ours

Von Agay aus schlägt man zunächst die Straße nach Valescure ein. Nach ein paar Minuten führt rechts die Straße hinein ins Gebirge. Man passiert das Forsthaus **Maison forestière du Gratadis** und hält sich danach rechts. Nachdem man die Furt des Flusses

Agay passiert hat, nimmt man an der Kreuzung Mourrefrey links die Straße zum Pic de l'Ours. Auf dem Parkplatz am **Col de Notre-Dame** muss man sein Fahrzeug stehen lassen. In etwa einer Dreiviertelstunde erreicht man den Pic, auf dessen Gipfel (492 m) sich ein Fernsehturm erhebt. Das weite Panorama umfasst das gesamte Estérel-Massiv sowie das benachbarte Mauren-Massiv und reicht an klaren Tagen bis zu den Alpen.

Alternative Wanderung: Man startet am Bahnhof von **Le Trayas** und erreicht in etwa eineinhalb Stunden den Pic de l'Ours.

Zum Lac de L'Ecureil

Man fährt wie bei der vorherigen Tour ins Gebirge hinein, hält sich aber am Forsthaus Gratadis links. Auf dem **Col Belle-Barbe** gibt es einen großen Parkplatz, von wo man den **See von Ecureil** erreicht. Für die Wanderung bis zum **Ravin du Mal Infernet,** einer Schlucht, muss man hin und zurück etwa zwei Stunden rechnen.

Zum Mont Vinaigre

Man fährt mit dem Auto über die N 7 von Fréjus nach Cannes, die an der Kreuzung *Carrefour du Logis-de-Paris* nah am höchsten Berg des Estérel-Gebirges, dem Mont Vinaigre, vorbeiführt. Am Hinweisschild „Forêt domaniale de l'Estérel" links abbiegen und am **Forsthaus Malpey** sich weiter in Richtung Mont Vinaigre halten. Ein Spaziergang bis auf den Gipfel dauert nur eine Viertelstunde. Die Aussicht ist ähnlich wie vom Pic de l'Ours.

Führungen

- Die **Nationale Forstbehörde** bietet das ganze Jahr über Führungen zu verschiedenen Themen an (z.B. „Mediterrane Pflanzen" oder „Schutz vor Waldbränden"). Einzelpersonen wenden sich bitte an die **Offices de Tourisme** von Saint-Raphaël oder Fréjus (Adressen siehe dort). Zuständig für Gruppen ab 15 Personen ist die **Maison Forestière des Trois-Termes** (RN 7), Pont-Saint-Jean, 06210 Mandlieu, Tel. 04.94.44.16.45, bernard.bietta@onf.fr.
- Privatanbieter für Touren ins Estérel (zu Fuß, mit dem Fahrrad, spezielle Kinderausflüge) ist **Sud Concept,** Ferienresidenz *Cap Estérel* in Agay, Tel. 04.94.52.40.40, www.sudconcept.com.

Mountainbikes

- Verleih bei der Ferienresidenz **Cap Estérel** in Agay, Tel. 04.94.82.50.00, www.capesterel.com.

Reiten

- **L'Estérel à Cheval et Poney Club de l'Estérel,** Domaine des Lacs du Dramont, Tel. 06.85.42.51.50, www.3.fers.com.

Das Land von Fayence

Wenn man im Raum Fréjus/Saint-Raphaël Urlaub macht, bieten sich Ausflüge zu den **malerischen Dörfern des Pays de Fayence** nördlich des Estérel-Gebirges an. Es ist benannt nach einer der acht Kommunen, aus denen es besteht, alle wehrhafte, im Mittelalter entstandene Bergdörfer. Sehenswert ist vor allem das kleine **Max-Ernst-Museum in Seillans.** Der Stausee **Lac de Saint-Cassien** lädt zu vielfältigem Wassersport ein.

Fayence

Man erreicht Fayence von Fréjus aus entweder über die malerische D 4 über Bagnols-en-Forêt oder man fährt ein Stück Autobahn (Ausfahrt 39) und am See Saint-Cassien vorbei. Fayence liegt am Fuße der **Montagne de Malay** mit seinem höchsten Berg Signal de Lachens (1714 m). Ein Teil dieses Gebietes wird eingenommen vom militärischen Sperrgebiet von Canjuers. Die berühmten Schluchten des Verdon sind von hier nicht mehr weit.

Fayence selbst ist ein gemütlicher provenzalischer Ort mit malerischen Gassen und alten Stadttoren. Die **Kirche** wurde Mitte des 18. Jh. erbaut und hat einen barocken Altar (1757). Vom Oberdorf aus hat man einen guten Überblick über das **Segelfluggelände,** für das Fayence bekannt ist. Auch an der Stelle der ehemaligen Burg gibt es einen Aussichtspunkt: Man blickt von hier nach Norden bis zu den Voralpen von Castellane.

Umgebung von Fayence

Über die D 563 erreicht man die romanische Kapelle **Notre-Dame-des-Cyprès** (12. Jh.), von wo aus man einen guten Blick auf Fayence und das Nachbardorf **Tourrettes** hat.

Der nächste Ort im Osten heißt **Callian,** dessen Straßen und Gassen sich wie eine Spirale zur mittelalterlichen Burg hinaufwinden, deren Türme noch aus dem 12. und 13. Jh. stammen.

Im Nachbardorf **Montauroux** besaß der berühmte Modefürst Christian Dior zu seinen Lebzeiten ein Schloss. Außerdem finanzierte er die Restauration der romanischen Kapelle Saint-Barthélemy.

15 Kilometer nördlich von Fayence liegt **Mons** in über 800 Metern Höhe, von wo aus man einen grandiosen Panoramablick hat.

Der Ort **Tanneron** liegt am östlichen Rand des Pays de Fayence und erhebt sich oberhalb des **Lac de Saint-Cassien.** Dieser Stausee fasst 60 Millionen Kubikmeter Wasser; man kann hier segeln und Tretboot fahren. In den Wäldern des **Tanneron-Bergmassivs** wird bis heute viel gejagt. Es ist eine Verlängerung des Estérel-Massivs nach Norden und von diesem durch eine Senke getrennt.

Information

- **Office de Tourisme,** Place Léon Roux, 83440 Fayence, Tel. 04.94.76.20.08, Fax 04.94.39.15.96, fayence@wanadoo.fr.

Unterkunft/ Essen und Trinken

- **Zentrale Reservierungsstelle für Unterkünfte:** *Terre et Mer,* Saint-Raphaël / Pays de Fayence Réservation, Tel. 04.94.19.10.60, Fax 04.94.19.10.67, reservation@saint-raphael.com.
- **Moulin de la Camandoule** ***/€€€, Chemin Notre-Dame-des-Cyprès, Fayence, Tel. 04.94.76.00.84, Fax 04.94.76.10.40, www.camandoule.com. Außerhalb des Dorfes Richtung Seillans gelegen, ist dieses Hotel untergebracht in einer stillgelegten Mühle. Die 11 Zimmer sind im Landhausstil eingerichtet und teilweise mit schönen alten Möbeln ausgestattet. Es gibt einen Swimming-Pool, einen großen Park sowie ein sehr gutes Restaurant.
- **Auberge des Mourgues** **/€€, 17, Chemin des Mourgues, Callian, Tel. 04.94.76.53.99,

Fax 04.94.39.11.32, www.aubergedesmourgues.com. Einfacher, schöner Landgasthof mit Garten und Swimming-Pool, im Restaurant regionale Küche und Fischgerichte.

Einkaufen

● **Complexe Artisanale,** regionale Produkte und Kunsthandwerk wie Töpferwaren, provenzalische Stoffe und Schüsseln aus Olivenbaumholz. Der Komplex liegt von Montauroux auf der D 562 Richtung Draguignan.

Seillans

Das Dorf (1600 Einwohner) gehört zu der Gruppe von Dörfern, die offiziell als die schönsten Frankreichs klassifiziert worden sind. Seillans ist ein von einer Burg (11.–13. Jh., Privatbesitz) bekröntes *village perché*, ein Dorf also, das sich um einen Hügel drängt. Im Mittelalter, als Küste und Hinterland von den Mauren heimgesucht wurden, war solch eine Verteidigungsanlage nützlich und nötig. Schon 500 Jahre v. Chr. siedelte ein kelto-ligurischer Stamm auf den spitzen Bergvorsprüngen. Sie hießen „Sallyens", worauf der Name des Dorfes zurückgeht.

Seit 1883 wird in der Fabrik von Seillans **Parfum** hergestellt, damals gegründet von der Vicomtesse Savigny de Montcorps. Die heutige Parfümerie *Danisco* exportiert ihre duftenden Produkte in alle Welt. Rohstoffe wie Lavendel, Rosen, Jasmin und Mimosen kommen aus der Region, andere werden aus Marokko, der Türkei oder Indonesien importiert. Die Fabrik ist einer der wichtigsten Arbeitgeber im Haut-Var.

Kirche Saint-Léger

Das heutige Gebäude stammt im Wesentlichen von 1477, aber sie enthält auch Teile des Vorgängerbaus aus dem 11. Jh., zum Beispiel die halbrunde Apsis. Im Innern befinden sich ein Weihwasserbecken aus dem 15. Jh., ein Triptychon aus dem 16. Jh. sowie zwei schöne Flügelaltäre aus dem 17. Jh.

Museum Max Ernst

Stellt man sein Auto auf dem großen Parkplatz im Oberdorf ab, wird man gleich von einer **Skulptur** des Künstlers begrüßt. Sie heißt „Le Génie de la Bastille" und erinnert mit diesem Titel an die Revolution von 1830. Das Erscheinungsbild der Skulptur ist inspiriert von den Totempfählen der Indianer, denen Ernst in Arizona begegnet war.

Das Museum selbst besitzt eine Sammlung von **über 70 Litographien** des Künstlers und seiner vierten Frau Dorothea Tanning, ein Geschenk an das Dorf, in dem die beiden ab 1964 zeitweise lebten. Max Ernst, 1891 in Brühl bei Köln geboren, gehörte zu den **Rheinischen Expressionisten** und gründete 1922 die Kölner Dada-Gruppe mit. Im selben Jahr ging er nach Paris und wurde zu einem der wichtigsten Mitglieder der **surrealistischen Bewegung** um André Breton. 1937 diffamierten ihn die Nationalsozialisten mit zwei seiner Bilder in der Schau „Entartete Kunst".

Während des Zweiten Weltkrieges wurde Max Ernst, obwohl er lange in Frankreich lebte, mehrfach als feindlicher „Angehöriger des Deutschen Reiches" interniert. 1941 emigrierte er über Spanien und Lissabon in die USA, wo er die Künstlerin Dorothea Tanning heiratete. 1953 kehrte er mit ihr nach Frankreich zurück. 1976 starb der Künstler, knapp 85-jährig, in Paris. Seine Heimatstadt Brühl ehrt ihn erst seit 2005 mit einem Museum.

- **Collection Max Ernst/Donation Tanning,** Tel. 04.94.50.45.54, geöffnet nach Anfrage beim Office de Tourisme, Eintritt 2 €, für Kinder unter 15 Jahren frei.

Kapelle Notre-Dame-de-l'Ormeau

Über die D 19 Richtung Fayence, zwei Kilometer vom Dorf entfernt, erreicht man die unter Denkmalschutz stehende Kapelle. An ihrer Stelle stand bereits früher eine romanische Kapelle, errichtet als Mittelpunkt des alten Friedhofs. Sie wurde während der Sarazeneneinfälle im 10. Jh. zerstört und nach 1150 in ihrer heutigen Form wieder aufgebaut. Die Vorhalle wurde, nicht ganz stilecht, in späterer Zeit hinzugefügt.

Im Innern birgt sie einen außergewöhnlichen Altar, der als eines der schönsten sakralen Werke der Provence gilt. Er soll von einem abtrünnigen italienischen Mönch stammen, der im Jahre 1539 Zuflucht beim Herrn von Seillans suchte. Aus Holz geschnitzt und kunstvoll bemalt, gilt er als Meisterwerk der Renaissance-Kunst.

Der Altar besteht aus einem Kapitell, welches von vier Säulen getragen wird. Zwischen diesen sind Szenen aus dem Alten Testament dargestellt, so die Geschichte von Josef in Ägypten. Unterhalb sieht man Szenen aus dem Leben der Jungfrau Maria, ganz oben ist Marias Himmelfahrt zu sehen.

- **Notre-Dame-de-l'Ormeau,** eine Besichtigung ist nur im Rahmen von Führungen möglich, die das Office de Tourisme organisiert. Sie finden statt von Mitte Mai bis Mitte September jeden Dienstag und Donnerstag um 11 Uhr, Treffpunkt an der Kapelle. Wer möchte, kann vorher an einer Führung durch das Dorf teilnehmen, Treffpunkt 10 Uhr am Office de Tourisme. Außerhalb der Saison beschränken sich die Führungen auf den Donnerstag. Kosten 2 €.

Information

- **Office de Tourisme,** Tel. 04.94.76.85.91, www.seillans-var.com.

Unterkunft/ Essen und Trinken

- **Les Deux Rocs** ***/€€€, Place Font d'Amont, Tel. 04.94.76.87.32, Fax 04.94.76.88.68, www.hoteldeuxrocs.com. In diesem alten Haus oben im Dorf ist ein gemütliches Hotel mit 14 Zimmern untergebracht. Das angeschlossene Restaurant bietet provenzalische Küche mittlerer Preislage und im Sommer eine schattige Terrasse.
- **Tilleul-Citron,** Grand-Rue, Tel. 04.94.50.47.64. Kein richtiges Restaurant und auch nur bis 18 Uhr geöffnet, bietet dieses winzig kleine Bistro Tartes, Salate, selbstgebackene Kuchen etc. für den kleinen Hunger zwischendurch an.

Märkte

- **Antiquitäten- und Trödelmarkt,** im Juli und August in den Gassen des alten Dorfes.
- **Töpfermarkt,** am 15. August auf der Place de la République.

Feste und Veranstaltungen

- **Blumenfest,** alle zwei Jahre an Pfingsten.
- **Olivenfest,** am letzten Sonntag im November.

044co Foto: im

Saint-Tropez und das Mauren-Gebirge

058co Foto: im

055co Foto: im

Plage de Pampelonne bei Saint-Tropez

Kartäuserkloster Chartreuse de la Verne

Im Mauren-Gebirge wird Wein angebaut

Überblick

Saint-Tropez und das Mauren-Gebirge in einem Kapitel unterzubringen fällt nicht leicht, unterscheiden sie sich doch charakterlich ganz erheblich. Die Küstenstadt **Saint-Tropez,** modern, mondän und dekadent, scheint einer anderen Welt anzugehören als die verschlafenen Dörfer oberhalb in den Wäldern des Massif des Maures. Andererseits gehören sie untrennbar zusammen, geographisch wie historisch-kulturell. Diese Gegensätze sind es, die den besonderen Reiz dieses Landstrichs ausmachen.

Das stärkste Spannungsverhältnis erlebt der Reisende, wenn er sich vom schicken und überfüllten tropezianischen Hafen in die Berge aufmacht zur Chartreuse de la Verne, einem **Kartäuserkloster,** das einsamer nicht liegen könnte. Mitten in der Wildnis leben einige Frauen, restaurieren mit Hilfe Wohlgesonnener eine halb verfallene Klosterruine und verbringen, als Bräute Christi, die meiste Zeit mit Beten. Was sie mit den Vergnügungssüchtigen im nur 30 Kilometer entfernten Saint-Tropez verbinden könnte? Eigentlich nichts, nur dass diese wie jene aus aller Herren Länder stammen.

Saint-Tropez ist ohnehin nur das geworden, was es ist, ein **Magnet für die internationale Schickeria,** weil sein Umland so schön ist. Das ehemalige Fischerdorf allein hat trotz aller Anstrengungen des Stadtmarketings an echten Sehenswürdigkeiten nicht viel zu bieten: Es gibt eine Zitadelle und ein sehr schönes Kunstmuseum, untergebracht in einer Kapelle. Ansonsten kann man seine Zeit natürlich mit Shopping und dem sprichwörtlichen „Sehen-und-Gesehenwerden" verbringen, doch nicht jeder hält dieses *Dolcefarniente* für längere Zeit aus, ganz abgesehen davon, dass das „süße Nichtstun" hier verdammt teuer ist.

Tatsächlich sind viele Besucher von Saint-Tropez Tagestouristen, die sich in den Nachbarorten eingemietet haben. Besonders reizvoll ist es, wenn man sein Lager auf der **Halbinsel von Saint-Tropez** aufschlagen kann, mit ihrem berühmten Strand von Pampelonne, den alten Dörfern Gassin und Ramatuelle und malerischen Weingütern.

Was die übrigen **Seebäder** der Gegend angeht, so ist für jeden Geschmack und Geldbeutel etwas dabei: Das Angebot reicht von den Familienurlaubsorten Sainte-Maxime und Le Lavandou über die Lagunenstadt Port-Grimaud bis hin zum eher ursprünglichen Le Rayol-Canadel.

In diesem kleinen Örtchen erwartet den Besucher ein besonderes Juwel: Die **Domaine du Rayol,** ein wundervoller Park mit Pflanzen aus aller Welt, die möglichst naturbelassen und ungestört von unkrautjätenden Gärtnern gedeihen. Eine Tour von hier über den Col du Canadel hinauf in die Mauren-Berge sollte man sich nicht entgehen lassen.

Neben der Chartreuse de la Verne ist **Collobrières** ein beliebtes Ausflugsziel, vor allem für Liebhaber von Kastanienpüree und deftigen Wildschweingerichten. Zurück in Saint-Trop' (wie es Eingeweihte nennen) kann man dann ja wieder auf leichte Thai-Küche oder Sushi umsteigen ...

Information

- **Maison du Tourisme du Golfe de Saint-Tropez et du Pays des Maures,** Carrefour de la Foux, 83580 Gassin, Tel. 04.94.55.22.00, Fax 04.94.55.22.01, www.st-tropez-lesmaures.com, www.golfe-saint-tropez-reservation.com (Reservierungen). Zentrale Informations- und Reservierungsstelle für die Halbinsel und das Mauren-Gebirge, gelegen zwischen Saint-Tropez und Cogolin an der Kreuzung der N 98 mit der D 559, genannt „La Foux".

Saint-Tropez

Ein berühmter deutscher Satiriker schrieb 1925 über die Hafenstadt in sein Tagebuch: „Bei aller Liebe – aber dann schon lieber Neuruppin ... Die Laternen brennen trübe. Am Hafen liegt ein Gewirr von Tauen und Segelleinwand, überall drücken sich Männer herum, es ist schmutzig und dürftig." Es war Kurt Tucholsky, der diese enttäuschten Zeilen verfasste und sich wohl kaum vorstellen konnte, welche Entwicklung dieses Nest einmal nehmen würde. Wie hätte er auch voraussehen können, dass das sich vom Zweiten Weltkrieg erholende Frankreich eine Brigitte Bardot hervorbringen würde und mit ihr eine ganze Generation Vergnügungssüchtiger, die sich am liebsten unzüchtig bekleidet an den Stränden des Mittelmeers aalten?

Wie dem auch sei, der Glanz der sich damals in den fünfziger Jahren über Saint-Tropez legte, ist bis heute nicht gewichen. Immer noch kommen die Stars vom Film hierher und verbreiten ein bisschen Glamour, im Hafen liegen die Yachten der Superreichen, etwa die saudischer Prinzen oder US-amerikanischer Industriebosse, und im Strandrestaurant *Club 55* lunchen europäische Adelssprösslinge neben Pariser Ministern und mutmaßlichen Waffenhändlern. Am Eingang stehen die Porsches, Bentleys und Ferraris, zum Teil nur geliehen, aber was soll's.

Abends geht es dann richtig los, da wird die Nacht zum Tag gemacht: Die elitärsten Partys finden nach wie vor in den *Caves du Roy* statt, der Disco des *Byblos,* gleich danach folgen aber schon das *Papagayo* am Hafen und der futuristische *VIP-Room*. Lieblingsgetränk des Jetsets: natürlich Champagner, das ist das Öl, das den Motor Saint-Tropez am Laufen hält. Schon hunderte Male wurde der Ort totgesagt, aber Sommer für Sommer wird er doch wieder das Mekka für die internationale High Society.

Alles Klischees, alles nur ein Spiel? Ja, aber wahr wie alle Klischees und ein Spiel, das mit großem Ernst gespielt wird. Schließlich sind eine Menge Zuschauer da, viel mehr als Akteure: Saint-Tropez empfängt – bei einer Einwohnerzahl von gerade mal 6000 – unglaubliche fünf Millionen Touristen pro Jahr. Jedem sei selbst überlassen, ob er im vollsten Monat August das Städtchen betreten will. Nur soweit die Warnung: Manch einem Enttäuschten werden danach bestimmt weitaus vernichtendere Worte über die Lippen kommen als dem eingangs zitierten Kurt Tucholsky.

Er wird vielleicht mosern: „Außer einem Kunstmuseum und der Zitadelle gibt es nichts zu sehen." Oder: „Da kann man nicht einkaufen: Der Markt ist zu voll und die Boutiquen sind zu teuer!" Schließlich im Winter: „Da ist ja gar nichts los!" Mit Saint-Tropez ist es eben wie mit allen Mythen: Um sie zu erleben, braucht es zu allen Zeiten vor allem – Fantasie!

Geschichte

Wie viele Orte der Provence und Côte d'Azur sah auch die Bucht von Saint-Tropez im Laufe der Geschichte verschiedene Herren kommen und gehen: Zunächst mischten sich die keltischen Eroberer mit den Ligurern, dann gründeten griechische Händler eine Handelsniederlassung und schließlich gehörte die ganze Region zum römischen Großreich.

Von den Griechen *Athenopolis* und von den Römern *Heraklea* genannt, verdankt die Stadt den **heutigen Namen Saint-Tropez** den Mönchen der Abtei Saint-Victor in Marseille. Diese waren im 11. Jh. Eigentümer der Halbinsel sowie aller angrenzenden Ländereien. Im späteren Saint-Tropez errichteten sie eine Kapelle, die sie in Erinnerung an den Märtyrer Torpes *Ecclesia Sancti Torpetis* nannten.

Wann genau die **Legende vom heiligen Torpes** entstand, ist nicht bekannt, in jedem Fall aber gab sie der Entstehung des Ortes ein christliches Fundament: Torpes war ein römischer Offizier, der am Hofe Kaiser Neros Dienst tat. Da Nero bekanntermaßen alle Christen verfolgte, verschonte er auch seinen Verwalter nicht, der partout dieser neuen Sekte angehören wollte. Im Jahr 68 n. Chr. ließ er Torpes zuerst kreuzigen und dann enthaupten. Er schickte den Körper zusammen mit einem Hahn und einem Hund hinaus aufs Meer. Die Winde trugen den kleinen Kahn an den Strand von Saint-Tropez (das damals noch gar nicht so hieß), wo der Leichnam des Märtyrers gefunden und in Verwahrung genommen wurde. Übrig ist allein der Schädel, der heute von Saint-Tropez, Pisa (wo die Barke startete) und Genua geteilt wird ...

Bis zum Ausgang des Mittelalters ist fast nichts über die Geschichte Saint-Tropez' bekannt; sicher ist nur, dass es – wie die übrige Gegend auch – zeitweilig von den **Sarazenen** bzw. Mauren eingenommen war (Genaueres dazu s.u.: „Massif des Maures"). Ein Abkommen von 1470 zwischen dem *Grand Sénéchal* der Provence und einem Edelmann aus Genua namens Garrezio kam einer Neugründung gleich: 60 Familien von dort siedelten sich in dem seit dem 14. Jh. zerstörten Küstenort an und bauten ihn wieder auf (eine Plakette an der Place Garrezio erinnert bis heute an diesen Gründungsakt).

Die Belohnung waren weit reichende Privilegien, die Saint-Tropez zu einer Art **„Republik"** machten: Man verwaltete sich – mit zwei Konsuln an der Spitze – selbst und zahlte keine Steuern an die Obrigkeit. 1672 erst endete diese Abgabenfreiheit. Die 200 glücklichen und militärisch erfolgreichen

Saint-Tropez hat seine Anziehungskraft auf die Schönen und Reichen bis heute nicht verloren

Jahre werden bis heute jedes Jahr im Mai mit den **Bravades de Saint-Tropez** gefeiert: Ein Aufmarsch gilt dem rauschenden Sieg über eine spanische Flotte 1637, eine andere dem Stadtheiligen Torpes.

Trotz der Zurücknahme der Privilegien entwickelte Saint-Tropez sich im 18. Jh. prächtig, weil es sich der Hochseeschifffahrt und dem **Mittelmeerhandel,** vor allem mit muslimischen Ländern, zuwandte, daher auch der Name *Caravane maritime*. Die tropezianischen Schiffe transportierten alle möglichen Waren – Gewürze, Seife, Korallen, Baumwolle –, aber auch alle möglichen Passagiere wie Soldaten, Haremsdamen oder christliche Pilger auf dem Weg nach Jerusalem. Als sich im 19. Jh. die Dampfschiffe durchsetzten, Marseille immer mächtiger wurde und zudem die neu gebaute Eisenbahn nach Fréjus führte, verebbte der Handel der Tropezianer mit dem Vorderen Orient und Nordafrika.

Im Zweiten Weltkrieg wurde Saint-Tropez, besetzt seit 1942 vom **deutschen Militär,** als erste Stadt der Provence **am 15. August 1944 durch die**

Saint-Tropez und seine Maler, Schriftsteller, Stars und Sternchen

Nur wenigen ist bekannt, dass es die Maler des Postimpressionismus waren, die Saint-Tropez gewissermaßen „für die Welt entdeckten". 1892 kam **Paul Signac,** der Begründer des Pointillismus, an Bord seines Schiffes Olympia in die Küstenstadt mit ihrem umtriebigen Hafen. Er entschied sich zu bleiben: „Je ne fais pas escale, je me fixe." Nach und nach folgten ihm eine Reihe experimentierfreudiger Malerkollegen nach, die wie Signac von dem außergewöhnlichen Licht und den Farben des Südens fasziniert waren. Zu dieser Gruppe, nicht unbedeutend für die Kunst der Moderne, zählen Pierre Bonnard, Théo van Rysselberghe, Henri Manguin, Albert Marquet, Charles Camoin und kein Geringerer als **Henri Matisse.** Das örtliche **Musée de l'Annonciade** besitzt eine bedeutende Sammlung aus dieser Epoche.

Bereits ein wenig in Mode kam Saint-Tropez dann in den Zwanziger Jahren: Zu den Gästen zählten unter anderem **Anaïs Nin,** die Tagebuchschriftstellerin und Freundin von Henry Miller, sowie der Filmschauspieler **Errol Flynn.** 1925 ließ sich die Schriftstellerin **Colette** hier nieder und blieb über zehn Jahre. Sie war begeistert von dem „Blau, das anderswo nur in Träumen vorkommt". In ihr provenzalisches Haus am Ende der *Baie des Canebiers* lud sie Schriftstellerkollegen, Künstler und Filmemacher ein, darunter das Multitalent Jean Cocteau.

Nach dem Zweiten Weltkrieg kam die „existentialistische Welle" auch an der Côte d'Azur an. Bedeutende Künstler aus dem Pariser Viertel Saint-Germain-des-Prés verbrachten auf der Halbinsel von Saint-Tropez ihren Sommer: **Jean-Paul Sartre** und **Simone de Beauvoir,** Jacques Prévert, Boris Vian und andere. Auch eine junge Frau war darunter, plötzlich berühmt geworden durch ihren Roman „Bonjour tristesse" (1954): **Françoise Sagan.**

Eine weitere – damals junge und unbekannte – Frau steht jedoch viel mehr noch für den Mythos Saint-Tropez in den fünfziger und sechziger Jahren: **Brigitte Bardot.** 1955 drehte Ehemann Roger Vadim mit ihr den Film „Et Dieu crea la Femme" („Und immer lockt das Weib"), durch den beide den internationalen Durchbruch schafften. Vadim hatte sein Ziel erreicht: Er war jetzt Regisseur und hatte „B.B." als Sexsymbol etabliert. Die Bardot ließ sich in einem Haus am Meer, La Madrague, nieder und setzte ihr Leben und ihre Filmkarriere bald ohne Vadim fort. Bis heute wohnt sie in der Umgebung und feiert jedes Jahr eine große Geburtstagsparty im Club Esquinade in der Altstadt.

Françoise Sagan schrieb viel später, 1984, in ihrer autobiographischen Schrift „Das Lächeln der Vergangenheit" über B.B.'s und Vadims Film, dass er „für unser Unglück sorgte". Sie habe in Saint-Tropez nur ein einziges normales Jahr erlebt: „Jenes Jahr, als Saint-Tropez uns gehörte, jenes Jahr, als wir die einzigen waren, die sein Meer, seinen Strand, seine Einsamkeit und seine Schönheit gebrauchten und missbrauchten ..."

Alliierten befreit. Während die Amerikaner in der Bucht von Pampelonne landeten, verminten die deutschen Besatzer den Hafen und sprengten die Gebäude zum Teil in die Luft. Später originalgetreu wieder aufgebaut, sind diese Zerstörungen heute glücklicherweise kaum noch erkennbar.

Orientierung

„Eine einzige Straße führt nach Saint-Tropez. Um von hier wieder abzureisen, muss man dieselbe nehmen. Aber möchten Sie jemals wieder abreisen?" Was die Schriftstellerin Colette vor dem Zweiten Weltkrieg schrieb, stimmt heute nicht mehr ganz: Erstens ist es im August durchaus möglich, dass man die überfüllte Stadt fluchtartig wieder verlassen möchte, und zweitens gibt es neben der Küstenstraße (D 98A) noch eine zweite Zufahrt über Ramatuelle (D 93), die bei Einheimischen als Schleichweg gilt. Obwohl sie sich im Süden der Halbinsel über den Col de Collebasse windet, kommt es mitunter vor, dass man hier schneller zum Ziel kommt als über die Hauptzufahrt. Diese führt über die Avenue de Gaulle in die Stadt hinein.

Sein Fahrzeug lässt man am besten auf dem großen **Parkplatz** neben dem **Busbahnhof** *(Gare routière)* stehen oder – von Süden kommend – im **Parkhaus** an der Place des Lices. Saint-Tropez kann man bequem zu Fuß erkunden; die Orientierung fällt leicht, weil sich alles um den Hafen herum konzentriert und **Zitadelle und Kirche** weithin zu sehen sind.

Sehenswertes

Rund um den Hafen

Der weltberühmte Hafen von Saint-Tropez ist mit seinen 800 Liegeplätzen einer der größeren Yachthäfen des Mittelmeers. Das Kontingent von einhundert Plätzen für Tagesbesucher wird rege genutzt, weshalb man im Sommer allenthalben neue **Luxusyachten** (und ihre Passagiere) bewundern kann. Neben ihnen liegen die kleineren Schiffe der Sport- und Regattasegler.

Ganz oben am Kai, bei dem Portalet-Turm, anscheinend völlig unbeeindruckt von all der makellos weißen Pracht und dem „Lärm" der knallenden Champagnerkorken um sie herum, findet man noch einige **Fischerkähne** schaukelnd im Wasser vor. Früher einmal gehörte das ganze Altstadtviertel La Ponche den Fischern (nie der Hafen, er war dem Handel vorbehalten!), doch die Landzunge ist heute ein Badestrand, und Seemannsfeste werden nur noch gefeiert, um die Touristen zu unterhalten.

Wenn frühmorgens die letzten Fischer von Saint-Tropez ausrücken, finden sich zur gleichen Zeit hungrige Nachtschwärmer im Bistro *Le Gorille* ein; später öffnet auch das Traditionscafé *Sénéquier* seine Pforten, wo gefrühstückt werden kann.

Über den Hafen wacht der **Bailli de Suffren** (1728–88) bzw. dessen bronzenes Abbild. Dieser Vize-Admiral unter Louis XVI. und Mitglied des Malteserordens schlug viele siegreiche Schlachten gegen die Engländer und war als Seemann weit gereist. Seine Statue, eingeweiht 1866, ist ein Symbol für die glorreiche Vergangenheit Saint-Tropez'. Hinter dem Bailli liegt das **Sube,** das **älteste Hotel** der Stadt, in dem seit dem Ende des 19. Jh. viele Maler und Schriftsteller abstiegen.

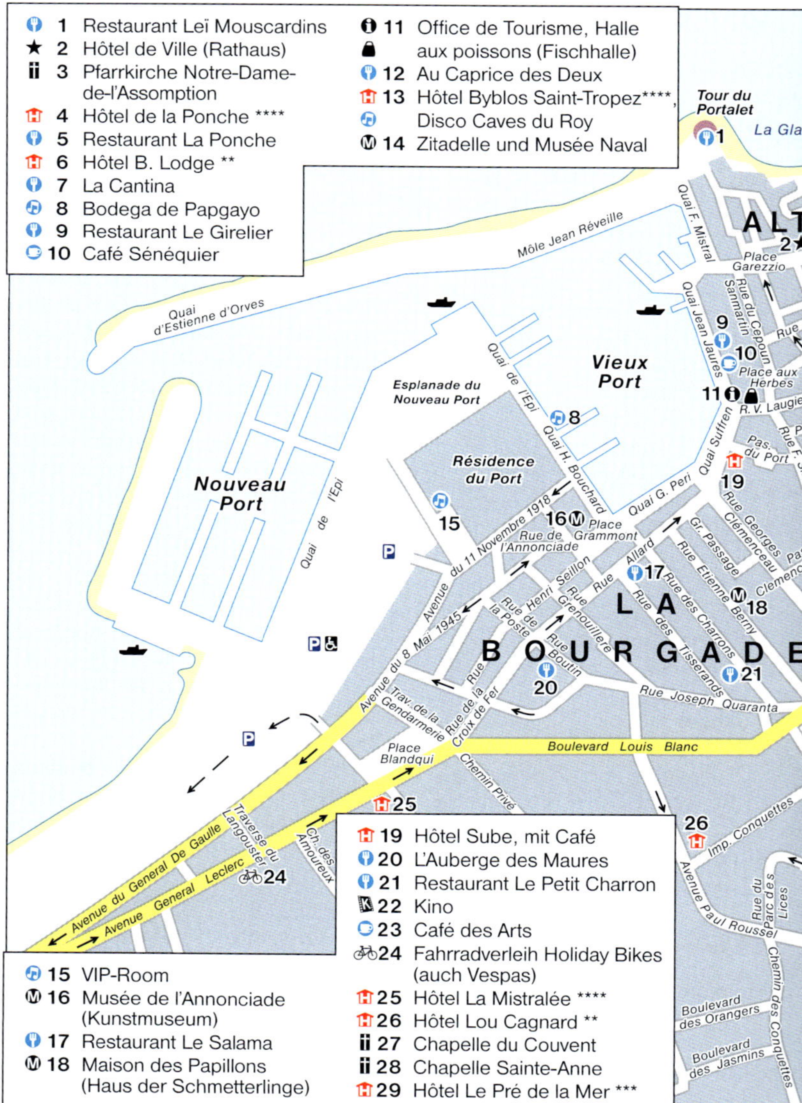
1 Restaurant Leï Mouscardins
2 Hôtel de Ville (Rathaus)
3 Pfarrkirche Notre-Dame-de-l'Assomption
4 Hôtel de la Ponche ****
5 Restaurant La Ponche
6 Hôtel B. Lodge **
7 La Cantina
8 Bodega de Papgayo
9 Restaurant Le Girelier
10 Café Sénéquier
11 Office de Tourisme, Halle aux poissons (Fischhalle)
12 Au Caprice des Deux
13 Hôtel Byblos Saint-Tropez****, Disco Caves du Roy
14 Zitadelle und Musée Naval
15 VIP-Room
16 Musée de l'Annonciade (Kunstmuseum)
17 Restaurant Le Salama
18 Maison des Papillons (Haus der Schmetterlinge)
19 Hôtel Sube, mit Café
20 L'Auberge des Maures
21 Restaurant Le Petit Charron
22 Kino
23 Café des Arts
24 Fahrradverleih Holiday Bikes (auch Vespas)
25 Hôtel La Mistralée ****
26 Hôtel Lou Cagnard **
27 Chapelle du Couvent
28 Chapelle Sainte-Anne
29 Hôtel Le Pré de la Mer ***
Tour du Portalet
Môle Jean Réveille
Quai d'Estienne d'Orves
Quai F. Mistral
Place Garezzio
Rue du Cepoun Sanmartin
Quai Jean Jaurès
Place aux Herbes
R. V. Laugier
Quai Suffren
Pas. du Port
Vieux Port
Esplanade du Nouveau Port
Quai de l'Epi
Quai H. Bouchard
Résidence du Port
Nouveau Port
Avenue du 11 Novembre 1918
Place Grammont
Rue de l'Annonciade
Quai G. Peri
Rue Allard
Rue Henri Seillon
Rue de la Poste
Rue Grenouillère
Rue Boutin
Rue des Tisserands
Rue des Charrons
Rue Etienne Berny
Gr. Passage
Rue Georges Clémenceau
LA BOURGADE
Avenue du 8 Mai 1945
Trav. de la Gendarmerie
Rue de la Croix de Fer
Rue Joseph Quaranta
Place Blanqui
Boulevard Louis Blanc
Chemin Privé
Traverse du Langoustier
Ch. des Amoureux
Avenue du General De Gaulle
Avenue General Leclerc
Imp. Conquettes
Avenue Paul Roussel
Rue du Parc des Lices
Chemin des Conquettes
Boulevard des Orangers
Boulevard des Jasmins

Saint-Tropez
Tour Vieille
Port des Pêcheurs
Plage de la Fontanette
Pointe du Cimetière
Cimetière Marin
Chemin des Graniers
La Citadelle
14
Montée de la Citadelle
Avenue Antoine de Saint-Exupery
Rue Cavaillon
Imp. St. Paul
5
Pl. du Revelen
4
Place H. Person
R. des Remparts
Place des Remparts
6
Rue de l'Aïoli
Place de l'Ormeau
7
Bd. d'Aumale
TADT
Rue de la Citadelle
Place Forbin
12
13
Avenue Paul Signac
R. des Feniers
Portail Neuf
Rue Gambetta
R. Miséricorde
Rue des Bouchonniers
Rue du Petit Bal
Chapelle de la Miséricorde
Rue François Sibilli
23
Montee R. Ringrave
Boulevard Vasserot
Marktplatz
Place des Lices
Trav. des Lices
Av. Augustin Grangeon
Rue de la Resistance
Avenue du Maréchal Foch
22
Rue du Temple
Avenue de la Resistance
Avenue Frederic Mistral
29
Route des Salins
Plage des Graniers
0
100 m
Imp. des Lauriers
Av. de Roses
Av. des Marronniers
Avenue de Provence
Avenue des Lilas
27
Avenue des Lauriers
Avenue des Palmiers
Av. des Mimosas
Avenue François Pelletier
Imp. des Lorettes
Route de la Belle Isnarde
Chemin des Vendanges
28

Saint-Tropez und Mauren-Gebirge

Die Gebäude rund um das Hafenbecken, in warmen Farben getüncht, sind zu einem guten Teil **Rekonstruktionen der alten Fischer- und Händlerhäuser** Genuesischen Stils, der seit dem 15. Jh. in Saint-Tropez vorherrschte. 1944 hatten die deutschen Truppen den Hafen durch Sprengungen gravierend beschädigt, was jedoch nicht verhinderte, dass die Stadt am 15. August von den Alliierten befreit wurde.

Die Untergeschosse der Häuser, die den Fischern früher als Lager dienten, beherbergen heute **Cafés und Restaurants.** Zu den Besonderheiten von Saint-Tropez gehört, dass man seinen Apéritif mit Blick auf den Sonnenuntergang genießen kann. Das liegt daran, dass die Stadt nach Nordwesten ausgerichtet ist, eine sehr seltene Lage an der französischen Mittelmeeküste.

Auf Reste der alten Befestigungen, die auf die Zeit der Gründung durch 60 Genueser Familien zurückgehen, trifft man hier und dort in der Stadt; am Hafen sind davon noch die Wachtürme **Tour Vieille** und **Tour du Portalet** erhalten.

Zitadelle

Seit 1589 thront die Zitadelle über den Häusern der Tropezianer. Über Jahrhunderte hinweg war sie der größte Verteidigungsstützpunkt zwischen Toulon und Antibes. Seit Ende der 1950er Jahre beherbergt ihr Wehrturm das **Musée Naval** genannte Heimatmuseum, das über die Geschichte der Stadt von der Antike bis in unsere Zeit informiert.

Musée Naval, Tel. 04.94.97.59.43. Täglich 10–12.30 und 13.30–17 Uhr, im November geschlossen, Eintritt 4 €, Ermäßigungen.

Friedhof

Unterhalb der Zitadelle liegt der **Cimetière Marin,** ein alter Friedhof mit vielen weißen Grabsteinen, die sich malerisch vom Blau des Meeres abheben. Hier liegen die Mitglieder der Seefahrer- und Kaufmannsfamilien, die Saint-Tropez reich gemacht haben, manche von ihnen stammen direkt von den frühneuzeitlichen Gründern aus Genua ab.

In der Altstadt

Die **Pfarrkirche Notre-Dame-de-L'Assomption** *(Eglise paroissiale),* die die Tropezianer als das eigentliche Wahrzeichen ihrer Stadt ansehen, ist schon von Weitem an ihrem ockerfarbenen Glockenturm zu erkennen, 1634 erbaut. Die Kirche selbst wurde 1769–84 im jesuitischen Stil errichtet. Um sie herum befinden sich die wichtigsten **Kunstgalerien** und **Antiquitätenhändler,** vor allem in der Rue du Commandant Guichard. Beim Rundgang durch die Stadt stößt man auch auf das schöne **Hôtel de Ville** (Rathaus) von 1872 und die **Chapelle de la Miséricorde** aus dem 17. Jh., welche ein prächtiges Portal aus Serpentingestein hat und deren Glockenturm farbige Dachziegel schmücken.

Chapelle Sainte-Anne

Insgesamt wurden seit dem 16. Jh. in Saint-Tropez vierzehn Kapellen gebaut, die berühmteste ist die Chapelle

Sainte-Anne. Sie liegt hoch oben auf dem Mont Péculet als Zeichen der Dankbarkeit, dass die Stadt von der großen Pest im Jahre 1720 verschont blieb. Früher kamen die Seeleute hier hinauf, um den Schutz der heiligen Anna zu erbitten, bevor sie auf ihr Schiff gingen.

Die Kapelle ist nur am 18. Mai (Bravades-Fest), am 26. Juli (Sankt Anna) und am 15. August (Tag der Befreiung 1944) geöffnet. Ein Aufstieg lohnt sich trotzdem wegen des ansprechend schlichten Bauwerks und des **herrlichen Rundblicks** auf Landschaft und Meer. Man erreicht die Kapelle von der Place des Lices aus, indem man immer geradeaus fährt über die Rue du Temple, die Avenue Grangeon und schließlich den Chemin Sainte-Anne.

Auf dem Weg dorthin kommt man an der **Chapelle du Couvent** vorbei, die an der Stelle errichtet wurde, wo die Gebeine des Stadtheiligen Torpes begraben sein sollen.

Musée de l'Annonciade

In einer weiteren schönen Kapelle, erbaut um 1550 von der Gemeinschaft der Weißen Büßer, ist das berühmte **Kunstmuseum** untergebracht. Hier ist auf engstem Raum eine bedeutende Sammlung französischer Malerei vom Ende des 19. Jh. bis etwa 1950 zu sehen, darunter wichtige Werke des Neo-Impressionismus, Pointillismus und Fauvismus. Zu den berühmtesten Künstlern, deren Bilder ausgestellt sind, zählen Matisse, Signac, Seurat, Dufy und Braque.

- **Musée de l'Annonciade,** Place Georges Grammont, Tel. 04.94.97.04.01. Täglich außer dienstags von Juni bis September 10–12 und 15–19 Uhr, von Oktober bis Mai 10–12 und 14–18 Uhr, im November geschlossen. Eintritt 5 €, Ermäßigungen.

Haus der Schmetterlinge

In der Rue Etienne-Berny, ganz in der Nähe des Hafens, hat der Maler Dany Lartigue, Sohn des Fotografen Jacques-Henri Lartigue, sein **Maison des Papillons** in dem alten Haus seiner Familie eingerichtet. Er stellt dort eine außergewöhnliche Sammlung von rund 25.000 Schmetterlingen aus, einige davon sehr seltene Exemplare. Die obere Etage ist heimischen Schmetterlingen gewidmet, aus den Alpen und dem Süden Frankreichs, die Dany Lartigue selbst gesammelt hat; andere Exponate haben ihm Kollegen aus aller Welt geschenkt. Allesamt sind die Schmetterlinge dank des künstlerischen Geschicks Lartigues ansprechend in Szene gesetzt.

- **Maison des Papillons,** Rue Etienne Berny 9, Tel. 04.94.97.63.45. Täglich außer dienstags Mai bis Oktober 10–12 und 15–19 Uhr, November bis April 10–12 und 14–18 Uhr, Eintritt 3 €, Kinder unter 12 Jahren frei.

Strände

In unmittelbarer Stadtnähe gibt es einige Strände in kleinen Buchten, die schöneren liegen aber weiter entfernt auf der Halbinsel. Der sie verbindende **Küstenwanderweg Sentier littoral** beginnt in der Altstadt von Saint-Tropez an der Tour du Portalet und führt um die gesamte Halbinsel herum (siehe unten: „Die Halbinsel von Saint-Tropez").

Plage de la Bouillabaisse

Wer es wegen des Staus nicht bis in die Stadt hinein schafft, kann an diesem Strand am **Ortseingang** Halt machen.

Plage des Graniers

Unterhalb der Zitadelle gelegen und vom ehemaligen Fischerviertel La Ponche aus zu Fuß erreichbar, ist diese hübsche Bucht wegen ihrer Nähe zum Zentrum überfüllt. Mit dem Auto erreicht man sie über die Avenue Paul Signac.

Plage des Canebiers

Der tropezianische Strand schlechthin – nicht zuletzt, weil Brigitte Bardots legendäre Villa *La Madrague* hier liegt, ist die Plage des Canebiers in der gleichnamigen Bucht **östlich der Stadt.** Seinen Namen verdankt er dem Hanf, der bis zum Ende des 19. Jh. an den Rändern angebaut wurde.

Plage de la Moutte und Plage des Salins

Ganz im **Nordosten der Halbinsel** geht es deutlich ruhiger zu als an den anderen Stränden, sicherlich auch darum, weil die Abschnitte relativ naturbelassen sind und es keine Gastronomie gibt.

Plage de Pampelonne

Der berühmteste Strand von Saint-Tropez, der sich fast über die gesamte **Ostseite der Halbinsel** erstreckt, gehört streng genommen gar nicht zu Saint-Tropez, sondern liegt auf dem Gebiet der Nachbargemeinde Ramatuelle (s.u.: „Die Halbinsel von Saint-Tropez").

Praktische Tipps

Information

Office de Tourisme, Quai Jean-Jaurès, 83990 Saint-Tropez, Tel. 04.94.97.45.21, Fax 04.94.97.82.66, www.saint-tropez.st.

Unterkunft

In Saint-Tropez (mit Gassin und Ramatuelle) gibt es rund 70 Hotels, davon 20 Vier-Sterne bzw. Luxus-Hotels und etwa 30 Drei-Sterne-Häuser. Der Zwei-Sterne-Bereich dagegen ist mit ganzen 10 Hotels vertreten.

- **Byblos Saint-Tropez** ****/€€€€€, Avenue Paul Signac, Tel. 04.94.56.68.00, Fax 04.94.56.68.01, www.byblos.com. Unweit der Villa La Hune des Malers Paul Signac, der zusammen mit anderen Künstlern Saint-Tropez einst „entdeckte", wurde dieses Luxushotel in den sechziger Jahren im Stil provenzalischer Fischerdörfer errichtet und ist längst eine Legende. Zum Hotel gehören eine Piano-Bar und die Diskothek **Caves du Roy,** sehr beliebt beim internationalen Jet-Set. Von den knapp einhundert Zimmern sind fast die Hälfte Suiten.
- **Hôtel de la Ponche** ****/€€€€€, 3, Rue des Remparts, Tel. 04.94.97.02.53, Fax 04.94.97.78.61, www.laponche.com. Kleines Luxushotel in den Gassen vor dem Port des Pêcheurs, in dem schon Pablo Picasso, Boris Vian und natürlich Brigitte Bardot verkehrten (letztere logierte hier während der Dreharbeiten zu „Et Dieu créa la femme"). Das Hotel setzt sich aus verschiedenen ehemaligen Fischerkaten zusammen, siehe auch „Restaurants".
- **La Mistralée** ****/€€€€€, 1, Avenue du Général-Leclerc, Tel. 04.98.12.91.12, Fax 04.94.43.48.43, www.hotel-mistralee.com. Traumhafte weiße Villa von 1850, die in ein Luxushotel voller Ideen und Charme umgewandelt

wurde. Die sieben Zimmer sind eine Reise durch verschiedene Stile und haben jeweils ein Motto, z.B. Hemingway, Coco Chanel, Marokko oder China. Mit Restaurant, Sauna, Hammam und Swimming-Pool. Das Hotel liegt zwei Gehminuten vom Hafen und von der Place des Lices entfernt.

● **Le Pré de la Mer** ***/€€€€-€€€€€, Route des Salins, Tel. 04.94.97.12.23, Fax 04.94.97.43.91, www.lepredelamer.com. Dieses außergewöhnliche Haus im selbst erfundenen Stil „mexicano-tropézien" bietet drei Zimmer und neun Appartements mit Mini-Küche an. Die Zimmer sind weiß getüncht, haben Terrakotta-Boden, sind zum Teil mit Antiquitäten eingerichtet und besitzen alle eine eigene Terrasse.

● **Le Mouillage** ***/€€€€, Port du Pilon, westlich des Zentrums, Tel. 04.94.97.53.19, Fax 04.94.97.50.31, www.hotelmouillage.fr. Schönes, rosa getünchtes Anwesen mit Swimming-Pool. Die zwölf Zimmer sind der Dekoration nach eine Reise durch die ganze Welt und heißen Patio, Medina oder Bali. Sie verfügen alle über eine eigene Terrasse. Das Zentrum von Saint-Tropez ist in fünf Gehminuten erreichbar, die Plage de Pampelonne in zehn.

● **Hôtel B. Lodge** **/€€-€€€, Rue de l'Aïoli, Tel. 04.94.97.06.57, Fax 04.94.97.58.72, www.hotel-b-lodge.com. Charmantes, kleines Hotel mit elf provenzalisch eingerichteten Zimmern und einer Suite, einige mit Balkon. Das Haus liegt in einer Altstadtgasse unterhalb der Zitadelle, aber es ist hier – außer während der absoluten Hochsaison – trotzdem ruhig und friedlich.

● **Lou Cagnard** **/€€-€€€, 18, Avenue Paul Roussel, Tel. 04.94.97.04.24, Fax 04.94.97.09.44, www.hotel-lou-cagnard.com. Untergebracht in einem alten Haus zwischen dem Hafen und der Place des Lices, bietet das Hotel 19 klimatisierte Zimmer. Für die Entspannung sorgt ein hübscher, begrünter Innenhof. Wenn man auch nachts seine Ruhe haben möchte, sollte man ein Zimmer buchen, das nicht zur Straße hin liegt.

● **Hotel Le Provençal** ***/€€€€, Chemin de Bonne Aventure, Tel. 04.94.97.00.83, Fax 04.94.97.44.37. Das charmante, kleine Hotel im provenzalischen Stil liegt am Ortsausgang von Saint-Tropez und bietet 19 Zimmer. Es gibt einen Swimming-Pool, aber auch der Strand ist nur wenige hundert Meter entfernt.

Essen und Trinken

● **Leï Mouscardins,** Tour du Portalet, Tel. 04.94.97.29.00, www.leimouscardins.com. Untergebracht in einem der Türme am Hafen, bietet dieses Restaurant einen wunderbaren Blick auf die Yachten und das Meer. Aber auch die marktfrische Küche ist innovativ und überraschend. Kulinarisch eine der ersten Adressen der Gegend. „Location" und

046co Foto: im

Im Sommer wird's eng in der Stadt

Kochkunst haben jedoch ihren Preis, wir sind schließlich in Saint-Trop'!

- **Le Girelier,** Quai Jean-Jaurès, Tel. 04.94. 97.03.87, www.legirelier.com. Das Restaurant mit maritimem Dekor liegt direkt am Hafen und bietet provenzalische Spezialitäten und Fischgerichte in guter Qualität an, z.B. die traditionelle Suppe *Bourride*. Das Preisniveau ist der Lage entsprechend gehoben.
- **Au Caprice des Deux,** 40, Rue du Portail Neuf, Tel. 04.94.97.76.78. Traditionelle und regionale Gerichte, durchaus raffiniert zubereitet. Das kleine, gemütliche Restaurant liegt in einer nicht minder kleinen und gemütlichen Gasse, wie gemacht für einen netten Abend zu zweit. Gehobenes Preisniveau.
- **Le Petit Charron,** 6, Rue des Charrons, Tel. 04.94.97.73.78. Kleines, familiäres Restaurant, wo souverän französische, provenzalische und italienische Einflüsse gemischt werden. Heraus kommen Gerichte wie z.B. getrüffeltes Risotto oder Ravioli *à la bouillabaisse*. Mittleres Preisniveau.
- **L'Auberge des Maures,** 4, Rue du Docteur-Bouttin, Tel. 04.94.97.01.50. Hier genießt man provenzalische Spezialitäten traditioneller und „modernisierter" Art auf einer sehr schönen Terrasse mit weinbewachsener Pergola. Gehobenes Preisniveau.
- **La Ponche,** Place du Revelen, Tel. 04.94. 97.02.53, www.laponche.com. Im Restaurant des gleichnamigen Hotels im wiederum gleichnamigen Viertel kann man relativ preisgünstig leckere Provence-Küche und Fischgerichte genießen.
- **Le Salama,** 1, Rue des Tisserands, Tel. 04. 94.97.59.62, www.restaurant-salama.com. In sehr schönem, schlichtem Orient-Ambiente kann man köstliche Tagine- und Couscous-Gerichte zu „demokratischen" Preisen genießen.
- **La Cantina,** 14, Place des Remparts, Tel. 06.17.92.56.39. Junges, witzig-kitschig eingerichtetes Restaurant, das eine moderne Cross-Over-Küche anbietet (Pasta, asiatische und mexikanische Gerichte). Mittleres Preisniveau.

Cafés:

- **Sénéquier,** das Traditionscafé am Hafen gibt es seit 120 Jahren. Es ist gleichzeitig ein *Salon de Thé,* d.h. es gibt eine hübsche Teeauswahl. Spezialität des Hauses aber ist der *café glacé,* ähnlich dem italienischen Eiskaffee.
- **Café des Arts,** hier kehrt man entweder ein nach einem anstrengenden Marktbesuch auf der Place des Lices oder um nachmittags den Leuten beim Boules-Spiel zuzusehen.
- **Sube:** Das älteste Hotel der Stadt bietet in seiner ersten Etage einen netten Beobachtungsposten für das Spektakel am Hafen.

Nachtleben

Saint-Tropez nennt sich selbst „die Königin der französischen Riviera", und tatsächlich wird in den berühmten Bars und Nachtclubs kräftig gefeiert.

- Der Klassiker **Caves du Roy** ist die Diskothek im Byblos-Hotel mit stolzen Preisen und viel internationaler Prominenz. Besonders angesagt sind zurzeit auch die **Bar du Port** am Hafen, eine Bar mit Live-Musik sowie neuerdings der futuristisch eingerichtete Zappelschuppen **VIP-Room** (Résidence du Nouveau Port, www.vip room.fr). Bei allen dreien achten natürlich Türsteher penibel darauf, dass die Gäste zur internationalen High Society gehören oder zu ihr passen.
- Homosexuelle treffen sich im **Esquinade Club** in der Altstadt (2, rue du Four), wo B.B. alljährlich ihren Geburtstag feiert.

Märkte

- **Provenzalischer Markt,** Dienstag- und Samstagmorgen auf der Place des Lices.
- **Fischmarkt,** Täglich in der *Halle aux Poissons* an der Place aux Herbes.

Feste und Veranstaltungen

- **Bravades de Saint-Tropez,** 16. bis 18. Mai. Das Stadtfest wird mit einer farbenprächtigen Prozession begangen, bei der mit historischen Kostümen ausgestattete „Soldaten", die *Bravades,* durch die Stadt marschieren. Es wird der Sieg über eine spanische Flotte 1637 gefeiert und dem Stadtheiligen Torpes gehuldigt.
- **Polo Masters de Saint-Tropez/Gassin,** Anfang September.

048co Foto: im

049co Foto: im

● **Les Voiles de Saint-Tropez,** Segelyachten-Schau Ende September/Anfang Oktober.

Einkaufen

In dem kleinen Saint-Tropez unterhalten die berühmtesten **Modedesigner** Boutiquen, z.B. Gucci, Prada, Kenzo, und bieten ausgerechnet hier ihre ausgefallensten Modelle an. Auch klassischer **Luxus** kommt nicht zu kurz: Es gibt Boutiquen von Hermès, Dior, Cartier, Rolex usw.

Spezialität der Stadt ist die **Tarte Tropézienne,** ein Biskuitkuchen, der mit Orangenblüten aromatisiert und einer leichten Creme gefüllt wird.

Der Markt auf der Place des Lices gehört zu den buntesten und vielfältigsten der Côte d'Azur

● **Atelier Rondini,** 16, Rue Georges-Clemenceau. Der seit 1927 bestehende Familienbetrieb stellt die so genannten *sandales tropéziennes* her, schöne, handgearbeitete Ledersandalen, zum Teil nach antikem Vorbild.

Aktivitäten

● **Piscine Municipal,** städtisches Schwimmbad, Route des Salins, Tel. 04.94.97.50.91.
● **L'Echo Nautique,** 6, Rue du Clocher, Tel. 04.94.97.73.66, www.echonautique.com. Verleih und Verkauf von Booten und Yachten.
● **Holiday Bikes,** 14 Avenue Général Leclerc, Tel. 04.94.97.09.39. Verleih von Fahrrädern und Vespas.
● **Locazur,** 9 Z.A. Saint-Claude, Route des Plages, Tel. 04.94.97.57.85, www.sttropez.cc. Verleih von Fahrrädern und Vespas.

Verkehrsverbindungen

● **Flughafen:** Aérodrome Saint-Tropez – La Môle, Tel. 04.94.54.76.40. Von Mai bis Okto-

ber täglich Flüge nach Nizza und wöchentlich nach Paris, Lyon, Mailand, Zürich, München und weitere Orte.
•**Bahn:** Die nächsten TGV-Bahnhöfe sind in Saint-Raphaël (ca. 40 km), Draguignan-Les Arcs (ca. 50 km) und Toulon (ca. 120 km); Information und Reservierungen: Tel. 08.36.35. 35.35.
•**Bus:** Regelmäßige Verbindungen ab den TGV-Bahnhöfen (s.o.) von und nach Saint-Tropez. Informationen: Busgesellschaft Sodetrav, Tel. 04.94.12.55.00, www.sodetrav.fr.
•**Shuttle-Boot:** Die Firma Trans-Côte d'Azur bietet eine Bootsverbindung Nizza – Saint-Tropez an, Tel. 04.92.00.42.30. Von Saint-Raphaël aus, Anlegestation *Vieux Port* (Alter Hafen), fahren ebenfalls Schiffe nach Saint-Tropez, Tel. 04.94.95.17.46.

Die Halbinsel von Saint-Tropez

Das nahe Saint-Tropez überstrahlt seine Umgebung spürbar: Auf der Halbinsel sieht man allenthalben Nobelschlitten durch die Weinfelder flitzen und es wimmelt nur so von guten Restaurants, Kunstgalerien und Läden mit ausgesuchten Souvenirs. Trotzdem ist sie sehr schön, diese berühmte Halbinsel mit ihrem fünf Kilometer langen **Strand von Pampelonne,** der fast die gesamte Ostseite einnimmt. Die meisten Strandabschnitte gehören zum Gebiet des Ortes Ramatuelle, und je weiter südlich man kommt, desto ruhiger wird's. Eine Wanderung über den Küstenwanderweg beim „wilden" Cap Camarat ist einfach unvergleichlich! Die schönsten Orte der Gegend sind die restaurierten mittelalterlichen Wehrdörfer **Gassin** und **Ramatuelle.**

Quer über die Halbinsel führt eine Hauptstraße, die D 93 von Saint-Tropez nach Croix-Valmer, von der aus man alles Wichtige erreicht: Von ihr zweigen Stichstraßen zu allen Stränden, zum Cap Camarat, nach Ramatuelle und nach Gassin ab. Port Grimaud und Sainte-Maxime liegen nördlich der Halbinsel direkt am Golf und an der Küstenstraße N 98 Richtung Fréjus. In der Hauptsaison ist hier ein

1 Club Nautique de Beauvallon
2 Côte d'Azur Diving
3 Restaurants La Table du Mareyeur und Las Tapas
4 Maison du Tourisme / Zentrales Fremdenverkehrsamt für den Golf von Saint-Tropez und das Mauren-Gebirge, Petit Village (regionale Spezialitäten)
5 Camping Parc Montana***
6 Auberge La Verdoyante, Château Minuty
7 Au Vieux Gassin
8 Café Yann Bonneau
9 Moulins de Paillas (Windmühlen)
10 Hôtel La Ferme d'Augustin***, Hôtel La Figuière***
11 Camping Les Eucalyptus
12 Club 55 und Key West Beach (am Strand)
13 Restaurants Au Fil à la Pâte und La Forge
14 Office de Tourisme von Ramatuelle
15 Auberge de l'Oumède
16 Chez Camille
17 Camping Les Tournels****
18 Phare (Leuchtturm)
19 Hôtel La Ferme d'Hermès**

Halbinsel von Saint-Tropez
Saint-Raphaël, Fréjus
le Muy, Plan-de-la-Tour
Sainte-Maxime
la Nartelle
Plage de la Nartelle
Cap des Sardinaux
Saint-Peire 416
Haute Suane 351
la Croisette
Plage de la Croisette
les Hauts-de-Grimaud
Guerre-Vieille
Grande Pointe
Golfe de Saint-Tropez
les Mûres
Beauvallon
la Colline
Plage de Grimaud
Port-Grimaud
Saint-Tropez
Cap St-Pierre
Pointe des Rabiou
Rabiou
Cap de Saint-Tropez
Baie des Canebiers
Plage des Graniers
les Parcs
l'Estagnet
les Marines-de-Cogolin
Plage de la Bouillabaisse
les Canebiers
la Moutte
la Foux
Giscle
les Massanes
Sainte-Anne
les Salins
Plage des Salins
Pinet
Plage de Tahiti
Route des Plages
162
Plage de Pampelonne
Anse de Pampelonne
Gassin
Ramatuelle
Bonne Terrasse
la Croix-Valmer
les Tournels
Cap Camarat
Camarat
Col de Collebasse 131
Baie de Bomporteau
Gigaro
Plage de Gigaro
Plage de l'Escalet
Cavalaire-sur-Mer, Toulon
Baie de Cavalaire
Pointe du Brouis
Plage de la Briande
Pointe Andati
Cap Taillat
Cap Lardier
0
3 km
GR9
GR51
N98
D25
D14
D61
D93
D559
Strandzugänge
A Route de Tahiti
B Chemin des Moulins
C Route des Tamaris
D Chemin de la Matarane
E Boulevard Patsch
F Route de l'Epi
G Chemin des Baraques
H Chemin du Pré Long
J Rt. de Bonne Terrasse
K Route de Camarat

Stau unvermeidlich, denn viele Urlauber kommen für einen Tagestrip nach Saint-Tropez. Für solche Massen reicht die Kapazität der Straßen einfach nicht aus. Wer da keine Klimaanlage im Wagen hat, kommt vermutlich ziemlich schlecht gelaunt an!

Gassin

Den offiziellen Titel *Un des plus beaux villages de la France* hat Gassin wirklich verdient: Das malerische, auf einem 200 Meter hohen Hügel errichtete *village perché* zählt zu den „schönsten Dörfern Frankreichs". Entstanden ist der alte Dorfkern wohl im 13. Jh. – so alt sind auch die Reste der Stadtmauer, provenzalisch *Barri,* auf die man bei einem Spaziergang durch die Gassen immer wieder trifft. Nach ihnen benannt ist die **Terrasse des Barri,** ein hübscher, von Restaurants gesäumter Platz. Unterhalb befindet sich das Highlight von Gassin: Ein **360-Grad-Aussichtspunkt,** der Blicke freigibt auf die Bucht von Saint-Tropez, die Bucht von Cavalaire und die Hyerischen Inseln. Die nahe **Kirche Notre Dame de l'Assomption** wurde 1558 fertig gestellt.

Gassin ist vorbildlich restauriert und mit Sachkenntnis um einen neuen Dorfteil erweitert worden. Für beides hat es bedeutende **Architekturpreise** gewonnen: die französische *Marianne d'Or* sowie einen europaweiten Preis. Hauptverantwortlicher war der Architekt François Spoerry, der auch das Lagunendorf Port Grimaud geplant hat. Natürlich ist das schöne Gassin heute vom Tourismus geprägt und nicht mehr vergleichbar mit dem verschlafenen Dorf, in dem die junge Schriftstellerin Françoise Sagan in den fünfziger Jahren lebte und schrieb. Was sich aus früherer Zeit erhalten hat, ist vor allem die Tradition des **Weinbaus:** Nicht weniger als acht *Châteaux* bzw. *Domaines* produzieren Tropfen unter dem Qualitätssiegel *Côtes de Provence*.

Mühlen von Paillas

Nimmt man die D 89 Richtung Ramatuelle, stößt man auf die **Moulins de Paillas,** alte Windmühlen, die bis ins 19. Jh. hinein in Betrieb waren und von denen eine 2002 sehr schön restauriert wurde. Wegen der Höhe von 325 Metern über dem Meer hat man eine gute Fernsicht, unter anderem auf den Strand von Pampelonne, die Bucht von Cavalaire und die Hyerischen Inseln.

- **Moulins de Paillas,** Öffnungszeiten der Mühlen: dienstags 10–12 Uhr, Eintritt frei.

Information

- **Maison du Tourisme du Golfe de Saint-Tropez et du Pays des Maures,** Carrefour de la Foux, 83580 Gassin, Tel. 04.94.55.22.00, Fax 04.94.55.22.01, www.st-tropez-lesmaures.com, www.golfe-saint-tropez-reservation.com (Reservierungen). Zentrale Informations- und Reservierungsstelle für die Halbinsel und das Mauren-Gebirge. Sie liegt zwischen Saint-Tropez und Cogolin an der Kreuzung der N 98 mit der D 559, genannt La Foux.

Essen und Trinken

- **Au Vieux Gassin,** Place Deï-Barri, Tel. 04.94.56.14.26. Hübsches kleines Restaurant mit angenehmer, provenzalisch gestalteter

Terrasse. Die Küche ist ebenfalls von ihrem Wurzeln her provenzalisch, lässt aber auch die Errungenschaften ausländischer Küchen mit einfließen. Günstiges bis mittleres Preisniveau.

- **Auberge La Verdoyante,** Quartier Minuty, Tel. 04.94.56.16.23. Sehr schöner Landgasthof, der etwas außerhalb von Gassin umgeben von den Weinbergen des *Château Minuty* liegt (s.u.). Man erreicht das von der Familie Mouret freundlich geführte Restaurant über die Straße Richtung Saint-Tropez, auf das man von der baumbestandenen Terrasse einen herrlichen Blick hat. Vater Fernand kocht traditionell provenzalisch, Sohn Laurent bietet modernere, leichtere Rezepte an – beide sind empfehlenswert. Die Preise sind für diese gastronomische Küche angemessen. Ein richtig nettes Plätzchen!
- **Café Yann Bonneau,** gelegen im neuen Dorfteil von Gassin, Tel. 04.94.56.03.01. Monsieur Bonneaux ist aus Paris in den Süden gezogen und hat 2004 dieses liebevoll eingerichtete Café mit Terrasse im Innenhof eröffnet. Die süßen Leckereien sind sehr fein und ideal für eine Kaffeepause zwischendurch.

Camping

- **Camping Parc Montana** ****, Route de Bourrian, Tel. 04.94.55.20.20, Fax 04.94.56.34.77. Großer Platz unterhalb des Dorfes an der Straße zwischen Saint-Tropez und Croix-Valmer. Umgeben von Weinfeldern gibt es rund 600 Stellplätze mit Swimming-Pool, Restaurant und Supermarkt.

Märkte

- **Wochenmarkt,** Sonntagmorgen von April bis Oktober.

Einkaufen

- **Château Minuty,** Gassin, Tel. 04.94.56.12.09. Die Familie Matton-Farnet betreibt Weinanbau in dritter Generation und produziert heute einen der seltenen *Crû Classé des Côtes de Provence A.O.C.* Zum Kauf werden Weiß-, Rot- und Roséweine angeboten, die Produktion kann kostenlos besichtigt werden. Das Herrenhaus und die Kapelle, die in den Weinfeldern liegt, stammen aus der Epoche Napoleons III.
- **Petit Village / Les Maîtres Vignerons de la Presqu'Ile de Saint-Tropez,** Tel. 04.94.56.32.04, www.petitvillage.com. Ein von der Winzervereinigung der Halbinsel von Saint-Tropez betriebener, stilvoller Supermarkt, wo Wein, Delikatessen und hübsche Souvenirs angeboten werden. Geöffnet von Montag bis Samstag, am Sonntag findet im Sommer ein Bauern- und Kunsthandwerkermarkt statt. Das *Petit Village* liegt zwischen Saint-Tropez und Cogolin an der Kreuzung der N 98 mit der D 559, und zwar in dem Industriegebiet La Foux, das zu Gassin gehört.

Ramatuelle und seine Strände

Das hübsche alte Dorf thront inmitten von Weinfeldern auf einem Hügel und scheint aus einer anderen Zeit zu stammen. Der Name leitet sich wahrscheinlich vom arabischen *Rahmatu'llah* ab, ein Souvenir der Sarazenen, die den Flecken vor langer Zeit belagerten. Er bedeutet „von Gott geweiht". Den schönsten Blick hat man von Gassin kommend: Ringförmig angelegt, bilden die äußeren Häuser einen schützenden Mauerring um den Dorfkern. Die Nähe zu Saint-Tropez macht sich vor allem dadurch bemerkbar, dass in der Hochsaison nur mit Glück ein Parkplatz zu ergattern ist. Nett ist dann allerdings ein Bummel durch das Gassengewirr mit seinen **Galerien und Kunsthandwerkerläden.**

Das kleine Zentrum bildet die **Place de l'Ormeau,** wo man sich mit Blick auf die Kirche aus dem 16. Jh. auf einen Kaffee oder Apéritif trifft. Früher stand auf dem Platz eine Ulme, daher der Name *Ormeau*. Sie musste aber wegen Altersschwäche Anfang der achtziger Jahre durch einen Olivenbaum ersetzt werden.

Die **Kirche Notre-Dame** besitzt ein schönes Serpentinportal von 1620 sowie Holzskulpturen und Altaraufsätze aus dem 16. bzw. 17. Jh. Der Turm stammt aus dem 14. Jh. und war einer der vier Wachtürme der mittelalterlichen Stadtmauer. Auf dem Dorffriedhof (rechts vom Eingang) liegt das Grab des Schauspielers Gérard Philipe (1922–59), der lange in Ramatuelle lebte und dem das Theaterfestival im August gewidmet ist.

Col de Collebasse

Setzt man von Ramatuelle seinen Weg über die D 93 nach Croix-Valmer fort, gelangt man über die malerische Straße durch einen schönen Pinienwald. Der höchste Punkt, der Col de Collebasse (129 Meter), gibt eine herrliche Aussicht frei auf die Bucht von Cavalaire (*Baie de Cavalaire*).

Plage de Pampelonne

Zu Recht ist dieser fünf Kilometer lange Strand weltberühmt. Er erstreckt sich fast über die gesamte Ostseite der Halbinsel von Saint-Tropez zwischen dem *Cap du Pinet* und dem *Cap Camarat* und ist mit feinem Sand aufgeschüttet. Ganz gemäß dem französischen Gesetz, dass der Zugang zum Meer für alle Bürger im Prinzip frei sein soll, ist dieser Strand kein Privatstrand. In manchen der knapp 30 Clubs, Bars oder Restaurants, die sich hier angesiedelt haben, möchte die Schickeria aber unter sich bleiben, weshalb es Türsteher oder entsprechend undemokratische Preise gibt, die eben doch für „Quasi-Privatheit" sorgen.

Von der D 93, die Saint-Tropez über Ramatuelle mit Croix-Valmer verbindet, zweigen insgesamt **sieben Stichstraßen zum Strand** ab: Die südlichste heißt *Route de Bonne Terrasse* und führt zum gleichnamigen Strandabschnitt; ganz im Norden – nahe Saint-Tropez – geht es über die *Route de Tahiti* zum Tahiti-Strand. Etwa in der Mitte verläuft der *Boulevard Patch*, der unter anderem zum berühmten *Club 55*

047co Foto: im

Plage de Pampelonne

führt. Auf dem Parkplatz hinter dem Club stehen die Porsches und Ferraris, die Bentleys mit Chauffeur, und in dem Stückchen Meer davor drängen sich die Yachten der Reichen und Superreichen.

Vor einigen Jahrzehnten, genauer am 15. August 1944, legten hier völlig andere Schiffe an. Es waren **Kriegsschiffe der Alliierten,** die kamen, um die Provence zu befreien. Am Strand von Pampelonne, damals mit dem Beinamen *Alpha Yellow* versehen, landete die dritte amerikanische Division unter General O'Daniel. Er und seine Kollegen setzten fort, was die Deutschen 1943 begonnen hatten: die Rodung der Pinienwälder, die damals bis ans Meeresufer wuchsen. Ein Ort des süßen Nichtstuns wurde der Pampelonne-Strand erst in den 1950er Jahren.

Heute kommen in der Hochsaison fast **30.000 Touristen pro Tag.** Vor den gebührenpflichtigen Parkplätzen stauen sich deren Autos, aber je weiter südlich man sich hält, desto ruhiger wird es und desto größer ist die Chance, nicht mehr auf „in Champagner duschende" Nachbarn zu treffen.

Cap Camarat

Das Kap im Osten der Halbinsel ist von Ramatuelle in etwa fünfzehn Minuten mit dem Auto erreichbar. Zuerst hält man sich in Richtung *Bonne Terrasse*, um danach die *Route de Camarat* einzuschlagen. Der **Leuchtturm** *(phare)* ist, was sein Leuchtfeuer angeht, der zweithöchste Frankreichs und weist den Schiffen in 130 Metern Höhe ihren Weg. Früher wurde er mit Petroleum betrieben, 1946 auf Strom umgestellt und 1977 automatisiert. Bei klarem Wetter kann man vom Kap bis nach Korsika sehen.

- **Phare,** von Ostern bis Oktober täglich 14–17 Uhr, im Sommer bis 18 Uhr, im Winter bis 16 Uhr. Für die Besichtigung bitte an den Wächter wenden.

Plages de l'Escalet und Plage de la Briande

Wer Menschenmassen, Nobelkarossen, Luxusyachten, Schickeria-Restaurants und Champagner-Duscher nicht ausstehen kann, sollte zum Sonnenbaden oder Wandern ganz in den Süden der Halbinsel fahren. Der Escalet-Strand ist über eine kleine Stichstraße mit dem Wagen erreichbar und liegt zwischen **Cap Camarat** und **Cap Taillat.** Noch ruhiger ist der Briande-Strand, den man vom Escalet-Strand nur zu Fuß in etwa einer halben Stunde erreicht.

Küstenwanderweg Sentier littoral

Der Küstenwanderweg verläuft vom Hafen in Saint-Tropez bis zum Strand von Gigaro *(Plage de Gigaro)* in Croix-Valmer. Der Pfad ist durchgehend **beschildert.** Bequeme, feste Schuhe sind unbedingt notwendig, am Strand macht es barfuß aber auch Spaß.

Dank besonderer Schutzmaßnahmen ist die Küste – abgesehen von den „Etablissements" an der Plage de Pampelonne – unbebaut und erscheint an manchen Stellen nahezu urwüchsig. Einige Streckenbeispiele mit Zeitangaben:

Von Saint-Tropez zum Tahiti-Strand: Die Wanderung beginnt an der Plage des Graniers im Osten von Saint-Tropez und führt dann über das Cap de Saint-Tropez zum Tahiti-Strand, der die Bucht von Pampelonne im Norden begrenzt. Für die ca. 12,5 km lange Strecke sollte man 3½ bis 4 Stunden einplanen.

Vom Tahiti-Strand zum Cap Camarat: Während der ersten fünf Kilometer verläuft der Weg parallel zur Plage de Pampelonne. Bei der Bonne Terrasse wird die Strecke felsig und führt schließlich zum Leuchtturm von Cap Camarat. Für diese acht Kilometer sollte man etwa 2¼ Stunden rechnen. Die Strecke Bonne Terrasse – Cap Camarat allein dauert etwa eine halbe Stunde.

Vom Cap Camarat zum Cap Taillat: Nachdem man um die Felsspitze Rocher des Portes herumgewandert ist, bietet sich der überraschende Ausblick auf das *Château Volterra*. Ab 1906 erbaut, wurde es in den Zwanziger Jahren von Léon Volterra gekauft, dem Besitzer der Kaufhauskette *Galeries Lafayette* und späteren Bürgermeister von Saint-Tropez (1935–41). Seine Frau gab hier Empfänge und Feste, zu denen sie u.a. Colette und Josephine Baker, Marcel Pagnol und Jean Cocteau einlud (keine Besichtigung).

Nach einigen Buchten erreicht man den Escalet-Strand und schließlich – nach etwa zwei Stunden – das Cap Taillat, ein Felsenriff, das durch Sandanschwemmungen zu einer Halbinsel geworden ist. Von hier aus läuft man zum Gigaro-Strand (Croix-Valmer) noch einmal ungefähr zwei Stunden. Der Weg führt durch das wunderschöne Naturschutzgebiet des Cap Lardier.

Information

- **Office de Tourisme et de la Culture,** Place de L'Ormeau, 83350 Ramatuelle, Tel. 04.98.12.64.00, Fax 04.94.79.12.66, www.golfe-infos.com, contact@ramatuelle-tourisme.com.

Unterkunft

- **La Ferme d'Augustin** ***/€€€€€, Route de Tahiti, Tel. 04.94.55.97.00, Fax 04.94.97.40.30, www.fermeaugustin.com. Als Hotel umgebauter ehemaliger Bauernhof, eingerichtet im rustikalen Landhausstil zum Teil mit Antiquitäten. Die 46 komfortablen Zimmer sind alle unterschiedlich dekoriert und verfügen über Balkon oder eigene Terrasse. Angenehm ist der große Swimming-Pool inmitten eines gepflegten Gartens. Das Hotel gehört zwar zum Gebiet von Ramatuelle, liegt aber näher an Saint-Tropez und nur 100 Meter entfernt vom Tahiti-Strand.
- **La Figuière** ***/€€€€, Route de Tahiti, Tel. 04.94.97.18.21, Fax 04.94.97.68.48. Dieses hübsche Hotel besteht aus fünf kleineren Häusern, in denen 40 provenzalisch dekorierte Zimmer untergebracht sind, die fast alle eine eigene Terrasse haben. Das Anwesen ist von Weinbergen umgeben und liegt etwa 2 km südlich von Saint-Tropez. Für Hotelgäste werden provenzalische Gerichte angeboten, die am Pool eingenommen werden können.
- **La Ferme d'Hermès** **/€€€€, Route de l'Escalet, Tel. 04.94.79.27.80, Fax 04.94.79.26.86, lafermedhermes@aol.com. Provenzalisches Landhaus, eine so genannte *Bastide,* mit neun liebevoll ausgestatteten Zimmern und persönlicher Atmosphäre. Das Hotel mit Swimming-Pool liegt umgeben von Weinfeldern 2 km südlich von Ramatuelle, zum Strand von Escalet braucht man nur 5 Minuten. Geöffnet von April bis November und über Weihnachten und Neujahr.

●**Gästezimmer Leï Souco** €€€, Route des Plages (D 93) – Le Plan, Ramatuelle, Tel. 04.94.79.80.22, Fax 04.94.79.88.27, www.leisouco.com. Ruhiges, provenzalisches Landhaus inmitten der Weinfelder mit stilvoll eingerichteten Zimmern, Garten und Swimming-Pool. Etwa 3 km von Ramatuelle und 2 km vom Strand entfernt, geöffnet von April bis September.

Camping

●**Les Tournels** ****, Route de Camarat, Tel. 04.94.55.90.90, Fax 04.94.55.90.99, www.tournels.com. Gelegen auf einem kiefernbewachsenen Hügel, etwa 1,5 km vom Strand entfernt mit rund 1000 Plätzen, Restaurant und Supermarkt, eine Art kleines Dorf also. Mit Swimming-Pool und Vermietung von Mobilhomes. Geschlossen vom 10. Januar bis Ende Februar.

●**Les Eucalyptus,** Camping à la ferme, Chemin des Moulins, Tel. 04.94.97.16.74, Fax 04.94.97.38.77, www.les-eucalyptus.com. Wer es lieber persönlicher mag, mietet einen der zwanzig Stellplätze der Familie Lamon oder eines der sechs einfachen Gästezimmer. Der Platz ist hübsch, zu 80 % schattig und nah am Meer gelegen. Die Besitzer betreiben auch Weinbau und öffnen ihren Platz von Mai bis September.

Essen und Trinken

In Ramatuelle:

●**La Forge,** Rue Victor Léon, Tel. 04.94.79.25.56. Untergebracht in der ehemaligen Dorfschmiede, speist man in diesem Restaurant in rustikalem Rahmen. Statt zum Schmieden von Hufeisen und Ketten knistert das Feuer heute, um Fisch- und Fleischspieße knusprig zu bräunen. Mittleres Preisniveau.

●**Au Fil à la Pâte,** 7 Rue Victor Léon, Tel. 04.94.79.16.40. Das kleine Restaurant bietet provenzalische Küche und Nudelgerichte zu annehmbaren Preisen. Spezialität: Frische Ravioli mit verschiedenen Füllungen.

Am Strand:

●**Club 55,** 43, Boulevard Patch, Tel. 04.94.55.55.55. Die Anfänge des legendären Clubs sind geradezu romantisch: Zu Beginn der 1950er Jahre kam das junge Paar Geneviève und Bernard de Colmont zur Plage de Pampelonne, um in einer Hütte am Strand zu leben. Kurz darauf, 1955, erschien ein Filmteam, und die Colmonts erklärten sich bereit, für die achtzigköpfige Crew zu kochen. Ob die einfache Hausmannskost der Köche mit dem Erfolg des Films „Und immer lockt das Weib" und dessen Hauptdarstellerin Brigitte Bardot zu tun hat, wird ein Geheimnis bleiben. Die Colmonts jedenfalls entschieden sich, ein Restaurant mit dem Namen „Club 55" zu eröffnen, das heute ihr Sohn Patrick de Colmont leitet.

●**Chez Camille,** Bonne Terrasse, Tel. 04.94.79.80.38. Am Strand Bonne Terrasse, von Ramatuelle erreichbar über die D 93 und die Straße zum Cap Camarat. So nah am Meer schmecken Fischgerichte und Bouillabaisse, die Spezialität des Hauses, einfach richtig gut! Klassisch-familiäres Restaurant, gehobenes Preisniveau.

●**Key West Beach,** Boulevard Patch, Plage de Pampelonne, Tel. 04.94.79.86.58, www.key-west-beach.com. Wer das Ambiente eines schicken (bzw. Schicki-Micki-)Restaurants direkt am Strand sucht, ist hier genau richtig: Erst ein paar Sushi naschen und dann auf die Strandliege. Es gibt aber auch Thai-Küche und klassische französische Gerichte, vor allem Fisch. Ziemlich teuer, aber man zahlt ja das Gesehen-Werden mit – oder war's das Sehen?

●**Auberge de l'Ouméde,** Chemin de l'Ouméde, Tel. 04.94.44.11.11. Ca. 3 km vom Zentrum über die Straße zu den Stränden erreichbar (ausgeschildert). Provenzalisches Anwesen in den Weinfeldern mir französischer und provenzalischer Küche (mittleres Preisniveau). Es gibt auch einige Gästezimmer und einen beheizten Pool.

Märkte

●**Wochenmarkt,** Donnerstag- und Sonntagmorgen in Ramatuelle.

Feste und Veranstaltungen

●**Festival klassischer Musik,** *Les Temps Musicaux* findet in der zweiten Julihälfte statt, Tel. 04.98.12.64.00.

- **Theaterfestival,** Anfang August für etwa zwei Wochen, Reservierungsbüro: 3, Avenue de Clemenceau, Tel. 04.94.79.20.50, www.festivalderamatuelle.com.
- **Jazzfestival,** Mitte August für eine Woche, Informationen bei *Jazz à Ramatuelle*, 3, Avenue de Clemenceau, www.jazzfestivalramatuelle.com, Tel. 04.94.79.10.29.

Aktivitäten

- **Segelschule Bâteau-Ecole Griffon,** Les Marines de Cogolin, Tel. 04.94.56.07.31.
- **Sun Force,** Chemin des Tamaris, Plage de Pampelonne, Tel. 04.94.79.90.11, www.sunforce.fr. Jet-Ski und andere Wassersportarten.

Straßen sind Kanäle in Port Grimaud

Port Grimaud

Der maritime Ableger von Grimaud hat mit seiner Schwesterstadt vor allem gemeinsam, dass beide Orte sehr malerisch sind. Ansonsten unterscheiden sie sich ganz erheblich, vor allem was den Zeitpunkt ihrer Entstehung angeht. Grimaud, das ist das mittelalterliche Wehrdorf, seit dem Altertum bewohnt, weil der Hügel sicheren Schutz vor Feinden bot. Fünf Kilometer entfernt am Wasser dann Port Grimaud, eine **Lagunenstadt aus der Retorte,** erbaut in den sechziger Jahren, komplett mit Geschäftsstraße, Marktplatz und Kirche. Vorher waren hier nur Sümpfe, in denen die Einwohner von Grimaud ab und zu Enten jagten.

Es war der Elsässer Architekt François Spoerry, der dieses **„provenzalische Venedig"** erfand, wie es die Leute vom Stadtmarketing nennen. Die Touristen glauben's gern, steht die *Cité Lacustre* doch auf der Hitliste der am meisten besuchten Städte Frankreichs an dritter Stelle. Auch wenn es Orte gibt, die das mit Sicherheit mehr verdient hätten, lohnt sich ein Spaziergang entlang der insgesamt acht Kilometer langen **Kanäle,** über die sich da und dort **Brücken** im venezianischen Stil spannen. Man trifft beim Betreten des 90 Hektar großen Areals zunächst auf befestigte **Stadttore** und hübsche **Arkaden** mit Souvenirlädchen.

Innen gibt es rund 2000 Häuser, getüncht in mediterranen Pastellfarben und teilweise mit Trompe-l'œil-Malerei. Die **Kirche Saint-François** ist mit Fenstern des Künstlers Victor Vasarély geschmückt. Von ihrem Turm hat man den besten Überblick über das Lagunenstädtchen: Es besteht aus drei „Vierteln", die ganz nüchtern Port Grimaud I, II und III heißen, und bietet Platz für rund **2500 Boote.**

Port Grimaud darf man ausschließlich **zu Fuß** erkunden. Der überdimensional große, kostenpflichtige Parkplatz am Ortseingang von Port Grimaud I bietet jedoch Platz für jeden Ankömmling. Am Eingang von Port Grimaud II ist ebenfalls ein Besucherparkplatz.

Information

- **Maison du Tourisme du Golfe de Saint-Tropez et du Pays des Maures,** Carrefour de la Foux, 83580 Gassin, Tel. 04.94.55.22.00, Fax 04.94.55.22.01, www.st-tropez-lesmaures.com, www.golfe-saint-tropez-reservation.com (Reservierungen). Zentrale Informations- und Reservierungszentrale für die Halbinsel und das Mauren-Gebirge. Sie liegt zwischen Saint-Tropez und Cogolin an der Kreuzung der N 98 mit der D 559, genannt La Foux.

Essen und Trinken

- **La Table du Mareyeur,** 11, Place des Artisans, Tel. 04.94.56.06.77. Hier speist man im „venezianischen Stil", also auf einer Terrasse direkt über dem Wasser. Spezialitäten sind daher natürlich Fischgerichte und Meeresfrüchte von exzellenter Qualität. Mittleres bis gehobenes Preisniveau.
- **Las Tapas,** Place François Spoerry, Tel. 04.94.49.62.85. Nette spanische Tapas-Bar auf dem nach dem Architekten benannten Platz in Port Grimaud II.

Märkte

- **Wochenmarkt,** Donnerstag- und Sonntagmorgen auf der Place du Marché.

Einkaufen

- **Bio Market,** Les Vitrines du Soleil, Tel. 04.94.56.48.03. Bioladen an der Nationalstraße Richtung Sainte-Maxime, auch sonntags geöffnet.

Aktivitäten

- **Bootsverleih:** Es gibt zahlreiche Verleiher am Ort.
- **Côte d'Azur Diving,** Camping Holiday Marina, Le Gineste, Route Nationale 98, Tel. 06.80.72.04.10, diveazur@libertysurf.fr. Internationales Tauchzentrum bei oben genanntem Campingplatz.
- **Club Nautique de Beauvallon,** Plage de Beauvallon, Tel. 06.09.81.96.30. Segel- und Surfschule am gleichnamigen Strand Richtung Sainte-Maxime.
- **Holiday Bikes,** Route Nationale 98, Tel. 04.94.43.40.17. Verleih von Fahrrädern und Vespas.
- **Amiral Services,** 51, Grande Rue, Tel. 04.94.43.47.32. Fahrradverleih.

Sainte-Maxime

Der Ort, dessen Gründung auf eine phönizische Handelsniederlassung zurückgeht, galt jahrhundertelang als Wächter des Golfes. Vor allem im Mittelalter wurde die Stadt – wie viele andere Orte an der Küste auch – von plündernden Piraten und den Angriffen der iberischen Mauren geplagt. Die Mauren, die die Gegend schließlich fast einhundert Jahre lang beherrschten, wurden erst 972 endgültig verjagt. Der darauf folgende Aufschwung ging mit einer Re-Christianisierung Hand in Hand, weshalb Sainte-Maxime um das Jahr 1000 herum von Mönchen von den Lérins-Inseln bei Cannes neu gegründet wurde.

Seine Entwicklung im Zeitalter des Massentourismus wirkt ebenfalls wie eine Neugründung, hat sich doch – ähnlich wie im Fall von Saint-Tropez – aus einem Fischerort ein mondäner Badeort mit heute 12.000 Einwohnern entwickelt. Sainte-Maxime steht zwar längst nicht so im Rampenlicht wie sein schicker Nachbar Saint-Tropez, bietet dafür aber Familien eine preiswertere Urlaubsalternative. Große Sehenswürdigkeiten gibt es nicht, dafür aber alles, was der Badetourist braucht: **Sandstrände,** ein einladendes Zentrum mit einer „Fressmeile" und netten Geschäften, eine von Palmen und Kiefern gesäumte **Promenade,** einen **Yachthafen** sowie ein **Kasino.**

Schon vom Strand aus kann man den Golf nebst in der Sonne glitzernder Yachten gut überblicken. Noch schöner ist die Sicht jedoch von etwas weiter oben, zum Beispiel vom Vorplatz der Pfarrkirche aus oder von der **Corniche du Sémaphore** oberhalb des Zentrums, von wo man an klaren Tagen auch die Lérins-Inseln und die Alpen sieht.

Tour Carrée

Das **Heimatmuseum** ist im ältesten Gebäude der Stadt direkt am Hafen untergebracht. Trotz dieser günstigen Lage ist es kein Touristenmagnet, was wahrscheinlich an der rein auf lokale Traditionen ausgerichteten Ausstellung liegt.

Der Turm selbst wurde im 16. Jh. von Mönchen des Klosters Le Thoronet errichtet, denen Sainte-Maxime seit dem 14. Jh. gehörte. Verstaatlicht nach der Französischen Revolution, wurde er für verschiedene Zwecke genutzt, u.a. als Verteidigungsturm, Kornlager, Gefängnis, Schule und zuletzt als Rathaus.

- **Tour Carrée,** Place des Aliziers, Tel. 04.94.96.70.30, täglich außer Montag und Dienstag 10–12 und 15–18 Uhr (19 Uhr im Juli und August), Eintritt 2,30 €, Kinder 0,75 €.

Information

- **Office de Tourisme,** Promenade Simone Lorière, 83120 Sainte-Maxime, Tel. 04.94.55.75.55, Fax 04.94.55.75.56, www.ste-maxime.com.

Unterkunft

- **Hostellerie La Croisette** ***/€€€€, 2, Boulevard des Romarins, Tel. 04.94.96.17.75, Fax 04.94.96.52.40, www.hotel-la-croisette.com. Dieses Hotel liegt nur 200 Meter vom Strand entfernt und auch das Zentrum ist in wenigen Gehminuten erreichbar. Die 20 romantisch eingerichteten Zimmer sind in einer rosa getünchten Villa mit azurblauen Fensterläden untergebracht. Im Garten gibt es – umgeben von üppiger Vegetation – einen Swimming-Pool.

- **Le Montfleuri** ***/€€€, 3, Avenue Montfleuri, Tel. 04.94.55.75.10, Fax 04.94.49.25.07, www.montfleuri.com. Dieses Haus der Kette „Best Western" liegt etwa einen Kilometer vom Zentrum entfernt in Richtung Fréjus in unmittelbarer Nähe zum Strand. Die Zimmer sind funktional eingerichtet und hübsch mit provenzalischen Stoffen dekoriert; am schönsten sind natürlich jene mit Balkon und Meerblick. Es gibt ein Restaurant für Gäste und einen Swimming-Pool.

Essen und Trinken

- **Auberge Sans-Souci,** 58, Rue Paul Bert, Tel. 04.94.96.18.26. Wen es nicht stört, auf der „Fressmeile" in der Altstadt zu sitzen, der kann hier bodenständige provenzalische Gerichte zu akzeptablen Preisen bekommen.
- **La Maison Bleue,** 48, Rue Paul Bert, Tel. 04.94.96.51.92. Noch eine empfehlenswerte Adresse auf der Straße der Restaurants: Das Essen ist lecker, die Dekoration zauberhaft und das Preis-Leistungsverhältnis erfreulich.
- **Dauphin,** 16, Avenue Charles de Gaulle, Tel. 04.04.96.31.56. In diesem kleinen, familiär geführten Restaurant am Meer in der Nähe des Kasinos kann man regionale Gerichte genießen. Mittleres Preisniveau.

Märkte

- **Wochenmarkt,** Donnerstagmorgen.
- **Marché couvert,** überdachter Markt in der Rue Fernand Bessy, täglich geöffnet, im Winter nur morgens.
- **Kunsthandwerkermarkt,** Mitte Juni bis Mitte September täglich 10–23 Uhr.

Plan-de-la-Tour

Wenn ein Ort dieser Gegend noch an die „guten alten Zeiten" erinnert, an authentisches Dorfleben *à la provençale*, dann ist dies am ehesten Plan-de-la-Tour. Es liegt, malerisch umgeben von Weinfeldern, in einer **fruchtbaren Ebene** im östlichen Mauren-Gebirge. Saint-Tropez ist zwar nur fünfzehn Kilometer entfernt, doch hier sitzen die Alten noch in aller Seelenruhe auf ihrer Bank mitten im Dorf, halten ein Pläuschchen und schauen, wer da so kommt und geht.

Die meisten Besucher, nicht wenige davon Radfahrer, machen gewöhnlich im *Biker's Café* an der **Place du Maréchal Foch** Halt, denn ein anderes Café gibt es nicht. Nebenan wird internationale Presse verkauft, was – ebenso wie die nicht wenigen Baustellen und

051co Foto: im

In Plan de la Tour

Immobilienangebote – darauf hindeutet, dass dieser reizende Flecken nicht gänzlich unentdeckt ist.

Ein Rundgang ist schnell erledigt, worauf es hier aber auch nicht ankommt: Die **Kirche Saint-Martin** mit ihrem typischen Campanile wurde zu Anfang des 19. Jh. erbaut. Damals trugen die Männer noch Hut und in der Kirche saßen Männlein und Weiblein getrennt. Diese Sitten seien, so kann man in der Broschüre des Touristenbüros nachlesen, noch nicht allzu lange vorbei. Hier in Plan-de-la-Tour schlage noch das Herz des alten, harten Var, des bäuerlichen Lebens.

Information

- **Office de Tourisme,** Place du 19 Mars 1962, 83120 Plan-de-la-Tour, Tel. 04.94.43.01.50, Fax 04.94.43.75.08, www.plandelatour.net.

Unterkunft

- **Les Maisons de Micha** €€€, Le Lauva, Tel. 04.94.43.01.45, www.maisons-de-micha.com. Diese hübsche Ansammlung kleiner sonnengelber Ferienhäuschen liegt im Nordosten des Dorfes (ca. 1,5 km) und ist über die D 44 Richtung Vallauris erreichbar. Die Umgebung (Garrigue-Landschaft) ist sehr schön, der Rundblick auf Dorf, Gebirge und Meer sehenswert. Die Zimmer sind hübsch dekoriert, in unterschiedlichen Größen mit und ohne Terrasse zu haben. Zum Frühstück werden u.a. Bio-Produkte angeboten.

Essen und Trinken

- **L'Olivette,** Tel. 04.94.55.58.10. Mitten im Dorf gelegenes Lokal, das regionale Gerichte vor allem mittags recht preiswert anbietet. Als Terrasse dient der Bürgersteig, was mitunter – wenn die Dorfjugend auf ihren Mofas vorbeibraust – etwas laut sein kann.

Märkte

- **Wochenmarkt,** Donnerstagmorgen auf der Place du Boulodrome.

Les Issambres

Der **Badeort** Les Issambres erstreckt sich lang um seine gesamte Buch herum. Der Strand ist schmal und hat kaum Sand, dafür aber einige sehr schöne Felsbuchten. Die Häuser sind in der Regel niedrig gebaut und passen sich gut an die Landschaft an. Highlight ist der **Küstenwanderweg,** auf dem man auf Reste antiker Mauern im Meer stößt. Es waren wahrscheinlich Becken, die die Römer zum Fischen angelegt hatten. Man folge dazu dem Schild „Vivier Maritime" – und sieht heute schon von Weitem Angler geduldig auf den Felsen ausharren.

Information

- **Point Informations des Issambres,** Route Nationale 98, Place San Peïre, 83380 Les Issambres, Tel. 04.94.11.37.25, Fax 04.94.49.66.55.

Unterkunft/ Essen und Trinken

- **Villa Saint-Elme** ****/€€€€€, Corniche des Issambres, Tel. 04.94.49.52.52, Fax 04.94.49.63.18, www.saintelme.com. Wunderschönes Luxushotel direkt am Meer mit „trendigen" Wellness-Angeboten wie Sauna, Hammam und Shiatsu-Massage. Im Restaurant wird eine modernisierte regionale Küche angeboten. Der Spaß ist natürlich teuer, aber die Preise zwischen Haupt- und Nebensaison variieren ganz erheblich.

●**Le Provençal** ***/€€€€, Route Nationale 98, Tel. 04.94.55.32.33, Fax 04.94.55.32.34, www.hotel-le-provencal. com. Dieses weitaus einfachere, aber freundliche Hotel alten Stils gehört zur Kette *Logis de France*. Es hat eine große, baumbestandene Terrasse und liegt direkt am Meer. Das angeschlossene **Restaurant Les Mûriers** bietet eine empfehlenswerte regionale Küche.
●**Le Chante-Mer,** Place Ottiviana, Tel. 04.94. 96.93.23. Alteingesessenes Fischrestaurant an der *Corniche* von Les Issambres. Besonders nett sitzt man draußen auf der Terrasse; mittleres Preisniveau.

Märkte

●**Wochenmarkt:** Montagmorgen.

Roquebrune-sur-Argens

Zu Les Issambres gehört verwaltungsmäßig der 15 Kilometer landeinwärts (Richtung Le Muy) gelegene und sehenswerte Ort Roquebrune-sur-Argens. Zusammen bilden sie eine der flächenmäßig größten Kommunen Frankreichs: Roquebrune-Les Issambres.

Roquebrune-sur-Argens, das – wie der Name schon sagt – am Ufer des Flusses Argens liegt, erkundet man vorzugsweise zu Fuß: Der **mittelalterliche Dorfkern** ist um einen Felsen herum gebaut, oben sind Parkplätze rar. Man lässt seinen PKW am besten unten im Dorf stehen und gönnt sich den Spaziergang durch die engen Gassen. Beeindruckend ist der Blick auf die Kapelle Saint-Michel, erbaut anno 1314, mit den Bergen des Mauren-Massivs im Hintergrund (täglich 10–12.30 und 17–22 Uhr geöffnet).

Aber es gibt noch mehr **Kapellen,** man behauptet in Roquebrune, es seien einmal 26 an der Zahl gewesen. Schön restauriert sind vor allem Saint-Roch (1601) am Ortseingang sowie Saint-Pierre (1034) im Süden an der Straße Richtung Les Issambres. Saint-Jacques (1875) schließlich beherbergt das **Heimatmuseum** *(Maison du Patrimoine)*, wo unter anderem archäologische Funde der Gegend ausgestellt sind und temporäre Kunstausstellungen stattfinden.

●**Maison du Patrimoine,** Impasse Barbacane, Tel. 04.94.19.89.82, Montag bis Freitag, Zeiten variabel, Eintritt frei.

Felsen und Schluchten

Unweit des Ortes kann man den 373 Meter hohen **Rocher de Roquebrune** bewundern und besteigen. Er hat dem Ort im 11. Jh. seinen Namen gegeben: aus *Roca Bruna*, dem Ausdruck für den ockerbraunen Sandstein, aus welchem die Ausläufer des Mauren-Massivs bestehen, wurde das französische *Roquebrune*. Ein weiteres empfehlenswertes Naturerlebnis sind die unweit gelegenen Schluchten des Flusses Blavet, die **Gorges du Blavet.**

Information

●**Office de Tourisme de Roquebrune,** 12, Avenue Gabriel-Péri, 83520 Roquebrune-sur-Argens, Tel. 04.94.19.89.89, Fax. 04.94.45. 38.04, www.roquebrune-surargens.fr.

Essen und Trinken

●**La Sainte-Candie,** Place Germaine Ollier, Tel. 04.94.45.71.01. Auf einer angenehm schattigen Terrasse im unteren Dorf werden regionale Gerichte serviert, bei denen darauf geachtet wird, dass sie leicht sind und lecker schmecken. Mittleres Preisniveau, günstiges Mittagsgericht. Ein großer Parkplatz ist direkt nebenan.

Märkte

- **Wochenmarkt:** Freitagmorgen, im Sommer zusätzlich Dienstagmorgen.
- **Kunsthandwerkermarkt:** Jeden Donnerstag- und Sonntagabend im Juli und August.
- **Antiquitätenmarkt:** Anfang Mai.

Aktivitäten

- **Reiten:** *Centre Equestre Les Murettes,* Route de Marchandise, Tel. 04.94.45.41.42. Poney-Club, Tagesausritte, Reitschule.
- **Golf:** Der Golfplatz von Roquebrune (Tel. 04.94.19.60.35.) bietet ein herrliches Panorama über das Mauren-Gebirge, die Ebene des Argens und die Bucht von Saint-Raphaël bis zu den Alpen.

Massif des Maures (Mauren-Gebirge)

Der rund sechzig Kilometer lange Gebirgszug des Massif des Maures erstreckt sich im Hinterland der Küste zwischen Hyères und Fréjus. Im Norden und Westen wird er von den Flüssen Argens und Gapeau begrenzt. Obwohl so nah am mondänen Saint-Tropez gelegen, ist das *Pays des Maures,* das Mauren-Land, eine Welt für sich und vom Massentourismus verschont geblieben: Verträumte Dörfer liegen in einer **Landschaft sanft geschwungener Hügel,** dicht bewaldet und von kurvenreichen Straßen durchzogen. Wie man sich vorstellen kann,

052co Foto: im

geben sie einige **wunderbare Aussichten** frei auf das Meer und die Seebäder, die sich dort unten wie die Glieder einer Kette aneinander reihen. Besonders herrlich ist in dieser Hinsicht die Strecke von Le Rayol-Canadel nach La Môle über den Col du Canadel, knapp 300 Meter über dem Meer.

Wäre dies der Beginn einer **Tagestour** von der Küste aus, so könnte sich von dort ein Besuch in **Collobrières** anschließen, auf das sein Titel *Capitale des Maures*, Hauptstadt des Mauren-Gebirges, nicht so recht passen will: Vielmehr handelt es sich um ein entrücktes Bergdorf mit vereinzelten bourgeoisen Häusern.

Nachdem man sich mit der lokalen **Spezialität Maronenmus** eingedeckt hat (ein Muss!), geht es weiter tief hinein in die Wälder, an einen Ort der Stille und des Gebets. Man kann sich kaum vorstellen, dass in dieser Einsamkeit freiwillig Menschen leben, doch genau deswegen sind sie hier, die Ordensfrauen, die seit den 1980er Jahren die **Chartreuse de la Verne** bewohnen und mit Hilfe Wohlgesonnener restaurieren.

Weinanbau im Mauren-Gebirge

Vom Kartäuserkloster ist es nicht allzu weit bis nach **Grimaud,** einem bezaubernden Dorf mit alter Windmühle und Schlossruine, im Sommer Kulisse von Festivals. Es ist umgeben von Weinbergen und schönen *Châteaux*. Der Nachbarort **Cogolin** ist architektonisch weniger reizvoll, lebt aber auch nicht allein vom Tourismus: Teppiche aus Cogolin liegen im Elysée-Palast und zieren die Böden des Weißen Hauses; handgefertigte Pfeifen aus dem Ort werden in alle Welt exportiert.

Das gesamte Mauren-Gebirge ist ein **Paradies für Radfahrer und Wanderfreunde.** Wer sich am Ende eines Tages in Bergdörfern, Wildnis und Einsamkeit wieder in den Trubel stürzen will, bitteschön: Cavalaire und Saint-Tropez liegen vor der Tür. Abwechslungsreicher kann das Reisen kaum sein!

Geschichte, Natur und Wirtschaft

Das Mauren-Massiv ist uralt, erdgeschichtlich zählt es sogar zu den ältesten Gebirgen Frankreichs. Zur gleichen Landmasse, dem **Tyrrhenischen Schild,** das einst auseinander brach, gehören auch das benachbarte Estérel-Gebirge, die Hyerischen Inseln und die Insel Korsika. Die Gipfel des Mauren-Gebirges ragen nur knapp 800 Meter in die Höhe; La Sauvette, der höchste Berg, misst 779 Meter.

Der **Name „Maures“** stammt von dem provenzalischen Wort *maouro*, was soviel bedeutet wie „finster“, „dunkel“. Das Gebirge ist also nach seinem Bewuchs mit dichten Wäldern benannt und nicht, wie vielfach vermutet, nach den Mauren. Dabei ist diese Annahme gar nicht so weit hergeholt, hatten sich doch die Mauren bzw. **Sarazenen,** wie sie in Frankreich genannt werden, tatsächlich im 9. Jh. in diesem Gebirge, an der Küste und auf der Halbinsel von Saint-Tropez festgesetzt. Rund hundert Jahre lang hielten sie in La Garde-Freinet die Stellung, bis Wilhelm, Graf der Provence, sie auf Geheiß Kaiser Ottos des Großen 972 von dort vertrieb (mehr dazu siehe unten: „La Garde-Freinet").

Ganz anders als die nahen Kalkalpen besteht das Mauren-Gebirge aus **kristallinem Urgestein,** das heißt hauptsächlich aus Tonschiefern, Gneisen und Graniten. Die potenziell natürliche Vegetation des Massif des Maures (wie übrigens des gesamten mediterranen Frankreich) wäre ein Bewuchs aus immergrünen Stein- und Korkeichenwäldern sowie Mischwäldern mit Aleppo- und Strandkiefern. Während natürliche Vegetationsformen in Frankreich heute nur noch in Relikten vorkommen, gehört das Mauren-Massiv zu den Gebieten, wo das Ursprüngliche immerhin noch teilweise anzutreffen ist: Seine 12.000 Hektar sind zu drei Vierteln bewaldet, vor allem mit **Stein- und Korkeichen** sowie Pinien und Aleppokiefern. Niedrigere Macchien und Garriguen sind bleibende Zeugen von Waldbränden, die für das Mauren-Gebirge eine ständige Bedrohung darstellen.

Aus der Rinde der Korkeichen wurden lange Zeit **Flaschenkorken** gewonnen. Heute jedoch sind für die Menschen der Region die ausgedehnten **Kastanienhaine** wirtschaftlich am bedeutendsten. Von den 900 Hektar Wald wird ein Drittel bewirtschaftet. Es wirft pro Jahr rund 200 Tonnen Kastanien ab, die unter anderem zu *marrons glacés* und *crème de marrons* verarbeitet werden, kandierten Kastanien und **Maronenmus.** Sehr zu empfehlen sind auch Sirup und Kastanien-Eis.

Naturschutz und Verhaltensregeln

Es ist verboten, im Wald **Feuer** zu machen oder zu rauchen. Jegliche Unachtsamkeit kann eine Katastrophe auslösen und viele Hektar Wald zerstören.

Die meisten **Blumen und Gewächse** stehen unter Naturschutz.

Was die Kastanienhaine angeht, so werden diese von ihren Besitzern das ganz Jahr über gepflegt, sie leben von ihrem Ertrag! Das Aufsammeln von **Kastanien** ist daher verboten.

Von Mitte August bis Ende Januar ist die **Wildschwein-Treibjagd** erlaubt. Bei der Planung von Wanderungen sollte man dies berücksichtigen und vorsorglich bei den Touristinformationen Erkundigungen einziehen.

Beim **Autofahren** auf den kurvigen Straßen durch das Gebirge ist besonders zu beachten, dass diese Strecken auch von vielen **Radfahrern** geschätzt werden. Vorsicht also, denn die Straßen sind oft sehr schmal!

Cogolin

Das Städtchen **am Fuße des Mauren-Massivs** liegt nicht weit von Saint-Tropez, hat aber mit dem berühmten Nachbarn nicht viel gemeinsam. Verglichen mit „Saint-Trop'" und anderen Orten der Gegend wirkt Cogolin nicht besonders reizvoll, weil sich hier weder der Jet-Set tummelt noch das Ortsbild postkartentauglich-malerisch ist. Dafür ist die 9000-Einwohner-Stadt umso lebensechter, weil sie nicht hauptsächlich vom Tourismus lebt.

Ein Besuch lohnt sich vor allem, wenn man Interesse an **(Kunst-)Handwerk** hat: Im Ort gibt es eine berühmte Teppichmanufaktur und eine Pfeifenwerkstatt. Beide liegen an der Hauptstraße und laden zur Besichtigung ein. Doch auch der Weinanbau sowie die Herstellung von Flaschenkorken und von Rohrblättern für Blasinstrumente aus heimischem Schilfrohr tragen zum Auskommen der Einwohner bei.

Nicht uninteressant ist schließlich ein Bummel durch die Gassen der **Altstadt.** Wie viele andere Orte unweit der Küste gibt es auch von Cogolin einen modernen Ableger am Meer, der sich **Les Marines de Cogolin** (bzw. *Port Cogolin*) nennt und Platz für 1800 Boote hat.

Sehenswertes

Die **Altstadt** liegt in der Verlängerung der Avenue Clemenceau auf einem Hügel. Von dem keltischen Wort dafür, *Cougolinus,* leitet sich wahrscheinlich der Name Cogolin ab. Ganz oben erinnert ein **Uhrturm** (*Tour de l'Horloge*) aus dem 14. Jh. an die mittelalterliche Burg, zerstört während der Religionskriege. Die außen schön schlichte **Kirche Saint-Sauveur** wurde im 11. Jh. im romanischen Stil erbaut und im 16. Jh. um ein gotisches Schiff entlang der Nordseite erweitert. Sie besitzt ein schönes Renaissance-Portal aus Serpentin. Der Hauptaltar stammt aus der Chartreuse de la Verne.

Teppichmanufaktur

Die Manufaktur produziert seit den 1920er Jahren Teppiche, die unter anderem die Böden des Pariser Elysée-Palastes, des Fürstenpalastes in Monaco und des Weißen Hauses in Washington zieren. Die Produktion kann zwar nicht besichtigt werden, dafür gibt es aber eine kleine **Ausstellung mit Verkauf.**

- **Manufacture des Tapis de Cogolin,** 6, Boulevard Louis Blanc, Tel. 04.94.55.70.65, täglich 9–12 und 14–17.30 Uhr (im Winter bis 17 Uhr), geschlossen im August und Dezember, Eintritt frei.

Pfeifenwerkstatt

Das Familienunternehmen, dessen Tradition auf das Jahr 1802 zurückgeht, hat neben Pfeifen auch andere schöne Dinge aus Olivenbaum-Holz im Angebot.

- **Pipes Courrieu,** 58, Avenue Georges Clemenceau, Tel. 04.94.54.63.82, www.courrieupipes.fr. Öffnungszeiten der Werkstätten: Mo–Fr 9–11.30 und 14–18 Uhr, sonntags und an Feiertagen nur mit Voranmeldung, Eintritt frei.

Musée Raimu

Direkt in der Nachbarschaft bekommen auch Filmfans etwas für ihren Geschmack geboten: Die ans gleichnamige Kino angeschlossene *Musée Raimu* zeichnet das Leben und die Karriere des **Schauspielers und Komikers Jules Muraire** nach, besser bekannt unter dem Namen *Raimu* (1883–1946). Die Ausstellung wird betrieben von dessen Enkelin Isabelle Nohain und zeigt unter anderem alte **Filmplakate, Fotos und Kostüme.** Raimu, berühmter Darsteller des frühen französischen Tonfilms der dreißiger Jahre, spielte u.a. in der nach Romanen Pagnols gedrehten Trilogie „Marius-Fanny-César".

- **Musée Raimu,** 18, Avenue Georges Clemenceau, Tel. 04.94.54.18.00, www.museeraimu.com, im Sommer 10–12.30 und 16–19 Uhr, im Winter 10–12 und 15–18 Uhr, Sonntagmorgen geschlossen, Eintritt 3,50 €, ermäßigt 1,75 €.

Château-Musée Sellier

In einem Herrenhaus aus dem 17. Jh. gibt es von Zeit zu Zeit **Ausstellungen moderner Kunst** zu sehen. Die permanenten Ausstellungen betreffen die **Lokalgeschichte** sowie den **Templerorden,** der vor mehr als 800 Jahren eine Kommandantur in Cogolin unterhielt. Im Gebäude selbst residierten von 1626 bis zur Französischen Revolution die Herren von Cogolin.

- **Château-Musée Sellier,** 46, Rue Nationale, Tel. 04.94.54.63.28, im Sommer 10–13 und 15–18.30 Uhr, im Winter 10–12.30 und 14.30–17.30 Uhr, sonntags und montags geschlossen, Eintritt 2,30 €, Kinder und Studenten frei.

Praktische Tipps

Information

- **Office de Tourisme,** Place de la République, 83310 Cogolin, Tel. 04.94.55.01.10, Fax 04.94.55.01.11, www.cogolin-provence.com.

Unterkunft

- **La Maison du Monde** ***/€€€€, 63, Rue Carnot, Tel. 04.94.54.77.54, Fax 04.94.54.77.55, www.lamaisondumonde.fr. Ein *Hôtel de charme* mit 12 klimatisierten Zimmern, untergebracht in einem schönen bourgeoisen Gebäude aus dem 19. Jh. Die Atmosphäre ist familiär und anheimelnd, nicht zuletzt wegen der netten Souvenirs aus Afrika und dem Orient, die die liebevolle Dekoration vervollständigen. Es gibt einen Kamin, eine Bibliothek und draußen im platanenbestandenen Garten auch einen Swimming-Pool.

Camping

- **L'Argentière** ***, Chemin de L'Argentière, Tel. 04.94.54.63.63, Fax 04.94.54.06.15, www.camping-argentiere.com. Ruhiger, baumbestandener Platz, gelegen 1,5 km außerhalb an der Straße Richtung Collobrières (D 48). Es gibt einen Pool und Mobilhomes bzw. Bungalows zum Mieten. Geöffnet von April bis September.

Essen und Trinken

- **La Ferme du Magnan,** Route Nationale 98, Tel. 04.94.49.57.54. Der Landgasthof ist in einer alten Bastide aus dem 16. Jh. untergebracht und liegt – umgeben von Weinbergen – an der N 98 zwischen Cogolin und La Môle. Gekocht wird bodenständig provenzalisch, im Sommer kann man die Panorama-Terrasse genießen. Mittlere bis gehobene Preisklasse, von November bis Mitte März geschlossen.
- **La Grange,** 7, Rue du 11 Novembre, Tel. 04.94.54.60.97. Einfache Küche „wie bei Muttern", die – wie der Name *la Grange* schon sagt – in einer alten Scheune serviert wird. Gut und recht günstig.

Saint-Maur bei Cogolin

- **Carré des Oliviers,** 16, Rue Carnot, Tel. 04.94.54.64.21. Winziges, sehr hübsches Restaurant im Bistro-Stil, leider ohne Terrasse. Die mediterrane Küche mit einem Hauch von Asien (den die Frau des Chefs einbringt) ist eine angenehme Überraschung. Mittleres Preisniveau, preiswerter Mittagstisch.
- **La Crêperie de Cogolin,** 22, Avenue Georges Clemenceau, Tel. 04.94.54.77.77. Nettes kleines Restaurant, eingerichtet in frischem Blau-Weiß mit hübschem Garten im Hof, das leckere Crêpes und Salate zu vernünftigen Preisen anbietet. Freundlicher Service.

Einkaufen

- **Château Saint-Maur,** Tel. 04.94.54.63.12, www.chateausaintmaur.com. Traumhaft schönes Anwesen, gelegen außerhalb des Dorfes an der Straße nach Collobrières / La Garde-Freinet (D 48), das *Côtes de Provence-Crus classés,* also besonders ausgezeichnete Weine, anbietet. Benannt nach dem Stadtpatron Cogolins, Saint-Maur, war die Kapelle auf dem Grundstück des Weinguts früher ein Wallfahrtsort. Zerstört während der Religionskriege, stammt der heutige Bau von 1683.

Märkte

- **Provenzalischer Markt,** Mittwochmorgen auf der Place Victor Hugo, Samstagmorgen auf der Place de la République.

Feste und Veranstaltungen

- **Bravades,** am ersten Wochenende im Mai. Dreitägiges Fest mit Prozession ähnlich wie in Saint-Tropez, hier zu Ehren des Stadtpatrons Saint-Maur.

Verkehrsverbindungen

- **Bus:** Regelmäßige Verbindungen nach Saint-Tropez und Saint-Raphaël, Busgesellschaft Sodetrav, Tel. 04.94.54.62.32. In Saint-Raphaël und Toulon befinden sich die nächsten SNCF-Bahnhöfe, Tel. 08.36.35.35.35.

Grimaud

Viele der typisch südfranzösischen *villages perchés*, jener auf einem Hügel zusammengedrängten Wehrdörfer, sind von weitem am schönsten. Das gilt auch für Grimaud, auf das man von der D 48 den besten Blick hat, der Straße von Cogolin nach Nordwesten. Der an Aussichten interessierte Reisende sollte unbedingt dem Ort selbst noch einen Besuch abstatten und dabei den Aufstieg auf den Hügel nicht scheuen. Dort oben nämlich, wo sich die Reste einer alten Burg erheben, ist das **Panorama auf den Golf von Saint-Tropez** so herrlich, dass man dem Wettergott ernstlich grollen wird, wenn er an diesem Tag den Himmel nicht klar und blau sein lässt.

Solch ein Flecken ist natürlich wie gemacht für Verteidigungszwecke, weshalb hier nicht nur Römer siedelten, sondern vor ihnen schon viele andere, zum Beispiel ligurische und keltische Stämme.

In schriftlichen Quellen wurde die **Burg** zuerst im 11. Jh. erwähnt, aber nur noch der Nordwest-Turm ist so alt. Die Schutzwälle, die auch Teile des ursprünglichen Dorfes einschlossen, entstanden Ende des 13. Jh. Während der Religionskriege wurden Burg und Dorf zu großen Teilen zerstört und Mitte des 17. Jh. wieder aufgebaut. Seit der Französischen Revolution wurden die Gebäude dem Verfall überlassen. Im Sommer dienen die Ruinen als **Kulisse für Open-Air-Konzerte.** Der Ortsname Grimaud erinnert übrigens an eine der Herrscherfamilien im Schloss: die Grimaldis, allerdings nicht zu verwechseln mit der monegassischen Fürstenfamilie.

Vom Parkplatz bei der Burg aus führt ein Weg zu einer alten **Windmühle** aus dem 19. Jh., schön restauriert übrigens, und zu einem weiteren Aussichtspunkt: Von hier aus sieht man nicht nur den Golf von Saint-Tropez, sondern auch Teile des Mauren-Gebirges.

Wieder unten im Dorf angekommen, macht es Spaß, durch die verwinkelten Gassen zu schlendern mit ihren Treppchen, Torbögen und schönen Holztüren, das ganze Ensemble liebevoll geschmückt mit den Blumen des Südens. Die **romanische Kirche Saint-Michel** hat ein einfaches Steintonnengewölbe und einen kreuzförmigen Grundriss. Sie stammt fast in ihrer Gesamtheit noch aus dem 11. Jh., lediglich eine Sakristei wurde im 17. Jh. hinzugefügt.

Grimaud verliert selbst während der Hochsaison seine Gemütlichkeit nicht, was vielleicht an einigen störrischen Einheimischen liegt, die die „Saint-Tropezierung" der Gegend einfach nicht mitmachen wollen. Man könne die

Preise doch nicht immer höher treiben, erklärte man mir im Salon des Dorffrisörs. Sie selbst, die Leute von hier, wollten doch auch leben und mal einen Kaffee trinken gehen! Am Schluss ging ich tatsächlich mit einer Rechnung aus dem Salon, die mir meinerseits erlaubte, mir noch einen Kaffee im Dorf zu gönnen.

Information

- **Office de Tourisme,** 1, Boulevard des Aliziers, 83310 Grimaud, Tel. 04.94.55.43.83, Fax 04.94.55.72.20, www.grimaud-provence.com.

Unterkunft

- **La Boulangerie** ***/€€€€, Route de Collobrières, Tel. 04.94.43.23.16, Fax 04.94.43.38.27. Dieses Hotel, das nach dem Ort benannt ist, wo es liegt, ist an der Straße nach Collobrières, einen Kilometer außerhalb von Grimaud zu finden. Angeboten werden elf klimatisierte, individuell dekorierte Zimmer in einem schönen und charmant eingerichteten Anwesen mit Swimming-Pool.
- **La Pierrerie** ***/€€€, Quartier du Grand Pont (D 61), Tel. 04.94.43.22.55, Fax 04.94.43.24.78, www.lapierrerie.com. Provenzalisches Landhaus, bestehend aus mehreren kleineren Gebäuden, das 14 klimatisierte, schön dekorierte Zimmer anbietet. Es gibt einen Park sowie einen Swimming-Pool.

Camping

- **Camping Charlemagne,** Le Pont-de-Bois, Route de Collobrières, Tel. 04.94.43.22.90., www.camping-charlemagne.com Familiärer, schattiger Campingplatz mit 50 Plätzen. Vermietung von Mobilhomes, Swimmingpool.

Essen und Trinken

- **Le Jardin des Cabris,** Quartier Le Brusquet, Tel. 04.94.43.26.48. Das Restaurant, welches gastronomische provenzalische Küche anbietet, liegt etwa einen Kilometer südlich des Dorfes an der D 14. Es gibt eine sehr schöne Terrasse, die Preise sind im mittleren Bereich.
- **Le Café de France,** 5, Place Neuve, Tel. 04.94.43.20.05. Bodenständige provenzalische Küche zu mittleren Preisen, Spezialität: gefüllte Muscheln und generell Fischgerichte.

Märkte

- **Wochenmarkt,** Donnerstagmorgen.

Feste und Veranstaltungen

- **Les Grimaldines,** Weltmusikfestival von Mitte Juli bis Mitte August, das 2003 zum ersten Mal stattfand. Die Konzerte sind *open air* in den Ruinen der alten Burg; an manchen Tagen finden zusätzlich in den Gassen Schaustellungen statt, z.B. von Gauklern. Informationen und Karten beim Office de Tourisme.

Verkehrsverbindungen

- **Bus:** Regelmäßige Verbindungen nach Saint-Raphaël mit der Busgesellschaft Sodetrav, Tel. 04.94.95.24.82. Grimaud liegt ebenfalls auf der Linie Saint-Raphaël – Nizza der Busgesellschaft Beltrame, Tel. 04.94.83.87.63. In Saint-Raphaël und Toulon befinden sich die nächsten SNCF-Bahnhöfe, Tel. 08.36.35.35.35.

La Môle

Das Reizvolle an La Môle ist seine Umgebung, der Ort selbst ist nur ein winziger Weiler mit einer Kirche von 1872. Er liegt im Tal des gleichnamigen Flusses, durch welches die gut ausgebaute Nationalstraße 98 führt. Verglichen mit der nördlicher liegenden D 14, die zum Teil in Serpentinen durch das Mauren-Gebirge führt, ist sie eine Rennstrecke, dafür aber auch nur halb so malerisch.

Zu La Môle gehört ein **Stausee,** den man erreicht, wenn man am Ortsausgang (Richtung Hyères) den Hinweisen „Usine des Eaux“ folgt. Das aufgestaute Wasser des *Barrage de la Verne* dient der Versorgung der Bewohner des Mauren-Gebirges und der Gegend um Saint-Tropez, Baden und Angeln sind daher nicht erlaubt. Vom See aus kann man in etwa zweieinhalb Stunden zum Kartäuserkloster *Chartreuse de la Verne* wandern (7 km, Beschreibung s.u.).

Wunderschön und sehr interessant insbesondere für Radsportler ist die Fahrt über den **Col du Canadel** (267 Meter) hinunter zur Küste nach Le Rayol-Canadel (D 27). Die Ausblicke auf das Mauren-Massiv und die Inseln von Hyères sind unvergesslich! Da die Straße einspurig ist, ist sie für Wohnmobile und andere größere Fahrzeuge leider nicht empfehlenswert.

Wer es sich leisten kann, kommt übrigens mit dem Flieger nach La Môle: Der internationale **Flughafen Saint-Tropez – La Môle** (s. Saint-Tropez) hat schon viele Reiche und Berühmte kommen und gehen sehen – nicht schlecht für einen 800-Einwohner-Ort ...

In der Nähe liegt ein altes **Schlösschen,** in dem der Schriftsteller **Antoine de Saint-Exupéry** einen Teil seiner Kindheit verbrachte und das er in seinem unvergänglichen „Kleinen Prinzen“ („Le Petit Prince“) beschreibt. Besichtigt werden kann es nur von außen.

Information

- **Mairie de La Môle,** 83310 La Môle, Tel. 04.94.49.57.17, Fax 04.94.49.55.24, la.mole.mairie@wanadoo.fr.

Essen und Trinken

- **Auberge de La Môle,** Route Nationale 98, Tel. 04.94.49.57.01. Richtig netter Landgasthof mit großer schattiger Terrasse, der sich sowohl bei Touristen als auch bei Einheimischen bzw. dauerhaft in der Region Lebenden großer Beliebtheit erfreut. Hier gilt nicht „man sollte“, sondern „man muss“ reservieren. Mittleres bis gehobenes Preisniveau.

Aktivitäten

- **Parc Nautique Niagara,** Tel. 04.94.55.70.80. Spaßbad vor allem für Kinder, das an der Straße zum *Col du Canadel* liegt. Geöffnet von Mitte Juni bis Anfang September täglich von 10.30 bis 19 Uhr.

Collobrières

Nicht alle Wege führen nach Collobrières, aber alle Weg, die nach Collobrières führen, sind schön. Die so genannte *Capitale des Massif des Maures* mit 1600 Einwohnern liegt mitten im Gebirge und im Tal eines Flusses mit dem klangvollen Namen *Réal Collobrier*. Unter den schönen Wegen sind jene beiden hervorzuheben, welche sich vom Meer hinauf in die Berge schlängeln: die D 14 ab Port Grimaud und die D 41 über Bormes-les-Mimosas. Wunderbare Aussichten bieten beide, erstere auf den Golf von Saint-Tropez und das Kartäuserkloster *Chartreuse de la Verne*, letztere – über den *Col de Gratteloup* und den *Col de Babaou* führend – weit über die endlosen Hügel und Berge des Mauren-Massivs.

Collobrières ist wie geschaffen für einen **Natur- und Erholungsurlaub.** Wanderer, Radfahrer und auch Reiter kommen hier auf ihre Kosten. Ein Besuch lohnt sich jedoch auch für Touristen, die nur einen Tag von der Küste heraufkommen: „Collo", so die regionale Abkürzung, ist genau so, wie man sich eine Kleinstadt im Süden Frankreichs vorstellt: verschlafen-malerisch, mit Mini-Supermarkt und Boules-Platz, und überall Platanen, die den Alten beim Plauschen Schatten spenden.

Kommt man im Ort an, so stolpert man zunächst über Schilder mit der Aufschrift „Crème de Marrons". Es handelt sich dabei um eine aus **Esskastanien** hergestellte Paste, die überall im Dorf und auf den Höfen der Umgebung angeboten wird. Man kann sie wie Marmelade auf Brot verzehren oder als Dessert zum Beispiel mit Quark oder Joghurt. Die Leute von Collobrières sind jedoch erfinderisch und verarbeiten die Maronen gleich noch zu allerlei anderem: Es gibt sie kandiert, eingelegt, als Mehl, als Grundlage von Sirup und Likör und sogar als Eiscreme. Wer keine Kastanien mag, braucht einen Restaurantbesuch jedoch nicht zu fürchten: Es gibt dort **Wildschwein-Gerichte,** eine weitere Spezialität der Gegend, und auch ganz „normale" provenzalische Küche.

Bei einem Spaziergang durch das Dorf fällt eine alte **Brücke** auf, die schon seit dem 11. Jh. den Fluss überspannt. Damals war sie der einzige Zugang zum alten Dorf und zur Burg. Dazu gehörte natürlich auch eine Kapelle, die im 15. Jh. vergrößert wurde. Von dieser **Kirche Saint-Pons** sind jedoch nur noch Ruinen am Ortseingang Richtung Grimaud übrig. Die neue **Kirche Notre-Dame-de-Victoire** ist wesentlich jüngeren Datums. Errichtet ab 1870 im neogotischen Stil, sind vor allem ihre schönen bunten Ziegel am Turmdach hervorzuheben. Nicht weit von hier liegt die von einem Platanendach geschützte Place de la Libération mit dem Bürgermeisteramt, untergebracht in einem schönen Patrizierhaus aus der zweiten Hälfte des 19. Jh.

Entlang der Hauptstraße findet man mehrere solcher *Hôtels particuliers,* die allesamt aus der Zeit stammen, als Collobrières sein kleines Wirtschaftswunder erlebte: 1850 zählte man drei Sägewerke, mehrere Minen und fast 20 Unternehmen, die Flaschenkorken herstellten. Ein Mann aus dem Dorf, ein gewisser Monsieur Auméran, soll damals das Geheimnis der **Korkgewinnung** von einer Reise nach Spanien mitgebracht haben. Mit dieser Methode konnte man aus der Rinde einer Korkeiche 800 Korken herstellen – allerdings nur alle zehn Jahre! Gut, dass Collobrières von so viel Wald umgeben ist ...

Information

- **Office de Tourisme,** Boulevard Charles Caminat, 83610 Collobrières, Tel. 04.94.48.08.00, Fax 04.94.48.04.10, www.collotour.com. Kurios: Das Fremdenverkehrsamt ist untergebracht in den Räumen des ehemaligen öffentlichen (!) Bade- und Toilettenhauses.

054co Foto: im

Verkauf von Maronenmus in Collobrières

Unterkunft/ Essen und Trinken

• **Hotel-Restaurant de Maures** €, 19, Boulevard Lazare-Carnot, Tel. 04.94.48.07.10, Fax 04.94.48.02.73. Das Restaurant mit seiner gemütlichen Terrasse über dem Fluss bietet eine empfehlenswerte, bodenständige Küche mittlerer bis unterer Preisklasse. Günstig ist vor allem das Tagesgericht. Spezialitäten: Wildschwein, Forelle und Nachtisch mit *crème de marrons*. Zehn einfache Hotelzimmer.

• **Restaurant La Petite Fontaine,** Place de la République, Tel. 04.94.48.00.12. Provenzalische Gerichte mittlerer Preislage, serviert auf einer schönen Terrasse im Oberdorf. Im Sommer bekommt man ohne Reservierung keinen Tisch, da das Restaurant äußerst beliebt ist.

• **Bastide de la Cabrière** €€€, Route de Gonfaron, Tel. 04.94.48.04.31, Fax 04.94.48.09.90, www.provenceweb.fr/83/cabrière. Auf diesem renovierten Bauernhof 6 km außerhalb bietet die Familie de Saleneuve sechs schöne Doppelzimmer mit Bad an. Es gibt einen Swimming-Pool und auch Mahlzeiten für Gäste auf der Basis eigener Ernte.

Camping

• **Camping Saint-Roch,** Tel. 06.76.94.52.01 (Reservierungen), 04.94.28.15.72. Auskünfte erteilt das Office de Tourisme. Städtischer Campingplatz mit 36 schattigen Plätzen im Oberdorf. Geöffnet Mitte Juni bis Mitte Sept.

Märkte

- **Wochenmarkt,** Sonntagmorgen auf der Place de la Libération, im Sommer zusätzlich am Donnerstag.

Feste und Veranstaltungen

- **Brunnenfest** *(Fête des Fontaines),* um die Mitte des Monats August wird für eine Woche die „Ankunft" des fließenden Wassers 1891 in Collobrières gefeiert. Vorher holte man das Wasser aus einem der vier Dorfbrunnen, ein recht beschwerlicher Job, den vor allem die Frauen verrichteten.
- **Kastanienfest,** mit großem Feinschmecker- und Künstlermarkt an den letzten drei Oktober-Sonntagen. Neben weiteren Attraktionen gibt es auch einen Volkslauf.
- **Kunsthandwerkermarkt,** im Juni überall im Dorf.

Einkaufen

- **Confiserie Azuréenne,** Boulevard Koenig, Tel. 04.94.48.07.20. Feine Spezialitäten, hergestellt auf der Basis von Esskastanien. Angeschlossen an die seit 1950 bestehende Firma ist ein kleines **Museum,** das die Herstellung von kandierten Maronen erklärt.

Verkehrsverbindungen

- **Bahn/Bus:** Der nächste große Bahnhof ist in Toulon, Tel. 08.36.35.35.35. Von dort tägliche Busverbindung nach Collobrières mit *Transvar Autocars,* Tel. 04.94.28.93.28.

Umgebung von Collobrières

Wanderungen

Drei große Wanderwege *(Sentiers de Grande Randonnée)* führen durch das Gebiet der Kommune Collobrières: Der GR 9 führt zum Nachbarort La Garde-Freinet, der GR 90 verbindet Bormes-les-Mimosas mit Notre-Dame-des-Anges und der GR 51 schließlich stößt – von Pierrefeu-du-Var kommend – beim Gipfel Laquina auf den GR 90. Nähere Auskünfte zu allen Wanderwegen erteilt das Office de Tourisme von Collobrières, wo man auch detaillierte Wanderkarten kaufen kann. Hier seien die zwei Wanderungen mit den interessantesten Zielen erwähnt:

Das Kartäuserkloster **Chartreuse de la Verne** ist etwa zwölf Kilometer von Collobrières entfernt (Beschreibung s.u.). Der Hin- und Rückweg dauert etwa sechs Stunden.

Bei den **Menhiren auf dem Plateau Lambert** handelt es sich um zwei aufrecht stehende Monolithen von 3,15 bzw. 2,82 Metern Höhe, die höchsten dieses Typs in der Provence. Ihre Entstehungszeit wird auf etwa 2000 bis 3000 Jahre v. Chr. datiert. Der Hin- und Rückweg dauert insgesamt rund vier Stunden. Es gibt zwei Möglichkeiten, zu den Menhiren zu gelangen: entweder über den Wanderweg GR 90, Start am Campingplatz, oder über den Forstweg ab dem Kreuz Anselme. Dieses befindet sich an der Abzweigung zum Kartäuserkloster von der D 14. Die Zufahrt mit dem Auto ist nicht gestattet.

Notre-Dame-des-Anges

Die **Kapelle** und den **Aussichtspunkt** Notre-Dame-des-Anges erreicht man von Collobrières aus mit dem Auto (17 km) zunächst über die D 39 Richtung Gonfaron. Am *Col de Fourche* hält man sich links, um an der nächsten Kreuzung sofort wieder rechts abzubiegen. Vom Gipfel aus bietet sich ein herrlicher Panoramablick auf die Berge und das Meer.

La Sauvette

Schlägt man am *Col de Fourche* (s.o.) den rechts liegenden Weg Richtung La Garde-Freinet ein, so führt dieser zum **höchsten Berg des Mauren-Massivs,** dem 780 Meter hohen Gipfel La Sauvette. Es ist allerdings nicht möglich, bis ganz nach oben mit dem Auto zu fahren. Ab der *Piste des Condamines* muss man zu Fuß gehen.

Schildkrötendorf

Bei dem etwas weiter nördlich gelegenen Ort **Gonfaron** gibt es ein Schildkröten-Gehege, das so genannte *Village des Tortues*. Dort wird u.a. die im Mauren-Gebirge heimische Hermann-Schildkröte gezüchtet, die sonst vielleicht schon ausgestorben wäre. Wahrscheinlich gibt es diese Landschildkröte seit Millionen von Jahren; sie ist somit eines der ältesten Wirbeltiere Europas. Die Art steht unter Naturschutz und kommt sonst nur noch auf Korsika vor.

Zu erreichen ist das Schildkrötendorf von Gonfaron aus über die D 75 in Richtung La Garde-Freinet.

- **Village des Tortues,** Tel. 04.94.78.26.41, von März bis November täglich 9–18 Uhr, Eintritt 8 €, Kinder 5 €.

Kartäuserkloster Chartreuse de la Verne

Die Chartreuse de la Verne ist ein mitten im Mauren-Massiv in völliger Abgeschiedenheit liegendes Kloster, das **im 12. Jh. gegründet** wurde. Von der D 14, die sich zwischen Grimaud und Collobrières durchs Gebirge schlängelt, bietet sich ein erstaunlicher **Ausblick** auf das Kloster: Es mutet an wie eine Festung, eine Trutzburg, die imposant und massig aus den dichten, dunkelgrünen Wäldern emporragt. Der Großteil der Gebäude stammt aus dem 17. und 18. Jh.

Der monumentale Eindruck aus der Ferne täuscht jedoch darüber hinweg, dass die Chartreuse baufällig, **zum Teil verfallen oder zerstört** ist. Trotz intensiver Restaurierungs- und Renovierungsarbeiten zwischen 1969 und 1983 bleibt auch heute noch viel zu tun. Immerhin war Mitte der achtziger Jahre ein Teil der Gebäude soweit hergerichtet, dass wieder einige Ordensschwestern einziehen konnten. Die nationale Denkmalschutzbehörde *Monuments Historiques* hat jedoch bis auf weiteres alle Fördergelder gestrichen, weil die Restaurierung nicht nach ihren Richtlinen erfolgte und in Kunsthistoriker-Kreisen als umstritten gilt.

Zurzeit leben hier ungefähr zwanzig so genannte Bethlehem-Schwestern, **Kartäuserinnen,** die gemäß ihrer Ordensregel weder ausgehen noch Besuch empfangen dürfen. Die meiste Zeit verbringen sie schweigend mit Kontemplation und Gebet. Kaum zu

Der Kartäuserorden gestern und heute

Der **Ordensgründer Bruno** wird um das Jahr 1030 in Köln geboren und kommt schon als Jugendlicher an die renommierte **Kathedralschule von Reims.** Er promoviert dort, wird Kanoniker des Kathedralkapitels und steigt 1056 zum Rektor seiner Schule auf. Viele Jahre bleibt er in Reims, bis der Papst ihm schließlich wegen seiner Verdienste die Bischofswürde anbietet (1080). Bruno jedoch lehnt ab. Der Grund: Ihn ekelt die Verlogenheit der hohen Geistlichkeit an und er will nicht selbst so korrupt werden.

Stattdessen entscheidet er sich für ein **Leben in Einsamkeit** und wählt dafür eine Priorei in der Nähe des Klosters Molesmes. Schon bald stellt er fest, dass es ihm dort nicht einsam genug ist. Er bittet Hugues, einen ehemaligen Schüler, der jetzt Bischof von Grenoble ist, ihm zu helfen.

Dieser führt den eigenwilligen Bruno zusammen mit sechs Gefährten höchstpersönlich in das **wilde Tal der Chartreuse** zwischen Grenoble und Chambéry. Das Tal wird dem neuen Orden seinen Namen geben, wie auch dieses Jahr **1084 als Gründungsjahr** in die Geschichte eingehen wird.

Nach sechs Jahren friedlichen Einsiedlerlebens wird Bruno eine besondere Ehre zuteil: Papst Urban II., abermals ein ehemaliger Schüler, ruft ihn als Berater nach Rom. Bruno gehorcht sofort, hält es aber nicht lange am Hof aus. Mit dem Einverständnis Urbans gründet er noch im selben Jahr (1090) eine **zweite Kartause in Kalabrien.** Dort stirbt er in Torre im Jahr 1101.

Die größte Ausdehnung seiner Geschichte erreichte der Kartäuserorden im 14. Jh., als er **allein in Frankreich 107 Klöster** umfasste. Heute hat der Orden insgesamt rund 500 Mitglieder, Mönche und Nonnen, die in 24 Kartausen auf drei Erdteilen leben. In Deutschland gibt es das Kloster Marienheide, welches zur Diözese Fulda gehört.

Die Kartäusermönche und -nonnen weihen ihr Leben dem Gebet und der Suche nach Gott. Sie sind vor allem **Eremiten;** ihr gemeinschaftliches Leben reduziert sich auf ein Minimum. Sie leben in einer so genannten **Zelle,** die jedoch eher an ein Haus im Miniaturformat erinnert: Es gibt vier Zimmer, die sich über zwei Etagen erstrecken und bestimmten Lebensbereichen zugeordnet sind, sowie einen Garten.

Diese Zelle verlassen sie dreimal täglich, um zusammen in der Kirche zu beten. Ansonsten wird die Klausur nur an Sonn- und Feiertagen gebrochen, wenn man sich zum Essen im Refektorium trifft bzw. zum gemeinschaftlichen Spaziergang. Ein direkter Zugang zu den Medien ist generell nicht erlaubt und jeder darf pro Jahr nur ein bis zwei Verwandtenbesuche empfangen.

Die meiste Zeit verbringen die Kartäuser und Kartäuserinnen mit **Gebet und Meditation.** Der Tagesablauf beginnt mit dem Zellengebet um Mitternacht, an den sich zwei- bis dreistündige Offizien in der Kirche anschließen, und endet mit dem Schlafengehen gegen 20 Uhr. Dazwischen liegen, streng geregelt, weitere Gebete und Studien sowie Handarbeit. Die einzige „Freizeit" haben sie zwischen dem Mittagessen und dem Stundengebet um 14 Uhr.

Zwischen den Gebeten muss jeder jeweils zwei Stunden Arbeit verrichten, um für die Harmonie von Körper, Geist und Seele zu sorgen. Natürlich sind immer auch einige Mönche bzw. Nonnen im jeweiligen Kloster zuständig für die Erfüllung der täglichen Aufgaben, denn die Kartäuser sind **Selbstversorger.** Jede Gemeinschaft soll grundsätzlich für ihren Unterhalt aufkommen, vor allem durch **Landwirtschaft und Handwerk.** Durch ein Ausgleichssystem werden ärmere Klöster von den reicheren unterstützt.

Informationen über den Kartäuserorden erhält man im Internet unter www.chartreux.org.

glauben, dass dieser Ort der Stille inzwischen 60.000 bis 70.000 Besucher pro Jahr verkraftet.

Anfahrt

Vom nächstgelegenen Ort Collobrières beträgt die Entfernung etwa zwölf Kilometer. Man erreicht das Kloster von dort über die D 14 Richtung Grimaud/Cogolin, von der nach etwa sechs Kilometern rechts eine Straße zum Kloster abzweigt, die später in eine Waldpiste übergeht.

Wie oben beschrieben, kann man die D 14 natürlich auch von Grimaud aus befahren und zuerst einmal den wunderbaren Blick auf die festungsartige Chartreuse genießen. Die Strecke ist etwa 25 Kilometer lang und bietet als weiteres Highlight einen „Traum-Ausblick" auf den Golf von Saint-Tropez.

Wer sein Lager an der Küste oder bei Saint-Tropez aufgeschlagen hat, sollte ausreichend Zeit für die **kurvenreiche Anfahrt** einplanen bzw. besser gleich von einer **Tagestour** ausgehen. Die Straßen im Gebirge sind durchweg schmal und für Wohnmobile bzw. PKW mit Wohnwagen nicht geeignet. Besondere Vorsicht beim Fahren ist geboten wegen der **zahlreichen Radfahrer.**

Geschichte

Im Jahre **1170** entschlossen sich die Bischöfe von Toulon und Fréjus, auf einem Plateau mitten in der Wildnis des Mauren-Gebirges ein Kloster für Mönche des Kartäuserordens zu gründen. Es entstand in 410 Metern Höhe **an der Stelle einer alten Priorei,** die schon den Namen *Notre-Dame-de-la-Verne* trug. *La Verne*, das bedeutet so viel wie „Gnade, Milde, göttliche Güte". 1174 waren bereits einige Mönche dort angekommen, um die romanische Kirche einzuweihen.

Obwohl die Chartreuse mehrmals abbrannte (1214, 1271 und 1318) und vor allem während der Religionskriege unter **Plünderungen und Zerstörungen** zu leiden hatte, wurde sie immer wieder aufgebaut. Die meisten der heute noch stehenden Gebäude bzw. Gebäudereste stammen aus der **letzten Bauphase, die im 17. Jh. begann.** Die Arbeiten, die auch eine neue Kirche und einen neuen Kreuzgang umfassten (1772), wurden jedoch nie beendet, weil 1789 die Revolution ausbrach: Im Zuge der Säkularisation erklärte man das Kloster und seine etwa 3000 Hektar umfassenden Ländereien zum **Staatseigentum;** die Mönche mussten fliehen. Weil die Ausstattung versteigert wurde, konnte sie zum Teil bis heute gerettet werden. Viele Gegenstände oder Möbel aus dem Kloster befinden sich in Kirchen und Museen der Umgebung. Die Gebäude indes verfielen, woran auch der 1921 verfügte **Denkmalschutz** zunächst nichts änderte.

Erst 1968 gründete sich ein Förderkreis, der das Kloster mietete und seine überfällige Restaurierung in Angriff nahm. Mitte der achtziger Jahre konnten erste Geistliche einziehen, doch die Arbeiten sind weiter im Gange. Der **Wiederaufbau des Klosters** wurde bis 1993 von der nationalen Denkmalschutzbehörde *Monuments Historiques* unterstützt. Obwohl heute sowohl von der Region PACA als auch vom Département Var Zuschüsse kommen, verzögert sich die Restaurierung aufgrund finanzieller Schwierigkeiten.

Rundgang

Nähert man sich dem Kloster, so fällt zuerst sein festungsartiger Charakter auf. Die **hohen Außenmauern** demonstrieren unmissverständlich die strenge Trennung zwischen dem Leben außerhalb und dem Gott gewidmeten Leben innerhalb. Selbstverständlich boten sie, wenn auch nicht primär, Schutz vor Feinden.

Das mächtige klassizistische **Haupttor** ist aus Serpentingestein, einem grünlichen Marmor, der aus dem nahen Steinbruch von La Môle stammt. In der letzten Bauphase des Klosters, im 17. und 18. Jh., wurde dieser edle Stein überall im Kloster als Schmuck verwendet. Viel wurde nach der Französischen Revolution gestohlen, doch einige Arkaden des kleinen Kreuzgangs sind beispielsweise noch erhalten. Der **Serpentin** kontrastiert schön mit dem grau-braunen Schiefer, der ebenfalls in der Chartreuse verbaut wurde.

Man betritt das Kloster durch einen Nebeneingang und gelangt zuerst in einen **Ausstellungssaal,** wo Arbeiten der Ordensschwestern aus aller Welt zum Kauf angeboten werden, zum Beispiel Kunsthandwerk und Delikatessen. Früher war dies der **Lagerraum** des Klosters für seine Vorräte an Obst und Gemüse. Dieser gesamte vordere Teil des Gebäudekomplexes war den *Familiares* vorbehalten, den Bediensteten des Klosters, die nicht direkt zur Ordensgemeinschaft gehörten.

In dem anschließenden Raum, der so genannten **Scheune,** ist eine Ausstellung religiöser Holzskulpturen zu sehen. Er liegt etwas erhöht und besitzt einen Kamin. Weil er einer der trockensten Räume war, lagerte man hier die Getreidevorräte. Praktisch, dass die **Bäckerei** nur ein Stockwerk tiefer lag, denn zur Versorgung aller Mönche und Arbeiter, etwa 50 bis 60 Personen, war eine große Menge an Backwaren erforderlich. Der gut erhaltene Ofen hat nicht zufällig den stolzen Durchmesser von fünf Metern: Hier wurden alle Mahlzeiten für die Klosterbewohner zubereitet. Im Boden in der Mitte des Raumes befindet sich ein Loch, durch das man frisch geerntete Oliven direkt in die darunter liegende Ölkelterei schüttete.

Über eine Treppe gelangt man zur **Besucherkapelle** *(Oratoire)*. Sie wurde in ehemaligen Küchenräumen eingerichtet und war die Kapelle der ersten Schwestern, die 1984 das Kloster bezogen.

Sehr interessant ist eine **Mönchszelle,** die genauso renoviert und eingerichtet wurde, wie sie im 12. Jh. ausgesehen hat. In solch einer Zelle lebte der Kartäusermönch Tag und Nacht, er betete, arbeitete, schlief und aß hier. Mit Ausnahme von zwei Gemeinschaftsgebeten in der Kirche war er immer allein. Die Lage der hergerichteten Zelle, ihre Nähe zum Kreuzgang

056co Foto: im

und zur Kirche, weist darauf hin, dass in dieser Zelle der Abt gewohnt haben muss.

Die Zellen bestanden jeweils aus vier kleinen Räumen: Im ersten, „Ave Maria" genannt, stand eine Skulptur der Gottesmutter, der Schutzheiligen der Kartäuser. Er war der einzige beheizte Raum. Der daran anschließende Gang war zur körperlichen Ertüchtigung gedacht. Im Hauptraum, dem *Cubiculum*, stand das Bett des Mönchs. Hier nahm er aber auch seine Mahlzeiten zu sich, betete und studierte.

Chartreuse de la Verne:
Außenansicht und Mönchszelle

Schließlich gehörte zu jeder Zelle eine Werkstatt im Obergeschoss sowie ein kleiner Garten. Die ihn umgebenden Mauern waren extra hoch, um die Einsamkeit des Mönchs zu schützen.

In der Chartreuse de la Verne gibt bzw. gab es zwei Kirchen und auch zwei Kreuzgänge, die jeweils derselben Bauperiode entstammen: Von der **romanischen Kirche** aus dem 12. Jh. waren nur noch die Nordmauer, ein Teil des Glockenturms und ein Stück der halbrunden Apsis übrig. Am Wiederaufbau wird noch gearbeitet. Der **„Kreuzgang der Einsamkeit"** aus derselben Zeit ist das Herz des Klosters. An den 90 Meter langen Gängen liegen die Zellenruinen, die nach und nach wieder aufgebaut werden. Seit 1998 ist die erste Zelle von einer Non-

ne bewohnt, die anderen müssen sich derweil mit Baucontainern begnügen.

Auf dem **Friedhof** am Ende des Kreuzgangs liegen ungefähr 800 Gräber von Mönchen, die zwischen dem 12. Jh. und der Französischen Revolution im Kloster starben.

Sehr schön wieder hergestellt ist die **Kirche aus dem 17. Jh.,** in der sich die Schwestern morgens und abends zum Gebet treffen. Untergebracht in dem umgebauten Kapitelsaal des 12. Jh., ist sie wundervoll schlicht, mit Natursteinmauern und einem Altarbild mit modernen Engelsdarstellungen. Vom angrenzenden **kleinen Kreuzgang** sind noch einige Arkaden aus Sepentingestein erhalten.

Eine Treppe führt wieder ins Untergeschoss des Bediensteten-Gebäudes, in die ehemalige **Ölkelterei.** Man kann dort nicht nur mehrere Steinpressen ansehen, sondern auch – in französischer Sprache – einen Videofilm über die Chartreuse und den Kartäuserorden. Die letzte Station des Rundgangs führt in den **Keller,** aber keine Angst, es ist ein großer Raum von eigentümlicher Schönheit. Hauptsächlich liegt das an der Christus-am-Kreuz-Darstellung, einer schönen, großen Skulptur spanischen Stils, die am Kellerausgang mittels Strahlern in Szene gesetzt wird.

- **Monastère de la Verne,** 83610 Collobrières, Tel. 04.94.43.48.28, http://la.verne.free.fr, Juni bis August 11–18 Uhr, im Winter 11–17 Uhr, dienstags und an katholischen Feiertagen sowie im Januar geschlossen, Eintritt 6 €, Ermäßigungen, für Kinder bis 12 Jahre freier Eintritt.

La Garde-Freinet

Das 1500-Seelen-Dorf, das noch viel „provenzalische Authentizität" bewahrt hat, eignet sich gut als Ausgangspunkt für **Streifzüge durch das Mauren-Massiv.** Es liegt an der Hauptverbindungsstraße durch das Gebirge von Norden an die Küste. Damit jedoch keine falschen Vorstellungen entstehen: Diese Straße ist eine wunderschöne Panorama-Straße, gesäumt von Weingütern, die zum schnellen Vorwärtskommen mitnichten geeignet ist.

Traditionell lebten und leben einige Künstler in La Garde-Freinet, das mit einer knappen halben Stunde Fahrzeit gerade richtig entfernt von Saint-Tropez liegt. Die Schauspielerin Jeanne Moreau drehte hier Teile des Films „Lumière".

Zu sehen gibt es vor allem noch die Reste einer **mittelalterlichen Trutzburg,** vielleicht von den Sarazenen, die von hier aus zeitweilig die gesamte Region beherrschten. Aufgrund seiner Lage in 400 Metern Höhe, umgeben von dichten Wäldern, war der Flecken im Mittelalter prädestiniert als militärischer Stützpunkt: Feinde waren weithin zu sehen. Dies wussten die Sarazenen oder **Mauren,** wie man sie ebenfalls nennt, im 9. und 10. Jh. geschickt zu nutzen. Die Eroberer muslimischen Glaubens schafften es, von La Garde-Freinet aus für fast einhundert Jahre lang das Mauren-Massiv nebst seiner Küste sowie den Golf von Saint-Tropez zu beherrschen.

Man darf sich diese Sarazenen jedoch nicht, wie die Legende lange glauben machen wollte, als wilde, brandschatzende Meute vorstellen, die Höfe und Dörfer in Schutt und Asche legten. Vielmehr entwickelte sich im Laufe der Zeit durchaus eine Vermischung dieser Seefahrer von der iberischen Halbinsel mit der einheimischen Bevölkerung. Das Festsetzen an der französischen Südküste gehörte wahrscheinlich zu einer groß angelegten Strategie der in Spanien herrschenden Omajiaden-Dynastie, die zum Ziel hatte, den ganzen westlichen Teil des Mittelmeeres zu beherrschen.

Erst 972 gelang es Wilhelm, dem Grafen der Provence, die „Barbaren", die übers Meer gekommen waren, zu vertreiben. Die muslimischen Mauren hatten damit ihren letzten Stützpunkt auf dem Gebiet des heutigen Frankreich verloren; die gesamte Region erlebte eine Zeit des Aufschwungs und der erneuten Christianisierung.

Fort Freinet

Die mittelalterliche Festung **oberhalb des heutigen Dorfes** (450 m) geht möglicherweise auf die Sarazenen und das 9./10. Jh. zurück, könnte aber auch jüngeren Datums sein (12. Jh.). Sicher ist sich die Forschung nur über das Datum der Zerstörung: Die Mauern des Forts wurden im November 1589, nach den Religionskriegen, auf Geheiß des Maréchal de la Valette geschleift. Zu diesem Zeitpunkt lebte jedoch längst niemand mehr in der Festung, denn die Dorfbewohner hatten im Verlauf des 14. Jh. den schwer zugänglichen Hügel zugunsten des heutigen Dorfes verlassen.

Ein **Spaziergang** vom Dorf zum Fort dauert hin und zurück etwa eine Stunde. Führungen gibt es jeden Donnerstag um 9 Uhr und nach Vereinbarung.

Wanderung zu den Roches Blanches

Der 640 Meter hohe Aussichtspunkt auf einem **Felsen aus weißem Quarzgestein** ist in etwa einer Stunde zu erreichen. Man sieht die Ebene des Flusses Argens, die Nordhänge des Mauren-Gebirges sowie die Bucht von Saint-Tropez.

Information

- **Office de Tourisme,** 1, Place de la Mairie, 83680 La Garde-Freinet, Tel. 04.94.43.67.41, Fax 04.94.43.08.69, www.lagardefreinet. com.

Essen und Trinken

- **Restaurant La Faucado,** Route Nationale, Tel. 04.94.43.60.41. Hinter einer unscheinbaren Mauer an der Hauptstraße verbirgt sich ein Restaurant der besonderen Art: Die grün überwucherte Terrasse wirkt wie ein Paradiesgarten und die provenzalischen Gerichte lassen ebenfalls Träume wahr werden. Mittlere bis gehobene Preislage.

Camping

- **Camping Municipal Saint-Eloi,** Quartier Saint-Eloi, Tel. 04.94.43.62.40. Im Schatten von Kiefern, Zedern und Korkeichen gibt es Platz für 80 Zelte und 20 Wohnmobile. Der Eintritt ins städtische Schwimmbad gleich nebenan ist im Preis inbegriffen.

Märkte

- **Wochenmarkt,** Mittwoch- und Sonntagmorgen.

Feste und Veranstaltungen

- **Bravade de la Saint-Clément,** religiös-militärisches Volksfest mit Prozession am ersten Mai-Wochenende. Es geht hier ähnlich zu wie in Saint-Tropez, doch natürlich etwas weniger spektakulär.
- **Fête de la Transhumance,** im Frühsommer werden Hunderte Schafe von der Ebene auf die Almen getrieben. Das Fest mit großem Bauernmarkt findet im Juni statt. Es wird auch demonstriert, wie die Schäferhunde dressiert werden.
- **Fête de la Châtaigne,** im Zentrum dieses Festes an den letzten beiden Wochenenden im Oktober steht die Esskastanie.

Die Küste westlich von Saint-Tropez

Der reizvolle Küstenabschnitt zwischen La Croix-Valmer und Le Lavandou wird auch **Corniche des Maures** genannt, Küstenstraße des Mauren-Massivs. Vielerorts stoßen Meer und Berge direkt aufeinander, die Strände dort sind klein und schmal. Aber es gibt auch **Urlaubsorte** mit Stränden und touristischer Infrastruktur: La Croix Valmer, Cavalaire-sur-Mer und Le Lavandou sind dafür die besten Beispiele.

Atemberaubend sind zwei Strecken aus dem Gebirge hinunter an die Küste: Von Collobrières kommend führt die D 41 über zwei Pässe, den *Col de Babaou* und den *Col de Gratteloup,* in das bei Touristen sehr beliebte **Bilderbuchdorf Bormes-les-Mimosas.** Die zweite Strecke, die D 27, beginnt bei La Môle, passiert den *Col du Canadel* und endet an der Küste in dem Zwillingsdorf Le Rayol-Canadel.

Hier findet man ein Kleinod, das an der gesamten Côte d'Azur seinesgleichen sucht: Die **Domaine du Rayol** ist ein wunderbarer Garten, ein quasi-wildes Naturschutzgebiet, in dem man einerseits bestaunen kann, wie die Küste ursprünglich einmal aussah, und wo andererseits Pflanzen aus aller Herren Länder gedeihen, zum Beispiel australische Mimosen, asiatischer Bambus oder Agaven aus Mexiko.

In Le Rayol kann man sich noch am ehesten vorstellen, dass die schwer zugängliche Mauren-Küste bis zu Beginn des 20. Jh. so gut wie nicht besiedelt war. Erst mit dem Bau der Eisenbahnlinie *Chemin de Fer de Provence* 1885 begann langsam die touristische Entdeckung des Küstenabschnitts. Der Badeort Le Rayol-Canadel etwa wurde erst 1925 als Ableger des Dorfes La Môle gegründet, und zwar von einer Immobilienfirma namens *Terre de France*. Für die gesamte Gegend ist dies typisch: Die Bergdörfer im Landesinnern existieren meist seit dem Mittelalter, während die Küstenorte oft wesentlich jüngeren Datums sind und bis heute hauptsächlich vom Tourismus leben.

La Croix-Valmer

Der beliebte Ferienort, dessen Zentrum einige Kilometer von der Küste entfernt liegt, hat zwei schöne Sandstrände zu bieten: die **Plage de la Bouillabaisse** und, weiter südöstlich, noch auf der Halbinsel von Saint-Tropez, die **Plage de Gigaro.** Auf dem Weg dorthin, an der Kreuzung der N 559 mit der D 93, erinnert ein großes **steinernes Kreuz,** aufgestellt 1893, an eine römische Legende, die von großer Bedeutung für die Ausbreitung des Christentums in Europa war.

Das ursprüngliche Dorf wurde 1882 von Winzern aus Lyon gegründet, und auch heute noch ist La Croix-Valmer teilweise von **Weinfeldern** umgeben. Allerdings ist, um dem Touristenandrang Herr zu werden, viel gebaut worden, weshalb der Ort sein traditionelles Gepräge weitgehend verloren hat.

Wer von Croix-Valmer aus **Wanderungen** unternehmen möchte, findet Informationen oben unter „Die Halbinsel von Saint-Tropez: Küstenwanderweg Sentier littoral“.

Information

- **Office de Tourisme,** Esplanade de la Gare, 83420 La Croix-Valmer, Tel. 04.94.55.12.12, Fax 04.94.55.12.10, www.lacroixvalmer.fr.

Unterkunft

- **Château de Valmer** ***/€€€€€, Route de Gigaro, Tel. 04.94.55.15.15, Fax 04.94.55.15.10, www.château-valmer.com. Eine luxuriöse und darum auch nicht billige Adresse. Das Hotel verfügt über 42 schön dekorierte, komfortable Zimmer mit Klimaanlage und ist zum Teil mit Antiquitäten eingerichtet. Außerdem gibt es einen Tennisplatz, einen Swimming-Pool und einen privaten Strand.

Camping

- **Sélection** ****, 12, Boulevard de la Mer, Tel. 04.94.55.10.30, Fax 04.94.55.10.39, www.selectioncamping.com. Großes Campingareal mit über 200 schattigen Stellplätzen, nur 400 Meter vom Meer entfernt. Alles ist sehr komfortabel, es gibt ein Animationsprogramm, Boules- und Minigolfplätze sowie einen schönen Swimming-Pool inklusive Baby-Becken.

Essen und Trinken

• **La Petite Auberge de Barbigoua,** Avenue des Gabiers / Quartier Barbigoua, Tel. 04.94. 54.21.82. Das Restaurant liegt etwas außerhalb des Ortes in den Hügeln; von der Straße nach Cavalaire ist der Weg ausgeschildert. Es werden marktfrische, ideenreiche Gerichte angeboten, die besonders gut auf der schattigen Terrasse schmecken. Wegen der Lage etwas abseits ist das Haus auch in der Hochsaison nicht überlaufen, trotzdem sollte man vorbestellen und beachten, dass nur abends geöffnet ist. Mittleres Preisniveau.

Märkte

• **Wochenmarkt,** Sonntagmorgen.

Feste und Veranstaltungen

• **Festival des Anches d'Azur,** internationales Blasinstrumenten-Festival, Ende Juni.
• **Nocturnes croisiennes,** Theater, Kabarett, (Jazz-)Konzerte im Juli und August.

Sieg im Zeichen des Kreuzes – das Christentum setzt sich im Römischen Reich durch

Der Ortsname *La Croix*, „das Kreuz", geht auf eine Legende aus der Römerzeit zurück. **Kaiser Konstantin** (306–37), der sich auf der Rückreise nach Italien befand, soll hier oben auf dem Pass von La Croix-Valmer eine **Vision** gehabt haben: Ihm erschien ein **Kreuz am Himmel,** begleitet von den Worten *in hoc signo vinces*, „in diesem Zeichen wirst du siegen". Mit dem Zeichen war das Christuszeichen gemeint, das Konstantin auf die Schilde und Fahnen seiner Soldaten malen ließ. Im Anschluss bezwang er tatsächlich 312 seinen Rivalen Maxentius bei der Milvischen Brücke. Eine andere und bekanntere Version der Legende verlegt die Vision allerdings auf den Vorabend dieser Schlacht.

Wie dem auch sei, nach der Schlacht jedenfalls ließ sich Konstantin **taufen** und verkündete im Jahr darauf einen wichtigen Befehl: Darin bestätigte er nicht nur die Duldung des Christentums durch seinen Vorgänger Galerius, sondern sicherte den Christen auch die Rückgabe des Eigentums zu, das sie durch die Verfolgungen unter Diokletian verloren hatten. Außerdem ließ Konstantin **Kirchen bauen** und bestimmte den Sonntag als reichsweiten Feiertag. Weil der Kaiser das Christentum so offen förderte, bekehrten sich immer mehr **römische Bürger** dazu, vor allem jetzt auch die Oberschicht.

Als Konstantin 324 schließlich Alleinherrscher des riesigen Reiches wurde, waren ihm das Christentum und dessen Verwaltung mit den Bischöfen an der Spitze ein wichtiges Hilfsmittel bei der Reichseinigung. Eines allerdings vermied er: Er verbot noch nicht den alten **Götterglauben.** Das tat erst Kaiser Theodosius 391, als er das Christentum der katholischen Kirche zur Staatsreligion erklärte.

Cavalaire-sur-Mer

Der **Badeort** an der gleichnamigen Bucht ist vor allem bei **Familien** beliebt, weil man hier etwas preiswerter unterkommen kann als in den Nachbarorten. Dementsprechend „funktional" zeigt sich auch das Stadtbild: Es gibt eine Menge Appartementblocks und die lange Strandpromenade ist breit und ordentlich, entbehrt aber jeglichen Charmes. Allenthalben stößt man auf Imbissbuden, Souvenirshops oder lärmende Kinderkarussels, an Sommerabenden bevölkern Bands, Feuerschlucker und südamerikanische Tanzgruppen die Gegend um den Yachthafen und das Kasino. Zur Ruhe kommt man hier nicht. Kaum vorstellbar, dass Cavalaire einmal ein beschauliches Fischernest war mit einer Hand voll Einwohnern.

Information

- **Office de Tourisme,** Maison de la Mer, 83240 Cavalaire-sur-Mer, Tel. 04.94.01.92.10, Fax 04.94.05.49.89, www.cavalaire-sur-mer.fr.

Unterkunft

- **Hotel-Restaurant Alizés** ***/€€€, Promenade de la Mer, Tel. 04.94.64.09.32, Fax 04.94.64.15.84. Modernes Hotel mit Art-Déco-Charme direkt am Meer und im Zentrum. Für Urlauber geeignet, die sich tagsüber gern sonnen und nachts ins Vergnügen stürzen wollen. Das Restaurant ist auf Fisch und Meeresfrüchte spezialisiert und bietet u.a. die traditionellen Fischsuppen *Bouillabaisse* und *Bourride* an.
- **Hotel Villa Provençale** **/€€€, Rue des Maures, Tel. 04.94.00.47.90, www.hotelvilla provencale.com. Dieses Hotel, 600 m vom Strand gelegen, bietet hübsche provenzalisch eingerichtete Zimmer und eine ruhige, familiäre Atmosphäre. Hotelgäste können auch bodenständige, traditionelle Menüs abends im Garten genießen.

Camping

- **Camping de la Baie** ****, Boulevard Pasteur, Tel. 04.94.64.08.15, Fax 04.94.64.66.10, www.camping-baie.com. Unweit des Stadtzentrums und nur 400 m vom Strand gelegen. Im Angebot: über 400 Stellplätze, komfortable Sanitäranlagen, Vermietung von Bungalows und Mobilhomes, Swimming-Pool, Sport- und Animationsprogramm. Geöffnet Mitte März bis Mitte November.

Essen und Trinken

- **La Table des Saveurs,** Place du Parc, Tel. 04.94.64.10.31. Das Haus liegt am Ortsausgang Richtung La Croix-Valmer direkt an der Küstenstraße und bietet eine anspruchsvolle, kreative Küche. Mittleres bis gehobenes Preisniveau.
- **Le Bougainville,** Rue Pierre Rameil, Tel. 04.96.64.37.12. Traditionelles provenzalisches Restaurant in einer ruhigeren Seitenstraße etwas abseits des Trubels. Spezialitäten: Fischgerichte, z.B. *Bouillabaisse* und *Bourride*. Mittleres Preisniveau.

Märkte

- **Wochenmarkt,** Mittwochmorgen.

Feste und Veranstaltungen

- **Jet-Ski-Meisterschaft,** *Le Cavalaire Jet Games*, jedes Jahr im September.

Aktivitäten

- **Bootstouren zu den Inseln von Hyères,** *Vedettes Iles d'Or*, Tel. 04.94.71.01.02, www.vedettesilesdor.fr. Regelmäßiger Fährverkehr zu den zwei Inseln Porquerolles und Port Cros.
- Cavalaire ist bekannt als Taucherparadies; es gibt mehrere **Tauchschulen** am neuen Hafen unweit der zentralen *Maison de la Mer*.
- **Holiday Bikes,** Les Régates, Rue du Port, Tel. 04.94.64.18.17, Fax. 04.94.79.68.99. Verleih von Fahrrädern und Vespas.

Le Rayol-Canadel

Das Seebad, welches neben Le Rayol und Canadel noch aus drei weiteren Vierteln besteht, ist ein **netter kleiner Urlaubsort,** wenn er auch ein wenig „eingeklemmt“ wirkt zwischen Meer und Bergen. Man kann diese Lage jedoch poetischer beschreiben, so wie es die Prospektschreiber der einzigen Luxusherberge am Ort tun: Es sei eine Landschaft, wo sich das tiefblaue Meer und die Berge begegnen. Diese „Begegnung“ kann man besonders intensiv erleben, wenn man über den **Col du Canadel** hinunter an die Küste fährt. Viele Radsportler tun übrigens dasselbe, weshalb das Befahren der einspurigen Serpentinenstraße Vorsicht und Geschick erfordert.

Im Ort angekommen, geht es paradiesisch weiter: Ein Besuch der „wilden“ Gärten der **Domaine du Rayol** ist gleichermaßen lehrreich wie erholsam. Er gehört zu den Höhepunkten einer Reise an die „Blaue Küste“, weil man nirgends besser sehen kann, wie die Côte ursprünglich einmal ausgesehen hat.

059co Foto: im

Information

- **Office de Tourisme,** Place Michel Goy, 83820 Le Rayol-Canadel, Tel. 04.94.05.65.69, Fax 04.94.05.51.80, www.lerayolcanadel.fr.

Unterkunft

- **Le Bailli de Suffren** ****/€€€€€, Avenue des Américains, Tel. 04.98.04.47.00, Fax 04.98.04.47.99, www.lebaillidesuffren.com. Wunderschöne Luxusherberge im schlicht-mediterranen Stil mit Restaurant, Fitnessraum, Sauna und einem Swimming-Pool, der direkt über dem Meer gebaut ist. Ein (kostspieliges) Fest für die Sinne!
- **Hotel de la Plage** **/€€-€€€, D 559, Tel. 04.94.05.61.22, Fax 04.94.05.53.41, www.rayolhotelplace.com. Einfaches, freundliches Haus an der Küstenstraße, das über 13 klimatisierte Zimmer sowie einen Swimming-Pool verfügt.

Essen und Trinken

- **Maurin des Maures,** Avenue du Touring-Club, Tel. 04.94.05.60.11. Dieses volkstümliche Restaurant an der Hauptstraße von Le Rayol erfreut sich eines hohen Bekanntheitsgrades in der Region. Ob das an den großzügigen Portionen, dem schönen Meerblick oder gar daran liegt, dass Jacques Chirac das Haus durch seinen Besuch geadelt hat, ist nicht genau auszumachen. Jedenfalls stimmt das Preis-Leistungsverhältnis trotzdem noch, weshalb man unbedingt reservieren sollte.

Märkte

- **Wochenmarkt,** Dienstagmorgen in Canadel (nur im Juli und August), Freitagmorgen in Le Rayol (nur April bis Oktober).

Feste und Veranstaltungen

- **Olivenfest,** zu Ostern wird in Le Rayol gezeigt, wie Olivenöl hergestellt wird. Mit Rahmenprogramm und provenzalischem Markt.

Domaine du Rayol

Weithin bekannt und äußerst reizvoll ist dieses **Landschaftsschutzgebiet,** das seit 1989 in seiner heutigen Form besteht und mehrere **Gärten** umfasst, die Einblick in Landschaft und Flora von Gegenden mit **mediterranem Klima** bieten. Dieses spezielle Klima herrscht nämlich nicht nur rund ums Mittelmeer, sondern auch in anderen Teilen der Welt, etwa im Südwesten Kaliforniens, in Zentralchile, in Südafrika rund um das Kap oder im Süden Australiens. Um die Vielfalt der Pflanzenarten zu entdecken und interessante zusätzliche Informationen zu bekommen, bietet sich unbedingt ein geführter Rundgang an.

Die sachkundigen **Führungen** werden ausschließlich von Fachleuten übernommen, denn die Domaine du Rayol gehört dem *Conservatoire du littoral,* einer staatlichen Einrichtung. Sie wurde 1975 mit dem Ziel gegründet, die französischen Küstenregionen zu schützen. Bis heute konnten über 850 Kilometer Küste erworben werden (67.500 Hektar), was etwa 15 % des Küstengebiets ausmacht. Erklärtes Ziel der Küstenschutzbehörde ist es, in der Zukunft ein Drittel der Küsten Frankreichs zu verwalten, um die Bebauung wirksam unterbinden zu können.

Vorherige Seite:
Blick vom Col du Canadel

Geschichte

Die Domaine ist im Grunde die Keimzelle von Le Rayol, denn als sich 1910 der Geschäftsmann Alfred Courmes hier niederließ, gab es noch gar kein wirkliches Dorf. Courmes ließ sich seinen Alterssitz oberhalb der *Baie du Figuier,* der Feigenbaumbucht, errichten, nebst Park mit Dattelpalmen, Eukalyptusbäumen und Mimosen. An den Hängen oberhalb des Anwesens gab es einen in Terrassen angelegten Obst- und Gemüsegarten.

1925 dann kamen die Spekulanten. Die Familie Courmes beschloss, ihr

060co Foto: im

In der Domaine du Rayol

Haus für gutes Geld an die Immobilienfirma *Terre de France* zu verkaufen, die daraus ein Hotel machte. *Terre de France* kaufte insgesamt rund 300 Hektar und schuf damit das Dorf Le Rayol-Canadel, die Domaine selbst blieb aber im Besitz der Courmes.

Erst 1940 verkaufte die Witwe das Anwesen an den Flugzeugbauer Potez, der es gründlich aufmöbelte. Auch der Park erlebte jetzt seine Glanzzeit. Nach dem Krieg gab es wechselnde Besitzer, bis die Domaine in den sechziger Jahren völlig verwahrlost war. Das änderte sich erst, als die staatliche Küstenschutzbehörde sie 1989 kaufte und seitdem der Öffentlichkeit zugänglich macht.

Das Prinzip: Unkraut gibt es nicht!

Die Rayol-Gärten sind das krasse Gegenteil eines gehegten und gepflegten französischen Gartens mit seinen kunstvoll beschnittenen Pflanzen und geometrischen Formen. In Le Rayol werden bewusst auch **Wildpflanzen,** so genanntes „Unkraut", erhalten, denn ein solcher Bewuchs schützt den Boden vor Erosion. Abgeschnitten bzw. gemäht werden sie erst, nachdem sie befruchtet wurden und ihren Samen abgeworfen haben. Deshalb sieht man vor allem im Juni auch verdorrtes Gras in den Gärten. Nach Auffassung der Gärtner in Le Rayol ist die Unterscheidung zwischen „Kraut" und „Unkraut" also relativ ...

Die Gärten im Laufe der Jahreszeiten

Die beste Zeit für einen Besuch der Domaine de Rayol sind die Monate **April und Mai,** denn dann blühen die meisten Pflanzen. Im Juni, wenn sich

061co Foto: im

062co Foto: im

bereits der Sommer ankündigt, kann man zumindest noch die weißen Blüten der Yucca und die tiefblauen Blüten chilenischer Puyas bestaunen. Von Juli bis August, in den Trockenmonaten, blühen mediterrane Pflanzen natürlich nicht, weil sie Wasser sparen. Die Blüten, die man jetzt sieht, stammen von tropischen Pflanzen wie Bougainvillea und Lantana, die jedoch viel gegossen werden müssen. Ab Oktober lässt der Regen die Vegetation wieder aufleben. Schön sind dann besonders die Erbeerbäume mit ihren kleinen, weißen Blüten und knallroten Früchten. Im Winter schließlich erwartet den Besucher ein besonderes Bonbon, denn jetzt entfalten die australischen Mimosen ihre ganze Blütenpracht.

- **Domaine de Rayol,** Avenue des Belges, 83820 Le Rayol-Canadel, Tel. 04.98.04.44.00, Fax 04.98.04.44.01, www.domainedurayol.org, www.conservatoire-du-littoral.fr.
- **Öffnungszeiten:** täglich außer montags geöffnet, in den Ferien auch montags. Im Dezember und Januar bleiben die Gärten geschlossen, d.h. der Besucher kann die Mimosen nur im Februar blühen sehen. April bis September 9.30–12.30 und 14.30–18.30 Uhr, Februar, März, Oktober, November 9.30–12.30 und 14–17.30 Uhr.
- **Eintritt:** 8 €, Ermäßigungen.
- **Führungen:** Sie dauern 1½–2 Stunden und sind im Eintrittspreis inbegriffen. Die meisten Führungen finden auf Französisch und Englisch statt. Februar, März, Juni, September, Oktober, November: 15 Uhr, April, Mai: 10 und 15 Uhr, Juli, August: 10 und 16 Uhr.
- **Musikabende:** Im Juli und August finden montagabends um 21 Uhr klassische Konzerte statt. Plätze müssen vorher reserviert werden und kosten 25 €, für Kinder und Jugendliche bis 18 Jahre 15 €.

Le Lavandou

Der beliebte Urlaubsort nennt sich *La Station aux 12 Sables,* womit auch schon die Hauptattraktion benannt ist: Es gibt **zwölf Sandstrände,** die im Sommer eine Menge Badetouristen anziehen. Das hat unter anderem zur Folge, dass die Küstenstraße, die durch den Ort und am Yachthafen vorbeiführt, ein paar Wochen im Jahr einen Dauerstau erlebt. Damit genug Platz für alle ist, wuchern um das alte Zentrum herum die **Hotelanlagen und Appartementblocks** – ein Glück nur, dass wenigstens auf den Bau von Hochhäusern verzichtet wurde.

Immerhin gibt es einige nette, sorgfältig restaurierte **Gassen,** die noch aus der Zeit stammen, als Le Lavandou ein winziges Fischernest war, das zur Ortschaft Bormes gehörte. 1913, als es eine eigenständige Kommune wurde, sprachen die Bewohner allesamt provenzalisch. Hier liegen auch die **Wurzeln des Namens „Lavandou“:** Er kommt nicht von „Lavendel“ (obwohl der in der Gegend prächtig gedeiht), sondern von dem provenzalischen Wort *lavadou* (frz. *lavoir*), das „Waschhaus“ bedeutet.

Schön ist der *sentier littoral,* der **Küstenwanderweg:** Ein Spaziergang beispielsweise vom neuen Hafen am Strand entlang bis nach La Favière dauert ungefähr 45 Minuten, in denen zwei Kilometer Wegstrecke zurückgelegt werden (siehe auch unten: Bormes-les-Mimosas). Schließlich ist Le Lavandou einer der Haupthäfen für die **Fähren zu den Hyerischen Inseln.**

Information

- **Office de Tourisme,** Quai Gabriel Péri, 83980 Le Lavandou, Tel. 04.94.00.40.50, Fax 04.94.00.40.59, www.lelavandou.com. Im Ortsteil Cavalière gibt es ein zweites Büro, das nur im Sommer geöffnet ist: Avenue du Golf / La Rotonde, Tel. 04.94.05.80.50, Fax 04.94.05.80.52.

Unterkunft/ Essen und Trinken

- **Hotel Le Rabelais** **/€€€, 2, Rue Rabelais, Tel. 04.94.71.00.56, Fax 04.94.71.82.55, www.le-rabelais.fr. Nettes, kleines Hotel direkt am Hafen, das 20 renovierte und klimatisierte Zimmer anbietet, die im provenzalischen Stil eingerichtet sind. Die Räume mit Balkon und Meerblick sind natürlich am schönsten.
- **Hotel-Restaurant Beau Soleil** **/€€-€€€, Avenue des Trois Dauphins, Aiguebelle, Tel. 04.94.05.84.55, Fax 04.94.05.70.89, www.hotel-lavandou.com. Das Hotel befindet sich direkt am Strand des Ortsteils Aiguebelle (4 km vom Zentrum entfernt) und verfügt über 15 Zimmer mit Loggia, einige davon mit Meerblick. Das Restaurant ist auf Fisch und Meeresfrüchte spezialisiert.
- **Hotel Alcyons** ***/€€€-€€€€, direkt nebenan, ist ein etwas komfortableres Hotel mit 24 Zimmern, das unter derselben Leitung steht wie das Beau Soleil (Adresse, Telefon und Internet sind identisch).
- **Restaurant Le Jardin de la Fossette,** La Fossette-Plage, Tel. 04.94.71.20.15. Das zum Vier-Sterne-Haus *Hotel 83* gehörige Restaurant bietet eine ideenreiche Küche mittleren bis gehobenen Preisniveaus.
- **Restaurant Le Sud,** Place de l'Aiguebelle-Plage, Tel. 04.94.05.76.98. Feine mediterrane Küche, modern-innovativ zubereitet. Unter anderem bietet Küchenchef Christophe Pétra köstliche gefüllte Zucchini-Blüten an. Gehobenes Preisniveau.
- **Restaurant Les Tamaris,** Plage de Saint-Clair, Tel. 04.94.71.02.70. Schön dekoriertes Restaurant, direkt am Strand, ca. 50 m entfernt vom gleichnamigen Hotel gelegen. Eine lokale Institution, die ihren Ruf v.a. ihren Fischgerichten und ihrer Bouillabaisse verdankt.

Camping

- In Le Lavandou selbst gibt es keinen Campingplatz direkt am Strand. **Le Camp du Domaine,** zum benachbarten Bormes-les-Mimosas (s. dort) gehörig, liegt jedoch im Ortsteil La Favière unweit des Zentrums von Le Lavandou.
- **Le Pramousquier** ***, Avenue du Capitaine Duicouneau, Tel. 04.94.05.83.95, Fax 04.94.05.75.04. www.campingpramousquier.com. Das Gelände liegt zwischen Cavalière und Le Rayol etwa 500 m vom Strand entfernt. Es ist in Terrassen angelegt, um an dem schmalen Küstenstreifen Raum für die Stellplätze zu schaffen. Von den höchsten aus hat man einen schönen Blick aufs Meer. Zum Angebot gehört auch die Vermietung von Bungalows.

Märkte

- **Wochenmarkt,** Donnerstagmorgen in Le Lavandou, von Juni bis September auch Montagmorgen im Ortsteil Cavalière.

Feste und Veranstaltungen

- **Corso Fleuri,** Blumenkorso an einem Tag in der ersten Märzhälfte.
- **Fête du Romérage,** Volksfest mit traditionellen Trachten Anfang September.

Aktivitäten

- **Bootstouren zu den Inseln von Hyères,** *Vedettes Iles d'Or,* Gare Maritime von Le Lavandou, Tel. 04.94.71.01.02, www.vedettesilesdor.fr. Regelmäßiger Fährverkehr zu den Inseln Porquerolles, Port Cros und Le Levant.
- **Holiday Bikes,** Avenue Vincent Auriol, Tel. 04.94.15.19.99. Motorrad- und Fahrradverleih.

Autoverleih

- **Europcar,** 7, Avenue Commandos d'Afrique, Tel. 04.94.71.19.68.
- **Hertz,** Résidence La Salamandre, Rue A. France, Tel. 04.94.71.30.52.

Bormes-les-Mimosas

Nach Bormes reist man am besten durch die Berge an: Die D 41durch die Wälder des *Forêt du Dom* und vorbei an Weingütern ist **eine der schönsten Straßen der Côte d'Azur.** Aber auch das Dorf selbst ist eine Perle: An einem Hang am Fuße des Mauren-Massivs gelegen und von einer Burgruine gekrönt, ist es ein **Wehrdorf,** ein so genanntes *village perché*, wie aus dem Bilderbuch. Hinzu kommt, dass es wegen seiner Farbgebung italienisch anmutet und dabei vorbildlich restauriert und sehr gepflegt ist. Nicht wenige Künstler und Kunsthandwerker sind am Ort ansässig. Ähnlich schön ist nur noch Eze an der Corniche zwischen Nizza und Monaco.

Das **Stadtgebiet von Bormes** ist eines der größten der Region: Es erstreckt sich über mehr als 10.000 Hektar und umfasst 17 Kilometer Küste. Den **Beinamen „Les Mimosas"** trägt es zwar erst seit 1968, aber die vornehmlich australischen Gewächse, die botanisch korrekt „Akazien" heißen, wurden immerhin schon um 1850 an der Küste eingeführt. Von den 1200 Mimosenarten, die es weltweit gibt, wachsen heute 90 in Bormes, weshalb es als **Hauptstadt der Mimosen** in Frankreich gilt. Überhaupt herrscht im Ort ein günstiges, weil mildes Mikroklima vor: Allenthalben, vor allem natürlich im botanischen Garten, stößt man auf Pflanzen tropischen Ursprungs, zum Beispiel Hibiskus oder Bougainvillea.

063co Foto: im

Kapelle und Kirche

Am Ortseingang liegt die Kapelle **Saint-François-de-Paul** (16. Jh.), benannt nach einem Wunderheiler, der die Dorfbewohner einst von der Pest erlöst haben soll. Die weiter oben errichtete **Pfarrkirche Saint-Trophyme** erinnert durch ihre Formgebung ein wenig an die Romanik, stammt jedoch erst aus dem 18. Jh. Der Dekor mit Trompe-l'œil-Malerei und bunten Gipsstatuen wirkt südländisch-kitschig. Im Sommer kommen viele Auswärtige zur heiligen Messe, angeblich in der Hoffnung, den französischen Staatspräsidenten hier anzutreffen, der sich zuweilen im Fort de Brégançon aufhält (s.u.).

Château des Seigneurs de Fos

Die ehemalige **Burg** wurde – wie im Mittelalter üblich – an der höchsten Stelle des Dorfes errichtet (104 m). Das genaue Datum ihrer Entstehung ist nicht bekannt, Historiker schätzen sie auf das 13. oder 14. Jh., während das Dorf nebst seiner gut erhaltenen Stadtmauern bereits im 12. Jh. erbaut wurde. Die Burg befindet sich in Privatbesitz und kann nicht besichtigt werden. Ein Aufstieg lohnt sich wegen der **Aussicht** aufs Meer: auf die Bucht von Le Lavandou, die Hyerischen Inseln und das kleine Örtchen Cabasson mit dem Cap de Brégançon.

Fort de Brégançon

Das Fort de Brégançon beim gleichnamigen Kap war einst ein wichtiger Verteidigungsposten gegen die Sarazenen. Seit 1968 ist es offizielle **Residenz des französischen Staatspräsidenten,** die jedoch nur von außen bewundert werden kann. Hier liegen auch Anwesen der königlichen Familien von Belgien und Luxemburg.

Museum für Kunst und Geschichte

Zurück im alten Dorf: Auf der Rue Carnot, der Hauptachse im Gassengewirr, befindet sich das Museum von Bormes, untergebracht in einem schön restaurierten Gebäude aus dem 17. Jh. Zu sehen gibt es Malerei des 19. und 20. Jh., darunter Werke des lokalen Landschaftsmalers Cazin, aber auch berühmterer Künstler wie Pissaro und Rivière. Sogar einige Skizzen und Zeichnungen Auguste Rodins zählen zur Sammlung.

Musée d'Arts et d'Histoire, Rue Carnot 65, Tel. 04.94.71.56.60, täglich außer Montag und Sonntagnachmittag 10–12 und 14.30–17 Uhr, Eintritt frei.

Strände

Plage de la Favière: Der größte Strand von Bormes liegt direkt gegenüber den Hyerischen Inseln. Hier beginnt auch der Küstenwanderweg.

Plages de Cabasson und Brégançon: Die beiden Strände werden oft verwechselt, obwohl sie ganz unterschiedlich sind. Der feine Sandstrand von Cabasson befindet sich am Ende einer kleinen Bucht, ist windgeschützt und von viel Grün umgeben. Der Strand von Brégançon liegt gegenüber dem Fort und gibt den Blick frei auf die Halbinsel von Giens bei Hyères.

Plage de Pellegrin: Schöner Sandstrand mit Dünen, umgeben von Kiefernhainen und unweit gelegen von den Weingütern Domaine de la Sanglière und Château de la Léoube.

Parc de l'Estagnol: Der Park gehört zum Anwesen des Fort de Brégançon; sein weißer Sandstrand ist umgeben von Kiefern und hat einen ursprünglichen Charakter.

Küstenwanderweg Sentier littoral

Die Wanderung vom Strand von **La Favière** zum **Cap Bénat** sollte man sich wegen der schönen Aussichten auf die Küste und das Mauren-Massiv nicht entgehen lassen. Hin und zurück ist die Strecke ca. 13 km lang und dauert sechs Stunden. Man kann natürlich auch eine kürzere Strecke wählen, zum Beispiel bis zur **Plage de Gau,** was dann hin und zurück nur ca. zwei Stunden dauert.

Information

- **Office de Tourisme,** 1, Place Gambetta, 83230 Bormes-les-Mimosas, Tel. 04.94.01.38.38, Fax 04.94.01.38.39, www.bormeslesmimosas.com.

Unterkunft

- **Le Grand Hotel** ***/€€-€€€, 167, Route de Baguier, Tel. 04.94.71.23.72, Fax 04.94.71.51.20, www.augrandhotel.com. Dieses Hotel stammt aus der Zeit, als der Massentourismus noch nicht erfunden war, und strahlt bis heute den herrlich altmodischen Charme vom Anfang des 20. Jh. aus. 1903 oberhalb des Dorfes errichtet, verfügt es über 50 Zimmer, die vom Renovierungszustand und Preisniveau recht unterschiedlich sind, viele von ihnen haben Meerblick. Insgesamt ist das Haus für ein Drei-Sterne-Hotel sehr preisgünstig.
- **Le Bellevue** **/€€, 14, Place Gambetta, Tel. 04.94.71.15.15, Fax 04.94.05.96.04, www.bellevuebormes.com. Preisgünstiges Haus mit einfachen, aber durchaus akzeptablen Zimmern. Weil das Bellevue mitten im „Getümmel" liegt, wird das Café-Restaurant zumindest in der Hochsaison stark frequentiert. In den Zimmern, provenzalisch dekoriert und mit Blick auf die Dächer des alten Dorfes, bekommt man davon aber dank der Doppelverglasung nicht viel mit.
- **Chambres d'hôtes La Grande Maison** €€€, 6987, Domaine des Campaux, Route Nationale 98, Forêt du Dom, Tel. 04.94.49.55.40, Fax 04.94.49.55.23, www.lagrandemaisondescampaux.com. Dieses schöne, von Weinfeldern umgebene Landhaus *(Bastide)* liegt ca. 10 km außerhalb von Bormes Richtung La Môle. Es gibt drei charmant eingerichtete Doppelzimmer und zwei Appartements für vier Personen sowie einen Swimming-Pool. Zum Strand sind es 15 km.

Camping

- **Le Camp du Domaine** ****, Route de Bénat, La Favière, Tel. 04.94.71.03.12, Fax 04.94.15.18.67, www.campdudomaine.com. Einer der größten Campingplätze der Côte d'Azur liegt direkt am Strand und ist zu erreichen über die D 559 von Bormes Richtung Le Lavandou. Es gibt praktisch alle Komfort-Einrichtungen, der Strandabschnitt ist schön und Kiefern spenden Schatten. Für einen Stellplatz oder Bungalow im Sommer sollte man zur Sicherheit mehrere Monate im Voraus reservieren. Geöffnet von Ostern bis Ende Oktober.

Essen und Trinken

- **Lou Portaou,** 1, Cubert des Poètes, Tel. 04.94.64.86.37. Dieses Restaurant fällt unter die

Kategorie „Erlebnisgastronomie": Eingerichtet mit vielerlei Antiquitäten, bietet es einen außergewöhnlichen Rahmen für die gehobene provenzalische Küche, die marktfrisch gekocht wird. Es gibt ein einziges, täglich wechselndes Menü. Wer Glück hat, kann im Sommer draußen unter mittelalterlichen Gewölben speisen. Eine Reservierung ist unbedingt erforderlich. Gehobenes Preisniveau.

- **La Tonnelle,** 23, Place Gambetta, Tel. 04.94.71.34.84. In warmen, südländischen Tönen gehaltenes Restaurant, das regionale Küche anbietet und einen guten Ruf in der Gegend hat. Mittleres bis gehobenes Preisniveau, preiswertes Mittagsmenü.
- **Le Fleur de Thym,** 1, Rue Pierre Toesca, Tel. 04.94.71.42.72. Gemütliches Restaurant etwas abseits des touristischen Trubels mit gutem Preis-Leistungs-Verhältnis.

Märkte

- **Wochenmarkt,** Mittwochmorgen auf der Place Saint-François.
- **Kunsthandwerkermarkt,** im Sommer jeden Abend 18–24 Uhr.

Feste und Veranstaltungen

- **Mimosalia,** Fest rund um die Mimose Ende Januar; Ausstellung und Verkauf seltener Blumen und Pflanzen.
- **Corso Fleuri,** Blumenumzug Ende Februar; einer der größten und schönsten an der Côte d'Azur.
- **Santo Coupo,** Weinfest und provenzalischer Gourmet-Markt Ende September.

Einkaufen

- **Mimosen:** *Pépinières Gérard Cavatore,* Le Mas du Ginget, 488, Chemin de Bénat, Tel. 04.94.00.40.23, www.pepinierescavatore.com. Plantage mit mehr als 160 Mimosen bzw. Akazien-Sorten; Monsieur Cavatore ist *der* französische Spezialist in Sachen Mimosen. Besichtigung für Einzelpersonen und Gruppen, Verkauf vor Ort oder auf Bestellung.

Aktivitäten

- **Tauchen:** *Aventure Bleue,* Port de Bormes, Tel. 04.94.71.76.28, www.aventurebleue.com.
- **Jetski:** *Ecole de Sport Motonautique,* Pointe de Gouron – Port de Bormes, Tel. 06.79.99.79.99.
- **Segeln:** *Ecole Française de Voile,* Port de Bormes – La Favière, Tel. 04.94.71.08.94.

064co Foto: im

Toulon und die westliche Côte d'Azur

067co Foto: im

075co Foto: im

Toulon: Place Victor Hugo mit der Oper

Palmen in Hyères-les-Palmiers

Insel Porquerolles

Überblick

Sollte man die wichtigsten Städte der Côte d'Azur aufzählen, käme man mit Sicherheit recht spät auf **Toulon.** Mit dieser Stadt werden gemeinhin nicht Urlaub, Luxus und süßes Farniente verbunden, sondern eher das Gegenteil. Man assoziiert Begriffe wie sozialer Brennpunkt, Arbeitslosigkeit, Einwanderer-Problematik und *Front National.* Außerdem ist Toulon seit langem der erste **Militärhafen** Frankreichs und wurde im Zweiten Weltkrieg weitgehend zerstört. Wen das alles nicht abschreckt, der wird bei einem Besuch eine interessante Tour durch den Hafen erleben, den Anblick von massigen Kriegsschiffen vor den schönen Toulonner Bergen.

Die Probleme von Toulon wirken weit weg, wenn man am Hafen des westlich gelegenen **Sanary-sur-Mer** spazieren geht: *Pointus* genannte Fischerboote schaukeln in der Sonne vor malerischer Kulisse in Pastellfarben. Aber auch hier birgt die Geschichte nicht nur Erfreuliches: Während des Zweiten Weltkriegs flohen viele **deutsche Schriftsteller,** darunter so berühmte wie Thomas Mann und Lion Feuchtwanger, vor den Nazis ins Exil und fanden für einige Zeit Zuflucht in Sanary und den umliegenden Orten.

Bandol und Saint-Cyr/Les Lecques, ganz im Westen der Côte d'Azur, sind dagegen richtige Badeorte mit schönen Sandstränden, einem Spielkasino, vielen Hotels, Restaurants und Boutiquen an der Meerespromenade. Zum Markt geht man jedoch am besten nach Sanary, denn der ist – mit seinen Ständen rund um den Hafen – einfach am schönsten!

Östlich von Toulon liegt **Hyères,** das jeder Côte d'Azur-Liebhaber kennen sollte, denn hier wurde die „Blaue Küste" gewissermaßen erfunden: 1887 soll in diesem Ort der heute weltbekannte Name zum ersten Mal ausgesprochen worden sein, und zwar von einem gewissen Stéphen Liégeard. Der reiche Winzer aus Dijon und Unterpräfekt des Vaucluse verfasste später sogar ein Buch selben Titels.

Ein besonderes Highlight sind schließlich die **Hyerischen Inseln,** die zu einem guten Teil unter Naturschutz stehen. „Wandervögel" wird es am ehesten nach Port Cros ziehen, Freunde des Radfahrens nach Porquerolles und FKK-Anhänger nach Le Levant. Allen Inseln gemein ist die wundervolle mediterrane Vegetation, auf Porquerolles ergänzt durch herrliche Obstbaum-Kulturen und Weinfelder.

Zum Schluss muss noch ein bisschen gelästert werden: Tourismus-Experten haben das Département Var und seine Küste in acht Bereiche eingeteilt und diese mit neuen Namen versehen, **touristischen Labels** gewissermaßen. Hyères und Umgebung heißen jetzt „Provence d'Azur", die Gegend um Sanary soll die „Côte Provençale" sein und eine Gegend im Hinterland wird „Provence Verte" genannt, die „Grüne Provence". Alles klar?! Oder gibt es demnächst auch noch die „Côte verte provençale d'Azur"?

Toulon

Die 160.000-Einwohner Stadt liegt an einer großen Bucht, geschützt vor dem offenen Meer durch die Halbinsel Saint-Mandrier. Von den kalten Winden des Nordens schirmt sie eine Bergkette ab, der bekannteste Hügel heißt Mont Faron. Bedingt durch diese spezielle Lage, dient Toulon seit Jahrhunderten als **Militärhafen.** Der Zweite Weltkrieg hat es daher besonders hart getroffen: Große Teile der Altstadt und des Hafens wurden zerstört und nach dem Krieg hastig wieder aufgebaut. Toulons Stadtbild ist daher alles andere als einheitlich und wirkt bei der Durchfahrt wenig einladend.

Wer sich dennoch entschließt, Halt zu machen, wird positiv überrascht: Da ist zunächst der Hafen mit seinem interessanten **Marine-Museum** und dem riesigen **Arsenal** der französischen Kriegsmarine, das vom Boot aus besichtigt werden kann. Die Atmosphäre ist zwar nicht mehr mit jener zu vergleichen, als Toulon noch als verruchtes *Petit Chicago* galt, aber ein bisschen Seemannsgarn wird in den schmuddeligen Kneipen immer noch gesponnen.

Dann die **Altstadt:** Sie hat durchaus Charme und Atmosphäre und bietet sich, mangels bedeutsamer Sehenswürdigkeiten, vor allem für die einfache Freude des Bummelns an. Es gibt nette Geschäfte, gemütliche Cafés und täglich (außer montags) einen provenzalischen Markt.

Wer etwas länger bleibt, dem seien auch die Besichtigung des großzügig gebauten **Haussmann-Viertels** in der Oberstadt empfohlen sowie Ausflüge zum Mont Faron und an die **Strände** des Viertels Mourillon, das die Einheimischen besonders lieben.

Nicht verschwiegen werden soll, dass Toulon seit geraumer Zeit unter gravierenden **wirtschaftlichen und sozialen Problemen** leidet, die die Wähler glaubten lösen zu können, indem sie 1995 einen Bürgermeister des rechten *Front National* wählten, der bis 2001 im Amt blieb.

Geschichte

Die Geschichte Toulons hängt eng mit seiner besonderen Lage zusammen, die schon die Ligurer und Römer zu schätzen wussten. In der **Antike** hieß die Stadt *Télo,* benannt nach einer ligurischen Göttin, und war eine Zeit lang Zentrum der **Purpurherstellung,** weil der „Rohstoff" Schnecke für die kostbare Farbe hier besonders zahlreich vorkam.

Über das Mittelalter ist nur soviel bekannt, dass die Einwohner sich regelmäßig gegen die **Angriffe von Piraten und Sarazenen** (Mauren) wehren mussten und zu diesem Zweck, um frühzeitig gewarnt zu sein, Leuchttürme auf die Berge bauten. Der Name *Mont Faron* kommt vom provenzalischen Wort *faro* für Leuchtturm.

1481 fiel die Provence an das **Königreich Frankreich** und damit begann der Aufstieg Toulons. Louis XII. gab seinen Kriegshafen Aigues-Mortes zugunsten des neuen Hafens auf, um von dort seine Kriege gegen Italien zu

Die Galeeren und das „Bagno“ von Toulon

In Frankreich wurden ab 1560 Straftäter zur **Zwangsarbeit auf Galeeren** verurteilt. Fast 200 Jahre lang blieb diese Praxis erhalten, Schiffe mit Hilfe von angeketteten und durch Peitschenhiebe gepeinigte Männer anzutreiben. Als die Galeeren ausgedient hatten, mussten die Gefangenen Zwangsarbeit in den Häfen leisten.

In Toulon wurde 1748 das berüchtigte „Bagno“ (frz. *Bagne*) eingerichtet, ein **Zuchthaus,** von dem aus der Schriftsteller Victor Hugo seine Figur Jean Valjean im Roman „Les Misérables“ fliehen ließ (1862).

Besonders unmenschlich war, dass das Elend der Sträflinge von jedermann „besichtigt“ werden konnte. Das Bagno war gewissermaßen eine Touristenattraktion, Gustave Flaubert bemerkte dazu sarkastisch: „Die ehrenhaften Damen kommen hierher und betrachten sie durch ihre Lorgnos, um zu sehen, ob es auch wirklich Menschen sind. – Mit der Miene des braven Bürgers spaziert man hier in weißen Handschuhen herum.“

Im Verlaufe des 19. Jh. setzte sich eine neue Form der Strafe durch, die Deportation nach Neu-Kaledonien oder Französisch-Guyana. Erst 1878 wurde das Zuchthaus am Hafen von Toulon endgültig geschlossen.

Besichtigung: Das Arsenal, auf dem sich das Bagno einst befand, ist für die Öffentlichkeit nicht zugänglich, es kann nur **vom Boot aus** besichtigt werden. Die Geschichte der Sträflinge ist im **Marine-Museum** am Hafen dokumentiert (s.u.).

führen. Weiter ausgebaut unter Henri IV., erreichten Stadt und Hafen ihre größte Bedeutung unter Ludwig XIV. am Ende des 17. Jh.

Der Sonnenkönig machte Toulon zum **wichtigsten Kriegshafen** seines Reiches, ließ ihn von dem Verteidigungs-Architekten Vauban erweitern und befestigen (*Darse Vauban* und *Darse Neuve*) und bestimmte, dass von dort die **Galeeren** in See stechen sollten (siehe Exkurs).

Während der französischen Revolution blieb Toulon royalistisch und paktierte mit den Engländern. **Napoléon Bonaparte** bestrafte die Stadt dafür mit dem Verlust ihres Namens – sie hieß jetzt *Port-de-la-Montagne* – und dem Verlust der Präfektur. Bonaparte verzieh den Toulonaisern jedoch bald und richtete hier ebenfalls seinen Haupt-Kriegshafen ein. Nicht nur seine Expedition nach Ägypten (1798) nahm hier ihren Anfang, sondern später noch viele andere französische Eroberungszüge nach Übersee, z.B. nach Algerien im Jahr 1830.

Mitte des 19. Jh. machte ein gewisser **Baron Haussmann** von sich reden, heute bekannt vor allem durch sein Mitwirken am Stadtbild von Paris. Damals Präfekt des Var, beauftragte Napoléon III. ihn mit dem Bau eines neuen Stadtteils von Toulon. So entstand die *Haute Ville* mit ihren schönen Patrizierhäusern, der Oper und dem Boulevard de Strassbourg.

Während des **Zweiten Weltkriegs** erlebte die Stadt eine besondere Katastrophe: 1942, während die deutschen Truppen näher rückten, versenkte sich die französische Flotte selbst, um nicht dem Feind in die Hände zu fallen. 1944 schließlich, während der Landung der alliierten Truppen, wurde die Stadt etwa zur Hälfte zerstört.

Sehenswertes

Hafen

Der Hafenbereich wird dominiert vom **Arsenal Maritime** der französischen Kriegsmarine, das allerdings für Besucher nicht zugänglich ist. Vielmehr ist die Basis eine abgeschirmte „Stadt in der Stadt", die sich über knapp 270 Hektar erstreckt und 30 Gebäude umfasst. Rund 12.000 Menschen arbeiten hier. Das ganze Jahr über verkehren aber **Boote für Touristen** vor der Küste, der „schönsten Reede Europas", wie das Stadtmarketing wirbt, und man kann das Arsenal vom Wasser aus besichtigen. Es ist zwar nicht im eigentlichen Sinne schön, aber sehr beeindruckend, wie sich die grau-blauen **Kriegsschiffe** vor der Skyline von Toulon abzeichnen, die Berge als Kulisse im Hintergrund. Wenn er vor Ort ist, kann man den **Flugzeugträger** „Charles de Gaulle" bestaunen: eingeweiht im Jahr 2000, wiegt er 40.600 Tonnen, ist 262 Meter lang, 65 Meter breit und 75 Meter hoch. Außerdem sind auf solchen Rundfahrten zu sehen: die Reste des **Bagno** (siehe Exkurs), der Schiffsfriedhof, der Hafen von La Seyne-sur-Mer, die Buchten von Tamaris und Lazaret, die Halbinsel Saint-Mandrier sowie die alten Befestigungsanlagen, z.B. das Bassin Vauban von 1679 und die Tour Royale.

- **Rundfahrten:** Es gibt drei Veranstalter, die am Hafen leicht zu finden sind. Eine Reservierung ist nicht nötig. Die Fahrten sind kommentiert (nur französisch) und dauern ca. eine Stunde. Fahrpreis 9 €, Kinder bis 10 Jahre 5,50 €.

Marine-Museum

Am Hafen untergebracht ist auch das Marine-Museum. Man betritt es durch den ehemaligen Haupteingang des Arsenal aus dem 18. Jh., welchen Skulpturen von Mars und Minerva schmücken. Das Museum beherbergt Zeugnisse der Marine- und Kriegsgeschichte der Stadt Toulon und Frankreichs, unter anderem wird hier die Geschichte der zur Zwangsarbeit verurteilten Sträflinge dokumentiert (siehe Exkurs). Beeindruckend sind die großen **Modelle alter Segelschiffe.**

- **Musée de la Marine,** Place Monsenergue, Tel. 04.94.02.02.01, www.musee-marine.fr, täglich (außer dienstags) 10–18.30 Uhr, Eintritt 5 €, für Kinder und Jugendliche bis 18 Jahre ist der Eintritt frei.

Altstadt

Ein Rundgang durch die Altstadt kann am **Cours Lafayette** beginnen, am besten morgens, wenn der provenzalische Markt stattfindet. Ebenfalls auf dem Cours liegt das **Museum für Stadtgeschichte.** Interessant sind vor allem Fotos und Bilder von Toulon, wie es vor den Bombardierungen des Zweiten Weltkriegs aussah.

- **Musée du Vieux Toulon,** 69, Cours Lafayette, Tel. 04.94.62.11.07, geöffnet von Dienstag bis Samstag 14–17.45 Uhr, an Feiertagen geschlossen, Eintritt frei.

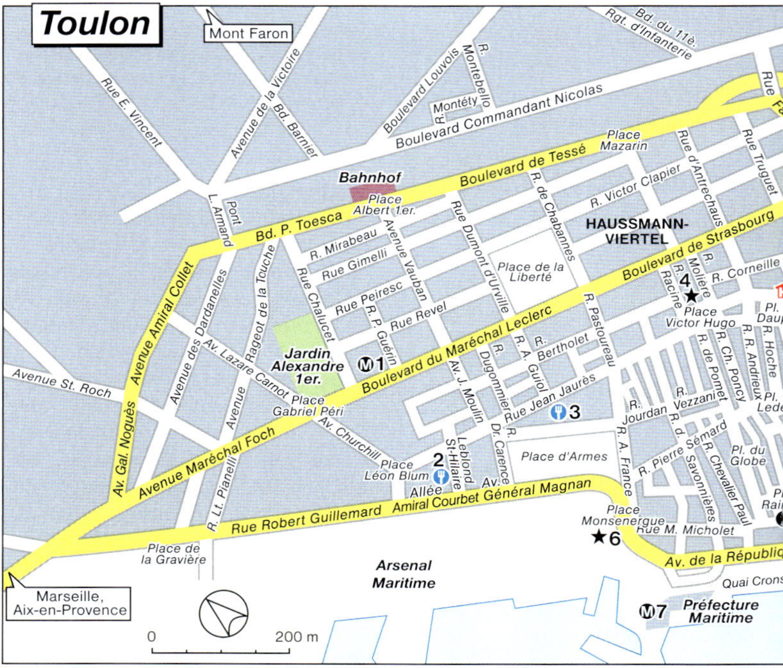

Ⓜ	1	Musée des Beaux Arts
🍴	2	Le Jardin du Sommelier
🍴	3	Le Sidi-Bou-Saïd
★	4	Oper
H	5	Grand Hôtel Dauphiné
★	6	alter Eingang Arsenal, Zugang zum Marinemuseum
Ⓜ	7	Musée de la Marine
i	8	Office de Tourisme
●	9	Start der Hafenrundfahrten
🛍	10	Provenzalischer Markt
✝	11	Kathedrale Sainte-Marie-de-la-Seds
Ⓜ	12	Musée du Vieux Toulon/ Museum für Stadtgeschichte

Biegt man vom Cours Lafayette links in die Rue Zola ein, stößt man auf die Kathedrale **Sainte-Marie-de-la-Seds.** Sie vereint mehrere Baustile in sich: Die ursprüngliche romanische Kirche aus dem 11. Jh. wurde im 17. Jh. vergrößert. Aus dieser zweiten Bauperiode stammen die klassische Fassade mit barocken Schmuckelementen sowie der Glockenturm mit seinem schmiedeeisernen Campanile. Im Inneren bemerkenswert sind vor allem der barocke Altar sowie mehrere Gemälde aus den 17. und 18. Jh.

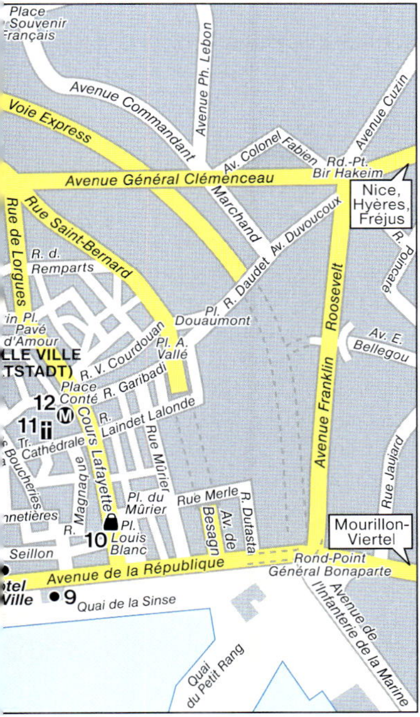

Die Rue Zola trifft auf die Hauptgeschäftsstraße Toulons, die **Rue d'Alger,** eine Fußgängerzone, um die herum sich die ältesten Gassen der Stadt gruppieren. Nicht weit von hier liegt auch die **Place d'Armes,** Herzstück des Maghrebiner-Viertels.

Den Altstadt-Rundgang beschließen kann man in einem der Cafés der **Place Puget** (auch genannt *Place des Dauphins*). Dies war früher der wichtigste Platz von Toulon, denn hier stand die Kornhalle. Blickfang ist heute der Brunnen der drei Delfine, die *Fontaine des Trois-Dauphins* aus dem Jahr 1780.

Haussmann-Viertel

Ein Blick auf den Stadtplan macht bereits klar, dass das Zentrum von Toulon aus zwei Teilen besteht: Das Altstadtviertel am Hafen mit seinem Gassengewirr unterscheidet sich sehr deutlich von dem auf dem Reißbrett geplanten Haussmann-Viertel mit seinen geraden Straßen und großen Boulevards, die ein wenig an Paris erinnern. Es befindet sich jenseits des **Boulevard de Strasbourg,** einer breiten Straße, die wie eine Grenze wirkt. Schönstes Bauwerk dieses Viertels, wenn nicht von ganz Toulon, ist die **Oper** an der Place Victor Hugo. Erbaut 1862 nach Plänen von Charles Garnier, ist sie die größte Oper der französischen Provinz. Sie ist berühmt für ihre Akustik und im Inneren reich ausgestattet im Stil der Epoche Napoléons III. Auch die *Haute Ville* hat ihren von Cafés gesäumten Platz, die **Place de la Liberté,** dominiert von der schönen Fassade des Grand Hôtel von 1869.

Nicht weit von hier liegt das **städtische Kunstmuseum,** untergebracht in einem Gebäude im Stil der italienischen Renaissance. Der Schwerpunkt der Sammlung liegt auf den Werken provenzalischer Künstler vom 17. bis zum Anfang des 20. Jh. Aber sie umfasst auch bekannte Künstler wie Yves Klein, Henri Cartier-Bresson und zeitgenössische wie Christo. Im selben Gebäude befinden sich die Stadtbibliothek und das naturhistorische Museum.

● **Musée des Beaux Art,** 113, Boulevard du Maréchal Leclerc, Tel. 04.94.36.81.00, geöffnet täglich außer montags und an Feiertagen 12–18 Uhr, Eintritt frei.

Mourillon-Viertel

Im Südosten der Stadt gelegen, hat der Stadtteil Mourillon den Charakter eines eigenständigen Dorfs. Bei den Einheimischen ist Mourillon mit seinen schönen **Villen** am Meer eine bevorzugte Wohngegend. Hier sind die schönsten Parks und **Strände** von Toulon zu finden, hier geht man abends aus. Entlang der Strandpromenade finden sich viele **Cafés und Restaurants,** die viel eher als diejenigen im Hafenviertel zum Einkehren einladen. Besonders reizvoll sind die versteckten kleinen Buchten: Mître und diejenigen am Cap Brun. Man erreicht sie über den **Sentier des Douaniers,** den Zöllnerweg, der an der Küste entlangführt.

Mont Faron

In 584 Metern Höhe erhebt sich dieser Berg stolz über der Bucht von Toulon. Sein Name kommt von dem provenzalischen Wort *faro* und bedeutet soviel wie **„Berg des Leuchtturms".** Obwohl er längst nicht der höchste der Touloner Berge ist, die da heißen *Coudon, Caume, Baou des Quatres Aures* und *Gros Cerveau,* ist er doch der bekannteste und für Ausflüge beliebteste. Das liegt nicht zuletzt daran, dass man ihn nicht besteigen muss, sondern mit einer **Seilbahn** oder mit dem Auto hinauffahren kann. Der

065co Foto: im

Rundblick über Toulon, die Hyerischen Inseln und das Hinterland bis zur Bergkette Sainte-Baume ist wunderbar, außerdem laden Picknick-Plätze zum Verweilen ein.

Oben auf dem Gipfel gibt es einen **Zoo,** der sich auf die Nachzüchtung von Wildtieren spezialisiert hat. Ebenfalls am Gipfel liegt das *Mémorial du Débarquement en Provence,* ein kleines, im Turm Beaumont untergebrachtes **Museum,** das an die **Befreiung Südfrankreichs** durch die alliierten Truppen im August 1944 erinnert. Die Ausstellung versucht, die militärischen Operationen nachzuzeichnen.

- **Téléphérique,** die Seilbahn (Tel. 04.94.92.68.25.) beginnt am Boulevard Amiral-Vence. Montags und bei starkem Wind ist sie nicht in Betrieb. Der Fahrpreis beträgt 6,30 €, für Kinder 4,50 €. Das **Kombiticket** Seilbahn/Zoo kostet 11,50 €, Kinder bis 10 Jahre zahlen 7,50 €.
- **Zoo,** täglich (außer bei Regen) 10–18 Uhr, Eintritt 8,50 €, Kinder 5 €, Tel. 04.94.88.07.89.
- **Mémorial du Débarquement en Provence,** täglich außer montags 9.45–11.45 Uhr (letzter Einlass) und 13.45–17 Uhr (letzter Einlass), Eintritt 3,80 €, Kinder und Jugendliche bis 16 Jahre 1,55 €, Tel. 04.94.88.08.09.

Der Marinehafen von Toulon

Praktische Tipps

Information

- **Office de Tourisme,** 334, Av. de la République, 83000 Toulon, Tel. 04.94.18.53.00, Fax 04.94.18. 53.09, www.toulontourisme.com.

Unterkunft

- **Hôtel La Corniche** ***/€€€, Littoral Frédéric-Mistral, Corniche du Mourillon, Tel. 04.94.41.35.12, Fax 04.94.41.24.58, www.cornichehotel.com. Dieses Hotel der Kette *Best Western* liegt im Viertel Mourillon unweit der Strände, dem Fort Saint-Louis gegenüber. Es gibt eine hübsche, begrünte Terrasse, auf der man frühstücken kann, und einen eleganten Speisesaal. Die schönsten Zimmer sind natürlich die mit Meerblick.
- **Grand Hôtel Dauphiné** **/€€-€€€, 10 Rue Berthelot, Tel. 04.94.92.20.28, Fax 04.94.62.16.69, www.grandhoteldauphine.com. Logis-de-France-Hotel mitten im Zentrum Toulons, gelegen in einer Fußgängerzone unweit der Oper. Die Zimmer sind alle schalldicht und klimatisiert, das Hotel ist freundlich geführt, Preis und Leistung stehen in angemessenem Verhältnis.

Essen und Trinken

Nizza hat seine *Socca,* Marseille seine *Panisses* und Toulon seine **Cade.** Im Grunde sind das nur verschiedene Namen für ein und dasselbe: ein Küchlein aus Kichererbsenmehl mit Olivenöl. Das einfache, aber leckere Gebäck kam im 19. Jh. zusammen mit Einwanderern aus Genua hierher.

- **Le Jardin du Sommelier,** 20, Allée Amiral-Courbet, Tel. 04.94.62.03.27. Dieses gastronomische Restaurant liegt in der Nähe der Place d'Armes und gehört zu den besten der Stadt. Sowohl die Küche als auch die Einrichtung sind provenzalisch inspiriert, die Weinauswahl ist ausgezeichnet. Mittleres bis gehobenes Preisniveau.
- **L'Eau à la Bouche,** 54, Rue Muiron, Tel. 04.94.46.33.09. Im Viertel Mourillon gelegen, bietet dieses kleine Restaurant mit hüb-

scher Terrasse auf einem dörflich anmutenden Platz eine ehrliche Küche von guter Qualität. Mittleres Preisniveau.

- **Le Sidi-Bou-Saïd,** 43, Rue Jean Jaurès, Tel. 04.94.91.21.23. Das Restaurant liegt in der Nähe der Place d'Armes. Hier gibt es südländische Speisen von der anderen Seite des Mittelmeers, vor allem Couscous vom Feinsten. Unteres bis mittleres Preisniveau.

Märkte

- **Provenzalischer Markt,** jeden Morgen außer montags auf dem Cours Lafayette im Stadtzentrum. Kleinere Märkte gibt es in den Vierteln Le Mourillon, Le Pont-du-Las und Saint-Jean-du-Var.
- **Biomarkt,** Freitagmorgen in Mourillon.

Feste und Veranstaltungen

- **Jazzfestival,** im Juli für zehn Tage, Tel. 04.94.09.71.00.
- **Rythm 'Estival,** Musikfestival mit Weltmusik und Open-Air-Kino auf den Plätzen der Stadt im August, Tel. 04.94.09.71.00.

Aktivitäten

- **Train touristique,** Touristen-Bähnchen vom Hafen zu den Stränden von Mourillon, mit Kommentar, Tel. 04.94.36.01.32.

Verkehrsverbindungen

- **Flughafen:** Aéroport Toulon-Hyères, Tel. 04.94.00.83.83, www.toulon-hyeres.aeroport.fr. Etwa 18 km vom Stadtzentrum entfernt, regelmäßiger Shuttle-Bus-Verkehr zwischen Flughafen und Zentrum Toulon.
- **Bahn:** Der TGV zwischen Paris und Toulon braucht 3 Std. 50 Min. Auskunft und Reservierung Tel. 08.92.35.35.36.
- **Bus:** Verbindungen zu allen wichtigen Städten der Côte d'Azur. Busgesellschaft *Sodetrav,* Tel. 04.94.12.55.12. Es gibt keinen Busbahnhof; die Busse halten gegenüber dem Bahnhof.

La Seyne-sur-Mer

Zum Einzugsgebiet von Toulon gehört die Stadt La Seyne-sur-Mer, die sich zum Teil auf der **Halbinsel Saint-Mandrier** erstreckt. La Seyne bietet zwar auch Strände, ist aber nicht uneingeschränkt als Urlaubsort zu empfehlen, weil hier viel Industrie angesiedelt ist und drumherum die Sozialbauten wuchern, so genannte HLM-Städte.

Gleich nebenan gibt es aber auch Villenviertel, sogar sehr berühmte: **Les Quartiers de Tamaris.** Dazu muss die Geschichte von **Michel Pacha** erzählt werden, der als *Blaise Jean Marius Michel* 1819 in Sanary das Licht der Welt erblickte. Ihn verschlug es ins Osmanische Reich, wo er es als Ingenieur zu Ruhm und Reichtum brachte. Der Sultan erhob ihn am Ende sogar in den Adelsstand, daher der Name *Pacha.* Nach Frankreich zurückgekehrt, wurde er Bürgermeister von Sanary und ein einflussreicher Mann in der Gegend. Am Ende des 19. Jh. machte er sich für die Erbauung von La Seyne-sur-Mer stark, um Nizza und Cannes Konkurrenz zu machen (was bekanntlich nicht gelang). An einem Flecken mit Namen Tamaris ließ er 100 Hektar Sümpfe trocken legen und Villen und Hotels errichten. Übrig geblieben ist ein interessantes Viertel voller **Belle-Epoque-Bauten** und anderer Gebäude, die eine kuriose Mischung verschiedener Stile darstellen. Eine der imposantesten Villen ist die **Villa Tamaris-Pacha,** ab 1890 im italienischen Stil errichtet (täglich außer montags 14–18.30 Uhr, Eintritt frei).

Unterkunft

- **Gästezimmer La Lézardière** €€€, Les Allées de Tamaris, La Seyne-sur-Mer, Tel. 04.94.63. 20.06, www.villalalezardiere.fr. In dieser schönen Villa im italienischen Stil werden drei Gästezimmer angeboten. Sie liegt in der Bucht von Tamaris, wo im Schatten der Kiefernwälder noch weitere solcher erstaunlichen Villen liegen, zum Teil im maurischen Stil. Ein gewisser Michel Pacha ließ einige von ihnen errichten, darunter auch die Lézardière. Im Garten stehen Palmen, Eukalyptusbäume und Akazien.

Camping

- **Camping des Fontanettes** ***, Av. Marcel Paul – les Playes, 83500 La Seyne-sur-Mer, Tel. 04.94.94.75.07, Fax 04.94.30.62.11, www.camping-fontanettes.com. Der Platz liegt 3 km vom Strand entfernt, es gibt einen Swimming-Pool und die Möglichkeit, Hütten und Campingwagen zu mieten. Ganzjährig geöffnet.

Die Côte d'Azur wurde in Hyères erfunden

Es war ein gewisser Stéphen Liégeard, der den Ausdruck *Côte d'Azur* geprägt hat, ausgesprochen zum ersten Mal in Hyères im Jahre 1887. Dieser reiche Winzer aus Dijon, Unterpräfekt und Literaturliebhaber, plante mit einem Freund zur Winterszeit eine Reise in den Süden. Er hatte gehört, dass die Mittelmeerküste auch im Winter von Sonne und Licht verwöhnt war.

Sie verließen also eines Abends Paris, wo es sehr, sehr kalt und grau war. Von Toulon aus nahmen sie eine Pferdekutsche für die Weiterreise. In Hyères angekommen, gingen sie sofort zum Strand. Die Luft war rein, das Licht klar und die Temperatur angenehm. Das Meer erschien so blau, dass Monsieur Liégeard nicht umhin kam, sein später berühmt gewordenes „Côte d'Azur!" („azurblaue Küste") auszurufen. Vielleicht dachte er dabei an seine Heimat Burgund, wo es einen Landstrich gibt, der „Côte d'Or" heißt.

Den beiden Freunden gefiel es an der blauen Küste so gut, dass sie bis nach Nizza fuhren. Nach seiner Rückkehr schrieb Stéphen Liégeard in Paris ein begeistertes Buch, „La Côte d'Azur 1888", bis heute ein Klassiker der Reiseliteratur.

Hyères-les-Palmiers

Das 50.000-Einwohner-Städtchen Hyères gilt als der **älteste Urlaubsort der Côte d'Azur,** wenngleich er abseits vom Meer liegt. Dies ist jedoch kein Widerspruch, denn die ersten Erholungssuchenden, die ab dem Ende des 18. Jh. hierher kamen, wollten gar kein Strand- und Badevergnügen. Vielmehr genossen diese Betuchten das milde Klima in der geschützten Lage des Golfs von Giens und ruhten sich in ihren herrschaftlichen Villen aus.

Neben diesem Teil der Stadt, entstanden im 19. Jh., ist vor allem die **mittelalterliche Altstadt** entdeckenswert. Von den Befestigungen sind mehrere Stadttore erhalten, in den malerischen Gassen gibt es zahlreiche Geschäfte und Cafés. Ganz oben zeugen noch Reste von einer mittelalterlichen Burganlage. Die meisten Touristen steigen heute in den Hotels von Hyères-Plage oder auf der **Halbinsel von Giens** ab, wenn sie nicht gleich zu den *Iles d'Or,* den „Goldenen Inseln" vor der Küste übersetzen.

★	1	Altstadt von Hyères, dort auch Villa Noailles,	★	5	Parkanlage Olbius-Riquier
🏨		Hôtel du Soleil**	🏠	6	Gästezimmer Le Mont des Oiseaux
🍴		und Restaurant Le Bistrot de Marius	∴	7	Antike Ausgrabungsstätte Olbia
🍴	2	Restaurant Le Jardin	⚠	8	Camping Les Palmiers***
🍴	3	Restaurant Les Jardins du Bacchus	🍴	9	Restaurant La Brasserie des Iles
ℹ	4	Office de Tourisme, Maison du Tourisme de la Provence d'Azur,	🏨	10	Hôtel Bor***
🚲		Fahrradverleih,	⚠	11	Camping International***
●		Spielkasino			

Geschichte

Die Ursprünge von Hyères gehen auf eine **griechische Handelsniederlassung** zurück, genannt *Olbia,* „die Glückliche" (ca. 350 v. Chr.), was sich mit einiger Sicherheit von der günstigen und geschützten Lage ableitete. Später, im Jahr 49 v. Chr., übernahmen die **Römer** die Kolonie und legten eine kleine Stadt mit Wohnhäusern, Geschäften und Thermen an. Griechen und Römer waren die ersten, die die **Salzgärten** auf der Halbinsel von Giens bewirtschafteten. Bei Almanarre sind Reste dieser antiken Stätten erhalten (*Site archéologique d'Olbia*).

Zu Beginn des Mittelalters, als mit dem Zerfall des Römischen Reiches die Zeiten wieder unsicherer wurden, gab man die Siedlung am Meer auf und zog auf einen benachbarten Hügel, die *Colline du Castéou*. Auf ihm errichteten die Herren von Fos wahrscheinlich im 10. Jh. eine erste **Burg,** um die herum eine Siedlung heranwuchs.

Ab dem 13. Jh. konkurrierte Hyères mit dem nahen Toulon um die Vorherrschaft in der Gegend. Zu dieser Zeit fiel es, im Jahr 1257, an die Grafen der Provence. 1481 erfolgte dann, zusammen mit der Provence, der Anschluss ans Königreich Frankreich. Die Könige Henri IV. und Louis XIII. ließen die Burg peu à peu zerstören (endgültig 1620), damit dort nie wieder fremde Herren einziehen konnten.

Wie in der Antike wurde auch zu dieser Zeit in Hyères Salz abgebaut. Einen wirtschaftlichen Aufschwung erlebte die Stadt aber erst mit dem aufkommenden **Tourismus.** Es waren vor allem reiche Briten, die Hyères ab dem 18. Jh. für sich entdeckten. Sie blieben oft länger, verbrachten dort den Winter oder kurierten Atemwegserkrankungen aus. Später hatte Hyères ein so hohes Ansehen, dass sogar die Königin Victoria hier weilte (1892). Ebenso kamen die großen Schriftsteller ihrer Zeit wie Robert Louis Stevenson, Victor Hugo, Guy de Maupassant und Leo Tolstoi.

Hyères und Halbinsel von Giens
Av. de Toulon
Toulon, Nizza
Le Lavandou, Saint-Tropez
ALTSTADT
Av. du Mal. Leclerc
Av. Godillot
A-570
Av. du Mal. Juin
Av. Clotis
Av. A. Denis
Av. Gambetta
Av. Thomas
Voie Olbia
Chemin de Saint-Lazare
Ch. des Bords du Gapeau
Avenue Alfred Decugis
Route des Loubes
Route de Loubes
Chemin du Col du Serre
Rond-Point Henri Petit
Bahnhof
Av. G. St-Hilaire
Ch. du Roubaud
Ch. de la Villette
Ch. du Palyvestre
Aéroport Toulon-Hyères
Bd. du Front de Mer
Boulevard de la Marine
L'AYGUADE
0
800 m
COSTEBELLE
Chemin de la Fontaine des Horts
Route de l'Amanarre
Avenue de l'Aéroport
Av. d. Colibris
HYÈRES-PLAGE
PORT SAINT-PIERRE
Route des Marais
L'ALMANARRE
Port-Cros, Le Levant
Route du Sel
Salins des Pesquiers
Route de Giens
Golfe de Giens
LA CAPTE
Rade d'Hyères
LA BERGERIE
Route de la Madrague
Port
LA MADRAGUE
Militär. Sperrgebiet
GIENS
Port du Niel
Avenue des Arbanais
Cap de l'Esterel
Pointe Escampobariou
La Tour Fondue
Porquerolles
1 2 3 4 5 6 7 8 9 10 11

Hyères-les-Palmiers: Belle-Epoque-Stadt unter Palmen

Ihren Namenszusatz wie auch ihr Erscheinungsbild verdankt die Stadt Hyères einer Marketingidee aus dem 19. Jh. Ein gewisser Alexis Godillot, dem seinerzeit ein ganzes Stadtviertel gehörte, taufte das Seebad in *Hyères-les-Palmiers* um, Palmenstadt. Außerdem ließ er mehrere Villen im Stil des Historismus errichten, darunter die *Villa Godillot*. Andere der neuen Stadthäuser waren mehr der Mode des Exotismus verschrieben wie die *Villa Tunisienne* und die *Villa Mauresque*.

Damals standen in Hyères alle Zeichen auf Fremdenverkehr und das Erscheinungsbild des immer noch mittelalterlich geprägten Städtchens veränderte sich: Seit 1876 gab es einen Bahnhof, man baute mehrere palastartige Hotels und legte neue Straßen und Plätze an, die allesamt mit Palmen bepflanzt wurden, z.B. die Avenue Godillot. Im Park Olbius-Riquier findet man noch heute viele Palmenarten versammelt.

Seinen Höhepunkt erreichte der Palmenanbau in Hyères in den 1920er Jahren: Damals wurden pro Jahr 1.250.000 Palmen kultiviert, die meisten waren für den Export bestimmt. Leider setzten der Frost von 1929 und die Wirtschaftskrise dem Anbau ein abruptes Ende. Von den damals 23 Palmenzüchtern existieren heute nur noch drei. Diese kultivieren etwa 20 Palmenarten und erreichen eine jährliche Produktion von 100 Bäumen. Die majestätische *Phoenix canariensis* ist das Symbol der Stadt geworden, man nennt sie „Hyères-Palme".

Wann übrigens die erste Palme in Hyères auftauchte, ist nicht bekannt. Erwähnt werden Palmen aber in einem Bericht über die Reise Katharina von Medicis mit ihrem Sohn Charles 1564 in Hyères.

066co Foto: im

Die Stadt macht ihrem Namen alle Ehre

Für die illustren Gäste entstanden vor allem im 19. Jh. **angemessene Unterkünfte,** z.B. das *Hôtel des Palmiers* (1880) und das *Grand Hôtel des Iles d'Or (1850)*. 1876 wurde Hyères ans Eisenbahnnetz angeschlossen und neue, breite **Boulevards** veränderten das Stadtbild (siehe Exkurs). Die Strände wurden erst angelegt, als der Körperkult des 20. Jh. dies erforderlich machte. Zu diesem Zeitpunkt hatte Hyères jedoch längst seine Spitzenposition im Côte-d'Azur-Tourismus an Nizza abtreten müssen.

Hyères-Plage

Von diesem maritimen Ableger von Hyères legen die **Fähren** nach Port Cros (eine Stunde) und Le Levant (1,5 Std.) ab, genauer vom Hafen **Port Saint-Pierre.** Der Ort selbst bietet eine touristische Infrastruktur, Einkaufsmöglichkeiten und Strände (Plage d'Hyères, Plage de Salins, Plage de l'Ayguade). Nebenan liegt der Flughafen Toulon-Hyères.

Sehenswertes

In der Altstadt

Die meisten Besucher werden die Altstadt durch die **Porte Massillon,** das Haupttor der Stadtmauer aus dem 14. Jh., betreten. Über die gleichnamige Straße, gesäumt von netten Geschäften, gelangt man zur Place Massillon, einem großzügigen Platz südländischen Charmes mit schön restaurierten Häusern in Pastellfarben und vielen Cafés und Restaurants. Überragt wird er vom **Templer-Turm** aus dem 13. Jh., auch *Tour Saint-Blaise* genannt. In dem schön restaurierten Gebäude, dem Rest einer Templer-Kommandantur, ist eine Ausstellung über mittelalterliche Ritterorden untergebracht.

- **Tour des Templiers,** Tel. 04.94.35.22.36, geöffnet nur von Mittwoch bis Sonntag 10–12 und 14–17.30 Uhr, im Juli und August 10–12 und 16–19 Uhr, an Feiertagen geschlossen, Eintritt frei, Tel. 04. 94.35.22.36.

Stiftskirche

Über die Rue Saint-Catherine erreicht man die ehemalige Stiftskirche **Collégiale Saint-Paul.** Das Gotteshaus, welches man durch ein Renaissance-Tor betritt, ist großteils im gotischen Stil erbaut (13.–16. Jh.). Der Glockenturm und ein Querschiff stammen jedoch aus einer früheren Bauperiode im 12. Jh. und sind romanischen Stils. In dem besagten Schiff befindet sich eine kostbare **Sammlung von Votiv-Tafeln,** die älteste von 1613. Es handelt sich um Bilder, die Gläubige als Dank dafür gestiftet haben, dass sie aus einer Gefahr gerettet oder dass ihre Gebete erhört wurden.

- **Collégiale Saint-Paul,** geöffnet nur von Mittwoch bis Samstag 10.30–12 und 15.30–18 Uhr.

Parc Saint-Bernard

Schlägt man von hier die Rue Paradis zum Parc Saint-Bernard ein, so kann man im Vorbeigehen noch ein weiteres romanisches Bauwerk bewundern, ein Wohnhaus mit Elementen vom Ende des 13. Jh., die **Maison Romane.**

• **Parc Saint-Bernard,** täglich 8–17.30 Uhr, im Sommer bis 19 Uhr, Eintritt frei.

Villa Noailles

Oberhalb des Parks liegt die berühmte Villa Noailles, eines der ersten Beispiele für moderne Architektur in Frankreich. Sie wurde 1923 für den Vicomte de Noailles und seine Frau erbaut, reiche Pariser Kunstmäzene, die sich ein „interessantes kleines Haus im Süden" wünschten. Nach Verhandlungen auch mit Le Corbusier und Mies van der Rohe fiel ihre Wahl auf den Architekten Robert Mallet-Stevens.

Ein kleines Haus ist die Villa wahrlich nicht geworden, dafür aber ein um so interessanteres **kubistisches Bauwerk** mit 1800 m² Grundfläche und 40 Zimmern. Hinzu kommen 600 m² Terrassen und Gärten, ein Schwimmbad und eine Squash-Halle.

Früher war das Anwesen ein Treffpunkt der internationalen Künstler-Elite. Die Noailles hatten sich ab 1929 für den Surrealismus begeistert und förderten viele Maler und auch Filmemacher. Zum Beispiel drehte Man Ray seinen Film „Les Mystères du Chateau du Dé" in Hyères. Wenig später führten Luis Buñuel und Salvador Dalí ihren Film „Un chien andalus" auf, was die Noailles so begeisterte, dass sie ein weiteres Werk von Buñuel finanzierten: „L'Age d'Or". Das Drehbuch dieses skandalumwitterten Films schrieb der Spanier um die Jahreswende 1929/30 in der Villa in Hyères.

Während des Zweiten Weltkriegs wurde die Villa kurzzeitig zum Krankenhaus umfunktioniert. Danach bewohnte Marie Laure de Noailles, die Vicomtesse, das Haus ununterbrochen bis zu ihrem Tod 1970. Fünf Jahre später kaufte die Stadt Hyères das Anwesen, das in die Liste der *Monuments historiques* aufgenommen wurde. Heute dient die Villa vor allem zu **Ausstellungszwecken.**

• **Villa Noailles,** Montée Noailles, Tel. 04.98. 08.01.98, www.villanoailles-hyeres.com, geöffnet von Juli bis September täglich außer Dienstag und an Feiertagen 10–12 und 16–19.30 Uhr, in den übrigen Monaten nur Mittwoch bis Sonntag 10–12 und 14–17 Uhr. Eintritt frei.

Burg

Wer jetzt noch nicht müde ist, kann zu den Ruinen der mittelalterlichen Burg auf der *Colline du Castéou* hinaufsteigen. Das nördlich der Altstadt gelegene **Château des Aires** überragt die Stadt auf dem Hügel in 240 Metern Höhe. Wenn auch nicht mehr viel von der Burg erhalten ist, so ist der Blick über Hyères und die Umgebung fantastisch.

Die Stadt des 19. Jahrhunderts

Unterhalb der Altstadt mit ihrer verwinkelten Struktur erstrecken sich die breiten **Boulevards** Godillot und Gambetta, die aus der Zeit stammen, als Hyères sich zu einem mondänen Erholungsort entwickelte. Die sehenswertesten Gebäude sind die **Maison Mauresque** (Avenue Godillot), die **Villa Tunisienne** (Avenue de Beauregard) und die **Villa Godillot** (Avenue Riondet 70). Beeindruckend ist auch das **Parkhotel** in der Avenue Jean-Jaurès, wo Napoléon Bonaparte seine Josephine unterbrachte, bevor er zu seiner Ägypten-Expedition aufbrach.

Parc Olbius-Riquier

Etwas außerhalb des Stadtzentrums liegt die Parkanlage Olbius-Riquier. Sie entstand im Jahre 1868 auf einem Stück Land, das die Stadt Hyères von einem Herrn mit Namen Olbius Riquier geschenkt bekommen hatte. Der Direktor des botanischen Gartens von Paris ließ hier einen der **ersten exotischen Gärten Frankreichs** anlegen, wo Palmen und andere Pflanzen aus heißeren Erdregionen eingeführt wurden. Mit der Villa Thuret in Antibes und den exotischen Gärten von Toulon, Juan-les-Pins und Monaco gehört der Olbius-Riquier-Park zu den Zentren der Verbreitung subtropischer Pflanzen, die damals in nur wenigen Jahrzehnten das Erscheinungsbild der französischen Mittelmeerküste stark veränderten. Kann man sich die Côte d'Azur noch ohne die Tausenden von Palmen vorstellen? Oder ohne ihre Mimosen, Bougainvilleen und Agaven?

Heute eine öffentliche **Erholungsanlage,** hat der Park von seiner wissenschaftlichen Vergangenheit einige sehr schöne Exemplare **seltener Pflanzen** zurückbehalten, vor allem Palmen (zum Teil in Gewächshäusern). Er erstreckt sich über sieben Hektar um einen kleinen See herum. Vor allem **für Kinder** ist ein Besuch interessant, denn es gibt nicht nur Spielplatz, Bimmelbahn und Karussell, sondern auch viele Tiere zu sehen, zum Beispiel Ponys (auch zum Reiten), Ziegen, Fasane und Pfauen.

- **Parc Olbius-Riquier,** täglich ab 7.30 Uhr geöffnet, im Sommer werden die Tore um 19.30 Uhr geschlossen, im Winter um 17.30 Uhr, der Eintritt ist frei.

Antike Ausgrabungsstätte Olbia

Olbia, gelegen auf einer kleinen Anhöhe am Meeresufer bei Almanarre, war ursprünglich eine **griechische Handelsniederlassung.** Sie wurde um 600 v. Chr. von Marseille *(Massalia)* aus gegründet. 49 n. Chr. schlugen die Römer die „Marseillaiser“, und es begann die komplette Romanisierung der Region, aus Olbia wurde *Pomponiana.* Seit Mitte des 19. Jh. wird das Gelände durch Ausgrabungen erforscht. Zu sehen sind u.a. Reste einer Befestigungsmauer aus dem 4. Jh. v. Chr., ein acht Meter tiefer griechischer Brunnen sowie Überbleibsel römischer Wohnhäuser und der Thermen. Man weiß auch, dass die Griechen hier zwei Kultstätten unterhielten, wahrscheinlich Artemis und Aphrodite geweiht. Im Mittelalter errichteten Zisterzienser in Olbia ihre Abtei *Saint-Pierre de l'Almanarre,* von der aber so gut wie nichts erhalten ist.

- **Site archéologique d'Olbia,** Quartier de l'Almanarre, Tel. 04.94.57.98.28, www.monum.fr. Bei Drucklegung auf nicht absehbare Zeit geschlossen. Anfahrt: von Hyères über die D559 Richtung Carqueiranne oder Buslinie 39 ab Busbahnhof.

Praktische Tipps

Information

- **Office de Tourisme,** Avenue Ambroise Thomas, 83421 Hyères, Tel. 04.94.01.84.50, Fax 04.94.01.84.51, www.hyeres-tourisme.com.
- **Maison du Tourisme de la Provence d'Azur,** Forum du Casino, 3, Avenue Ambroise Thomas, 83412 Hyères cédex, www.provence-azur.com. Zentrale Reservierungsstelle für Unterkünfte (Hyères und Inseln).

Unterkunft

- **Hôtel du Soleil** **/€€€, Rue du Rempart, Tel. 04.94.65.16.26, Fax 04.94.35.46.00, www.hoteldusoleil.com. Das Hotel in der Oberstadt unweit der Villa Noailles ist untergebracht in einem alten, charmanten Gebäude. Es bietet 22 Zimmer, die Altstadt ist fußläufig erreichbar.
- **Bor** **/€€€, 3, Allée Emile Gérard, Tel. 04.94.58.02.09, Fax 04.94.01.02.53, www.hotel-bor. Direkt am Strand im Ortsteil Hyères-Plage gelegen, bietet das Hotel im Stil der 1950er Jahre 20 korrekte Zimmer, einige davon mit Meerblick.
- Gästezimmer **Le Mont des Oiseaux** €€€, 36, Avenue des Colibris, Tel. 04.94.38.30.98. Drei liebevoll eingerichtete Zimmer in der Nähe des Almanarre-Strands. Mit Swimming-Pool.

Camping

- **Les Palmiers** ***, Domaine du Ceinturon, Tel. 04.94.66.39.66, Fax 04.94.66.47.30, www.camping-les-palmiers.fr. Großes Gelände mit 350 Stellplätzen am Strand von Hyères, Vermietung von Mobilhomes, geöffnet vom 15. März bis zum 15. Oktober.

Essen und Trinken

- **Les Jardins du Bacchus,** 32, Avenue Gambetta, Tel. 04.94.65.77.63. In einem schön mit Fresken dekorierten Speiseraum kann man eine vorzügliche gastronomische Küche auf der Basis regionaler Traditionen genießen. Das Restaurant liegt im Stadtzentrum, es gibt eine Terrasse. Gehobenes Preisniveau.
- **Le Jardin,** 19, Avenue Joseph-Clotis, Tel. 04.94.35.24.12. Dieses gegenüber dem Rathaus gelegene Restaurant bietet eine moderne, leichte Küche mit internationalem Einschlag. Besonders Fisch und Meeresfrüchte sind zu empfehlen. Schön ist der grün überwucherte Garten, wo keine Tischdekoration der anderen gleicht. Mittleres, teils sogar niedriges Preisniveau.
- **Le Bistrot de Marius,** 1, Place Massillon, Tel. 04.94.35.88.38. Mitten in der Altstadt zu Füßen des Templerturms gelegen, bietet dieses kleine, gemütliche Restaurant leckere provenzalische Gerichte zu mittleren Preisen an. Es gibt auch Spezialitäten aus der Gegend von Lyon.
- **La Brasserie des Iles,** Port Saint-Pierre, Tel. 04.94.57.49.75. Mit Blick auf den Yachthafen werden dem Gast hier sehr gute Fischgerichte serviert. Mittlere bis gehobene Preisklasse.

Märkte

- **Provenzalischer Markt,** jeden Morgen auf der Place Massillon.
- **Biomarkt,** Dienstag-, Donnerstag- und Samstagmorgen auf der Place Vicomtesse de Noailles.
- **Trödelmarkt,** Sonntagmorgen in la Capte.

Feste und Veranstaltungen

- **Festival international des arts de la mode,** angesehene Modemesse am ersten Aprilwochenende in der Villa Noailles, existiert seit 1985.
- **Semaine olympique française de voile d'Hyères,** Segel-Olympiade in der letzten Aprilwoche mit ca. 1500 Teilnehmern aus 50 Ländern.

Aktivitäten

- **Auto- und Fahrradverleih:** Vermietungen über die *Maison du Tourisme de la Provence d'Azur* (s.o.).

Verkehrsverbindungen

- **Flughafen:** Aéroport Toulon-Hyères, Tel. 08.25.01.83.87, www.toulon-hyeres.aeroport.fr.

- **Bus:** Regelmäßige Verbindungen nach Toulon und Saint-Tropez. Busbahnhof: Place Joffre, Busgesellschaft Sodetrav, Tel. 08.25. 00.06.50.
- **Bahn:** Täglich häufige Verbindungen nach Toulon. SNCF-Bahnhof: Tel. 08.92.35.36.35.

Die Halbinsel von Giens

Die Halbinsel von Giens liegt südlich von Hyères, ist etwa sechs Kilometer lang und erinnert – ähnlich wie Italien – in seiner Form an einen Stiefel. Von ihrem Südzipfel aus, *La Tour Fondue* genannt, legen die **Fähren zur Insel Porquerolles** ab. Die Fähren nach Port Cros und nach Le Levant starten in Hyères-Plage.

Auf beiden Seiten der Halbinsel erstrecken sich lange, schmale **Sandstrände,** Almanarre und La Capte-La Bergerie, dazwischen liegen Salzfelder, Sümpfe und der kleine See *Etang des Pesquiers*. Dem **Dörfchen Giens,** das der Halbinsel seinen Namen gab, sollte man auf jeden Fall einen Besuch abstatten, vor allem wegen der schönen Aussicht auf die Küste und die Hyerischen Inseln.

Tombolos und Salzfelder

Die Halbinsel von Giens ist ein **seltenes Naturphänomen:** Die frühere Insel ist durch zwei jeweils vier Kilometer lange Sandstreifen, so genannte *Tombolos,* mit dem Festland verbunden. Wann diese entstanden, können Experten nicht genau beantworten, man schätzt zwischen 25.000 und 6000 v. Chr. Andernorts, z.B. bei der Halbinsel Quiberon in der Bretagne, gibt es nur eine einfache Verbindung. Bei Giens entstand jedoch durch die Mündungen der Flüsse Gapeau, Réal Martin und Pansard eine **doppelte Festlandverbindung.** Der östliche Tombolo, an dem La Capte liegt, ist 200 Meter und mehr breit. Der westliche hingegen misst nur 50 Meter – an seinen breitesten Stellen. Es handelt sich um dem Strand von Almanarre.

Die zwischen den beiden Tombolos liegende Lagune nutzte man jahrhundertelang zur **Salzgewinnung.** Seit 1995 ist damit Schluss, denn nun kümmert sich die Küstenschutzbehörde *Conservatoire du littoral* um diese Zone. Die salzigen Sümpfe sind ein idealer Lebensraum für eine **reiche Flora und Fauna.** Vor allem Vögel, darunter seltene Arten und auch Zugvögel wie Flamingos, finden hier gute Bedingungen vor. Die Straße am Strand von Almanarre heißt bis heute *Route du Sel,* Salzstraße. Im Winter ist sie oft überschwemmt und unbefahrbar. Im Sommer dagegen findet man hier kaum einen Parkplatz und der schmale Strand erinnert wirklich an eine Ölsardinenbüchse ...

Strand von Almanarre

Der sechs Kilometer lange Sandstrand liegt am Golf von Giens, neben ihm erstrecken sich die **Salzgärten** des *Etang des Pesquiers*. Weil der Strand nach Westen hin offen ist, herrschen hier optimale Bedingungen für **Windsurfer** und Funboarder. Die antike Ausgrabungsstätte Olbia findet sich am nördlichen Rand von Almanarre (siehe oben). Vorsicht: der Strand ist in der Hauptsaison sehr beliebt, was zur Folge hat, dass der Verkehr dort im August genauso schlimm wie in einer deutschen Großstadt zur Rush-Hour ist.

Dorf Giens

Giens ist ein hübsches kleines *village perché*, ein Wehrdorf mit Resten einer Burganlage oben auf dem Felsen. Die **Burg der Herren von Giens** stammt wahrscheinlich aus dem 13. Jh. Von hier aus hat man einen guten Blick auf die ehemaligen Salinen, Porquerolles und die kleineren Inseln Ile du Grand Ribaud und Ile du Petit Langustier. In einer nahen Felsbucht befindet sich der malerische **Fischerhafen Port du Niel.** Auf dem Friedhof von Giens ruht übrigens der Dichter Saint-John Perse, der zeitweilig in dem Ort lebte.

La Tour Fondue

Vom südlichsten Punkt der Halbinsel laufen die **Fähren nach Porquerolles** aus. Der Name *La Tour Fondue* geht auf die **kleine Festung** zurück, von der aus man früher die Hafenzufahrt kontrollierte. Sie wurde wahrscheinlich 1634 erbaut und im 19. Jh. renoviert. Um 1880 waren hier noch zwei Kanonen in Betrieb. Zusätzlichen Schutz gewährten die auf den Mini-Inseln Le Grand und Le Petit Ribaud errichteten Festungen (Privatbesitz). Porquerolles liegt etwa fünf Kilometer entfernt, die Überfahrt dauert zwanzig Minuten. Von Hyères aus, das zwölf Kilometer entfernt ist, verkehren regelmäßig Busse nach La Tour Fondue.

Strände La Capte und La Bergerie

Trotz der doppelten Namensgebung sind diese beiden Strände eigentlich ein einziger. Er erstreckt sich über vier Kilometer von der Plage de l'Hippodrome bis zur Halbinsel von Giens. Es handelt sich um den östlichen Tombolo, der Giens mit dem Festland verbindet. Seine Besonderheit ist die geringe Wassertiefe, was den Strand vor allem für Familien mit Kindern interessant macht. Allerdings ist anzumerken, dass er sehr schmal ist, kaum breiter als eine „Menschenlänge".

Information

siehe Hyères

Unterkunft

- **Ibis Thalassa** **/€€€, Allée de la Mer, Tel. 04.94.58.00.94, Fax 04.94.58.09.35, H1559@arcor.com. Dieses am Strand von La Capte erbaute Hotel der Accor-Kette bietet knapp 100 klimatisierte Zimmer, Restaurant und Swimming-Pool. Wie der Name schon sagt, gibt es ein Thalasso-Therapiezentrum.
- **Le Provençal** ***/€€€-€€€€, Place Saint-Pierre, Giens, Tel. 04.98.04.54.54, Fax 04.98.04.54.50, www.provencalhotel.com. Gelegen am Südzipfel der Halbinsel von Giens, im Dorf selbst, mit schönem Panoramablick auf

Strand und Salzfelder auf der Halbinsel von Giens

die Inseln von Hyères. Zum Hotel gehören ein schöner, großer Park, ein Swimming-Pool mit Meerwasser und ein Tennisplatz. Die 40 Zimmer sind fast alle mit Balkon. In dem gastronomischen Hotel kann man gute regionale Küche genießen.

Camping

- **International** ***, 1737, Route de la Madrague, Tel. 04.94.58.90.16, Fax 04.94.58.90.50, www.international-giens.com. 160 Stellplätze, ca. 1 km vom Dorf Giens und 50 m vom Meer entfernt, Vermietung von Mobilhomes. Geöffnet von April bis Oktober.

Essen und Trinken

- **L'Endroit,** 1, Allée Emile-Gérard, im Stadtteil Les Pesquiers, Tel. 04.94.58.00.97. Diese Bar mit angeschlossenem Restaurant und Strandabschnitt ist einer der zurzeit angesagtesten Orte auf der Halbinsel von Giens. Ein bisschen Latinoatmosphäre, ein wenig Exotik im Essen und sonntags Beachparty ... – was will man mehr?!
- **Tahiti Plage,** La Capte, Tel. 04.94.58.02.42. Restaurant-Bar direkt am Strand von La Capte mit „Südseeflair“. Im Restaurant gibt es traditionelle Küche, Grillgerichte und kleine Snacks. Eine Reservierung ist empfehlenswert.

Aktivitäten

- **Bootstouren zu den Iles d'Hyères,** *Stés TLV* und *TVM,* Gare Maritime, La Tour Fondue, 83400 Giens-Hyères, Tel. 04.94.58.21.81 oder 04.94.58.95.14, www.tlv-tvm.com.

068co Foto: im

Iles d'Hyères (Inseln von Hyères)

Die Inselgruppe erstreckt sich über ca. 30 Kilometer vor der Küste von Hyères und umfasst die drei Inseln **Porquerolles, Port Cros** und **Le Levant.** Sie gehören zum Schönsten, was die Côte d'Azur zu bieten hat, und stehen zu einem guten Teil unter **Naturschutz.** Die Inseln sind autofrei, Port Cros ist sogar fahrradfrei. Auf Le Levant ist für die Öffentlichkeit nur das Nudisten-Paradies *Héliopolis* zugänglich, der Rest der Insel ist militärisches Sperrgebiet.

Für einen Besuch der Inseln sollte man mindestens einen Tag einplanen, besser mehrere Tage, da sonst kaum genügend Zeit für die Erkundung bleibt. Und zu entdecken gibt es viel: **wunderschöne Strände, malerische Häfen, alte Festungen** und eine fast unberührte Natur. Das sollte jedoch nicht darüber hinwegtäuschen, dass es hier im Juli und August sehr voll ist, denn andere wissen dieses Paradies natürlich auch zu schätzen.

Geschichte

Die Hyerischen Inseln gehören geologisch zum Mauren-Massiv und bestehen wie dieses aus **kristallinem Urgestein.** Ihr Eintritt in die Geschichte begann mit den Griechen, die die Inseln *Stoechaden* nannten. Viel später, in der Renaissance, kam der Name *Iles d'Or* auf, **„Goldene Inseln".** Dies leitet sich wahrscheinlich von den Felsen aus Glimmerschiefer ab und ist bis heute Beiname geblieben.

Im 5. Jh. gründeten die Mönche von Lérins (bei Cannes) ein **Kloster** auf den Inseln, das fortan ein begehrtes Ziel von Piraten war. **Piraten und Räuber** waren es auch, die das weitere Schicksal der Goldinseln bestimmten. 1531 errichtete François I. dort ein Marquisat und siedelte **Kriminelle** an, denen er Straffreiheit gewährte, sofern sie auf den Inseln blieben und sie vor Piraten schützten. Schlecht bewacht, nutzten die ehemaligen Straftäter ihre Situation natürlich aus – und wurden selbst Piraten! Erst Louis XIV. konnte diesem Treiben ein Ende bereiten.

Zuletzt okkupiert wurden die Inseln im Zweiten Weltkrieg von den Italienern und später von den Deutschen.

Naturschutz und Verhaltensregeln

Es ist streng verboten zu zelten, im Freien zu schlafen, Feuer zu machen und außerhalb der Dörfer zu rauchen. Außerdem ist es nicht erlaubt, sich von den Wegen zu entfernen (weder als Radfahrer noch als Fußgänger), Müll zu verteilen und Lärm zu machen. Hunde müssen stets an der Leine geführt werden. Es dürfen auf keinen Fall Pflanzen abgeschnitten oder (noch schlimmer) abgerissen werden. Auch Früchte in den Obstplantagen von Porquerolles sollen nicht geerntet werden. Man kann aus ihnen hergestellte Produkte wie Konfitüre jedoch kaufen. Ein sparsamer Umgang mit Trinkwasser ist unerlässlich, denn Wasser ist außerordentlich knapp auf den Inseln. Wasserstellen befinden sich in Porquerolles auf der Place d'Armes und in Port Cros direkt am Hafen. Bei

Trockenheit und Wind erhöht sich im Sommer die Gefahr von Waldbränden.

Information

- **Maison du Tourisme de la Provence d'Azur,** Forum du Casino, 3, Avenue Ambroise Thomas, 83412 Hyères cédex, www.provence-azur.com. Zentrale Reservierungsstelle für Unterkünfte (Hyères und Inseln).

Verkehrsverbindungen

- **Überfahrt zu den Iles d'Hyères:** *Stés TLV* und *TVM,* Gare Maritime, La Tour Fondue, 83400 Giens-Hyères, Tel. 04.94.58.21.81 oder 04.94.58.95.14, www.tlv-tvm.com. Die Boote nach Porquerolles legen von La Tour Fondue auf der Halbinsel Giens ab, die Boote nach Port Cros und Le Levant fahren ab Hyères-Plage.

Ile de Porquerolles

Porquerolles ist die größte der drei Inseln, sie misst in ihrer Länge sieben und in ihrer Breite drei Kilometer. Gleichzeitig ist sie auch die am meisten besuchte: Es ist noch nicht lange her, dass im Sommer pro Tag rund 13.000 Touristen kamen! Die Verwaltung des Nationalparks hat sich jedoch seit 2002 mit der Bootsfahrtsgesellschaft darauf geeinigt, dass nicht mehr als 5000 Personen pro Tag auf die Insel dürfen. Diese Einführung von **Besucherquoten** war längst fällig, reicht aber – wie manche der knapp 350 ständigen Einwohner von Porquerolles meinen – längst nicht aus.

Im Juli und August sind die **Strände** immer noch überfüllt und die Pisten fest in der Hand von Mountainbikern, denn die meisten Touristen leihen sich direkt am Hafen ein Fahrrad. Für die Erkundung der Insel ist das auch sehr ratsam, denn so bekommt man am meisten von der **schönen mediterranen Landschaft** zu Gesicht. Die Wege sind von Kiefern- und Eukalyptusbäumen gesäumt, es gibt einige Weinberge und ansonsten die typische südfranzösische Macchia-Vegetation mit Zistrosen, Myrten, Heidekraut und allerlei Sträuchern, die im Frühjahr herrlich blühen. Außerhalb der Hauptsaison trifft man zeitweise sogar keine Menschenseele und dann ist Porquerolles wirklich ein Genuss!

Der höchste Punkt der Insel liegt beim so genannten *Semaphore* in einer Höhe von 142 Metern. Im Norden der Insel befinden sich die **Strände,** während es im Süden nur **Felsküste** gibt. Mehr als 50 Kilometer **Wanderwege** bzw. mit dem Rad befahrbare **Pisten** sind gekennzeichnet. Die Beschilderung ist so gut, dass man sich im Grunde nicht verlaufen bzw. verfahren kann. Hilfreich sind trotzdem Karten und Streckenbeschreibungen, die der Nationalpark verkauft; allerdings sind sie bisher nur in französischer Sprache erhältlich. Verkaufsstellen sind das Informationsbüro am Hafen und das „Haus des Nationalparks".

- **Maison du Parc,** am Ortsausgang Richtung Leuchtturm, Tel. 04.94.58.07.24, April bis Okt. täglich außer samstags 9.30–12.30 und 14.30–18.15 Uhr.

Geschichte

Porquerolles hat – abgesehen von seiner gemeinsamen Geschichte mit den Nachbarinseln – noch seine ganz spezielle Geschichte, denn die Insel wurde gleich zweimal **anlässlich einer Hochzeit verschenkt!** Das erste Mal, im Jahr 1600, erhielt Maria de Medici die Insel von Henri IV., das zweite Mal schenkte François-Joseph Fournier 1912 das schöne Fleckchen Erde seiner zweiten Frau.

Dieser **Monsieur Fournier,** ein Ingenieur belgischer Abstammung, war in Mittelamerika zu Reichtum gekommen. Er hatte in Mexiko Gold gefunden, musste das Land aber 1907 wegen der Revolution verlassen. Als er sich mit seiner Frau auf Porquerolles niederließ, führte er die Insel wie eine mexikanische Hacienda. Mithilfe einiger italienischer Familien baute er die Landwirtschaft auf, legte ertragreiche Weinfelder an und erschuf eine autonome Kommune mit schulischer und ärztlicher Versorgung sowie eigenem Elektrizitätswerk.

Mit dem Tod Fourniers 1935 endete diese Periode auf der Insel. Es begann eine Phase wilder Bebauung. Anfang der 1970er Jahre wollte der *Club Med* aus Porquerolles sogar ein Feriendorf machen. Naturschützer alarmierten den damaligen Staatspräsidenten Georges Pompidou, was dazu führte, dass der Staat schließlich vier Fünftel der Insel kaufte. Sie steht heute unter **Naturschutz** und wird vom Nationalpark Port Cros verwaltet.

Einige Mitglieder der Familie Fournier leben bis heute auf der Insel: So führt der Enkel Yves Leber das Vier-Sterne-Hotel *Le Mas du Langoustier,* sein Bruder Sébastien ist Inhaber des Weinguts *Domaine de l'Ile.*

Wichtig zu erwähnen ist noch, dass Porquerolles natürlicherweise fast vollständig bewaldet war, und zwar mit Eichen. Dieser Baumbestand war jedoch um 1870 als Folge von Rodungen und Bränden so gut wie verschwunden. Aleppo-Kiefern und Macchia traten seither an seine Stelle.

Dorf Porquerolles

Am **Hafen** gibt es bereits einige Geschäfte und Cafés, außerdem Verleihstellen für Fahrräder. Den eigentlichen Kern des Dorfes aber, welches ab 1820 entstand, bildet die hübsche **Place d'Armes.** Hier laden mehrere Terrassen-Restaurants zur Einkehr ein, außerdem kann man an der einzigen öffentlichen Wasserstelle der Insel seine Trink-Vorräte auffüllen. Porquerolles wurde lange **vom Militär verwaltet** und dieser Platz diente den Soldaten zum Exerzieren, was auch seine Größe erklärt. Die kleine **Kirche** stammt von 1850 und ist innen mit einem wiederum von Soldaten geschnitzten Kreuzgang geschmückt.

Fort Sainte-Agathe

Die älteste Festung der Insel wurde im 16. Jh. errichtet und liegt auf einem Hügel, der Ortschaft und Hafen überragt. Sie ist eine von insgesamt zehn Festungen. Von der Terrasse des Turms hat man eine **herrliche Aussicht** über Porquerolles und das gegenüberliegende Hyères. Die Festung beherbergt eine **Ausstellung** zur Geschichte der Insel und über die Aktivitäten des Nationalparks Port Cros. Sie wird allerdings ausschließlich in

069co Foto: im

französischer Sprache erklärt. Interessant ist ein Modell der Küste und der Inseln.

- **Fort Sainte-Agathe,** Tel. 04.94.00.65.41, geöffnet von Mai bis September täglich 10–12.30 und 13.30–17 Uhr, Eintritt 3 €, Kinder bis 18 Jahre 2,50 €.

Der Hafen von Porquerolles

Ausflug zum Leuchtturm

Startpunkt ist die Place d'Armes im Dorf, von wo aus man den Schildern „Phare" folgt. Der Weg führt größtenteils durch den Wald, eignet sich also auch für den Hochsommer. Hin- und Rückweg sind zusammen 6,5 Kilometer lang, mit dem Fahrrad braucht man dafür etwa 45 Minuten. Der Leuchtturm ist der leistungsstärkste des Mittelmeers nach jenem von Marseille. Seit 1837 schon erhebt er sich auf den Felsen der Südküste.

Vom Leuchtturm aus blickt man bereits auf das **Cap d'Armes** und kann danach zur Felsbucht **Gorges du Loup** weiterwandern. Diese Wanderung dauert etwa zwei Stunden, Stopps nicht eingerechnet.

Von Fort zu Fort

Eine weitere Tour, die vom Nationalpark vorgeschlagen wird, ist sowohl für Wanderer als auch für Radfahrer geeignet. Sie führt im Wesentlichen entlang der Nordküste von Festung zu Festung und gliedert sich in zwei Teile. Der erste Streckenabschnitt beginnt beim **Fort Saint-Agathe** und hat das **Fort du Langoustier** im Westen der Insel zum Ziel. Der Rückweg führt parallel zur Küste durchs Inselinnere. Der zweite Streckenteil beginnt wiederum am Fort Saint-Agathe, von wo aus man Richtung Osten bis zum **Fort de la Repentance** wandert/fährt. Der Nationalpark hat dazu die Broschüre „Itinéraires de Pierres – Parcours des Forts" herausgegeben.

Botanische Station

Die staatliche botanische Station für Mittelmeerartenschutz bietet unter anderem eine Ausstellung über die **Artenvielfalt der Insel.** Das Team von Naturwissenschaftlern hat außerdem eine Daten- und Samenbank von mehr als 3000 Arten von Wildpflanzen aus der Region Provence-Côte d'Azur, dem Languedoc-Roussillon und der Insel Korsika aufgebaut. Besonders interessant sind die Sammlungen von Pfirsich-, Oliven-, Feigen- und Maulbeerbäumen. Man bewahrt hier Tausende alter Arten vor dem Aussterben, allein 200 Arten von Olivenbäumen, also alle, die man heute kennt! Die gepflegten Haine tragen sehr zur Schönheit der Landschaft von Porquerolles bei.

- **Conservatoire Botanique National Méditerranéen Le Hameau,** Tel. 04.94.12.30.40, geöffnet von April bis Oktober täglich 9.30–12.30 und 13.30–17.15 Uhr, Juli und August 9.30–12.30 und 14.30–18.30 Uhr. Verwaltungssitz wie der Nationalpark Port Cros, s.u.

Information

- **Informationsbüro Porquerolles,** B.P. 15, 83400 Porquerolles, Tel. 04.94.58.33.76, Fax 04.94.58.36.39, www.porquerolles.com.

Unterkunft

Auf der Insel gibt es nur sechs Hotels, die alle sehr teuer sind und meistens ausschließlich Halbpension anbieten, außerdem keinen Campingplatz. Wer die Insel in den frühen Morgenstunden erleben will, wenn die Fähren noch nicht fahren und die Besuchermassen noch nicht „eingefallen" sind, dem sei folgendes Haus direkt am Dorfplatz empfohlen:

- **Villa Sainte-Anne** **/€€€€-€€€€€, Place d'Armes, Tel. 04.98.04.63.00, Fax 04.94.58.32.26, courrier@sainteanne.com. 25 klimatisierte Zimmer, das Restaurant bietet traditionelle Küche, Fisch und Meeresfrüchte an.

Essen und Trinken

- **La Calanque,** Place d'Armes, Tel. 04.94.58.31.73. Provenzalisch eingerichtetes Restaurant mit großer Terrasse am Dorfplatz; bodenständige Küche, Spezialität sind Bouillabaisse und generell Fisch-Gerichte, aber die Karte bietet auch kleinere Menüs und mehrere Salate an. Mittleres Preisniveau, keine überzogenen „Insel-Preise".
- **L'Alycastre,** 1, Rue de la Ferme, Tel. 04.94.58.30.03. Nette Adresse mitten im Dorf, im Angebot vor allem Fischgerichte. Man sitzt gemütlich auf einer begrünten Terrasse. Die Preise sind korrekt, mittags sogar preiswert.

Einkaufen

- **Wein:** Auf der Insel gibt es vier Weingüter, deren Produkte man direkt vor Ort kaufen kann. A.O.C.-Weine Côtes de Provence werden von der *Domaine de la Courtade* und der *Domaine de l'Ile* produziert. Außerdem gibt es die *Domaine Perzinsky* und den Hof *L'Oustaou de Diou* mit der Marke „Les Saveurs des Vergers". Hier werden die Früchte aus den

Artensammlungen der botanischen Station verarbeitet.

Aktivitäten

- **Fahrradverleih:** Daran ist kein Mangel auf Porquerolles; es gibt ca. 10 Verleiher, die alle rund um den Hafen und im nahen Dorf angesiedelt sind.

Ile de Port Cros

Mit vier Kilometern Länge und zweieinhalb Kilometern Breite ist Port Cros die kleinste der Hyerischen Inseln, gleichzeitig aber auch die mit der unberührtesten Natur. Ihren höchsten Punkt erreicht sie am **Mont Vinaigre** mit 194 Metern. Mit ihren steil abfallenden Felsen, vor allem an der Südseite, bietet Port Cros nur wenige Strände: *Port Man, La Palud* und *La Plage du Sud*. Um es auf den Punkt zu bringen: Nach Porquerolles fährt man zum Baden, nach Port Cros zum **Wandern.** Auch hier gilt es, die Hochsaison zu meiden, denn im Juli und August ist es sogar zum Spazierengehen zu heiß.

Auf Port Cros sind **Autos und Fahrräder verboten,** man darf sich ausschließlich zu Fuß fortbewegen. Es gibt rund 30 Kilometer gekennzeichnete Wanderwege, die man nicht verlassen darf. Ansonsten gelten dieselben Verhaltensregeln wie auf Porquerolles. Die Besucherzahl ist zwar mittlerweile auf 2000 Personen pro Tag begrenzt, doch auch das ist für die kleine Insel schwer zu verkraften.

Den Namen *Port Cros* verdankt die Insel, die von den Griechen früher *Mese*, „die Mittlere", genannt wurde, ihrer wie ausgehöhlt *(creux)* erscheinenden Hafenbucht, um die herum sich heute Fischerhäuser, Läden und die Kapelle gruppieren.

Was die Landschaft angeht, so ist Port Cros hügeliger und stärker bewaldet als Porquerolles. Auch gibt es hier keine landwirtschaftlichen Nutzflächen. Beiden Inseln gemeinsam ist die vorherrschende **Macchia-Vegetation.**

Genau wie auf Porquerolles gibt es auch auf Port Cros mehrere **Festungen:** Im *Fort de l'Estissac* wird eine Ausstellung über den Nationalpark und die Insel Port Cros gezeigt. Das *Fort de l'Eminence* ist zu einem Landschulheim umfunktioniert worden, während die anderen Forts vor allem Mitarbeitern des Parks als Unterkünfte dienen.

Nationalpark

Port Cros, dieses wunderschöne Fleckchen Erde voller Ruhe und Frieden, ist in seiner Gesamtheit ein Nationalpark. 1963 gegründet, erstreckt er sich sogar auf einer **Meereszone** von 600 Metern rund um die Insel. Es handelt sich dabei um den ersten Naturpark Europas, der auch eine maritime Zone umfasst. Zu verdanken ist dies zu einem guten Teil der Initiative des Ehepaars Henry, der letzten Eigentümer der Insel, die diese mit der Auflage dem Staat vermachten, dort einen Naturpark zu errichten.

In Frankreich gibt es sieben Nationalparks, zwei davon sind der ebenfalls in diesem Buch beschriebene Mercantour-Park und eben Port Cros. Geschaffen 1963, misst der Nationalpark Port Cros 700 Hektar Land und

1288 Hektar Meeresfläche. Er umfasst Port Cros und die kleineren Inseln Bagaud, Gabinière und Rascas. Seine Verantwortlichkeit erstreckt sich ebenfalls auf die Nachbarinsel Porquerolles. Schließlich unterstehen ihm das Cap Lardier bei La Croix-Valmer sowie die Halbinsel von Giens und die Salinen von Hyères.

Um die Natur gut schützen zu können, muss man sie kennen. Darum ist eine der Haupttätigkeiten des Parks die wissenschaftliche Erforschung natürlicher Milieus, beispielsweise das Anlegen von Pflanzen-Inventaren und die Analyse von umweltverschmutzenden Faktoren. Der Park muss ebenfalls die Überwachung und Pflege seines Gebiets übernehmen, das von vielen Touristen besucht wird. Der Nationalpark Port Cros hat 1997 für seine Arbeit eine Auszeichnung des Europäischen Rates bekommen.

Die größte Gefahr für den Nationalpark Port Cros, so schreibt ein französischer Reiseführer, sei sein eigener Erfolg. Und tatsächlich haben die Gewässer rund um die Insel bei Messungen zur Wasserqualität wiederholt schlecht abgeschnitten. Um dem zu begegnen, dürfen Segelyachten, die Port Cros ansteuern, keinerlei Abwasser ins Meer leiten.

- **Haus des Nationalparks:** *Maison du Parc National Port-Cros,* Secteur de Port-Cros, 83400 Ile de Port-Cros, Tel. 04.94.01.40.72. www.portcrosparcnational.fr.
- **Verwaltungssitz:** *Parc National de Port-Cros / Conservatoire Botanique National Méditerranéen de Porquerolles,* Le Castel Sainte Claire, 83418 Hyères cedex, Tel. 04.94.12. 82.30. www.portcrosparcnational.fr.

Entdeckung der Insel

Der Nationalpark bietet zweimal täglich um 10.30 Uhr und 14.30 Uhr einen kleinen **kommentierten Spaziergang** an, der kostenfrei ist und ca. eineinhalb Stunden dauert *(Visite commentée de Port Cros).* Start ist am Hafen, an der *Capitainerie,* dann geht es weiter zum *Fort du Moulin,* am Friedhof (dem einzigen Rest des alten Dorfes) vorbei, über Pfade auf Klippen hoch über dem Meer bis zum **Fort de l'Estissac.** Der 360-Grad-Rundblick von hier ist fantastisch: Man sieht auf der Insel selbst die *Plage de la Palud* und den *Rocher du Rascas,* außerdem die typische Macchia-Landschaft, unterbrochen von hochgewachsenen Aleppo-Kiefern. Schließlich blickt man zur Nachbarinsel Le Levant, nach Hyères, Giens und über die gesamte Küste bis nach Saint-Tropez.

Die Führungen beinhalten Erklärungen der ortstypischen Flora und Fauna, sie werden allerdings nur auf Französisch angeboten. Auch die gut ausgearbeiteten Broschüren, die weitere Wanderungen beschreiben, gibt es bisher nur in französischer Sprache. Eine von ihnen beschreibt den **Pflanzenlehrpfad Sentier des Plantes,** auf dessen Wegstrecke das *Fort de l'Estis-*

Auf Port Cros dominiert die Natur – hier ist nicht nur Auto-, sondern auch Fahrradfahren verboten

sac, dann die *Plage de la Palud* und schließlich das *Fort de l'Eminence* liegen. Die reine Wegstrecke ohne Pausen dauert ca. eine Stunde.

Eine andere Wanderung führt ins Innere der Insel, durch das **Vallon de la Solitude,** so der wohlklingende französische Name für „Tal der Einsamkeit". Sie dauert ebenfalls etwa eine Stunde.

Sportlichere Gemüter werden den zehn Kilometer langen **Rundweg Port Man** wählen, der auf schattigen Wegen zum gleichnamigen Fort führt. Nachdem man dort den herrlichen Blick auf die Nachbarinsel Le Levant genossen hat, geht es weiter über die Landspitze *Pointe de la Galère* und den Strand von *La Palud* zum Hafen. Die Wanderung, für die man etwa vier Stunden einplanen sollte, gibt einen guten Überblick über die Landschaften der Insel.

Unterkunft/ Essen und Trinken

Auf Port Cros gibt es ein einziges Hotel, das allerdings – untergebracht in einem Gebäude aus dem 19. Jh. – aufgrund seines Charmes und seiner idyllischen Lage sehr empfehlenswert ist. Auch hier gilt wieder die Devise: empfehlenswert für den, der sich die Insel-Preise leisten kann.

- **Le Manoir d'Hélène** ***/€€€€, Tel. 04.94.05.90.52, Fax 04.94.05.90.89, monsite.wanadoo.fr/hotelmanoirportcros. Es gibt nur fünf Zimmer, deshalb frühzeitig buchen. Halbpension obligatorisch, was nicht das Schlechteste ist, denn das zum Hotel gehörige Restaurant ist sehr empfehlenswert. Es gibt regionale Küche, von der Terrasse hat man Blick auf den Yachthafen. Geöffnet von Ende April bis Anfang Oktober.

070co Foto: im

Aktivitäten

- **Unterwasserlehrpfad:** Dieser Tauchausflug von 30 bis 40 Minuten vom Palud-Strand aus ermöglicht die Entdeckung der Flora und Fauna unter Wasser. Erforderliche Ausrüstung: Schwimmflossen, Brille, Schnorchel. In der Saison ist die Begleitung durch einen staatlich geprüften Lehrer möglich. Auskunft und Reservierung: *Maison du Parc,* s.o.
- **Vermietung von Tauchausrüstung:** *Sun Plongée,* Tel. 04.94.05.90.16, www.sun-plongee.com. Die Firma bietet auch Kurse, Gruppenausflüge und Pauschalangebote inklusive Unterkunft an.

Ile du Levant

Die schmale Insel, acht Kilometer lang und nur eineinhalb Kilometer breit, ist die **„wildeste" der drei Hyerischen Inseln:** Erst seit den 1990er Jahren gibt es elektrischen Strom, das Wasser kommt immer noch aus Zisternen und Brunnen. Gleichzeitig ist sie auch die am wenigsten besuchte, was daran liegt, dass sie hauptsächlich **militärisches Sperrgebiet** ist. Die verbleibenden zehn Prozent sind Anhängern der Freikörperkultur vorbehalten, die dieses Paradies den Brüdern und Ärzten Durville verdanken. Diese gründeten 1931 **Héliopolis,** eines der ersten Nudistenzentren in Europa. Bis heute ist die Insel **Treffpunkt vieler FKK-Anhänger,** aber natürlich ist sie längst nicht mehr so verrufen wie noch im vergangenen Jahrhundert.

Die Schiffe, mit denen die Touristen übersetzen, laufen die **Anlegestelle l'Ayguade** unterhalb des Weges nach Héliopolis an. Ansonsten gibt es auf der Felsinsel nur zwei Buchten: Die *Calanque de l'Avis* und die *Calanque de l'Estable*. Fortbewegen kann man sich ausschließlich zu Fuß, denn wie auf den Nachbarinseln sind Autos verboten.

Information

- **Touristeninformation Soleil Levant,** im FKK-Bereich Héliopolis, 83400 Ile du Levant, Tel. 04.94.05.93.52, Fax 04.94.05.90.69, www.iledulevant.com.fr.

Unterkunft

- **La Source** €€, Route de l'Ayguade, Tel. 04.94.05.91.36. Kleines Hotel unweit des Hafens, das 9 einfache, korrekte Zimmer zu moderaten Preisen anbietet. Es ist erwünscht, Halbpension zu buchen; das Restaurant ist auf Fischgerichte spezialisiert.

Camping

- **Le Colombero** *, Route de l'Ayguade, Tel. 04.94.05.90.29. Preiswerter, kleiner FKK-Campingplatz mit einer Kapazität für 50 Personen, 100 m vom Hafen und 500 m vom Meer gelegen. Geöffnet von Ostern bis September.
- **La Pinède** *, Corniche de la Pinède, Tel. 04.94.05.92.81, www.campingdulevant.free.fr. FKK-Campingplatz mit einer Kapazität für 50 Personen, 500 m vom Meer. Geöffnet von April bis September.

Essen und Trinken

- **La Palmeraie,** Chemin de l'Ayguade, Tel. 04.94.05.90.85. Wie der Name schon sagt, stehen einige der Tische dieses netten, kleinen Restaurants unter Palmen. Es gibt eine frische regionale Küche zu mittleren Preisen und auch günstigere Gerichte für den kleinen Hunger wie z.B. *tartes.*

Aktivitäten

- **Tauchen:** *Levant Plongée,* Le Cigalon, Tel. 04.94.00.45.50, henri@naturiste.com.
- **Bootsverleih:** *Les Fodas du Poulatin,* Tel. 06.07.58.18.11, Kanus, Kayaks, Segelboote.

Six-Fours-les-Plages

Die ausgedehnte Kommune Six-Fours-les-Plages, die einen großen Teil der **Halbinsel des Cap Sicié** westlich von Toulon einnimmt, ist bei den Einheimischen als Wohnort sehr beliebt. Zersiedelt und dominiert von vielen Neubauvierteln, ist das Stadtbild aber touristisch nicht besonders interessant. Von dem mittelalterlichen Dorf sind nur noch eine Kirche und eine Burg erhalten.

Erwähnenswert ist Six-Fours dennoch, weil auch der malerische Ort **Le Brusc** dazugehört, ein quasi unverdorbenes Stückchen Mittelmeer. Mit seinen *Pointus* genannten Fischerbooten, die vor einer durchaus malerischen Kulisse im Wasser schaukeln, wirkt der Hafen nahezu authentisch. Aber natürlich ist auch Le Brusc touristisch erschlossen, es bietet zahlreiche Hotels und Restaurants und seine Bucht ist vor allem bei Surfern beliebt.

Geübte Wanderer wird es vor allem zur **Wallfahrtskapelle Notre-Dame-de-Mai** hinziehen, die über das Cap Sicié wacht (s.u.: Küstenwanderung).

Kirche und Fort

Die Stiftskirche und das Fort von Six-Fours sind weithin sichtbar, weil sie auf einem Hügel erbaut sind, der die Ebene der Halbinsel überragt. Das Fort kann nicht besichtigt werden, aber vom Hof vor dem Eingang hat man einen herrlichen **Panoramablick** über die Buchten von Toulon und Sanary.

Die Kirche **Collégiale Saint-Pierre,** ursprünglich errichtet im 11. Jh. im romanischen Stil, ist das einzige erhaltene Gebäude des mittelalterlichen Dorfes. Architektonisch merkwürdig ist die Anordnung ihrer zwei Schiffe: Das romanische und das gotische Schiff stoßen im rechten Winkel aufeinander. Im Inneren sind eine Skulptur der Jungfrau Maria bemerkenswert, die Pierre Puget zugeschrieben wird, und ein mehrteiliges Altarbild aus dem 16. Jh., das provenzalische Heilige darstellt.

- **Collégiale Saint-Pierre,** täglich außer Dienstag und Sonntag 10–12 und 15–19 Uhr, Oktober bis Mai täglich außer Dienstag und Sonntag 10–12 und 14–17.30 Uhr.

Kapelle Notre-Dame-de-Pépiole

Bei dieser Kapelle handelt es sich um eines der **ältesten frühchristlichen Baudenkmäler Frankreichs** (5. bis 6. Jh.). Ursprünglich waren es drei einzelne Kapellen, die wahrscheinlich im 12. Jh. mittels Arkaden verbunden wurden. Die Kapelle mit ihren asymmetrischen Campaniles (Glockentürmen) erinnert ein wenig an eine Festung. Außerdem soll sie nach dem Vorbild der frühen syrischen Kirchen gestaltet sein. Sie gilt als einziges Beispiel dieser Mischung orientalischer mit provenzalischer Architektur.

Um die Kapelle zu erreichen, fährt man von Six-Fours nach Sanary. Am Ortseingang von Sanary erreicht man einen Kreisverkehr, an dem man sich in Richtung La Seyne / Toulon hält. Schließlich führt rechts eine kleine Straße in den Wald zur Kapelle.

- **Chapelle Notre-Dame-de-Pépiole,** täglich außer Dienstag 15–18 Uhr.

Ile des Embiez

Von Le Brusc aus mit der Fähre erreichbar, bietet das 95 Hektar große Inselchen dem interessierten Besucher neben einem Yachthafen, einem neoprovenzalischen Dorf und einem kleinen Strand vor allem das **Ozeanographische Museum Paul Ricard.** Dem weniger geneigten Besucher wird die Insel, die genannter Schnapsfabrikant 1958 erwarb, überlaufen erscheinen und das Dorf reichlich kitschig. Der Yachthafen immerhin hat Tradition: 1963 eröffnet, ist er der erste seiner Art im Mittelmeer. Bei Tauchern und Schnorchlern ist die Ile des Embiez – wie ihre Nachbarinseln – sehr beliebt.

- www.les-embiez.com
- **Fondation océanographique Paul-Ricard,** Tel. 04.94.34.02.49, www.institut-paul-ricard.org, täglich 10–12.30 und 13.30–17 Uhr, Eintritt 5 €, Kinder 3 €.

Küstenwanderweg

Herrlich ist der Küstenwanderweg **Sentier Littoral** um die Halbinsel herum. Von Six-Fours-les-Plages kann man ohne Unterbrechung des Weges um die Halbinsel herum bis nach La Seyne-sur-Mer wandern, was eine Strecke von 20 km bedeuten und etwa sieben Stunden dauern würde. Natürlich kann man auch Teilabschnitte laufen, z.B. von der *Plage de Bonnegrâce* (an der Grenze zu Sanary) bis zur **Landspitze Petit Gaou.** Auf dem Weg liegt der malerische kleine Hafen von **Le Brusc.** Besonders schön ist auch der Abschnitt, der sich *Corniche Merveilleuse* nennt. Er erstreckt sich an der Südseite zwischen Haute Lèque und Fabrégas und ist deutlich felsiger als der erste Abschnitt. Der höchste Punkt liegt bei 360 m.

Von der **Wallfahrtskapelle Notre-Dame-de-Mai** am Cap Sicié hat man herrliche Ausblicke auf die Küste, von den Hyerischen Inseln bis zu den Calanques der Marseiller Gegend. Autofahrer müssen beachten, dass die Zufahrt von Mitte Juni bis Mitte September wegen Waldbrandgefahr verboten ist.

Information

- **Office de Tourisme,** Promenade Charles-de-Gaulle, 83140 Six-Fours-les-Plages, Tel. 04.94.07.02.21, Fax 04.94.25.13.36, www.tourisme-ouestvar.com.

Unterkunft/ Essen und Trinken

- **Hôtel du Parc** **/€€, 112, Rue Marius-Bondi, Tel. 04.94.34.00.15, Fax 04.94.34.16.94. Kleines, familiäres Hotel am Hafen von Le Brusc mit empfehlenswertem Restaurant. Gutes Preis-Leistungs-Verhältnis.
- **Le Saint-Pierre,** 47, Rue de la Citadelle, Tel. 04.94.34.02.52. Ebenfalls am hübschen Hafen von Le Brusc gelegen und in einem alten Fischerhaus untergebracht, hat dieses Restaurant vor allem Fisch und Meeresfrüchte im Angebot, z.B. die Klassiker Bouillabaisse und Bourride. Die Küche ist einfach, gut und ihren Preis wert.
- **Le Bistro du Dauphin,** 36, Square des Bains, Tel. 04.94.07.61.58. Am Strand von Bonnegrâce, fast im Nachbarort Sanary, findet sich dieses Restaurant mit Meerblick-Terrasse. Die marktfrische Küche ist von mittlerer bis gehobener Preisklasse.

Aktivitäten

- **Bootstouren:** *Aquavision,* Tel. 04.94.10.75.90. Vom Hafen Le Brusc kann man Touren zu den Calanques von Cassis und der Insel Embiez machen.

Sanary-sur-Mer

Das kleine Seebad, das als „Hauptstadt der deutschen (Exil-)Literatur" (siehe Exkurs) in die Geschichte eingegangen ist, gibt sich heute wie damals beschaulich-malerisch, trotz seiner immerhin 18.000 Einwohner. Dominiert wird es von seinem hübschen **Hafen,** der am Ende einer langen Bucht liegt, geschützt vor dem offenen Meer durch die Ile des Embiez. Zwischen den weißen Yachten schaukeln noch hier und dort farbig getünchte Fischerboote im Wasser, und tatsächlich fahren von Sanary noch „echte" Fischer aufs Meer hinaus. In den frühen Morgenstunden kann man ihnen den Fang direkt im Hafen abkaufen.

An der **Promenade** laden zahlreiche Cafés und Restaurants zum Verweilen ein, viele untergebracht in schön restaurierten Häusern in Pastellfarben. In den 1930er Jahren soll im *Nautique* die Crème de la Crème der deutschen Literatenszene ein- und ausgegangen sein. Die hinter dem Hafen liegende **Altstadt** von Sanary bietet einige nette Einkaufsmöglichkeiten. An den Sommerabenden aber verwandelt sich die ganze Stadt in einen großen Kunsthandwerker- und Souvenirmarkt.

Ein bisschen schade ist, dass ein ganzes Areal neben dem Hafen zu einem riesigen Parkplatz umgebaut wurde, weshalb es im Ortszentrum keinen nennenswerten Strand gibt. **Baden** kann man in den Buchten Richtung Bandol, zum Beispiel an den Stränden von Portissol, Beaucours oder La Gorguette. Die Küste ist allerdings recht felsig und die Strände sind dementsprechend schmal.

Archäologische Funde in der Bucht von Portissol beweisen, dass die Gegend um Sanary seit der Antike besiedelt ist. Zum ersten Mal erwähnt im Jahre 1113, war Sanary zunächst ein Teil der Gemeinde Ollioules, die ein Stückchen weiter im Landesinneren liegt. Anfang des 14. Jh. wurde im westlichen Teil der Bucht von Sanary eine erste Festung errichtet.

Der ursprüngliche Name der Stadt lautet *Saint-Nazaires-lez-Ollioules,* was auf den Namenspatron Nazarius zurückgeht, ein Märtyrer aus der Zeit Kaiser Neros. Seinen heutigen Namen verdankt Sanary dem Tourismus. Nachdem es Anfang des 20. Jh. immer mehr internationale Besucher anzog, entschlossen sich die Stadtväter, einen dem Tourismus etwas zuträglicheren Namen zu wählen, so heißt die Stadt seit 1923 *Sanary-sur-Mer.* Sie ist seit 1929 offiziell eine *Station climatique,* ein Luftkurort. Bis heute ist der Tourismus die entscheidende Existenzgrundlage der Einwohner.

Küstenwanderweg

In der Gegend von Sanary sind vor allem zwei Wanderungen empfehlenswert: Die erste, vier Kilometer lang, startet an der **Plage de Lido** und führt, teils über Felsen, nach Westen durch die Bucht *Baie de Cousse* bis zur **Pointe de la Cride.** Der Weg gibt schöne Ausblicke auf die vorgelagerten Inseln Embiez und Bendor frei und dauert etwa eineinhalb Stunden.

„Sanary-sur-Mer, Hauptstadt der deutschen Literatur“

Dieser Titel, für einen kleinen südfranzösischen Badeort gewiss merkwürdig klingend, geht auf den Philosophen **Ludwig Marcuse** zurück und ist oft zitiert worden. Wahrscheinlich ebenso oft musste er erläutert werden, denn es versteht sich nicht von selbst, warum augerechnet dem beschaulichen Sanary in den 1930er Jahren solch eine „Hauptstadtfunktion“ zugefallen ist.

Literaturhauptstadt zu werden, war weder von Seiten Sanarys geplant, noch kamen die Schriftsteller, die es dazu machten, völlig freiwillig hierher. Die meisten waren Flüchtlinge aus Hitler-Deutschland, was auch die im Grunde bittere Ironie Ludwig Marcuses verständlich macht: „Wir waren im Paradies – notgedrungen.“ Er gehörte selbst zum Kreis der Exilanten und verlebte „sechs unglücklich-glückliche Jahre“ dort.

Im Sanary-Kapitel seiner Autobiografie beschreibt er, wie das amerikanische FBI ihn vor seiner Einbürgerung immer wieder fragte: „Please tell us something about the German colony Sanary“. Woraufhin Marcuse klarstellte, „dass wir Deutsche selbst in Hitlers bester Zeit Sanary nicht zu einer ‚Kolonie‘ des Vaterlands gemacht hatten; dass vielmehr dies französische Fischer-Dörfchen in den Dreißigern von einem guten Teil der besten deutschen Literatur und außerdem von einigen Engländern (unter ihnen Aldous Huxley) auf die friedlichste Weise okkupiert worden war“.

In den Jahren ab 1933 kamen also in Sanary zusammen: **Thomas Mann** mit Frau und Kindern, sein Bruder **Heinrich Mann, Arnold Zweig, Lion** und **Marta Feuchtwanger, Franz Werfel** und **Alma Mahler-Werfel, Ernst Toller, Bert Brecht, Alfred Kerr** und **René Schickele,** um nur die bekannteren Namen zu nennen. Manche von ihnen wohnten hier für Jahre wie Feuchtwanger, andere – wie Thomas Mann – blieben für einige Monate, die übrigen besuchten Freunde und Kollegen oder machten auf der Durchreise Halt. Marcuse schwärmt vom *Café de la Marine* und der *Witwe Schwab,* wo man sich öfters traf: „Sanary war ein umfangreiches romanisches Café, mit Marmor-Tischen und Badehosen. Namentlich im Sommer wurde das Nest überfüllt von literarischen Kaisern. Die Luft war geschwängert mit originellen Aperçus, Indiskretionen und Krächen.“

Diese prickelnde Atmosphäre muss damals typisch für Sanary gewesen sein, denn schon 1931 wussten **Erika und Klaus Mann,** Thomas Manns Kinder, in ihrem Riviera-Reisebuch über die einzigartige Stimmung zu berichten, „denn seit einigen Jahren ist es die erklärte große Sommerfrische des Café du Dôme, der sommerliche Treffpunkt der pariserisch-berlinisch-schwabingerischen Malerwelt, der angelsächsischen Bohème.“

Um den großen **Aldous Huxley,** der in Sanary seine pessimistische Zukunftsutopie „Brave New World“ schrieb, hatte sich eine Künstlerclique gebildet, für die deutsche Fraktion waren der Maler **Bondy** und der Kunsthistoriker **Julius Meier-Graefe** vor Ort. Als die Nationalsozialisten die Macht ergriffen, bildete sich um diese herum rasch eine Flüchtlingskolonie. Unter anderem fand Lion Feuchtwanger mit Meier-Graefes Hilfe ein Haus in Sanary. Hier entstanden seine Romane „Die Geschwister Oppermann“ und „Exil“.

Nach dem heutigen Stand der Forschung lebten zwischen 1933 und 1942 **mehr als 500 Exilanten aus dem Deutschen Reich** im Département Var, 80 % davon in Sanary, Bandol und Le Lavandou. Die meisten von ihnen waren nicht annähernd so betucht wie der Bestseller-Autor Feuchtwanger, sondern litten unter ernsten Geld-

Das Haus, in dem Lion Feuchtwanger, und der Turm, in dem Franz Werfel einige Zeit lebte

sorgen. An diesem Teil der Küste aber war das Leben einfach und kostete nicht viel. „Riviera und Côte d'Azur“, schrieb Marcuse, „klingt viel zu großspurig für unser unscheinbares Asyl“. Nie wieder habe er „so gut und so eintönig und so billig gegessen“.

Ein Großteil derjenigen, die sich in dieser Ecke des Var aufhielten, kam irgendwie zurecht und konnte Frankreich rechtzeitig vor Kriegsbeginn verlassen. Die meisten emigrierten in die Vereinigten Staaten. Andere – wie Feuchtwanger, Franz Hessel, Alfred Kantorowicz und Walter Hasenclever – wurden ab 1939 als so genannte „feindliche Ausländer“ im Lager Les Milles bei Aix-en-Provence interniert. Bedroht von der Auslieferung an die vorrückende deutsche Besatzungsmacht und der Deportation nach Osten, setzten sie alles daran, das für sie feindlich gewordene Asyl-Land Frankreich zu verlassen. Feuchtwanger, dem schließlich eine spektakuläre Flucht als Frau verkleidet gelang, hat seine Erlebnisse in dem Buch „Der Teufel in Frankreich“ niedergelegt (siehe auch die Literaturhinweise im Anhang.)

Seit 1987 gibt es in Sanary eine **Tafel am Hafen,** die die Erinnerung an die berühmten deutschen Gäste wach hält. Auf ihr sind insgesamt 36 Namen verzeichnet, wobei dies natürlich nur die bekanntesten sind. Für besonders Interessierte hat die Stadt Sanary in Zusammenarbeit mit dem *Comité départemental du Tourisme* eine Broschüre herausgegeben, die weitere Erinnerungsorte aufführt und auch umfangreiche Texte auf Deutsch enthält. Unter anderem weist sie den Weg zum Hafen-Café „Witwe Schwab“, heute **Le Nautique,** dann zu jenem **Turm** über dem Hafen, wo Franz Werfel und Alma Mahler-Werfel 1938 bis 1940 wohnten, und schließlich auch zum **Hôtel de la Tour,** wo Thomas Mann von Juni bis September 1933 logierte und an seiner Joseph-Trilogie arbeitete. Der Nobelpreisträger soll zunächst wenig Begeisterung für den „überblauen Wonnesüden“ gezeigt haben, schrieb aber später an Meier-Graefe: „Wir denken oft und dankbar an Sanary zurück. Oft denke ich, dass man sich dort ein Häuschen bauen und sein Leben beschließen sollte.“

071coFoto: im

072coFoto: im

Die zweite Wanderung ist eher ein Spaziergang und führt in einer halben Stunde vom **Strand von Portissol** zum **Hafen von Sanary** (festes Schuhwerk ist dennoch erforderlich). Geht man einen kleinen Umweg über den *Chemin de la Colline,* kann man dort die **Chapelle de la Pitié** mit ihren zahlreichen Votiv-Tafeln (Dankesbilder von Gläubigen) besichtigen.

Information

- **Office de Tourisme,** Jardins de la Ville, 83110 Sanary-sur-Mer, Tel. 04.94.74.01.04, Fax 04.94.74.58.04, www.sanarysurmer.com.

Parken

In Sanary herrscht wegen des schönen Hafens und an Markttagen oft Stau. Der große **Parkplatz am Hafen** ist zwar städtebaulich nicht ästhetisch, bietet aber viele Stellplätze. Man sollte auf jeden Fall hier parken, denn in den Gassen der Altstadt gibt es so gut wie keine Möglichkeiten. Die erste Stunde ist ohnehin kostenlos.

Unterkunft

- **Hotel de la Tour** ***/€€€, 24, Quai du Général-de-Gaulle, Tel. 04.94.74.10.10, Fax 04.94.74.69.49. Wer nach dem Marktbesuch oder dem Spaziergang auf der Promenade noch nicht vom schönen Hafen von Sanary lassen kann, der ist hier bestens aufgehoben. Das Hotel, in dem schon Thomas Mann nächtigte, ist gegen einen mittelalterlichen Turm gebaut. Die Zimmer sind klassisch und geschmackvoll eingerichtet, einige geben den Blick auf den Hafen frei. Das empfehlenswerte Restaurant bietet vor allem frische Fischgerichte mittlerer Preisklasse an.
- **Le Jujubier** €€€-€€€€, 753, Chemin de Beaucours, Tel. 04.98.00.06.20, Fax 04.98.00.06.29, www.lejujubier.com. Geführt von dem freundlichen Schweizer Christoph Müssgens, bietet dieses Haus aus dem 17. Jh. fünf geschmackvoll eingerichtete, komfortable Gästezimmer mit TV und Minibar. Der Garten, die Terrassen und der Swimming-Pool sind ein Traum, die Atmosphäre ist familiär. Mit zur Familie gehört – unüberhörbar – die Papageiendame „Pepita“. Im Angebot ist auch eine kleine Ferienwohnung. Das Anwesen liegt zwischen Sanary und Bandol oberhalb der Bucht von Beaucours.

Camping

- **Le Mas de Pierredon,** 652, Rue Coletta, Tel. 04.94.74.25.02, Fax 04.94.74.61.42, www.campasun.fr. Gelegen zwischen Sanary und Bandol, allerdings nicht direkt am Strand, dafür gibt es aber einen Swimming-Pool. Vermietung von Mobilhomes, geöffnet von Mitte März bis Mitte November.
- **Les Girelles,** 1003, Chemin de Beaucours, Tel. 04.94.74.13.18, Fax 04.94.74.60.04. Dieser Campingplatz liegt gegenüber vom Gästehaus „Le Jujubier“, also ca. 2,5 km vom Stadtzentrum entfernt. Geöffnet von Ostern bis Ende September.

Essen und Trinken

- **Le San Lazzaro,** 10, Place Cavet, Tel. 04.94.88.41.60. Als Restaurantchef Roch Lazzaro als Kind kalabrischer Einwanderer nach Sanary kam, betrieben seine Eltern noch Landwirtschaft und er selbst hieß Rocco. Heute führt er von dieser Tradition vor allem fort, dass er alle Blumen und zarten Minigemüse, die seine Gerichte zieren, selbst züchtet. Die Küche, geführt von Sohn Anthony und seiner Frau, bietet italo-provenzalische Speisen mit einem Faible für Trüffel. Insgesamt eine kreative Küche mit hohem Anspruch. Die *Fleurs de Courgettes,* gefüllte Zucchiniblüten, sollte man sich nicht entgehen lassen! Mittleres bis gehobenes Preisniveau.
- **Le Bard'Ô,** Plage de Portissol, Tel. 04.94.88.42.56. Wunderbar gelegen am Strand von Portissol, bietet dieses Restaurant eine sehr schmackhafte Cross-Over-Küche (vorrangig französisch-asiatisch). Das Ambiente ist chic-modern, ab 21.30 Uhr gibt es manchmal Live-Musik, ansonsten legen professionelle DJs auf, Menü um 30 €, Hauptgänge 15–27 €, Mittags 17 €.

La Marine

- **Un Coin de Table,** 31, Rue Siat-Marcelin, Tel. 04.94.74.00.37. Das winzige, minimalistisch eingerichtete Restaurant liegt in einer der Altstadtgassen, die von der zentralen Place de la Republique ausgehen. Es bietet eine marktfrische provenzalische Küche, leicht und durchaus raffiniert. Preiswert bis mittlere Preislage.
- **Le Calion,** Tel. 04.94.34.72.31. Empfehlenswerte Crêperie mit großer Terrasse direkt am Hafen von Sanary.

Märkte

- **Provenzalischer Markt,** Mittwochmorgen am Hafen, einer der größten und schönsten der Gegend; außerdem täglich Gemüse-, Blumen- und Fischmarkt am Quai (Allées Estienne d'Orves).
- **Antiquitäten- und Trödelmarkt,** jeden letzten Samstag im Monat in den Gassen der Altstadt.
- **Kunsthandwerkermarkt,** vom 17.–31. August täglich abends am Hafen.

Feste und Veranstaltungen

- **Fête de la Saint-Pierre et de la Lavande,** Kirchfest Ende Juni mit Prozession und Bouillabaisse.
- **Floralies,** Blumenfest im April.

Aktivitäten

- **Bootstouren:** *Croix du Sud,* Tel. 06.09.87. 47.97. Im Angebot sind: die Ile des Embiez (9 €, Kinder 5 €), die Calanques von Cassis und Marseille (20 €, Kinder 10 €) sowie die Tour *Baie du Soleil* mit Embiez-Insel, Bandol und Bendor-Insel (12 €, Kinder 6 €). Abfahrt ist am Hafen von Sanary.

Bandol

Um von Sanary nach Bandol zu gelangen, nimmt man am besten die **Küstenstraße.** Sie führt vorbei an schönen Villen, Klippen und malerischen Buchten. Bandol (8000 Einwohner) entpuppt sich als deutlich mondäner als Sanary, wirkt dafür jedoch weniger charmant. Nichtsdestotrotz ist es der bekannteste Badeort dieses Teils der Küste: Es gibt ein **Kasino,** die dazugehörige Klientel in teuren Autos, schicke Boutiquen an der **Uferpromenade** und natürlich den obligatorischen Yachthafen (von wo im 19. Jh. noch Olivenöl und Wein verschifft wurden). An touristischer Infrastruktur nebst Hotels, Appartementhäusern, Cafés und Restaurants ist kein Mangel, aber bei der Auswahl ist Vorsicht geboten. Der beliebteste Strand von Bandol ist die **Plage de Rènecros.**

Nach der Stadt benannt ist übrigens einer der **besten Weine der Provence,** der *A.O.C. Bandol.* Die Weinberge erstrecken sich im Hinterland rund um die Dörfer La Cadière-d'Azur und Le Castellet (s.u.).

Ile de Bendor

Wie die *Ile des Embiez* wurde auch Bendor in den 1950er Jahren von dem Industriellen **Paul Ricard** gekauft. Das dort errichtete provenzalische Ensemble ist ähnlich kitschig wie auf Embiez. Im Gegensatz zu dieser Insel, wo es ein ozeanographisches Museum gibt, dreht sich auf Bendor alles um den Alkohol (durch ihn ist Ricard schließlich reich geworden). Die **Wein- und Spirituosen-Ausstellung** umfasst rund 8000 Flaschen von Likören, Weinen usw., darunter natürlich auch Pastis-Flaschen.

●**Exposition universelle des vins et spiritueux,** Juni bis September täglich außer Mittwoch- und Samstagmorgen 10.30–12.30 und 15–19 Uhr, Eintritt frei.

Küstenwanderweg

Von Bandol (Strand von Rènecros) führt der *sentier du littoral* Richtung Marseille nach **Les Lecques,** einem Ortsteil von Saint-Cyr. Für die einfache Wegstrecke von 11 km braucht man ca. 3½ Stunden, zurück kann man den Bus nehmen. Schön anzusehen sind die malerischen Calanques der Felsküste und der Port d'Alon.

Information

●**Office de Tourisme,** Allées Vivien (am Hafen), 83150 Bandol, Tel. 04.94.29.41.35, Fax 04.94.32.50.39, www.bandol.fr.

Unterkunft

●**Golf Hôtel** **/€€€, Plage de Rènecros, Tel. 04.94.29.45.83, Fax 04.94.32.42.47, www.golfhotel.fr. Direkt am Strand von Rènecros gelegen und untergebracht in dem alten Kasino aus den 1940er Jahren (das Gebäude ist schon von 1910), bietet dieses Hotel knapp 25 charmante Zimmer, die meisten davon mit Meerblick. Am Strand kann man Liegen und Sonnenschirme mieten.

Camping

●**Vallongue** **, 936, Avenue des Reganeou, Tel. 04.94.29.49.55, camping.vallongue@wanadoo.fr. Der einzige Campingplatz von Bandol liegt Richtung Marseille und ist ca. 2 km vom Meer entfernt. Swimming-Pool, Vermietung von Bungalows, geöffnet von Ostern bis September.

Essen und Trinken

●**Le Clocher,** Rue de la Paroisse, Tel. 04.94.32.47.65. Das von dem jungen Paar Florence und Philippe Kopecky geführte Restaurant ist im Geschmack der Zeit eingerichtet: Teakholztische und ein Hauch von „Zen"... Im Sommer speist man draußen in der Gasse, wo man an einladend dekorierten Tischen sitzt. Angeboten wird ein einziges 4-Gänge-Gourmet-Menü zum Festpreis, das sein Geld wert ist. Die Küche, deren Basis die französische Kochkunst ist, ist innovativ und international inspiriert. Im Hochsommer nur abends geöffnet, sonst auch mittags (3-Gänge-Menü).

●**L'Oulivo,** 19, Rue des Tonneliers, Tel. 04.94.29.81.79. Eigentlich ist dieses Restaurant fast ein Geheimtipp, wenn es nicht schon von einigen anderen Reiseführern empfohlen würde: ein winziger Speiseraum, alte Filmplakate und eine echt provenzalische Küche zu angemessenen Preisen. Im Sommer wird auf der Straßenterrasse gegessen. Das Restaurant liegt in der Nähe der Kirche.

●**Tchin-Tchin,** 11, Allée Jean-Molin, Tel. 04.94.29.41.04. Traditions-Bar, original eingerichtet im Stil der 1950er Jahre. Besonders bekannt war die Bar in den 1970ern, weil berühmte Sänger wie Jacques Brel und Richard Antony hier feierten (auf letzteren geht der Name Tchin-Tchin zurück). So viel Tradition ist allerdings nicht billig ...

Einkaufen

Ein Großteil der Winzer hat sich in folgenden zwei Kooperativen zusammengeschlossen, wo man Wein direkt kaufen kann:

●**Maison des Vins de Bandol,** Allées Vivien, Tel. 04.94.29.45.03.

●**Caveau des Vins,** Allées Vivien, Tel. 04.94.29.60.45.

Feste und Veranstaltungen

●**La Fête du Millésime,** beliebtes Weinfest am ersten Wochenende im Dezember.

Aktivitäten

●**La Bandolaise,** Tel. 04.94.29.65.91. Im Angebot sind Bootstouren zu den Calanques von Cassis (17 €, Kinder 9 €) und zur Insel Embiez (9 €, Kinder 5 €).

●**Holiday Bikes,** 127, Route de Marseille, Tel. 04.94.32.21.89. Motorrad- und Fahrradverleih.

Umgebung von Sanary und Bandol

Das Hinterland von Sanary und Bandol ist eine **leicht bergige Gegend,** wo sich hier und da ein *village perché,* ein malerisches Wehrdorf, um einen Hügel drängt. Von den zahlreichen Aussichtspunkten sieht man nicht nur die Küste, sondern auch das Gebirge der Sainte-Baume. Dominiert wird das Landschaftsbild jedoch von **Weinbergen,** denn hier wird der berühmte *A.O.C. Bandol* angebaut. Zahlreiche Winzer und Genossenschaften laden zur Weinprobe ein. Nicht zu vergessen ist die Rennstrecke *Circuit du Castellet Paul Ricard,* die seit 1970 in Betrieb ist.

Ollioules

Der kleine Ort Ollioules, etwa fünf Kilometer vom Meer entfernt, ist ein typisch provenzalischer Flecken mit gemütlicher Altstadt und farbig getünchten Häusern. Neben den Resten einer **Burg** (13. Jh.) kann auch eine **romanische Kirche** (12. Jh.) besichtigt werden. Ollioules liegt am Rand der gleichnamigen **Schluchten,** der *Gorges d'Ollioules,* die der Fluss Reppe in den Fels gegraben hat. Ein unwirtliches Tal muss dies früher gewesen sein, wo Räuber Unterschlupf fanden. Jedenfalls beschrieb es so **Johanna Schopenhauer,** die Mutter des Philosophen. Sie machte 1825 eine Reise in die Gegend. Geben wir ihr für einen Moment das Wort: „Eine gute Stunde lang durchzogen wir diese steinerne Wüste, bis sich wieder die ersten Olivenbäume zeigten (...). Wir erblickten von Ferne das Dörfchen Ollioules in dem weiter und freundlicher werdenden Tale. Wir kamen näher und sahen mit unaussprechlicher Freude die ersten Orangenbäume in den Bauerngärten (...). So plötzlich waren wir aus dem dem Eingang der Hölle ähnlichen Felsenschlund in das dem Elysium ähnliche Land unserer schönsten Träume versetzt, dass uns alles wie Feenzauber erschien."

Information

- **Maison de la Côte provençale,** 389, Chemin de la Petite Garenne, 83190 Ollioules, Tel. 04.94.30.93.21, Fax 04.94.30.96.28, www.coteprovencale.com. Informationsstelle für alle Orte in der Umgebung von Bandol und Sanary.

Evenos

Heute gibt es nichts Beängstigendes mehr in den Schluchten von Ollioules. Die gut ausgebaute N 8 führt durch das Reppe-Tal bis nach Aubagne bei Marseille. Über Sainte-Anne d'Evenos, einen touristisch uninteressanten Ort, erreicht man Evenos auf seinem Hügel, malerisch umgeben von Kiefernwäldern. Von der **Burgruine** oberhalb des Dorfes (16. Jh.) hat man einen **herrlichen Rundblick** über die umliegenden Berge, darunter die Montagne Sainte-Baume und der **Mont Caume** (801 m). Für eine Tour ab Ollioules sollte man etwa einen halben Tag einplanen.

Ebenfalls schöne Ausblicke verspricht der Aufstieg auf den 430 Meter hohen Berg **Le Gros Cerveau,** den man zwar von Evenos aus sehen, aber nur von Ollioules aus erreichen kann (D 20).

Märkte

- **Wochenmarkt:** Donnerstagmorgen.

Feste und Veranstaltungen

- **Les Médievales,** mittelalterliches Fest am ersten Juli-Wochenende.
- **Fête de l'Olivier,** Oliven-Fest am ersten Oktober-Wochenende.

Le Castellet

Das Dorf Le Castellet etwa zwölf Kilometer nördlich von Bandol hat nicht nur eine komplett erhaltene mittelalterliche Stadtmauer, sondern auch eine Burg, eine Kirche aus dem 12. Jh. und ein **malerisches Gassengewirr** zu bieten. Früher, als das Ensemble noch nicht restauriert war, drehte Marcel Pagnol hier einen seiner provenzalischen Heimat-Streifen: „La Femme du Boulanger" mit dem Schauspieler Raimu. Heute sind die alten Häuser fest in der Hand von Kunsthandwerkern und Souvenirverkäufern. Ein zweites Saint-Paul-de-Vence ist Le Castellet zwar noch nicht, aber es erinnert doch stark an das überlaufene Nest in der Nähe von Nizza.

Bekannt ist der Ort auch wegen der Autorennstrecke **Circuit du Castellet Paul Ricard,** die seit 1970 besteht und mittlerweile mehreren Autokonzernen als Teststrecke dient.

La Cadière d'Azur

Der malerische Nachbarort, ein *village perché,* das sich um einen felsigen Hügel drängt, gehört zu den **schönsten Dörfern des Var.** Direkt zu seinen Füßen verläuft zwar heute die Autobahn, es ist jedoch trotzdem einen Halt wert und für manchen – wegen der ortsansässigen *Hostellerie Bérard,* ihrem Spitzenrestaurant und ihren Kochkursen – sogar Ziel einer eigenen Reise.

Vom Oberdorf aus hat man eine herrliche Aussicht auf die **Anbaugebiete des Bandol-Weins,** das gegenüberliegende Le Castellet und das Bergmassiv der Sainte-Baume. Zu entdecken gibt es die Pfarrkirche Saint-André von 1508, einen Uhrturm mit schmiedeeisernem Campanile aus dem 16. Jh. und Reste der mittelalterlichen Stadtmauer. Ein schöner Spaziergang führt über die kleine D 266 durch die Weinfelder nach Bandol.

Unterkunft/ Essen und Trinken

- **Hostellerie Bérard** ****/€€€€, 83740 La Cadière d'Azur, Tel. 04.94.90.11.43, Fax 04.94.90.01.94, www.hotel-berard.com. Dieser schöne Hotelkomplex mitten im alten Dorfkern setzt sich aus vier Gebäuden zusammen, darunter ein ehemaliges Kloster. Die 40 Zimmer sind unterschiedlich dekoriert, allen gemeinsam ist die Gemütlichkeit eines südfranzösischen Landgasthofes. Eine familiäre Atmosphäre muss hier nicht künstlich kreiert werden, denn die Hostellerie ist ein echter Familienbetrieb. Während Danièle Bérard sich um die Gäste kümmert, brutzelt Ehemann René Köstlichkeiten in der Küche und auch Sohn und Tochter helfen mit. René ist *Maître Cuisinier de France* und bietet re-

074co Foto: im

gelmäßig Kochkurse an; für ausländische Gäste sogar mit Dolmetscher! Zurzeit werden ein weiteres Restaurant im Bistro-Stil eingerichtet (das andere bietet nur gastronomische Menüs an) und ein moderner Wellness-Bereich.

Camping

- **Domaine de la Malissonne** ****, 83740 La Cadière-d'Azur. An der D 66 zwischen La Cadière und Saint-Cyr, inmitten der Bandol-Weinfelder gelegen und nur 4 km vom Meer entfernt (Les Lecques), bietet diese Anlage neben Stellplätzen auch Mobilhomes und Ferienwohnungen zur Miete an. Mit Swimming-Pool, geöffnet von März bis Mitte November.

Der Strand von Les Lecques im äußersten Westen der Côte d'Azur

Saint-Cyr-sur-Mer und Les Lecques

Der Namenszusatz „am Meer" für den 9000-Einwohner-Ort Saint-Cyr stimmt nicht ganz, weil er – genau genommen – im Landesinneren liegt. Wirklich am Meer liegt nur der Ortsteil Les Lecques, ein beliebter **Familienbadeort** mit schönem, zwei Kilometer langem Sandstrand.

Kurios: Den Marktplatz von Saint-Cyr ziert eine **Freiheitsstatue im Miniaturformat,** nur 2,50 Meter hoch, aber genau wie die New Yorker *Statue of Liberty* eine echte Bartholdi! Die Saint-Cyrer Ausgabe ist eine von vier auf der Welt existierenden Nachbildungen der berühmten Dame. Sie wurde aufgestellt, als 1913 das fließende Wasser im Ort ankam – damals ein echtes Symbol für Freiheit und Unabhängigkeit.

Der **Küstenwanderweg** bietet eine schöne Strecke zwischen La Madrague, einem Ortsteil von Les Lecques, und Bandol (6 km).

Le Musée de Tauroentum

Wie in vielen Orten der Gegend gibt es auch in Saint-Cyr **Funde aus der Römerzeit.** Errichtet auf den Resten einer seltenen römischen *Villa maritima* (man baute damals vor allem im Landesinneren), beherbergt dieses Museum drei schöne Mosaike aus dem 1. Jh. n. Chr. sowie ein marmornes Hausgrab, welches darauf schließen lässt, dass die ehemaligen Besitzer der römischen Villa sehr reich gewesen sein müssen. In den Vitrinen sind zahlreiche kleinteilige Funde zu sehen wie Münzen, Keramik und Schmuck.

- **Le Musée de Tauroentum,** 7, Route de la Madrague, Tel. 04.94.26.30.46, Juni bis September täglich außer Dienstag 15–19 Uhr, Oktober bis Mai nur Samstag und Sonntag 14–17 Uhr, Eintritt 3 €.

Kunstmuseum

In der Nähe, untergebracht in einer ehemaligen Kapern-Fabrik, befindet sich seit 1993 das **Centre d'Art Sébastien,** das wechselnde Kunstausstellungen zeigt sowie dauerhaft einige Exponate des Malers Sébastien (1909–90), eines Freundes von Picasso.

- **Centre d'Art Sébastien,** Boulevard Jean-Jaurès, Tel. 04.94.26.19.20, täglich außer Dienstag 9–12 und 15–19 Uhr (im Winter 14–18 Uhr), Eintritt 1,50 €.

Information

- **Office de Tourisme,** Place de l'Appel-du-18-Juin, 83270 Saint-Cyr / Les Lecques, Tel. 04.94.26.73.73, Fax 04.94.26.73.74, www.saintcyrsurmer.com.

Unterkunft/ Essen und Trinken

- **Grand Hôtel des Lecques** ***/€€€€, 24, Avenue du Port, Tel. 04.94.26.23.01, Fax 04.94.26.10.22, www.granhotelsaintcyr.com. Wie der Name schon sagt, liegt dieses Hotel in Les Lecques, und zwar in unmittelbarer Strandnähe. Errichtet Ende des 19. Jh. im noblen Belle-Epoque-Stil, bietet das Hotel 60 klimatisierte Zimmer. Im zugehörigen, 3 ha großen Park gibt es einen Swimming-Pool mit dem Restaurant *La Piscine* sowie das gastronomische Restaurant *Le Parc*.
- **Gästezimmer Les Cyrielles** €€€, Résidence du Château, Quartier Banette, Tel. 04.94.32.08.93, beopam@libertysurf.fr. Drei nette Gästezimmer in der Nähe des Zentrums, 800 m vom Strand.

Märkte

- **Wochenmarkt,** Sonntagmorgen in Saint-Cyr, montags und donnerstags am Hafen von La Madrague.

Feste und Veranstaltungen

- **Fête des Vendanges,** Fest zur Weinlese, Mitte September.

094co Foto: im

Im Herzen des Var

082co Foto: im

091co Foto: im

Bergdorf Châteaudouble

Am Dominikanerkloster in Saint-Maximin-la-Sainte-Baume

Der Drache ist das Wahrzeichen von Draguignan

Überblick

Der Name „Var" bezeichnet sowohl einen Fluss als auch ein **Département** im Südosten Frankreichs. Paradoxerweise fließt der Fluss Var nicht durch das gleichnamige Département, sondern durch die benachbarte Verwaltungseinheit Alpes-Maritimes. Von ihr und dem Var-Fluss ist in anderen Kapiteln die Rede. In diesem hier geht es um das Var-Département, einen Touristen-Magneten Frankreichs. Dazu trägt natürlich vor allem seine Küstenregion um Toulon und Saint-Tropez bei, aber auch das Hinterland ist reizvoll und Ausflüge wert, wenn nicht sogar eine eigene Reise.

Kunsthistorisches Highlight ist ganz klar die **Zisterzienser-Abtei Le Thoronet,** ein wunderschönes Beispiel der provenzalischen Romanik. Ansonsten geht es hier stiller zu, viel gemächlicher als an der Küste. Es gibt vor allem **kleine Städte und Dörfer** zu entdecken, malerisch gelegen in einer Landschaft, deren Boden das hergibt, was die Provence ausmacht. Manche meinen, hier – und nur hier! – schlage das Herz des Var, hier finde man das wahre Leben in Frankreichs Süden, *la vie authentique*.

Auf den **Märkten,** beispielsweise dem von Lorgues, duftet es nach provenzalischen Kräutern, man findet köstliche Oliven von den Hainen der Umgebung, fein mariniert, daneben Oliven-Paste, die berühmte *tapenade*, und Zöpfe mit frischem Knoblauch. Einige Bauern machen den Ziegenkäse noch selbst, in allerlei Sorten und Größen, auch gibt es Olivenöl, mechanisch gepresste Spitzenqualität aus einer der lokalen Mühlen.

Schließlich werden, wenn Saison ist, **Trüffel** angeboten, das Kilo mehrere Hundert Euro teuer. Der wichtigste Trüffel-Umschlagplatz ist der Markt von Aups. Wer es sich leisten kann und deftige Küche mag, geht zu Bruno nach Lorgues, berühmt nicht nur wegen eines Michelin-Sterns, sondern auch wegen seiner Schlemmer-Menüs mit Trüffeln in jedem Gang!

Von den Dörfern des Var-Hinterlandes sollte man **Tourtour** nicht versäumen. Es wird *le village dans le ciel* genannt, „das Dorf im Himmel" – diese Lage verspricht eine herrliche Aussicht. Wer Klöster liebt, kann La Celle bei Brignoles einen Besuch abstatten und danach im Couvent Royal von **Saint-Maximin-la-Sainte-Baume** nächtigen, heute stilvolles Hotel und unvergleichlich.

Schließlich sollte man nicht vergessen, **Wein** direkt vom Erzeuger zu kaufen, entweder in einer Winzer-Kooperative (zum Beispiel in Les Arcs) oder auf einem der zahlreichen Weingüter. Eines der schönsten heißt *Château Miraval.* Es liegt in **Correns,** dem ersten „Bio-Dorf" Frankreichs, weshalb natürlich auch der Wein von Miraval nur kontrolliert-ökologisch angebaut wird.

Saint-Maximin-la-Sainte-Baume

Ganz im Westen unseres Reisegebietes, umgeben vom Sainte-Baume-Massiv, dem Mont Aurélien und den Bergen der Sainte-Victoire, liegt Saint-Maximin-la-Sainte-Baume mitten in einer fruchtbaren Ebene, wo Wein angebaut wird. Weithin sichtbar von der Autobahn, der *Autoroute du Soleil,* ist die Hauptsehenswürdigkeit des Städtchens: seine **Basilika.** Wegen ihr – sie gilt als das größte und schönste gotische Bauwerk des französischen Südostens – ist Saint-Maximin allemal einen Abstecher wert.

Die Stadt verdankt diese Basilika der **heiligen Maria Magdalena,** genauer deren mutmaßlichen sterblichen Überresten, welche im Jahre 1280 in einer Krypta aus dem 4. Jh. entdeckt wurden. Ihr zu Ehren ließ der Graf der Provence eine Kirche von solchen Ausmaßen errichten, dass sie für den heutigen Ort – eine typisch provenzalische Kleinstadt – völlig überproportioniert wirkt. Im Mittelalter brachten **Reliquien** jedoch Pilger in die Stadt und die Pilger Geld, sodass man sich in Saint-Maximin gern den Wünschen des Grafen und des Papstes beugte.

Auch heute noch lebt Saint-Maximin zu einem guten Teil vom Tourismus, was der Umbau des Klosters zu einem stilvollen Hotel belegt. Südlich davon erstreckt sich die **Altstadt:** Hier finden sich einige mittelalterlich geprägte Gassen, von denen die Rue Colbert die schönste ist.

Basilika Sainte-Marie-Madeleine und Couvent Royal

Geschichte und Legende

Die Legende besagt, dass **Maria Magdalena,** die von den Pharisäern aus Jerusalem verjagt worden war, nach einer Irrfahrt über die Meere in der Provence strandete. Von Les Saintes-Maries-de-la-Mer in der Camargue aus machte sie sich zusammen mit ihren Gefährten auf, den Einheimischen die frohe Botschaft Christi zu verkünden. Der Apostel Petrus soll ihr dazu den Auftrag erteilt haben. Schließlich zog sie sich, erschöpft von den Mühen der Bekehrungsarbeit, in eine Grotte des Sainte-Baume-Gebirges zurück (s. Umgebung von Saint-Maximin).

Nach ihrem Tod bewahrte man ihre sterblichen Überreste, wenn sie denn echt sind, zunächst in einem Sarkophag auf, der im Jahr 710 vergraben wurde. Er sollte den herannahenden Sarazenen nicht in die Hände fallen. Ein seltsamer Zufall wollte es, dass Charles II. von Anjou, Graf der Provence, quasi höchstpersönlich die **Reliquien** wiederentdeckte (zumindest hatte er die Ausgrabung angeordnet). Man schrieb jetzt das Jahr 1280 und es herrschte ein Zeitgeist vor, der überall in Europa die mutmaßlichen Überreste heiliger Personen zutage förderte. In Saint-Maximin hatte man damit das **drittwichtigste Grab der Christenheit** wiederentdeckt, gleich nach dem Grab Jesu Christi im Heiligen Land und dem des Apostels Petrus in Rom.

Natürlich kamen, nachdem man ordentlich die Werbetrommel gerührt hatte, mit der Zeit immer mehr **Pilger** nach Saint-Maximin. Die ursprüngliche romanische Kirche wurde bald zu klein. So befahl Charles II. den Bau einer neuen, viel größeren Kirche samt eines Klosters. Papst Bonifazius VIII. stimmte zu. Der Bau der Basilika begann 1295, er sollte mehr als 250 Jahre dauern und - leider - nie vollendet werden.

Die Basilika

Steht man auf dem Vorplatz und wirft einen ersten Blick auf die Kirche, so wirkt diese seltsam roh und unfertig. Dieser Eindruck täuscht nicht, fehlen doch tatsächlich bis heute die **Fassade** nebst Hauptportal, der Glockenturm und eine als Säulen-Portikus geplante Vorhalle. Dennoch beeindruckt der Bau allein aufgrund seiner Dimensionen: Er ist stolze 73 Meter lang, 37 Meter breit und 29 Meter hoch – man wollte den Pilgern schließlich etwas bieten!

Innen besteht die Basilika aus einem **Hauptschiff** mit neun Quergängen sowie zwei Seitenschiffen. Die Schönheit des Baus und der Raumeindruck beruhen auf der schmucklosen Strenge und Schlichtheit der Formen. Die ganze Architektur ist klar gegliedert und beschränkt sich im wesentlichen auf notwendige Grundstrukturen. Hier macht sich einerseits die romanische Tradition der Provence bemerkbar, andererseits die Einhaltung des einmal festgelegten Plans während der überlangen Bauzeit.

Die **Ausstattung** und das Mobilar der Basilika kamen zumeist in späterer Zeit hinzu und sind zum Teil sehr prächtig. Hervorzuheben ist eine hölzerne Kanzel aus dem 17. Jh. mit kunstvollen Schnitzereien, die Szenen aus der Bibel darstellen. Außerdem sollte man einen Blick auf die Altarbilder des Antoine Ronzen von 1520 werfen: Sie zeigen die Passionsgeschichte zum Teil vermischt mit regionalen Motiven wie dem Papstpalast von Avignon.

Was die Reliquien der heiligen Maria Magdalena angeht, so wurden sie den Dominikanern anvertraut, die bis 1957 im angrenzenden Kloster blieben. Heute sind in der **Krypta** vier frühchristliche Sarkophage aus dem 4. und 5. Jh. zu sehen. Derjenige, der die Überreste Maria Magdalenas enthalten soll, besteht aus sehr feinem Marmor, gewonnen aus Steinbrüchen in der Nähe von Konstantinopel (Istanbul). Kunsthistoriker vermuten daher, dass der Sarkophag aus Rom stammt. In einem Reliquenkasten aus vergoldetem Silber wird zusätzlich der mutmaßliche Schädel der Heiligen aufbewahrt.

In den anderen drei Sarkophagen ruhen die heiligen Maximin und Sidonius sowie die Gefährtinnen Maria Magdalenas Marcella und Susanne.

Beim Verlassen der Kirche fällt über dem Haupttor schließlich die schöne **Orgel** auf: Ein Dominikanermönch namens Jean-Esprit Isnard baute sie im Jahr 1773. Sie besteht aus einem doppelten Buffet, vier Klaviaturen und 2960 Pfeifen. Während der Französichen Revolution wurde sie von Lucien

Bonaparte, dem jüngeren Bruder Napoléons, vor der Zerstörung gerettet. Er ließ auf ihr die Marseillaise spielen, als Barras in der Stadt ankam.

Der Couvent Royal

An die Basilika grenzt das ehemalige **Dominikanerkloster,** welches heute ein sehr schönes Hotel mit Restaurant beherbergt. Das Kloster heißt „königlich" *(royal),* weil die Dominikaner ihre Einkünfte vom König erhielten und nicht von Almosen leben mussten.

Der **Kreuzgang** lehnt sich an das nördliche Seitenschiff der Kirche an und wird an den drei anderen Seiten von Konventsgebäuden umrahmt. Ein Zugang zum Kreuzgang besteht nur vom Hotel aus. An diesem Eingang befindet sich ein antiker Meilenstein der Via Aurelia, die von Rom nach Arles auch über Saint-Maximin führte.

Mit dem **Brunnen** in der Mitte des Kreuzgangs hat es eine besondere Bewandnis: Er diente nicht nur zur Versorgung mit Trinkwasser, sondern war gleichzeitig ein Fluchtweg, was ein unterirdischer Gang ca. zwei Meter unterhalb des Brunnenrandes belegt. Der Kreuzgang selbst diente den Mönchen bis ins 17. Jh. als Ort der Bestattung ihrer Mitbrüder, was Grabsteine und Inschriften an den Wänden belegen.

Die **drei Flügel des Klosters** sind in verschiedenen Epochen erbaut worden und wirken entsprechend uneinheitlich: Der Ostflügel ist der älteste Teil und wurde gleichzeitig mit der Basilika im Jahre 1295 begonnen. Der schlichtere Nordflügel stammt aus dem 14. Jh. und der während der Revolution zerstörte Westteil wurde erst im 19. Jh. wieder aufgebaut.

An den Kreuzgang grenzt der ehemalige **Kapitelsaal,** heute Restaurant des Hotelbetriebs. Der Saal war früher der Gemeinschaftsraum der Mönche, wo sie sich täglich versammelten, um über die Belange des Klosters zu sprechen. Der große Raum wirkt wegen seiner schönen Kreuzrippengewölbe beinahe elegant; die Fensteröffnungen waren ursprünglich sogar mit drei Säulenreihen geschmückt. Die nebenan liegende Halle, heute als eine Art Lounge-Bar genutzt, wurde als einziger Raum des Klosters geheizt. Hier

083co Foto: im

Der Kreuzgang des Couvent Royal

war die **Küche** der Dominikaner untergebracht, wovon noch Spuren eines Ofenrohrs zeugen. Darunter befand sich der Keller mit den Vorräten.

Im oberen Stockwerk lag die **Bibliothek,** ein Raum, der in späterer Zeit zu einem Saal vergrößert wurde. Außerdem finden sich hier das **Refektorium,** der ehemalige Speisesaal, sowie die **Kapelle.** In diesem Raum finden heute Versammlungen, Konzerte und Vorträge statt. Auch an Hochzeitsgesellschaften wird er gern vermietet.

Praktische Tipps

Information

- **Office de Tourisme,** Couvent Royal, 83470 Saint-Maximin, Tel. 04. 94.59.84.59, Fax 04. 94.59.82.92, office.tourisme.stmaximin@wanadoo.fr.

Unterkunft/ Essen und Trinken

- **Hostellerie Le Couvent Royal** ***/€€€, Place Jean-Salusse, Tel. 04.94.86.55.66, Fax 04.94.59.82.82, www.hotelfp-saintmaximin.com. Untergebracht in dem ehemaligen Dominikanerkloster, ist dies ein Hotel der besonderen Art. Es gibt knapp 70 Zimmer unterschiedlichen Stils (von provenzalisch bis vom japanischen Zen beeinflusst), die sich zum größten Teil in den ehemaligen, allerdings vergrößerten Mönchszellen befinden. Die Aussicht geht entweder zum Garten hin oder zum Kreuzgang. Das **Restaurant** ist im ehemaligen Kapitelsaal untergebracht und achtet in seiner schlichten Dekoration die ursprüngliche Funktion des Ortes. Im Sommer kann auch im Kreuzgang gespeist werden, der dann zur Terrasse wird. Wöchentlich wechselnd, bietet der Küchenchef ein einziges Menü an, meist französische Küche mit provenzalischen Akzenten. Innerhalb der Gänge gibt es verschiedene Speisen zur Auswahl. Das Vergnügen, in diesem außergewöhnlichen Speiseraum zu dinieren, sollte man sich nicht entgehen lassen.
- **Hotel de France** ***/€€€, 3-5 avenue Albert-1er, Tel. 04.94.78.00.14, Fax 04.94.59.83.80, www.hotel-de-france.fr. Das im Ortszentrum gelegene, familiäre Logis-de-France-Hotel bietet 25 klimatisierte Zimmer. Trotz der Nähe zur Straße sind sie – dank schalldichter Fenster – ruhig und gemütlich. Die Betten sind handgearbeitet und in kräftigen provenzalischen Farben gestrichen. Das angeschlossene **Restaurant Côté Jardin** ist in einem großen Wintergarten untergebracht und bietet – wie der Name schon sagt – einen Blick auf Garten und Innenhof. Die provenzalische Küche ist sehr schmackhaft und die Gerichte sind außergewöhnlich schön angerichtet. Mittlere Preislage.

Camping

- **Le Provençal** ***, Route de Mazauges, Tel. 04.94.78.16.97, campin-provencal@wanadoo.fr. Ganzjährig geöffnet.

Märkte

- **Wochenmarkt,** Mittwochmorgen.
- **Foire Médiévale de la Quinzaine,** mittelalterlicher Markt zwei Wochen nach dem Osterfest.

Feste und Veranstaltungen

- **Musikfestival,** in der Basilika und im Kloster im Juli und August.
- **Fest zu Ehren der Maria Magdalena,** Ende Juli.
- **Orgelkonzerte in der Basilika,** von April bis September an vielen Sonntagen, Eintritt frei.
- **Nationaler Boules-Grand-Prix,** am letzten Wochenende im August.

Autoverleih

- **Europcar,** Route d'Aix, Tel. 04.94.59.40.90.

Verkehrsverbindungen

- **Bus:** Verbindungen nach Aix-en-Provence, Brignoles, Cannes und Nizza.

Umgebung von Saint-Maximin

Grotte im Sainte-Baume-Massiv

Neben der Basilika von Saint-Maximin mit dem Grab Maria Magdalenas gibt es einen weiteren **Wallfahrtsort** in der Nähe. Seit Jahrhunderten ziehen die Pilger auch zu der Grotte im Sainte-Baume-Gebirge, in welche sich die Heilige zur Meditation zurückzog. Der Legende nach soll sie 30 Jahre lang hier ausgeharrt haben, zufrieden nur mit sich allein und dem Gebet zu Gott.

Im Mittelalter wurde aus der stillen Grotte ein umtriebiger Ort, an dem sich viele Mächtige sehen ließen: Nicht weniger als achtzehn Könige und acht Päpste pilgerten hierher; die Sainte-Baume-Grotte galt als wichtige Etappe auf der langen Wallfahrt nach Santiago de Compostela in Nordwestspanien.

Die **Berge der Sainte-Baume** waren nicht erst den Christen heilig, sondern auch den Zivilisationen vor ihnen. Schon keltische Druiden unterhielten hier Heiligtümer und begründeten damit den mystischen Ruf der Gegend. Dieser hängt sicherlich auch damit zusammen, dass das Gebrige seit jeher und auch heute noch dicht bewaldet ist (45.000 Hektar) und in ihm zahlreiche Quellen entspringen. Beides waren Lebensgrundlagen der Menschen in früheren Zeiten, außerdem gediehen hier – dank der Feuchtigkeit – Pflanzen, die im trockenen Süden sonst nicht vorkommen.

Man erreicht die Maria-Magdalena-Grotte von **Plan d'Aups** aus, einem winzigen Dörfchen in 700 Metern Höhe am Rande des Bergmassivs, gelegen an der Grenze zum Nachbar-Département Bouches-du-Rhône. Von hier führt ein Pfad, der *Chemin des Roys,* zur 250 Meter höher gelegenen Grotte. Für die Wanderung sollte man ein bis zwei Stunden einplanen (Hin- und Rückweg inklusive Aufenthalt). Oberhalb der Grotte liegt die **Kapelle Saint-Pilon,** von wo aus man eine herrliche Aussicht bis zu den Hyerischen Inseln genießen kann.

Brignoles

Dieses im Grunde wenig attraktive Städtchen (13.500 Einwohner) kann in einem ausführlichen Reiseführer wie diesem nicht ganz unerwähnt bleiben: Erstens liegt gleich nebenan die Abtei von La Celle, eines der ältesten Klöster der Provence, und zweitens ist es Mittelpunkt und Einkaufszentrum des umliegenden *Pays Brignolais.*

Musée du Pays Brignolais

Hauptattraktion des Ortes ist daher auch die Musée du Pays Brignolais, das **Heimatmuseum,** untergebracht in einer ehemaligen Sommerresidenz der Grafen der Provence. Zu sehen sind unter anderem ein kostbarer frühchristlicher Sarkophag (Wende 2./3. Jh. n. Chr.), eine alte provenzalische Küche, Trachten und Werkzeuge. Das Gebäude selbst wurde im 13. Jh. errichtet und diente 1481, nachdem die Provence an Frankreich gefallen war, als Rahmen für die erste Versammlung des neugeschaffenen *Parlement* der Provence. Von der Mitte des 19. Jh. bis 1920 war hier die Unterpräfektur untergebracht; seit 1950 ist das Palais ein Museum.

- **Musée du Pays Brignolais,** Place des Comtes de Provence, Tel. 04.94.69.45.18, April bis September: Mittwoch bis Samstag 9–12 und 14.30–18 Uhr, Sonntag 9–12 und 15–18 Uhr, Oktober bis März: 10–12 und 14.30–17 Uhr, Sonntag 10–12 und 15–17 Uhr, Eintritt 4 €, Kinder ab 8 Jahren und Studenten 2 €.

Abtei von La Celle

Die im 6. Jh. erstmals erwähnte Abtei liegt etwa drei Kilometer südwestlich von Brignoles im Dörfchen La Celle. Die heutigen Gebäude stammen aus dem 11. und 12. Jh. und sind im Stil der **Romanik** erbaut. Ab dem 12. Jh. wohnten Benediktinerinnen in dem Kloster, das im 13. Jh. einen so guten Ruf genoss, dass sogar die Comtesse der Provence zum Kloster gehörte wie auch viele andere Töchter des Hochadels. Die reichen Nonnen waren, im Mittelalter durchaus üblich, der Fleischeslust nicht abgeneigt und hatten Liebhaber in der Umgebung. Mitte des 17. Jh. fand der Kardinal Mazarin die Sitten in La Celle jedoch so verlottert, dass er das Kloster kurzerhand schloss.

Während er Französischen Revolution wurde die Abtei verkauft und zu einem Landgut umfunktioniert. Zu besichtigen sind heute die **romanische Kapelle,** der Kapitelsaal und die Schlafsäle. In anderen Gebäudeteilen ist ein **Hotel** untergebracht (s.u.) sowie eine Verkaufsstelle für **Wein,** die *Maison des Vins Coteaux Varois* (Tel. 04.94.69.33.18).

Information

- **Maison du Tourisme,** Carrefour de l'Europe, 83170 Brignoles, Tel. 04.94.72.04.21, Fax 04.94.72.04.22, www.la-provence-verte.org. Das Fremdenverkehrsamt von Brignoles ist zuständig für den touristischen Bereich der so genannten *Provence verte,* der auch Saint-Maximin, Carcès, Correns, Varages und Cotignac umfasst. Die zentrale Reservierung für Unterkünfte erreicht man unter Tel. 04.94.59.01.31.

Unterkunft/ Essen und Trinken

- **La Cordeline** €€€, 14, Rue des Cordeliers, Tel. 04.94.59.18.66, Fax 04.94.59.00.29, www.lacordeline.com. Herrenhaus aus dem 16.–17. Jh. im Herzen der Altstadt, in welchem 5 schöne Gästezimmer untergebracht sind. Im Sommer wird auf der Terrasse gefrühstückt.
- **Hostellerie de l'Abbaye de la Celle** ****/€€€€€, Place de Gaulle, 83170 La Celle, Tel. 04.98.05.14.14, Fax 04.98.05.14.15, www.chateauxhotels.com. Das komfortable Luxushotel (10 Zimmer) ist untergebracht in einem Gebäude aus dem 18. Jh. und umgeben von einem 3 ha großen Park. Im Innern ist es stilvoll mit Antiquitäten ausgestattet. Es gibt einen Swimming-Pool sowie ein Restaurant mit gastronomischer Küche und Gartenterrasse. Besitzer sind die Spitzenköche Alain Ducasse und Bruno de Lorgues.

Château Miraval bei Correns

Autoverleih

- **Europcar,** Pont Augustins, Tel. 04.94.69.27.06.
- **Hertz,** Route de Marseille, Tel. 04.94.69. 11.06.

Märkte

- **Wochenmarkt,** Mittwoch und Samstag.

Feste und Veranstaltungen

- **Jazz-Festival/Mittelalter-Fest,** Anfang August.
- **Festival der Grafen der Provence,** Juli und August.
- **Musikalische Abende,** Juli und August in der Abtei von La Celle.

Verkehrsverbindungen

- **Bus:** Verbindungen nach Aix-en-Provence, Saint-Maximin, Cannes und Nizza.

Correns

Das charmante kleine Dörfchen Correns gilt als das **„erste Biodorf Frankreichs“,** weil dort seit 1997 fast alle Winzer ihre Produktion auf kontrolliert-ökologisch umgestellt haben. Auf 200 Hektar werden A.O.C.-Provence-Weine und Var-Landweine ohne jeglichen Einsatz chemischer Pflanzenschutzmittel hergestellt.

Das Dorf mit seinen knapp 700 Einwohnern lebt bereits seit dem Mittelalter vor allem vom **Weinanbau.** Es profitiert dabei von einem außergewöhnlichen Mikroklima und einem tonhaltigen Kalkboden. Seit dem Jahr 2000 wird am dritten August-Wochenende ein großes **Biofest** ausgerichtet, und

084co Foto: im

seit 2002 gibt es im Januar und Februar eine **Biowein-Messe.** Mittlerweile beginnt man, auch andere Bio-Produkte anzubauen bzw. zu züchten: Hühner und Eier, Honig und Olivenöl, Kräuter und essenzielle Öle.

Oberhalb des Dorfes mit seinen verwinkelten Gassen, kleinen Plätzen und plätschernden Brunnen erhebt sich die Ruine des **Fort Gibron,** einer alten Klosterresidenz. Einge Räume sind schön restauriert und werden von der Dorfgemeinschaft für Feste und Ausstellungen genutzt. Die nicht weit davon gelegene, im 18. Jh. erbaute Dorfkirche schmückt ein wertvoller Barockaltar. Sportlich Orientierte können mit **Kanus und Kajaks** auf dem Argens fahren oder an den in „Fachkreisen" bekannten Felswänden des Vallon Sourn **klettern.**

Château Miraval

Besonders lohnenswert ist ein Ausflug zum Château Miraval, **einem der schönsten Weingüter** in Frankreichs Südosten. Es liegt eingebettet in einem von sanften Hügeln umgebenen Tal, das zum Teil bewaldet ist. Diese herrliche Lage wurde bereits von den Römern geschätzt, auch weil hier nie Wassermangel herrschte. Das Gros der Gebäude, auch die Kapelle, stammt aus dem 18. Jh.; die ältesten Teile wurden im 11. und 12. Jh. erbaut.

Das Château befindet zwischen Brignoles und Barjols in der Nähe der Domaine Réal Martin, hinter der – von der D 554 aus – eine Straße links zu Miraval abbiegt. Es gibt – sehr vornehm – keinerlei Beschilderung, auch auf dem Weingut selbst nicht. Sofern die ruheliebenden Megastars Brad Pitt und Angelina Jolie nebst Familie hier weilen (solche Leute wissen was gut ist), ist ein Besuch natürlich nicht möglich.

Das Château Miraval stellt Rot-, Weiß- und Roséweine der qualitätskontrollierten Herkunftsgebiete **Côtes de Provence** und **Coteaux Varois** her. Alle Weine sind biologisch produziert wie auch das **Olivenöl,** das man aus den Früchten der tausend gutseigenen Ölbäume gewinnt. Sie werden auf beeindruckenden **Terrassen** kultiviert, die sich weit über die Hügel erstrecken und um 1820 von Strafgefangenen aus Toulon, den *Bagnards,* gebaut wurden.

Zum Schluss eine Kuriosität: An das Weingut angeschlossen war lange ein bekanntes **Tonstudio,** das heute unabhängig arbeitet. Die erste Musikgruppe, die hier etwas aufnahm, waren *Pink Floyd.* Es handelte sich um die legendäre Platte „The Wall" (1979).

Information

- **Office de Tourisme,** Place de Gaulle, 83570 Correns, Tel. 04.94.37.21.95, Fax 04.94.37.21.99, www.correns.fr.

Unterkunft

- **Auberge du Parc** ***/€€€€, Place de Gaulle, Tel. 04.94.59.53.52, Fax 04.94.59.53.54, www.chateauxhotels.com. Ein weiteres Hotel, das Bruno Clément, der Trüffel-Spezialist aus Lorgues, in der Gegend eröffnet hat (s.o.: Abtei von La Celle). Das charmante Hotel liegt mitten im Dorf, es bietet 6 Zimmer, einen gemütlichen Garten und – wie sollte es anders sein – ein Spitzenrestaurant (aller-

Rundgang

Innerhalb der Anlage ist die **Klosterkirche** der stärkste Ausdruck der zisterziensischen Glaubenslehre; sie konzentriert sich in ihrer Form ganz auf das Wesentliche. Sie wurde um 1175 eingeweiht, nach einer Bauzeit von etwa 25 Jahren. In dieser Zeit erhoben sich im Norden Frankreichs schon die gotischen Kathedralen. Im Süden dagegen baute man noch im Stil der Romanik, was mit dem starken Einfluss lateinischer Wurzeln zu erklären ist sowie aus den Bedingungen der natürlichen Umgebung.

Die Kirche wie auch die gesamte Klosteranlage besteht aus soliden Steinmauern, präzise gemeißelt und ursprünglich ohne Mörtel verbunden. Wie die meisten christlichen Kirchen seit dem 5. Jh. ist auch die Kirche von Le Thoronet gen Osten ausgerichtet. Der Grundriss beruht auf der Form des lateinischen Kreuzes, dem Symbol für den Körper Christi. Über dem Mittelschiff erhebt sich ein ganz leicht zugespitztes Tonnengewölbe. Beidseitig wird es durch Seitenschiffe gestützt, und im Osten ist es mit einem Querschiff versehen. Die Hauptapsis und die kleinen Nebenapsiden sind mit Halbtonnen überwölbt. Die Fresken in den kleinen Apsiden wurden erst im 17. Jh. hinzugefügt, denn ursprünglich gab es in den Zisterzienserkirchen weder Gemälde noch Skulpturen. Man verzichtete außerdem auf bunte Glasfenster, Krypten und den Reliquienkult.

Die einfachen Proportionen der Kirche wirken sehr harmonisch und tragen zu einer **wunderbaren Akkustik des Raumes** bei. Die Mönche verbrachten etwa acht Stunden pro Tag in der Kirche, wobei viele Gebete auch gesungen wurden. In Le Thoronet kann die menschliche Stimme bei idealen Bedingungen bis zu elf Sekunden nachhallen. Im Rahmen einer Führung wird der Besucher in den Genuss einer gregorianischen Gesangsprobe kommen, denn die Mitarbeiter sind alle darin ausgebildet. Im Sommer finden hier auch regelmäßig Konzerte statt.

An die Kirche schließen sich die **Sakristei** und das so genannte Armarium an, die Bibliothek. Der **Kreuzgang** musste bei seinem Bau an das Gelände und den kalksteinhaltigen Boden angepasst werden. Er ist daher nicht symmetrisch, sondern folgt der Form eines unregelmäßigen Trapezes. Die südliche Galerie liegt außerdem zwei Meter höher als die nördliche. Durch seine dicken Mauern (bis 1,80 m) und soliden Säulen wirkt der Kreuzgang beinahe gedrungen. Typisch für die Zisterzienser-Kunst ist das Fehlen bildlicher Darstellungen an den Kapitellen. Die wenigen dekorativen Elemente sind Pflanzen nachempfunden oder geometrische Formen.

Unten im Garten befindet sich ein sechseckiger Anbau mit dem **Klosterbrunnen.** Neben der Wasserversorgung diente er auch den Waschritualen, ein symbolischer Akt für die Reinigung der Seele. An der Nordgalerie sind noch drei Eingänge zu sehen, zur Küche, zum Speisesaal der Mönche und zum Kalefaktorium, dem einzigen

086co Foto: im

beheizten Ort des Klosters. Diese Räume existieren nicht mehr, weil sie während der Französischen Revolution zerstört wurden.

An den Kreuzgang grenzt auch der **Kapitelsaal,** wo sich die Mönche jeden Morgen trafen, um gemeinsam ein Kapitel aus dem Regelwerk des heiligen Benedikt anzuhören. Außerdem wurden hier alle Probleme des Gemeinschaftslebens besprochen und auch die Wahl des Abtes fand in diesem Saal statt. Als einziger Raum, der nicht dem Gebet gewidmet war, war er reicher ausgestattet und bereits von der Gotik beeinflusst: Es gibt ein Kreuzrippengewölbe, das auf zwei Säulen ruht, die Kapitelle sind mit Laub, Zapfen und Palmenzweigen sowie einer Hand mit Bischofsstab geschmückt. Das gotische Gewölbe wurde allerdings mit romanischen Fenstern kombiniert, d.h. man nutzte die Statik der Gotik überhaupt nicht aus. Der Grund: Hier im Süden wollte man Licht und Wärme gar nicht in das Gebäude hineinlassen.

In der Abbaye du Thoronet

Als einfacher Durchgang zwischen dem Kloster und dem äußeren Garten war das **Parlatorium** der einzige Raum, in dem die Mönche miteinander reden durften. Hier teilten sie die

Arbeiten unter sich auf, bevor sie auf die Felder zogen. Über eine Treppe erreicht man das **Dormitorium** (Schlafsaal). Da die Zisterzienser ein ausgeprägtes Gemeinschaftsleben führten, gab es in ihren Klöstern keine Zellen, sondern große Schlafsäle. Dieser ist mit einem leicht zugespitzten Tonnegewölbe überbaut. Darüber liegt die **Terrasse,** von der aus man einen Überblick über die gesamte Klosteranlage hat.

Kunsthistoriker nehmen an, dass der **Glockenturm** nicht aus der Anfangsphase des Klosters stammt, weil die Zisterzienser häufig ganz auf Türme verzichteten. Da die abgeschiedenen Abteien keine Dorfleute zur Messe einluden, war weit hörbares Glockengeläut unnötig.

Der Rundgang wird beendet durch eine Besichtigung des **Kellers,** in dem die sich selbst versorgenden Mönche ihre Vorräte lagerten. Hier wurden auch der Wein gekeltert und das Olivenöl gepresst. Das nebenan liegende **Gebäude der Laienbrüder** wird heute von den Bethlehem-Schwestern genutzt, die in der Nähe der alten Abtei 1978 eine Gemeinschaft gründeten. Es handelt sich um etwa 20 Schwestern.

- **Abbaye du Thoronet,** 83340 Le Thoronet, Tel. 04.94.60.43.90, www.monum.fr. Geöffnet April bis September Montag bis Samstag 10–18.30 Uhr, Sonntag 10–12 und 14–18.30 Uhr, Oktober bis März Montag bis Samstag 10–13 und 14–17 Uhr, Sonntag 10–12 und 14–18.30 Uhr. Eintritt 6,50 €, Ermäßigungen, unter 18 Jahre Eintritt frei. Führungen sind auch in deutscher Sprache möglich. An Sonn- und kirchlichen Feiertagen wird mittags die Messe gesungen.

Lorgues

Ein altes regionales Sprichwort sagt „A Lorgues, on vit vieux et content“, in Lorgues, da lebe man lange und glücklich. Wenn man einmal an einem Sommertag den malerischen Markt mit seinem üppigen Warenangebot besucht hat, wird man verstehen, was mit diesem Sprichwort gemeint ist. Es geht um das berühmte *Savoir Vivre,* um gutes Essen, entspanntes Schwatzen unter Freunden, um das angenehme Klima und die traditionsreiche Umgebung (die Abtei von Le Thoronet ist schließlich nur einen Katzensprung entfernt).

Lorgues ist ein **Dorf mit städtischem Charakter,** weil es so lebendig wirkt. Es hat nicht nur – seit 1835 – einen netten Flanierboulevard mit Cafés und Restaurants, wo der Markt stattfindet, sondern auch hübsche Altstadtgassen und Plätze mit plätschernden **Brunnen.** Der älteste von ihnen, die mittelalterliche Font Couverte, steht unter Denkmalschutz.

Was weitere Sehenswürdigkeiten angeht, so zeugen von der alten Stadtmauer noch **Tore** aus dem 14. Jh.; mehrere Gebäude sind ebenfalls aus dem Mittelalter. Die **Stiftskirche Collégiale Saint-Martin** dagegen stammt aus späterer Zeit. Sie verdankt ihre Entstehung dem Bischof von Fréjus und wurde Anfang des 18. Jh. erbaut. Die Kirche wirkt für den kleinen Ort recht groß und besitzt eine imposante Fassade klassischen Stils. Sehenswert im Innern ist das wertvolle Mobiliar aus dem 18. und 19. Jh., darunter der

Hauptaltar, die Orgel und eine kunstvoll geschnitzte Kanzel.

Man kann nicht über Lorgues schreiben, ohne Bruno zu erwähnen, den **Trüffel-Koch,** zu dessen Landgasthof (s.u.) Gäste von weither kommen. Irgendwie passt solch bodenständiger Luxus gut in diese Gegend und der große, wohlgenährte Bruno wirkt wie die Inkarnation des typischen Lorguers, der lange lebt und glücklich stirbt.

Information

- **Office de Tourisme,** Place Trussy, 83510 Lorgues, Tel. 04.94.73.92.37, Fax 04.94.84.34.09, lorguestourisme@dracenie.com.

Unterkunft

- **La Bastide du Pin** €€€, 1017 Route de Salernes, Tel. 04.94.73.90.38, Fax 04.94.73.63.01, www.bastidedupin.com, bastidedupin@wanadoo.fr. Dieses Anwesen heißt nicht nur *Bastide,* sondern ist tatsächlich - wie die Besitzer gern betonen - eine originale Bastide aus dem 18. Jh. Gemeint ist ein mehrstöckiges Anwesen auf dem Lande, ein Herrenhaus, kein einfaches Bauernhaus. Dieses hier bietet Gästen 7 romantisch eingerichtete Zimmer, einen Billiardsaal und einen Swimming-Pool im herrlichen Garten. Wer es bevorzugt, kann auch eine von drei Ferienwohnungen anmieten. Die *Table d'Hôte* (Abendessen für die Gäste) ist sehr zu empfehlen.

Essen und Trinken

- **Restaurant Chez Bruno,** Campagne Mariette, 2350, Route des Arcs, Tel. 04.94.85.93.93, Fax 04.94.85.93.99, www.restaurantbruno.com. Untergebracht in einem beeindruckendem Anwesen auf dem Lande, einer Bastide, ist dieses Restaurant des Trüffel-Spezialisten Bruno in ganz Frankreich bekannt. Die kunstvoll komponierten Menüs des vom Michelin „besternten" Kochs werden in stilvollem Ambiente genossen. Wer danach nicht nach Hause fahren möchte, kann eines der 4 Zimmer belegen. Zwei Einschränkungen gelten jedoch für dieses Vergnügen: Erstens ist es nicht gerade billig und zweitens sollten Vegetarier und Freunde von leichter, moderner Küche Brunos „Fresstempel" meiden.
- **Le Chrissandier,** 18, Boulevard de la République, Tel. 04.94.67.67.15. Gelegen auf dem schönen Hauptboulevard von Lorgues, ist dies der ideale Ort, um sich nach dem Marktbesuch noch weiter verwöhnen zu lassen. Im Angebot sind viele Klassiker der Küche des Südens, aber auch leichtere, moderne Gerichte. Mittleres Preisniveau, günstige Mittagsmenüs.

Märkte

- **Wochenmarkt,** Dienstagmorgen.

Feste und Veranstaltungen

- **Internationales Folklore-Festival,** im August.

Einkaufen

- **Château l'Arnaude,** 629, Route de Vidauban, Tel. 04.94.73.70.67, www.chateaularnaude.com, Weinverkauf.

Les Arcs-sur-Argens

Es passiert leicht, dass man dieses an der Autobahn A 8 südlich von Draguignan gelegene Städtchen (6500 Einwohner) auf dem Weg zum Meer übergeht, dabei ist es durchaus einen Halt wert. Auf einem Hügel gibt es ein vorbildlich restauriertes, sehr malerisches **Viertel aus dem Mittelalter,** das *Quartier Le Parage.* Es ist alle zwei Jahre Schauplatz eines mittelalterlichen Festes und diente schon einigen

Filmen als Kulisse. Gekrönt wird es von den Resten einer Burg aus dem 12. Jh. Ein imposanter Donjon (13. Jh.) dominiert die Aussichtsterrasse und die übrigen Gebäude, in denen heute ein Hotel untergebracht ist. Sehenswert ist auch die romanische Kapelle Saint-Pierre (12. Jh.).

Weiter unterhalb beherbergt die **Pfarrkirche Saint-Jean-Baptiste** (1850) einen barocken Altaraufsatz von Louis Bréa sowie eine provenzalische Krippe mit beweglichen Figuren. Eine der Fresken der Seitenkapelle zeigt das so genannte **„Rosenwunder"** der heiligen Roseline, geboren 1263. Diese Angehörige der Familie von Villeneuve, die lange über Les Arcs herrschte, hatte ein gutes Herz und war mildtätig zu den Armen. Ihr hartherziger Vater verbot jedoch solche Kontakte. Als sie ihn eines Tages auf dem Weg ins Dorf traf, zwang er sie, ihren Korb zu öffnen. Er fand jedoch keine „Hilfsgüter", sondern nur einen Strauß Rosen. Roseline wurde später Priorin eines nahegelegenen Klosters.

Die Reste davon sind heute die berühmteste Sehenswürdigkeit von Les Arcs. Es handelt sich um die **Wallfahrtskapelle Sainte-Roseline** aus dem 12. Jh., gelegen beim gleichnamigen Weingut einige Kilometer östlich des Ortes (D 91). Die Kapelle gehörte zum 1308 gegründeten Kloster Celle-Roubaud, in dem Benediktinerinnen lebten, darunter auch die besagte Roseline. Wie so viele sakrale Gebäude ging auch die Abtei während der Französischen Revolution in staatlichen Besitz über und wurde an Privatleute verkauft – bis auf die Kapelle, welche die Stadt Les Arcs erwarb.

Daher kommt es, dass die Kapelle besichtigt werden kann, der angrenzende Kreuzgang aber nicht (Besuch nur im Rahmen von Konzerten im Sommer möglich). Die Kapelle wurde im Jahr 1200 fertig gestellt und ist romanischen Baustils. Im Innern birgt sie einen barocken Flügelaltar von 1514, zwei Altarbilder aus dem 16. und 17. Jh. und natürlich den Reliquienschrein der heiligen Roseline. Außerdem gibt es einen gesonderten Schrein mit den Augen der Heiligen ...

An moderner Kunst Interessierte werden lieber das wunderschöne **Wandmosaik von Marc Chagall** betrachten, seine „Mahlzeit der Engel" (1975). Es stellt eine Episode aus Roselines Leben dar zur Zeit ihres Noviziates: Roseline war so fromm, dass sie ihre Aufgabe, das Mahl zu bereiten, vergaß und stattdessen betete. Als zur Stunde der Mahlzeit nichts vorbereitet war, erschienen Engel und deckten für sie den Tisch. Außerden sind Werke von Diego Giacometti zu sehen (dem Bruder des berühmten Künstlers Alberto Giacometti). Es handelt sich um ein Bronzerelief, welches das Rosenwunder darstellt, und um ein Chorpult in Form eines Baumes. Die Glasdekoration einiger Fenster stammt von den Künstlern Bazaine und Ubac.

Information

- **Office de Tourisme,** Place de Gaulle, 83460 Les Arcs-sur-Argens, Tel. 04.94.73.37.30, Fax 04.94.73.37.30, www.lesarcs-village.com, lesarcstourisme@dracenie.com.

Unterkunft/ Essen und Trinken

- **Le Logis du Guetteur** ***/€€€€, Place du Château, Tel. 04.94.99.51.10, Fax 04.94.99.51.29, www.logisduguetteur.com. Das Hotel liegt im mittelalterlichen Teil von Les Arcs und ist untergebracht in den restaurierten Resten der ehemaligen Burganlage. Die klassisch französisch eingerichteten 13 Zimmer bieten großteils eine schöne Aussicht auf die Dächer des Dorfes oder das benachbarte Mauren-Gebrige. Ein Swimming-Pool sowie ein empfehlenswertes Restaurant gehören zum Hotel.
- **Restaurant La Bastide des Magnans,** 20, Avenue de la Résistance, 83550 Vidauban, Tel. 04.94.99.43.91, Fax 04.94.99.44.35, www.bastide-des-magnans.com. Der Landgasthof liegt im Nachbarort Vidauban. Auf seiner herrlichen Terrasse bietet Christian Bœuf, der Chef des Hauses, kreative und schmackhafte Menüs an, die sich an den kulinarischen Spezialitäten des Südens orientieren. Das Preisniveau ist mittel bis gehobenen und das Restaurant einen Abstecher wert. In der Bastide gibt es auch fünf Gästezimmer.
- **Le Relais des Moines,** Route de Ste Roseline, 83460 Les Arcs sue Argens, Tel. 04.94.47.40.93, www.lerelaisdesmoines.com. Restaurant für gehobene Ansprüche. Spezialität des Hauses sind Gerichte mit Trüffeln aus der Region Haut Var.

Camping

- **Eau Vive,** Tel. 04.94.47.40.66, Fax 04.94.47.43.27. Mit Swimming-Pool, geöffnet von März bis Oktober.

Märkte

- **Wochenmarkt,** Donnerstagmorgen.

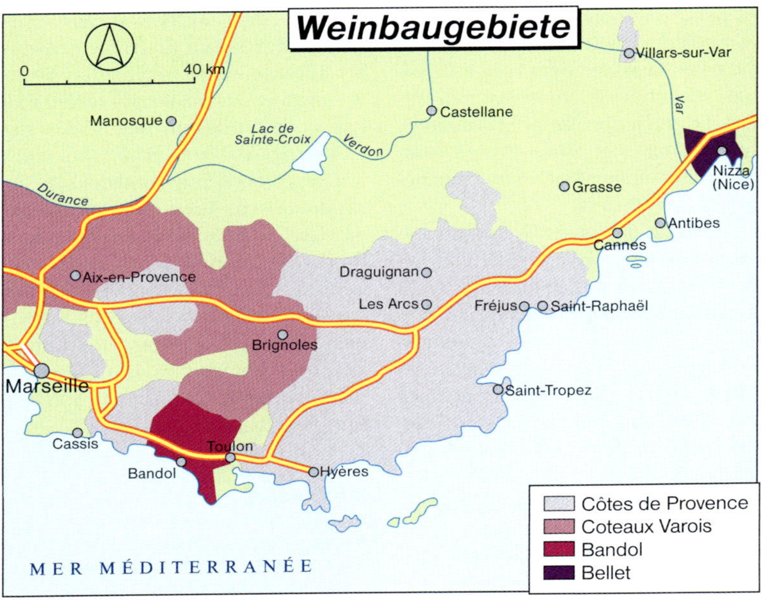

Die Weine „Côtes de Provence"

Die Provence ist die älteste Weinbauregion Frankreichs, der älteste Wein ist der Rosé. Auch heute werden hier vorrangig **Rosé-Weine** hergestellt: In der Anbauregion „Côtes de Provence" stellen sie drei Viertel der durchschnittlichen Jahresproduktion von 100 Millionen Flaschen. Das Anbaugebiet reicht von der Mittelmeerküste bis zu den Hügeln der Haute Provence, vom Gebirgsmassiv Sainte-Victoire bis zum Hinterland von Nizza.

Geschichte

Um 600 v. Chr. gründeten Griechen die Stadt Marseille und pflanzten die ersten Weinstöcke in der Provence. Da damals das Einmaischen (hierbei geben die Häute der Weinbeeren Farb- und Aromastoffe an den Traubensaft ab) noch nicht praktiziert wurde, waren die ersten Weine Rosé-Weine. Später wurden von den Römern große Weingüter angelegt, neue Rebsorten eingeführt und die Technik der Weinherstellung verbessert.

Im Mittelalter waren die Weine der heutigen Region Provence-Alpes-Côte d'Azur über die französischen Grenzen hinaus bekannt. Eleonore von Aquitanien, die in zweiter Ehe Königin von England wurde, führte die Weine aus der Region am englischen Königshof ein. Im 17. und 18 Jh. gehörten die Provence-Weine zu den Lieblingsweinen der französischen Könige. Bereits seit Beginn des 19. Jh. taucht die Bezeichnung „Côtes de Provence" für das Anbaugebiet auf.

Anbaugebiet

Der Name „Côtes de Provence" gilt nicht für das gesamte Gebiet der Provence. Nur 19.000 Hektar haben das Recht auf diese Qualitätsbezeichnung. Seit 1977 hat das Französische Institut für Herkunftsbezeichnungen INAO die „Côtes de Provence" als **„Appellation d'Origine Contrôlée"** klassifiziert. Bei der Auswahl der einzelnen Weinberge prüfte die INAO sorgfältig, ob die natürlichen Gegebenheiten (Boden, Mikroklima) den hohen Qualitätsansprüchen gerecht werden. Die Anbauflächen liegen **von der Rhône-Mündung bis zu den südlichen Ausläufern der Alpen** und werden in fünf Gebiete unterteilt, die sich durch ihre geologischen und klimatischen Eigenschaften unterscheiden:

- die kalkhaltige Hügellandschaft der Haute Provence,
- die Küste mit sehr alten Schiefer- oder Granitböden,
- das Hinterland am Fuß des Mauren-Massivs mit lehmigen Sandböden,
- das Bassin von Le Beausset mit seinen Kalkböden,
- die Gegend um das Gebirge Sainte-Victoire mit lehmigen Sandsteinböden.

Insgesamt zeichnen sich die Weinberge der „Côtes de Provence" durch ihre humusarmen, steinigen und wasserdurchlässigen Böden aus.

Klima

Neben den Böden ist für das Wachstums des Weines auch das Klima entscheidend, vor allem die **geringe Niederschlagsmenge** und der Mistral-Wind. Die jährlichen Niederschläge, die bei 600 Millimeter liegen, verteilen sich auf zwei Jahreszeiten. Im Herbst, nach der Weinlese, unterstützt der Regen die natürliche Regeneration der Böden und im Frühjahr erhält die Vegetation durch den Regen einen kräftigen Wachstumsschub.

Das Klima wird auch stark vom **Mistral** beeinflusst. Dieser kalte und trockene Wind hat eine reinigende Wirkung auf die Rebstöcke, verhindert Krankheiten und beeinflusst die Weinqualität positiv. Der früh einsetzende Frühling ermöglicht eine zeitige Blüte und die **Hitze des Sommers** begünstigt die Reifung der Trauben.

Die Weine

Im Gebiet der „Côtes de Provence" sind 75 % der produzierten Weine Rosé-Weine, 20 % Rot- und nur 5 % Weißweine. Für die Rosé- und Rotweine sind die typischen Rebsorten Grenache, Syrah, Cinsault, Cabernet, Carignon, Mourvèdre und Tibouren, für die Weißweine Rolle, Sémillon, Ugni-Blanc und Clairette. Der **weiße „Côtes de Provence"** ist traditonsgemäß ein *Blanc-de-Blanc,* das heißt er wird aus weißen Trauben hergestellt. Zwar seltener zu finden, ist er von ausgezeichneter Qualität.

Bei den **Rotweinen** entscheiden sich die Winzer je nach Rebsorte, Klima und Boden entweder für die Frische oder die Alterungsfähigkeit des Weines. Neben den weichen und schmackhaften Weinen mit Beerenaromen oder blumigen Nuancen kann man auch tiefrote, schwerere Weine finden, die mehrere Monate in Eichenfässern reifen konnten und sich gut zur Lagerung eignen.

Die **Rosé-Weine** sind trocken, fruchtig und oft elegant. Je länger der farblose Traubensaft zusammen mit den Schalen, in denen die natürlichen Farbstoffe enthalten sind, im Gärbehälter bleibt, desto intensiver wird die Farbe des Rosé. Das Geheimnis eines guten Rosé-Weines liegt in der Kunst des Winzers, dieses Zusammenspiel von Saft und Schalen genau zu kennen und zu kontrollieren. Das Gefühl für den richtigen Zeitpunkt ist hierbei entscheidend, um dem Wein seine charakteristische Färbung, aber auch seine Finesse, seine Fruchtigkeit und Harmonie zu verleihen. Rosé-Weine werden – wie die meisten Weißweine – bei einer Temperatur von acht bis zehn Grad Celsius genossen.

In Les Arcs ist das *Comité Interprofessionnel des Vins Côtes de Provence* ansässig. Es unterstützt viele Winzer der Region beim Verkauf ihrer Weine und unterhält zu diesem Zweck die *Maison des Vins Côtes de Provence.* In der **Vinothek** werden mehr als 800 Weine zu Herstellerpreisen angeboten, die Weinprobe ist kostenlos und das Personal spricht zum Teil Deutsch. Nebenan befindet sich das zugehörige Restaurant **Vigne à Table** (Tel. 04.94.47.48.47). Organisiert werden vom Comité auch Weinseminare.

- **Maison des Vins Côtes de Provence,** Route Nationale 7, 83460 Les Arcs-sur-Argens, Tel. 04.94.99.50.20, Fax 04.94.99.50.29, www.cotes-de-provence.fr, www.caveaucp.fr.

Feste und Veranstaltungen

- **Festes du Castrum d'Arcus,** mittelalterliches Fest in der Altstadt alle zwei Jahre im Juli.
- **Herbstfest/Erntedank,** im Oktober.

Einkaufen

- **Château Sainte-Roseline,** Tel. 04.94.99.50.30, www.sainte-roseline.com. Großes traditionsreiches Weingut, das neben der Sainte-Roseline-Kapelle liegt. Auf 100 ha Fläche werden besonders klassifizierte Weine produziert, so genannte *Crus Classés.* Auf dem Weingut finden regelmäßig Konzerte und Ausstellungen statt.
- **Maison de Vins Côtes de Provence,** Route National 7, Tel. 04.94.99.50.20, www.caveaucp.fr.

Verkehrsverbindungen

- **Bus:** Verbindungen nach Draguignan.
- **Bahn:** Les Arcs liegt an der TGV-Strecke nach Saint-Raphaël. Gute Verbindungen auch nach Toulon, Marseille und Nizza.

Draguignan

Die Stadt mit ihren 35.000 Einwohnern ist der Mittelpunkt der nach ihr benannten Dracénie, einer Gegend südöstlich der Verdon-Schluchten unweit des *Camp Militaire de Canjuers,* eines militärischen Sperrgebietes. Draguignan wurde Mitte der 1970er Jahre eine der wichtigsten **Garnisonsstädte** Frankreichs, was ihrem Erscheinungsbild nicht unbedingt zuträglich war. Zum gleichen Zeitpunkt, 1974, verlor die Stadt den Sitz der Präfektur an Toulon, das seither Hauptstadt des Var ist.

Der Ortsname Draguignan leitet sich wahrscheinlich von dem lateinischen Wort *draco* für Drache ab. Dieser ist zum Wahrzeichen geworden und begegnet dem Besucher allenthalben in der Stadt. Die **Legende** erzählt, dass im 5. Jh. Pilger auf ihrem Weg zum Kloster Lérins von einem solchen Untier bedroht wurden. Es hauste in dem düsteren Tal, wo heute der Nartuby fließt. Die verängstigten Pilger riefen Hermentaire herbei, einen Einsiedler. Er soll den Drachen heldenhaft zur Strecke gebracht haben und später Bischof von Antibes geworden sein.

Auch wenn Draguignan nicht unbedingt als Urlaubsort zu empfehlen ist, so ist es doch nett – vor allem an Markttagen – durch die Gassen der typisch provenzalischen Altstadt zu schlendern. Man entdeckt dabei einen Turm mit schmiedeeisernem Campanile (1662), das Theater, den Justizpalast und die Präfektur aus dem 19. Jh. sowie mehrere schöne Bürgerhäuser aus dieser Blütezeit der Stadt.

Städtisches Museum

Das städtische Museum ist untergebracht in einem **ehemaligen Ursulinenkloster,** erbaut 1632. Mitte des 18. Jh. ließ der damalige Bischof von Fréjus das Haus umbauen, um daraus seine Sommerresidenz zu machen. Seit 1888 beherbergt es das Museum. Zu sehen sind neben antiken Möbeln und Dekorationen das Bild „Die Befreiung des Petrus", das Jean-Baptiste van Loo zugeschrieben wird (ca. 1570), ein Werk von Rembrandt und einige Skulpturen Camille Claudels, der Gefährtin Auguste Rodins.

• **Musée Municipal,** 9, Rue de la République, Tel. 04.98.1026.85, täglich außer Sonntag und an Feiertagen 9–12 und 14–18 Uhr, Eintritt frei.

Volkskundemuseum

Im Volkskundemuseum, das mitten in der Altstadt liegt, geht es um die **tradionellen Berufe** in der Gegend des Var-Départements. Die meisten Menschen lebten hier früher von der Landwirtschaft, vom Wein, von den Oliven und dem Kork der Korkeichen. Hinzu kamen Schaf- und Seidenraupenzucht, Imkerei und Handwerk, z.B. die Herstellung von Terrakotta-Fliesen.

• **Musée des Arts et Traditions Populaires,** 15, Rue Roumanille, Tel. 04.94.47.05.72, täglich außer Sonntagmorgen und Montag 9–12 und 14–18 Uhr, Eintritt 3,50 €, Kinder und Studenten freier Eintritt.

Cimétière Américain

Auf diesem **Friedhof** am Boulevard John-F.-Kennedy ruhen 860 US-amerikanische Soldaten, die im **Zweiten**

Weltkrieg nach der Landung in der Provence ihr Leben ließen. Auf einer Mauer sind zudem die Namen von 274 Soldaten verzeichnet, die seither als vermisst gelten.

Information

- **Office de Tourisme Intercommunale de la Dracérie,** 2, Avenue Carnot, 83300 Draguignan, Tel. 04.98.10.51.05, Fax 04.98.10.51.10, www.tourisme-dracerie.com.

Essen und Trinken

- **Les Milles Colonnes,** Place aux Herbes, Tel. 04.94.68.52.58. Untergebracht in einem interessantem Gebäude von 1830, bietet diese nette Brasserie mit großer Sommerterrasse eine typische Bistro-Küche, die die Reisekasse schont.

Märkte

- **Wochenmarkt,** Mittwoch- und Samstagmorgen.

Feste und Veranstaltungen

- **Blumenkorso,** an Pfingstsonntag.
- **Draguifolies,** Konzerte und Straßenfeste im Juli und August mit verschiedenen Attraktionen, Tel. 04.94.50.59.59.
- **Santon-Markt,** die traditionellen provenzalischen Krippenfiguren werden im November und Dezember verkauft.

Verkehrsverbindungen

- **Bus:** Verbindungen nach Les Arcs-sur-Argens, Grasse, Fréjus, Saint Raphaël und Toulon.
- **Bahn:** Der nächste Bahnhof liegt in Les Arcs-sur-Argens.

Das Dörfchen Ampus

Umgebung von Draguignan

Im Umland von Draguignan finden sich mehrere **hübsche Dörfer,** mittelalterlich geprägte so genannte *villages perchés,* deren Häuser sich dicht um einen Hügel oder eine Bergkuppe drängen.

Callas

Einen Besuch Wert ist zum Beispiel Callas, dessen Baustruktur eigenartig ist: Seine Häuser drücken sich an einen Hügel und sind dabei ungewöhnlich hoch. Das liegt daran, dass viele von ihnen Speicher besitzen, die zum Trocknen von Feigen dienten. Ansonsten lebten viele der Dorfbewohner jahrhundertelang von den Olivenbäumen, von denen es in Callas um 1890 noch rund 55.000 Exemplare gab.

Einen Besuch in der örtlichen **Ölmühle** sollte man deshalb nicht verpassen. Sie ist seit 1928 im Besitz der Familie Bérenguier und es wird hier Spitzen-Olivenöl mit Hilfe modernster Technik mechanisch gepresst. Früher hieß das „Erste Kaltpressung", eine Bezeichnung, die seit kurzem europaweit nicht mehr existiert. Mechanisch gepresstes Olivenöl unterscheidet sich von raffiniertem Öl dadurch, dass es nicht erhitzt wird und dass ihm keine chemischen und andere Stoffe zugesetzt werden. Die Familie Bérenguier hat bereits viele Medaillen für ihr Öl eingesammelt, und auch die deutsche Zeitschrift „Der Feinschmecker" weiß das Öl von Callas seit einigen Jahren zu schätzen.

Während der Erntezeit von Ende August bis Januar/Februar werden pro Tag zehn Tonnen verarbeitet, wobei fünf Kilogramm Oliven etwa einen Liter Öl ergeben. Das beste Öl stammt von den noch grünen Früchten, die von Ende August bis Oktober geerntet werden.

Noch ein Wort zu den Olivenbäumen im Var: In den 1950er Jahren gab es rund drei Millionen von ihnen, nach einer Frostperiode im Jahr 1956 blieben noch ganze 650.000 Bäume übrig! Auch die Zeiten, als es noch vier bis fünf Ölmühlen pro Dorf gab, sind unwiederbringlich vorüber.

• **Moulin de Callas,** Quartier des Ferrages, Tel. 04.94.39.03.20, www.moulindecallas.com, täglich außer Sonntag im Sommer 10–12 und 15–19 Uhr, im Winter 10–12 und 14–18 Uhr. Die Produktion kann auf Anfrage besichtigt werden. Im angeschlossenen Shop kann man neben Olivenöl auch andere ausgesuchte Dinge aus der Provence erwerben, z.B. Artikel aus Olivenbaumholz.

Gorges de Pennafort

Unweit des Dorfes führt ein Wanderweg durch die Gorges de Pennafort, also durch **Schluchten,** die dieser Nebenfluss des Endre in den rötlichen Berg geschnitten hat, bis hin zu einem **Wasserfall.** Ein anderer Fußweg hat die Kapelle Notre-Dame-de-Pennafort zum Ziel.

Châteaudouble

Bei dem Nachbarort Châteaudouble gibt es ebenfalls **Schluchten,** sogar noch spektakulärere: In 500 Metern Tiefe hat sich hier der Nartuby seinen

093co Foto: im

Weg gebahnt. Der Name Châteaudouble („Doppelburg") ist wörtlich zu nehmen, denn im Mittelalter bewachten zwei gegenüberliegende Burgen die Schlucht, von denen noch Reste zeugen. Im Ort steht noch ein Turm aus dem 11. Jh.

Die Lage des Dörfchens ist dementsprechend beeindruckend; es ist angelegt auf einem Steilfelsen oberhalb des Flusses, der guten Fernsicht wegen. In der Schlucht finden **Kletterer** ihr Eldorado. Sehenswert ist auch die Kirche Notre-Dame-de-l'Annonciation aus dem 16. Jh. mit ihrem romanischen Glockenturm.

In der Nähe des Dorfes gibt es ein **Käserei,** die *Bastide de Fonteye.* Sie liegt von Châteaudouble aus in Richtung Montferrat an der Kreuzung der D 51 mit der D 955. Catherine und Jean Fleury produzieren Käse aus der Milch ihrer Ziegen, Schafe und Kühe, insgesamt 30 verschiedene Sorten. Sie können direkt im Hofladen gekauft werden.

- **Bastide de Fonteye,** Châteaudouble, Tel. 04.94.70.90.00, täglich 9–13 und 15–19 Uhr. Tiere und Produktion können besichtigt werden (soweit es die EU-Hygiene-Vorschriften zulassen).

Ampus

Das Dörfchen Ampus, in 600 Metern Höhe gelegen, besitzt eine hübsche romanische Kirche sowie Reste der Stadtmauer aus dem 12. Jh. Der so genannte *Circuit de l' Eau* demonstriert anschaulich, wie der Mangel an Wasser in dieser Gegend die Menschen erfinderisch machte. In einem etwa eineinhalbstündigen Rundgang kann man ein **Aquädukt** bewundern, das das Wasser von einer sieben Kilometer entfernt gelegenen Quelle ins Dorf leitete, sowie zwei **Waschhäuser** aus dem 19. Jh. Früher brauchte man das Wasser auch zum Antrieb der Mühle, für eine Messerschärferei und zur Bewässerung der Felder. In den Wäldern rund um Ampus wächst unter den Eichenbäumen die berühmte „Rabasse", eine schwarze Trüffel.

Bargemon

In Bargemon, einem malerischen Nest am Rande des *Camp Militaire de Canjuers,* soll der Sänger Elton John ein Haus besitzen. Auch der britische Fußballstar David Beckham hat dort angeblich ein Anwesen gekauft, weil er die Ruhe so liebt. Zu sehen gibt es die Gassen des alten Dorfes, mittelalterliche Tore, die Kirche Saint-Etienne in gotisch-provenzalischem Stil und die Kapelle Notre-Dame-de-Montaigu, 1609 für die Weißen Büßer errichtet.

Das **Plateau von Canjuers** ist das größte Militärcamp Europas und wird auch an andere Nationen für Übungen „ausgeliehen". Schon die Römer nutzten dieses Terrain, der Name Canjuers geht auf *Campus Julii* zurück, das Lager des Julius Cäsar. Im Mittelalter nutzten die Templer das Hochplateau für ihr Training für die Kreuzzüge – es herrschte hier ein ähnliches Klima vor wie im Heiligen Land.

Bargème

Das **höchstgelegene Dorf des Var** (1097 m) ist ein winziges Felsennest, aber ein besonders reizendes. Man erreicht es von Bargemon, indem man sich über die D 25 auf die Nordseite des *Camps Militaire de Canjuers* begibt. Das mittelalterliche Wehrdorf hockt wie ein typisches *village perché* auf seinem Felsen, ist herrlich restauriert und bietet an touristischer Infrastruktur eine einzige, jedoch empfehlenswerte Crêperie. Wie Tourtour gehört auch Bargème zum illustren Kreis der schönsten Dörfer Frankreichs. Zur Schönheit des Ortes tragen die **Reste der Burg und Befestigungen** aus dem 13. und 14. Jh. bei sowie die kleine romanische Kirche Saint-Nicolas aus dem 12./13. Jh. Von diesem Adlerhorst aus bietet sich ein wunderbarer **Panoramablick** über das Hochplateau von Canjuers, die Ausläufer der Alpen und das Mauren-Massiv.

Information

- **Office de Tourisme intercommunal de Dracénie,** 2, Avenue Carnot, 83300 Draguignan, Tel. 04.98.10.51.05, Fax 04.98.10.51.10, www.dracenie.com.
- **Office de Tourisme,** Place du 18 Juin 1940, 83830 Callas, Tel. 04.94.39.06.77, Fax 04.94.39.06.79, callastourisme@dracenie.com.
- **Office de Tourisme,** 83300 Châteaudouble, Tel./Fax 04.94.67.97.84, tourisme@dracenie.com
- **Office de Tourisme,** 83111 Ampus, Tel./Fax 04.94.76.72.66, tourisma@dracenie.com

Unterkunft/ Essen und Trinken

- **Hostellerie Les Gorges de Pennafort** ***/€€€€, Route Départementale 25, 83830 Callas, Tel. 04.94.76.66.51, Fax 04.94.76.67.23, www.hostellerie-pennafort.com. Schönes Landhotel, das – wie der Name schon sagt – in der Nähe der Pennafort-Schluchten liegt. Im Angebot sind 12 Zimmer, ein Appartement und 4 Suiten. Zum Hotelbetrieb gehört ein empfehlenswertes Restaurant.
- **La Tour,** Châteaudouble, Tel. 04.94.70.93.08. Hier speist man vor herrlicher Kulisse, denn von der Terrasse des Restaurants blickt man direkt auf die Schlucht! Die Küche ist frisch und provenzalisch-bodenständig, der Empfang freundlich und die Preise sind demokratisch. Angeschlossen ist ein kleines **Fayencen-Geschäft,** denn die Patronne hat das Bemalen des Steinguts in Moustiers (Verdon) gelernt.

Märkte

- **Wochenmarkt,** Donnerstag in Bargemon, Dienstag und Samstag in Callas, Montag in Flayosc.

Feste und Veranstaltungen

- **Wallfahrt,** an Pfingsten Pilgerwanderung zur Kapelle Notre-Dame-de-Pennafort bei Callas.
- **Provenzalisches Fest,** im August in Bargemon.
- **Kunsthandwerkermarkt,** im August in Callas, gleichzeitig Kirchweihfest; am 15. August in Ampus (Dorffest); im Juni in Bargemon (mit Bauernmarkt).
- **Festival alter Musik,** in der zweiten Julihälfte in Callas.

Tourtour

Das auf einem 600 Meter hohen Bergrücken nordwestlich von Draguignan gelegene Tourtour gilt als *le village dans le ciel*, „das Dorf im Himmel". Die Aussicht über die Ebenen des Var bis hin zum Mauren-Gebirge ist fantastisch. Aber auch sonst ist das Dorf mit seiner **mittelalterlichen Struktur** und Bausubstanz sehenswert. Nicht zu Unrecht gehört es zum offiziellen Kreis der schönsten Dörfer Frankreichs.

An beiden Enden wird der Ort von jeweils einer alten Burg flankiert. Auch Überreste einer Klosteranlage sind erhalten, darunter die romanische **Kapelle Notre-Dame-de-Florielle** (1136). Das Kloster wurde im 12. Jh. von Zisterzienser-Mönchen gegründet, die Tourtour bald aber wieder verließen und nach Le Thoronet weiterzogen. Kern des Dorfes bildet der zentrale Dorfplatz, die Place de l'Ormeau, baumbestanden und umgeben von einladenden Restaurants.

Von hier führt eine Passage zum Uhrturm und danach zur alten **Ölmühle,** in der heute ein Fossilien-Museum untergebracht ist. Weiterhin sehenswert sind die **Ruinen der alten Burg** aus dem 12. Jh., das Gebäude *Château des Raphaëlis* aus dem 16. Jh., in dem sich das Bürgermeisteramt befindet, und schließlich das alte provenzalische Waschhaus.

Zu guter Letzt steht am Aussichtspunkt die **Kirche Saint-Denis,** die zwar im 19. Jh. Veränderungen erfuhr, in ihren Ursprüngen aber aus dem 11. Jh. stammt. Verschwiegen werden sollte nicht, dass Tourtour im Sommer sehr touristisch ist, vergleichbar in etwa mit dem berühmten Gordes im Vaucluse.

Unterkunft/ Essen und Trinken

- **La Bastide de Tourtour** ***/€€€€, Route de Flayosc, Tel. 04.98.10.54.20, Fax 04.94.70.54.90, www.chateauxhotels.com. Wunderschöne Bastide umgeben von einem 4 ha großen Park. Für Gäste stehen 25 elegant eingerichtete Zimmer, ein Restaurant und ein Swimming-Pool zur Verfügung. Herrlich ist die Aussicht, der typische „Tourtour-Ausblick". Menü-Preise mittel bis gehoben.
- **Maison de la Treille** €€€, 22, Rue Grande, Tel./Fax 04.94.70.59.29, martinegenet@voilà.fr. Im Herzen des mittelalterlichen Dorfes bietet die Familie Genet in ihrem Haus aus dem 15. Jh. (!) drei Gästezimmer mit privatem Badezimmer an.
- **Restaurant La Table,** 1, Traverse du Jas, Les Ribas, Tel. 04.94.70.55.95. Die Kreationen des jungen Küchenchefs des *La Table* finden großen Anklang in der Gegend. Mittleres Preisniveau.

Märkte

- **Wochenmarkt,** Mittwoch- und Samstagmorgen.

Cotignac

Der Ort, der sich westlich von Draguignan am Fuße eines imposanten Felsens ausdehnt, ist eine angenehme Überraschung. Da ist zunächst der **Felsen** selbst, 80 Meter hoch und 400 Meter breit, aus Tuffstein. Doch man kann von ihm nicht erzählen, ohne gleichzeitig seinen Fluss, die Cassole, zu erwähnen. Früher, vor der letzten Eiszeit, ging ihr Lauf mitten durch das heutige Dorf. Lange Zeit floss das Wasser mehr oder weniger schnell, zum Teil als richtiger Wasserfall, den Felsen hinunter und schuf aus dem Tuffstein **Grotten** mit Stalagmiten und Stalagtiten.

Dass schon die Kelten diesen Ort bewohnten, gilt als sicher, und sogar bis ins 19. Jh. hinein benutzen die Bewohner von Cotignac die Höhlen als Wohnungen und Lager. Obwohl man immer auch versuchte, sich gegen das herabfließende Wasser zu schützen, profitierte man von dessen Kraft, die Korn-, Öl- und Papiermühlen antrieb und nicht zuletzt Ende des 19. Jh. Elektrizität produzierte. Cotignac war tatsächlich die erste Kommune Frankreichs, in der es elektrischen Strom für alle gab!

Doch es gibt es noch mehr zu entdecken: Schön ist der **Cours Gambetta,** gesäumt von Platanen, wo dienstags und freitags der Markt stattfindet. In dem überdachten *Lavoir* aus dem 19. Jh. wuschen die Frauen früher ihre Wäsche. Angenehme Kühle bringt die *Fontaine des 4 Saisons*, ein Brunnen von 1810. Etwas näher zum Felsen hin liegt die Pfarrkirche Saint-Pierre, ein romanisches Bauwerk, das Mitte des 13. Jh. errichtet und im 19. Jh. mit einer schönen Orgel ausgestattet wurde. Ein paar Schritte weiter stößt man auf die vorbildlich restaurierte *Mairie*, das 1558 errichtete Rathaus. Gekrönt wird es vom einem der schönsten schmiedeeisernen Campaniles des Var auf dem Uhrturm von 1496.

Hier führt ein Weg zu den **Höhlen** oberhalb im Felsen, die man in etwa einer halben Stunde zu Fuß erreicht. Nebenan ist noch eine alte Ölmühle zu bewundern, die letzte von insgesamt vierzehn, die es einmal in Cotignac gab. Von dort führen Stufen zu den **Resten des mittelalterlichen Schlosses,** das um 730 errichtet und bis ins 14. Jh. hinein bewohnt wurde. Weithin zu sehen sind die Ruinen der beiden so genannten *Tours Sarassines* auf dem Felsen.

Nicht zu vergessen sind schließlich die verwinkelten Gassen der Altstadt mit ihren hübschen **Boutiquen und Kunsthandwerker-Läden,** die zu einem Bummel einladen.

Etwas außerhalb des Dorfes, auf dem Mont Verdaille, liegt die 1519 errichtete **Kapelle Notre-Dame-de-Grâces.** Sie soll für die Geschichte Frankreichs von einiger Bedeutung sein, denn die Mutter des Königs Louis XIV. kam hierher, um für ihre Fruchtbarkeit zu beten – und gebar danach ihren Sohn, den Thronfolger. 1660 besuchte dieser zum Dank für die göttliche Gnade Cotignac und seine Kapelle.

Information

- **Office de Tourisme,** 2, Rue Bonnaventure, 83570 Cotignac, Tel. 04.94.04.61.87.

Unterkunft

- **Marie et le Roy** €€€, 7, Rue Gabriel Philis, Tel. 04.94.77.74.41, www.marieetleroy.com. Mitten im alten Ortskern gelegen, birgt dieses schön restaurierte alte Haus vier extravagante Gästezimmer und eine Suite mit moderner Kunst. Den Gästen stehen außerdem eine Küche und eine Terrasse zur Verfügung. Regelmäßig finden in der angeschlossenen Galerie Kunstausstellungen statt.
- **Le Mas de Canta-Diè** €€€, 2930, Route de Carcès, Tel. 04.94.77.72.46, Fax. 04.94.77.79.33, www.sejour-en-provence.com/canta01.htm. Dieser *Mas* auf dem Lande, umgeben von Weinfeldern, bietet fünf individuell eingerichtete Doppelzimmer mit eigener Terrasse und z.T. eingerichtet mit Reise-Souvenirs der Besitzer. In dem großzügigen Park mit Oliven- und Obstbäumen gibt es einen Swimming-Pool. Die Gastgeber Chantal und Didier Gros sind Künstler und stellen ihre Werke aus.
- **La Radassière** €€€, 1702, Impasse Les Fabres (DD 50), Route d'Entrecasteaux, Tel. 04.94.04.63.33, Fax 04.94.04.66.99, www.

sejour-en-provence.com/radas01.htm. Einen Kilometer außerhalb des Dorfes gelegen, inmitten eines großen Olivenhains, besteht dieses Anwesen aus zwei Häusern: das eine beherbergt das **Restaurant,** das andere vier Gästezimmer. Die Räume sind hell, geräumig und modern eingerichtet. Besonders schön ist die Dekoration, zu der Skulpturen und Gemälde befreundeter Maler gehören.

Camping

- **Les Pouverels,** Route de Sillans, Tel. 04.94.04.71.91. Kleine Anlage mit nur 35 zumeist schattigen Stellplätzen, ganzjährig geöffnet.

Essen und Trinken

- **Le Clos des Vignes,** Route de Monfort, Tel. 04.94.04.72.19. Gastronomisches Restaurant, untergebracht in einem ehemaligen Bauernhof und inmitten der Weinfelder gelegen. Mittleres bis gehobenes Preisniveau.
- **Le Temps de Pose,** 11, Place de la Mairie, Tel. 04.94.77.72.07. Direkt unterhalb der Grotten am Rathausplatz findet man dieses Café-Restaurant, in dem man kleine Gerichte oder einfach nur Kaffee und Kuchen zu sich nehmen kann. Terrasse auf dem Platz.

Märkte

- **Wochenmarkt,** jeden Dienstag und Freitag von Juni bis September.

Feste und Veranstaltungen

- **Weinfest,** am 11. Juli.

Sillans-la-Cascade

Sechs Kilometer nördlich von Cotignac findet sich dieses sehr hübsche, winzige Dorf mit Resten der einstigen Befestigung, wozu eine kleine Burg zählt, die für Ausstellungen genutzt wird. Sillans-la-Cascade liegt an einem Hang oberhalb des Flusses Bresque. Zu einem **Wasserfall,** der Cascade de Sillans, führt ein ausgeschilderter Wanderweg. Die Bresque stürzt hier in herrlicher Umgebung 40 Meter tief in einen kleinen See. Der Spaziergang dauert hin und zurück nur eine halbe Stunde.

Sillans hat sich seine Ursprünglichkeit bewahrt, was nicht zuletzt an der mittelalterlichen Struktur liegt. Sehenswert sind aber auch die Kirche Saint-Etienne aus dem 17. Jh. und zwei Kapellen aus dem 19. Jh.

Information

- **Office de Tourisme,** Le Château, 83690 Sillans-la-Cascade, Tel. 04.94.04.78.05.

Unterkunft/ Essen und Trinken

- **Les Pins** **/€€, Grande Rue, Tel. 04.94.04.63.26, Fax 04.94.04.72.71. Freundliches Haus mit angenehmen Zimmern zu moderaten Preisen. Angeschlossen ist ein rustikales Restaurant, in dem u.a. Wildgerichte angeboten werden.

Aups

Das 500 Meter hoch gelegene Städtchen Aups (2000 Einwohner) gilt als die **südliche Pforte zu den Verdon-Schluchten,** vor allem seit es im Jahr 2000 in den „regionalen Naturpark Verdon" aufgenommen wurde. Aups ist außerdem bekannt für seine kulinarischen Spezialitäten, Wein, Honig und Olivenöl, insbesondere jedoch für **schwarze Trüffel.** Der Markt von Aups ist einer der wichtigsten in ganz Frankreich. Das lebhafte Örtchen hat schließlich auch eine hübsche Altstadt.

Die Gegend von Aups ist spätestens seit dem 6. Jh. v. Chr. besiedelt gewesen. Es war der keltoligurische Stamm der Verrucini, der hier ein Oppidum, ein befestigtes Dorf, erbaut hatte. In der Römerzeit wurde aus dem *Oppidum de Alpibus* mit der Zeit *Alps*, später dann *Aups*.

Der Ort lag an dem Streckenabschnitt Draguignan – Riez der antiken Via Aurelia. Eine Anekdote erzählt, Julius Cäsar sei hier vorbeigekommen und habe gesagt: „Ich bin lieber der Erste in Aups als der Zweite in Rom." Dieser Ausspruch ist historisch nicht belegt, aber als gesichert gilt, dass der Name des nahegelegenen Plateau de Canjuers auf *Campus Julii* zurückgeht und dass hier wirklich ein römisches Feldlager unterhalten wurde.

Erwähnenswert ist noch, dass Aups 1851, nach dem Staatsstreich des Louis Napoléon Bonaparte, das Zentrum der anti-bonapartistischen Bewegung im Var wurde. Daran erinnert ein Obelisk auf dem Dorfplatz, ein in Frankreich seltenes Denkmal für diese Periode.

In der Altstadt

Die **Stiftskirche Saint-Pancrace** wurde zwischen 1489 und 1503 im Stil der provenzalischen Gotik errichtet, erfuhr aber im 18. und 19. Jh. einige Veränderungen. 1905 kam die republikanische Devise „Liberté, Egalité, Fraternité" hinzu, sichtbares Zeichen dafür, dass die Kirchengebäude dem Staat gehören.

Beim Spaziergang durch die **Gassen** fallen der Uhrturm, die *Tour de l'Horloge*, mit schmiedeeisernem Campanile (16. Jh.) auf, ein provenzalisches Waschhaus (15. Jh.), einige alte Stadttore, eine traditionelle Sonnenuhr und mehrere Details an den Häusern wie schöne Fenster und Türen im Stil der Renaissance. An der Stelle der alten Burg steht seit 1853 die Kapelle Notre-Dame de la Délivrance.

Information

- **Office de Tourisme,** Place Frédéric Mistral, 83630 Aups, Tel./Fax 04.94.84.00.69, aups 83@wanadoo.fr.

Unterkunft

- **Bastide du Calalou** ***/€€€€, Aups/Moissac-Bellevue, Tel. 04.94.70.17.91, www.bastide-du-calalou.com. Romantikhotel im Nachbardorf Moissac-Bellevue, ein weiteres schönes Bergdorf. Dem herrlichen Landhaus sieht man nicht an, dass es in den siebziger Jahren erbaut wurde. Vielmehr besticht das Gebäude durch seine außergewöhnlich harmonische Dekoration im klassischen Stil, seinen freundlichen Service sowie seine exzellente französische Küche. Der Blick vom Restaurant wie auch vom Garten erstreckt sich weit über die Ebene; angenehm ist auch der Swimming-Pool umgeben von alten Olivenbäumen. Neben einem Tennisplatz verfügt das Hotel auch über einen Hubschrauberlandeplatz. Das Preis-Leistungsverhältnis für dieses Hotel (deutsche Kette) ist sehr gut.

Camping

- **Camping Les Prés,** Route de Tourtour, Tel. 04.94.70.00.93, Fax 04.94.70.14.41, www.campinglespres.com. Rund 120 Stellplätze, Restaurant, Swimming-Pool, Tennis. Ganzjährig geöffnet.

Essen und Trinken

- **Les Gourmets,** 5, Rue Voltaire, Tel. 04.94.70.14.97. Diesem Restaurant fehlt zwar ein wenig das moderne Ambiente, dafür ist die

Die Trüffel – der „schwarze Diamant" der Provence

Man nennt sie schwärmerisch *diamant noir,* botanisch *Tuber melanosporum* oder auch *truffe noire du Périgord* – vor allem Letzteres ärgert die Provenzalen, wächst die schwarze Trüffel doch nicht nur im Südwesten, sondern auch bei ihnen reichlich. Auf provenzalisch heißt sie denn auch *rabasse.* Ausgesprochene Trüffelregionen sind die **Départements Var und Vaucluse.** Im Var werden Trüffel vor allem in der Gegend von Lorgues, Châteaudouble, Ampus und Flayosc gefunden und auf dem bedeutenden regionalen **Markt von Aups** gehandelt.

Insgesamt muss es an die 30 Trüffelarten geben, besonders begehrt ist die besagte schwarze: ein kleines, unscheinbares Etwas, rund und knollig, mit glitzernden Wölbungen und Mulden. In seinem Bestseller will Trüffel-Experte Jean-Marie Rocchia nichts wissen von „Duft" *(odeur)* oder „Aroma" *(arôme),* sondern lässt nur *parfum* gelten: Süßlich soll er sein und warm, dabei eigensinnig und ganz und gar einzigartig, ja sehr kräftig und berauschend gar. Er wirkt beruhigend und hinterlässt ein Gefühl des *Bienêtre* und *Bonheur* – des Wohlbefindens und des Glücks.

So etwas würde wohl kaum einem ordinären Champignon nachgesagt werden, obwohl doch beide zur **Familie der Pilze** gehören. Wie sie kann die Trüffel ohne anderes organisches Material nicht leben. Meist sind es **Baumwurzeln,** wo sie sich ansiedelt. Dennoch ist sie nicht etwa ein Schmarotzer, sondern lebt in symbiotischer Beziehung zu ihrem Wirt: Er versorgt sie mit Zucker, während sie ihm im Gegenzug bei der Aufnahme von Phosphor behilflich ist.

In der Provence sucht sich die Rabasse vorzugsweise **Eichen** aus, um sich einzunisten, daneben auch ab und zu **Nussbäume, Kiefern und Linden.** Junge Eichen werden nach etwa acht Jahren trüffelträchtig und bleiben es für rund 50 Jahre.

Die **Saison** für die schwarze Trüffel ist im Allgemeinen zwischen Mitte November und Mitte Februar. In der frühen Saison haben sie noch relativ wenig Geschmack, doch um Weihnachten herum sind sie schon ganz passabel. Der wahre Kenner aber genießt Trüffeln ausschließlich ab Mitte Januar. Im August wird nur die weiße Trüffel geerntet, die so genannte *Tuber Estivum,* die Sommertrüffel.

Doch kaum eine Pflanze ist so schwer zu ernten wie die Trüffel. Denn die **Ernte** gestaltet sich vielmehr als eine Suche nach etwas Unsichtbarem, das **unter der Erde** schlummert. In einem Punkt jedoch ist die Trüffel dem *rabassier* oder *truffier* behilflich: Sie strömt ihren unverkennbaren *parfum* aus. So würde manch passionierter Trüffel-Sucher sich sicherlich gern auf alle Viere begeben, doch macht ihm dabei der unzureichende menschliche Geruchssinn einen Strich durch die Rechnung. Eine Todsünde ist es, einfach hier und dort zu graben, wie ein Kaninchen, oder gar einen Stock in den Boden zu rammen, an dem Trüffel-Reste kleben könnten ... Welch ein Frevel!

Da muss also das berühmte **Trüffelschwein** her, so jedenfalls die landläufige Meinung. Doch diese Zeiten sind längst passé, fraß doch das heißhungrige Schwein stets einen guten Teil der Ernte schon vorher auf. Und seine knapp zehn Zentner an jeder Baumwurzel wieder bändigen zu müssen, dürfte keine leichte Sache gewesen sein ...

Zur natürlichen Nahrung eines **Hundes** dagegen gehört die Trüffel nicht, und deshalb hat sich die Suche mit ihm durchgesetzt. Der Vorteil ist aber zugleich ein Nachteil, denn eine Dressur ist vonnöten. Angesichts dieser Mühe scheint die einfachste Lösung zu sein, ein bereits dressiertes Tier zu kaufen. Ein solcher Trüffel-Hund kostet zwischen ca. 5000 und 10.000 Euro, manchmal gar noch mehr. Doch das neue Herrchen hat leider nie die Garantie, dass sich der Hund bereitwillig mit ihm auf die Suche nach den süßen Knollen begeben wird.

Alles endet also damit, dass man sein Hündchen selbst dressieren muss. Sonst wäre es auch zu einfach: Sogar 5000 Euro hätte man nach einer guten Saison längst wettgemacht; bei einem mittleren Preis von ca. 600 Euro pro Kilo – und so viel kann man in einer Stunde finden – wären das nur zehn Stunden Arbeit!

Die **Dressur** eines solchen Hundes aber ist geheimnisumwittert wie alles, was mit der Trüffel zu tun hat. Trotzdem ein paar Tipps: Teckel sollen sich besonders gut eignen, aber schon in diesem Punkt gehen die Meinungen weit auseinander. Für das Training mit dem Vierbeiner braucht man lediglich Unmengen frischer, duftender Trüffeln – schließlich muss der Hund eine Leidenschaft dafür entwickeln. Doch woher bekommt man diese vielen „schwarzen Diamanten"? Ganz einfach: Man dressiere einen Trüffel-Hund ...

Es ist also keineswegs leicht, in den illustren Kreis der „Bruderschaft des Schwarzen Diamanten" vorzurücken, der *Confrérie des Chevaliers, Dignitaires et Vénérables du Diamant Noir Culinaire et de la Gastronomie*. Vielleicht aber hat man mehr Glück bei der *Université de la Truffe*, dem Zentrum für Schulung und Forschung in Carpentras im Vaucluse (Tel. 04.90.63.00.96).

Trüffelmenüs werden in vielen Restaurants angeboten, zum Beispiel bei Bruno in Lorgues. Sie sind selbstredend sehr teuer; preiswerter und klassisch sind getrüffelte Omelettes.

Küche aber um so empfehlenswerter und es lassen sich stets viele Einheimische sehen. Gekocht wird französisch auf gastronomischem Niveau und mit südlichen Akzenten, das Preis-Leistungsverhältnis ist sehr gut. *Les Gourmets* sind vom großen Parkplatz aus in Richtung Tourtour zu finden.

Märkte

- **Wochenmarkt,** Mittwoch- und Samstagmorgen.
- **Kunsthandwerk- und Trödelmärkte,** an verschiedenen Terminen im Sommer, mehrmals auch abends auf der Place de la Mairie.
- **Trüffelmarkt,** jeden Donnerstagmorgen von November bis März.

Feste und Veranstaltungen

- **Trüffelfest,** am vierten Sonntag im Januar.
- **Olivenfest,** am letzten Sonntag im März.
- **Dorffest,** am letzten Sonntag im Juni.
- **Sommerfest,** am Wochenende nach dem 15. August.
- **Mittelalterliches Fest,** alle 2 Jahre im Juni.

Einkaufen

- **Olivenöl:** Die alte Mühle *Moulin Gervasoni* aus dem 18. Jh. ist noch in Betrieb und liegt an der Straße Montée des Moulins, Tel. 04. 94.70.04.66, täglich geöffnet 9.30–12 und 14.30–19 Uhr, Eintritt frei.
- **Provenzalische Bodenfliesen:** Im Nachbarort Salernes werden traditionell die so genannten *Tomettes* hergestellt, sechseckige Bodenfliesen aus eisenhaltigem Ton in rotbraunen Farbtönen. Information: Tel. 04.94. 70.69.02.

Aktivitäten

- **Fahrradverleih:** *Cycles Collines,* Route de Sillans, Tel. 06.82.92.40.10.

Verkehrsverbindungen

- **Bus:** Regelmäßige, allerdings nicht sehr häufige Verbindungen zu den wichtigsten Städten und Dörfern der Umgebung, z.B. nach Draguignan, Brignoles, Cotignac und Tourtour.

096co Foto: im

Hochprovence und Verdon-Schluchten

034pr Foto: rh

050pr Foto: rh

Blick hinab in den Grand Canyon du Verdon

Lavendelanbau

Pont de l'Artuby: je nach Schwindelfreiheit Traum oder Alptraum

Überblick

Die Hochprovence (Haute Provence) ist eine Landschaft für sich, einsam und herb, mit keiner anderen im französischen Süden vergleichbar. Das ist nicht mehr jener kultivierte, in immer neue Einheiten gegliederte, durch Zypressenhecken, Olivenhaine und Weinberge bestimmte Garten. Nichts von alledem gedeiht im **rauen Klima der Bergketten.** Stattdessen finden wir hier eine Natur von ungeheurer Weite und Größe, endlose Lavendelfelder, Hügel und Bergkämme, auf denen nur Schafherden umherziehen, riesige Wälder, die in kahle Gipfel übergehen.

Die **Dörfer** bleiben klein, viele sind nie über die Größe eines Weilers hinausgewachsen, andere verfallen, vor Jahrzehnten schon verlassen, einigen sieht man ihre Armut überdeutlich an.

Für die Bewohner der Küsten sind die **Menschen des Hochlands** *gavots,* eine Bezeichnung, die ursprünglich Kröpfe kennzeichnete – Folge der einseitigen Ernährung – die heute aber allgemein auf diejenigen angewandt wird, die deutlich höher leben als man selbst und damit schon einer anderen Zivilisation zugeschrieben werden.

Für die Hochprovenzalen wiederum sind *gavots* die Bewohner der Alpen. Das ändert nichts daran, dass die Hochprovence einen anderen Menschenschlag hervorbrachte, weniger urban geprägt als in der übrigen Provence, konservativer, ohne den auffallenden, mediterranen Drang in den öffentlichen Raum, so still und verschwiegen wie ihr Land. Niemand hat das besser beschrieben als Jean Giono, der Schriftsteller aus Manosque, der auf seinen Streifzügen durch das Hochland die ehrlichen, gläubigen, tiefen Charaktere seiner Romane fand.

Streifzüge durch die Natur seien auch dem Reisenden empfohlen, denn der Zugang zur Hochprovence erschließt sich nicht leicht. Vielerorts fehlt eine touristische Infrastruktur und die Hochprovence ist ein **verschlossener Landstrich** geblieben, dem die Leichtigkeit der Küsten ganz und gar abgeht, eine Gegend für Menschen, die Einsamkeit suchen und Ruhe, die Zeit und Geduld haben, eine Landschaft zu erwandern, nicht programmgemäß abzuhandeln. Zum Teil gilt dies sogar für das touristische Highlight der Gegend, den **Grand Canyon du Verdon,** dessen Dörfer an den Rändern zwar lebhaft sind, wo aber eine Wanderung durch die Schluchten immer noch am besten verdeutlicht, welch raue Natur die Haute Provence prägt.

Manosque

Es war in den 1960er Jahren, als sich **Jean Giono,** der große Sohn der Stadt, zu einer wichtigen Entscheidung gezwungen sah: Er drehte seinen Schreibtisch herum. All die Jahre hatte er tagaus, tagein hinter dem hölzernen Pult gesessen und in seiner ordentlichen, regelmäßigen Schrift Romane zu Papier gebracht, immer die Heimatstadt im Blick. Doch was er sah, ärger-

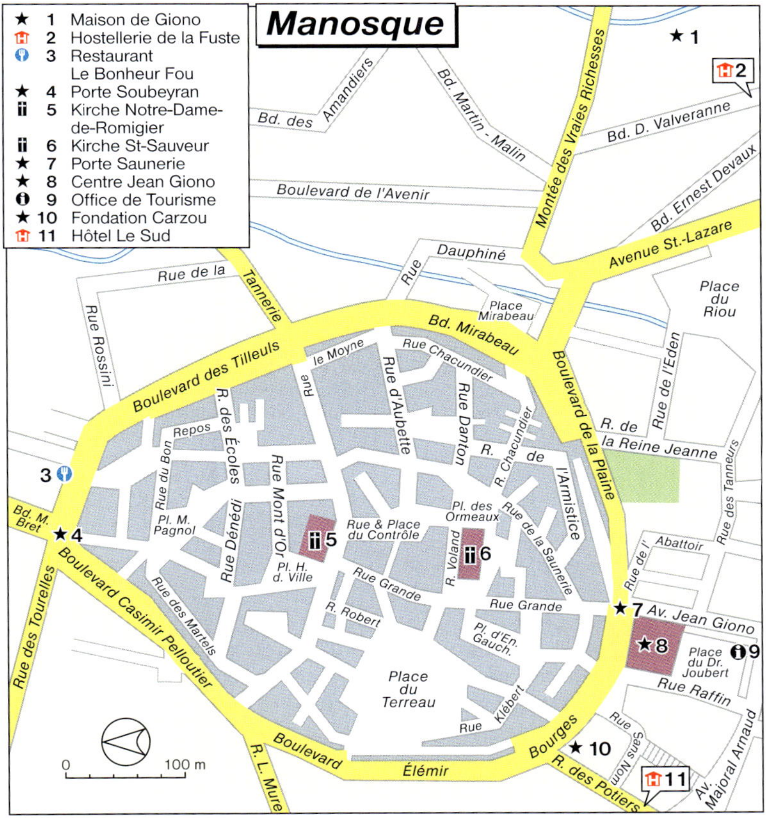

te ihn nun mehr, als dass es ihn inspirierte. Hochhäuser, charakterlose Betonklötze allesamt, wuchsen eins nach dem anderen in das vertraute Bild hinein. Giono zog da den Anblick seiner Bücherwand vor.

Es ist wahr: Manosque, von des Schriftstellers Mont d'Or aus betrachtet, hat viel eingebüßt von seiner Schönheit. Das **Wirtschaftszentrum** der stillen Hochprovence war in seinem Ehrgeiz auch nicht maßvoller als vergleichbare Städte. Aber wahr ist auch: Die **Altstadt** zählt zu den schönsten in der Provence, sie ist voller Atmosphäre.

Raketen und Plutonium – womit die Hochprovence ihr Geld verdient

Von allen Orten der Hochprovence ist Manosque der wirtschaftlich bedeutendste und verkehrsmäßig am besten angebundene. Das ist natürlich kein Zufall. Das Tal der Durance ist ein Nadelöhr, eingezwängt zwischen dem Plateau von Valensole und dem Bergland von Forcalquier. Parallel zum Fluss verlaufen die Eisenbahnlinie, eine Autobahn, eine National- und eine Landstraße und dazu der Kanal des Stromriesen EDF.

Wer über die kleine Landstraße am Canal EDF entlang von Manosque nach Sainte-Tulle fährt, kann diese intensive Nutzung der Landschaft beobachten. Sainte-Tulle selbst, mit einem hübschen Dorfkern, lebt von der Elektrizität. Zwei Anlagen, eine ältere von 1916 und eine neuere, gewinnen Strom aus den Fluten der Durance. Bis in die 1960er Jahre hinein wurde hier auf andere Weise Strom erzeugt: Man verbrannte Kohle, die ein paar Hundert Bergarbeiter im Becken von Manosque zutage förderten.

Weiter südlich, abgeschirmt am linken Ufer der Durance, liegt das riesige *Centre d'études nucléaires de Cadarache*, ein Atomforschungszentrum (größtenteils der zivilen Nutzung gewidmet), das sich mit Plutonium beschäftigt, aber auch Solarenergie erforscht. Das Ensemble umfasst mehrere hundert Gebäude und rund 20 Nuklearanlagen. Der Standort war günstig, weil sich die rund 5000 Mitarbeiter gern im schönen Manosque ansiedeln oder auch im nahen Aix. In Cadarache entsteht der ITER (Internationaler Thermonuklearer Experimenteller Reaktor), eines der ehrgeizigsten Forschungsobjekte der Welt. Im Juni 2005 beschlossen sieben Partner (die Europäische Union, Japan, Russland, China, USA, Südkorea und Indien) den Bau, der rund 5 Milliarden Euro kosten wird. Im Gegensatz zu „herkömmlichen" Atomreaktoren, die Kernspaltung betreiben, soll im ITER Kernfusion stattfinden. Nach dem Vorbild der Sonne wird dabei Wasserstoff zu Helium verschmolzen. Der ITER soll als erste derartige Anlage mehr Energie erzeugen, als zum eigenen Betrieb benötigt wird. Die technischen Schwierigkeiten sind immens – unermesslich aber könnte der Nutzen sein, falls der Traum eines funktionierenden Fusionsreaktors Wirklichkeit würde. Denn ein Fusionsreaktor kennt das Risiko der Kernschmelze nicht, er könnte die Energieprobleme der Menschheit auf relativ ungefährliche und nicht klimaschädigende Art lösen. Betriebsbereit sein soll der Reaktor 2018 – die gewerbsmäßige Erzeugung von Strom mit Fusionsreaktoren erwarten Fachleute aber erst für die zweite Hälfte unseres Jahrhunderts.

Dann gibt es da noch Saint-Martin-les-Eaux nordwestlich von Manosque. Auch dieser kleine Ort ist Bestandteil der nationalen Verteidigung. Wo früher Kohle gefördert – damals hieß es noch Saint-Martin-le-Charbonnier – und dann die schwefelhaltigen Quellen genutzt wurden, lagern heute unterirdisch die Treibstoffreserven des Landes. Zehn Millionen Kubikmeter, in 300 Metern Tiefe gut geschützt, könnten den Bedarf Frankreichs drei Monate lang decken. Über Röhren ist dieses Lager mit den Raffinerien am Etang de Berre verbunden.

Es versteht sich, dass dies alles nicht zugänglich ist, ebenso, dass Jean Giono zeitlebens dagegen protestierte, und klar ist auch, dass er erfolglos blieb. So wenig die stille Hochprovence politischen Einfluss besitzt, so sehr ist sie auch auf Arbeitsplätze angewiesen. Daher ist es abermals kein Zufall, was mit dem gar nicht fernen Plateau d'Albion geschah. Dort hatte sich die Force de Frappe eingerichtet. In tiefen unterirdischen Silos lagerten die einzigen landgestützten Atomraketen Frankreichs. 18 Systeme des Typs S3 bildeten einen Teil der französischen „Abschreckungs-Triade". Seit den 1970er Jahren waren die Zweistufen-Raketen stets einsatzbereit; 2000 Soldaten in permanenter Alarmbereitschaft bewachten sie. S3-Raketen haben eine Reichweite von 3500 Kilometern, sie hätten also knapp Moskau erreichen können. Sie waren bestückt mit jeweils einem einzelnen 1,2-Megatonnen-Sprengkopf – das entspricht etwa der 60-fachen Zerstörungskraft der Hiroshima-Bombe. Zwei unterirdische Kommandoposten verbanden die Anlage mit dem Kommandobunker „Jupiter" unter dem Elysée-Palast in Paris. Nur der codierte Befehl des Präsidenten der Republik hätte sie zum Einsatz gebracht.

Der Trend in der Rüstungstechnik ließ solche Systeme veralten. Kleinere und präzisere strategische Offensiv-Waffen – in schwer zu ortenden U-Booten oder Mirage-2000-N-Kampfflugzeugen – sind jetzt angesagt. Dies und die Sparzwänge der Regierung veranlassten Präsident Chirac dazu, die Schließung des Platau d'Albion zu veranlassen. Heute erinnern nur noch die breiten, mitunter autobahnähnlich ausgebauten Straßen an den Stützpunkt.

In der Altstadt

Die Altstadt war einst geschützt durch einen Befestigungswall aus dem späten Mittelalter, der, wie so vieles im 19. Jh., der Modernisierungswut zum Opfer fiel. Übriggeblieben sind allein zwei Stadttore, die **Porte Saunerie** (14. Jh., später etwas ungeschickt restauriert) und der untere Teil der **Porte Soubeyran** aus der gleichen Zeit, heute von einem Campanile gekrönt. Von einem dieser Stadttore zum anderen schlängelt sich eine gemütliche Einkaufsgasse (Rue Grande, Rue des Marchands, Rue Soubeyran), die sich in angemessenen Abständen zu kleinen Plätzen weitet.

Der hübscheste davon ist die Place de l'Hôtel de Ville. Die **Kirche Notre-Dame-de-Romigier** ist zwar romanischen Ursprungs, wurde aber mannigfach verändert. So zeigt sie heute ein Renaissance-Portal und eine gotische Apsis. Als Altar dient ein frühchristlicher Sarg aus einer arlesischen Werkstatt des 4. oder 5. Jh.; außerdem ist eine schwarze Madonnenfigur aus Holz zu sehen, die im 7. Jh. entstand. Ebenfalls an einem Platz, der Place Saint-Sauveur, liegt die gleichnamige **Kirche Saint-Sauveur.** Auch sie ist romanischen Ursprungs, wovon unter anderem der schöne achteckige Kuppelbau zeugt. Die Seitenschiffe kamen später hinzu, ebenso der Glockenturm (16. Jh.).

Mont d'Or

Der Mont d'Or ist nur einer der fünf Hügel, die Manosque umgeben, aber zweifellos der bekannteste – durch

Jean Giono, der hier lebte. Sein Haus liegt, wie sinnig, an einer Straße namens *Montée des Vraies Richesses.* Wer sich hier auf die Suche macht nach den „wahren Reichtümern", kann in Gionos Haus und Bibliothek fündig werden (s.u.).

Ganz oben auf dem 528 Meter hohen Hügel steht inmitten von Ölbäumen ein einzelner **Turm** als Rest des früheren Schlosses. Der Blick reicht über die Stadt bis zur Durance und zur Südflanke des Luberon.

Maison de Giono

Das **Haus des Dichters** auf dem Mont d'Or ist einmal wöchentlich für das Publikum geöffnet. Wer die Romane Jean Gionos liebt, hat Gelegenheit zu Gesprächen mit seinen Bekannten und zum Stöbern in seiner Bibliothek.

- **Maison de Giono,** Montée des Vraies Richesses (an der rechten Seite, gegenüber den Wohnblocks). Freitag 15–17 Uhr, nur nach Anmeldung zu besuchen, ausgedehnte, interessante Führung, Tel. 04.92.87.73.03.

Centre Jean Giono

Das Centre Jean Giono zeigt eine Ausstellung über Leben und Werk des Schriftstellers, der seine Geburtsstadt kaum verließ und auch dort starb. Dazu gibt es eine **Bibliothek,** die unveröffentlichte Texte zeigt, sowie eine Videothek.

- **Centre Jean Giono,** Boulevard E. Bourges, Tel. 04.92.70.54.54, April bis September Dienstag bis Freitag 9.30–12.30 und 14–18 Uhr, Samstag 9.30–12 und 14–18 Uhr. Von Juli bis September auch Sonntag 9.30–12 und 14–18 Uhr. Oktober bis März außer sonntags und montags 14–18 Uhr. In den Weihachtsferien geschlossen, Eintritt 4 €.

Fondation Carzou

Der Maler Carzou hat die neoklassische *Chapelle du Couvent de la Présentation* mit riesigen Bildern ausgemalt; Thema ist die Apokalypse.

- **Fondation Carzou,** Ecke Boulevard E. Bourges / Rue des Potiers, Tel. 04.92.87.40.49, Juli und August täglich außer montags 10–12 und 14.30–18.30 Uhr. Juni und September täglich außer sonntags und montags 14.30–18.30 Uhr. Oktober bis Mai Mittwoch bis Samstag 14.30–18.30 Uhr. Eintritt ca. 4 €.

Information

- **Office de Tourisme,** Place du Docteur Joubert, 04100 Manosque, Tel. 04.92.72.16.00, Fax 04.92.72.58.98. www.ville-manosque.fr.

Unterkunft

- **Hostellerie de la Fuste** ****/€€€€, Route d'Oraison, Tel. 04.92.72.05.95. Eines der renommiertesten und traditionsreichsten Häuser der Provence. Es liegt einige Kilometer außerhalb von Manosque in einem Park. Große und schöne Zimmer.
- **Le Sud** **/€€€, Avenue du Général de Gaulle, Tel. 04.92.87.78.58. Im Stadtzentrum.
- **Auberge de Jeunesse,** Parc de La Rochette, Tel. 04.92.87.57.44, Fax 04.92.72.43.91. Die Jugendherberge ist etwa 800 m vom Stadtzentrum gelegen, mit Campingmöglichkeit. Übernachtung mit Frühstück ca. 10 €.

Essen und Trinken

- **Hostellerie de la Fuste** (s. Hotels), auch unter den Restaurants erste Wahl. Der Besitzer und sein Schwiegersohn garantieren das Niveau. Menü ab ca. 55 €.
- **Le Bonheur Fou,** 11 bis, Boulevard des Tilleuls, Tel. 04.92.87.77.52. Unkompliziertes kleines Restaurant mit frischen Produkten, Menü ab ca. 20 €.

Märkte

- **Provenzalischer Markt,** Samstag.

Verkehrsverbindungen

- **Bus:** *Gare routière,* Avenue Charles de Gaulle, Tel. 04.92.87.55.99, Verbindungen nach Marseille und Avignon. Nach Forcalquier, Aix und Marseille: Tel. 04.92.75.16.32.
- **Bahn:** *Gare SNCF,* Place Frédéric Mistral, Tel. 04.92.72.00.60 (nach Marseille).

Plateau de Valensole

Östlich der Durance erhebt sich eine **Hochebene,** die weiter, größer und stiller ist als andere: das Plateau de Valensole. Ein armer Landstrich, der reine Natur und Ruhe bietet, gleichzeitig der einzige des gesamten Reisegebiets, für den eine ganz spezielle Reisezeit empfohlen wird: Das Land von Valensole muss man einfach im **Juli** besuchen, bestenfalls im fortgeschrittenen Juni oder im frühen August. Dann blüht der **Lavendel,** und davon gibt es hier reichlich. Mehr noch: Die violett blühende Pflanze ist der einzige Reichtum dieses Fleckens, er allein vermochte Anfang des 20. Jh. die gänzliche Entvölkerung aufzuhalten. Doch der Lavendel ist nicht der einzige Reiz der Hochprovence. Reisenden außerhalb der Saison sei vor allem das Frühjahr mit der Blüte der **Mandelbäume** empfohlen.

Schmale Straßen laufen über die Hochebene, mitten durch riesige Felder und ganz selten von Orten unterbrochen. Nur die Natur selbst und einzelne, verstreut liegende Höfe gliedern dieses Land, dessen Weite nie in Ödnis umschlägt. Im Norden und Osten schieben sich schon die Berge der **Voralpen** in den Horizont, im Westen begrenzt die Durance den Landstrich und im Süden der Verdon.

Wer von **Valensole** aus das Plateau erkundet, kommt unweigerlich nach **Puimoisson,** ein verschlafenes, dabei aber charmantes Dorf. Wer es über die Landstraße nach Norden verlässt, stößt kurz darauf an die Abzweigung nach **Saint-Jurs.** Dieser winzige Ort liegt, wenn nicht am Ende der Welt, so doch am Ende des Plateaus, genauer: schon in den Hügeln darüber. Dahinter erheben sich die Berge, während der Blick zurück über violett leuchtende Felder unter einem tiefblauen Himmel fällt.

Diese drei Orte seien als Ausgangspunkte für eigene Streifzüge empfohlen. Die einsame Hochebene bietet Platz genug, um zu Fuß, mit dem Fahrrad oder teilweise auch mit dem Wagen idyllische Flecken zu finden, etwa für ein Picknick im betörenden Lavendelduft.

Valensole

Valensole ist der Hauptort der Hochebene und in den touristisch und landwirtschaftlich interessanten Lavendelmonaten ein lebhaftes Dörfchen. Ganz typisch drängen sich die mittelalterlichen Gassen kreisförmig um die **Kirche,** mit deren Bau schon kurz nach der letzten Jahrtausendwende begonnen wurde. Die Seitenflügel der ursprünglich einschiffigen Kirche kamen später hinzu, ebenso das Deckengewölbe und viele weitere Elemente. Der Glockenturm hingegen war ursprünglich höher und wurde gestutzt, um weniger dem Mistral ausgesetzt zu sein. Das kleine Wahrzeichen von Valensole aber ist der **Brunnen** an der Place Thiers, der aus dem 17. Jh. stammt und heute unter Denkmalschutz steht.

In und um Valensole arbeiten acht **Lavendel-Destillerien.** Die meisten sind auf Anfrage durchaus bereit, Touristen einen kleinen Einblick zu gewähren.

Information

- **Office de Tourisme,** Place de Héros de la Résistance, 04210 Valensole, Tel. 04.92.74.90.02.

Unterkunft

- **Hôtel-Restaurant Piès** **/€€, Route de Puimoisson, Tel. 04.92.74.83.13. Ein Logis-de-France-Haus außerhalb des Ortes.

Verkehrsverbindungen

- **Bus:** Der nächste Busbahnhof ist in Manosque, s. dort.

Forcalquier

Bei Forcalquier, nördlich von Manosque, beginnt die eigentliche, einsame und herbe Hochprovence. Wie ein letzter Vorposten pflegt das große Dorf – oder die kleine Stadt, ganz wie man will – die angestammte Rolle als zivilisatorischer Kristallisationspunkt eines ansonsten **unwirtlichen Landstrichs,** der bis hinauf zu den stillen Gipfeln der Montagne de Lure reicht.

In Forcalquier kann man so mit dem gleichen Recht eine Insel menschlichen Schaffens erkennen wie schon den Vorboten abgründiger Einsamkeit und unberührter Weite. Das ist eine ganz eigene, eine ganz andere Provence, vor deren Tor man hier steht – um umzukehren in vertrautere Gefilde oder um es aufzutun und Zugang zu suchen.

So mag es gar nicht verwundern, dass dieses entlegene Forcalquier einst **Mittelpunkt eines kleinen Staates** war. Das antike Dorf, im Mittelalter zu einem bedeutenden Marktplatz aufgeblüht, regierte im 12. Jh. selbstständig über die umliegenden Dörfer und rivalisierte mit den Grafen der Provence, denen es aber bald darauf zufiel. Vorher führte es einen Hof mit allem, was dazugehörte: Diplomaten, Troubadouren und eigener Währung. Zudem hatte der Bischof von Sisteron hier seinen zweiten Sitz. Dass diese Blüte in das 12. Jh. fiel, ist erfreulich deswegen, als es eine Reihe **romanischer Bauwerke** in der Umgebung hinterließ.

Nun ist Forcalquier einer jener wenigen Orte, die seitdem nicht gewachsen sind, sondern an Einwohnern verloren haben – Folge einer Reihe von Krisen. Es ging los mit der **Pest von 1348,** dann mit der gewaltsamen Eingliederung auch dieses Landstrichs zu Frankreich – Ludwig XI. ließ Forcalquier von einem Hügel aus beschießen, der noch heute *La Bombadière* heißt –, es setzte sich fort mit den blutigen Religionskriegen. Als habe es seine einstige Unabhängigkeit auf ewig zu aufständischem Eigensinn bestimmt, blieb in diesem herben Land ein **widerständischer Geist** lebendig:

Gegen den Staatsstreich Napoleons III. organisierte sich eine wichtige republikanische Erhebung im unscheinbaren Mane. Das war 1851 und natürlich flohen die Unterlegenen in die Wildnis. Auch im Zweiten Weltkrieg, der Zeit **deutscher Besatzung,** organisierte sich Widerstand in Forcalquier.

Sehenswertes

Forcalquier, dieser markante Name leitet sich ab von seiner markanten Lage – an einem Felsen, dessen Spitze aus **Kalkgestein** *(calquier)* besteht. Unter diesem Kalkgestein nun kondensierte aus tieferen Schichten aufsteigendes Wasser, man legte einen Brunnen an – die *fontaine* des Kalkfelsens oder **Font calquier.**

Auf dem Felsen stand einst die **Zitadelle,** Sitz eben jener Grafen, die über den Mini-Staat Forcalquier herrschten. Bis auf einige Ruinen ist davon nichts mehr zu sehen. Heute krönt den mit 620 Metern höchsten Punkt des Ortes die neobyzantinische **Kapelle Notre-Dame-de-Provence** von 1875 mit einer goldenen Madonnenstatue – Kitsch, wie das 19. Jh. ihn uns häufig hinterlassen hat. Jedenfalls lohnt der knapp zehnminütige Aufstieg schon wegen des schönen **Rundblicks.**

Mittelpunkt des Ortes, gleich am Fuß des Hügels, ist die **Place du Bourguet** mit der angrenzenden mächtigen Seitenfassade der **Kirche Notre-Dame.** Vorherige Bauten ersetzend, stammen ihre ältesten Teile aus dem Übergang vom 12. zum 13. Jh. Das romanische Hauptschiff, der schon gotische Chor und schließlich die Seitenschiffe aus dem 17. Jh. erzeugen einen etwas disparaten Gesamteindruck. Ähnliche Verwirrung stiften indes die Öffnungszeiten, auch hier wäre noch manches Rätsel zu entschlüsseln. Nichtsdestotrotz genoss Notre-Dame den Status einer Konkathedrale, da Forcalquier Zweitsitz des Bischofs von Sisteron war.

Ansonsten gibt es Geschäfte am Platz, abends mobile Pizzabäcker und ein **Kino.** Dieses mochte in einer Gegend voller Kapellen auch nicht zurückstehen und hat sich in einer eingerichtet: Mit klassischer Fassade bestückt, gehörte die Kapelle zu einem im 17. Jh. errichteten Kloster. In Teilen davon ist auch die **Mairie** untergebracht.

Die eigentliche **Altstadt** liegt unmittelbar am Fuße des Hügels, sie wirkt ebenso gemütlich-verschlafen wie heruntergekommen. Feucht ist es in den Gassen und bestimmt nicht eben gesund für die Bewohner. Dementsprechend bilden die kaum restaurierten Altbauten auch ein sozial schwaches Viertel. Das bürgerliche Forcalquier ist in schmuckere Einfamilienhäuser am gegenüberliegenden Hang emigriert. Dennoch ist der Ort offenbar alles andere als reich. Der Tourismus hat hier die Landflucht noch nicht finanziell wettgemacht.

Wer noch etwas mehr Zeit hat, könnte sich den **Couvent des Cordeliers** anschauen, der im 13. Jh. entstand, allerdings durch Religionskriege und Revolution stark mitgenommen wurde. Die mittelalterlichen Teile sind restauriert (an der Rückseite der Ka-

Lavendel gegen die Landflucht

Lavendel ist, so schrieb Jean Giono, die Seele der Haute Provence. In der Tat: Überall, wo karge Hügel die fruchtbaren Ebenen ablösen und das Dasein der Bauern ein stetes Ringen mit der Natur ist, schafft der Lippenblütler prächtigen Ausgleich – landschaftlich und wirtschaftlich. Der echte oder feine Lavendel wächst in 600 bis 1500 Metern Höhe und liefert ein außerordentlich aromatisches Öl, weit besser als das des Aspik, seiner größeren Schwester. Ihrer beider Kreuzung, der Lavandin, gedeiht in 300 bis 600 Metern Höhe. Gegenüber dem feinen Lavendel ist er fünf- bis zehnmal ertragreicher, aber nicht ganz so aromatisch.

Lavendel, obgleich auch in Nordamerika oder Australien vertreten, wird doch gerade in der Provence als Element der eigenen Zivilisation empfunden. Wie Ölbaum und Weinstock war er den Griechen schon bekannt. Das aus ihm gewonnene Öl diente damals medizinischen Zwecken und in römischer Zeit zur Körperpflege. Lavare, lateinisch „waschen", gilt als Ursprung des Wortes.

Jene schier endlosen Anpflanzungen, die heute etwa das Plateau von Valensole bedecken, sind das Produkt zweier Trends des ausklingenden 19. Jh. Viele Bauern aus der Haute Provence wanderten ab in die Städte, auf ein leichteres Leben hoffend. Ihre Felder verödeten und es siedelte sich der anspruchslose Lavendel an. Gleichzeitig wuchs in den Städten selbst die Nachfrage nach Parfum und Körperpflege. In Grasse, nahe der Côte d'Azur, entstand eine regelrechte Industrie, die ihren wichtigsten Grundstoff, eben den Lavendel, in der Haute Provence einkaufte (siehe Ortsbeschreibung Grasse).

Den übriggebliebenen Bauern, die den kargen Hügeln oft nur abtrotzen konnten, was zum Überleben reichte, muss die plötzliche Nachfrage wie ein Geschenk des Himmels erschienen sein. Zunächst waren es die Frauen, die im Hochsommer in den ersten Stunden des Tages mit großen Sicheln die wild wachsenden Pflanzen schnitten. Die Ernte fiel in eine Periode, in der kaum andere Arbeiten anstanden und – es gab bares Geld dafür. Eine ganz neue Erfahrung der bisher in ärmlicher Autarkie werkelnden Familien.

So entstanden Anfang der 1920er Jahre erste große Anpflanzungen und langsam begann auch die Ablösung des echten Lavendels durch den Lavandin. Von dieser Hybridpflanze gibt es mehrere Züchtungen, deren erfolgreichste einem gewissen

095co Foto: im

Herrn Grosso aus Goult im Luberon gelang. Der hatte während des großen Lavendelsterbens in den 1960er Jahren eine einzige blühende Pflanze auf einem sonst toten Feld entdeckt. Wegen ihrer Produktivität und Widerstandskraft gegen Schädlinge ist diese „Grosso" heute auf dem Plateau von Valensole fast exklusiv vertreten. Echter Lavendel, zu erkennen daran, dass die Anpflanzung sehr viel weniger regelmäßig ist, wird heute nur noch auf wenigen kleineren, meist schwer zugänglichen Bergstücken gezüchtet.

Fast völlig verdrängt ist auch die mühsame Handernte. Als Anfang der 1950er Jahre die ersten Maschinen einsatzbereit waren, sollen italienische oder spanische Saisonarbeiter sie mit Erde in den Tanks lahmgelegt haben. Völlig zu Recht fürchteten sie um ihren Broterwerb: Drei bis vier Hektar schafft ein solches Gerät pro Tag, das entspricht der Gesamtfläche vieler kleinerer Anbauer und ersetzt über 20 Arbeiter. Allerdings schädigen die Maschinen die Pflanzen und machen sie zudem, weil sie ganz regelmäßig gesetzt werden müssen, anfälliger für ansteckende Wurzelkrankheiten.

Destilliert wird dagegen wie eh und je: Wasserdampf steigt durch ein mit Lavendel gefülltes Gefäß und wird anschließend abgekühlt. Die Lavendelessenz setzt sich dabei vom schwereren Wasser ab. Weil indes die Apparaturen, Alambic genannt, immer größer und teurer wurden, haben sich die Bauern in Kooperativen zusammengeschlossen. Destilliert wird ab Anfang August, im September wenden sich die Bauern wieder anderen Aufgaben zu. Reine Lavendelbauern gibt es ohnehin kaum.

Das Ergebnis des Aufwands sind 50 bis 80 Tonnen Lavendelöl und bis zu 1000 Tonnen Lavandinöl pro Jahr in Frankreich. Ein kleiner Teil der Pflanzen wird nicht destilliert, sondern wandert in allerlei Souvenirprodukte wie Duftsäckchen und Sträuße. Ein noch kleinerer Teil dient heilenden Zwecken, denn Lavendel soll, ganz wie die Frucht des Ölbaums, gegen fast jedes Wehwehchen helfen.

thedrale vorbeigehen und dann geradeaus, geöffnet nach Absprache mit dem Touristenbüro). Fast gegenüber liegt das gleichnamige **Tor,** als einziges von sechs Stadttoren erhalten.

Der **Friedhof** schließlich, ein wenig außerhalb, steht unter Denkmalschutz und lohnt einen Besuch. Man folgt der Straße, die der Kirche gegenüber an der Place du Bourguet rechts abgeht, überquert die Place Martin Bret und folgt dann der Avenue Fontauris bis zur *Cimétière*.

Information

- **Office de Tourisme,** 13, Place du Bourguet, 04300 Forcalquier, Tel. 04.92.75.10.02, Fax 04.92.75.26.76, www.forcalquier.com.

Unterkunft

- **Hostellerie des Deux-Lions** **/€€€, 11, Place du Bourguet, Tel. 04.92.75.25.30, Fax 04.92.75.06.41. Untergebracht in einer alten Poststation aus dem 17. Jh., bietet dieses Hotel rustikal eingerichtete, große Zimmer zu einem günstigen Preis. Mehr noch als das Hotel ist das Restaurant zu empfehlen: feine, ideenreiche Küche und regionale Spezialitäten, mittleres Preisniveau.
- **Le Grand Hôtel** **/€€, 10, Boulevard Latourette, Tel. 04.92.75.00.35, Fax 04.92.75.06.32. Einfaches Hotel mit freundlicher Atmosphäre, vom Garten schöner Panorama-Blick.

Camping

- **Camping Lac du Moulin de Ventre** ****, 04300 Niozelles, Tel. 04.92.78.63.31, Fax 04.92.79.86.92. Gut ausgestatteter Platz mit Bademöglichkeit im Nachbarort. Geöffnet von April bis zum 25. September.

Märkte

- **Wochenmarkt,** Montagmorgen.
- **Trödelmarkt,** sonntags im Juli und August.

Feste und Veranstaltungen

- **Fête patronale**, im September.
- **Rencontres musicales,** Kammermusik im Juli.
- **Musikfestival,** im Juli.

Autoverleih

- **Ada Location,** Tel. 04.92.75.04.14.

Aktivitäten

- **Fahrradverleih:** *Moto Culture,* Tel. 04.92. 75.12.47.

Verkehrsverbindungen

- **Bus:** Abfahrt an der Place Martial Sicard, Verbindungen nach Manosque, Aix, Marseille, Avignon, Pertuis und Digne.

Umgebung von Forcalquier

Die folgenden kleinen Ortschaften lassen sich auf einer Rundfahrt als Tagesausflug besichtigen. Es geht dabei auf kleinen Straßen durch das Gebiet westlich von Forcalquier zwischen Montagne de Lure und Luberon.

Mane

Ein paar Kilometer südlich der Stadt findet sich das leider von der N 100 zerschnittene Mane. Diesem Ort ergeht es ganz wie Forcalquier: Das muffig-feuchte und enge Oberdorf, schön anzusehen, aber mindestens ebenso ungesund, verkommt zugunsten neuer, bequemerer Wohnviertel. Dabei besitzt diese *Ville haute* durchaus wertvolle Bürgerhäuser aus dem 15. und 16. Jh.

Der Tourist streift durch abweisende Gassen und oben erwartet ihn eine noch abweisendere **Zitadelle.** Die mittelalterliche Ummauerung, gleich doppelt angelegt, bewacht aber nur mehr Reste des eigentlichen Schlosses, das heute in Privatbesitz ist.

Die große Sehenswürdigkeit des Dorfes liegt außerhalb, gleich an der N 100, die den Ort als herrliche Allee nach Süden verlässt. Die **Priorei Salagon** zählt, zusammen mit Ganagobie (s.u.) zu den schönsten romanischen Sakralbauten der Gegend, vornehmlich durch seine Kirche Notre-Dame aus dem 12. Jh.

Im Übergang vom 11. zum 12. Jh. übernahmen Mönche von St. André in Villeneuve-lès-Avignon diesen schon in gallorömischer Zeit bebauten Ort und gründeten die Priorei. Die **Kirche Notre-Dame** entstand so im späten 12. Jh.; der Chor stammt noch aus dem 11. Jh. Außen ist vor allem das gewollt asymmetrische **Portal** sehenswert. Weitere Gebäude, zum Teil schon gotischen Stils, kamen im späten Mittelalter hinzu, außerdem landwirtschaftliche Nutzbauten zwischen dem 16. und 19. Jh. In der Tat verfiel das Kloster im 19. Jh. gänzlich, sodass seine Gebäude bis 1981 rein landwirtschaftlichen Zwecken dienten. Erst die Organisation *Alpes de Lumière,* die sich hier niederließ, erkannte seinen kunsthistorischen Wert und restaurierte es in den letzten Jahren, um es Besuchern zugänglich zu machen.

Der **Jardin ethnobotanique** ist angelegt wie ein Garten des Mittelalters, mit heilenden Pflanzen und Kräutern, die damals als Medizin Verwendung fanden. Außerdem gibt es eine kleine, aber feine **Buchhandlung** mit eigenen und anderen Veröffentlichungen zur Provence; ferner eine **Bibliothek,** die aber nur für professionelle Zwecke offensteht, außerdem Archive.

- **Association Alpes de Lumière,** Zugang über *Association Alpes de Lumiére,* 1, Place du Palais, 04300 Forcalquier, Tel. 04.92.75. 22.01.

Saint-Michel-l'Observatoire

Der Ort trägt seinen ungewöhnlichen Namen wegen einer Sternwarte, die hier ansässig ist. Dieses **Observatorium** der Haute Provence beobachtet seit den 1930er Jahren den Sternenhimmel. Der Standort wurde gewählt wegen der ungewöhnlich reinen und klaren Luft der Gegend; ein Vorzug, den dieses zumindest früher weltberühmte Institut im Zeitalter sich ausbreitender Luftverschmutzung nur mehr eingeschränkt beanspruchen kann.

Sehenswert ist aber auch das Dorf selbst, das um einen Felsen herum gebaut ist. Der bot einst einem **keltischen Oppidum** Schutz; im 12. Jh. errichteten darauf dann Mönche, wiederum aus Villeneuve-lès-Avignon, die schlichte romanische **Kirche St-Michel.** Trotz späterer Anbauten blieb der Charakter des massiven Hauptschiffes gewahrt. Zu sehen sind auch Fresken des späten 13. oder 14. Jh. (über dem Bogen des Kirchenschiffes) und ein schöner marmorner Weihwasserkessel aus dem 12. Jh.

- **Observatoire de Haute Provence,** Tel. 04.92.70.64.00. Im Frühjahr und im Herbst mittwochs 14–16 Uhr. Juli und August mittwochs und donnerstags 13.30–16.30 Uhr. Zwischen Allerheiligen und Ostern geschlossen. Grundsätzlich sind Tickets beim *Syndikat d'Initiative,* Place de la Fontaine, zu kaufen, bevor man sich – im Juli und August per Bustransfer, sonst mit eigenem Wagen oder zu Fuß – zum Observatorium begibt. Eintritt ca. 4,50 €.

Banon

Durch ein reizvolles Tal mit knorrigen Eichen, Lavendelfeldern und weiten Wiesen, die übergehen in sanfte Hügel, erreicht man in nördlicher Richtung schließlich Banon, das vor allem als Heimat des gleichnamigen Käses hervorgetreten ist. Er wird hergestellt aus Ziegen- und Schafsmilch, mariniert in *eau de vie,* dann eingewickelt in Kastanienblätter und mit Bast verschnürt.

Das mittelalterliche Oberdorf klettert an einem Bergkamm hinauf; die hohen Fassaden seiner Häuser drängen sich, wie es charakteristisch ist für solche Dörfer, zu einer Art Schutzmauer zusammen. Das „neue" Dorf entstand im 19. Jh. Auf dem **Friedhof** im oberen Teil liegt ein gewisser Elzéard Bouffier begraben, das ist jener Hirte, der im Laufe seiner Wanderungen ganze Wälder pflanzte, dies Jean Giono erzählte und damit die Vorlage für dessen Geschichte vom „Mann mit den Bäumen" abgab.

Le Contadour

Jean Giono ist es auch, der uns von hier aus weiter nördlich in die einsame Wildnis des Hochlandes vordringen lässt, nach Le Contadour, einem winzigen Weiler am Ende eines Stichsträßchens in der **Montagne de Lure** und, wie es scheint, gar am Ende der Welt. Schäfereien gibt es hier und Mühlen, und in einer von ihnen quartierte sich der Schriftsteller mit Anhängern ein, um Expeditionen in die unberührte Natur zu unternehmen. Wir tun es ihm gleich und wandern, wo ohnehin keine Autos mehr fahren. Bestenfalls Hirten begegnen einem hier oben und erinnern daran, dass im Namen Contadour das Wort *compter* steckt, „zählen“: Hier zählten die Schäfer ihre Tiere, wenn sie im Herbst zurückkehrten.

Revest-du-Bion

Hinter dem nahegelegenen Revest-du-Bion kommt man schon auf das Plateau d'Albion. Dass hier einmal Atomraketen lagerten, verraten breit ausgebaute Straßen und ab und an Schilder, die das Anhalten verbieten. Auf makabere Weise dazu passend sind die Konsolenfiguren in der vorromanischen Apsis der Kapelle Notre-Dame-de-l'Ortiguière (gleich an der Straße nach Saint-Christol): Sie stellen den Kampf von Mensch und Monster dar. Allerdings ist die Kapelle für gewöhnlich nicht zugänglich.

Saint-Christol

Gut und Böse ist auch das Thema der Kirche von Saint-Christol, eines kleinen Ortes am Rande des Plateau de Vaucluse. Sechs Säulen, von Bögen gekrönt, bilden die Chorapsis dieser **Prioratskirche** aus dem dritten Viertel des 12. Jh. Im Zentrum steht der Altar mit drei Brunnenmündungen (Symbol für die Ströme des ewigen Lebens), die sich in halbkreisförmige Becken ergießen (die Erde), aus der dann die Efeublätter des ewigen Lebens wachsen. Interessant sind auch die Säulen selbst mit ihrem Figurenschmuck. So ist auf der dritten von links ein Ungeheuer dargestellt mit doppeltem Körper – ein Löwe –, aber mit einem einzigen Kopf, dem eines Greises. Der Löwe ist Symbol der Macht, der Greis steht für Ruhe und Weisheit. Die vierte Säule von links zeigt einen Löwen, der eine Schlange verschlingt, die wiederum ihn selbst beißt. Man erkennt darin den Kampf von Christus und Satan, von Gut und Böse.

Simiane-la-Rotonde

Der romanischen Kunst wegen geht es auch weiter nach Simiane-la-Rotonde, ein Ort, der seinen Namen gleich zweifach rechtfertigt: Er selbst drängt sich kreisförmig an einen Felsen, und sein Wahrzeichen bildet ein ganz ungewöhnliches Meisterwerk der Romanik, eben die Rotonde. Dieser **runde Turm** aus dem späten 12. Jh. liegt im obersten, noch mittelalterlich geprägten Teil des Ortes als markantester Rest eines Schlosses und gilt als eines der rätselhaftesten Monumente der Provence. Wozu diente er? Man weiß es nicht. Der obere Innenraum, dem heute der Fußboden fehlt, ist mit seinen zwölf Säulen und der Kuppel jedenfalls nicht als rein militärisches Bauwerk vorstellbar.

• **Rotonde,** der Rätselhaftigkeit des Bauwerks entsprechen die Öffnungszeiten: April bis 16. Mai sowie September täglich außer dienstags 14–18 Uhr. 17. Mai bis 30. Juni 10–13 und 15–18.30 Uhr, dienstagnachmittags sowie samstagvormittags geschlossen. Im Juli und August 10–13 und 15–19 Uhr, samstagvormittags und sonntagvormittags geschlossen. Oktober bis Dezember 14–17 Uhr, außer montags, dienstags und freitags. Tel. 04.92.75.91.40, 04.92.75.90.47 oder 04.92.73.21.43.

Carniol

Die Rundfahrt durch die Haute Provence könnte hier enden. Reisenden mit Zeit und Gefallen an winzigen Dörfern (und ebensolchen Straßen) ist noch eine Schleife quer durch unberührte Landschaft zu empfehlen. Dazu steuert man zuerst Carniol an, nicht wegen seiner wenigen Häuser, sondern weil erst das in Kurven ansteigende Sträßchen dorthin den angemessenen Blick zurück freigibt – auf Simiane, das nun wahrlich postkartenreif daliegt.

Oppedette

In Carniol zweigt die D 201 ab und durchquert bewaldete Hügel, bis unversehens Oppedette aus felsiger Landschaft herauswächst. Überaus malerisch bewacht es auf seinem Ausguck den Fluss Calavon. Der kommt von Banon herab und muss sich, bevor er friedlich am Luberon entlangfließen darf, erst durch die **Schlucht von Oppedette** hindurchzwängen. 150 Meter tief und über zwei Kilometer lang, ist dieser Canyon eine der nahezu unbekannten Naturschönheiten des Hochlandes, man kann hier wandern oder mit einem der etwa 50 Einwohner von Oppedette ins Gespräch kommen.

Vachères

In jedem Fall wird man weiterfahren in das mit über 200 Seelen vielfach größere Vachères. Die Straße dorthin erfreut wiederum mit einem wunderbaren Blick zurück auf pittoreske Fassaden, klettert dann mehr als 300 Meter höher und bietet die ganze Zeit über so verlockende Aussichten, dass man sie getrost den schönsten Routen des Reisegebietes zurechnen darf.

Vachères selbst nimmt sich mit seinen regelmäßigen Steinhäusern und der Schlossruine geradezu nobel aus. Das liegt am schönen **Kalkstein,** der im Steinbruch um die Ecke gewonnen wurde und also auch für ein sonst eher armes Dorf erschwinglich war. Neben der Harmonie von Farben und Formen besticht der Kalkfelsen Vachères auch durch seinen herrlichen Ausblick, der von den Bergen des Luberon bis zu denen der Lure reicht.

Reillanne

Das letzte *village perché* ist Reillanne, das man vor allem durchquert, um im Wald die nahe Abtei Carluc zu erreichen oder vielmehr deren Reste, denn **St-Pierre-de-Carluc,** entstanden aus einer frühmittelalterlichen Eremitage, ist längst aufgegeben. Von den Gebäuden, die zum Teil in den Fels geschürft wurden, stehen noch die Kapelle Saint-Pierre und Ruinen der Kapelle Saint-Jean-Baptiste. Beide sind durch einen heute frei liegenden Korridor verbunden. Carluc liegt, obwohl ruhig und isoliert, in unmittelbarer Nähe der N 100, über die Forcalquier schnell wieder erreicht ist.

Rund um die Montagne de Lure

Was unterscheidet die Montagne de Lure vom Mont Ventoux, dem höchsten Berg der Provence? Nun, in der Höhe nicht einmal 100 Meter: 1826 Meter bietet die Lure, 1906 Meter der Ventoux. Um so mehr aber die Reputation. Den Ventoux erklommen nacheinander *Francesco Petrarca* (staunend), Horden von Rennwagen (dröhnend) und Reisende (beides gleichzeitig). Der Ventoux wurde zur Attraktion, die Lure blieb nahezu unbekannt. Dabei entschädigt dieses **stille Gebirge** für fehlende Höhenmeter überreichlich. Weil es weiter östlich liegt, ist der Blick auf die Alpen noch schöner, außerdem scheint es viel unberührter als der Ventoux. Einsam und herb erscheinen die Lure-Berge, mit winzigen Weilern auf endlosen Feldern, durchzogen nur von Schäfern mit ihren Herden.

Die folgende **Rundfahrt** nähert sich der Lure von Süden über einige typische Dörfer, überquert sie an der höchsten Stelle, führt am Nordhang wieder herab, streift dabei Sisteron (dem ein eigenes Ortsapitel gewidmet ist), folgt auf dem Rückweg der Durance und bezieht dabei zwei romanische Monumente ein, von denen mindestens das eine – das Kloster Ganagobie – unbedingt sehenswert ist. Das alles kann man, wenn es denn sein muss, an einem Tag schaffen, sofern man sich nicht zuviel Zeit für Spaziergänge lässt und früh losfährt. Ganagobie wird man dann am Nachmittag erreichen, und das ist auch gut so, denn morgens ist dieses Kloster geschlossen.

Von Forcalquier in die Berge

Hinter Forcalquier streift die Landstraße zunächst den *Barrage de la Laye*, einen Stausee, der die Bewässerung mehrerer tausend Hektar Land um Forcalquier ermöglicht, und nähert sich dann einem Dorf. Man wird in der Provence immer wieder auf kleine, unbedeutende Orte treffen, die es in einem speziellen, manchmal ganz absurden Gebiet zu Ruhm und Ehre gebracht haben. Man denke nur an Banon und seinen Käse. Auch **Limans** ist so ein Ort.

Limans hat **Taubenschläge,** *pigeonniers*, und zwar die besten, schönsten und größten weit und breit. Teilweise stammen sie noch aus dem Mittelalter, denn in der Hochprovence war lange vor der Revolution die Taubenhaltung kein Privileg des Adels mehr. Zu sehen sind sie überall, im Ort und auf den Höfen daneben. Turmartig wachsen sie aus den Häusern heraus, öffnen sich zur Sonne hin, während die geschlossene Rückseite vor dem Mistral schützt.

Im Zentrum von Limans, wenn man es denn so nennen kann, verzeichnet ein Plan die prächtigsten Exemplare. Wenn sie nicht fast immer geschlossen wäre, würde man sich auch für die Kirche von Limans interessieren, deren Altar aus der Merowingerzeit stammen soll.

Der alte Nachbarort **Ongles** klebt auf seinem Felsen und verkörpert ge-

sichtspunkte verbindet ein spärlich gekennzeichneter Weg, der sich unmittelbar am Rand des Plateaus entlangschlängelt (etwa 45 Min.). Er führt auch zu den **Ruinen der Villevieille,** einer mittelalterlichen Siedlung, deren Grundriss noch erkennbar ist.

• **Prieuré de Ganagobie,** 04310 Ganagobie, täglich außer montags 15–17 Uhr. Die Kirche ist darüber hinaus zugänglich im Rahmen von Messen und Gebeten der Mönche, an denen man teilnehmen kann: 5, 7 Uhr und 9 Uhr in der Woche sowie 9.30 Uhr sonntags, außerdem 12 Uhr, 13.30 Uhr, 20 Uhr und 18 Uhr im Sommer und 17 Uhr im Winter. Wer diese Zeiten nutzt, muss wissen, dass er dann Gast des Klosters ist und nicht Tourist.

Lurs

Vom Kloster aus etwas südlich liegt auf einem Gebirgsvorsprung am Ufer der Durance die nächste Siedlung: Lurs. Im Mittelalter entdeckten die Bischöfe von Sisteron diesen Platz, der ihnen auf halbem Weg zwischen ihren beiden Kathedralen (Forcalquier und Sisteron) eine strategisch günstige Bleibe bot. Sie errichteten ein mächtiges **Castrum,** dessen Ruinen im Norden des Dorfes noch zu sehen sind. Der einstige Reichtum des Ortes ist unverkennbar; es lohnt sich, die engen Gassen mit ihren regelmäßigen Steinhäusern zu erkunden.

Unterkunft/ Essen und Trinken

• **Le Séminaire** **/€€€, 04700 Lurs, Tel./Fax 04.92.79.94.19. Schönes Logis-de-France-Haus im alten Dorfkern mit Schwimmbad und Restaurant.

Sisteron

Sisteron liegt an der Scheide von Provence und Dauphiné nördlich der Lure-Berge im Tal der Durance. Beide Seiten des Flusses – an der Stelle, wo ihn eine Brücke überspannt – säumen markante Felsen. Die Stadt, auch **Porte de la Provence** genannt, wird bewacht von der mächtigen Zitadelle, von der man auch die klassische, auf ungezählten Fotos verewigte Ansicht auf den Felsen der anderen Seite hat: Unter dem schroffen, fast in senkrechten Gesteinsschichten formierten **Rocher de la Baume** ducken sich bunte Häuschen, die den Weg zum Dauphiné säumen.

Zu Füßen der **Zitadelle,** die noch Napoléon bei seinem Zug von Cannes nach Paris fürchtete, zieht sich das Häusergewirr der Altstadt bis hinunter zum Fluss. Zwar ist Sisterons Umgebung von typisch provenzalischen Oliven- und Mandelbaumhainen umgeben, der Ort selbst aber mutet schon recht alpin an, liegt er doch praktisch auf halbem Weg zwischen Küste und Hochgebirge.

Schon der keltoligurische Stamm der **Vocontier** nutzte in alten Zeiten die günstige Lage der Felsen und errichtete auf dem westlichen ein Oppidum. Es bewachte den Engpass, durch den später die Römerstraße Via Domitia verlief, die die neue Siedlung **Segustero** mit Digne, Castellane und Nizza verband.

Als das römische Weltreich unter dem Sturm der Barbaren zerbrach, fiel Sisteron dem Königreich Burgund zu

082tp Foto: cz

Blick von der Zitadelle auf Sisteron

und wurde um 500 **Bischofssitz.** Wie so viele Orte der Provence litt es auch mehrere Jahrhunderte lang unter Germanen- und Sarazeneneinfällen, denen Guillaume I. erst kurz vor 1000 ein Ende setzen konnte. Im 11. Jh. gehörte Sisteron zur **Grafschaft von Forcalquier,** schloss sich aber im Jahrhundert darauf der Provence an, mit der es 1481 an Frankreich fiel.

Im Laufe der Zeit wuchs die Bedeutung seiner Zitadelle wegen der Grenzlage zum Dauphiné: Noch im 16. Jh. wurde sie – stark zerstört nach den Religionskriegen – zu einer modernen Verteidigungsanlage umgebaut. In den folgenden, ruhigeren Jahrhunderten hatte sie dann kaum noch militärische Bedeutung, diente aber zwischen 1914 und 1918 als **Gefängnis für deutsche Soldaten.** Im Zweiten Weltkrieg sah sie nochmals Gefangene hinter ihren dicken Mauern einsitzen, diesmal Widerstandskämpfer, die die Résistance im Juli 1944 in einer spektakulären Aktion befreien konnte. Nur wenige Tage später wären sie wohl dem Bombardement englischer und amerikanischer Flieger zum Opfer gefallen, das Zitadelle und Stadt im August 1944 teilweise zerstörte.

Zitadelle

Der Fels, auf dem sich die Zitadelle erhebt, war zu allen historischen Zeiten befestigt, doch zeugen keine Reste mehr von dem keltischen Oppidum, der römischen Verteidigungsanlage und auch kaum mehr etwas aus dem Mittelalter. Nur die obere Mauer mit einem mächtigen **Donjon** geht auf das 13. Jh. zurück und die **Kapelle Notre-Dame-du-Château** auf das 14. oder 15. Jh. Sie erhebt sich auf dem höchsten Punkt der Festung auf einem Plateau, das von mächtigen Arkaden getragen wird. Von den Bombardierungen 1944 wurde gerade sie nicht verschont und lag zu etwa zwei Dritteln in Trümmern. Wiederaufgebaut und restauriert, birgt sie heute Werke des Glaskünstlers Claude Courageux.

Um 1590, nach den Religionskriegen, entstand unterhalb der Kapelle ein ausgeklügeltes System von **terrassenförmigen Bastionen** mit mehreren Festungsmauern, an der Südseite gar drei hintereinander. Das Werk wird Jean Erard, dem Festungsarchitekten Heinrichs IV., zugeschrieben.

Zwischen 1842 und 1860 wurden nochmals Arbeiten an der Zitadelle vorgenommen, wobei eine **unterirdische Treppe** entstand, welche die Festung mit dem Nordtor der Stadt verband.

Vom Donjon und vom Vorwerk **Guérite du Diable** hat man einen fantastischen Blick auf die Engstelle des Flusses und den Rocher de la Baume. In alten Zeiten glaubte man, dass Titanen diese enge Schlucht geöffnet hätten, um der Durance Einlass in die Provence zu gewähren.

Kathedrale Notre-Dame

In der Unterstadt, an der Place-du-Général-de-Gaulle, erhebt sich die Kathedrale Notre-Dame, errichtet im 12. und frühen 13. Jh. wohl nach Plänen eines lombardischen Meisters. Dieser hat dem romanischen Bau bei der Gestaltung des Stufenportals mit schön skulptierten Friesen und Kapitellen und vor allem mit dem achteckigen Turmbau seinen Stempel aufgedrückt. Der Turm ist von einer Säulenreihe umzogen. Dieses Oktogon wird nur noch von einem viereckigen Glockenturm mit spitzbogigen Öffnungen in seinem Pyramidendach überragt.

Die drei kaum erhellten Kirchenschiffe sind fünfjochig und mit spitzbogigen Tonnen überwölbt; sie schließen jeweils mit einer Apsis ab. Die Seitenkapellen, die etwas störend wirken, kamen erst im 16. Jh. hinzu. Von der reichen Innenausstattung sind vor allem Gemälde von Nicolas Mignard (im Chor), Parrocel und van Loo sowie der Hauptaltar und das Grabmal des Montseigneur de Glandevès zu erwähnen.

In der Altstadt

Neben der Kirche, an der Allée de Verdun, sind noch vier hohe Türme der ehemaligen **Stadtmauer** von 1370 erhalten. Am Ende der Allée erhebt sich der Couvent des Cordeliers, ein **Kloster** aus dem 13. Jh., das nach Verwüstungen in den Religionskriegen im Jahrhundert darauf renoviert wurde.

Bei einem Rundgang durch die verwinkelten Gassen der Altstadt stößt man nicht nur auf hübsche, mit Brunnen geschmückte Plätze, sondern auch auf die **Porte de la Nière** (Rue du Glissoir) und die **Tour de l'Horloge** (Place du Docteur Robert). Nebenan, in der Rue Mercerie, der Rue Saunerie und der Rue Droite, sind noch einige schöne Häuser der Bourgeosie zu sehen.

Faubourg de la Baume

Im Ortsteil Faubourg de la Baume auf der anderen Flussseite sollte man sich die romanische Kapelle **St. Marcel** (12. Jh.) ansehen sowie die Kirche **Saint-Dominique,** die zusammen mit einigen Arkaden von der Existenz eines Dominikanerklosters von 1248 zeugt.

Information

- **Office de Tourisme,** Hôtel de Ville, Place de la République, 04200 Sisteron, Tel. 04.92.61.36.50, Fax 04.92.61.19.57, www.sisteron.fr.

„Pieds et Paquets“ – Spezialität mit Zehenknochen

Hinter diesem mysteriösen Namen verbirgt sich eines dieser regionalen Gerichte, das bei Kennern Gaumenfreuden auslöst, bei Uneingeweihten jedoch eher Abscheu und Ekel, und für dessen Genuss Nicht-Einheimische schon ein bisschen Mut aufbringen müssen.

Bei den *pieds* handelt es sich nämlich um **Schafsfüße,** bei den *paquets* um kleine Pakete aus **Schafsmagen-Lappen,** gefüllt mit einer Mischung aus Speck- oder Schinkenwürfeln, frischem Knoblauch und viel Petersilie, gewürzt mit etwas Salz und Pfeffer. Das ganze muss dann mindestens zehn Stunden in einer sämigen Tomatensoße mit Weißwein und mitunter auch **Blut** vor sich hinköcheln. Voilà, fertig ist der Stolz der Sisteronnaiser Gastronomie: viel bräunlich-rote Soße, in der merkwürdig geformte, weichgekochte Gebilde und manchmal Zehenknochen schwimmen.

Zwar behauptet auch Marseille, die „Füße und Pakete“ seien seine Spezialität, doch schenkt man Sisteron – umgeben von den Schafweiden der Hochprovence – mehr Glauben, zumal eine am Ort ansässige Firma kaum anderes herstellt als eben *pieds et paquets.* Ihre Konserven verkauft sie sogar an Restaurantbesitzer, denen die lange und schwierige Zubereitungszeit zu heikel und aufwendig geworden ist. Auch der Reisende kann sich hier, einmal auf den Geschmack gekommen, mit einem Gläservorrat eindecken. Hat man nämlich einmal bei Richaud und Badet die duftende Küche besucht, ist alles nur noch halb so schlimm.

- **Richaud et Badet,** Inhaber: Gérard Berthod, 1, Place de la Grande École, Tel./Fax 04.92.61.13.63.

Unterkunft/ Essen und Trinken

- **Grand Hôtel du Cours** ***/€€€, Allée de Verdun, Tel. 04.92.61.00.50, Fax 04.92.61.41.73, hotelducours@wanadoo.fr. Dieses komfortable Hotel bietet eine gediegene Atmosphäre und hübsche Zimmer direkt zu Füßen der Kathedrale. Menüs zu mittleren Preisen.
- **Restaurant Les Becs Fins,** 16, Rue Saunerie, Tel. 04.92.61.12.04. Nettes kleines Restaurant mit Terrasse und familiärer Atmosphäre. Hier wird traditionell gekocht, z.B. Lammgerichte, aber raffiniert und auf hohem Niveau. Menüs zu mittleren Preisen.

Camping

- **Les Prés-Hauts** ***, ca. 3 km vom Zentrum am Ufer der Durance gelegen (UD 951), Tel. 04.92.61.19.69. Mit Tennis-, Boule- und Kinderspielplatz sowie Swimming-Pool. Geöffnet von März bis Oktober.
- **Le Jas du Moine,** 04290 Salignac, Tel. 04.92.61.40.43. Dieser ruhige und schattige Platz liegt an der D 4 zwischen Volonne und Sisteron und bietet ein Schwimmbad und eine Pizzeria. Vermietung von Bungalows und Mobilhomes. Ganzjährig geöffnet.

Märkte

- **Wochenmarkt,** Mittwoch und Samstag.

Feste und Veranstaltungen

- **Festival des Nuits de la Citadelle,** Theater, Tanz und Musik von Mitte Juli bis Mitte August an verschiedenen Orten (Zitadelle, Saint-Dominique, Kathedrale, Altstadt).
- **Mittelalterliches Fest** (Fête Médievale) im August.
- **Foire-Expo,** Ausstellung und Verkauf landwirtschaflicher und kunsthandwerklicher Produkte im Oktober.

Aktivitäten

- **Bergwandern und Klettern:** *Roc et Falaise,* 91, Rue de Provence, Tel. 04.92.61.34.18.
- **Segelflugplatz:** im Ortsteil Vaumeilh, Tel. 04.92.62.17.45

- **Reiten:** *Cavaliers de St-Geniez,* Tel. 04.92.61.00.87. Ca. 17 km von Sisteron in Saint-Geniez.
- **Fahrradverleih:** VO2cycles, Avenue de la Libération, Tel. 04.92.61.44.03.

Verkehrsverbindungen

- **Bahn:** Gare S.N.C.F, Avenue de la Libération, Tel. 08.92.35.35.35. Direktverbindungen nach Lyon, Grenoble, Briançon, Valence, Marseille und Nizza.
- **Bus:** Busbahnhof, Place de la République, Tel. 04.92.61.22.18. Tägliche Verbindungen nach Nizza, Marseille, Genf, Gap, Briançon, Barcelonnette und Digne.

Digne-les-Bains

Mit Digne (und dem benachbarten Sisteron) erreichen wir die nordwestliche Grenze unseres Reisegebietes. Der Ort liegt im Zentrum des **Naturschutzgebietes** der Haute Provence, ist Metropole des Lavendelanbaus und – wie der Name schon sagt – **Thermalbad und Kurort,** dabei spezialisiert auf Rheuma und Erkrankungen der Atemwege.

Vom Rond-Point-du-11-Novembre-1918 geht der hübsche, durch ein dichtes Platanendach geschützte **Einkaufs-Boulevard Gassendi** ab. Rechts davon winden sich die Gassen der italienisch anmutenden Altstadt den Hügel hinauf. Die Häuser, teilweise in marodem Zustand, sind getüncht in Pastellfarben.

Kathedrale

Auf dem höchsten Punkt der Stadt entstand zwischen 1490 und 1500 die Kathedrale **Saint-Jérôme** in der Nähe der – längst zerstörten – mittelalterlichen Burg, deren Platz heute das Gefängnis Saint-Charles eingenommen hat. Die Kirche ist im Laufe der Zeit sehr stark verändert worden, erhielt im 17. Jh. ihre Kapellen hinzu, im 19. Jh. ein zusätzliches Joch, die Fassade in neogotischem Stil und den aufwendigen Treppenaufgang. Sehr schön ist der Glockenturm aus dem 16. Jh. mit einem kunstvoll geschmiedeten, typisch provenzalischen Campanile.

Kirche Notre-Dame-du-Bourg

Saint-Jérôme löste seinerzeit die Kirche Notre-Dame-du-Bourg aus dem 12. und 13. Jh. als Kathedrale ab (Boulevard de Saint-Jean-de-Chrysostome). Sie gehört zu den wichtigen romanischen Bauwerken der Provence und entspricht diesem Stil durch ihr schlichtes, schmuckloses Äußeres, wovon einzig die aufwendigere Westseite etwas abweicht. Die Kirche besitzt ein einziges Schiff mit vier Balkenfeldern. Im Inneren sind Wandmalereien aus dem 14. und 15. Jh. erhalten; das zeitgenössische Kirchenmobiliar ist ein Werk des kanadischen Künstlers David Rabinowitsch.

Centre de Géologie

Das Zentrum der *Réserve géologique* besitzt ein sehr sehenswertes **Museum** mit Bibliothek, Videothek und einer bedeutenden Sammlung zur Geologie der Haute Provence, darunter ein 175 Millionen Jahre altes Dinosaurierskelett. Im Sommer ist auch der **Schmetterlingsgarten** geöffnet, wo man rund 100 Arten bewundern kann.

• **Centre de Géologie,** Quartier St-Benoît (2 km vom Zentrum in Richtung Barles), Tel. 04.92.36.70.70. Geöffnet April bis Juni, Sept. und Okt. tgl. 9–12 und 14.30–17.30 Uhr, Juli und Aug. 9–13 und 14–19 Uhr, Nov. bis März an Wochenenden und Feiertagen geschlossen. Eintritt 4,60 €, ermäßigt 2,75 €.

Stiftung Alexandra David-Neel

Alexandra David-Neel (1868–1969) war eine weltberühmte **Orient-Forscherin** und eine – für ihre Zeit – sehr außergewöhnliche Frau. Sie reiste durch ganz Asien und war die erste Europäerin, die Tibet besuchen durfte. Während mehrerer Aufenthalte lebte sie dort unter Mönchen, lernte deren Philosophie kennen und machte sich mit mehreren Sprachen, unter anderem dem Chinesischen, dem Tibetischen und dem Sanskrit, vertraut. Von diesen Reisen brachte sie viele interessante Geschenke und Erinnerungsstücke mit, die man heute in ihrem früheren Haus bewundern kann.

• **Musée Alexandra David-Neel,** 27, Avenue Maréchal Juin, Tel. 04.92.31.32.38, www.alexandra-david-neel.org. Geöffnet: Das Museum ist nur im Rahmen von Führungen zu besichtigen, die kostenlos sind. Sie finden das ganze Jahr um 10, 14 und 15.30 Uhr statt.

Information

• **Office de Tourisme,** Place du Tampinet, 04000 Digne-les-Bains, Tel. 04.92.36.62.62, Fax 04.92.32.27.24, www.ot-dignelesbains.fr.

Unterkunft/ Essen und Trinken

• **Le Grand Paris** ****/€€€€, 19, Boulevard Thiers, Tel. 04.92.31.11.15, Fax 04.92.32.32.82, www.hotel-grand-paris.com. Traditionelles Hotel, untergebracht in einem Kloster aus dem 17. Jh. und zum Teil mit Antiquitäten eingerichtet. Die Küche bietet provenzalische und französische Spezialitäten. Menüs zu mittleren bis gehobenen Preisen.

• **Villa Gaia** ***/€€€, Route de Nice, Tel. 04.92.31.21.60, www.hotelvillagaia.fr. Das Hotel liegt etwas außerhalb in einem ruhigen Park. Das Restaurant verarbeitet selbst angebautes Gemüse und Obst. Mittleres Preisniveau.

• **Le Coin fleuri** **/€€, Tel. 04.92.31.04.51. Gemütliches, preiswertes Hotel im Stadtzentrum, zwei Minuten vom Marktplatz entfernt. Nettes Restaurant mit Terrasse und bodenständiger Küche. Mittleres Preisniveau.

Camping

• **Les Eaux Chaudes** ***, Route des Thermes, Tel. 04.92.32.31.04, Fax 04.92.34.59.80, www.campingleseauxchaudes.com. In der Nähe der Thermen gelegen, ca. 150 Stellplätze, mit Kinderspielplatz, Bouleplatz und Volleyballfeld; Vermietung von Mobilhomes. Geöffnet von April bis Oktober.

Märkte

• **Wochenmarkt,** Mittwoch- und Samstagmorgen auf der Place de Gaulle.

Feste und Veranstaltungen

• **Lavendel-Fest,** mit Folklore und Wagenumzug am ersten August-Wochenende.

• **Lavendel-Messe,** am zweiten oder dritten August-Wochenende.

Aktivitäten

• **Bergwandern und Klettern:** Eine aktuelle Liste auch deutschsprachiger Bergführer ist beim *Office de Tourisme* erhältlich.

Verkehrsverbindungen

• **Bahn:** Gare S.N.C.F., Avenue Pierre Sémard, Tel. 04.92.31.00.67. Direktverbindungen nach Saint-Auban, von dort nach Aix und Marseille. Zwischen Digne und Nizza verkehrt auch der romantische *Train des Pignes*, ein historischer Zug wie zu Pionierszeiten, der an Nizzas zweitem Bahnhof, dem *Chemins de Fer de Provence*, Rue Alfred-Binet, Tel. 04.97.03.80.80, ankommt, www.trainprovence.com.

- **Bus:** Gare routière, Rond-Point-du-11-Novembre-1918, Tel. 04.92.31.50.00. Linie Nizza - Castellane - Digne - Sisteron. Direktverbindung sechsmal täglich auch nach Aix-en-Provence.

Gréoux-les-Bains

Der Kurort erstreckt sich etwas östlich der Durance über ein weites, grünes Tal in 400 Metern Höhe am Ausgang der **Basses Gorges du Verdon,** der Ausläufer der Schluchten. Gréoux bietet jedoch ein disparates Bild: Anziehend sind seine Lage und sein architektonisches Erbe aus dem Mittelalter, doch das Städtchen ist völlig eingenommen vom **Thermaltourismus** und wuchert mit Hotelanlagen und Kurzentren über seine Grenzen hinaus. Selbst in der Altstadt wird man auf Schritt und Tritt vom Angebot ungezählter Imbissstuben und Souvenirläden bedrängt, stets in Gesellschaft Erholungssuchender im obligatorischen Jogging-Anzug.

Die Heilkraft der Wasser von Gréoux haben schon die Römer zu schätzen gewusst; bei Ausgrabungen sind Reste ihrer **Thermen** gefunden worden. Später geriet der Ort in Vergessenheit, bis er im 19. Jh. bei der hohen Gesellschaft *en vogue* wurde, darunter Napoléons Schwester Pauline. In jener Zeit entstanden schöne Hotelbauten

fotolia_1003548 Foto: richard matéo

und Villen. Die sechziger Jahre des letzten Jahrhunderts brachten einen neuen Aufschwung mit sich und einen Bauboom, der dem Stadtbild nicht gerade zum Vorteil geriet.

Schlossruine

Bekrönt und beherrscht ist Gréoux von seiner mächtigen Schlossruine auf einem Hügel. Sie wird **Château des Templiers** genannt, weil die Stadt im 12. und 13. Jh. dem Templerorden gehörte. Doch tatsächlich stammt nur der früheste Bau aus dem 12. Jh., bis ins 18. Jh. hinein nahmen die wechselnden Herren des Städtchens immer neue Umbauten vor, darunter die Johanniter, die Familien von Castellane und Albertas. Das Château ist nur von außen zu besichtigen; direkt nebenan gibt es einen Parkplatz.

In der Altstadt

An diesen Schlossberg schmiegt sich die Altstadt. Dort zeugen Ruinen von der **Stadtmauer** des 16. Jh.; der Portail du Vieil-Horloge dagegen ist Rest einer noch früheren Befestigung. Die Kirche **Notre-Dame-des-Ormeaux** entstand im 11. Jh. als Priorei der Abtei Montmajour bei Arles, wurde aber in den folgenden Jahrhunderten tiefgreifend verändert. In gotischer Zeit kamen der Chor und das südliche Seitenschiff hinzu (14./15. Jh.), im 17. Jh. entstand der nördliche Anbau. Das gegenüberliegende **Rathaus** mit einem Portal im Stil Louis XIII. (1610–43) ist in einem schönen *Hôtel particulier*, ebenfalls aus dem 17. Jh., untergebracht.

In der Nähe von Gréoux erstreckt sich ein See, der malerische **Lac d'Esparron,** den teils bewaldete Ufer, teils steil abfallende Felswände begrenzen.

Information

- **Office de Tourisme,** 7, Place de l'Hôtel de Ville, 04800 Gréoux-les-Bains, Tel. 04.92.78.01.08, Fax 04.92.78.13.00, www.greoux-les-bains.com.

Unterkunft/ Essen und Trinken

- **Villa La Castellane** **/€€€, Avenue des Thermes, Tel. 04.92.78.00.31, Fax 04.92.78.09.77. Das ehemalige Jagdschlösschen des Marquis von Castellane ist in ein bezauberndes Hotel umgewandelt worden. Es gibt einen Park mit uralten Zedern, ein Schwimmbad und ein Restaurant, das allerdings den Hotelgästen vorbehalten ist. Mittleres Preisniveau.
- **La Crémaillère,** Route de Riez, Tel. 04.92.74.22.29, Fax 04.92.78.19.80. Raffinierte, sehr gute regionale Küche, aber auch empfehlenswertes Drei-Sterne-Hotel. Mittleres Preisniveau.

Camping

- **La Pinède,** Route de Saint-Pierre, Tel. 04.92.78.05.47, Fax 04.92.77.69.05, www.lapinede.com. Geöffnet von März bis November, 160 Plätze; mit Schwimmbad.

Märkte

- **Wochenmarkt,** dienstags gegenüber der *Mairie* und donnerstags auf dem Parkplatz *Salle de l'Étoile*.

Feste und Veranstaltungen

- **Printemps musical,** Tanz-, Theater- und Musikveranstaltungen im Frühjahr.
- **Theater, Tanz und Musik,** im Juli und August im *Théâtre de la Cour du Château*.
- **Foire aux Santons,** Markt für die provenzalischen Krippenfiguren zu Allerheiligen.

Umgebung von Gréoux

Saint-Martin-de-Brômes

Auf der D 952 Richtung Riez durchfährt man das fruchtbare Tal des Flüsschens Colostre. Auf dem Weg liegt das malerische Dörfchen Saint-Martin-de-Brômes, dessen pastellfarbene Häuser sich an einen roten Hügel schmiegen und das gekrönt ist von seiner romanischen Kirche oben auf dem Plateau.

Allemagne-en-Provence

Der nächste Ort, Allemagne-en-Provence, ist ein hübsches Straßendorf und wird ansonsten ganz von seinem Schloss beherrscht. Ursprünglich ein Verteidigungsfort aus dem 12. und 13. Jh., wurde es im 16. Jh. vergrößert und zu einem luxuriösen **Renaissance-Schloss** umgebaut, das bis heute bewohnt ist. Innen sind vor allem die gefliesten Böden und getäfelten Decken aus dem 16. Jh. sehenswert, der Kamin im großen Salon und eine lange Wendeltreppe, die die Flügel des 12./13. Jh. mit denen des 16. Jh. verbindet.

- **Führungen:** April bis Juni und Mitte September bis Oktober samstags und sonntags 16 und 17 Uhr, Juli bis Mitte September täglich außer montags und dienstags 16 und 17 Uhr, Tel. 04.92.77.46.78. Besichtigung nur mit Führung. Es werden auch Gästezimmer angeboten.

Quinson

Hauptattraktion des kleinen, typisch provenzalischen Dorfes südöstlich von Gréoux-les-Bains mit kaum 400 Einwohnern ist die *Musée de Préhistoire des Gorges du Verdon,* eines der interessantesten prähistorischen Museen Frankreichs und laut Prospekt das größte dieser Art in Europa. Auf einer Ausstellungsfläche von 5000 Quadratmetern zeigt das **Museum der Vorgeschichte der Verdon-Schluchten** Funde aus der Provence von mehr als 60 archäologischen Stätten. Anhand einer Auswahl dieses Originalmaterials sowie mit Hilfe von Filmen, Dias und Nachbildungen werden eine Million Jahre Menschheitsgeschichte nachvollzogen.

Zum Beispiel haben die Wissenschaftler am Verdon-Ufer, 500 Meter vom Museum entfernt, **prähistorische Behausungen** nachgebaut, die zusammen ein Dorf bilden. Man kann dort sehen, wie Feuersteine hergestellt werden, erleben, wie man Feuer ohne Streichhölzer zündet, und einen neolithischen Garten bewundern.

Herzstück der Ausstellung ist eine Kunstharznachbildung der **Grotte „La Baume Bonne"**, die 1944 entdeckt wurde. Man fand darin Spuren einer durchgehenden Besiedlung von vor 500.000 Jahren bis in die Neuzeit, dazu eine Feuerstelle sowie eine 15 Quadratmeter große, mit Steinen aus dem Fluss Verdon gepflasterte Fläche mit vermutlich ritueller Funktion.

Das Museumsgebäude stammt von dem weltbekannten Architekten **Nor-**

man Foster, der auch die Berliner Reichstagskuppel gestaltete, und ist für sich allein schon sehenswert: ein moderner Bau aus Beton, Glas und Metall, der in der Form an ein Schiff erinnert.

- **Musée de Préhistoire des Gorges du Verdon,** Route de Montmeyan, Tel. 04.92.74. 09.59, www.museeprehistoire.com, im Juli und August täglich 10–20 Uhr, im April, Mai, Juni und September täglich außer Dienstag 10–19 Uhr, im Februar, März, Oktober, November, Dezember täglich außer Dienstag 10–18 Uhr, im Januar geschlossen, Eintritt: 7 €, Ermäßigungen.

Information

- **Office de Tourisme,** Place de la Mairie, 04800 Quinson, Tel. 04.92.74.01.12, www.quinson.org.

Essen und Trinken

- **Restaurant L'Origan,** Route de Riez, Tel. 04.92.74.02.81. Familiäres Restaurant mit bodenständiger Küche in der Nähe des Museums.

Feste und Veranstaltungen

- **Fête de la Préhistoire,** Fest rund um die Vorgeschichte Ende Juli.

Riez

Im Département Alpes-de-Haute-Provence ist Riez eine Besonderheit, weil es auf eine römische Gründung zurückgeht und von dieser sogar noch Überreste zeugen. Seine Bekanntheit – zumindest in Kunsthistoriker-Kreisen – rührt jedoch vielmehr von seiner frühchristlichen Taufkapelle her. Obwohl der Ort darüber hinaus mehrere andere Sehenswürdigkeiten bietet, malerisch am Rand des **Plateau de Valensole** gelegen ist und in seinem Ortsbild enge Gassen, hübsche Plätze und *Hôtels particuliers* des 16. und 17. Jh. vereint, scheint er vom großen Besucherstrom des Grand Canyon du Verdon verschont zu bleiben. Oder – wenn man so will – er hat leider wenig Anteil daran, weshalb sich viele schöne barocke Fassaden in einem desolaten Zustand befinden.

Noch vor den Römern muss hier – auf dem Hügel Saint-Maxime – der keltoligurische Stamm der **Reii** gelebt haben, der der Siedlung ihren Namen gab. Augustus gründete dann im Tal die **Colonia Augusta Appolinaris Reiorum,** über die kaum etwas bekannt ist, außer dass sie an das römische Straßennetz angeschlossen und von Aix, Fréjus und Digne erreichbar war.

Im 5. Jh. n. Chr. gab es in Riez, wie so oft in der Nachfolge gallorömischer Kolonien – einen **Bischof.** Es soll *Saint-Maxime* gewesen sein, nach dem der Hügel benannt ist und der eine erste Kathedrale erbauen ließ, von deren Existenz nur noch das **Baptisterium** zeugt. Irgendwann im Verlaufe des Mittelalters dürften sich die Bewohner auf den Hügel geflüchtet haben, wo ein Castrum und eine neue Kirche entstanden. Die Stadt im Tal wurde jedoch nie ganz aufgegeben.

Spätestens in der ersten Hälfte des 14. Jh. war die Siedlung wieder ganz ins Tal verlegt, denn zu dieser Zeit umgab sie sich mit einer **Stadtmauer.** Am Ende des 15. Jh. wurde die alte Kathedrale beim Baptisterium zerstört und man errichtete innerhalb der schützenden Befestigung eine neue Kirche.

Reste der Römer und frühchristliche Kapelle

Am **Ufer der Colostre** kann man die Reste des römischen Riez bewundern: Vier hohe, schlanke **Säulen** aus grauem Granit, die – gekrönt von korinthischen Marmorkapitellen – von einem Architrav (Querbalken) abgeschlossen werden. Sie gehörten wahrscheinlich zu einem Tempel aus dem 1. Jh. n. Chr. Man weiß zudem, dass die antike Stadt Thermen besaß, denn auf deren Ruinen entstand im 5. Jh. das Baptisterium, in dessen Konstruktion römische Baukörper einbezogen wurden.

Diese **Taufkapelle** ist ein kunsthistorisches Kleinod und gehört zu den ältesten christlichen Bauwerken ganz Frankreichs, die noch erhalten sind (eine vergleichbare Kostbarkeit befindet sich noch in Fréjus). Die Kapelle, gründlich restauriert schon im 17. und 19. Jh., ist außen fast quadratisch, innen jedoch von achteckigem Grundriss. An die Seiten schließen sich im Wechsel halbrunde und rechteckige Nischen oder Apsiden an. Acht Säulen mit korinthischen Marmorkapitellen – wohl noch aus antiker Zeit – sind nicht direkt an den Ecken aufgestellt, sondern weiter zur Raummitte hin, sodass sie einen Umgang bilden. Im Zentrum ist das wiederum achteckige Taufbecken in den Boden eingelassen, darunter verlaufen Abflussrinnen für das Wasser.

Im Baptisterium ist heute das kleine **Musée Lapidaire** untergebracht mit Funden aus römischer und frühchristlicher Zeit.

- **Musée Lapidaire,** Tel. 04.92.77.82.80. Besuch nur auf Anmeldung beim Office de Tourisme. Eintritt 2 €.

In der Altstadt

Bei einem Stadtrundgang stößt man auf **Teile der alten Befestigung** aus dem 14. Jh. – Mauerreste, die Tour de l'Horloge, die Porte Sanson und die Porte Ayguière – und auf mittelalterlich geprägte Gassen, Plätze und überwölbte Passagen. In der Grand'rue stehen noch mehrere schöne, allerdings sehr erneuerungsbedürftige **Hôtels particuliers** der lokalen Noblesse und Bourgeoisie aus dem 16. und 17. Jh., zum Beispiel die Häuser Nr. 27, 29 und 31. Das schönste ist das **Hôtel de Mazan** von 1532 mit einem prächtigen Portal von 1598 (Nr. 12.).

Auf dem Hügel Saint-Maxime

Hinter der Stadt windet sich eine etwa 1,5 Kilometer lange Straße die Colline Saint-Maxime hinauf. Von der mittelalterlichen Festungsstadt ist nichts mehr erhalten. Die **Chapelle Saint-Maxime** aus dem 17. Jh. ist dem ersten Bischof der Stadt geweiht und entstand vermutlich auf den Ruinen einer frühchristlichen Basilika oder Kathedrale, in deren Bau sechs römische Granitsäulen einbezogen waren. Diese schmücken bis heute den Chor der Kapelle. Viel jünger sind die aufwendigen Wandmalereien, die erst um 1880 hinzukamen.

Bei einem Picknick auf dem Plateau kann man den schönen Blick auf das rotbedachte Häusergewirr von Riez genießen.

Information

- **Office de Tourisme,** 4, Allée Luis Gardiol, 04500 Riez, Tel. 04.92.77.99.09, Fax 04.92.77.99.07, www.ville-riez.fr.

Camping

- **Rose de Provence** **, Les Valvachères, Tel./Fax 04.92.77.75.45, www.rose-de-provence.com. Ein einfacher, baumbestandener Platz ohne Schwimmbad; Vermietung von Mobilhomes. Geöffnet von Ostern bis Mitte Oktober.

Märkte

- **Wochenmarkt,** mittwochs und samstags am Rand der Altstadt.
- **Kunsthandwerkermarkt,** an Sonntagen im Juli und August.

Aktivitäten

- **Fahrradverleih:** *Location VTT Cîmes,* L'Ardech des Orgues, Route de Puimoisson, Tel. 04.92.77.72.23.

Verkehrsverbindungen

- **Bus:** Linie Castellane – La Palud – Moustiers-Sainte-Marie – Riez – Gréoux – Aix – Marseille; weitere Verbindungen nach Manosque und Digne.

Moustiers-Sainte-Marie

Moustiers steht in dem Ruf, das malerischste Dorf Frankreichs zu sein. Gemessen an der Fülle wunderschöner Örtchen, denen man überall in der Provence begegnet, mag das etwas übertrieben erscheinen. Doch Moustiers hat mit Sicherheit seine Reize, allein wegen der Nähe zu den Verdon-Schluchten – doch gerade deswegen ist es stets überfüllt.

Hinter dem Ort erhebt sich ein markanter, **karger Fels,** zweigeteilt durch eine tiefe Spalte, der die bunten Häuschen zu erdrücken scheint. Aus dem rötlichen Dächergewirr ragt einzig der mehrgeschossige Kirchturm im romanischen Stil der Lombardei hervor.

Seit dem 17. Jh. ist Moustiers zudem bekannt für seine kunstvoll bemalten **Fayencen,** heute kostbare Sammlerstücke, die überall im Ort als Kopien feilgeboten werden.

Moustiers verdankt seinen Namen einem **Kloster** (lat. *Monasterium*), das der heilige Maxime hier in frühchristlicher Zeit gründete. Er war der erste Bischof von Riez und später Abt des Inselklosters Lérins bei Cannes. Mit einigen seiner Mitbrüder zog er sich um 435 zurück in die naturgeschaffenen Grotten des heutigen Moustiers und errichtete der Jungfrau Maria eine Kapelle wohl an derselben Stelle, wo jetzt die Notre-Dame-de-Beauvoir steht. Der Ort zog bald zahlreiche Pilger an und es entstand eine erste kleine Siedlung.

Zwischenzeitlich, wohl unter dem Druck der Sarazenen-Einfälle, gaben die Mönche ihr Kloster auf, um Mitte des 11. Jh. erneut ein Priorat zu gründen. Im 13. Jh. unterstanden Moustiers einige benachbarte Gemeinden, die zusammen eine selbst verwaltete Einheit nach dem Muster italienischer Stadtstaaten bildeten. Im 14. Jh. fiel Moustiers an das Haus von Anjou, Ende des 15. Jh. mit der gesamten Provence an das Königreich Frankreich.

070pr Foto: rh

Einen beträchtlichen wirtschaftlichen Aufschwung erlebte das Städtchen im 16. Jh.: Es gab mehrere Papiermühlen, Gerbereien, Tuch-Fabriken und Töpfereien. Letztere konnten ab dem 17. Jh. auf die profitträchtige **Fayence-Produktion** umsteigen, die ihren Höhepunkt im Jahrhundert darauf erlebte. Alles soll damit begonnen haben, dass ein Mönch aus Faienza in Italien – seit dem 15. Jh. Hauptort der Fayence-Kunst und Namensgeber für die Tonwaren – das Geheimnis für die Herstellung der typischen weißen Zinnglasur nach Moustiers brachte. Das Glück war den Pionieren hold, befahl doch Ludwig XIV. (1643–1715) zu jener Zeit, alles goldene und silberne Tafelgeschirr zum Nutzen der Staatskasse einzuschmelzen. Die Fayencen von Moustiers waren ein adäquater Ersatz und füllten diese Marktlücke alsbald aus. Bis heute gibt es hier an die 20 Ateliers.

Wallfahrtskapelle

Ein malerischer Kreuzweg führt über Steinstufen zur Wallfahrtskapelle **Notre-Dame-de-Beauvoir** hoch oben auf dem Felsen über der Stadt, wo schon die Mönche aus Lérins ihre Marienkirche errichtet hatten. Größtenteils stammt sie aus romanischer Zeit (12. Jh.), erhielt ihren gotischen Chor und die östlichen Joche jedoch erst im 15. Jh. Die kunstvoll geschnitzte Tür des Portals ist im Stil der Renaissance gefertigt. Die recht große, von einem quadratischen Turm überragte Kapelle steht im Mittelpunkt der **September-Wallfahrt** mit großem Volksfest.

Unweit der Notre-Dame hängt ein geheimnisvoller **Stern an einer Kette** zwischen den Felsen. Gemäß einer Legende des Provence-Dichters Frédéric Mistral soll es sich dabei um eine Votivtafel handeln, die der Ritter Blacas d'Auls der Jungfrau um 1250 geweiht hat, weil er nach einem Kreuzzug heil wieder in die Heimat zurückkehrte. In Wahrheit wusste man in Moustiers schon im 16. Jh. nicht mehr, wer die Kette aufgehängt hatte, doch der Stern baumelt immer noch in luftiger Höhe und wird regelmäßig ersetzt oder wieder aufgehängt, wenn ihn der Wind fortgefegt hat.

Pfarrkirche

Bei einem Spaziergang durch die Gassen des Städtchens findet man die Pfarrkirche mit Leichtigkeit, weil ihr romanischer Turm sich hoch über den Häusern erhebt. Auf einen Sockel aus Bruchstein folgen drei quadratische Geschosse, die nach oben hin immer niedriger werden, mit rundbogigen Fensteröffnungen und einem Pyramidendach. Die Kirche selbst stammt im Wesentlichen aus zwei Bauperioden: Das Schiff mit Tonnenwölbung hat seine romanische Gestalt des 12. Jh. weitgehend bewahrt, obwohl die beiden letzten Joche vor dem Chor zusammen mit diesem in gotischer Zeit eine neue Gestalt erhielten. Von einem Vorgängerbau aus dem 8. Jh. zeugt noch ein Gewölbe unter der Kirche. Als Altar dient übrigens ein Sarkophag aus dem 5. Jh., der den Zug des Volkes Israel durch das Rote Meer zeigt.

Fayence-Museum

Die Fayence-Produktion hat in Moustiers nicht nur goldene Tage gesehen, und in den siebziger Jahren des 19. Jh. erlosch sie gar völlig. Erst 50 Jahre später gelang es dem Dichter Marcel Provence, die alte Tradition wiederzubeleben: 1929 gründete er ein Museum, das - stilvoll untergebracht in einem mittelalterlichen Gewölbe - eine schöne Sammlung von **Geschirr und dekorativen Gegenständen** sowie Werkzeuge zeigt.

• **Musée de la Faïence,** Place du Presbytère, Tel. 04.92.74.61.64, täglich außer dienstags 9–12.30 und 13.30–18 Uhr, im Juli und August bis 19 Uhr, Eintritt 2 €, Kinder bis 16 Jahre frei.

Information

• **Office de Tourisme,** Rue de l'Église, 04360 Moustiers-Sainte-Marie, Tel. 04.92.74.67.84, Fax 04.92.74.60.65, www.ville-moustiers-sainte-marie.fr.

Unterkunft/ Essen und Trinken

• **Auberge de la Ferme Rose** ***/€€€-€€€€, Chemin Embourgues, Tel. 04.92.75.75.75, Fax 04.92.74.60.76, www.lafermerose.fr. Charmanter provenzalischer Bauernhof, ca. 1 km außerhalb von Moustiers mitten im Grünen gelegen, geschmackvoll eingerichtet.

• **La Bastide de Moustiers,** La Grisolière, Tel. 04.92.70.47.47. Der Spitzenkoch *Alain Ducasse,* bereits mit Häusern in Paris und Monaco vertreten, hat in Moustiers-Sainte-Marie eine weitere Filiale eröffnet. Man speist in einem umgebauten Hof aus dem 17. Jh. Gehobenes Preisniveau. Ebenfalls im Angebot sind 12 luxuriöse Doppelzimmer.

Camping

• **Le Vieux Colombier** ***, Tel./Fax 04.94.74.61.89, www.perso.wanadoo.fr/camping.vieux.colombier. Zwischen Moustiers und dem Lac de Sainte-Croix, Vermietung von Mobilhomes. Geöffnet von Ostern bis September.

Märkte

• **Wochenmarkt,** Freitagmorgen.

Feste und Veranstaltungen

- **Fête votive de Notre-Dame-de-Beauvoir,** Pilgerfest zur Wallfahrtskapelle mit Volksfest, 31. August bis 8. September.

Die Verdon-Schluchten

Am Rande der Haute Provence, schon angrenzend an das Département Var, erwartet den Provence-Besucher noch einmal ein Höhepunkt und ein unvergessliches Naturerlebnis: Hier hat sich der **Fluss Verdon** seinen Weg durch den weichen Kalkstein der Voralpen gebahnt und dabei spektakuläre Schluchten geschaffen, einen **Grand Canyon** eben – einmalig in Europa und nur vergleichbar mit seinem berühmten Namensvetter in den USA.

Die Schluchten des Verdon sind ein Eldorado für Kletterer, Wildwassersportler, Wanderer und Bungee-Jumper; doch selbst weniger aktive Touristen kommen auf ihre Kosten. So laden die Strände des **Lac de Sainte-Croix** – einer der Stauseen, in dem sich die Wasser des Verdon sammeln – zum Baden und Sonnenbaden ein.

„Nichts ist romantischer als diese Mischung aus Felsen und Abgründen, aus grünem Wasser und purpurnen Schatten, aus diesem Himmel wie das homerische Meer und aus diesem Wind, der mit der Stimme toter Götter spricht." Poetischer und schöner als Jean Giono kann man den Verdon und seine Schluchten gar nicht beschreiben, denn die Haute Provence war sein Land und Inspiration seiner Literatur. Doch auch der Reisende empfindet vielleicht den Grand Canyon als das grandioseste Naturerlebnis der Provence, das ihm am nachhaltigsten in Erinnerung bleibt.

Der Verdon entspringt in 2150 Metern Höhe im Massiv von Sestrière in der Nähe des Col d'Allos und mündet nach 170 Kilometern bei Cadarache in die Durance. Seinen Weg hat er sich durch den weichen Kalkstein der Hochebene von Canjuers gebahnt und dabei spektakuläre Schluchten von 250 bis 700 Metern Tiefe gegraben.

Auf beiden Seiten des Canyon führen Straßen mit fantastischen Aussichten entlang: Tief unten erblickt man den smaragdgrün schimmernden Fluss, der sich in Kurven durch das bewaldete Massiv windet. Der Name Verdon geht zurück auf diese außergewöhnliche grüne Farbe (franz. *vert*), die durch den hohen **Fluorgehalt** im Wasser entsteht, da dieser auf das Algenwachstum einwirkt.

Heute ist die Kraft der Wassermassen durch **Stauseen** gebändigt, vor seinem Eingang in die Schluchten durch den Lac de Castillon und den Lac de Chaudanne und an seinem Ausgang durch den Lac de Sainte-Croix, der mit zehn Kilomtern Länge und einer Oberfläche von 2200 Hektar der größte der Verdon-Seen ist.

Hinweise für Sportler

In den Schluchten kann man sehr viele Sportarten ausüben. Wildwasserfreunde finden überall Möglichkeiten und Ausleihstellen zum **Kanu- und Ka-**

jakfahren, zu **Rafting** und **Hydrospeed.** Letzteres ist besonders für Anfänger zu empfehlen, denn das Schwimmen auf dem aufblasbaren, gleichnamigen Brett bereitet auf schwierigere Wassersportarten vor. Ganz ungefährlich ist der Verdon wegen seiner Felsspitzen und seines Gerölls allerdings nicht. Man sollte sich entweder einem Führer anvertrauen oder zumindest vorher den **Wetterbericht** (Tel. 04.92.64.90.60) und den **Wasserstand** (*Électricité de France,* Tel. 04.92.83.62.68) erfragen.

Der Verdon ist ein Paradies für **Steilwandkletterer,** allerdings nur für solche mit einiger Erfahrung, da der Schwierigkeitsgrad überall sehr hoch ist. Dagegen eignet sich für jeden (mit etwas Kondition) das so genannte **Schluchtenwandern,** wobei man die Gorges wandernd, kletternd und schwimmend durchquert. Auch hierbei sollte man die Hilfe von Führern in Anspruch nehmen.

Die Nordseite der Schluchten

Die nördliche Teilstrecke vom Eingang der Schlucht bis nach Castellane ist etwa 50 Kilometer lang. Mit dem Auto dauert die Erkundung etwa einen halben Tag.

Von Moustiers-Sainte-Marie geht es über die D 952 zur nördlichen Uferseite der Schluchten, der *Rive droite.* Schon bald gibt der **Belvédère du Galetas** den fantastischen Blick auf den Schluchtenausgang frei, und es ist wirklich ein Schauspiel, wie sich die grünen Wasser des Verdon mit den blauen des Sainte-Croix-Sees verbinden.

Auf den *Col de l'Olivier* folgen der **Belvédère de Mayreste** mit einem ersten Blick über den Verdon in der Tiefe des Canyons und der Aussichtspunkt des *Col d'Ayen.*

Wir erreichen den kleinen Ort **La Palud-sur-Verdon,** das Basislager der Kletterer und Wildwasserfahrer, die dort campieren, oftmals in den Kneipen auf besseres Wetter warten und sich währenddessen gegenseitig ihre Heldentaten erzählen.

Kurz hinter dem Ort beginnt die **Route des Crètes** (D 23), eine 23 Kilometer lange Kammstraße, die sich spektakulär den Schluchtenabhängen nähert. Für diese Strecke sollte man etwas Zeit einplanen, weil hier ein Aussichtspunkt äußerst schnell auf den nächsten folgt: Vom *Dent d'Aire* hat man das beste Panorama über den Canyon, vom *Belvédère de Guegues* schaut man auf die Hochebene von Canjuers und die Mescla auf der anderen Seite, und an der **Felswand von Escalès** kann man mit den Kletterern zittern, die sich in schwindelerregender Höhe den nackten Fels emporarbeiten.

Am *Chalet de la Maline* beginnt der **Wanderpfad Sentier Martel,** der durch die Schlucht bis zum Point Sublime führt. Benannt ist er nach dem Geologen und Höhlenforscher Édouard Martel, der zu Anfang des 20. Jh. zum ersten Mal die Schluchten in ihrer ganzen Länge erforschte. Wer es ihm gleichtun will, sollte für den *Sentier* eine reine Gehzeit von sechs Stunden

einplanen und sich mit festem Schuhwerk, Regenschutz, Proviant und Taschenlampen für die Tunnel ausrüsten.

Wieder auf der D 952 erreicht man bald **Rougon,** ein *village perché* auf 930 Metern Höhe in der Nähe des Schluchteneingangs. Normalerweise zählt der winzige Ort mit Resten einer **mittelalterlichen Burg** kaum mehr als 80 Einwohner, doch im Sommer vervielfacht sich diese Zahl, wenn erholungssuchende Städter ihre Zweitwohnsitze und Feriendomizile beziehen.

Unterhalb des Dorfes gelangt man nach einem etwa zehnminütigen Spaziergang zu dem großartigsten aller Aussichtspunkte der Rundfahrt, dem **Point Sublime.** Von hier aus kann man den Eingang des Grand Canyon, die Einmündung des Flusses Baou in den Verdon und die beeindruckende Spalte des Couloir Samson bewundern.

Information

- **La Maison des Gorges du Verdon,** Le Château, 04120 La Palud-sur-Verdon, Tel./Fax 04.92.77.32.02, www.lapaludsurverdon.com. Die Informationsstelle des regionalen Naturparks Verdon ist untergebracht in einem schön restaurierten Schloss aus dem 18. Jh., in dem auch Ausstellungen stattfinden, z.B. zu ökologischen Themen.

Unterkunft/ Essen und Trinken

- **Les Gorges du Verdon** ***/€€€€, Route de la Maline, Tel. 04.92.77.38.26, Fax 04.92.77.35.00, www.hotel-du-gorges-du-verdon.fr. Liegt auf einem Hügel gegenüber dem Dorf und bietet hübsche, komfortable Zimmer und Suiten sowie einen Swimming-Pool. Menüs zu mittleren Preisen.

Camping

- **Camping Municipal** **, La Palud-sur-Verdon, Tel. 04.92.77.38.13, Fax 04.92.77.38.02. Geöffnet von Mai bis September.
- In La Palud gibt es zudem mehrere *Campings à la Ferme,* z.B. **La Graou,** Tel. 04.92.77.38.22.

Märkte

- **Wochenmarkt,** Sonntagmorgen.

Feste und Veranstaltungen

- **Fête votive,** am 15. August.

Aktivitäten

- **Wandern und Klettern:** Führer über *Le Bureau des Guides* im Dorf, Tel. 04.92.77.30.50.
- **Reiten:** *Les Pionniers Equitation Westen,* La Palud, Tel. 04.92.77.38.35.
- **Mountainbike-Verleih und -Touren:** *V.T.T. Cîmes,* Tel. 06.88.55.07.87.

Die Südseite der Schluchten

Umgeben von Wäldern und Garrigues liegt das hübsche Felsdörfchen **Trigance** in 800 Metern Höhe an der Verbindungsstraße zwischen der Nord- und der Südseite. Es wird von einer **Burg** aus dem 11. Jh. überragt, in der heute ein Hotel untergebracht ist. Doch eigentlich ist das ganze Dörfchen selbst schon wie eine Festung angelegt und seine wehrhaften Häuserreihen bilden den Ersatz für eine Stadtmauer. Ein Spaziergang durch die engen Gassen, überwölbten Passagen und über Treppchen führt zu einem Beffroi, zur Kirche Saint-Michel und der Kapelle Saint-Julien (beide 15. Jh.) sowie zur Kapelle Saint-Roch (17. Jh.).

An den **Balcons de la Mescla** erreicht die Straße (D 71) wieder die Schluchten. Von hier überblickt man die grandiose *Mescla* (von provenzalisch „sich mischen"), also den Zusammenfluss von Verdon und Artuby. Bald darauf kommt der **Pont de l'Artuby** in Sichtweite, eine Brücken-Stahlkonstruktion, die den engen Canyon des Flusses mit einem einzigen Bogen überspannt. Zögert man gar, die 110 Meter lange Brücke zu überfahren, so halte man sich nur den Mut oder die Waghalsigkeit der **Bungee-Jumper** vor Augen, die sich hier reihenweise in die Tiefe stürzen.

Die Straße in Richtung Moustiers verläuft weiter in Kurven hoch über dem Verdon und bietet fantastische Ausblicke, vor allem vom **Tunnel de Fayet** in 300 Metern Höhe über dem Verdon, der beeindruckende Windungen auf den Höhen des *Etroit des Cavaliers* beschreibt.

An den **Falaises des Cavaliers** beginnt die **Corniche Sublime,** die zunächst sehr nah an den Canyon heranführt. Bei Le Marges und Le Vaumale hat sich die Straße zwar von den Schluchten entfernt, dafür liegt hier der höchste Punkt der Strecke (1200 m) mit Blick über den Schluchtenausgang und den von Wäldern umgebenen See von Sainte-Croix.

Nach dem Überqueren des *Col d'Iloire* (965 m) erreicht man **Aiguines,** das mit seinem hübschen **Schloss** aus dem 17. Jh. auf Hügeln hoch über dem See thont. In Serpentinen führt die D 19 hinab ins Tal, stets das Blau des Sainte-Croix im Blick.

Unterkunft/ Essen und Trinken

- **Château de Trigance** ***/€€€€€, 83840 Trigance, Tel. 04.94.76.91.18, Fax 04.94.85.68.99, www.chateau-de-trigance.fr. Dieses außergewöhnliche Hotel ist untergebracht in einem mittelalterlichen Schloss, das einst von seinem Hügel aus das Dorf Trigance bewachte. Der Blick von der Terrasse über Berge und Täler der Umgebung ist fantastisch. Menüs zu gehobenen Preisen.
- **Le Vieil Amandier** **/€€€, 83840 Trigance, Tel. 04.94.76.92.92, Fax 04.94.85.68.65, www.levieilamandier.online.fr. Dieses nette Logis-de-France-Hotel bietet 12 Zimmer, einen Garten mit Swimming-Pool und regionale Küche. Menüs zu mittleren Preisen.

Castellane

Fährt man den Verdon entlang in Richtung seiner Quelle (D 952), taucht inmitten bewaldeter Berge Castellane auf. Mit seinen alten Häusern und engen Gassen breitet es sich in einem 723 Meter hoch gelegenen Tal aus und wird beherrscht von seinem markanten, 180 Meter hohen Felsen. Dort oben ist seit dem Anfang des 18. Jh. die Kapelle Notre-Dame-du-Roc einsam dem Wind ausgesetzt.

Das keine 1500 Einwohner zählende Örtchen im Tal ist übersät von Hotels, Restaurants, Cafés und Andenkenläden und scheint ganz vom Tourismus zu leben, hat sich aber dennoch den Charme eines provenzalischen Bergdorfes bewahrt.

Einer der den Ort umgebenden Hügel muss schon die Heimat eines keltoligurischen Stammes gewesen sein, dessen Oppidum *Ducelia* hieß. Die Römer gründeten eine Siedlung im Tal und nannten sie **Salinae,** weil hier salzhaltige Quellen entsprangen.

Die mittelalterliche Stadt, im 5. Jh. Sitz eines Bischofs, war bekannt unter dem Namen *Petra Castellana,* was soviel bedeutet wie „eine solide auf Fels gebaute Festung". In den unruhigen Zeiten der Germaneneinfälle nämlich flüchteten sich die Bewohner wie die Kelten in den Schutz des Felsens und bauten erst wieder ab etwa der Jahrtausendwende eine neue Stadt in der Ebene, bald unter der Herrschaft des Adelsgeschlechts der Castellane. Im 14. Jh., als sich bereits die Familie Anjou seiner bemächtigt hatte, umgab sich das Städtchen mit einer Mauer.

Während der Religionskriege hatten der Baron d'Allemagne und der Duc de Lesdiguières ein Auge auf Castellane geworfen. Es konnte ihnen jedoch trotzen dank des Einsatzes der **Widerstandskämpferin Judith Andrau,** was bis heute an jedem 31. Januar gefeiert wird (*Fête du Pétardier*).

Die umtriebige Place Marcel-Sauvaire ist das Ortszentrum. Von dort führt hinter der Pfarrkirche ein steiler Pfad in etwa 30 Minuten – vorbei an Ruinen der mittelalterlichen Stadt Petra Castellana – hinauf auf den Felsen. Die **Kapelle Notre-Dame-du-Roc** ist nicht die erste an dieser Stelle. Ihre Vorgängerbauten, Wallfahrtsorte wie sie selbst, wurden allesamt zerstört.

Die Anstrengung des Aufstiegs belohnt ein schöner Blick über die Stadt, deren Häuser sich ringförmig um das Zentrum reihen wie eine schützende Stadtmauer. Von der regelrechten Befestigung des 14. Jh. zeugen nur noch **zwei Türme,** die *Tour Pentagonale* und die wehrhafte *Tour de l'Horloge* mit einem schönen schmiedeeisernen Campanile. Festungsähnlich wirkt auch die schmucklose **romanische Kirche Saint-Victor** vom Ende des 12. Jh. Gekrönt von einem hübschen, quadratischen Turm mit drei Stockwerken, war sie ursprünglich einschiffig, erhielt jedoch später an der Nordseite ein Seitenschiff hinzu. Dieser Anbau, wie auch die Kreuzrippengewölbe im Langhaus, verändern die romanische Raumwirkung, die normalerweise durch ein einziges Schiff mit Tonnengewölbe erzeugt wird.

Information

- **Office de Tourisme,** Route Nationale 85, B.P.26, 04120 Castellane, Tel. 04.92.83.61.14, Fax 04.92.83.76.89, www.castellane.org.

Unterkunft/ Essen und Trinken

- **Nouvel Hôtel du Commerce** ***/€€€, Place de l'Église, Tel. 04.92.83.61.00, Fax 04.92.83.72.82, www.hotel-fradet.com. Alteingesessenes Haus zu Füßen des Felsens mit 35 nicht ganz neuen, aber gepflegten Zimmern. Menüs zu mittleren Preisen.
- **Auberge du Teillon** **/€€, Route de Grasse, Tel. 04.92.83.60.88, Fax 04.92.83.74.08, www.perso.club-internet.fr/aubergeteillon. Nettes Logis-de-France-Haus in dem etwa 5 km von Castellane entfernten Weiler La Garde. Menüs zu mittleren Preisen.

Camping

Castellane scheint die französische Hauptstadt der Campingplätze zu sein; es gibt mehr als 15 dort, die alle auf der Website des Ortes aufgeführt sind. Hier zwei davon:

- **RCN les Collines de Castellane** ****, Route de Grasse, La Garde, Tel. 04.92.83.61.57, Fax 04.92.83.75.40, www.rcncampings.fr. Vom Platz aus hat man einen schönen Blick auf die Berge. Mit Schwimmbad und Tennisplatz, 200 Stellplätze, Vermietung von Mobilhomes und Berghütten, geöffnet von Mitte April bis September.
- **Le Chasteuil Provence** ***, Route des Gorges, Tel. 04.92.83.61.21, Fax 04.92. 83.75.62, www.chasteuil-provence.com. Großer, schattiger Platz an den Ufern des Verdon unweit des Schluchteneingangs, mit Schwimmbad, Kinder-Schwimmbecken, Restaurant, Fahrradverleih, Minigolf- und Tennisplatz. Vermietung von Berghütten. Geöffnet von Mitte Mai bis Mitte September.

Märkte

- **Wochenmarkt,** Mittwoch und Samstag.

Feste und Veranstaltungen

- **Pilgerfest Notre-Dame-du-Roc,** am 14. August.
- **Fest des Almauftriebs** (Fête de la Transhumance), das Zusammentreiben der Schafherden für den Aufstieg in die Berge wird im Juni gebührend gefeiert, mit Bauernmarkt, Scheren der Schafe usw.
- **Kunsthandwerkermärkte,** an wechselnden Terminen im Juli und August.

Aktivitäten

- **Kanu/Kajak/Rafting:** *Aqua Viva Est,* Route de Robion, Tel. 04.92.83.75.74, www.aquavivaest.com (auch Mountainbike-Verleih). *Aqua-Verdon,* Rue Nationale 85, Tel. 04.92.83.72.75. *Base Sport et Nature,* 10, Rue de la Fontaine, Tel. 04.92.83.11.42
- **Reiten:** *B. Darnaud,* Plan de la Palud, Tel. 04.92.83.63.94. Von Mitte Juni bis Mitte September.
- **Montainbike-Verleih:** *Aboard Rafting,* 8, Place de l'Église, Tel. 04.92.83.76.11.

Verkehrsverbindungen

- **Bus:** Castellane liegt auf den Strecken Genf – Grenoble – Digne-les-Bains – Castellane – Grasse – Nizza und Marseille – Aix – Gréoux-les-Bains – Riez – Moustiers – La Palud – Rougon – Castellane. Diese Verbindungen bestehen jedoch nur im Sommer regelmäßig und auch dann nicht täglich.

Im Juli und August verkehren Busse zu den **Verdon-Schluchten** mit mehreren Haltestellen, zum Beispiel Point Sublime, La Palud-sur-Verdon, La Maline. *Transports Delaye,* Tel. 04.92.34.22.90.

Umgebung von Castellane

Nordöstlich von Castellane liegen die beiden ineinander übergehenden Stauseen **Lac de Chaudanne** und **Lac de Castillon.** Fährt man am Ufer des letzteren entlang, so gelangt man nach **Saint-André-les-Alpes** und in eine Gegend, in der das Leben bis auf den heutigen Tag sehr hart ist, in eine Provence, die nicht einmal mehr mit den schon ärmeren Gegenden um Sault und Forcalquier zu vergleichen ist.

Nordwestlich von Castellane dagegen windet sich die **Route Napoléon** (N 85) Richtung Digne-les-Bains steil den Berg hinauf. Die Strecke gibt wundervolle Blicke auf Castellane frei, überquert den **Col des Leques** auf 1148 Metern Höhe sowie den spektakulären **Clue de Taulanne.** Sehr plötzlich endet die schroffe, zerklüftete Berglandschaft in sanften Wäldern und mündet in das liebliche Tal des Flusses Asse de Blieux, an dem **Senez** liegt, ein winziges Nest mit einer Kirche aus dem 12. Jh.

087co Foto: im

Anhang

092co Foto: im

088co Foto: im

Literaturtipps

Geschichte und Geografie

- Agulhon, Maurice / Coulet, Noël: **Histoire de la Provence,** Taschenbuch-Reihe *Que sais-je?*, Presses Universitaires de France Paris, 1. Aufl. 1987. Gut lesbarer Überblick, verfasst von zwei renommierten französischen Historikern. Leider keine deutsche Übersetzung im Handel.
- Bertrand, Régis u.a.: **Provence-Alpes-Côte d'Azur,** Editions Bonneton Paris 2002. Umfassende Landeskunde auf französisch.
- Braudel, Fernand / Duby, Georges / Aymard, Maurice: **Die Welt des Mittelmeers. Zur Geschichte und Geographie kultureller Lebensformen,** Fischer-Verlag Frankfurt am Main 1987 (Taschenbuch-Ausgabe 1997, frz. Originalausgabe bei Flammarion Paris 1985). Anregende Abhandlung über den Mittelmeerraum, die „Wiege Europas" – mittlerweile ein Klassiker.
- Christadler, Marieluise / Uterwedde, Henrik (Hg.): **Länderbericht Frankreich. Geschichte, Politik, Wirtschaft, Gesellschaft,** Opladen: Bundeszentrale für politische Bildung 1999.
- Clébert, Jean-Paul: **Provence Antique,** zwei Bände, Laffont-Verlag Paris 1988. Geschichte und Kunstgeschichte der antiken Provence im Detail.
- Erbe, Michael: **Geschichte Frankreichs von der Großen Revolution bis zur Dritten Republik,** Stuttgart 1982.
- Hinrichs, Ernst (Hg.): **Kleine Geschichte Frankreichs,** Stuttgart 1. Aufl. 1994 (danach aktualisierte Ausgaben). Fundierte Darstellung deutscher Historiker der französischen Geschichte vom 9. Jh. bis heute in einem überschaubaren Reclam-Band von etwa 450 Seiten.
- Kalmbach Gabriele, **KulturSchock Frankreich,** Reise Know-How Verlag, Bielefeld.
- Loth, Wilfried: **Geschichte Frankreichs im 20. Jahrhundert,** Fischer Taschenbuch-Verlag Frankfurt am Main, 3. Auflage 1995.
- Alfred Pletsch: **Frankreich. Geographie, Geschichte, Wirtschaft, Politik,** Wissenschaftliche Buchgesellschaft Darmstadt, 2. überarb. und ergänzte Aufl. 2003 (Reihe Wissenschaftliche Länderkunden).
- Rolshoven, Johanna: **Provencebild mit Lavendel. Die Kulturgeschichte eines Duftes in seiner Region,** edition con Bremen 1991.
- Roux, Paul Tristan: **Histoire de Nice et son Comté,** Editions Gilletta – Nice Matin Nizza 2001.
- Sieburg, Heinz-Otto: **Geschichte Frankreichs,** Kohlhammer-Verlag Stuttgart / Berlin /Köln 1989 (danach aktualisierte Auflagen.). Überblick von der Entstehung Frankreichs im 9. Jh. bis zur Fünften Republik.
- Weisenfeld, Ernst: **Geschichte Frankreichs seit 1945. Von de Gaulle bis zur Gegenwart,** Beck-Verlag München, 3. überarb. Auflage 1997.
- Werner, K.F.: **Die Ursprünge Frankreichs bis zum Jahr 1000,** in: J. Favier (Hg.): Geschichte Frankreichs Bd. 1, Stuttgart 1989.

Titel zur Exilliteratur (Sanary-Sur-Mer) und zum Internierungslager Les Milles

- Obschernitzki, Doris: **Letzte Hoffnung Ausreise – Die Ziegelei von Les Milles.** Vom Lager für unerwünschte Ausländer zum Deportationszentrum, Verlag Hentrich & Hentrich Berlin 1999. Historischer Überblick über die Entwicklung des Lagers, in dem auch Zeitzeugen zu Wort kommen.
- Lion Feuchtwanger: **Der Teufel in Frankreich,** Aufbau-Verlag Berlin und Weimar 1992 (erstmals 1942 erschienen unter dem Titel „Unholdes Frankreich"). Der berühmte Autor vor allem historischer Romane beschreibt sein Exil in Frankreich und seine Internierung als so genannter „feindlicher Ausländer" in den Lagern Les Milles (bei Aix-en-Provence) und Nîmes. Feuchtwanger, dessen Bücher die Nazis verbrannt und den sie aufgrund seiner jüdischen Herkunft und linksliberalen Haltung ausgebürgert hatten, gibt in diesen Erinnerungen seiner Verbitterung über die französischen Behörden Ausdruck, die ihn als Nazi-Gegner und -Flüchtling verkannten und stattdessen einsperrten. Sehr eindringlich ist die Beschreibung des Lager-Alltags in Les Milles und Nîmes. Von letzterem Lager gelang dem Schriftsteller schließ-

lich eine spektakuläre Flucht, die ihn – als Frau verkleidet – über Marseille, Spanien und Portugal in die USA führte.

- Ein weiterer unfreiwilliger „Gast" im Lager Les Milles war der deutsche Schriftsteller und Literaturwissenschaftler Alfred Kantorowicz. Auch sein Buch **„Exil in Frankreich"** (Schünemann-Verlag Bremen 1971) lohnt die Lektüre und enthält insbesondere interessante Kapitel sowohl über Les Milles als auch über seine Flucht aus Frankreich mit Hilfe des Amerikaners Varian Fry vom *Emergency Rescue Committee*. Zum Kreis der von Fry und seinen Helfern 1940/41 geretteten Personen gehören wiederum Lion Feuchtwanger, dessen Frau Marta, Heinrich Mann und sein Neffe Golo, Franz Werfel und Alma Mahler-Werfel, die Maler Max Ernst und Marc Chagall, Walter Mehring, Leonhard Frank und zahlreiche andere, mehr oder wenige prominente Sozialisten, Künstler und Intellektuelle.
- Die Erinnerungen Varian Frys **„Auslieferung auf Verlangen"** (Hanser-Verlag München und Wien 1986) lesen sich spannend wie ein Kriminalroman. Mehr Respekt gebührt dem Autor jedoch für sein selbstloses Handeln, denn er half nicht nur den „Promis", sondern auch so vielen „Unbekannten" er konnte. Israel hat ihn posthum mit dem Titel „Gerechter unter den Völkern" geehrt.
- Anna Seghers, die ebenfalls mit Frys Hilfe die Flucht gelang, beschreibt in ihrem Roman **Transit** (Aufbau-Verlag Berlin, zuerst veröffentlicht 1944) die qualvoll-bedrohliche Situation der Exilanten 1940 in Marseille, die nicht wussten, ob sie es über die Grenze schaffen oder doch noch den Nazis in die Hände fallen würden.
- Zum Thema Exilliteratur sei auch empfohlen: Manfred Flügge: **Wider Willen im Paradies.** Deutsche Schriftsteller im Exil in Sanary-sur-Mer, Aufbau-Verlag Berlin 1996. In Sanary in der Nähe von Toulon wohnte Lion Feuchtwanger, bevor er in Les Milles interniert wurde. Auch Thomas Mann, Franz Werfel, René Schickele und Ludwig Marcuse lebten eine Zeit lang in dem damals noch kleinen und beschaulichen Fischerort an der Côte d'Azur.
- Marcuse, Ludwig: **Mein zwanzigstes Jahrhundert. Auf dem Weg zu einer Autobiographie,** Diogenes-Verlag Zürich 1975 (Erstausgabe List-Verlag München 1960).
- Wunderlich, Heinke und Menke, Stefanie: **Sanary-sur-Mer. Deutsche Literatur im Exil,** Stuttgart: Metzler 1996.

Kultur, Kunst und Literatur

- Barruol, Guy: **Provence Romane,** 2 Bde., Editions Zodiaque Paris 1981. Detaillierte Beschreibung fast aller romanischen Bauwerke der Provence.
- Blume, Mary: **Côte d'Azur. Geschichte und Geschichten von der Belle Epoque bis zur Gegenwart,** Heyne-Verlag München 1993.
- Corbin, Alain: **Meereslust. Das Abendland und die Entdeckung der Küste,** Wagenbach-Verlag Berlin 1990. Der Sorbonne-Professor und Kulturhistoriker Corbin hat hier ein anregendes Werk über die Anziehungskraft des Meeres auf die Europäer und die Anfänge des Tourismus vorgelegt.
- Ders.: **Pesthauch und Blütenduft. Eine Geschichte des Geruchs,** Fischer Taschenbuch-Verlag 1993. Corbins kulturhistorisches Werk soll Patrick Süskind angeregt haben, seinen berühmten Roman „Das Parfum" zu schreiben.
- Duby, Georges: **Der heilige Bernhard und die Kunst der Zisterzienser,** Fischer-Taschenbuchverlag Frankfurt 1991 (Frz. Originalausgabe von 1976). Der berühmte Mediävist Duby, verstorben 1996, war einer der Gründerväter des deutsch-französischen Kulturkanals ARTE und gehörte zur französischen Historiker-Schule *Annales*. Den Autoren dieser Schule wird zu Recht nachgesagt, dass sie es verstehen, thematisch über den Tellerrand ihrer Disziplin zu blicken und noch dazu glänzende Stilisten zu sein. Dank dieser Mischung gelingt es Duby, spröde Themen aus der Welt des Mittelalters einem breiten Publikum zu veranschaulichen. Beispiele für Bauwerke der Zisterzienser in der Provence sind die drei berühmten Klöster Sénanque, Silvacane und Le Thoronet.
- Ders.: **Die Zeit der Kathedralen. Kunst und Gesellschaft 980–1420,** frz. Ausgabe zuerst 1976, deutsche Übersetzung bei Suhr-

kamp Frankfurt am Main 1989. Das berühmteste Werk Dubys ist längst ein Klassiker.

- Duval, Paul-Marie: **Gallien. Leben und Kultur in römischer Zeit,** Stuttgart 1979.
- Keller, Harald: **Die Kunstlandschaften Frankreichs,** Wiesbaden 1963.
- Néret, Gilles: **Matisse,** Taschen-Verlag Köln 2002.
- Nestmeyer, Ralf: **Provence – Côte d'Azur. Ein literarischer Reisebegleiter,** Insel-Verlag Frankfurt am Main 2002. Textauswahl von Autorinnen und Autoren, die in der Provence bzw. an der Küste lebten und / oder arbeiteten inklusive eines einführenden Kapitels in die Thematik.
- Otto Schertler: **Die Kelten und ihre Vorfahren. Burgenbauer und Städtegründer,** Battenberg-Verlag Augsburg 1999. Einführung in die keltische Kultur, veranschaulicht durch zahlreiche Farbfotos und Karten.
- Tetzlaff, Ingeborg: **Drei Jahrtausende Provence. Vorzeit, Antike, Mittelalter und Neuzeit,** DuMont-Kunstreiseführer Köln 1. Aufl. 1985. Beschreibung der Geschichte der Provence anhand ihrer historischen Bauwerke und sonstigen Überreste.
- Dies. (Hg.): **Licht der Provence,** DuMont-Verlag Köln 1978. Ausgewählte Texte von Schriftstellern zum Thema Provence.
- Wunderlich, Heinke: **Spaziergänge an der Côte d'Azur der Literaten,** Arche-Verlag Zürich und Hamburg 2. Aufl. 2001.

Flora und Fauna

- Riedl, Rupert: **Fauna und Flora des Mittelmeeres,** Parey-Verlag Hamburg und Berlin 1983.
- Valentin, Claus: **Faszinierende Unterwasserwelt des Mittelmeeres,** Parey-Verlag Hamburg und Berlin 1990.
- Schönfelder, Peter und Ingrid: **Die Kosmos-Mittelmeerflora. Über 500 Mittelmeerpflanzen in Farbfotos,** Kosmos-Verlag Stuttgart 2002.
- Dies.: **Was blüht am Mittelmeer?** Kosmos-Verlag Stuttgart 2000.

Essen und Trinken

- Etienne, Christian: **Die besten Rezepte der provenzalischen Küche,** Editions Ouest-France Rennes 1998.
- Forbes, Leslie: **Eine kulinarische Reise durch die Provence. Klassische Rezepte aus dem Süden Frankreichs,** DuMont-Verlag Köln 1988.
- Maureau, Andrée: **Rezepte aus der Provence,** Edisud-Verlag Aix-en-Provence 1995.
- Nazet, Marion: **Cuisine et fêtes en Provence,** Edisud-Verlag Aix-en-Provence 1992.
- **Weinführer Frankreich,** Hachette-Verlag Paris, jährlich aktualisiert.

Sprache

- **Französisch – Wort für Wort,** REISE KNOW-HOW Verlag, Bielefeld, aus der Kauderwelsch-Reihe (Band 40). Die handlichen Sprechführer bieten eine auf das Wesentliche reduzierte Grammatik und viele Beispielsätze für den Reisealltag (als **Kauderwelsch digital Französisch** auch auf CD-ROM erhältlich).
- **AusspracheTrainer Französisch,** REISE KNOW-HOW Verlag, Bielefeld. Audio-CD, ca. 60 Min. Laufzeit, die wichtigsten Sätze und Redewendungen des Kauderwelsch-Bandes zum Hören und Nachsprechen.
- **Französisch kulinarisch,** die Sprachhilfe für Restaurant und Supermarkt, Kauderwelsch Bd. 134, REISE KNOW-HOW Verlag, Bielefeld.
- **Französisch-Slang,** das andere Französisch, Kauderwelsch Bd. 42, REISE KNOW-HOW Verlag, Bielefeld.

Belletristik

- Fitzgerald, F. Scott: **Zärtlich ist die Nacht,** Diogenes Verlag Zürich 1982. Roman über die „Lost Generation" der 1920er Jahre an der Côte d'Azur.
- Greene, Graham: **Heirate nie in Monte Carlo,** dtv München (engl. Originalausgabe von 1955). Dem englischen Buchhalter Bertrand verhilft eine Laune seines Chefs zu Flitterwochen in Monte Carlo. Aber man wan-

delt nicht ungestraft unter den Palmen der Millionäre ...

- Giono, Jean: **Der Husar auf dem Dach,** Verlag Kiepenheuer und Witsch Köln 1989. Verfilmung 1995 mit Juliette Binoche und Olivier Martinez, Regie: Jean-Paul Rappenau; dieser Film soll der teuerste französische Spielfilm aller Zeiten sein. Die Vorgeschichte des schönen Husaren Angelo Pardi erzählt Giono übrigens in dem weniger bekannten Roman **Angelo.**

  In der Originalausgabe erscheinen viele Werke Gionos beim Gallimard-Verlag Paris. Als sein Haupt- und Schlüsselwerk gilt der autobiographische Roman **Jean der Träumer** (btb-Taschenbuch, Goldmann-Verlag), in dem er seine Kindheit und Jugend in der Hochprovence schildert. Desweiteren lesenswert ist **Der Berg der Stummen,** eine poetische Liebesgeschichte, auch sie spielt natürlich in der Hochprovence. Siehe zu Giono auch die entsprechenden Passagen im Kapitel „Sprache und Literatur".
- Koeppen, Wolfgang: **Reisen nach Frankreich,** Suhrkamp-Verlag Frankfurt am Main 1979. Auch heute noch interessante und anregende Reisebeschreibung. An der Côte d'Azur besuchte Koeppen Toulon, Hyères, Saint-Tropez, Fréjus, Cannes, Nizza, Monte Carlo und Menton.
- Mann, Erika und Klaus: **Das Buch von der Riviera,** Rowohlt-Verlag Reinbek 2004. Reisebuch der Kinder Thomas Manns, das 1931 in der Reihe „Was nicht im Baedeker steht" erschien. Die heute im Handel erhältliche Ausgabe ist ein fotomechanischer Nachdruck der Originalausgabe, zum Teil mit Zeichnungen von Henri Matisse.
- Mayle, Peter: **Mein Jahr in der Provence,** Knaur-Verlag München. Der britische Provence-Liebhaber Mayle hat sich nicht auf dem Erfolg seines ersten Bestsellers ausgeruht, sondern produziert fleißig weiter Bücher zu seiner Wahlheimat: **Toujours Provence, Hotel Pastis, Ansichten eines provenzalischen Hundes, Cézanne gesucht, Ein guter Jahrgang** und **Trüffelträume.**
- Mistral, Frédéric: **Mireille.** Eine deutsche Ausgabe ist nur noch antiquarisch zu bekommen. Zu Mistral siehe auch das Kapitel „Sprache und Literatur".
- Pagnol, Marcel: **Eine Kindheit in der Provence.** Dieser autobiographische Roman sowie andere Werke des Autors wie z.B. **Der Ruhm meines Vaters, Das Schloss meiner Mutter, Jean Florette** und **Manons Rache** erscheinen auf Deutsch beim Goldmann-Verlag. Pagnol ist auch Verfasser des historischen Romans **Die eiserne Maske. Der Sonnenkönig und das Geheimnis des großen Unbekannten.** Siehe auch das Kapitel „Sprache und Literatur".
- Sagan, Françoise: **Mein Blick zurück. Erinnerungen,** Ullstein-Verlag München 2000 (frz. Originalausgabe *Derrière l'épaule,* Plon-Verlag Paris 1998). Anhand ihrer Romane lässt die Schriftstellerin ihr Leben Revue passieren, wobei auch Passagen über Saint-Tropez vorkommen. Natürlich schreibt sie auch über **Bonjour Tristesse,** ihren Jugendroman, der sie berühmt machte und der in den 1950er Jahren an der Côte d'Azur spielt.
- Süskind, Patrick: **Das Parfum,** Diogenes-Verlag Zürich 1985. Der Parfümeur Jean-Baptiste Grenouille ist verrückt nach dem Duft junger Mädchen. Mit feiner Nase spürt er ihnen nach und tötet sie – um sich ihren Geruch anzueignen. Wer diesen Weltbestseller bis heute nicht gelesen hat, sollte das bald einmal tun oder wenigstens die Verfilmung von Tom Tykwer ansehen.

Kleine Sprachhilfe

Orientierung / Verkehrsmittel

à droite	rechts
à gauche	links
autoroute	Autobahn
baie	Bucht
barrage	Staudamm
carrefour	(Straßen-)Kreuzung
centre ville	Stadtzentrum
chemin	Weg
côte	Küste
direction	Richtung
fleuve	Fluss
forêt	Wald
gare S.N.C.F.	Bahnhof (S.N.C.F. ist die staatliche Eisenbahngesellschaft)
gare routière	Busbahnhof
mairie	Gemeindeamt
maison	Haus
mer	Meer
office de tourisme	Fremdenverkehrsamt
plage	Strand
port	Hafen
port de plaisance	Sporthafen
port de pêche	Fischerhafen
quai	Kai, Bahnsteig
quartier	Stadtviertel
rivière	Fluss
rond-point	Kreisverkehr
route	Landstraße
rue	Straße
sentier	Pfad
village	Dorf
ville	Stadt
voie	Weg, Straße
zone piétonne	Füßgängerzone

Unterkunft

auberge	Landgasthof
auberge de jeunesse	Jugendherberge
chambre d'hôte	Gästezimmer
chambre double avec douche/WC/bain	Doppelzimmer mit Dusche/WC/Badewanne
enfants	Kinder
hôtel	Hotel
jour	Tag
lit	Bett
nuit	Nacht
personnes	Personen
réservation	Reservierung
voiture	Auto

Sehenswertes

abbaye	Abtei
bastide	alter bewehrter Ort
campanile	freistehender Glockenturm
château	Schloss, Burg; auch Weingut
clocher	Glockenturm
cloître	Kloster
couvent	Kloster
domaine	Besitzung; auch Weingut
donjon	Wehr-/Festungsturm
église	Kirche
étang	Teich
gorge	Schlucht
grotte	Höhle
hôtel de ville	Rathaus
hôtel particulier	nobles Stadthaus
île	Insel
jardin	Garten
lac	See
mas	provenzalisches Landhaus, Hof
massif	Bergmassiv
mont	Berg
montagne	Bergmassiv, -kette
musée	Museum
monastère	Kloster
moulin	Mühle
palais	Palast, Herrenhaus, nobles Stadthaus
pays	Land, Gegend
phare	Leuchtturm
place	Platz
plaine	Ebene
plateau	Hochebene
pointe	Landspitze
pont	Brücke
porte	Tor, Stadttor
remparts	Stadtmauer
tour (de l'horloge)	(Uhr-)Turm
vallée	Tal
village perché	auf einem Gipfel gebautes Wehrdorf
vignobles	Weingärten/-berge

Einkaufen, Essen und Trinken

ail Knoblauch
argent Geld
L'addition, s'il vous plaît! Die Rechnung, bitte!
bière Bier
boisson Getränk
boucherie Fleischerei, Metzgerei
boulangerie Bäckerei
bouteille Flasche
brut herb, trocken
café au lait Kaffee mit Milch
café crème Cappuccino oder Kaffee mit Sahne
café décaféiné koffeinfreier Kaffee
café noir Espresso
centre commercial Einkaufszentrum
chèvre Ziege
couvert Gedeck
crèmerie Milchprodukte-Fachgeschäft
crudités Rohkostsalate
dégustation Weinverkostung
déjeuner Mittagessen
dessert Nachspeise
digestif Verdauungsschnaps
dîner Abendessen
eau minérale gazeuse Mineralwasser mit Kohlensäure
entré Vorspeise
fromage de chèvre Ziegenkäse
fruits Früchte/Obst
fruits de mer Meeresfrüchte
gâteau Kuchen
glace Eis
glacier Eisverkäufer, Eiscafé
herbes de Provence Kräuter der Provence
huile Öl
hypermarché Einkaufzentrum mit Supermarkt und Fachgeschäften
jambon cuit gekochter Schinken
jambon fumé geräucherter Schinken
jus Saft
lait Milch
lait demi-écremé halbfette Milch
lait entier Vollmilch
légumes Gemüse
magasin Geschäft
manger essen
marché Markt
marron Esskastanie
matière grasse Fettgehalt, Fettstufe
menu du jour Tagesmenü
miel Honig
moules Miesmuscheln
moutarde Senf
mouton Hammel, Schaf
noisettes Haselnüsse
noix Walnuss
oeuf Ei
oie Gans
oignons Zwiebeln
pain Brot (*petit pain* = Brötchen)
pain au chocolat Croissant mit Schokofüllung
pastis Anislikör, Anisgebäck
pâté Pastete
patisserie Konditorei
petit déjeuner Frühstück
pièce Stück
plat (Teller-)Gericht, Hauptgang
plat du jour Tagesgericht
poisson Fisch
poivre Pfeffer
pomme Apfel
pommes de terre Kartoffeln
porc Schwein
poulet Brathähnchen
prix Preis
raisins Weintrauben
riz Reis
salade de tomates Tomatensalat
salade verte grüner Salat
sel Salz
soldes Schlussverkauf, Preisreduzierungen
soupe Suppe
sucre Zucker
thé Tee
traiteur Gerichte und Menüs zum Mitnehmen
supermarché Supermarkt
verre Glas
viande Fleisch
vin (rouge, blanc, rosé) Wein (rot, weiß, Rosé)
volaille Geflügel

HILFE!

Dieses Reisehandbuch ist gespickt mit unzähligen Adressen, Preisen, Tipps und Infos. Nur vor Ort kann überprüft werden, was noch stimmt, was sich verändert hat, ob Preise gestiegen oder gefallen sind, ob ein Hotel, ein Restaurant immer noch empfehlenswert ist oder nicht mehr, ob ein Ziel noch oder jetzt erreichbar ist, ob es eine lohnende Alternative gibt usw.

Unsere Autoren sind zwar stetig unterwegs und versuchen, alle zwei Jahre eine komplette Aktualisierung zu erstellen, aber auf die Mithilfe von Reisenden können sie nicht verzichten.

Darum: Schreiben Sie uns, was sich geändert hat, was besser sein könnte, was gestrichen bzw. ergänzt werden soll. Nur so bleibt dieses Buch immer aktuell und zuverlässig. Wenn sich die Infos direkt auf das Buch beziehen, würde die Seitenangabe uns die Arbeit sehr erleichtern. Gut verwertbare Informationen belohnt der Verlag mit einem Sprechführer Ihrer Wahl aus der über 220 Bände umfassenden Reihe „Kauderwelsch" (siehe unten).

Bitte schreiben Sie an:

REISE KNOW-HOW Verlag Peter Rump GmbH, Postfach 140666, D-33626 Bielefeld, oder per e-mail an: info@reise-know-how.de

Danke!

Kauderwelsch-Sprechführer – sprechen und verstehen rund um den Globus

Afrikaans • Albanisch • Amerikanisch - *American Slang, More American Slang,* Amerikanisch oder Britisch? • Amharisch • Arabisch - Hocharabisch, für Ägypten, Algerien, Golfstaaten, Irak, Jemen, Marokko, • Palästina & Syrien, Sudan, Tunesien • Armenisch • *Bairisch* • Balinesisch • Baskisch • Bengali • *Berlinerisch* • Brasilianisch • Bulgarisch • Burmesisch • Cebuano • Chinesisch - Hochchinesisch, kulinarisch • Dänisch • Deutsch - *Allemand, Almanca, Duits, German, Nemjetzkii, Tedesco* • *Elsässisch* • Englisch - *British Slang, Australian Slang, Canadian Slang, Neuseeland Slang,* für Australien, für Indien • Färöisch • Esperanto • Estnisch • Finnisch • Französisch - kulinarisch, für den Senegal, für Tunesien, *Französisch Slang, Franko-Kanadisch* • Galicisch • Georgisch • Griechisch • Guarani • Gujarati • Hausa • Hebräisch • Hieroglyphisch • Hindi • Indonesisch • Irisch-Gälisch • Isländisch • Italienisch - *Italienisch Slang,* für Opernfans, kulinarisch • Japanisch • Javanisch • Jiddisch • Kantonesisch • Kasachisch • Katalanisch • Khmer • Kirgisisch • Kisuaheli • Kinyarwanda • *Kölsch* • Koreanisch • Kreol für Trinidad & Tobago • Kroatisch • Kurdisch • Laotisch • Lettisch • Lëtzebuergesch • Lingala • Litauisch • Madagassisch • Mazedonisch • Malaiisch • Mallorquinisch • Maltesisch • Mandinka • Marathi • Modernes Latein • Mongolisch • Nepali • Niederländisch - *Niederländisch Slang,* Flämisch • Norwegisch • Paschto • Patois • Persisch • Pidgin-English • *Plattdüütsch* • Polnisch • Portugiesisch • Punjabi • Quechua • *Ruhrdeutsch* • Rumänisch • Russisch • *Sächsisch* • *Schwäbisch* • Schwedisch • *Schwiizertüütsch* • *Scots* • Serbisch • Singhalesisch • Sizilianisch • Slowakisch • Slowenisch • Spanisch - *Spanisch Slang,* für Lateinamerika, für Argentinien, Chile, Costa Rica, Cuba, Dominikanische Republik, Ecuador, Guatemala, Honduras, Mexiko, Nicaragua, Panama, Peru, Venezuela, kulinarisch • Tadschikisch • Tagalog • Tamil • Tatarisch • Thai • Tibetisch • Tschechisch • Türkisch • Twi • Ukrainisch • Ungarisch • Urdu • Usbekisch • Vietnamesisch • Walisisch • Weißrussisch • *Wienerisch* • Wolof • Xhosa

WHITE INKJET

sound))) trip®
Musik bei
REISE KNOW-HOW
REISE KNOW-HOW
ISBN 978-3-8317-5101-3
Australia
ISBN 978-3-8317-5106-8
Argentina
ISBN 978-3-8317-5109-9
China
ISBN 978-3-8317-5102-0
Finland
ISBN 978-3-8317-5108-2
Japan
ISBN 978-3-8317-5105-1
Cuba
ISBN 978-3-8317-5104-4
Switzerland
ISBN 978-3-8317-5103-7
The Balkans
ISBN 978-3-8317-5107-5
Northeast Brazil
ISBN 978-3-8317-5110-5
Northern Africa
ISBN 978-3-8317-5111-2
The Andes
ISBN 978-3-8317-5114-3
Iceland
ISBN 978-3-8317-5117-4
Ireland
ISBN 978-3-8317-5118-1
Scotland
ISBN 978-3-8317-5119-8
South Africa
ISBN 978-3-8317-5120-4
Turkey
Die Compilations der CD-Reihe sound))) trip stellen die aktuelle, typische Musik eines Landes oder einer Region vor. Im Buchhandel erhältlich, jede CD 50–60 Min., 22-seitiges Booklet.
Unverbindl. Preisempf.: 15,90 € [D]
Kostenlose Hörprobe im Internet unter:
in cooperation with
(((piranha)))
www.reise-know-how.de

Anhang

wilfried krusekopf
eberhard homann
bretagne
handbuch für individuelles entdecken

hans otzen
normandie

ines mache
stefan brandenburg
provence
handbuch für individuelles entdecken

Anhang

Jeder Titel:
144-160 Seiten,
handliches
Taschenformat
10,5 x 17 cm,
robuste PUR-
Bindung,
Glossar,
Register und Griff-
marken
zur schnellen
Orientierung

weitere
Titel siehe
Programm-
übersicht

Reise Know-How Verlag, Bielefeld

Anhang

Register

K

L

M

018co Foto: im

Die Autorin

Ines Mache, Jahrgang 1970, studierte Geschichte, Germanistik und Politikwissenschaft in Köln und Südfrankreich. Heute ist sie Lehrerin an einem Gymnasium in Arnsberg/Sauerland. Bei Reise Know-How ist auch ihr Handbuch „Provence" erschienen.

Danksagung

Herzlich danken möchte ich allen, die mich bei der Arbeit an diesem Reiseführer unterstützt haben, allen voran meinem Mann Achim Schifferings, der – so oft es ihm möglich war – in die Rolle meines Reisebegleiters und Co-Rechercheurs geschlüpft ist und meine Arbeitsmoral stets hochgehalten hat. Meiner Lektorin Caroline Tiemann sei gedankt für ihre Geduld und ihr Verständnis. Des Weiteren gilt mein Dank insbesondere Anna Bergner, Heike Blume, Philippe Cantarel, Michel Caraïsco, Gabrielle Choisy, Tink Denis, Valentine Dolla, Agnes Falcoz, Sandra Jurinic, Frédéric Lanore, Florence Lecointre, Sandrine Leonard, Vita Mache, Sandrina Michon, Christophe Müssgens, Valérie Sarda, Ralph Schetter, David Singleton, Waldi Werle u.a.m.

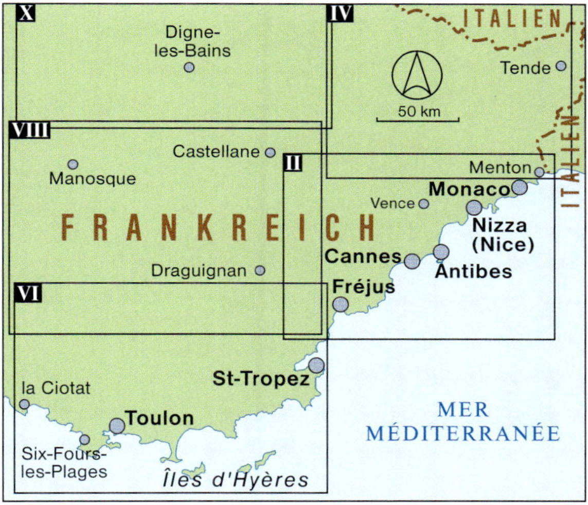

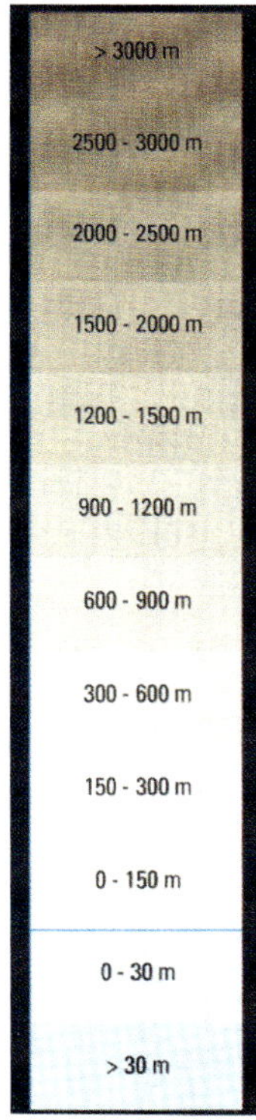

1 : 425 000

0 5 10 15 20 25 km

Die Karten auf den folgenden Seiten sind Ausschnitte aus der Südfrankreich-Karte des **world mapping project** von REISE KNOW-HOW (s.S. 494)

150 Höhenlinie (Höhe in m)
Contour lines (heights in m)

Tiefenschichtzahl (Tiefe in m)
Bathymetric tints number (dephts in m) 30

Zeichenerklärung

- Schnellstraße
- Fernstraße
- Nebenstraße
- Sonstige Straße
- Eisenbahn
- Kloster
- Höhle
- Sehenswürdigkeit
- Grenzübergang
- Aussichtspunkt
- Int. Flughafen
- Nat. Flughafen

IV
IX
6°30'
7°0
Vergons
St-Julien-du-Verdon
Blaron
le Touyet
Ubraye
Montblanc
Val-de-Chalvagne
la Rochette
St-Antoni
Cuéb
Amirat
Collongues
Sigale
Bge de Castillon-Demandolx
Stade de Neige de Vauplane
la Sagne
Briançonnet
Clue de Riolan
Roquester
D955
N.-D. du Roc
Demandolx
Gars
l'Esteron
Castellane
Solelhas
St-Auban
Clue de St-Auban
Casc. de Vegay
Gréolières les Neiges
le Graou
le Mas
la Garde
Peyroules
les Lattes
Thorenc-Station
Cime du Cheiron
St-Thyrs
N85
la Bâtie
Valderoure
Col de Bleine
1439
1200
Clue de Gréolières
Gréolières
1778
Eoulx
D2
Châteauvieux
Séranon
la Lane
Andon
Cipières
D3
le Bourguet
le Logis du Pin
Caille
Station de l'Audibergue
D5
Observatoire
St-Barr
Brenon
la Martre
Villaute
Caussols (St-Lambert)
Bramafan
l'Artuby
la Bastide
Canaux
Bargème
Montagne de Lachens
Esclapon
Escragnolles
Courm
la Souche
les Gras
la Roque-Esclapon
T. Orient.
Baou Mourine
Gourdon
D6
D21
la Malle
le Bar-sur-Loup
D22
Comps-sur-Artuby
Gr. de Baume Obscure
St-Vallier-de-Thiey
Brovès
T. Orient.
Mons
Grottes des Audides
Pré du Lac
Châteauneuf-Grasse
600
D563
Cabris
Opio
Camp Militaire de Canjuers
Rochetaillée
la Tansonive
Grottes de St-Cézaire
Grasse
T. Orient.
Seillans
St-Cézaire-sur-Siagne
le Tignet
Valbonne
Peymeinade
Mouans-Sartoux
Callian
Moulin-Vieux
Bargemon
le Baguier
Fayence
Montauroux
D9
N85
Mougins
les Selves
Siagne
Pégomas
les Grandes Terrasses
D562
Tanneron
La Roquette-s-S.
Callas
Claviers
Broves en Seillans
St-Paul-en-Forêt
les Marjoris
D562
l'Estagnol
Lac de St-Cassien
D37
D109
Le Cannet
D54
l'Endre
le Ruel
Mandelieu-la-Napoule
Cascade de Pennafort
le Soleil des Adrets
Bagnols-en-Forêt
Cannes
l'Étang
Les Adrets-de-l'Estérel
la Napoule
Île Ste-Marguerite
les Agates
D4
E80
Théoule-sur-Mer
A8
l'Esterel
Île St-Honorat
D54
la Motte
la Lieutenante
N7
614 Mont Vinaigre
Pic de l'Ours
496
la Galère
Îles de Lérins
Saut du Capelan
Massif de
Miramar
le Muy
Puget-sur-Argens
Mosquée
Pic du Cap Roux
453
le Trayas
E80
A8
Chât. Aurélie
Pagode Bouddhique
N98
373
Rocher de Roquebrune
Roquebrune-sur-Argens
St-Raphaël
Agay
100
les Canebières
Anthéor
M
E
D25
Parc Aquatique
Vieux Revest
Fréjus
Cap du Dramont
les Pierrons
St-Aygulf
200
N98
les Ricards
la Gaillarde
7°00

V
D2566
D2204
7°30′
Toudon
Mont Vial
1549
T. Orient
Belv. du Saut des Français
le Piaon
Libre
Rochetta-Nervina
Piène Haute
Olivetta-San-Michele
Sospel
Duranus
N202
Lucéram
D93
Airole
Pierrefeu
Coaraze
D2566
Bonson
Levens
le Pontet
Collabassa
Trucco
Mont Razet
1285
Torri
les Ferres
D19
Berre-les-Alpes
Touët-de-l'Escarène
Gilette
Bendejun
Castillon
Bouyon
la Roquette-sur-Var
l'Escarène
E74
D2566a
Bézaudun-les-Alpes
Contes
Blausasc
Ste-Agnès
Castellar
San Antonio
le Broc
Castagniers
Tourrette-Levens
Peille
Bastide de Vescagne
Carros
D2204
Gorbio
l'Annonciade
Ventimiglia
Mont Chauve d'Aspremont
Peillon
Mortola
la Cagne
Gattières
D2210
853
Cantaron
Roquebrune-Cap-Martin
Capo Mortola
Ste-Thècle
Menton
D2
Grte St-André
Drap
Falicon
la Trinité
St-Jeannet
Cap Martin
Monte-Carlo
Parc de Loisirs
A8
Èze
MONACO
N202
la Gaude
N98
Monaco-Ville
Cimiez
Vence
St-Nicolas
Cap-d'Ail
D7
Beaulieu-sur-Mer
200
la Colle-sur-Loup
St-Paul
50
St-Laurent-du-Var
Villefranche-sur-Mer
St-Jean-Cap-Ferrat
D36
Parc Miniatures
Cap Ferrat
NICE
Cagnes-sur-Mer
100
500
1000
Bastia 3½ - 10 h
Nice-Côte d'Azur
l'Île Rousse 3 - 10 h
Biot
Villeneuve-Loubet-Plage
Calvi 3 - 10 h
Baie des Anges
Zoo Marin
Ajaccio 3 - 10 h
E80
Plaine de la Brague
A8
Fort Carré
Antibes
N7
Chât. Grimaldi
2000
Cap d'Antibes
MER
43°30′
MÉDITERRANÉE
7°30′

Col d´Allos
2240
la Foux
la Baumelle
Allos
N.-D. de Valvert
le Seignus Bas
Chaumie Haut
Colmars
Villars-Colmars
la Combe
Beauvezer
Villars Heyssier
Ondres
Peyresq
la Colle St-Michel
Méailles
le Fugeret
Mont Pelat
3050
Refuge de la Cayolle
Col de la Cayolle
2326
Refuge de la Cantonniere
Lac d´Allos
Clignon Haut
Estenc
Entraunes
Casc. de la Lance
le Pont de la Serre
Val Pelens
Pra Pelet
St-Martin-d´Entraunes
Villeneuve-d´Entraunes
Sussis
Enaux
le Grand Coyer
2693
Aurent
Argenton
Chabrières
St-Martin
Sausses
Refuge de Sestriere
la Tinée
St-Dalmas-le-Selvage
Vacherie de Demandols
Parc National du Me
les Tourres
la Gardivole
Barels
la Baumette
le Parc
Péone
le Villard
Guillaumes
St-Brès
Sauze
le Var
les Selves
Villeplane
la Pinée
Gorges de Daluis
Villetalle Basse
Raton
2136
Dôme de Barrot
Liouc
Léouvé
St-Léger
Becco Alto del Piz
2912
St-Etienne-de-Tinée
Auron
las Donnas
2474
Roya
Mont Mounier
2817
l´Oustallet
Valberg
Bergians
Beuil
Gorges Sup. du Cians
Pra d´Astier
7°00´
Pianche
Bagni de Vinad
San Bernolfo
Callieri
Rifugio del Laus
la Blache
Vieux Cloche
Isola
la Tinée
Vignol
la Colle
Rougios Granges
Tiecs Granges
Cougne
Roubion
Roure
Buisses
St-Sauveur-sur-Tinée
Les Clots
2105
Abéliéra
Ilonse
Pierlas
Clot de Marre
D64
D2205
D2202
D908
D28
D30
44°00´
Allons
Braux
Rochers
St-Benoît
Annot
Castellet-lès-Sausses
le Bas Agnerc
la Croix-sur-Roudoule
Auvare
Puget-Rostang
Rigaud
Lieuche
Thiéry
Alpes
Villars-sur-Var
le Plan
les Scaffarels
Entrevaux
N202
les Tuves
Ourges
Vergons
L´Iscle
Rouaine
1588
le Champ
Avenos
la Rochette
le Var
Touët-sur-Var
la Penne
le Touyet
Ubraye
Montblanc
Val-de-Chalvagne
Amirat
Collongues
St-Antonin
Cuébris
Pierrefeu
Toudo
Stade de Neige de Vauplane
la Sagne
Briançonnet
Sigale
Clue de Riolan
Roquesteron
Demandolx
Solelhas
St-Auban
Clue de St-Auban
Gars
l´Esteron
Casc. de Vegay
Clue de la Péguière
Conségudes
les Ferre
le Graou
le Mas
Gréolières les Neiges
Peyroules
les Lattes
Thorenc-Station
Cime du Cheiron
1778
Bézaudun-les-Alpes
N85
la Bâtie
Valderoure
Col de Bleine
1439
Gréolières
Clue de Gréolières
Coursegoules
Bastide de Vescagn
Châteauvieux
le Logis du Pin
la Lane
Séranon
Andon
D2
D5
D3
Cipières
7°00´
St-Barnabé
la Martre
Villaute
Caille
Station de l´Audibergue
Bramafan
XI
II

Vinadio
Aisone
Stura di Demonte
Andonno
7°30'
T. Colla
Robilante
Terme di Lurisia
1630
M. Ciapèl
San Bernardo
Valdieri
Brignola
S. Giácomo
Pradeboni
T. Gesso
Roaschia
Rifugio Bianco
Parco
San Lorenzo
ss20
28
B Costa Rossa
2404
Bartolomeo
San
Monte Matto
3088
Sant´Anna di Valdieri
Entracque
Vernante
Certosa di Pesio
Parco
Regionale
Monte Bussaia
2451
Folchi
Sottana
Regionale
Alta Valle Pesio e Tanaro
Cime de la Lombarde
2800
Terme di Valdieri
Réserve de Chasse de Valdieri
Trinità
Limone Piemonte
Rifugio Morelli
Pallanfrè
Rifugio Garelli
2496
Alpi Marittime
Isola 2000
Punta Savina
2821
Limonetto
Cima della Fascia
Mollières
Monte del Frisson
2637
Tunnel de Tende
Rés. de Chasse du Mercantour
Rifugio Ellena Soria
Refuge des Adus
le Boréon
Refuge de la Cougourde
Val Castérino
Viévola
Vacherie des Millefonts
30
Granges de Pont Riche
Refuge de Valmasque
le Villars
la Madone de Fenestre
9
Tende
Moirgnole
la Colmiane
St-Martin-Vésubie
Gravures Rupestres
Bens
27
St-Dalmas-Venanson
le Touron
St-Grat
St-Dalmas-de-Tende
E74
la Brigue
Libaret
D2565
Berthemont-les-Bains
Refuge des Merveilles
Granile
Mont Tournairet
2085
16
la Vésubie
Roquebillière Vieux
Grange du Colonel
8
Bergue Inférieur
Bergue Supérieur
Roquebillière
les Granges de la Brasque
Belvédère
l´Authion
2078
N204
Fontan
Grange de Praï
Maurion
44°00'
Clans
12
Authion
la Lagouna
Saorge
Quinson
la Bollène-Vésubie
1604
Col de Turini
la Maglia
10
Anc. Couvent des Franciscains
Rifugio Allavena
Lantosque
Maritimes
11
Pélasque
la Tour
Figaret
Camari
Moulinet
20
Breil-sur-Roya
Monte Alto
1269
Pigna
10
Utelle
D2565
Peïra Cava
Agandon
St-Jean la Rivière
23
D2566
56
12
Castel-Vittorio
Mont Vial
1549
19
D2204
Libre
Rochetta-Nervina
T. Orient
Belv. du Saut des Français
le Piaon
Piène Haute
Olivetta-San-Michele
Nervia
10
Duranus
Sospel
N202
Lucéram
D93
Airole
Apricale
8
Coaraze
D2566
20
Collabassa
26
Valle Nervia
16
Perinaldo
Levens
le Pontet
Mont Razet
1285
Torri
Trucco
Dolceaqua
Gilette
D19
34
Bendejun
Berre-les-Alpes
Touët-de-l´Escarène
Bevera
l´Escarène
Castillon
E74
la Roquette-sur-Var
15
D2566a
15
Camporosso
le Broc
Contes
Blausasc
Ste-Agnès
San Antonio
13
30
Castellar
6
13
7
Castagniers
8
Peille
11
Tourrette-Levens
D2204
Gorbio
l´Annonciade
Bordighera
Carros
le Var
Mont Chauve d´Aspremont
31
Ventimiglia
11
6
10
Peillon
Mortola
D2210
853
Cantaron
Capo Mortola
Capo Sant´Ampeglio
15
8
Ste-Thècle
12
Menton
7°30'

⇩ III

VIII
43°30′
6°00′
43°00′
Logis de la Colle
Pourrières
Seillons-Source-d'Argens
Berthoire
Ollières
Cadry
Châteauvert
Vallon Sourn
Correns
Montfort-sur-Argens
Miraval
Rousset
Bras
la Grande Bastide
le Val
Peynier
Trets
St-Maximin-la-Ste-Baume
l'Argens
Kirbon
la Sorbière
Valjancelle
Tourves
les Gaëtans
Brignoles
les Boyers
Chât. de Valbelle
la Bouilladisse
la Chaumette
Rougiers
St-Julien
la Celle
Mgne de la Loube
839
Camps-la-Source
Ste-Anastasie-sur-Issole
Auriol
St-Zacharie
Nans-les-Pins
Roquevaire
Mazaugues
Forcalqueiret
la Glacière
Plan-d'Aups-Ste-Baume
St-Pilon
la Roquebrussanne
Garéoult
Massif de la Sainte Baume
994
Taillane
Chât. du Castellas
Néoules
Gémenos
Signes
Riboux
Parc de St-Pons
Cuges-les Pins
Méounes-lès-Montrieux
Aubagne
Montrieux-le-Vieux
le Lion d'Or
les Garrigues
Rouvière
le Camp
Belgentier
le Grand Caunet
Ste-Anne du Castellet
Cuers
Ceyreste
la Reymonnette
Solliès-Toucas
la Bayole
la Ciotat
le Castellet
Parc Aquatique
le Beausset
le Revest-les-Eaux
Chât. des Forbin
Sauvebonne
Solliès-Pont
le Liouquet
la Cadière-d'Azur
Solliès-Ville
les Lecques
le Vieux Beausset
les Pomets
la Madrague
Tr. Beaumont
la Farlède
la Crau
le Port d'Alon
Évenos
Pointe du Défens
Ollioules
la Valette-du-Var
Bandol
la Garde
Sanary-sur-Mer
la Moutonne
Hyères
Six-Fours-les-Plages
La Seyne-sur-Mer
Toulon
le Pradet
Île des Embiez
les Sablettes
la Garonne
Carqueiranne
le Brusc
St-Pierre des Embiez
St-Mandrier-sur-Mer
Presqu'île de St-Mandrier
Cap Sicié
la Madrague
Porto-Torres (Sardaigne) 9 - 16 h
Propriano 7 - 10 h
Calvi 7 - 10 h
l'Île Rousse 7 - 10 h
Bastia 8 - 10 h
A8
A50
A52
A501
E80
N7
N8
N560
D1
D2
D3
D5
D6
D12
D14
D43
D554
D559
D560
D562
300
600

IX
Lorgues
Carcès
D562
Anc. Abb. du Thoronet
le Thoronet
D13
Cabasse
les Bertrands
l'Argens
Taradeau
les Nouradons
Anc. Abb. de la Celle Roubaud
les Arcs
Oppidum
Vidauban
N7
E80
A8
D10
D54
la Motte
Saut du Capelan
le Muy
la Lieutenante
43°30'
Puget-sur-Argens
6°30'
373
Rocher de Roquebrune
Roquebrune-sur-Argens
les Canebières
D25
Vieux Revest
le Cannet-des-Maures
St-Pons
la Bastide Rouge
le Luc
Oppidum
l'Aille
la Basse Verrerie
les Pierrons
les Ricards
la Lauzade
Flassans-sur-Issole
Repenti
D558
les Plaines
Plan-de-la-Tour
Val d'Esquières
Besse-sur-Issole
la Moure
la Nartelle
N98
Gonfaron
les Mayons
Ste-Maxime
Coriolan
Carnoules
N97
Village des Tortues
Fort Freinet
la Garde-Freinet
Beauvallon
la Court
Port Grimaud
St-Tropez
le Réal Martin
779
la Sauvette
Grimaud
la Bouillabaisse
la Moutte
la Portanière
les Bonnaux
la Verne
Capelude
Cogolin
D559
Moulins de Paillas
Pampelonne
Collobrières
Chartreuse de la Verne
les Guiols
Gassin
le Portanier
la Croix-Valmer
Ramatuelle
D93
les Campaux
la Môle
les Pradels
Camp-Long
Valcros
Parc Nautique Niagara
St-Michel
l'Escalet
Cap Camarat
N98
Pierre d'Avenon
527
Deuxièmes
Jard. d'Oiseaux Tropicaux
Aigue Belle
Cavalaire-sur-Mer
Cap Ladier
la Londe-les-Maures
Bormes-les-Mimosas
D559
Rayol-Canadel-sur-Mer
Mauvanne
le Lavandou
le Pellegrin
Port de Miramar
la Favière
Brégançon
Cabasson
Domaine de Cap Bénat
Mauvanne
Cap Bénat
Fort de Brégançon
Massif des Maures
Presqu'île de Giens
Île de Port Cros
Île du Levant
Plage Notre-Dame
Île de Porquerolles
Port Cros
Héliopolis
Porquerolles
Fort du Moulin
Port Man
43°00'
Fort Ste-Agathe
Parc Naturel National de Port-Cros
Phare de Porquerolles
Marseille 7 - 10 h
Toulon 8 - 10 h
100
200
500
1000
50
Iles d'Hyères
6°30'

X
VI
Ste-Croix-à-Lauze
Chât. de Sauvan
St-Michel-l'Observatoire
St-Maime
Oraison
Plateau de Valensole
6°00'
St-Julien-d'Asse
Lincel
Dauphin
Villeneuve
les Buissonnades
Brunet
Reillanne
St-Martin-les-Eaux
Volx
le Val d'Asse
le Petit Carluc
la Largue
Villemus
la Combe
Céreste
Montjustin
Valensole
Glorivette
Montfuron
la Durance
Manosque
les Chabrands
Parc
Baptistère
Riez
Vitrolles-en-Lubéron
Pierrevert
la Bastide-des-Jourdans
Ste-Tulle
St-Grégoire
Allemagne-en-Provence
Montagnac
Parc Naturel Régional du Lubéron
Chât. de Laval
Chât. des Templiers
Chât. des Castellane
Grambois
le Cafeton
Corbières
Pontoise
St-Martin-de-Brômes
Gréoux-les-Bains
Esparron-de-Verdon
Albiosc
Montpezat
Beaumont-de-Pertuis
Vinon-sur-Verdon
Lac d'Esparron
le Verdon
St-Laurent-du-Verdon
Chât. de Cadarache
les Rouvières
Quinson
Mirabeau
Malaurie
Artignosc-sur-Verdon
Centre d'Études Nucléaires
St-Julien
St-Pierre
la Mourotte
Défilé de Mirabeau
St-Paul-lès-Durance
Ginasservis
Villeneuve
Bourdas
Montmeyan
Peyrolles-en-Provence
Jouques
la Verdière
l'Espagne
Bury
la Vicarie
Rians
Varages
Concors
781
Artigues
Esparron
St-Martin
Fox-Amphoux
Tavernes
le Puits de Rians
Barjols
Vauvenargues
Claps
Oppidum Pain de Munition
Pontevès
la Croix de Provence
Basses Selves
813
Puyloubier
Brue-Auriac
St-Antonin-sur-Bayon
Chât. du Général
Seillons-Source-d'Argens
Cadry
43°30'
Logis de la Colle
Pourrières
Vallon Sourn
l'Argens
Berthoire
Ollières
Cadry
Châteauvert
Correns
Rousset
Miraval
Bras
la Grande Bastide
St-Maximin-la-Ste-Baume
Peynier
Trets
Belcodène
le Val
Kirbon
la Sorbière
Valjancelle
Tourves
Brignoles
les Boyers
la Chaumette
Chât. de Valbelle
les Gaëtans
la Bouilladisse
Rougiers
St-Julien
la Celle
Camps-la-Source
Peypin
St-Zacharie
A51
E712
N96
N100
D13
D907
D8
D4
D956
D952
D554
D973
D561
D3
D560
N7
A8
E80
D6
N560
D1
D5
D43
A52
D562

XI
VII
II
6°30'
43°30'
Senez
Lioux
Boades
Blaron
Lac de Castillon
Vergons
St-Julien-du-Verdon
le Touyet
St-Jurs
1750
Majastres
le Montdenier
la Tuilière
Clue de la Roche Percée
Clue de Taulanne
Bge de Castillon-Demandolx
Stade de Neige de Vauplane
Gachore
Moustiers-Ste-Marie
Mourre Blieux
de Chanier
1930
Taulanne
D955
N.-D. du Roc
Demandolx
Castellane
Solelhas
Chasteuil
Porte St-Jean
la Garde
Naturel Régional
Belvédère du Galetas
Clue de Chasteuil
le Verdon
N85
Peyroules
Lac de Sainte-Croix
St-Thyrs
la Bâtie
Rougon
Robion
Eoulx
Belv. de Mayreste
la Palud-sur-Verdon
Clue de Carejuan
Point Sublime
Châteauvieux
la Lane
les Salles-sur-Verdon
Aiguines
Grand Canyon du Verdon
le Bourguet
le Logis du Pin
Ste-Croix-de-Verdon
Cirque de Vaumale
D71
Trigance
Brenon
la Martre
Villaute
Bauduen
Étroit des Cavaliers
St-Maimes
le Jabron
Jabron
l'Artuby
la Bastide
Montagne de Lachens
D957
Balcons de la Mescla
Bargème
la Souche
D21
la Roque-Esclapon
Verdon
Avens
Comps-sur-Artuby
la Grande Nouguière
Sauvechane
Brovès
Moissac-Bellevue
Vérignon
1174
Camp Militaire de Canjuers
D955
T. Orient
Seillans
Aups
Village de Canjuers
le Baguier
Bargemon
Chât. de Taurenne
Ampus
Châteaudouble
Montferrat
les Selves
D22
Tourtour
Callas
Claviers
Sillans-la-Cascade
Villecroze
les Mandins
D54
Rebouillon
Broves en Seillans
D557
Salernes
Matourne
D562
l'Estagnol
Figanières
les Sauvachans
l'Endre
le Ruel
Draguignan
Cascade de Pennafort
Cotignac
300
Flayosc
Entrecasteaux
St-Antonin-du-Var
les Incapis
Trans-en-Provence
l'Étang
les Agates
D13
D562
D54
la Motte
Lorgues
Saut du Capelan
les Nouradons
Carcès
Anc. Abb. de la Celle Roubaud
le Muy
D10
Anc. Abb. du Thoronet
les Arcs
Oppidum
l'Argens
Taradeau
373
le Thoronet
Rocher de Roquebrune
Roquebrune-sur-Argens
Vins-sur-Caramy
Vidauban
N7
E80
les Canebières
Cabasse
les Bertrands
A8
D25
le Cannet-des-Maures
St-Pons
E80
la Bastide Rouge
Vieux Revest
Parc Mini-France
le Luc
N7
Oppidum
N7
D13
l'Aille
D558
les Pierrons

Atlas

Serres
Savournon
Montclus
le Bersac
les Arnauds
Vitrolles
Curbans
Urtis
Gigors
Bellaffaire
Turriers
Méreuil
Montrond
St-Genis
Pibert
la Curnerie
les Roches
Monêtier-Allemont
Faucon-du-Caire
le Forest-Loin
les Courtilles
Colombe
Ventavon
Claret
1563
Gautière
Trescléoux
l'Écluse
le Grand Pré
le Caire
Astoin
Chanousse
Eyguians
Melve
les Hautes-Graves
Lagrand
Lazer
la Motte-du-Caire
la Montagne
Laragne-Montéglin
Sigoyer
Villarnaud
Bayons
Orpierre
Nossage-et-Bénévent
Upaix
la Durance
Clamensane
les Bègues
Chevalet-le-Haut
Thèze
la Bréjonnière
Escuyer
Esparron la-Bâtie
Vaumeilh
Reynier
le Poët
Nibles
Ste-Colombe
Châteauneuf-de-Chabre
les Fourniers
Valavoire
1393
Barret-le-Bas
Mison
Valernes
la Sapie
Ballons
Châteaufort
la Méouge
le Buëch
les Amayons
St-Pierre-Avez
St-Geniez
Chabert
Authon
Lachau
Salérans
l'Adrech
Ribiers
Défilé de la Pierre Écrite
Plan de la Baume
Rocher de Dromont
1285
N.-D. de Calma
Rougnouse
Plaugiers
les Peyres
Éourres
Franchironnette
Entrepierres
le Vançon
Melan
1622
1280
le Plan du Château
Curel
St-Vincent-sur-Jabron
le Durban
Vilhosc
le Castellard-Melan
Hautes-Duyes
Sisteron
Lange
Montfroc
Bevons
St-Symphorien
Champ Roubin
Noyers-sur-Jabron
Clot de Moune
Salignac
la Tuillière
Châteauneuf-Miravail
St-Martin
Toge
Sommet de Lure
Valbelle
Peipin
Sourribes
les Romans
Thoard
Aubignosc
la Tuilière
Beaucouse
Montagne de Lure
Station de Lure
1826
Égl. St-Martin
le Villard
Barras
les Girons
Châteauneuf-Val-St-Donat
Volonne
Vière
Château-Arnoux-St-Auban
Champtercier
Saumane
Anc. Abb. de N.-D. de Lure
l'Hospitalet
l'Escale
les Beauduns
la Rochegiron
Mallefougasse-Augès
Alpes-de-Haute-Provence
Cruis
Montfort
Mirabeau
Aiglun
Lardiers
Mallemoisson
Mardaric
Montlaux
877
Malijai
Ongles
St-Etienne-les-Orgues
les Martrons
le Rocher d'Ongles
Peyruis
Chât. de Fontenelle
le Chaffaut-St-Jurson
les Vallettes
Revest-St-Martin
les Mées
44°00'
Fontienne
Ganagobie
Espinouse
Revest-des-Brousses
la Laye
Sigonce
Prieuré de Ganagobie
Dabisse
Limans
919
St Pierre
Lurs
Puimichel
Ajonc
Tante Rose
Forcalquier
Ybourgues
Bellegarde
Aubenas-les-Alpes
Obs. de Hte-Provence
Pierrerue
St-Jeannet
Niozelles
le Castellet
Entrevennes
Chât. de Sauvan
Mane
la Brillanne
Plateau de Valensole
Bras-d'Asse
l'Asse
St-Michel-l'Observatoire
St-Maime
Oraison
la Bégude Blanche
St-Julien-d'Asse
la Largue
Lincel
Reillanne
Dauphin
Villeneuve
les Buissonnades
Brunet
Gachore
Volx
le Val d'Asse
6°00'

⇩ VIII

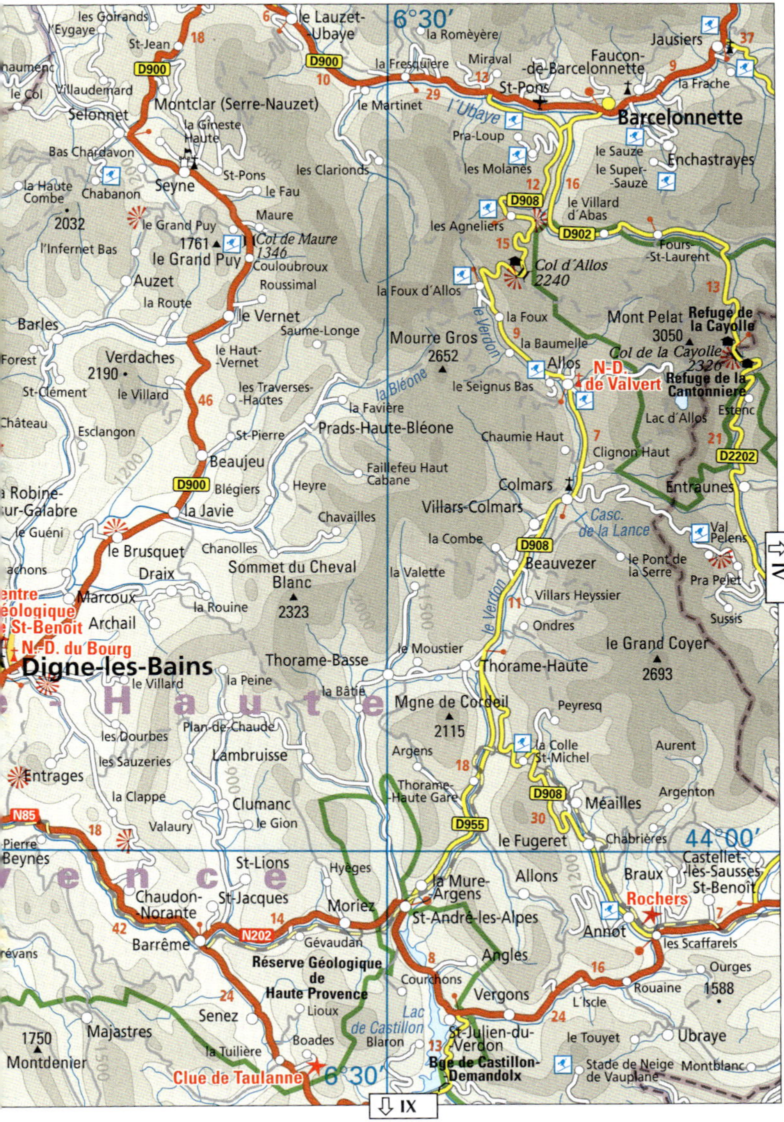
6°30′
le Lauzet-Ubaye
les Goirands
l'Eygaye
St-Jean
D900
Montclar (Serre-Nauzet)
Villaudemard
le Col
Selonnet
la Gineste Haute
Bas Chardavon
Seyne
St-Pons
la Haute Combe
Chabanon
le Fau
2032
le Grand Puy
Maure
1761
Col de Maure 1346
l'Infernet Bas
le Grand Puy
Couloubroux
Auzet
Roussimal
la Route
le Vernet
Saume-Longe
Barles
Verdaches
2190
le Haut-Vernet
Forest
St-Clément
le Villard
les Traverses-Hautes
Château
Esclangon
St-Pierre
Beaujeu
Blégiers
Heyre
la Javie
Chavailles
le Guéni
le Brusquet
Chanolles
Draix
Sommet du Cheval Blanc
2323
Marcoux
la Rouine
Archail
N.-D. du Bourg
Digne-les-Bains
le Villard
la Peine
Thorame-Basse
la Bâtie
H a u t e
les Dourbes
Plan-de-Chaude
Lambruisse
les Sauzeries
Entrages
la Clappe
Clumanc
le Gion
Valaury
N85
Pierre
Beynes
St-Lions
Hyèges
Chaudon-Norante
St-Jacques
Moriez
N202
Barrême
Gévaudan
Réserve Géologique de Haute Provence
Lioux
Senez
Majastres
1750
Montdenier
la Tuilière
Boades
Clue de Taulanne
la Romeyère
Jausiers
Faucon-de-Barcelonnette
la Fresquière
Miraval
le Martinet
St-Pons
la Frache
l'Ubaye
Barcelonnette
Pra-Loup
le Sauze
Enchastrayes
les Clarionds
les Molanes
le Super-Sauze
D908
le Villard d'Abas
les Agneliers
D902
Fours-St-Laurent
Col d'Allos 2240
la Foux d'Allos
la Foux
Mont Pelat 3050
Refuge de la Cayolle
Mourre Gros 2652
la Baumelle
Col de la Cayolle 2326
le Verdon
Allos
N.-D. de Valvert
Refuge de la Cantonnière
la Bléone
le Seignus Bas
la Favière
Lac d'Allos
Estenc
Prads-Haute-Bléone
Chaumie Haut
Clignon Haut
D2202
Faillefeu Haut Cabane
Colmars
Entraunes
Villars-Colmars
Casc. de la Lance
Val Pelens
la Combe
Beauvezer
le Pont de la Serre
Pra Pelet
la Valette
Villars Heyssier
Sussis
Ondres
le Grand Coyer
2693
le Moustier
Thorame-Haute
Peyresq
Mgne de Cordeil
2115
la Colle St-Michel
Aurent
Argens
Thorame-Haute Gare
Argenton
Méailles
D955
le Fugeret
Chabrières
44°00′
Castellet-lès-Sausses
la Mure-Argens
Allons
Braux
St-Benoît
St-André-les-Alpes
Rochers
Annot
les Scaffarels
Angles
Courchons
Ourges
Vergons
Rouaine
1588
L'Iscle
Lac de Castillon
St-Julien-du-Verdon
le Touyet
Ubraye
Blaron
Bge de Castillon-Demandolx
Stade de Neige de Vauplane
Montblanc

⇧ IV

⇩ IX

Nizza
A
B
C
1
2
3
Rte. de St. Pierre
de Féric
Avenue d'Estienne d'Orves
Av. du Dauphiné
Av. Paul Arène
Av. A. France
Av. S. Lenglen
Boulevard du Parc Impérial
Avenue Gay
R. Oscar II
Boulevard Gambetta
Rue Abbé Grég
Boulevard Tzarewitch
Rue Balzac
R. de Jussieu
R. Cluvier
Square Raimu
Bd. Fr. Grosso
Avenue Aurore
R. A. de Grasse
Guiglia
Rue de Châteauneuf
Fr. Aune
R. Louise
Ackerman
Rue Rossini
Rue
Avenue Robert Schuman
Autoroute Urbaine Sud
Avenue des Baumettes
Rue des Potiers
Rue Caffarelli
Av. Shakespeare
Rue Fr. Passy
Rue
Rue Verdi
Av. Emilia
Sq. Dr. Zamenhof
R. Kosma
Rue Herold
Boulevard François Grosso
Avenue des Fleurs
Avenue des Orangers
Sq. H. Christiné
R. Bottero
R. A. Mossa
Rue des Potiers
Rue Andrioli
Rue Fricero
Rue Saint Philippe
Rue Dante
R. Cronstadt
Passage Merlanzone
Rue de Rivoli
Rue de France
Av. Emile Henriot
Avenue des Baumettes
1
Sq. Col. Bouvier
Rue de France
2
12
11
Antibes, N 7
R. A. Renoir
R. H. Cordier
Rue Louis de Coppet
R. P. Valéry
R. H. Sauvan
Bd. de la Madeleine
Avenue de Bellet
R. B. Vieil
R. Gardon
R. Poincaré
Rue de France
R. I. Ducan
Promenade des Anglais
Neptune Plage
Blue Beach
Forum Plage
Voilier Plage
Florida Plage
BAIE
MER
Aéroport Nice Côte d'Azur (Flughafen)
0
100 m
1 Museum der Schönen Künste (Musée des Beaux Arts)
2 HI-Hôtel****
3 Hôtel Windsor***
4 Hôtel Villa Victoria***
5 Kino
6 Einkaufszentrum „Nice Etoile“
7 Restaurant La Casbah